U0216143

吉林人民出版社

简体字本二十六史

宋史

卷二三九——卷二七九

（九）

［元］ 脱脱等 撰

刘浦江等 标点

宋史卷二三九
表第三〇

宗室世系二十五

郇国公房

保平军节度使、郇国公德钧

赠解州防御使承震

河内侯克明

赠右武卫大将军叔瓛

副率访之 太子右

太子右

			嗣懂 嗣简		嗣璹		嗣文
			若栢	若瑱 若杞	若梀 若槫	若樘 若桷	若湜
			时雨	时砺	时鉴		时约
		诚夫 詧夫					
	彦仁 彦砺 彦辅						
武经郎 公冕							
内率府副率之 率府次之 郎国公沉之							

嗣庞
嗣序
嗣荫

若苎
若乘

若镖

若铨

时威
时恚
时当
时其
时裕
时思

时沆

仝夫

程夫

秀夫

彦闵
彦璧
彦舜

彦授
公文

右侍禁
公臣
修武郎

公允

嗣苑　嗣宁　　嗣防　嗣㻋　　嗣汉

若輅　若鋼　　若仲　若德　若備　若鏽　若鑑　若鋄　若辂

　　　时璟　时廉　　　　　　时臻　时法

　　　显夫　　　　　　椟夫

彦逸

太子右
监门率
府率拟
之
赠右屯　三班借
卫大将　职公英

军积之					嗣恺
	右班殿				嗣益
	直公威				嗣稷
	三班借				嗣岐
	职公敏				嗣曾
新秦郡					嗣颜
公与之	彦驹				嗣矣
公至	彦叕	璐夫	时伦	若清	
				若涟	嗣旦
			时儒		嗣柔
			时任	若游	

嗣畅	嗣莘	嗣琼	嗣莱	嗣蕙		嗣莱	嗣陸	
若潙	若淨	若潷		若潓	若潵	若鋨	若蓨	若鈴
时偈	时倈	时伎		时契		时精		

	嗣陸				
若蓁	若綌		若譯	
时琇	时侣	时仲		
珊夫				理夫
				璿夫

嗣速	嗣㻌	嗣㻏	嗣㻩					
若㟉	若顤		若顑	若顒			若顽	若谈
时侻							时锓	
珪夫			球夫			魏夫		
			彦珝		彦防	彦瞳	彦时	
					左侍禁	公应		
					高密侯			
			右武卫 大将军 叔詹	建安郡 公叔骧	朴之			
安定郡王 承简				建安郡 公兊荷				

宋史卷二三九

若法　时忧　　　　武翼郎　公礼　　彦德

若　　时俊　渠夫

　　　时蒙

若柷　时伋

若樘　　　　义夫　吉夫

若路　时茂　壹夫　　左班殿直公曦　彦仁

　　　时俭　　　　　右武卫大将军、康州防御使写之　武翼郎　公彦

	嗣铨	嗣锭					
若济	若隆	若堂	若柄	若澟	若桂	若无	若衡
时宣		时宇	时昌	时永	时康	时埔	时羨
云夫			伟夫	伊夫	仲夫	仰夫	
彦鲁	彦说			彦元	彦稷	彦明	彦和
							赠朝议

宋史卷二三九

					嗣连
				若镁	嗣遵
	定夫		时廪	若瀾	嗣选
彦明	仁夫		时席	若璜	嗣远
彦道			时济	若珫	嗣遹
				若理	嗣恭
				若珹	
	义夫		时廉	若杨	
彦韩				若璜	
大夫公陟	彦迪	俟夫	时傅	若玗	
彦通					
忠翊郎					
公兀					

		若㑫	若侗	若㤨			若㮆	若桐
	时用	时㤗	时球	时扬		时咨	时涌	时攸 时揆
				知夫				诞夫
彦并	公悦 谨之				公达			
武翼大夫 从义郎					太子右监门率府率字之			

		若侈							
时渌	时贤	时琬	时佩	时通			时填	时渭	时浇
骏夫	灵夫	重夫	尧夫	壏夫			钰夫	铵夫	钤夫
			彦颧 彦旦	彦义		彦惜			
			从义郎 公照	公纯 承信郎	公朴				

镇夫	夔夫	龙夫	益夫										璜夫
													彦施
		武翼郎定之	忠训郎望之		成忠郎庸之	奇之	承节郎庚之	忠训郎良之					公允
			南阳侯兄燮	右班殿直叔㒟	修武郎叔㒟	叔借							

彦拥			
彦温			
彦泾			
彦淳			
彦辅			
彦济	公宪		
	公先 保义郎		左班殿直 叔秩
彦植	公伣		武经郎 修武郎 叔馘
	公依 承信郎		启之 叔之
	公果		
	公新		

承信郎

公珝　羲之
公遷　善之
公達

彥佹
彥鏑　村夫
彥鎌　滿夫
彥鈉
彥估
彥叙

公遷　孝之
公資　裘之

安定郡王　和国公　高密郡　右班殿　公叔　益之　右班殿　直琳之　秉义郎
承干　　　克敦　　　　　　直瓘之

时溁

时旸

时潍 煇夫

时栞 煇夫

煟夫

光夫

煇夫

彦达

彦洵

公宅
秉义郎

公定

珉之

公宝
保义郎

公实

公安

公察
承节郎

公宽 彦述

忠训郎
暗之

武显大夫 忠训郎					
夫叔钺 城之					
	承节郎				
	璟之				
		公仪			
		公义			
	武经郎 叔谟	东平侯 克臻			
	右监门 率府率				
	叔填				
	崇国公 叔绍	太子右 监门率 府率宣 之			
	汝南侯 籍之	成忠郎			
		公绪			
		训武郎			

覃夫	貌夫	处夫	聿夫	溱夫		潜夫	淳夫	津夫	潜夫	濠夫	汜夫	澂夫	浚夫
彦椿	彦祖				彦杰				彦俊				
公远			公铎	公石	公拤								
			赠修武郎荣之	修武郎									

若	时	（夫）	彦	公
若穏	时边	渚夫	彦捭	公孺　赠朝议大夫承之
若穜				训武郎公瑾
若涩				公瓘之
	时逯			
	时迂	沭夫		
	时稆			
	时畦	汧夫		
	时畔			
若漕				
	时泗	锃夫	彦域	
	时淤	铜夫		朝请大夫公说
若泭	时冲	钢夫		
若沼	时瀋			

	若禶	若祩		若橃							
時遡	時潋	時潏	時泒	時濑	時埩						
鉁夫	鎳夫		鎮夫	鏓夫	鋠夫	录夫	鑑夫	鋬夫	鑒夫	鍸夫	鐽夫	鎮夫	鋋夫
	彦垱			彦札		彦埈	彦埘				彦垠

时漈								时篴	时迺	时邋		时遈	时棁	时崃		
镳夫	铧夫	鋗夫	鉽夫		墉夫	塘夫	增夫	琀夫			珢夫	琍夫	轵夫	烯夫	烑夫	
			彦圻		彦樗		彦越	彦桄						彦程		
				通直郎公谊												
																武翼郎

			若𫍯		若铖		若鲁曾	
			若锡		若磷			
					若𫞩			
			时介			时享		
			时俞	时延		时升		
							时垔	
			琪夫	琇夫	仪夫	浩夫	肆夫	
				瑄夫	伫夫	淳夫	晚夫	
				瑈夫		涓夫		
		彦开			彦弼	彦丞	彦晙	
翼之	赠右朝请大夫	赠特进公智□之						

若湝	若溯	若洌	若进							
时槌	时盟	时佀	时偓		时玨	时链	时埋	时㳠		
曒夫	昕夫	怂夫	翼夫	泂夫	泳夫	溓夫	怠夫	愻夫	巩夫	晴夫
		彦玺							彦括	彦柜
							公育	赠武经郎	公普	

若汝	若港	若沈											
时逈	时精	时振	时枋	时枢	时赐	时格		时璪					
個夫				傒夫	延夫	佇夫	谦夫	楨夫	满夫	翼夫	儹夫	弘夫	趴夫
彦珽		彦珊				彦珹		彦璪	彦增	彦栖	彦梁		彦栋
						公厚	成忠郎	公修之	武翼郎公锷修之	赠武经大夫			

				若怫
				若俶
				若仜
				若拊
	彦捨	时惠 亢夫		
	彦深	时烨 余夫		
公丕 敦武郎	彦渭	时㻛 㴱夫		
公告 誊之		时燔 祕夫		
承信郎		机夫		
公敏 卫大将军要之 赠宣教郎				
公坚 安之 郎 通直郎	彦济			
公达				

建国公叔戍

甫夫	彦濂	秉义郎庆之	
谋夫		保义郎	
谋夫	彦声	公芽	
		忠翊郎	
琚夫	彦及	公禄	
	彦颜	承信郎	
		公应	
		公绚	
俣夫	彦運	公记	赠武经郎俊之
		秉义郎	
		公辅	
		修职郎	
		公蜀	
		秉义郎	

公谨	彦熺	顺夫					
		籲夫	时先				
		赟夫					
		频夫					
		賓夫	时倚				
	彦述						
赠朝请郎公填	彦括	庬夫	时扈	若玑	嗣俊		
				若琲			
				若瑂			
			时璪	若榕			
			时榖	若稔			
			时熟	若涀			
		戈夫	时湑				
			时澪				
			时淬				
		详夫	时琲				

嗣	若	时	□夫	彦	公／郎
嗣琅	若眉	时褊	以夫	彦璧	敦武郎承信郎
嗣玙	若渡	时稜	回夫	彦瑾	公宝　彦之
	若杰	时珖	铃夫	彦珽	公邃
	若嵒	时溪	绊夫	彦温	公实
	若鏵	时伃	因夫	彦通	保义郎
			唐夫		公棨

若楄

若椀　时偁

若枚　时仟

若慫

若镶

若肂

若汀

若洞

若瀷

若胜　时昊　泾夫

彦璪　公睦

彦璇

彦瑥　公温

公庚D　忠训郎
　　　　应之
公臣　　忠诩郎
　　　　亮之

嗣鋗　嗣鋑　嗣釳　嗣鎧

若昡　若滕　　若膡　　若滕　若矓　若翔　若矓　若膡　若矐　若膜　若胼　若睰　若阮　若騰　若𩭦

　　　　　　時奢　時曾　　　　　　　　　　　　　　　　　　時晃　時昴

若膳　若胥　　　若腠　若胧　若腴　若曨　　　　若睰　若肵　若媵　若朙

时皐　时历　时鲁　时普　　时夐　时晖　时唅　时瑨　时启　时曈　时曜

　　沂夫　　　　　　　　　　胃夫　渝夫

若赟			若瞠	若防
若贤			若膪	
			若臆	
			若服	
			若股	
			若彤	
时晫	时缥			时晕
时晛	时缘			时曦
时暎	时总		时盼	时罹
	时晒			时音
汤夫	洪夫		湝夫	乾夫

若塼	若滕	若侗	若佩	若儃	若琪	若樏	若伯	若墅	若堞	若艫
时㘚	时最	时昊	时攽	时晓		时昉	时晅	时晈	时酒	时彷
时翫										
沱夫	淖夫			潼夫			颢夫	瀄夫		
彦沱	彦淖						彦㞷			
							公略	公畋		
							忠翊郎			

若明

时鐽	时俦	时尼	时廬	时㢊	时㢊
涠夫	洛夫	淤夫	漱夫	渎夫	柭夫 榷夫
彦鋪			彦临	彦立	彦直
			公畯 承信郎	公实	公枸 公豕 公階
			武德郎 通之		成忠郎 晋之

华原郡王叔庸	左侍禁辨之	公彦	彦回	眠夫	时珱	
	武翼郎涣之	公旻	彦招	彭夫	时璈	
		公珝	彦墂	承夫	时珂	若社
				曦夫	时尊	若堡
				弼夫	时罃	若坙
				靖夫	时珂	若衔
敦武郎				炳夫	时塙	
					时简	
					时壆	

														时珵								时玙
																						时瑀
澶夫	美夫	首夫	阎夫	灞夫	毅夫	端夫	正夫	英夫	晋夫	浚夫	涓夫	淀夫	清夫	沭夫	渲夫							
彦倢	彦倢									彦俘		彦伯			彦从							
公奭										公燇												
信之																						

若㯙				
若梧				
	若椿		若梅	
时㼆				
时璗				
	时珿			
	时瑱			
	时珆	时瑢		
		时玊		
		时坚		
			时玩	
			时琦	
渲夫				
	潚夫			
		沪夫		
		涤夫		
			濠夫	
			潋夫	
			浑夫	
				英夫
				雄夫
			彦伐	
			彦俊	
				彦偲
				彦仪
			公充	
			保义郎	
			公靫	

				浚夫			瑜夫		珠夫	
			彦宁	清夫						
				彦宫	彦宅	彦宽	彦荐		彦峯	
						彦莘				
公泰		武翼郎					承信郎	公府	承信郎	公庚
从义郎	赠武经	公荫之								公康
正之	郎用之									公庶
										成忠郎

				彦福	
				彦鼎	
				彦畅	
			公尧		
			承信郎		
			公备		公靖
					公端
怀之					保义郎
承信郎					
成之					
承信郎					
厚之					
承信郎					
佩之					
承信郎					
肃之				荣国公	武功郎
				叔偁	庸之

	时莠		时溱				时祺	时柞	时儥		时斿
攽夫	晌夫	晔夫	㬂夫	暐夫	暎夫	㬢夫	晤夫			宴夫	夒夫	宏夫
彦贷		彦赏					彦贵		彦宾	彦珢		彦琛
公章									修武郎	公䕶		公办

忠翊郎 公毅	彦远			
公端				
公辛				
成忠郎 公漪	彦瓒	疆夫	时昝	
	彦珽	陆夫	时晴	
		楫夫	时枋	
			时愿	
			时恩	
			时念	
公奇				
武经郎 忠翊郎 廉之	彦玢	帙夫	时传	
公茂	彦纂		时勉	若璪

若圣　若玗　若玑　若珍　　　　若镍　若睥　若珹　若项　若理　若埋

　时辉　　　时懃　时武　　　　　时辂　时通　　　　　　　　　时洎

　　　　得夫　橙夫　惇夫　佗夫　㢲夫　奖夫

时洽

宣夫
愊夫

彦珪

公术
公衍

济阳侯　秉义郎
叔稱　　康之

赠朝请　修武郎
大夫常　公迪
之

彦俟

彦佖

洽夫
浚夫
湜夫
洪夫
渥夫
消夫

彦伊

洽夫

							若曈	若曉	若衡	
时燫	时烊	时玥	时晞	时晥		时扞	时頵	时顜		时溪
泱夫	瀌夫	凉夫	慨夫	倅夫	价夫	璦夫			璊夫	瑈夫
彦儦	彦侤	彦儒	彦令			彦儀				
公遬 公遇		公迈 从义郎延之	赠武翼郎公珽	公令						

若嶹
若疄

时㑔

训武郎
公觐　彦沁　暗夫
　　　彦深　玘夫
承节郎　彦淮　瑰夫
公觊　彦维
　　　彦淀
　　　彦泥　綞夫
　　　　　硊夫
　　　　　横夫
　　　　　桴夫
　　　时瑝　桐夫
　　　时地　樽夫
　　　彦渼

								时惜
						碎夫		
						沟夫		时诣
						修夫		
						獜夫		
						暌夫		
					彦菊			
内殿崇节郎	坚之	太子右		河内侯	公才		乐器	
班叔洪		监门率		叔民			公延	
	临汝侯	府率测		赠左领	寿之			
赠濮州团	叔物	之		军卫将				
练使承伟	克温	叔彻		军占之				
				修武郎				

历阳侯克周／华国公叔眆	公泽支		彦古支				
西头供奉官得之	公格	彦古	中夫	时辅	若庾	嗣塾	
高密侯迎之	公粹				若谘		
广平侯体之	公迪		廉夫				
冯翊侯夙之	忠训郎公亦	彦孟	慊夫	时发	若珪	嗣商	
	赠宣奉大夫公泽						

										嗣栃	嗣槌		嗣杸	嗣杸
若镳	若瑛	若玠	若琯		若璆			若琪		若琚	若璪	若嫙	若珝	
				时进	时蓁		时煩	时攻	时潋	时骥			时骏	
					寅夫	实夫		钛夫	暂夫				晋夫	
					彦茉				彦吉					

嗣线
嗣璜
嗣珪

若梾
若梓

若梾

时骧

时有

时准
时詧

祚夫
翼夫
硕夫

彦高
彦参

武节郎
公元

公宝
公咏
公筹
公牟

秉义郎
采之

左班殿
直渡之

						忠训郎 襕之	安定郡王叔束 太子右 内率府右 副率府事	秉义郎 武经郎 之	彦质 公焕 坚之		
嗣迁	若珦										
嗣运	若鉾	时甋	柘夫								
嗣速	若緒	时丙									
嗣遭	若珅	时觐	榍夫								
嗣㳲		时献									
嗣㳒	若璇	时陳									

嗣泓	嗣修	嗣仲	嗣伊	嗣介	嗣公	嗣仙	嗣信	嗣伫	嗣仍	嗣侗				嗣桱
若堵					若玻	若璃			若榛	若橚	若噌	若藻	若藻	
时俊									时僖	时僖	时𪟦			
											呵夫			

若潘　時珇　瞳夫　彦賀

若纂　時璁

若惡　時玫

若愁　時瑰

若桐　時玭

若镳　時琮

若縫　時璇　湛夫

時遐

時遄　泷夫

若診　時迆

若鈔　時送

時鏤

時槻　渫夫

若草　時橿

嗣机

若鑲　若錂　若鐮　若銾　若鐍　若鑺　若瀲　若鈇

时桎　时还　时邀　时遒　时练　时铅　时迥　时遽　时递　时造

滿夫　湜夫　滿夫　湭夫　澶夫　潚夫　溴夫

彦资　彦赞　彦贵　彦胁

						若雯 若芑
					时昺	
游夫				愤夫	游夫 靖夫	
	保义郎	彦翁 彦禽 彦翔			彦桔	
赠右宣 教郎堂 之	左承议 郎公绰 堂之	公恪	左班殿 直执之 龁之	右班殿 直瞪之	赠左承 议郎坐公博 奉议郎公博	彦桔

时晋

璨夫

彦霄　彦苑　彦崇　彦宁　　　　彦仁

忠训郎公亿

承节郎公仪

公径

秉义郎里之

荣国公武德大夫辅之　秉义郎公举

　　叔何

赠武义大夫公

大夫公

大夫公

		咸	庾夫	彦防	宽
		时			
		又	轮夫	彦方	
		时			
			浦夫	彦雯	忠训郎 公荮
				彦埔	承节郎 公逞
					忠翊郎 公莊
					公直
					公符
					忠训郎 辑之

		若望		若峥	
	时鏊		时玑		
	时鉴		时玏		
	时釐				时兮
	时恢				
彭夫	同夫	岂夫	饯夫	逵夫	晡夫	葱夫
彦絮		彦允	彦诚	彦圣	彦玲
赠通议大夫辚之	武翼郎公时	赠大中大夫公晰		武翼郎公晡	

C1	C2	C3	C4	C5	C6	C7	C8	C9	C10	C11	C12	C13
	若湾	若涌	若涳	若激	若湖							
时壊	时垺	时埭		时垞	时塗	时镏	时汗		时杠		时㮳	
	镛夫				琛夫	镝夫		铅夫	乗夫	镾夫	能夫	仁夫
	彦鎏				彦庥							
武经郎 公昳												

		时海 时彔			时球 时玘	时道	
彦汸 鏯夫	铢夫 鉴夫	于夫	麟夫	俊夫	伍夫 备夫 僮夫	复夫 清夫	
		彦延	彦嶷			彦锜	
		保乂郎 公修之	保乂郎 公通			朝散郎 公垠	
忠诩郎 辙之	武翼大夫 辂之						

时偁
时仙

靖夫
碟夫

瞰夫
旷夫
睎夫
遆夫
赳夫

详夫
谍夫

彦铭
彦浮

彦莅

彦须
彦涌

训武郎
公阅

公俊

宣城侯承雅
永嘉郡王克端
太子右内率府

时涉

漢夫

彦玉

公忞

公惥

三班奉职　祥之
叔姑

秉义郎靖之

三班借职　秀之

敢武郎

文之

秉义郎应之

副率叔川

太子右

内率府

副率叔金

华阴侯

建国公

叔彬

时壤　时稟　时颙　时泓　时棋　时德　时槲　时柡　时稀

浣夫　昂夫　讷夫　厘夫　　楮夫　　愕夫　　　揖夫　悦夫　基夫　奇夫

彦釜　彦璜　　彦玥　彦鎏　彦挑　彦瑱　彦琛　　　　彦瑶

公恕

时招				
时稀				
	至夫	彦珇	训武郎 公筹	
	墚夫	彦瑠		
	坊夫	彦璞		
	娟夫	彦琟		
		彦珩	训武郎 公悠	
		彦珲		
	调夫	彦瑶		
时溁				
时法				
时游				
时毡				
时莹				
时洁				

时陕	时阵	时隆	时叼	时𡻰	时阵	时随	时汝
懈夫	奠夫	溧夫	论夫		诙夫	诙夫	谯夫
彦豫	彦扩	彦玤	彦珤	彦璇	彦琚		
成忠郎	公志		武翼郎				

时晳				
时晉				
时晉				
檝夫				
祜夫				
峙夫				
賝夫				澄夫
彦阆				
彦锦				
彦棹				
彦一				
彦正				彦协
公慈		公慈		
			公枨	
			公茱	
	成忠郎辑之			
	忠训郎兀之			
			三班奉职直之	
				荣国公太子右

克用	内率府副率叔骈	武翼郎宝之	公祥忠翊郎	彦通	
		房陵郡公叔渎			
			公明	彦晨彦监	俣夫
		右班殿直全之	公明	彦昱彦升	
	太子右内率府副率叔辅	保义郎照之			时㻪
	太子右				

内率府
副率叔
绪
太子右
内率府
副率叔
霝
赠左武　太子右
卫上将　内率府
军克巩　副率叔
南
太子右
内率府
副率叔
飞
云安侯　敦武郎
叔到　伸之

					时晰	若沪
					时晔	若檠
				谟夫	时晙	
				谳夫	时庸	
				证夫	时暐	
		彦清				
	公远 成忠郎	彦轲				
	公遐					
	保义郎 公述					
忠翊郎 仪之						
承节郎 傅之						
保义郎 佾之						
敦武郎 仁之						
通义侯 叔绎						

嗣垾 嗣塼 嗣浚 嗣至

若恕 若忠 若恩 若靦 若意 若晤　　若對 若瀚 若深 若沦

時嘉　　　　時事　　　時寿 時鈞

闵夫　　　　　　　原夫 董夫

彦塑　　　　　　　　　　　承节郎 公开 彦翠

贈右金吾衛大将軍　承務郎 佩之 瑛　承节郎 公同

					时逢
					时迁
					时邅
				遇夫	
参习				埴夫	
			彦偁		
			彦澮		
		公垧	彦栴		
		公玑			
从事郎 信之					
右监门承信郎 卫大将代之 军，康州防御 使叔善	三班奉职 职修之	成忠郎 敦武郎 传之 武德郎 秉义郎 儆之			

若沈													
时辽	时遁												
坡夫	偶夫							沩夫				瀰夫	
彦杞	彦松	彦梓	彦枏	彦槆	彦柩	彦材	彦镛		彦劢	彦指		彦锓	彦镛
							成忠郎	公珤	文林郎	公珊	秉义郎	公珉	

时垅　时埃　时场　时堕　时筚　时诸

灌夫　　　　浇夫　涫夫　渭夫　　浓夫

彦朴　　彦词

武翼郎　武翼郎　公证

成忠郎

赠武义　武翼郎　间之　阅之

大夫叔　　　　　开之

赠右奉　大中朝奉郎

直大夫　大夫传公崇

						若湝
						若澄
					时沔	
				涓夫		
			彦来		时瀹	
			彦曾	涑夫		
		修职郎	彦淖	冲夫	时瓌	
		公璪		溟夫		
	赠太中大夫成之		彦元	彬夫		
叔兀	朝议大夫公瀚之		彦凯	烁夫		
	之		彦坦	铬夫		
			彦雠	镰夫	时铖	
				崇夫		

若溉
若淬

时优
时例
时偹
时俍
时湆

制夫
晟夫　彦廋
诩夫
铸夫　彦枢
诣夫　彦郴
烂夫
燎夫

武节郎
公提

浓夫
钐夫
曋夫
骄夫

叔	忠之	公	彦	夫	时
		右迪功郎	彦桟	潢夫	时墒
		郎公澈 通直郎	彦翀	偵夫	
		公津	彦菜		
	成忠郎 忠之 行之		彦枝		
		公平	彦樓	楳夫	
			彦亘	槆夫	
			彦秘	樧夫	
敦武郎 叔纰	侗之	公远	彦仍		
		公逸	彦厚	坚夫	时震 时宪

永夫

时林 密夫

时显

时鼎

时瑶 蹄夫 彦云 公迋
承节郎 备之
公送
公迈
公述

时镠 约夫 彦友 公迪

时铉 虹夫

炜夫

时诅 橘夫

时眈

时玩 跑夫 彦酌 公遄

块夫

彦溙　公迓
彦漏　公显
彦澴　公璪
彦漄

彦儧　公珤
　　　公瑾

公良　　　　望之　　敦武郎
　　　　　　　　　　叔珓

似之
保之　　右班殿直
　　　　叔响　　武经郎
公迹
公达　　叔尚　　武德郎
　　　　叔煟
侹之
价之　　忠训郎

庬之

若舁				
时璃				
畸夫				
镝夫				
	彦级			
		宣义郎 从政郎 公珽	傅之	武翼郎 叔燀
		保义郎 公珃	杰之	
		公玭		
	彦稹	公瓂		
		公㳘		
		公瑃		
		公琇		
		公璠		
		公玙		
		公玢		
	彦㯴	公瑜		

瓘夫
晔夫
鞠夫

彦珸

彦博

公瑾
公珪

公毅

僎之
傅之

忠训郎
叔灌

忠翊郎
叔滴

高密郡
公叔近

武节大
夫行之

武翼郎
载之

公绘
保义郎

祁国公承
裔

赠右领军
卫将军克平

军克平

			时旌			
			时航			
			时放			
			时旗			
		棻夫				
		褒夫				
彦明						
彦贤						
彦智						
彦的						
公绚				公纯		
				公绎		
					右侍禁 申之	
					左班殿直 荣之	
					保义郎 钦之	
					承节郎 挺之	公玘

高密郡公克宽	河间侯叔诣	承信郎换之	右侍禁道之	武经郎将之	公迪	彦蓁	信夫
						彦淳	松夫
							伶夫
						彦滇	侈夫
							倏夫
							倌夫
					公合		佯夫
						彦浚	倖夫
						彦消	逈夫
							倭夫
							倖夫

	若苖	若霖	若霖	若霉	若霉		若霰				
	时摠		时捗	时拔	时拓		时掀				
俟夫	俊夫	倩夫				刿夫	雄夫	傲夫	仿夫	倩夫	儆夫	僐夫	仁夫
彦滂	彦章					彦汶		彦溙	彦道		
	公企										
									保义郎	承节郎	

时中	时旡	时应	时飞	时懋		时增	时坰
庆夫	温夫	淇夫	清夫	甲夫	辰夫	迎夫	逮夫
彦忤	彦杰	彦佀		彦佀	彦俊	彦仁	
公寅	忠翊郎					公定	
						遂之	

			公协	
			公聪	
			公成	
信之	垣之	安之		
秉义郎	保义郎			
		保义郎		
		焕之		
		承节郎		
		挺之		
			华阴侯	太子右
			克友	内率府
				副率府叔
				狸
			鼓城侯	秉义郎
			叔聚	崇之

夫　瀺　　彦仗　　贈奉
夫　湻　　彦侂　　大夫尚

夫　阶　　彦敧

夫　云　　彦偈　　贈中奉　贈朝奉
　　　　　　　　　大夫　　大夫公

夫　浔

夫　得

夫　洌　　彦伍　　公育　　武经郎公寘　武经郎公守之　右通直郎　直武经郎祐之　左班殿直

溉夫

蔚夫

彦衡

彦崟　彦嘀　彦峙　彦喻

彦俅　彦偁

彦伸　彦复

廊

宏夫　宽夫

保义郎
左朝奉郎
公享
举之

公禧

公柞

公立
正之
忠训郎

赠朝奉
大夫公
广

之

时辅
杰夫

时发

时镗

时永
使夫
彦起
忠训郎
公圭

正夫
彦传
公察
直之

阄夫
彦杰
公献
立之

彦锡
损之

保义郎
秉义郎

遏夫

洵夫

省夫
彦衡
公亮
公卞
下
行之

时鬴

		登夫	赠右武卫大将军克任
	彦鹰	承信郎公恬	博平侯叔奎
登夫	彦应		荣国公克勇
仁夫			华原侯赠武节郎成之
	彦襄	训武郎公綦	叔齣
	彦放		
	彦愈	忠翊郎承信郎由之	
	彦忠	公信	
		赠朝散大夫公傅 赠朝议大夫公盈之	
铳夫	彦饼		
镭夫			

夫镏	夫修	夫真	夫清	夫震	夫同	夫达	夫铨	夫立
	彦修	彦橙	彦㑦	彦㑦	彦偓	彦栚	彦㤐	彦慊
				武德郎 公伊	彦㧑		武經郎 公佚	彦慊
								修武郎

				时泰
				时恭
		彦茨	麟夫	
			挛夫	
		彦柄	百夫	
		彦昌	裕夫	
			祐夫	
			祥夫	
			福夫	
		彦发	祺夫	
	公诰　承信郎			
	公激			
翊之				
武翊郎　宝之	宣教郎　毕之			
赠左朝散大夫	从义郎			
叔廙	公傅　俟之			

裎夫
埋夫

彦升
彦暉

三班借
職進之
三班借
職通之
三班借
職賢之
賓之
贇之

信都郡　東頭供
公克研　奉官叔
　　　　伶
　　　　右侍禁
　　　　叔珅
汝南侯　叔勠
束傫

東陽侯承
鑒

恭夫
革夫

彦璆

彦封

德国公　三班借　武翼郎　左班殿　武翼郎　武经郎　秉义郎　赠武翼　从义郎　公千
叔盾　职先之　资之　直贯殿之　实之　修武郎　公僭　大夫贯　　忠翊郎
　　　　　　贡之　公任　　之

贯之	成忠郎赟之	忠翊郎贷之						
	右班殿直克之							
	礼宾副使承戬							

宋史卷二四〇

表第三一

宗室世系二十六

郇国公房

建安郡王	華國公	富水侯	太子右内率府副率接之
承裕	克謚	叔策	之
		益川侯	敦武郎
		叔策	唐之

武翼郎右侍禁

武翼郎右侍禁　叔咏　協之

成忠郎　宥之

秉义郎　宥之

保义郎　坦之

植之

修武郎赠朝奉节郎　叔旃

承节郎　公遷　彦佳　浩夫

漢夫

泠夫

彦博　沈夫

灘夫

沂夫

承节郎

公达　彦椿

彦松

从义郎

公进　彦枢

彦杉

彦机

朝请大夫公迁　唯夫　彦棠

彦某

彦棠

彦莱

承信郎

公远

武经郎

公迕　彦耒

承节郎

婿夫												
婣夫												
彥䙺	彥䌞	彥椅	彥棠	彥櫃			彥祝	彥梧	彥檽	彥穗	彥棻	
公逞	公遐	宣教郎	公逞	保义郎	公遑	公邈	承节郎	公造			成忠郎	公逡
		畴之	涛之									

彦稽	承节郎 公迦			
彦榎		酵之	房国公敦武郎 叔骧	兊敢
彦柽		瑃之		
	承信郎 公迷	保乂郎 晖之		
彦榆	公迥	秉节郎 勖之	武经郎 叔部	
彦祀	公迢			
	公望	承节郎 焘之		
彦仁	公辂	蒸之		
	公锐	熙之		

					彦珀								彦寊
				公顥	公锡	公铄	公铖					迪功郎	公刘
				公显	公锵	公钲					朝奉郎	祐之	
			忠翊郎										
		秉节郎	穟之										
右班殿	左侍禁	右侍禁	叔覵										
直叔㦤	叔徽	叔机											
	叔革												

彦罩				
彦㣚				
彦㢈				
	公鎣		左班殿	
	公鏊		直叔祗	
			秉义郎	
			叔革	
	秉节郎 修武郎		崇国公武翼郎	克巍
	公俶	钊之	叔邑	
	公咨			
	公詧	成忠郎		
	公琦	姓之		
	公瓘			
	公珪			

夫
日歆

夫
日飲

彦倡
彦夋
彦僧

公珸
公瑜
公琳
公珪
公如
秉义郎

偁之
运之

武翼郎
叔柊
武翼郎
叔恋
武翼郎
叔服
武经郎
叔括
敦武郎

右班殿
直叔眠　武节郎
从义郎

		彦顾					
		彦颉					
	彦项						
		公恍	公垔	公夏			
叔铃	禥之		修职郎	保义郎	武节郎		
		谦之				叔恛	
						从义郎	
	彦求	公圭	伉之	叔㟁			
	彦督	公炎	修武郎	叔㒟			
	彦溉	承节郎	成忠郎	邦之	修武郎 承信郎		
	彦澳	公枢					
	彦渭	公昌	保义郎 文林郎				

彦重
彦刊

公珏

杰之

公斌

公璇

左侍禁
叔验

忠翊郎
保义郎

调之
叔垓

忠训郎
叔艮

忠训郎
叔俵

成忠郎
叔乱

成忠郎
叔岐

成忠郎
叔秀

閬中郡公冯翊 承翊	冯翊侯 克淳	成忠郎 叔捷			
		冯翊侯 叔移	保义郎 辟之	公明	彦石
	河内侯 克贵				
	南康侯 克勤	右监门卫大将军、达州团练使、叔琪	成忠郎 献之		
			成忠郎 进之		
		武翼郎承节郎 叔倡	稹之		

	夫	彦	公	官/名
	淬夫	彦钊	公瑶	承信郎
	潾夫	彦铤		
	演夫	彦迁		东头供奉郎 泳
	诔夫	彦陶	公珮	从事郎 贯之
	谥夫	彦政		从政郎 资之
	憲夫			赠右金紫光禄大夫叔
	愿夫		公庆	朝奉郎 进之
	浩夫			左朝请大夫迪 右迪功

微夫	彦标	郎公源	之
造夫			
邃夫	彦梓	公深	述之
尝夫			赠正议
惠夫		大夫达	从义郎
	彦注	公徙	之
潸夫		太平县	
淮夫	彦诚	开国男	
沅夫		公侗	
益夫	彦谙		
德夫			

涞夫	漼夫	漠夫	浔夫		麒夫	凤夫	安夫	与夫	旺夫
彦谟 彦涑	彦谕		彦谟 彦志	彦珠				
承直郎 公伍 文林郎	公㢵		修武郎 从政郎 公径	公桧				
			逸之					

寓夫				
宁夫				
		和夫		
			姓夫	婿夫

彦芫	彦隽	彦荃	彦浃 彦豊 彦敝	彦桑	彦集

赠奉议　朝清大夫公若芫

郎运之

忠训郎

公筭

武翼郎

公昔

武翼郎

叔仕

武经郎

叔韡

								抜夫
彦舜	彦镈	彦至		彦住	彦偁	彦通	彦侗	彦促
								彦德
公茂			公明	公璹			公寿	
承信郎 守之	承节郎 存之	兼之	次之				从事郎 颖之	
武德郎 叔遵						清源侯右班殿直 克猛	武经郎 叔玶	叔迓

杖夫

彦绘
彦淮
彦济

公珏
公瑨　承信郎
公玏　承信郎
公珹

粹之
成忠郎　武翼大夫叔败
宪之
忠翊郎
惎之
承信郎　敦武郎
惺之

忠翊郎
怨之
恁之
左班殿直叔璒

叔	之	公	彦	夫	时	若
武经郎叔郑	缉之					
	敬武郎绅之	承议郎公氏				
	绣之	从政郎公筑				
	经之					
房陵郡洋国公赠朝请大夫浙武翼郎公克劲叔夷	之	公一	彦涛	江夫	时剪	若桴
						若涂
			彦霈	羽夫	时雁	
			彦晋	鉴夫	时棐	
			彦督	遐夫	时觉	
			彦仁	锴夫	时襈	

宣教郎　直之

奉议郎　开之

儒林郎　约之　公永

武翼郎　承节郎　公颎

教之　公淮

公昈

详之

敦武郎　武经郎　公碑

宁之　公立

公明　彦中

文　彦乂

公远

东头供奉官叔偍 秉义郎仝之 全之	公棐 公攽	彦具	岑夫 蘭夫 梓夫 丽夫	时恭 时尭
	公谅		椽夫 洗夫 杖夫	
	奉议郎公丑	彦戚 彦躬	鹏夫 鸿夫 鸣夫	

鸾夫　鹑夫　义夫　莆夫　　　　广夫　庆夫　庳夫　廉夫　慧夫

彦鼎　彦昱　　　　彦成　　　　彦远　彦宏　彦益　彦隣　彦属　彦杲

公寿　训武郎　公祉　保义郎　公望

承节郎
震之
武翼郎
叔启
从事郎
闻之
忠翊郎
国之

公璠

公琛
彦范
隶夫

彦籥

彦筠

彦简

彦笙

公珽

承信郎
公玖
彦岳

彦邀
隶夫

彦邈

敦武郎 叔戾	秉之			
从义郎 叔冒	愻之			
	塾之			
赠右朝请大夫 叔良	承节郎 郁之	公寿		
	敏之			
朝奉郎	邠之	公瑀		
		公玙	彦拜	
		公晔		
承议郎 析之		公昞	彦屾	
武经郎			彦屼	
				遒夫

竣夫					
	彦袮				
	彦从	成忠郎公晓			
		敦武郎邻之			
	彦罕	公曉			
	彦眀		修武郎邵之		
端夫	彦昭	公绶			
		忠翊郎公睍			
		承务郎公映		忠訓郎叔郢	

江国公房

忠正军节度使、江国公德钦	乐安侯承右金吾卫大将迁	军、光州团练内率府使克度副率叔武	太子右率府叔湛	房国公叔武	嘉州观察使讷之	修武郎公璟
					彦雍	
					彦高	廉夫	时舜	若兴

徽夫

彦文

冯翊侯　三班奉　三班奉　三班奉职
爵之　　职公谨　职公佐　公卓
　　　　　　　　　　　　公仪
　　　　　　　　　　　　公襄

河内侯
和之　　公衡
　　　　公衍

右班殿直
巽之

赠东头
供奉官
震之　　公佺

左侍禁
忠翊郎

时玗				
	孢夫	彦亿	公绰	永之
	正夫	彦仔		
	籀夫	彦佃	忠翊郎 公铉	
	玑夫	彦浚	承信郎	
		彦鸣	公绶	
			公谏	武节郎 豫之
		彦辅	公保	
		彦冞	公仪	
			忠翊郎	
	尧夫	彦逆	公俊	
	契夫			

夫显
夫端
夫系
夫绚

公达
承信郎
公谋
公咏

右班殿直聪之
右班殿直进之
武功郎叔濛
忠训郎忛之
成忠郎
伏之
成忠郎忻之
左班殿直叔通

南康侯 克臧	忠训郎 公理	彦怪	正夫	时麟	若掘
			端夫	时昌	
高密侯 叔泰			靖夫		
建安侯 仲之			竑夫	时大	若恩
					若纳
					若采
				时然	
				时仰	
				时训	
	成忠郎 公璋	彦平	宇夫	时义	
	成忠郎 公汛	彦苗	进夫	时举	

					时可
福夫			怛夫	达夫	通夫
彦彬	彦林	彦栩	彦庸	彦鼎	彦牟
彦松					彦文
忠翊郎	忠翊郎	忠翊郎	义父郎	公纲	公度
公琔	公翆	公翆	开国公		
彦仪			生之		
彦俟					

					时禹					时偕
				果夫	掬夫				茂夫	
					擭夫					
彦丘	彦永	彦颜			彦迁	彦蓬	彦过	彦道	彦通	彦權
			公佐	公石	公悦			保义郎	公进	郎公辅
	左班殿	东头供	忠训郎							右文林
	直通之	承节郎								度之
		奉官康								右侍禁
		之								

时沂

东平公　北海侯　训武郎

彦材

时延

时兴　壎夫

时仪

时章　泫夫

时瑢　埔夫

彦林

从事郎　公至

时蕃　珣夫

时艺

时写

时莱　宁夫

彦袚

时侯

时伯　葆夫

谦夫

若川						
	时劝	端夫	彦昭	公绶	台之	叔陈
	时迁					
	时享	正夫				
		能夫		忠翊郎公绎		
		谦夫	彦俊	训武郎公𤂷		
			彦攸			
	时享	器夫				
		舒夫				
		简夫				
		䣢夫				
	时发	直夫	彦仁			
	时烕	享夫				
	时举	潜夫				

时功

达夫
通夫
显夫
寿夫

彦信

保义郎
公逹
从事郎
公逹
从事郎
公逺
公道
武翼郎
公逊

彦泽

西头供奉官
献之
武翼郎
求之
武翼郎

	若珪			
时康	时庚	时庸	时度	
悫夫			璜夫	佾夫
彦浩			彦藻	

时恭	时慈	时烈	时悠	时完
搢夫	㧬夫		㯋夫	偆夫
撤夫	㩅夫	傆夫	悫夫	
彦徽				
赠武略	承节郎			

		时显					时温	时枢	时杞	时柟	时梓	时呆	时楠	时楷
		尧夫	舜夫	汤夫	文夫		勤夫	朴夫	弼夫	玛夫		堤夫	琢夫	琢夫
	彦修	彦脩					彦优			彦儋				
郎维之公年						赠太中大夫公寿								

时采　时窦　时彬　时縡

珌夫　璁夫　珉夫　牧夫　政夫

彦骟

公燮　公槐　公权　公铧

冯翊侯　华阴侯　赠左领
叔歉　　舍之　　军卫将
　　　　　　　　军称之
　　　　　　　　西头供
　　　　　　　　奉官则

克观

之

公直

舒国公
叔海

左侍禁　合州刺史
蔽之

公应
西头供奉官益之

秉义郎
之

公粲
秉义郎

公荣
从之

赠武德郎

右从事郎宁之

公晖
深义郎

公晖

彦逢

诚夫

训夫

谦夫

时若

时贤

时坚

滦夫　滴夫　代夫　儁夫　俏夫

彦良　　　　彦倧　　　彦㯋　　　　　　　　彦景　彦荣　彦㶷

承信郎　保乂郎　　训议郎　　　　　　承节郎　　承节郎
公明　　公旺　公倧　公月　　公贵　公颙　公愈　公愿

丹阳侯左侍禁
叔前　孝之

时爰	时万	时耕										
贤夫	谅夫		允夫	亮夫	亢夫			连夫	侍夫	侧夫	述夫	义夫
	彦鼎	彦肃				彦温	彦良	彦述	彦俭	彦恭	彦宽	彦棨
赠朝奉郎公愿			忠翊郎	公才						成忠郎	公显	
			秉节郎成之									

邏夫
远夫
连夫

贵夫
览夫

彦强
彦霸

彦康

忠翊郎　公华

公荣

左侍禁
仪之

西头供奉官万之

忠翊郎　礼之

忠翊郎

敦武郎
覆之
忠训郎

秘夫	裙夫	遽夫	范夫	秉夫
彦侑		彦家		彦筌 彦童
公獸	承信郎	公老		公立 公彦
佑之			成忠郎 尚之 保义郎 汉之 秉义郎 锐之 深之 襄阳侯左班殿	

叔僯

直褒之
三班奉
取昌之
修武郎
包之
成忠郎　忠翊郎　公劼　彦普　益夫
倩之　　　　　　　　　彦升
　　　　　　　　　　　彦时

承信郎　公功　彦旴　廉夫
　　　　　　　彦昭　文夫
　　　　　　　　　　正夫

承信郎
公凉
成忠郎　彦昭

			夫俊	夫信	夫优	夫巽	夫侯	夫儒		夫惊	夫伸
			彦定	彦安					彦宝	彦定	
公勇 从义郎	公劝	公勤	公醴								
		成忠郎 进之								宣之 格之 份之	

公晖

公明　　右清道
　　　　率府率
　　　　克堪

公挚　　右监门
　　　　率府率
　　　　克岐

公量　　高阳侯大子右
　　　　内率府
　　　　克偓

公桑

公招

公已　道之

　　　谓之　叔禄　敦武郎

副率叔

同

太子右

内率府

副率叔
涎

北海郡
公叔璘　右侍禁
　　　　静之

　　　　三班奉
　　　　职㻏之

云安侯　三班奉
叔豹　　职德之

内殿承　从义郎
制锐之　公福　　彦仁　　阳夫
　　　　　　　　彦俪　　郊夫
　　　　　　　　　　　　隆夫

襲夫				
陶夫				
陳夫				
汗夫				
陌夫				
隨夫				
陵夫				
陜夫				
陕夫				
陵夫		彦密		
阮夫			忠訓郎	博陵侯
睡夫			公他	叔眷
			朴之	三班借
			公修	職及之

象（之）辈	公辈	彦辈	夫辈	时辈
修武郎 象之	忠翊郎 公迪	彦僧	廉夫	
		彦佳	义夫	
		彦侠	晦夫	
		彦信		
武节郎 辨之	承节郎 公修	彦纯	启夫	时宝
			方夫	时琥
	公攸			
	公佃			
西头供奉官 谲之				
和国公 叔玩	西头供奉官 磊			

彦辅

彦置

彦熊

彦晋

公咨

武经郎

公福

从义郎

大夫公硕

朝请大夫赖武经之

赠武经

三班奉职觉之

槊之

忠翊郎

谦之

忠翊郎

之

彦罩	公谷	蕴之	大子右 广平侯 叔骀	武当侯 克㐲			
			内率府				
			副率翔之				
			右班殿 直慎之				
			直之				
			敦武郎	益川侯			
			辅之	叔罗			
		迪功郎	左侍禁 鼎之				
		公埼					
武翼郎	公钰						
彦值							
彦倚	铲夫						
彦修	时且						

时保	时覿		时博	时慎	时博	时偘
锐夫			镕夫	镗夫	□夫 钹夫 铉夫 镟夫 镐夫 锡夫 镒夫	混夫 铸夫 镒夫
彦博 彦俊	彦儁 彦儇			彦俊		彦茶

秉义郎 乂之	公简	彦誉	贤夫
		彦谮	
		彦詧	
忠训郎 蔽之			
成忠郎 承之			
赠武经郎 共夫之	公後 从义郎		
	公仁	彦达	
		彦遡	璟夫
		彦回	
		彦进	
		彦遷	
		彦逸	敬夫

牧夫

致夫

敏夫

教夫

微夫

敢夫

数夫

彦逶
贈承议郎 公侍

磐夫 彦邇

彦迓

彦迅

彦逵

怪夫 彦越
承信郎 公杰 贈奉议

时逑　　夫汪　　彦迥
时迩
时若　　　　　夫滩　　彦道
时汪　　　　　夫泗　　彦逋
　　　　　　　夫漳　　彦迹
　　　　　　　夫洋　　彦迈
郎公伟彦建　　　　　　彦辻
　　　　　　　　　　　彦逄

公傧
秉义郎

					时坦
					时肃
			彦敷	岩夫	
			彦松	琼夫	
			彦珉	澇夫	
		成忠郎　公坚	彦成		
		保义郎			
		公岐　承信郎			
		公川			
	赠左领军卫将军　会之				
	左班殿直　叔多				
	成忠郎　呼之				
信都侯右侍禁　叔昂					
成忠郎　明之					
忠训郎　会之					
曦之					
忠翊郎　保义郎					

升夫				夫视	夫祖				
彦道		彦诸	彦萬	彦谋	彦烨	彦禹			
公仪 训武郎	公佚	公晋					公福	公寿	公袼
晖之						保义郎 晤之	资之	修武郎 贽之
						西染院 使叔珽 成忠郎		

颐夫

彦运　彦修　彦备　彦远　彦挞
彦迹　　　　　　　　　　　彦倩

公祥
公祉
公禧
公祐　　成忠郎　庚之
公祚　　保义郎　黄之
公格　　承信郎　赞之
赠奉议郎
承信郎
公远
保义郎
公汜

			彦撙	
		俊夫	彦扶	
			彦抗	
			彦鲸	
	保义郎			
	公阅			
	公阆	元夫	彦柯	

宋史卷二四一

表第三二

宗室世系二十七

申王房

申王、谥恭裕德文承显	乐不郡王乐平郡王克柔	太子右内率府副率叔时	太子右内率府

副率叔額	太子右	内率府	副率叔包	贈右屯軍叔栩	太子右	内率府	副率叔顼	温國公叔雄	太子右	内率府	副率秉之	右班殿	

									宽夫	嵊夫	峒夫
						彦胆	彦昭	彦哃		彦昵	彦眀
				武翼郎 公瑾	承节郎	公瑞	保义郎 公琬	保义郎 公瓒			
直抃之	敦武郎 抑之	忠翊郎 桦之	左班殿 直据之	从义郎 受之							

		郴夫	
		勋夫	
	彦消		
	彦沚		
	彦云		
	彦必		
	彦汕		
	彦湨		
承信郎			
公瑑			拯之
公俏			从义郎
公玌			撝夫
忠翊郎			从义郎
公玗			择之
公璞			
公珣			
			忠训郎
			抚之
			忠翊郎　承节郎
			揎之　公席

成忠郎
抗之
赠忠训
操之
成忠郎
提之
奉化郡
公叔韦
三班借职
琼之
右班殿
直元之
武翼郎
䚸之

公藏
忠训郎
公茂

彦飞
彦敏

义夫
启夫

三班奉

					夫
					蕴
					夫
					既
					夫
					芥
					夫
					饮

職鰎之

成忠郎
铉之

右班殿
直鳍之　建安侯
叔游

武翼大
夫和之

武承务
郎公坝之　彦塤

彦琚

武经郎

公坝　彦郛

公铎　彦玕

清源侯　忠翊郎　公铎
叔琴　鞟之　公鉴

公震

		纵夫	夫
		红夫	
	公茂	彦敏	
承节郎	公弄	彦魁	
武节郎			
鞬之			
武翼郎			
辙之			
	从义郎		
	公侗		
	秉义郎		
辙之	公恩		
	公云		
武德郎	从义郎		
叔赟	钦之	公援	
		公振	
		公抗	
		公提	
从义郎	从义郎	公范	
	锐之	彦旼	

时涧

端夫	谊夫		绚夫	讣夫	谏夫		謍夫		桐夫	撰夫
彦邢		彦阳	彦性	彦愩		彦悟	彦㤯	彦□	彦诚 彦㤞 彦愤 彦㤲 彦惜

承节郎公蕃

赠宣教郎公虎

彦校　　　镇之

　　　　　钦之

　　　　　从义郎

缤夫　彦迄　锡之　公琇

铖夫　彦遐

缔夫　彦逑

　　　彦达　修武郎

　　　　　通直郎

　　　彦迦　公烜

　　　彦遭　铿之

涸夫　彦迹

涸夫　彦适

淮南侯　太子右
克恂　　内率府
　　　　副率叔
　　　　遇

成忠郎

公悦　成忠郎

公谒

公弼

公立

公达

右班殿直

公种　忠翊郎

公礼

　　左侍禁

崇国公　右侍禁　成忠郎　　　　　　　　　　　　右班殿　右侍禁　武翼郎　肩之　　　　麾之　赠武节
叔諏　　应之　　　　　　　　　　　　　　　　直康之　成之

			端夫
			佣夫
			㑧夫
			㒥夫
			㑵夫
	彦遂		
		彦毓	似夫
		彦涛	贤夫
		彦嘉	
大夫庠之			
武节大夫公遷		承信郎	
		公週	
		赠武翼大夫公高	
	敦武郎序之		
		公佐保义郎	
		公裕彦砯	莒夫

时复

韩夫

蘧夫
轲夫

彦材
彦继
彦附
彦绳

公望

公仪
公亮
公亦
公高
公言
公佐

公德
公修

修武郎
塵之

右班殿
直广之

左班殿　公棐　　　　　　　　　　　　　　　　　　　　　　　　　　　　　　
直立之　修武郎　公益　　　　　　　　　　　　　　　　　　　　　　　　　　
泽之　　忠翊郎　忠训郎　公衙　彦戡　　　　　　　　　　　　　　　　　　　
　　　　广之　　公衍　　　　　　　　　　　　　　　　　　　　　　　　　　
修武郎　公杰　成忠郎　公齐　彦悦　　　　　　　　　　　　　　　　　　　　
成之　　修武郎　成忠郎　　　　　　　　　　　　　　　　　　　　　　　　　
原之　　盛国公赠武　武翼郎　公儒　彦珊　梦夫　时英
　　　　大夫黔叔黔之　之

时美														
山夫	樵夫		诚夫	志夫	谦夫	谶夫	说夫	训夫	烽夫					像夫
		彦枯		彦税								彦琦	彦瑨	
训武郎	公亮						忠训郎	公篆	忠训郎	公亨	武节郎	公明		
						赠武德郎	畜之							

时宥　任夫

时宗　埥夫　彦玪　朝散大夫之本

时黄　姍夫　彦瑛　成忠郎公柔

时华　犉夫　　　　忠翊郎公旦

时案　犉夫　彦嫛　公旦

　　　　　　　　赠朝散大夫公礼　彦佺　硕夫

　　　　　　　　　　　　　　　彦佃　陞夫

　　　　　　　　将仕郎公师

汉东郡公叔铸	右侍禁从之		
	右班殿直诚之		
	西头供奉官崇之		
	右班殿直徽之		
	左班殿直冲之		
	卫之	广平侯叔求	华阴侯克伦
	承节郎公说	右监门率府率	

						淳夫
					公祈	彦辦
				献之	承节郎	公郊
叔栋	叔伽	太子右	副率叔	岘之		
右监门率	率府	内率府	峦	曰之		
门率			武经郎	晋之		
			叔辞	通直郎		
				澄之		

公邭

公郾　武翼郎

修武郎　叔邠

贵之

承议郎　勉之

修武郎

修武郎　直之

公珕

公鼍

修武郎

彦植　公邲

承节郎

彦烈　公象

彦璕

彦瑋

成忠郎

彦溢　公荀

彦揄　彦恕　彦才　彦修　彦发

宣教郎　献之
从事郎　岘之
　　　　且之
承节郎　晋之
武节郎　叔岐
右通直郎　浚之　公衍
成忠郎　琰之　公霞

愧夫

庠夫

炫夫

夫公亮　彦棨

奉直大

左侍禁

叔盛

内殿承　秉义郎

制叔缨　汉之

承节郎

润之

承信郎

叔之

舒国公、奉化郡　太子右

谥恭僖承公克贤　内率府

蕴　　　　　　　副率叔

批

赠开府

仪同三　修武郎

司叔辙　彦之

镒夫						
锜夫						
鉴夫						
铗夫						
镡夫						

彦献		
彦瑒		
彦珩		

公持之		
公迟		
秉义郎昪之	崇国公叔巢	
东头供奉官球		
武德郎琦之	忠翊郎公㳇	
公汱		
右班殿直璿之		
公洗		

右班殿直城之　永国公

忠训郎暗之

武德大夫昵之

忠翊郎公谌

忠翊郎公诚

公赟

公调

训武郎公峻　右监门

彦玲

逊夫

彦瑛

彦弘

沐夫

恤夫

时忠
时驹

奇夫

特夫

彦清

公达
公济
保义郎
公逊

彦清

彦净

从事郎
公择
训武郎
公迈

彦路
彦淳

左朝清
大夫达
之

赠武德

宰府率
副叔兴
汉东郡
公叔邑

克常

赠武德

若迪

若遂
时绘

若还
时玑
系夫
彦戈
公琳

公球

仝夫
彦秩
修武郎遂之

詧夫
彦禛
敦武郎逵之

哲夫

嵩夫
彦穆

竹夫

咨夫

若顯
时逴
彦穆

时矗
彦禛

时邵

时裒
感夫
彦积
公逊之

武义郎

大夫迁义郎之

若墪	时锋	布夫			
若洓	时麟	信夫	彦武	武经大夫	
若清	时铿	俟夫	彦泌	武翼大夫谓之	
若㪳			彦锷	大夫公理	右金吾大将军、宁州防御使叔
若㥄	时颐	给夫	彦镳		右班殿直旗之亥
		键夫			
		缘夫			
		素夫			

				态夫	
			彦佝		
			彦置		
			彦傔		
		公朿			
		从义郎	公珗		
伟之		武节郎			武节郎
右班殿直 傅之		仇之			
内殿承制 叔璜 直达之					
右班殿直					
秉义郎 佚之					
职佚之					
后叔巨 三班奉					
观察留 佑之					
军节度 忠翊郎					
赠保宁					

公铜						
公复						
公达						
从义郎 赠武翼郎						
公俊 保义郎 绩之	彦震	佳夫	时戾	若煥	嗣稹	
叔缝郎	彦瑞			若烁	嗣秆	
				若炡		
		佐夫	时岸	若槏		
				若槵		
			时崧	若橺		
				若焯		
			时栎	若炡		
		俅夫	时橯	若焛		

彦惠					
彦堤	若楷	时滔	倞夫		
	若遑	时湮	什夫		
		时沐			
	若镜	时溜			
	若鑮				
	若楠	时廾	诉夫	彦枋	公杰
		时塚			
			诸夫	彦栝	
			㑮夫		
			㑘夫		
		时堉	诊夫	彦梠	
		时堵	㻮夫		
		时至	㻮夫	彦恭	保义郎
					公仪

武翼郎	承信郎		彦	夫	时	若
绎之	公瑕	彦问		津夫	时杼	若橋
		彦谨		泾夫	时禄	若谟
	承信郎	彦详		礼夫	时楉	若瑒
	公瑂			梼夫	时豫	若擢
		彦谊		福夫	时沪	若侁
		彦晔		忒夫	时迋	
				慊夫	时祥	
					时瑻	
					时通	

　　　　　　　　　　　　　若镰　　　　若衙　若筌　若敛

时遷　时盖　时衡　时莘　时璿　时□　时斑　　　时祋　时穧　时祢

辅夫　　　　　　　辋夫　　　　　　　矗夫　　　祥夫

彦谋　　　　　　　　　　　　　　　　彦洲

　　　　　　　　　　　　公珍　公璲　　　公恰　公珪
　　　　　　　　　　　　承节郎　　　　　承信郎　承信郎

　　　　　　　　　　　　秉义郎　　　　　经之

公	彦	夫	时	若
		惇夫	时凉	若濆
				若梃
			时沥	若浆
			时攸	
		金夫	时溥	若婧
				若熘
				若焊
				若煟
				若熔
		武夫	时溏	若政
公琮	彦湾		时仂	若致
忠训郎	彦诒			若葦
公琇			时仔	若莱
				若芹

	若果	若棠	若暎	若棠	若果		若暗			
时尚	时金	时侦		时节	时潘		时郿	时坤	时郊	时邹 时鄂 时潘
武夫	虞夫				胄夫 㻪夫 季夫 峻夫				墐夫 塚夫	

瑓夫

彦谌
彦识

时阳
时隙
时滇
时傀

谜夫

彦净

公递
继之

茹夫
稷夫
釜夫

时陵
时顼
时隐
时邵

彦讯

彦铨

武翼郎
继之

武翼郎　承节郎
叔志　组之

												若堵	若壙
												时焯	时超
									一夫	禽夫	晙夫		曦夫
									彦深	彦鞴			
	公廖							公持				公扬	公揩
约之	绳之	缓之	敦武郎	营之	左班殿	直随之	武节郎	良之					修武郎
			吉国公 兑	荣国公 叔传	国公 务								

							瀹夫
						公运	彦讯
					微之		
升之					叔辑	武翼郎 武经郎 忠训郎	
左班殿 直黄之 敦武郎 悦之					直叔辇 授之		
	博陵郡王赠武 承逊	右大子右 卫大将府	内率府 叔遷		左班殿 承节郎		
			军克丕副率 霍	叔傈			
		奉化郡朝散郎 公克艰	武经郎 叔酬				

				若至		若钼	若镶							
时滆	时檫	时仝	时鬵	时圻	时稠	时篼	时泾	时渓	时汜	时涠		时㣧	时仈	时邠
涟夫	涞夫	蓂夫	筑夫	真夫				栖夫	涞夫	泮夫	淀夫	潒夫		
		彦珮						彦珣	彦璘	彦渥				

			时曹
			时晦
			时暖
			时暧
漏夫	泃夫	渊夫	澨夫
		篑夫	
		籥夫	
		彦珋	
			彦瑃
修武郎 彻之	保义郎 公昉	武修郎 公照	公明 修之
承信郎 修之			
			武节郎 保义郎 叔玺 观之
			武显大夫 忠翊郎 叔漙 勖之
			承信郎 公时
			彦森

								时锟	时整
夫 溶	夫 禑 夫 醴 夫 橐		夫 橰	夫 勞	夫 湜	夫 淤	夫 湦		夫 汭
彦棣 彦杭 彦杖 彦埴		彦焞 彦槫	彦英		彦枪				彦坌
公暗		公晭		公晧			承直郎 炜之	公坌	
			保义郎 焘之 忠训郎 杰之				武节郎 叔抗		

时鉴

泺夫		
浩夫		
沐夫		
清夫	彦垫	
溇夫		
涤夫		
溢夫	彦棨	成忠郎 公旻
濆夫		
澹夫	彦坚	
汪夫		
涎夫		保义郎 炜之
鉴夫	彦华	公铣
鉴夫	彦珠	

夫				
蔡夫	彦壥	公鉉	承信郎	
濼夫		承信郎	烜之	
浆夫	彦珍	公斆		
墳夫	彦瑧			
拮夫	彦解			
槵夫				
橼夫	彦洎			
遭夫				
峒夫	彦邈	公积		
埔夫		公呈	炳之	
坼夫				
婕夫				

院夫　彦铝　公忻

嗽夫　彦镂　公塔

铜夫　彦钥　公坦

溲夫　彦镠　公埘

　　　彦镳　　

　　　彦铿　公晔　煜之

　　　　　　公皎

　　　　　　公眹

　　　　　　公皈

　　　彦曮　公晖

　　　彦暧　　

建国公　左班殿直叔咨
克甾

武翼郎					
叔趯	槇之				
右侍禁		公应	彦㟖	管夫	
叔莒	祐之			京夫	
				辛夫	时浧
		公庆	彦绡		
		公㽵	彦矜	仓夫	
				膋夫	
					时栴
					时桂
					时枨
					时杯
				膋夫	时簝
				簠夫	时湢
				仓夫	时泎
				效夫	

		时砾	时窥						
俏夫	相夫	摠夫	桐夫					立夫	衡夫
彦缘	彦织		彦纱	彦申	彦芉	彦莘	彦禧	彦犟	彦卓
		承信郎	公唐	公酉	公嗣			公趋	
			成忠郎	俗之				忠翊郎	祚之
			从义郎	叔筍					

管夫
盈夫
盍夫

彦群

公正

佇之

楠夫

忠翊郎
叔潜

乐平郡公太子右
内率府克
副率克
久
承潭

赠少傅朝奉郎
克功

叔骥
越之

右侍禁
叔仿
择之

左中奉
大夫、
铁之

开国男 从义郎 迪功郎	叔泽 锺之 公缵	彦笃	沔夫		
		彦竺	雄夫		
		彦芠	械夫	时㻫	
				时憻	
				时㻼	
将仕郎 铉之		彦芳	熰夫	时㻛	若金
录之 公缓		彦燰			
		彦沔	玙夫		
承节郎 从义郎 叔恋 枞之					
右监门率府率 叔海 鉴之					

							若垕
							若塯
							若壙
						时熺	
							若峒
							若填
							若埜
						时焿	
						时燁	
						时聚	
						时㷭	
					澎夫		
					蹉夫		
					仙夫		
				彦切			
			公昭				
			承节郎公晶				
		承节郎拟之					
		左侍禁叔顗					
右班殿直叔勋							
右班殿直叔杰							
宣城侯克运							
安陆侯承暇							

				若蓁		若臣	若坐							
时旭	时烁	时煟	时熄	时煜	时燠	时爰		时㶳	时烓	时爛	时翙	时乾	时沔	时镩	时饼
栢夫						里夫	楼夫		馨夫	徕夫		丕夫			
									彦叶		彦劻			

时橙	时誊	时誉	时充	时钺	时镢	时绫	时鉴		时墣	时堞		时尽
重夫	整夫			保夫		塘夫	甋夫	箕夫	莘夫	与夫	备夫	侑夫
						彦劲			彦效			彦动

時	夫	彥	承節郎·公
時埵	焜夫	彥儆	承節郎 公晸
時烰	㩦夫	彥福	承節郎 公曛
時隊	脩夫	彥佯	公昭
時饑	橺夫	彥琭	
時玒	桐夫	彥幵	
時珋	振夫	彥琪	
	炎夫	彥尚	
	祿夫		
	爋夫		

										时谂	
铁夫	铬夫	镳夫	奨夫	畜夫	镪夫			涯夫		磋夫	
彦嵩	彦沼	彦臧	彦瑾	彦咻	彦崃	彦遖	彦逻	彦沼	彦遭	彦遭	彦迕
承节郎	公旺		公暗		公壮		公玥			公济	
				武翼郎叔詎	忠训郎 拱之					操之	

		时莆	时爾		时㤫	时琦	时砅	时砳	时冏
榕夫	镶夫	靓夫		绽夫	璞夫	珫夫	玑夫	珊夫	璁夫
彦玙	彦璞 彦瑛				彦㫫	彦多 彦襄 彦胃			彦汪
公毘				公山					公其
				承信郎 挺之					

		琛夫	昢夫	磟夫							
彦俙	彦佁	彦倸			彦玤	彦䌛	彦楠				
		公弗			公㐅	公㝔	承节郎	公澄	公匮	公昌	公晰	承信郎
		援之			采之	承节郎	拤之				儆之

	偏夫		
	彦生 彦璘		
公诸	公诠	公大 公号 公□ 公莹	
捷之		榛之 □之	

右班殿直叔悍

纪国公德存

河东郡王大子右
承衎
内率府
副率克
褒
滕国公大子右

克	叔	之	公	彦	夫
克畅	内率府副率叔禥				
	荣国公叔秦	三班奉职正之			
	彭城侯叔缘	秉义郎浩之			
		从之	公明		
			公正		
			公谨		
			公廉		
	武经郎左班殿叔暎	直衡之			
	武经大夫忠翊郎叔偁	翼之	公卨	彦洸	信夫
				彦照	立夫

夷夫　亨夫　湝夫　凌夫　　　　　　　　　　遱夫

　　　彦获　　　　　　　　　彦瑞　彦珸　彦瑛

　　　　　　　　　　　　　　公达　公逷　公逺　公遹

右侍禁　宝之
从事郎　裁之
成忠郎　庆之
承议郎　戤之
秉义郎　睦之

			彦绪
			彦冲
公迠		成忠郎 公颢	
		忠训郎 公顾	
	忠翊郎 辩之		
		忠训郎 戾之	
		忠翊郎 颋之	公秉
		武德郎 叔晦	忠翊郎 问之
			右班殿 直明之
			成忠郎 □之
			左班殿 直叔俊

克	叔	之	公	彦
荣国公 克畬	武翼郎 叔祢	承信郎 迁之	儒林郎 公颎	彦瑋
				彦彀
				彦璄
	右侍禁 叔起	左班殿直 明之		
	修武郎 叔毅			
	右侍禁 叔倬			
	右侍禁 叔㩜			
	敦武郎 叔𫍯	右从政郎 革之	忠训郎 公允	彦铖
	右班殿直 叔超		公亮	

右武卫
大夫、眉州防
象州刺御使叔承事郎
史克颂憕　　庆之
　　　　三班奉
　　　　职库之

英国公太子右
克监内率府
　　副率叔
　　　　珽
　　右班殿
　　直叔潭
　　左朝散
　　左朝散
　　大夫叔
　　　　寀
房陵郡饶阳侯

					礬夫					
					皇夫					
			彦尚			潮夫				
			彦唯							
				彦占						
				彦谷						
			彦砺							
			彦启							
		公漱								
	公济	修武郎				公淮				
公克起	叔毅					训武郎				
	武经大夫叔竑	忻之	悼之	赠宣教郎愕之	博之	公湟				
	修武郎					彦砺				

彦礥												
		承信郎	彦珀	彦救		保义郎	彦适	彦适	彦涟			
		公漆			武翼郎	公蕭				修职郎	公该	
村之	武修郎	立之		秀之	昌之							
武经大夫叔邹												

洋国公右班殿从义郎　承信郎　公信　忠翊郎　彦总

克依　直叔呐　球之　公谨　彦悆

	彦夷	彦勇	彦粹	彦符	彦晥		彦垂	彦崧	彦恭	彦翼	彦广
忠翊郎	公昕				成忠郎	秉义郎				
					公讷	公携	公训	公汶			承节郎
内殿承制 叔奇									

暖之

左班殿直叔富

成忠郎

叔案

高密郡公克戒 右监门卫大将军惠 成忠郎

卫大将军 新之

军,惠

州刺史

叔冈

右班殿直 直沂之

成忠郎

昕之

建国公 右班殿直

克一 直叔岛

右班殿直

直叔彭

彦聯
彦聡

公汤
公膺

棠之
蒐之
宿之
㝎之

修武郎
叔仕　敦武郎
叔梓

右侍禁
叔檉　左班殿　直叔㑇
钦国公　克绥
敦武郎　羊之
叔伴　节之
秉义郎
叔慳
武功郎　武翼郎

			彦镤		彦垕	彦畚	彦明	彦昭						彦挺	彦陷	
公莱	公宁	秉义郎	公熄	公扑	公球		公瑊		公璆		秉义郎	公玥	成忠郎	公玦		公琥
震之										秉义郎	巽之					
叔澄																

			彦春
			彦庆
			彦回
			彦誉
			公理
			公埋
彦忠	保义郎 公翰	良之	武德郎 叔性
	公钟	泰之	武节郎 叔朋
	公候	敦武郎 黙之	嘉国公 克施
			直叔琈
			左班殿施
			左班殿

					夫泰	夫享		夫审	夫滋
			彦沈	彦政	彦丙		彦褒		彦俊
		右迪功郎	公献之		忠训郎	秉义郎	公秀	彦基	彦云
直叔禩	赠右奉	直大夫敦武郎	叔簿			彪之	公晋棐之	公贯熙之	公铸
							右通直郎	右从政郎	承节郎 公仰

	深夫	言夫	行夫			
彦雷						
彦觉		彦卞	彦㮯		彦英	彦㮮 彦抚	彦褱
	修武郎祥之	成忠郎公丙	承信郎	公长	保义郎	公刁	公烈 公慕	秉义郎学之	忠翊郎公杞	文林郎

							壁夫
							鍾夫
彦敏	彦玟	彦槐		彦俞	彦熊		彦居
							彦矛
公隨		公邑	公率	公遭		公伟	公助
			宣教郎	公道		公忠	
						公志	
选之		中之	郎遂之			頔之	款之
		右迪功		修武郎 忠翊郎			
				叔巧			

	槙夫			
	橋夫			
	楳夫			
彦湘				
彦淋				
彦深				
	彦宝			
保义郎承信郎	公曙			
顾之	公昔	朝奉郎		
	公焕	叔浩		
开之	从政郎			
	公沔			
训之				
谌之		汉东郡	右班殿	叔龙
		公克□	直	
道之		武经郎		
逾之	公瑋	叔秔	叔杬	

亏夫　彦蕆　公琮

彦珍　公玑

公球　迁之

节之

秉义郎

叔恰

左班殿

直叔春

武节郎

叔桂

彭城侯　右班殿
克愒　直叔领

从义郎

叔潼

识之　公忌

承信郎　承节郎

讲之　公造

密夫　彦琓

端夫　彦斑

尃夫　彦翔

垓夫

保义郎　公遏　彦鞞
　　　　　　　彦薰
　　　　　　　彦蔺

崇夫

公逵　修武郎　公迓　公宁　彦孔　彦禹　彦祚　公讠　彦隅　彦接　彦摭

诚之

武翼郎　通直郎
叔搆　　炎之　公振

保义郎
公扬
承信郎
公揽
公樽　保义郎
从事郎　坦之
公悦　彦珞
彦瑢
彦涌　榛夫
成忠郎
公博　彦坺
赐进士　武节郎
出身公　懋之
檐
从事郎
公捅
敦武郎　从政郎

公鯉　绩之

公接

从政郎

公揖

公损

公操

成忠郎　保义郎　有之

公捷　保义郎

公摅

公拭

公拣

公扎　忠训郎　叔旸

宋史卷二四二
列传第一

后妃上

太祖母昭宪杜太后

太祖孝惠贺皇后　孝明王皇后

孝章宋皇后　太宗淑德尹皇后

懿德符皇后　明德李皇后

元德李皇后　真宗章怀潘皇后

章穆郭皇后　章献明肃刘皇后

李宸妃　杨淑妃　沈贵妃

仁宗郭皇后　慈圣光献曹皇后

张贵妃　苗贵妃　周贵妃　杨德妃

冯贤妃　英宗宣仁圣烈高皇后

　　周人尊祖之诗曰:"厥初生民,时维姜嫄。"盖推本后稷之所自出,以为王迹之所由基也。宋之兴,虽由先世积累,然至宣祖功业始大。昭宪杜后实生太祖、太宗,内助之贤,母范之正,盖有以开宋世之基业者焉。观其训太祖以《无逸》治天下,至于豫定太宗神器之传,为宗社虑,盖益远矣。厥后慈圣光献曹后拥佑两朝,宣仁圣烈高后垂帘听政,而有元祐之治。南渡而后,若高宗之以母道事隆祐,孝宗奉明慈怡愉之乐,皆足以为百王法程。宋三百余年,外无汉王氏之患,内无唐武、韦之祸,岂不卓然而可尚哉。昭宪垂裕之功,至是茂矣。旧史称昭宪性严毅,有礼法。《易》之《家人》上九曰:"有孚,威如,终吉。"其是之谓欤。作《后妃传》。

　　太祖母昭宪杜太后,定州安喜人也。父爽,赠太师。母范氏,生五子三女,太后居长。既笄,归于宣祖。治家严毅有礼法。生邕王光济、太祖、太宗、秦王廷美、夔王光赞、燕国陈国二长公主。

　　周显德中,太祖为定国军节度使,封南阳郡太夫人。及太祖自陈桥还京师,人走报太后曰:"点检已作天子。"太后曰:"吾儿素有大志,今果然。"太祖即位,尊为皇太后。太祖拜太后于堂上,众皆贺。太后愀然不乐,左右进曰:"臣闻'母以子贵',今子为天子,胡为不乐?"太后曰:"吾闻'为君难',天子置身兆庶之上,若治得其道,则此位可尊;苟或失驭,求为匹夫不可得,是吾所以忧也。"太祖再拜曰:"谨受教。"

　　建隆二年,太后不豫,太祖侍药饵不离左右。疾亟,召赵普入受遗命。太后因问太祖曰:"汝知所以得天下乎?"太祖呜噎不能对。太后固问之,太祖曰:"臣所以得天下者,皆祖考及太后之积庆也。"太后曰:"不然,正由周世宗使幼儿主天下耳。使周氏有长君,天下岂为汝有乎?汝百岁后当传位于汝弟。四海至广,万年至众,能立长君,社稷之福也。"太祖顿首泣曰:"敢不如教。"太后顾谓赵普曰:"尔同记吾言,不可违也。"命普于榻前为约誓书,普于纸尾书"臣普书"。藏之金匮,命谨密宫人掌之。

　　太后崩于滋德殿,年六十,谥曰明宪。葬安陵,神主祔享太庙。乾德二年,更谥昭宪,合祔安陵。

　　太祖孝惠贺皇后,开封人。右千牛卫率府率景思长女也。性温柔恭顺,动以礼法。景思常为军校,与宣祖同居护圣营。晋开运初,宣祖为太祖聘焉。周显德三年，太祖为定国军节度使，封会稽郡夫人。生秦国晋国二公主、魏王德昭。五年，寝疾薨，年三十。建隆三年四月，诏追册为皇后。乾德二年三月，有司上谥曰孝惠。四月，葬安陵西北，神主享于别庙。神宗时，与孝章、淑德、章怀并祔太庙。

孝明王皇后，邠州新平人。彰德军节度饶第三女。孝惠崩，周显德五年，太祖为殿前都点检，聘后为继室。后恭勤不懈，仁慈御下。周世宗赐冠帔，封琅邪郡夫人。

太祖即位，建隆元年八月，册为皇后。常服宽衣，佐御膳，善弹筝鼓琴。晨起，诵佛书。事杜太后得欢心。生子女三人，皆夭。乾德元年十二月崩，年二十二。有司上谥，翰林学士窦仪撰哀册文。二年四月，葬安陵之北。神主享于别庙。太平兴国二年，祔享太庙。

孝章宋皇后，河南洛阳人，左卫上将军偓之长女也。母汉永宁公主。后幼时随母入见，周太祖赐冠帔。乾德五年，太祖召见，复赐冠帔。时偓任华州节度，后随母归镇。孝明后崩，复随母来贺长春节。开宝元年二月，遂纳入宫为皇后，年十七。性柔顺好礼，每帝视朝退，常具冠帔候接，佐御馔。太祖崩，号开宝皇后。

太平兴国二年，居西宫。雍熙四年，移居东宫。至道元年四月崩，年四十四。有司上谥，权殡普济佛舍。三年正月，祔葬永昌陵北。命吏部侍郎李至撰哀册文，神主享于别庙。神宗时，升祔太庙。

太宗淑德尹皇后，相州邺人。滁州刺史廷勋之女。兄崇珂，保信军节度。太宗在周时娶焉。早薨。及帝即位，诏追册为皇后，并谥，葬孝明陵西北。神主享于别庙，后升祔太庙。

懿德符皇后，陈州宛丘人。魏王彦卿第六女也。周显德中，归太宗。建隆初，封汝南郡夫人，进封楚国夫人。太宗封晋王，改越国。开宝八年薨，年三十四。葬安陵西北。帝即位，追册为皇后，谥懿德，

享于别庙。至道三年十一月,诏有司议太宗配,宰相请以后配,诏从
之。奉神主升祔太庙。后姊,周世宗后也,淳化四年殂。

明德李皇后,潞州上党人。淄州刺史处耘第二女。开宝中,太
祖为太宗聘为妃。既纳币,会太祖崩,至太平兴国三年始入宫,年十
九。雍熙元年十二月,诏立为皇后。后性恭谨庄肃,抚育诸子及嫔
御甚厚。尝生皇子,不育。至道二年,封后嫡母吴氏为卫国太夫人,
后改封楚国,及封后母陈氏为韩国太夫人。

太宗崩,真宗即位。至道三年四月,尊后为皇太后,居西宫嘉庆
殿。咸平二年,宰相请别建宫立名,从之。四年宫成,移居之,仍上
宫名曰万安。景德元年崩,年四十五。谥明德。权殡沙台。三年十
月,祔葬永熙陵。礼官请以懿德、明德同祔太宗庙室,以先后为次,
从之。

李贤妃,真定人,乾州防御使英之女也。太祖闻妃有容德,为太
宗聘之。开宝中,封陇西郡君。太宗即位,进夫人。生皇女二人,皆
早亡,次生楚王元佐。妃尝梦日轮逼己,以裙承之,光耀遍体,惊而
悟,遂生真宗。太平兴国二年薨,年三十四。

真宗即位,追封贤妃,又进上尊号为皇太后。有司上谥曰元德。
咸平三年,祔葬永熙陵。以中书侍郎、平章事李沆为园陵使。车驾
诣普安院攒宫,素服行礼,拜伏呜咽。命驾部郎中、知制诰梁周翰撰
哀册。神主祔别庙。

大中祥符元年,追赠后父英检校太尉、安国军节度、常山郡王,
母魏国太夫人。大中祥符三年,礼官赵湘请以后祔太宗庙室。真宗
曰:“此重事也,俟令礼官议之。”六年秋,宰相王旦与群臣表请后尊
号中去“太”字,升祔太庙明德之次,从之。

真宗章怀潘皇后,大名人,忠武军节度美第八女。真宗在襄邸,
太宗为聘之,封莒国夫人。端拱二年五月薨,年二十二。真宗即位,

追册为皇后，谥庄怀，葬永昌陵之侧，陵名保泰。神主享于别庙。旧制后谥冠以帝谥。庆历中，礼官言，"孝"字连太祖谥，"德"字连太宗谥。遂改"庄"为"章"，以连真宗谥云。

章穆郭皇后，太原人，宣徽南院使守文第二女。淳化四年，真宗在襄邸，太宗为聘之。封鲁国夫人，进封秦国。真宗嗣位，立为皇后。景德四年，从幸西京还，以疾崩，年三十二。后谦约惠下，性恶奢靡。族属入谒禁中，服饰华侈，必加戒勖。有以家事求言于上者，后终不许。兄子出嫁，以贫欲祈恩赉，但出装具给之。上尤加礼重。及崩，上深嗟悼。礼官奏皇帝七日释服，特诏增至十三日。太常上谥曰庄穆。灵驾发引，命翰林学士杨亿撰哀册。葬永熙陵之西北，神主享于别庙。以后弟崇仪副使崇仁为庄宅使、康州刺史，侄承庆、承寿皆迁官。大中祥符中，封后母高唐郡太夫人梁氏莱国太夫人。仁宗即位，升祔真宗庙室，改谥章穆。

章献明肃刘皇后，其先家太原，后徙益州，为华阳人。祖延庆，在晋、汉间为右骁卫大将军；父通，虎捷都指挥使、嘉州刺史，从征太原，道卒。后，通第二女也。

初，母庞梦月入怀，已而有娠，遂生后。后在襁褓而孤，鞠于外氏。善播鼗。蜀人龚美者，以锻银为业，携之入京师。后年十五入襄邸，王乳母秦国夫人性严整，因为太宗言之，令王斥去。王不得已，置之王宫指使张耆家。太宗崩，真宗即位，入为美人。以其无宗族，乃更以美为兄弟，改姓刘。大中祥符中，为修仪，进德妃。

自章穆崩，真宗欲立为皇后，大臣多以为不可，帝卒立之。李宸妃生仁宗，后以为己子，与杨淑妃抚视甚至。后性警悟，晓书史，闻朝廷事，能记其本末。真宗退朝，阅天下封奏，多至中夜，后皆预闻。宫闱事有问，辄传引故实以对。

天禧四年，帝久疾居宫中，事多决于后。宰相寇准密议奏请皇太子监国，以谋泄罢相，用丁谓代之。既而，入内都知周怀政谋废后杀谓，复用准以辅太子。客省使杨崇勋、内殿承制杨怀吉诣谓告，谓夜乘犊车，挟崇勋、怀吉造枢密使曹利用谋。明日，诛怀政，贬准衡州司马。于是诏皇太子开资善堂，引大臣决天下事，后裁制于内。

真宗崩，遗诏尊后为皇太后，军国重事，权取处分。谓等请太后御别殿，太后遣张景宗、雷允恭谕曰："皇帝视事，当朝夕在侧，何须别御一殿？"于是请帝与太后五日一御承明殿，帝位左，太后位右，垂帘决事。议已定，太后忽出手书，第欲禁中阅章奏，遇大事即召对辅臣。其谋出于丁谓，非太后意也。谓既贬，冯拯等三上奏，请如初议。帝亦以为言，于是始同御承明殿。百官表贺，太后哀恸。有司请制令称"吾"，以生日为长宁节，出入御大安辇，鸣鞭侍卫如乘舆。令天下避太后父讳。群臣上尊号曰应元崇德仁寿慈圣太后，御文德殿受册。

天圣五年正旦，太后御会庆殿。群臣及契丹使者班廷中，帝再拜跪上寿。是岁郊祀前，出手书谕百官，毋请加尊号。礼成，帝率百官恭谢如元日。七年冬至，天子又率百官上寿，范仲淹力言其非，不听。九月，诏长宁节百官赐衣，天下赐宴，皆如乾元节。

明道元年冬至，复御文德殿。有司陈黄麾仗，设宫架、登歌、二舞。明年，帝亲耕籍田，太后亦谒太庙，乘玉辂，服祎衣、九龙花钗冠，斋于庙。质明，服衮衣，十章，减宗彝、藻，去剑，冠仪天，前后垂珍翠十旒。荐献七室，皇太妃亚献，皇后终献。加上尊号曰应天齐圣显功崇德慈仁保寿太后。

是岁崩，年六十五。谥曰章献明肃，葬于永定陵之西北。旧制皇后皆二谥，称制，加四谥自后始。追赠三世皆至太师、尚书令、兼中书令，父封魏王。

初，仁宗即位尚少，太后称制，虽政出宫闱，而号令严明，恩威加天下。左右近习亦少所假借，宫掖间未尝妄改作。内外赐与有节，柴氏、李氏二公主入见，犹服髲髢。太后曰："姑老矣。"命左右赐以珍玑帕首。时润王元份妇安国夫人李氏老，发且落，见太后，亦请帕首。太后曰："大长公主，太宗皇帝女，先帝诸妹也；若赵家老妇，宁可比耶？"旧赐大臣茶，有龙凤饰，太后曰："此岂人臣可得？"命有司别制入香京挺以赐之。赐族人御食，必易以扣器，曰："尚方器勿使入吾家也。"常服绯𫄧练裙，侍者见仁宗左右簪珥珍丽，欲效之。太后戒曰："彼皇帝嫔御饰也，汝安得学。"

先是，小臣方仲弓上书，请依武后故事，立刘氏庙，而程琳亦献《武后临朝图》，后掷其书于地曰："吾不作此负祖宗事。"有漕臣刘绰者，自京西还，言在庾有出剩粮千余斛，乞付三司。后问曰："卿识王曾、张知白、吕夷简、鲁宗道乎？此四人岂因献羡余进哉！"

后称制凡十一年，自仁宗即位，乃谕辅臣曰："皇帝听断之暇，宜诏名儒讲习经史，以辅其德。"于是设幄崇政殿之西庑，而日命近臣侍讲读。

丁谓、曹利用既以侮权贬窜，而天下惕然畏之。晚稍进外家，任内宫罗崇勋、江德明等访外事，崇勋等以此势倾中外。兄子从德死，姻戚、门人，厮役拜官者数十人。御史曹修古、杨偕、郭劝、段少连论奏，太后悉逐之。

太后保护帝既尽力，而仁宗所以奉太后亦甚备。上春秋长，犹不知为宸妃所出，终太后之世无毫发间隙焉。及不豫，帝为大赦，悉召天下医者驰传诣京师。诸尝为太后谪者皆内徙，死者复其官。其后言者多追诋太后时事，范仲淹以为言，上曰："此朕所不忍闻也。"下诏戒中外毋辄言。

于是泰宁军节度使钱惟演请以章献、章懿与章穆并祔真宗室。诏三省与礼院议，皆以谓章穆皇后位崇中壸，已祔真宗庙室，自协一帝一后之文；章献明肃处坤元之尊，章懿感日符之贵，功德莫与为比，谓宜崇建新庙，同殿异室，岁时荐馔，一用太庙之仪，仍别立庙名，以崇世享。翰林学士冯元等请以奉慈为名，诏依。庆历五年，礼院言章献、章懿二后，请遵国朝懿德、明德、元德三后同祔太宗庙室故事，迁祔真宗庙。诏两制议，翰林学士王尧臣等议，请迁二后祔，序于章穆之次，从之。

李宸妃，杭州人也。祖延嗣，仕钱氏，为金华县主簿；父仁德，终左班殿直。初入宫，为章献太后侍儿，庄重寡言，真宗以为司寝。既有娠，从帝临砌台，玉钗坠，妃恶之。帝心卜：钗完，当为男子。左右取以进，钗果不毁，帝甚喜。已而生仁宗，封崇阳县君；复生一女，不育。进才人，后为婉仪。仁宗即位，为顺容，从守永定陵。章献太后使刘美、张怀德为访其亲属，得其弟用和，补三班奉职。

初，仁宗在襁褓，章献以为己子，使杨淑妃保视之。仁宗即位，妃嘿处先朝嫔御中，未尝自异。人畏太后，亦无敢言者。终太后世，仁宗不自知为妃所出也。

明道元年，疾革，进位宸妃，薨，年四十六。

初，章献太后欲以宫人礼治丧于外，丞相吕夷简奏礼宜从厚。太后遽引帝起，有顷，独坐帘下，召夷简问曰："一宫人死，相公云云，何欤？"夷简曰："臣待罪宰相，事无内外，无不当预。"太后怒曰："相公欲离间吾母子耶！"夷简从容对曰："陛下不以刘氏为念，臣不敢言；尚念刘氏，则丧礼宜从厚。"太后悟，遽曰："宫人，李宸妃也，且奈何？"夷简乃请治丧用一品礼，殡洪福寺。夷简又谓入内都知罗崇勋曰："宸妃当以后服殓，用水银实棺，异时勿谓夷简未尝道及。"崇勋如其言。

后章献太后崩，燕王为仁宗言："陛下乃李宸妃所生，妃死以非命。"仁宗号恸顿毁，不视朝累日，下哀痛之诏自责。尊宸妃为皇太后，谥庄懿。幸洪福寺祭告，易梓宫，亲哭视之，妃玉色如生，冠服如皇太后，以水银养之，故不坏。仁宗叹曰："人言其可信哉！"遇刘氏加厚。陪葬永定陵，庙曰奉慈。又即景灵宫建神御殿，曰广孝。庆历中，改谥章懿，升祔太庙。拜用和为彰信军节度使、检校侍中，宠赉甚渥。即而追念不已，顾无以厚其家，乃以福康公主下嫁用和之子玮。

杨淑妃，益州郫人。祖瑙，父知俨，知俨弟知信，隶禁军，为天武副指挥使。

妃年十二入皇子宫。真宗即位,拜才人,又拜婕妤,进婉仪,仍诏婉仪升从一品,位昭仪上。帝东封、西祀,凡巡幸皆从。章献太后为修仪,妃与之位几埒。而妃通敏有智思,奉顺章献无所忤,章献亲爱之。故妃虽贵幸,终不以为己间,后加淑妃。真宗崩,遗制以为皇太后。

始,仁宗在乳褓,章献使妃护视,凡起居饮食必与之俱,所以拥佑扶持,恩意勤备。及帝即位,尝召其侄永德见禁中,欲授以诸司副使。妃辞曰:"小儿岂胜大恩,小官可也。"更命为右侍禁。

章献遗诰尊为皇太后,居宫中,与皇帝同议军国事。阁门趣百僚贺,御史中丞蔡齐目台吏毋追班,乃入白执政曰:"上春秋长,习知天下情伪,今始亲政事,岂宜使女后相继称制乎?"乃诏删去遗诰"同议军国事"语,第存后号。奉缗钱二万助汤沐,后名其所居宫曰保庆,称保庆皇太后。

景祐三年,无疾而薨,年五十三。殡于皇仪殿。帝思其保护之恩,命礼官议加服小功。

初,仁宗未有嗣,后每劝帝择宗子近属而贤者,养于宫中,其选即英宗也。英宗立,言者谓礼慈母于子祭,于孙止,请废后庙,瘗其主园陵。英宗弗欲遽也,下有司议,未上,会帝崩,遂罢。后父祖皆累赠至一品,知信赠节度使。知信子景宗,见《外戚传》。

沈贵妃,宰相伦之孙,父继宗,光禄少卿。大中祥符初,以将相家子被选。初为才人,历美人、婕妤、充媛,至德妃。为人淑俭不华,帝亦以妃家世故,待之异众。长秋虚位,帝欲立之,有从中沮之者,不果。嘉祐末,进贵妃。熙宁九年死薨,年八十三。许出殡其家,车驾临奠,辍视朝三日,谥昭静。

仁宗郭皇后,其先应州金城人。平卢军节度使崇之孙也。天圣二年,立为皇后。

初,帝宠张美人,欲以为后,章献太后难之。后既立,而颇见疏。

其后尚美人、杨美人俱幸,数与后忿争。一日,尚氏于上前有侵后语,后不胜忿,批其颊,上自起救之,误批上颈,上大怒。入内都知阎文应因与上谋废后,且劝帝以爪痕示执政。上以示吕夷简,且告之故,夷简亦以前罢相怨后,乃曰:"古亦有之。"后遂废。诏封为净妃、玉京冲妙仙师,赐名清悟,居长乐宫。

于是中丞孔道辅、谏官御史范仲淹段少连等十人伏阁言:"后无过,不可废。"道辅等俱被黜责。景祐元年,出居瑶华宫,而尚美人亦废于洞真宫入道,杨美人别宅安置。又赐后号金庭教主、冲静元师。后帝颇念之,遣使存问,赐以乐府,后和答之,辞甚怆惋。帝尝密令召入,后曰:"若再见召者,须百官立班受册方可。"属小疾,遣文应挟医诊视,数日,乃言后暴薨。中外疑阎文应进毒,而不得其实。上深悼之,追复皇后,而停谥册祔庙之礼。

慈圣光献曹皇后,真定人,枢密使周武惠王彬之孙也。明道二年,郭后废,诏聘入宫。景祐元年九月,册为皇后。性慈俭,重稼穑,常于禁苑种谷,亲蚕善飞帛书。

庆历八年闰正月,帝将以望夕再张灯,后谏止。后三日,卫卒数人作乱,夜越屋叩寝殿。后方侍帝,闻变遽起。帝欲出,后闭阁拥持,趣呼都知王守忠使引兵入。贼伤宫嫔殿下,声彻帝所,宦者以乳妪欧小女子给奏,后叱之曰:"贼在近杀人,敢妄言耶!"后度贼必纵火,阴遣人挈水踵其后,果举炬焚帘,水随灭之。是夕,所遣宦侍,后皆亲剪其发,谕之曰:"明日行赏,用是为验。"故争尽死力,贼即禽灭。阁内姜与卒乱当诛,祈哀幸姬,姬言之帝,贷其死。后具衣冠见,请论如法,曰:"不如是,无以肃清禁掖。"帝命坐,后不可,立请,移数刻,卒诛之。

张妃怙宠上僭,欲假后盖出游。帝使自来请,后与之,无靳色。妃喜,还以告,帝曰:"国家文物仪章,上下有秩,汝张之而出,外廷不汝置。"妃不怿而辍。

英宗方四岁,育禁中,后拊鞠周尽;迨入为嗣子,赞策居多。帝夜暴疾崩，后悉敛诸门钥置于前，召皇子入。及明，宰臣韩琦等至，奉英宗即位，尊后为皇太后。

帝感疾，请权同处分军国事，御内东门小殿听政。大臣日奏事有疑未决者，则曰"公辈更议之"，未尝出己意。颇涉经史，多援以决事。中外章奏日数十，一一能纪纲要。检柅曹氏及左右臣仆，毫分不以假借，宫省肃然。

明年夏，帝疾益愈，即命撤帘还政，帝持书久不下，及秋始行之。敕有司崇峻典礼，以弟佾同中书门下平章事。神宗立，尊为太皇太后，名宫曰庆寿。帝致极诚孝，所以承迎娱悦，无所不尽，从行登玩，每先后策披。后亦慈爱天至，或退朝稍晚，必自至屏扆候瞩，间亲持膳饮以食帝。外家男子，旧毋得入谒。后春秋高，佾亦老，帝数言宜使入见，辄不许。他日，佾侍帝，帝复为请，乃许之，因偕诣后阁。少焉，帝先起，若令佾得伸亲亲意。后遽曰："此非汝所当得留。"趣遣出。

晚得水疾，侍医莫能治。元丰二年冬，疾甚，帝视疾寝门，衣不解带。旬日崩，年六十四。帝推恩曹氏，拜佾中书令，进官者四十余人。

初，王安石当国，变乱旧章，后乘间语神宗，谓祖宗法度不宜轻改。熙宁宗祀前数日，帝至后所，后曰："吾昔闻民间疾苦，必以告仁宗，因赦行之，今亦当尔。"帝曰："今无他事。"后曰："吾闻民间甚苦青苗、助役，宜罢之。安石诚有才学，然怨之者甚众，帝欲爱惜保全之，不若暂出之于外。"帝悚听，垂欲止，复为安石所持，遂不果。

帝尝有意于燕蓟，已与大臣定议，乃诣庆寿宫白其事。后曰："储蓄赐予备乎？铠仗士卒精乎？"帝曰："固已办之矣。"后曰："事体至大，吉凶悔吝生乎动，得之不过南面受贺而已；万一不谐，则生灵所系，未易以言。苟可取之，太祖、太宗收复久矣，何待今日。"帝曰："敢不受教。"

苏轼以诗得罪，下御史狱，人以为必死。后违豫中闻之，谓帝曰："尝忆仁宗以制科得轼兄弟，喜曰：'吾为子孙得两宰相。'今闻轼以作诗系狱,得非仇人中伤之乎？据至于诗,其过微矣。吾疾势已笃,不可以冤滥致伤中和,宜熟察之。"帝涕泣,轼由此得免。及崩,帝哀慕毁瘠,殆不胜丧。有司上谥,葬于永昭陵。

张贵妃,河南永安人也。祖颖,进士弟,终建平令。父尧封,亦举进士,为石州推官卒。时尧封兄尧佐补蜀官,尧封妻钱氏求挈孤幼随之官,尧佐不收恤,以道远辞。妃幼无依,钱氏遂纳于章惠皇后宫寝。长得幸,有盛宠。妃巧慧多智数,善承迎,势动中外。庆历元年,封清河郡君,岁中为才人,迁修媛。忽被疾,曰："妾姿薄,不胜宠名,愿为美人。"许之。皇祐初,进贵妃。后五年薨,年三十一。仁宗哀悼之,追册为皇后,谥温成。追封尧封清河郡王,谥景思。而尧佐因缘侥幸,致位通显云。

苗贵妃,开封人。父继宗。母许,先为仁宗乳保,出嫁继宗。帝登位,得复通籍。妃以容德入侍,生唐王昕、福康公主。封仁寿郡君,拜才人、昭容、德妃。英宗育于禁中,妃拥祐颇有恩。既践阼,畴其前劳,进贵妃。赠其父至太师、吴国公,母陈、楚国夫人。福康下嫁,当贶恩外家,抑不肯言。元祐六年薨,年六十九。哲宗辍朝,出奠,发哀苑中,谥曰昭节。

周贵妃,开封人。生四岁,从其姑入宫,张贵妃育为女。稍长,遂得侍仁宗,生两公主。帝崩,妃日一疏食,屏处一室,诵佛书,困则假寐,觉则复诵,昼夜不解衣者四十年。公主下嫁钱景臻、郭献卿。连进至贤妃,徽宗立,加贵妃。历五朝,勤约一致。启寿藏于周氏茔南,傍建僧屋,费缗钱六万,皆贮储奉赐。郭公主先亡,诏许出外第,与亲戚相往来。年九十三薨,谥昭淑。

杨德妃,定陶人。天圣中,以章献太后姻连,选为御侍,封原武郡君,进美人。端丽机敏,妙音律,组纴、书艺一过目如素习。父忠为侍禁，仁宗欲加奖擢，辞曰："外官当积劳以取贵，今以恩泽徼幸，恐启左右诐谒之端。"帝悦，命徙居肃仪殿。赠其祖贵州刺史，而官其叔弟五人。积与郭后不相能，后既废，妃亦遣出。后复召为婕妤，历修媛、修仪。熙宁五年薨，年五十四。赠德妃。

冯贤妃，东平人。曾祖炳，知杂御史；祖起，兵部侍郎。妃以良家女，九岁入宫。及长，得侍仁宗，生邢、鲁国二公主。封始平郡君。帝将登其品秩，力辞不拜。养女林美人得幸神宗，生二王而没。王尚幼，妃保育如己子。累加才人、婕妤、修容。在禁掖几六十年，始终五朝，动循礼度。薨，年七十七，赠贤妃。

英宗宣仁圣烈高皇后，亳州蒙城人。曾祖琼，祖继勋，皆有勋王室，至节度使。母曹氏，慈圣光献妃姊也，故后少鞠宫中。时英宗亦在帝所，与后年同，仁宗谓慈圣，异日必以为配。既长，遂成昏濮邸。生神宗皇帝、岐王颢、嘉王頵、寿康公主。治平二年册为皇后。

后弟殿内崇班士林，供奉久，帝欲迁其官，后谢曰："士林获升朝籍，分量已过，岂宜援先后家比？"辞之。神宗立，尊为皇太后，居宝慈宫。帝累欲为高氏营大第，后不许。久之，但斥望春门外隙地以赐，凡营缮百役费，悉出宝慈，不调大农一钱。

元丰八年，帝不豫，浸剧，宰执王珪等入问疾，乞立延安郡王为皇太子，太后权同听政，帝颔之。珪等见太后帘下。后泣，抚王曰："儿孝顺，自宫家服药，未尝去左右，书佛经以祈福，喜学书，已诵《论语》七卷，绝不好弄。"乃令王出帝外见珪等，珪等再拜谢且贺。是日降制，立为皇太子。初，岐、嘉二王日问起居，至是，令毋辄入。又阴敕中人梁惟简，使其妻制十岁儿一黄袍，怀以来，盖密为践阼仓卒备也。

哲宗嗣位，尊为太皇太后。驿召司马光、吕公著，未至，迎问今日设施所宜先。未及条上，已散遣修京城役夫，减皇城觇卒，止禁庭工技，废导洛司，出近侍尤亡状者。戒中外母苛敛，宽民间保户马。

事由中旨，王珪等弗预知。又起文彦博于既老，遣使劳诸途，谕以复祖宗法度为先务，且令疏可用者。

从父遵裕坐西征失律抵罪，蔡确欲献谀以固位，乞复其官。后曰："遵裕灵武之役，涂炭百万，先帝中夜得报，起环榻行，彻旦不能寐，圣情自是惊悸，驯至大故，祸由遵裕，得免刑诛，幸矣。先帝肉未冷，吾何敢顾私恩而违天下公议！"确慄栗而止。

光、公著至，并命为相，使同心辅政，一时知名士汇进于廷。凡熙宁以来政事便者，次第罢之。于是以常平旧式改青苗，以嘉祐差役参募役，除市易之法，道茶盐之禁，举边砦不毛之地以赐西戎，而宇内复安。契丹主戒其臣下，复勿生事于疆场，曰："南朝尽行仁宗之政矣。"

蔡确坐《车盖亭诗》谪岭表，后谓大臣曰："元丰之末，吾以今皇帝所书佛经出示人，是时惟王珪曾奏贺，遂定储极。且以子继父，有何间言？而确自谓有定策大功，妄扇事端，规为异时眩惑地。吾不忍明言，姑托讪上为名逐之耳。此宗社大计，奸邪怨谤所不暇恤也。"

廷试举人，有司请循天圣故事，帝后皆御殿，后止之。又请受册宝于文德，后曰："母后当阳，非国家美事，况天子正衙，岂所当御？就崇政足矣。"上元灯宴，后母当入观，止之曰："夫人登楼，上必加礼，是由吾故而越典制，于心殊不安。"但令赐之灯烛，遂岁以为常。

侄公绘、公纪当转观察使，力遏之。帝请至再，仅迁一秩，终后之世不敢改。又以官冗当汰，诏损外氏恩四之一，以为宫掖先。临政九年，朝廷清明，华夏绥定。

宋用臣等既被斥，祈神宗乳媪入言之，冀得复用。后见其来，曰："汝来何为？得非为用臣等游说乎？且汝尚欲如曩日，求内降干挠国政耶？若复尔，吾即斩汝。"媪大惧，不敢出一言。自是内降遂绝，力行故事，抑绝外家私恩。文思院奉上之物，无问巨细，终身不取其一。人以为女中尧舜。

元祐八年九月，属疾崩，年六十二。后二年，章惇、蔡卞、邢恕始造为不根之谤，皇太后、太妃力辨其诬，事乃已。语在《恕传》。至高宗时，昭暴悖、卞、恕罪，褒录后家，赠曹夫人为魏、鲁国夫人，弟士逊、士林及公绘、公纪皆追王，擢从孙世则节度使。他受恩者，又十余人云。

宋史卷二四三
列传第二

后妃下

神宗钦圣献肃向皇后　　钦成朱皇后
钦慈陈皇后　林贤妃　武贤妃
哲宗昭慈孟皇后　　昭怀刘皇后
徽宗显恭王皇后　　郑皇后　　王贵妃
韦贤妃　乔贵妃　刘贵妃
钦宗朱皇后　　高宗宪节邢皇后
宪圣慈烈吴皇后　　潘贤妃　　张贤妃
刘贵妃　刘婉仪　张贵妃
孝宗成穆郭皇后　　成恭夏皇后
成肃谢皇后　　蔡贵妃　　李贤妃
光宗慈懿李皇后　　黄贵妃
宁宗恭淑韩皇后　　恭圣仁烈杨皇后
理宗谢皇后　　度宗全皇后　　杨淑妃

神宗钦圣宪肃向皇后，河内人，故宰相敏中曾孙也。治平三年，归于颖邸，封安国夫人。神宗即位，立为皇后。

帝不豫，后赞宣仁后定建储之议。哲宗立，尊为皇太后。宣仁命葺庆寿故宫以居后，后辞曰："安有姑居西而妇处东，渎上下之分。"不敢徙，遂以庆寿后殿为隆祐宫居之。帝将卜后及诸王纳妇，后敕向族勿以女置选中。族党有欲援例以恩换阁职，及为选人求京秩者，且言有特旨，后曰："吾族未省用此例，何庸以私情挠公法。"一不与。帝仓卒晏驾，独决策迎端王。章惇异议，不能沮。

徽宗立，请权同处分军国事，后以长君辞。帝泣拜，移时乃听。凡绍圣、元符以还，惇所斥逐贤大夫士，稍稍收用之。故事有如御正殿、避家讳、立诞节之类，皆不用。至闻宾召故老、宽徭息兵、爱民崇俭之举，则喜见于色。才六月，即还政。

明年正月崩，年五十六。帝追念不已，乃数加恩两舅，宗良、宗回，皆位开府仪同三司，封郡王。而自敏中以上三世，亦追列王爵，非常典也。

钦成朱皇后，开封人。父崔杰，早世；母李，更嫁朱士安。后鞠于所亲任氏。熙宁初，入宫为御侍，进才人、婕妤，生哲宗及蔡王以、徐国公主，累进德妃。

哲宗即位，尊为皇太妃。时宣仁、钦圣二太后皆居尊，故称号未极。元祐三年，宣仁诏：《春秋》之义，"母以子贵"，其寻绎故实，务致优隆。于是舆盖、仗卫、冠服，悉侔皇后。绍圣中，钦圣复命即阁建殿，改乘车为舆，出入由宣德东门，百官上笺称"殿下"，名所居为圣瑞宫。赠崔、任、朱三父皆至师、保。徽宗立，奉礼尤谨。

崇宁元年二月薨，年五十一。追册为皇后，上尊谥，陪葬永裕陵。

钦慈陈皇后，开封人。幼颖悟庄重，选入掖庭，为御侍。生徽宗，进美人。帝崩，守陵殿，思顾旧恩，毁瘠骨立。左右进粥、药，挥使去，曰："得早侍先帝，愿足矣！"未几薨，年三十二。建中靖国元年，追册为皇太后,上尊谥,陪葬永裕陵。

林贤妃,南剑人,三司使特之孙,司农卿洙之女。幼选入宫,既长,遂得幸,封永嘉郡君,升美人。生燕王俣、越王偲、邢国公主,进婕好。元祐五年薨。诏用一品礼葬,赠贵仪,又赠贤妃。

武贤妃,始以选入宫。元丰五年,进才人。生吴王佖、贤和公主。历美人、婕好。徽宗即位,进昭仪、贤妃。大观元年薨,乘舆临奠,辍朝三日,谥曰惠穆。

哲宗昭慈圣献孟皇后,洺州人,眉州防御使、马军都虞候、赠太尉元之孙女也。

初,哲宗即长,宣仁高太后历选世家女百余入宫。后年十六,宣仁及钦圣向太后皆爱之,教以女仪。元祐七年,谕宰执:“孟氏子能执妇礼,宜正位中宫。”命学士草制。又以近世礼仪简略,诏翰林、台谏、给舍与礼官议册后六礼以进。至是,命尚书左仆射吕大防摄太尉,充奉迎使,同知枢密院韩忠彦摄司徒副之;尚书左丞苏颂摄太尉,充发策使,签书枢密院事王岩叟摄司徒副之;尚书右丞苏辙摄太尉,充告期使,皇叔祖同知大宗正事宗景摄宗正卿副之;皇伯祖判大宗正事高密郡王宗晟摄太尉,充纳成使,翰林学士范百禄摄宗正卿副之;吏部尚书王存摄太尉,充纳吉使,权户部尚书刘奉世摄宗正卿副之;翰林学士梁焘摄太尉,充纳采、问名使,御史中丞郑雍摄宗正卿副之。帝亲御文德殿册为皇后。宣仁太后语帝曰:“得贤内助,非细事也。”进后父阁门祗候在为崇仪使、荣州刺史,母王氏华原郡君。

久之,刘婕好有宠。绍圣三年,后朝景灵宫,讫事,就坐,诸嫔御立侍,刘独背立帘下,后阁中陈迎儿呵之,不顾,阁中皆忿。冬至日,会朝钦圣太后于隆祐宫,后御坐朱髹金饰,宫中之制,惟后得之。婕好在他坐,有愠色,从者为易坐,制与后等。众弗能平,因传唱曰:

"皇太后出!"后起立,刘亦起,寻各复其所,或已撤婕妤坐,遂仆于地。怼不复朝,泣诉于帝。内侍郝随谓婕妤曰:"毋以此戚戚,愿为大家早生子,此坐正当为婕妤有也。"

会后女福庆公主疾,后有姊颇知医,尝已后危疾,以故出入禁掖。公主药弗效,持道家治病符水入治。后惊曰:"姊宁知宫中禁严,与外间异邪?"令左右藏之;俟帝至,具言其故。帝曰:"此人之常情耳。"后即热符于帝前。宫禁相传,厌魅之端作矣。未几,后养母听宣夫人燕氏、尼法端与供奉官王坚为后祷祠。事闻,诏入内押班梁从政、管当御药院苏珪,即皇城司鞫之,捕逮宦者、宫妾几三十人,搒掠备至,肢体毁折,至有断舌者。狱成,命侍御史董敦逸覆录,罪人过庭下,气息仅属,无一人能出声者。敦逸秉笔疑未下,郝随等以言胁之。敦逸畏祸及己,乃以奏牍上。诏废后,出居瑶华宫,号华阳教主、玉清妙静仙师,法名冲真。

初,章惇诬宣仁后有废立计,以后逮事宣仁,惇又阴附刘贤妃,欲请建为后,遂与郝随构成是狱,天下冤之。敦逸奏言:"中宫之废,事有所因,情有可察。诏下之日,天为之阴翳,是天不欲废后也;人为之流涕,是人不欲废后也。"且言:"尝覆录狱事,恐得罪天下后世。"帝曰:"敦逸不可更在言路。"曾布曰:"陛下本以皇城狱出于近习推治,故命敦逸录问,今乃贬录问官,何以取信中外?"乃止。帝久亦悔之,曰:"章惇误我。"

元符末,钦圣太后将复后位,适有布衣上书,以后为言者,即命以官;于是诏后还内,号元祐皇后,时刘号元符皇后故也。崇宁初,郝随讽蔡京再废后,昌州判官冯澥上书言后不得复。台臣钱遹、右豫左肤等连章论韩忠彦等信一布衣狂言,复已废之后,以掠虚美,望断以大义。蔡京与执政许将、温益、赵挺之、张商英皆主其说。徽宗从之,诏依绍圣诏旨,复居瑶华宫,加赐希微元通知和妙静仙师。

靖康初,瑶华宫火,徙居延宁宫;又火,出居相国寺前之私第。金人围汴,钦宗与近臣议再复后,尊为元祐太后。诏未下而京城陷。时六宫有位号者皆北迁,后以废独存。张邦昌僭位,尊后为宋太后,

迎居延福宫,受百官朝。胡舜陟、马伸又言,政事当取后旨。邦昌乃
复上尊号元祐皇后,迎入禁中,垂帘听政。

后闻康王在济,遣尚书左右丞冯澥、李回及兄子忠厚持书奉
迎。命副都指挥使郭仲荀将所部扈卫,又命御营前军统制张俊逆于
道。寻降手书,播告天下。王至南京,后遣宗室士㒟及内侍邵成章
奉圭宝、乘舆、服御迎,王即皇帝位,改元,后以是日撤帘,尊后为元
祐太后。尚书省言,"元"字犯后祖名,请易以所居宫名,遂称隆祐太
后。

上将幸扬州,命仲荀卫太后先行,驻扬州州治。会张浚请先定
六宫所居地,遂诏忠厚奉太后幸杭州,以苗傅为扈从统制。逾年,傅
与刘正彦作乱,请太后听政,又请立皇子。太后谕之曰:"自蔡京、王
黼更祖宗法,童贯起边事,致国家祸乱。今皇帝无失德,止为黄潜
善、汪伯彦所误,皆已逐矣。"傅等言必立皇太子,太后曰:"今强敌
在外,我以妇人抱三岁小儿听政,将何以令天下?"傅等泣请,太后
力拒之。帝闻事急,诏禅位元子,太后垂帘听政。朱胜非请令臣僚
得独对论机事,仍日引傅党一人上殿,以释其疑。太后从之,每见傅
等,曲加慰抚,傅等皆喜。韩世忠妻梁氏在傅军中,胜非以计脱之,
太后召见,勉令世忠速来,以清岩陛。梁氏驰入世忠军,谕太后意。
世忠等遂引兵至,逆党惧。朱胜梁非等诱以复辟,命王世修草状进
呈。太后喜曰:"吾责塞矣。"再以手札趣帝还宫,即欲撤帘。帝令胜
非请太后一出御殿,乃命撤帘。是日,上皇太后尊号。

太后闻张浚忠义,欲一见之,帝为召浚至禁中。承议郎冯楫尝
贻书苗傅劝复辟,上未之知,太后白其事,楫得迁秩。

帝幸建宁,命金书枢密院事郑瑴卫太后继发,比至,帝率群
臣迎于郊。会防秋迫,命刘宁止制置江、浙,卫太后往洪州,百司非
预军事者悉从。仍命滕康、刘珏权知三省枢密院事从行,凡四方奏
谳、吏部差注、举辟、功赏之类,皆隶焉。复命四厢都指挥使杨惟忠,
将兵万人卫从。帝虑敌人来侵,密谕康、珏缓急取太后旨,便宜以
行。过落星寺,舟覆,宫人溺死者十数,惟太后舟无虞。

即到洪州，议者言："金人自蕲、黄渡江，陆行二百余里，即到洪州。"帝忧之，命刘光世屯江州。光世不为备，金人遂自大冶县径趣洪州。康、珏奉太后行，次吉州。金人追急，太后乘舟夜行。质明，至太和县，舟人景信反，杨惟忠兵溃，失宫人一百六十，康、珏俱遁，兵卫不满百，遂往虔州。太后及潘妃以农夫肩舆而行。帝虑太后径入闽、广，遣使历询后所在，及知在虔州，遂命中书舍人李正民来朝谒。

时虔州府库皆空，卫军所给，惟得沙钱，市买不售，与百姓交斗，纵火肆掠。土豪陈新率众围城，康、珏、惟忠弗能禁。惟忠步将胡友自外引兵破新于城下，新乃去。帝闻，罢康、珏，命卢益、李回代之。谕辅臣曰："朕初不识太后，自迎至南京，爱朕不啻己出。今在数千里外，兵马惊扰，当亟奉迎，以惬朕朝夕慕念之意。"遂遣御营司都统辛企宗、带御器械潘永思迎归。太后至越，帝亲迎于行宫门外，遍问所过守臣治状。

入宫禁中，尝微苦风眩。有宫人自言善符咒，疾良已。太后惊曰："吾岂敢复闻此语耶！"立命出之。太后生辰，置酒宫中，从容谓帝曰："宣仁太后之贤，古今母后未有其比。昔奸臣肆为谤诬，虽尝下诏明辨，而国史尚未删定，岂足传信？吾意在天之灵，不无望于帝也。"帝闻之悚然。后乃更修《神宗》、《哲宗实录》，始得其正，而奸臣情状益著。

帝事太后极孝，虽帷帐皆亲视；或得时果，必先献太后，然后敢尝。宣教郎范焘与忠厚有憾，诬与太后密养钦宗子。帝曰："朕于太后如母子，安得有此。"即治其罪。绍兴五年春，患风疾，帝旦暮不离左右，衣弗解带者连夕。

四月，崩于行宫之西殿，年五十九。遗命择地攒殡，俟军事宁，归葬园陵。帝诏曰："朕以继体之重，当从重服，凡丧祭用母后临朝礼。"上尊号曰昭慈献烈皇太后，推恩外家凡五十人。殡于会稽上皇村，附神主于哲宗室，位在昭怀皇后上。三年，改谥昭慈圣献。

后性节俭谦谨，有司月供千缣而止。幸南昌，斥卖私绢三千匹充费。寻诏文书应奏者避后父名,不许;群臣请上太皇太后号,亦不许。忠厚直显谟阁,台谏、给舍交章论列,后闻,即令易武,命学士院降诏,戒敕忠厚等不得预闻朝政、通贵近、至私第谒见宰执。以恩泽当得官者近八十员,后未尝陈请。

初,后受册日,宣仁太后叹曰:"斯人贤淑,惜福薄耳!异日国有事变,必此人当之。"后皆如所云。

昭怀刘皇后,初为御侍,明艳冠后庭,且多才艺。由美人、婕妤进贤妃。生一子二女。有盛宠,能顺意奉两宫。时孟后位中宫,后不循列妾礼,且阴造奇语以售谤;内侍郝随、刘友端为之用。孟后既废,后竟代焉。右正言邹浩上疏极谏,坐窜。徽宗立,册为元符皇后。明年,尊为太后,名宫崇恩。帝缘哲宗故,曲加恩礼,后以是颇干预外事,且以不谨闻。帝与辅臣议,将废之,而后已为左右所逼,即帝钩自缢而崩,年三十五。

徽宗显恭王皇后,开封人,德州刺史藻之女也。元符二年六月,归于端邸,封顺国夫人。徽宗即位,册为皇后。生钦宗及崇国公主。后性恭俭,郑、王二妃方亢宠,后待之均平。巨阉妄意迎合,诬以暗昧。帝命刑部侍郎周鼎即秘狱参验,略无一迹,狱止。后见帝,未尝一语辄及,帝幡然怜之。大观二年崩,年二十五。谥曰静和,葬裕陵之次。绍兴中,始附徽宗庙室,改上今谥云。

郑皇后,开封人也。父绅,始为直省官,以后贵,累封太师、乐平郡王。

后本钦圣殿押班,徽宗为端王,每日朝慈德宫,钦圣命郑、王二押班供侍。及即位,遂以二人赐之。后自入宫,好观书,章奏能自制,帝爱其才。崇宁初,封贤妃,迁贵妃,有异宠。徽宗多赉以词章,天下歌之。

王皇后崩,政和元年,立为皇后。将受册,有司创制冠服,后言国用未足，冠珍费多，请命工改制妃时旧冠。又乞罢黄麾仗、小驾卤簿等仪，从之。恩泽皆弗陈请。时族子居中在枢府，后奏："外戚不当预国政，必欲用之，且令充妃职。"帝为罢居中。居中复用，后归宁还言："居中与父绅相往还，人皆言其招权市贿，乞禁绝，许御史奏劾。"后性端谨，善顺承帝意。刘贵妃薨，帝思之不已，将追册为后，后即奏妃乃其养子，乞别议褒崇之礼，帝大喜。

钦守受禅，尊为太上皇后，迁居宁德宫，称宁德太后。从上皇幸南京，金师退，先归。时用事者言，上皇将复辟于镇江，人情危骇。或谓后将由端门直入禁中，内侍辈颇劝钦宗严备。帝不从，出郊迎后，于是两宫欢甚洽。上皇闻之，即罢如洛之议。

汴京破，从上皇幸青城。北迁，留五年，崩于五国城，年五十二。绍兴七年，何苏等使还，始知上皇及后崩，高宗大恸。诏立重成服，谥显肃。后亲族各迁官有差。祔主徽宗室，以闻哀日为大忌。梓宫归，入境，承之以椁，纳翠衣其中，与徽宗合攒于会稽永祐陵。

先是，后至金营，诉于粘罕曰："妾得罪当行，但妾家属不预朝政，乞留不遣。"粘罕许之，故绅得归。后既行，绅亦以是年薨，谥僖靖。家属流寓江南，高宗怜之，诏所在寻访赐官。有郑藻者，后近属也。绍兴中带御器械，用后祔庙恩，拜陇州防御使；凡四使金，历官至保信军节度使，加太尉。卒，追封荣国公，谥端靖。

王贵妃，与郑后俱为押班。徽宗立，封平昌郡君，进位至贵妃。生郓王楷、莘王植、陈王机、惠淑、康淑、顺德、柔福、冲懿、帝姬。政和七年九月薨，谥曰懿肃。

韦贤妃，开封人，高宗母也。初入宫，为侍御。崇宁末，封平昌郡君。大观初，进婕好，累迁婉容。高宗在康邸出使，进封龙德宫贤妃。从上皇北迁。建炎改元，遥尊为宣和皇后。封其父安道为郡王，官亲属三十人。由是遣使不绝。

绍兴七年，徽宗及郑皇后崩闻至，帝号恸，谕辅臣曰："宣和皇后春秋高,朕思之不遑宁处,屈己讲和,正为此耳。"翰林学士朱震引唐建中故事,请遥尊为皇太后,从之。已而太常少卿吴表臣请依嘉祐、治平故事,俟三年丧毕,然后举行。乃先降御札,播告天下。后三代俱追封王。

帝以后久未归,每颦蹙曰:"金人若从朕请,余皆非所问也。"王伦使回,言金人许归后。未几,金人遣萧哲来,亦言后将归状。遂豫作慈寿宫,命莫将、韩恕为奉迎使。十年,以金人犹未归后,乃遥上皇太后册宝于慈宁殿。是后,生辰、至、朔,皆遥行贺礼。

洪皓在燕,求得后书,遣李微持归。帝大喜曰:"遣使百辈,不如一书。"遂加微官。金人遣萧毅、邢具瞻来议和,帝曰:"朕有天下,而养不及亲。徽宗无及矣!今立誓信,当明言归我太后,朕不耻和。不然,朕不惮用兵。"毅等还,帝又语之曰:"太后果还,自当谨守誓约;如其未也,虽有誓约,徒为虚文。"

命何铸、曹勋报谢,召至内殿,谕之曰:"朕北望庭闱,无泪可挥。卿见金主,当曰:'慈亲之在上国,一老人耳;在本国,则所系甚重。'以至诚说之,庶彼有感动。"铸等至金国,首以后归为请。金主曰:"先朝业已如此,岂可辄改?"勋再三恳请,金主始允。铸等就馆,馆伴耶律绍文来言,金主许从所请。洪皓闻之,先遣人来报。铸等还,具言其实。遂命参政王次翁为奉迎使。金人遣其臣高居安、完颜宗贤等扈从以行。

十二年四月,次燕山,自东平舟行,由清河至楚州。既渡淮,命太后弟安乐郡王韦渊、秦鲁国大长公主、吴国长公主迎于道。帝亲至临平奉迎,普安郡王、宰执、两省、三衙管军皆从。帝初见太后,喜极而泣。八月,至临安,入居慈宁宫。

先是,以梓宫未还,诏中外辍乐。至是,庆太后寿节,始用乐。谒家庙,亲属迁官几二千人。

太后聪明有智虑。初,金人许还三梓宫,太后恐其反覆,呼役者毕集,然后起攒。时方暑,金人惮行,太后虑有他变,乃阳称疾,须秋凉进发。已而称贷于金使,得黄金三千两以犒其众,由是途中无间言。太后在北方，闻韩世忠名，次临平，呼世忠至帝前慰劳。还宫，帝侍太后，或至夜分未去，太后曰："且休矣，听朝宜早，恐妨万几。"又尝谓："两宫给使，宜令通用；不然，则有彼我之分，而佞人间言易以入也。"

时皇后未立，太后屡为帝言，帝请降手书，太后曰："我但知家事，外庭非所当预。"将行册命，承平典礼，悉能记之。帝先意承志，惟恐不及，或一食稍减，辄不胜忧惧。常戒宫人曰："太后年已六十，惟优游无事，起居适意，即寿考康宁；事有所阙，慎毋令太后知，第来白朕。"

十九年，太后年七十，正月朔，即宫中行庆寿礼，亲属各迁官一等。太后微恙，累月不出殿门，会牡丹盛开，帝入白，太后欣然步至花所，因留宴，竟日尽欢。翌日，以谕宰执。后苦目疾，募得医皇甫坦，治即愈。

二十九年，太后寿登八十，复行庆礼。亲属进官一等；庶人年九十、宗子女若贡士已上父母年八十者，悉官封之。九月，得疾，上不视朝，敕辅臣祈祷天地、宗庙、社稷，赦天下，减租税。俄崩于慈宁宫，谥曰显仁。攒于永祐陵之西，祔神主太庙徽宗室。亲属进秩者十四人，授官者三人。

太后性节俭，有司进金唾壶，太后易，令用涂金。宫中赐予不过三数千，所得供进财帛，多积于库。至是，丧葬之费，皆仰给焉。然好佛、老。初，高宗出使，有小妾言，见四金甲人执刀剑以卫。太后曰："我祠四圣谨甚，必其阴助。"既北迁，常设祭；及归，立祠西湖上。

乔贵妃，初与高宗母韦妃俱侍郑皇后，结为姊妹，约先贵者毋相忘。既而贵妃得幸徽宗，遂引韦氏，二人愈相得。二帝北迁，贵妃与韦氏俱。至是，韦妃将还，贵妃以金五十两赠高居安，曰："薄物不足为礼，愿好护送姊还江南。"复举酒酹韦氏曰："姊善重保护，归即为皇太后；妹无还期，终死于朔漠矣！"遂大恸以别。

刘贵妃,其出单微。入宫,即大幸,由才人七迁至贵妃。生济阳郡王棫、祁王模、信王榛。政和三年秋,薨。

先是,妃手植芭蕉于庭曰:“是物长,吾不及见矣!”已而果然。左右奔告帝,帝初以其微疾,不经意,趣幸之,已薨矣,始大悲恻。特加四字谥曰明达懿文。叙其平生,弦诸乐府。又欲蹱温成故事追崇,使皇后表请,因册赠为后,而以明达谥焉。

时又有安妃刘氏者,本酒保家女。初事崇恩宫;宫罢,出居宦者何欣家。内侍杨戬誉其美,复召入。妃以同姓养为女,遂有宠,为才人,进至淑妃。生建安郡王楧、嘉国公樗、英国公橞、和福帝姬。政和四年,加贵妃。朝夕得侍上,擅爱专席,嫔御为之稀进。擢其父刘宗元节度使。

妃天资警悟,解迎意合旨,雅善涂饰,每制一服,外间即效之。林灵素以技进,目为九华玉真安妃,肖其像于神霄帝君之左。宣和三年薨,年三十四。初谥明节和文,旋用明达近比,加册赠为皇后,葬其园之西北隅。帝悼之甚,后宫皆往唁,帝相与啜泣。崔妃独左视无戚容,帝悲怒,疑其为厌盅。卜者刘康孙缘妃以进,喜妄谈休咎,捕送开封狱。医曹孝忠侍疾无状,阁内侍王尧臣坐盗金珍及出金明池游宴事,并鞫治。狱成,同日诛死。遂废崔妃为庶人。崔生汉王椿及帝姬五人云。

钦宗朱皇后,开封祥符人。父伯材,武康军节度使。钦宗在东宫,徽宗临轩备礼,册为皇太子妃。钦宗即位,立为皇后。追封伯材为恩平郡王。后既北迁,不知崩闻。庆元三年上尊号,谥仁怀,祔于太庙钦宗室,推恩后家十五人。五年,奉安神御于景灵宫。

兄二人:孝孙,靖康中以节钺换授右金吾卫上将军,卒赠开府仪同三司;孝章,一曰孝庄,官至永庆军承宣使,卒赠昭化军节度使。

　　高宗宪节邢皇后，开封祥符人。父焕，朝请郎。高宗居康邸，以妇聘之，封嘉国夫人。王出使，夫人留居蕃衍宅。金人犯京师，夫人从三宫北迁。上皇遣曹勋归，夫人脱所御金环，使内侍持付勋曰："幸为吾白太王，愿如此环，得早相见也。"王怜之。及即位，遥册为皇后，官后亲属二十五人。

　　绍兴九年，后崩于五国城，年三十四。金人秘之，高宗虚中宫以待者十六年。显仁太后回銮，始得崩闻。上为辍朝，行释服之祭，谥懿节，祔主于别庙。

　　绍兴十二年八月，后梓宫至，攒于圣献太后梓宫之西北。帝思后，殊惨不乐，皇后吴氏知帝意，乃请为其侄珣、琚婚邢氏二女，以尉帝心。淳熙末，改谥宪节，祔高宗庙。

　　宪圣慈烈吴皇后，开封人。父近，以后贵，累官武翼郎，赠太师，追封吴王，谥宣靖。

　　近尝梦至一亭，扁曰"侍康"；傍植芍药，独放一花，殊妍丽可爱，花下白羊一，近瘗而异之。后以乙未岁生，方产时，红光彻户外。年十四，高宗为康王，被选入宫，人谓"侍康"之征。

　　王即帝位，后常以戎服侍左右。后颇知书，从幸四明，卫士谋为变，入问帝所在，后绐之以免。未几，帝航海，有鱼跃入御舟，后曰："此周人白鱼之祥也。"帝大悦，封和义郡夫人。还越，进封才人。后益博习书史，又善翰墨，由是宠遇日至，与张氏并为婉仪，寻进贵妃。

　　显仁太后回銮，亦爱后。宪节皇后崩闻至，秦桧等累表请立中宫，太后亦为言。绍兴十三年，诏立贵妃为皇后。帝御文德殿授册，后即穆清殿廷受之。追王三代，亲属由后官者三十五人。

　　显仁太后性严肃，后身承起居，顺适其意。尝绘《古列女图》，置坐右为鉴；又取《诗序》之义，扁其堂曰"贤志"。

　　初，伯琮以宗子召入宫，命张氏育之。后时为才人，亦请得育一子，于是得伯玖，更名璩。中外议颇籍籍。张氏卒，并育于后，后视之无间。伯琮性恭俭，喜读书，帝与后皆爱之，封普安郡王。后尝语帝曰："普安，其天日之表也。"帝意决，立为皇子，封建王。出璩居绍兴。

高宗内禅，手诏后称太上皇后，迁居德寿宫。孝宗即位，上尊号曰寿圣太上皇后。月朔，朝上皇毕，入见后如宫中仪。乾道七年，加号寿圣明慈。淳熙二年，以上皇行庆寿礼，复加寿圣齐明广慈之号。十年，以后年七十，亲属推恩有差。十二年，加尊号曰备德。上皇崩，遗诏改称皇太后。帝欲迎还大内，太后以上皇几筵在德寿宫，不忍舍去，因名所御殿曰慈福，居焉。光宗即位，更号寿圣皇太后，以寿皇故，不称太皇太后也。帝尝言及用人，后曰："宜崇尚旧臣。"绍熙四年，后寿八十，帝乃觐后，奉册礼，加尊号曰隆慈备福。五年正月，帝率群臣行庆寿礼，嘉王侍侧，后勉以读书辨邪正、立纲常为先。夏，孝宗崩，始正太皇太后之号。

时光宗疾未平，不能执丧，宰臣请垂帘主丧事，后不可。已而宰执请如唐肃宗故事，群臣发丧太极殿，成服禁中，许之。后代行祭奠礼。寻用枢密赵汝愚请，于梓宫前垂帘，宣光宗手诏，立皇子嘉王为皇帝。翌日，册夫人韩氏为皇后，撤帘。庆元元年，加号光祐，迁居重华宫。汝愚后以谪死，中书舍人汪义端目汝愚为李林甫，欲并逐其党，太后闻而非之。

三年十月，后寝疾，诏祷天地、宗庙、社稷，大赦天下，逾月而崩，年八十三。遗诰："太上皇帝疾未痊愈，宜于宫中承重；皇帝服齐衰五月，以日易月。"诏服期年丧。谥曰宪圣慈烈，攒祔于永思陵。

潘贤妃，开封人，元懿太子母也。父永寿，直翰林医局官。高宗居康邸时纳之，邢后北迁，妃未有位号，帝即位，将立为后，吕好问谏止之，立为贤妃。太子薨，从隆祐太后于江西，逾年还。绍兴十八年薨。永寿，赠太子少师。

张贤妃，开封人。建炎初，为才人，有宠，进婕妤。帝欲择宗室子养禁中,辅臣问帝以宫中可付托者谁耶?帝曰:"已得之矣。"意在婕好。已而伯琮入宫,年尚幼,婕好与潘贤妃、吴才人方环坐,以观其所向。时贤妃新失皇子,意忽忽不乐,婕好手招之,遂向婕好。帝因命婕好母之,是为孝宗。寻迁婉仪,十二年卒,上为辍朝二日,赠贤妃。弟萃,阁门宣赞舍人,妃薨,迁秩二阶。

刘贵妃,临安人。入宫为红霞帔,迁才人,累迁婕好、婉容,绍兴二十四年进贤妃。颇恃宠骄侈,尝因盛夏以水晶饰脚踏,帝见之,命取为枕,妃惧,撤去之。淳熙十四年薨。

父懋,累官昭庆军节度使。金人南侵,献钱二万缗以助军兴费。懋子允升,绍兴末为和州防御使、知阁门事。奉使还,迁荆州防御使、福州观察使。

刘婉仪,初入宫,封宜春郡夫人。寻进才人,与刘婉容俱被宠,进婉仪。婉仪颇恃恩招权,尝遣人讽广州蕃商献明珠香药,许以官爵。舶官林孝泽言于朝,诏止其献。金人将叛盟,刘锜主战,幸医王继先从中沮之,因谋诛锜,帝不怿。一日,在婉仪位,有忧色。婉仪阴访得其言,以宽譬帝意。帝怪与继先言合,诘之,婉仪急,具以实对。帝大怒,托以他过废之。兄伉,累官和州防御使、知阁门事,婉仪既废,乃与祠罢归。

张贵妃,开封祥符人。初入宫,封永嘉郡夫人。乾道六年,进婉容。淳熙七年,封太上皇淑妃。十六年,进贵妃。绍熙元年薨。

美人冯氏,才人韩氏、吴氏、李氏、王氏俱被宠幸,后皆废。吴氏,中宫近属也,绍兴三十年,复故封。李氏、王氏俱明艳,淳熙末,上皇爱之。及崩,宪圣后见二才人,每感愤,孝宗即追告命,许自便。盖非常制云。

孝宗成穆郭皇后,开封祥符人。奉直大夫直卿子女孙,其六世祖为章穆皇后外家。孝宗为普安郡王时纳郭氏,封咸宁郡夫人。生光宗及庄文太子愭、魏惠宪王恺、邵悼肃王恪。绍兴二十六年薨,年三十一,追封淑国夫人。三十一年,用明堂恩,赠福国夫人。既建太子,追封皇太子妃。及受禅,追册为皇后,谥恭怀寻改安穆。及营阜陵,又改成穆,祔孝宗庙。

父瑊,累官昭庆军承宣使,追封荣王。孝宗待郭氏恩礼弥厚,然不假外戚以官爵。后弟师禹、师元,官不过承宣使,师元不及建节而卒。将内禅,师禹始除节度使。光宗朝,官至太保,封永宁郡王。

成恭夏皇后,袁州宜春人。曾祖令吉,为吉水簿。夏氏初入宫,为宪圣太后阁中侍御。普安郡王夫人郭氏薨,太后以夏氏赐王,封齐安郡夫人。即位,进贤妃。逾年,奉上皇命,立为皇后。乾道二年,谒家庙,亲属推恩十一人。三年崩,谥安恭。宁宗时,改谥成恭。

初,后之生也,有异光穿室,父协奇之,及长,以姿纳宫中。久之,父居益困,及归,客袁之僧舍,号夏翁。翁亡,后始贵。访得其弟执中,补承信郎、阁门祗候。未几,迁右武郎、阁门宣赞舍人,累迁奉国军节度使,提举万寿观。宁宗即位,加少保。逾年,卒于家。

初,执中与其微时妻至京,宫人讽使出之,择配贵族,欲以媚后,执中弗为动。他日,后亲为言,执中诵宋弘语以对,后不能夺。既贵,始从师学,作大字颇工,复善骑射。高宗行庆寿礼,近戚争献珍环,执中独大书"一人有庆,万寿无疆"以献。高宗喜,锡赉甚渥。尝为馆伴副使,连射皆命中,金人骇服。孝宗闻其才,将召用之,谢曰:"他日无累陛下,保全足矣。"人以此益贤之。

成肃谢皇后,丹阳人。幼孤,鞠于翟氏,因冒姓焉。及长,被选入宫。宪圣太后以赐普安郡王,封咸安郡夫人。王即位,进婉容。逾年,进贵妃。

成恭皇后崩,中宫虚位。淳熙三年,妃侍帝,过德寿宫,上皇谕以立后意。寻遣张去为传旨,立贵妃为皇后,复姓谢氏。亲属推恩者十人。光宗受禅，上尊号寿成皇后。孝宗崩，尊为皇太后。庆元初，加号惠慈。嘉泰二年，加慈祐太皇太后。三年崩，谥成肃，攒袝于永阜陵。

后性俭慈，减膳羊，每食必先以进御。服浣濯衣，有数年不易者。弟渊，以后贵，授武翼郎。后尝戒之曰："主上化行恭俭，吾亦躬服澣濯，尔宜崇谦抑，远骄侈。"后历阁门宣赞舍人、带御器械。光宗朝，迁果州团练使。宁宗立，转莱州防御使，擢知阁门事，仍干办皇城司。三迁至保信军节度使，寻加太尉、开府仪同三司。成肃皇后崩，遗诰赐渊钱十万缗、金二千两、田十顷，俸缗日十千。后累升三少，封和国公。嘉定四年薨，赠太保。

蔡贵妃，初入宫，为红霞帔，封和义郡夫人，进婉容。淳熙十年冬，拜贵妃。十二年秋薨。父湯，宜春观察使。

李贤妃，初入宫，为典字，转通义郡夫人，进婕好。淳熙十年卒，赠贤妃。时李焘在经筵，尝谏省后宫费。帝曰："朕老矣，安有是？近葬李妃用三万缗耳。"帝虽在位久，后宫宠幸，无著闻者。

光宗慈懿李皇后，安阳人，庆远军节度使、赠太尉道之中女。初，后生，有黑凤集道营前石上，道心异之遂。字后曰凤娘。道帅湖北，闻道士皇甫坦善相人，乃出诸女拜坦。坦见后，惊不敢受拜，曰："此女当母天下。"坦言于高宗，遂聘为恭王妃，封荣国夫人，进定国夫人。乾道四年，生嘉王。七年，立为皇太子妃。

性妒悍，尝诉太子左右于高、孝二宫，高宗不怿，谓吴后曰："是妇将种，吾为皇甫坦所误。"孝宗亦屡训后："宜以皇太后为法，不然，行当废汝。"后疑其说出于太后。

及太子即位，册为皇后。光宗欲诛宦者，近习皆惧，遂谋离间三宫。会帝得心疾，孝宗购得良药，欲因帝至宫授之。宦者遂诉于后曰："太上合药一大丸，俟宫车过即投药。万一有不虞，其奈宗社何?"后觇药实有,心衔之。顷之,内宴,后请立嘉王为太子,孝宗不许。后曰:"妾六礼所聘,嘉王,妾亲生也,何为不可?"孝宗大怒。后退,持嘉王泣诉于帝,谓寿皇有废立意。帝惑之,遂不朝太上。

帝尝宫中浣手,睹宫人手白,悦之。他日,后遣人送食合于帝,启之,则宫人两手也。又黄贵妃有宠,因帝亲郊,宿齐宫,后杀之,以暴卒闻。是夕风雨大作,黄坛烛尽灭,不能成礼。帝疾由是益增剧,不视朝,政事多决于后矣。后益骄奢,封三代为王,家庙逾制,卫兵多于太庙。后归谒家庙,推恩亲属二十六人、使臣一百七十二人,下至李氏门客,亦奏补官。中兴以来未有也。

是时,帝久不朝太上,中外疑骇。绍兴四年九月重明节,宰执、侍从、台谏连章请帝过宫。给事中谢深甫言:"父子至亲,天理昭然。太上之爱陛下,亦犹陛下之爱嘉王。太上春秋高,千秋万岁后,陛下何以见天下?"帝感悟,趣命驾朝重华宫。是日,百官班列俟帝出,至御屏,后挽留帝入,曰"天寒,官家且饮酒。"百僚、侍卫相顾莫敢言。中书舍人陈傅良引帝裾请毋入,因至屏后,后叱曰:"此何地,尔秀才欲斫头邪?"傅良下殿恸哭,后复使人问曰:"此何理也?"傅良曰:"子谏父不听,则号泣而随之。"后益怒,遂传旨罢还宫。其后孝宗崩,帝不能亲执丧。

宰相赵汝愚谋内禅,立宁宗,尊后曰太上皇后,上尊号曰寿仁。庆元六年崩,年五十六,谥慈懿。

黄贵妃,淳熙末在德寿宫,封和义郡夫人。光宗为皇太子,傍无侍姬,上皇以夫人赐之,遂专宠。即位,拜贵妃。绍熙二年冬十一月,为皇后李氏所杀。帝闻而成疾。又有张贵妃,亦旧侍东宫,次婕妤符氏,后出嫁于民间。

宁宗恭淑韩皇后,相州人,其六世祖为忠献王琦。初,后与姊俱被选入宫,后能顺适两宫意,遂归平阳郡邸,封新安郡夫人,进崇国夫人。王受禅,册夫人为皇后。后父同卿,由知泰州升扬州观察使;

母庄氏,封安国夫人。

庆元六年崩,谥恭淑。同卿累迁庆远军节度使,加太尉。庆元五年卒,赠太师,谥恭靖。

同卿季父侂胄,自以有定策功,声势熏灼。同卿每惧满盈,不敢干政。时天下皆知侂胄为后族,不知同卿乃后父也。同卿没一年而后崩,侂胄竟败,人始服其善远权势云。同卿子俟,后兄也,官至承宣使。

恭圣仁烈杨皇后,少以姿容选入宫,忘其姓氏,或云会稽人。庆元元年三月,封平乐郡夫人。三年四月,进封婕妤。有杨次山者,亦会稽人,后自谓其兄也,遂姓杨氏。

五年,进婉仪。六年,进贵妃。恭淑皇后崩,中宫未有所属,贵妃与曹美人俱有宠。韩侂胄见妃任权术,而曹美人性柔顺,劝帝立曹。而贵妃颇涉书史,知古今,性复机警,帝竟立之。

次山客王梦龙知其谋,密以告后,后深衔之,与次山欲因事诛侂胄。会侂胄议用兵中原,俾皇子昛入奏:“侂胄再启兵端,将不利于社稷。”帝不答。后从傍赞之甚力,亦不答。恐事泄,俾次山择廷臣可任者,与共图之。礼部侍郎史弥远,素与侂胄有隙,遂欣然奉命。参知政事钱象祖,尝谏用兵贬信州,弥远乃先告之。礼部尚书卫泾、著作郎王居安、前右司郎官张镃皆预其谋。开禧三年十一月三日,侂胄方早朝,弥远密遣中军统制夏震伏兵六部桥侧,率健卒拥侂胄至玉津园,槌杀之。复命弥远。象祖等俱赴延和殿,以殛侂胄闻,帝不之信,越三日,帝犹谓其未死。盖是谋悉出中宫及次山等,帝初不知也。

后既诛侂胄,弥远日益贵用事。嘉定十四年,帝以国嗣未定,养宗室子贵和,立为皇子,赐名竑。弥远为丞相,既信任于后,遂专国政,竑渐不能平”初,竑好琴,弥远买美人善琴者纳之,而私厚美人家,令伺皇子动静。竑嬖之,一日,竑指舆地图示美人曰:“此琼崖州也,他日必置史弥远于此地。”美人以告弥远。竑又书字于几曰:“弥远当决配八千里。”竑左右皆弥远腹心，走白弥远。弥远大惧，阴蓄异志，欲立他宗室子昀为皇子，遂阴与昀通。

十七年闰八月丁酉，帝大渐，弥远夜召昀入宫，后尚未知也。弥远遣后兄子谷及石以废立事白后，后不可，曰：“皇子先帝所立，岂敢擅变？”是夜，凡七往反，后终不听。谷等乃拜泣曰：“内外军民皆已归心，苟不立之，祸变必生，则杨氏无噍类矣。”后默然良久，曰：“其人安在？”弥远等召昀入，后拊其背曰：“汝今为吾子矣！”遂矫诏废竑为济王，立昀为皇子，即帝位，尊皇后曰皇太后，同听政。

宝庆二年十一月戊寅，加尊号寿明。绍定元年正月丙子，复加慈睿。四年正月，后寿七十，帝率百官朝慈明殿，加尊号寿明仁福慈睿皇太后。十二月辛巳，后不豫，诏祷祠天地、宗庙、社稷、宫观，赦天下。五年十二月壬午，崩于慈明殿，寿七十有一，谥恭圣仁烈。

次山官至少保，封永阳郡王。次山二子：谷封新安郡王，石永宁郡王。自有传。侄孙镇，尚理宗女周汉公主，官至左领军卫将军、驸马都统。宗族凤孙等，皆任通显云。

理宗谢皇后，讳道清，天台人。父渠伯，祖深甫。后生而黧黑，翳一目。渠伯早卒，家产益破坏。后尝躬亲汲饪。

初，深甫为相，有援立杨太后功，太后德之。理宗即位，议择中宫，太后命选谢氏诸女。后独在室，兄弟欲纳入宫，诸父擢伯不可，曰：“即奉诏纳女，当厚奉资装，异时不过一老宫婢，事奚益？”会元夕，县有鹊来巢灯山，众以为后妃之祥。擢伯不能止，乃供送后就道。后旋病疹，良已，肤蜕，莹白如玉，医又药去目翳。时贾涉女有殊色，同在选中。及入宫，理宗意欲立贾。太后曰：“谢女端重有福，宜正中宫。”左右亦皆窃语曰：“不立真皇后，乃立假皇后邪！”帝不能夺，遂定立后。初封通议郡夫人，宝庆三年九月，进贵妃，十二月，册为皇后。

后既立，贾贵妃专宠；贵妃薨，阎贵妃又以色进。后处之裕如，略不介怀。太后深贤之，而帝礼遇益加焉。开庆初，大元兵渡江，理宗议迁都平江、庆元，后谏不可，恐摇动民心，乃止。

理宗崩，度宗立。咸淳三年，尊为皇太后，号寿和圣福。进封三代：父渠伯，魏王；祖深甫、曾祖景之，皆鲁王。宗族男女各进秩赐封赏赍有差。度宗崩，瀛国公即位，尊为太皇太后。太后年老且疾，大臣屡请垂帘同听政，强之乃许。加封五代。

太后以兵兴费繁，痛自裁节，汰慈元殿提举已下官，省泛索钱缗月万。平章贾似道兵溃，陈宜中上疏请正其罪。太后曰："似道勤劳三朝，岂宜以一旦罪而失遇大臣礼？"先削其官，后乃置法贬死。

京朝官闻难，往往避匿遁去。太后命揭榜朝堂曰："我国家三百年，待士大夫不薄。吾与嗣君遭家多难，尔小大臣不能出一策以救时艰，内则畔官离次，外则委印弃城，避难偷生，尚何人为？亦何以见先帝于地下乎？天命未改，国法尚存。凡在官守者，尚书省即与转一资；负国逃者，御史觉察以闻。"

德祐元年六月朔，日食既，太后削"圣福"以应天变。丞相王爚老病，陈宜中、留梦炎庸懦无所长，日坐朝堂相争戾。而张世杰兵败于焦山，宜中弃官去。太后累召不至，遗书宜中母，使勉之。十月，始还朝。太后又亲为书召夏贵等兵，曰："吾母子不足念，独不报先帝德乎？"贵等亦罕有至者。

是月，大元兵破常州，太后遣陆秀夫等请和，不从。宜中即率公卿请迁都，太后不许，宜中痛哭固请，不得已从之。明日当启行，而宜中仓卒失奏，于是宫车已驾，日且暮而宜中不至，太后怒而止。明年正月，更命宜中使军中，约用臣礼。宜中难之，太后涕沦曰："苟存社稷、臣，非所较也。机，大元兵薄皋亭山宜中宵遁，文武百官亦潜相引去。

二月辛丑，大军驻钱塘，宋亡。瀛国公与全后入朝，太后以疾留杭。是年八月，至京师，降封寿春郡夫人。越七年终，年七十四，无子。

兄奕，宋时封郡王。侄堂，两浙镇抚大使，尚荣郡主；暨、填并节度使，端平初，颇干国政云。

度宗全皇后，会稽人，理宗母慈宪夫人侄孙女也。略涉书史，幼从父昭孙知岳州。开庆初，秩满归，道潭州。时大元兵自罗鬼入破全、衡、永、桂，围潭州，人有见神人卫城者，已而潭独不下。逾年事平，至临安。

会忠王议纳妃。初，丁大全请选知临安府顾岩女，已致聘矣；大全败，岩亦罢去。台臣论岩大全党，宜别选名族以配太子。臣僚遂言全氏侍其父昭孙，往返江湖，备尝艰险；其处贵富，必能尽警戒相成之道。理宗以母慈宪故，乃诏后入宫，问曰："尔父昭孙，昔在宝祐间没于王事，每念之，令人可哀。"后对曰："妾父可念，淮、湖之民尤可念也。"帝深异之，语大臣曰："全氏女言辞甚令，宜配冢嫡，以承祭祀。"

景定二年十一月，诏封永嘉郡夫人。十二月，册为皇太子妃。弟永坚等补承信郎、直秘阁。

度宗立，咸淳三年正月，册为皇后。追赠三代，赐家庙、第宅。弟清夫、庭辉等一十五人，各转一官。五年三月，后归宁，推恩姻族五十六人，进一秩。咸平郡夫人全氏三十二人，各特封有差。

后生子不育，次生瀛国公。十年，度宗崩，瀛国公立，册为皇太后。宋亡，从瀛国公入朝于燕京。后为尼正智寺而终。

杨淑妃，初选入宫为美人。咸淳三年，进封淑妃。推恩亲属幼节等三十四人进秩有差。生建国公昰。宋亡，昰走温州，又走福州。众推为主，册妃为太后；封弟昺卫王。昰修容俞氏所生也。

至元十四年，大军围昰于海上。明年四月，昰卒，昺代立。十六年春二月，昺投海死，妃闻之大恸，曰："我艰关忍死者，正为赵氏祭祀尚有可望尔，今天命至此，夫复何言！"遂赴海死。其将张世杰葬之海滨。

宋史卷二四四
列传第三

宗室一

魏王廷美　燕王德昭　秦王德芳
秀王子偁附

　　昔周之初兴,大封建宗室,及其东迁,晋、郑有同奖之功。然其衰也,干弱而枝强。后世于是有矫其失者,而封建不复古矣。宋承唐制,宗王襁褓即裂土而爵之。然名存实亡,无补于事。降至疏属,宗正有籍,玉牒有名,宗学有教,郊祀、明堂,遇国庆典,皆有禄秩。所寓州县,月有廪饩。至于宗女适人,亦有恩数。然国祚既长,世代浸远,恒产丰约,去士庶之家无甚相远者。靖康之乱,诸王骈首以弊于金人之虐,论者咎其无封建之实,故不获维城之助焉。

　　虽然,东都之仁宗,南渡之高、宁,元良虚位,立继小宗,大策一定,卒无动摇,磐石之固,亦可知矣。且宋于宗室,稍有过差,君臣之间,不吝于改,尤不惮于言。涪陵、武功,真宗即位,寻议追复改葬,封其子孙。濮邸尊称,言者惟务格非,不少避忌。宋末济邸,国事将亡,谏疏不息,必褒恤而后止。是盖历代之所难得者欤!表而出之,作《宗室传》。

　　魏悼王廷美字文化,本名光美,太平兴国初,改今名。太祖兄弟五人:兄光济,早亡,宋兴,追封邕王,改曹王;弟光义,即太宗;次廷美;次光赞,幼亡,追封夔王,改岐王。

建隆元年,授廷美嘉州防御使。二年,迁兴元尹、山南西道节度使。乾德二年,加同中书门下平章事。开宝六年,加检校太保、侍中、京兆尹、永兴军节度使。太宗即位,加中书令、开封尹,封齐王,又加检校太师。从征太原,进封秦王。

七年三月,或告秦王廷美骄恣,将有阴谋窃发。上不忍暴其事,遂罢廷美开封尹,授西京留守,赐袭衣、通犀带,钱千万缗,绢、彩各万匹,银万两,西京甲第一区。诏枢密使曹彬饯廷美于琼林苑。以太常博士王通判河南府事,开封府判官阎矩判留守事。以如京使柴禹锡为宣徽北院使兼枢密副使,杨守一为东上阁门使充枢密都承旨,赏其告廷美阴谋功也。左卫将军、枢密承旨陈从龙为左卫将军,皇城使刘知信为右卫将军,弓箭库使惠延真为商州长史,禁军列校皇甫继明责为汝州马步军都指挥使,定人王荣为州教练使,皆坐交通廷美及受其燕犒也。荣未行,或又告尝与廷美亲吏狂言:“我不久当得节帅。”坐削籍,流海岛。

会赵普再相,廉得卢多逊与廷美交通事上闻。上怒,责授多逊兵部尚书,下御史狱。捕系中书守堂官赵白、秦府孔目官阎密、小吏王继勋、樊德明、赵怀禄、阎怀忠等,命翰林学士承旨李昉、学士扈蒙、卫尉卿崔仁冀、膳部郎中兼御史知杂滕中正杂治之。多逊自言:累遣赵白以中书机事密告廷美。去年九月中,又令赵白言于廷美云:“愿宫车晏驾,尽力事太王。”廷美遣樊德明报多逊云:“承旨言正会我意,我亦愿宫车早晏驾。”私遗多逊弓箭等,多逊受之。

阎密初给事廷美,上即位,补殿直,仍隶秦王府,恣横不法,言多指斥。王继勋尤为廷美亲信,尝使求访声妓,怙势取货,赃污狼藉。樊德明素与赵白游处,多逊因之以结廷美。廷美又遣赵怀禄私召同母弟军器库副使赵廷俊与语。阎怀忠尝为廷美诣淮海王钱俶求犀玉带、金酒器,怀忠受俶私遗白金百两、金器、绢扇等。廷美又尝遣怀忠赍银盏、锦彩、羊酒,诣其妻父御前忠佐马军都军头开封潘潾营燕军校。至是,皆伏罪。

诏文武常参官集议朝堂。太子太师王溥等七十四人奏："多逊及廷美顾望咒诅，大逆不道，宜行诛灭，以正刑章。赵白等处斩。"诏削夺多逊官爵，并家属流崖州；廷美勒归私第；赵白、阎密、王继勋、樊德明、赵怀禄、阎怀忠皆斩于都门外，籍其家财。诏："秦王廷美男女等宜正名称，贵州防御使德恭等仍为皇侄；皇侄女适韩氏去云阳公主之号；右监门将军韩崇业降为右千牛卫率府率，仍去驸马都尉之号；并发遣西京，就廷美居止。"五月，贬西京留守判官阎矩为涪州司户参军，前开封推官孙屿为融州司户参军，皆秦王廷美官属，坐辅导无状也。

赵普以廷美谪居西洛非便，复教知开封府李符上言："廷美不悔过，怨望，乞徙远郡，以防他变。"诏降廷美为涪陵县公，房州安置。妻楚国夫人张氏，削国封。命崇仪使阎彦进知房州，监察御史袁廓通判州事；各赐白金三百两。八年正月，涪陵县公廷美母陈国夫人耿氏卒。雍熙元年，廷美至房州，因忧悸成疾而卒，年三十八。上闻之，呜咽流涕；谓宰相曰："廷美自少刚愎，长益凶恶，朕以同气至亲，不忍置之于法，俾居房陵，冀其思过。方欲推恩复旧，遽兹殒逝，痛伤奈何！"因悲泣，感动左右，遂下诏追封廷美为涪王，谥曰悼，为发哀成服。

其后，太宗从容谓宰相曰："廷美母陈国夫人耿氏，朕乳母也，后出嫁赵氏，生廷俊。朕以廷美故，令廷俊属鞬左右，而廷俊泄禁中事于廷美。迩者，凿西池，水心殿成，桥梁未备，朕将泛舟往焉。廷美与左右谋，欲以此时窃发，不果，即诈称疾于邸，俟朕临省，因而为变。有告其事者，若命有司穷究，则廷美罪不容诛。朕不欲暴扬其丑，及卢多逊交通事发，止令居守西洛。而廷美不悔过，益怨望，出不逊语，始命迁房陵以全宥之。至于廷俊，亦不加深罪，量从贬宥。朕于廷美，盖无负矣！"言未讫，为之恻然。李昉对曰："涪陵悖逆，天下共闻。西池，禁中事，若非陛下委曲宣示，臣等何由知之。"

初，昭宪太后不豫，命太祖传位太宗，因顾谓赵普曰："尔同记吾言，不可违也。"命普于榻前为约誓书，普于纸尾书云"臣普书"，

藏之金匮，命谨密宫人掌之。或谓昭宪及太祖本意，盖欲太宗传之
廷美，而廷美复传之德昭。故太宗即立，即令廷美尹开封，德昭实称
皇子。德昭不得其死，德芳相继夭绝，廷美始不自安。已而柴禹锡
等告廷美阴谋，上召问普，普对曰："臣愿备枢轴以察奸变。"退复密
奏："臣忝旧臣，为权幸所沮。"因言昭宪太后顾命及先朝自诉之事。
上于宫中访得普前所上章，并发金匮得誓书，遂大感悟。召普谓曰：
"人谁无过，朕不待五十，已尽知四十九年非矣。"辛亥，以普为司徒
兼侍中。他日，太宗尝以传国之意访之赵普，普曰："太祖已误，陛下
岂容再误邪？"于是廷美遂得罪。凡廷美所以遂得罪，普之为也。

　　至道初，命司门员外郎孙蚁为皇侄、诸孙教授，廷美诸子之在
京者肄业焉。真宗即位，追复皇叔涪王廷美西京留守、检校太师兼
中书令、河南尹、秦王；张氏，楚国夫人。咸平二年闰三月，诏择汝、
邓地，改葬汝州梁县之新丰乡。仁宗即位，赠太师、尚书令。徽宗即
位，改封魏王。

　　子十人：德恭、德隆、德彝、德雍、德钧、德钦、德润、德文、德愿、
德存。故事，皇族封王者物故，则本宫之长封国公，其后以次受封。
于是，德钧子承简属最长，袭封徐国公，官至保康军留后；赠彰化军
节度使、安定郡王，谥和懿。承简既薨，德雍子承亮袭封昌国公；神
宗即位，拜感德军节度使，改封荣。

　　熙宁二年，诏宣祖、太祖、太宗之子，皆择其后一人为宗，世世
封公，以奉其祀，不以服属尽故杀其恩礼。三年，太常礼院言："本朝
近制，诸王之后，皆用本宫最长一人封公继袭。去年诏祖宗之子皆
择其后一人为宗，世世封公，即与旧制有异。按礼文，诸王、公、侯、
伯、子、男，皆子孙承嫡者传袭。若无嫡子及有罪疾，立嫡孙；无嫡
孙，以次立嫡子同母弟；无母弟，立庶子；无庶子，立嫡孙同母弟；无
同母弟，立庶孙。曾孙以下准此。合依礼令，传嫡承袭。"诏可。乃
可承亮为秦国公，奉秦王廷美祀。明年薨，赠乐平郡王，谥曰恭静。
子克愉嗣。克愉卒，子叔牙嗣。元符三年，改今封。

　　德恭字复礼，太平兴国四年，以皇子出阁，拜贵州防御使。廷美

徙房陵，诸子悉从行，因免官。廷美卒，复以德恭为峰州刺史，弟德隆为瀼州刺史，韩崇业为静难行军司马。雍熙元年十二月，诏以德恭为左武卫大将军，封安定郡侯，判济州；德隆为右武卫大将军，封长宁郡侯，判沂州。诸弟皆随赴治所。令高品卫绍钦送至州，常奉外岁给钱三百万。命起居舍人韩检、右补阙刘蒙叟分任二州通判。上临遣之，曰："德恭等始历郡，善裨赞之。苟有阙失而不力正，止罪尔等。"

端拱元年，进封德恭安定郡公。淳化四年，改左骁卫大将军。至道二年，加左神武大将军。真宗嗣位，就转左武卫大将军。咸平二年召赴阙，改封乐平郡公，判虢州。乞奉朝请，从之。迁胜州团练使。景德初，改衡州防御使。三年，被疾，子承庆刲股肉食之。五月，卒，年四十五。上临哭之恸，废朝三日。赠保信军节度使，追封中国公。天禧二年，从承庆请，加赠护国军节度兼侍中。明道二年，追封高密郡王，谥慈惠。子承庆、承寿。

承庆，官至和州团练使，卒赠武信军节度使、循国公。子六人，克继，善楷书，尤工篆隶，宗正荐之，仁宗亲临试，及令临蔡邕古文法写《论语》、《诗》、《书》；复诏与士朝分隶《石经》。帝曰："李阳冰，唐室之秀。今克继，朕之阳冰也。"训子弟力学，一门登儒科者十有二人。尝进所集《广韵字源》，帝称善。藏之秘阁。元祐五年，以定武军节度观察留后卒，赠开府仪同三司、建国公，谥章靖。

承寿，终南作坊使，赠德州刺史、武当侯。子四人，克己，晓音律，尝作《雅乐图》乐曲以献。侍宴大清楼，进所学虞世南书，赐器加等。终右千牛卫大将军，赠深州防御使、饶阳侯。子叔韶字君和，庆历六年，与诸宗子帝前临真宗御书，选第一。皇祐初，进所为文，召试学士院中等，赐进士及第。自太子右监门率府副率迁右领军卫将军，入谢，命坐赐茶。仁宗曰："宗子好学者颇多，独尔以文章第进士，前此盖未有也。朕欲天下知属籍有贤者，宜勿忘所学。"叔韶顿首谢，既退，又出《九经》赐之。迁右屯卫大将军。至和中，上书求试烦剧，加领贺州刺史，终和州防御使，赠镇东节度观察留后、会稽郡公。克修字子庄，仁宗为皇子时，得出入禁中侍学，故仁宗待遇殊厚。帝尝御大清楼召宗室试书，以克修为善。终右神武军大将军、成州团练使，赠同州观察使、冯翊侯。子叔充，父早世，异母弟叔瑁甚幼，叔充拊视诲敕成人。先是，继皇无叙封法，叔充请于朝，诏许之，遂为定制。藏书至万卷。子九人，登科者三。卒官唐州防御使，赠崇信军节度使、尹国公，谥孝齐。遗表祈任子，有司格不下，子抚之抗章自列，乞如外官法。朝廷从其请。宗室正任有遗恩自此始。

德隆字日新。雍熙三年，卒官沂州守，年二十三，赠宁远军节度，追封临沂郡公。天禧二年，从其子承训之请，加赠崇信军节度、同平章事。承训官至顺州刺史，卒赠深州团练使。

德彝字可久，太祖召鞠于宫中。德隆卒，授右千牛卫大将军，封长宁郡侯，代兄德隆判沂州，时年十九。飞蝗入境，吏民请坎瘗火焚之，德彝曰：“上天降灾，守臣之罪也。”乃责躬引咎，斋戒致祷，既而蝗自殪。儒生乙恕者，郊居肄业，一日，有尸横舍下，所司捕恕抵狱，将置于法。德彝疑其冤，命他司按之无异，因令缓刑以俟。未几，果获杀人者，恕遂得释。进封郡公。淳化四年，为右监门卫大将军，迁左武卫大将军，改封广平。部民诣阙乞留，有诏嘉奖。真宗初，召还。咸平二年，命判滁州，与德恭并留不遣。三年，授徐州刺史，累迁保信军节度观察留后。大中祥符八年卒，年四十九。上临奠，废朝三日。赠昭信军节度使，追封信都郡王，谥安简。明道二年，改封颖川。

子承谟，前卒；承矩，终庄宅使，赠博州刺史；承勔至供奉官，赠六宅副使；承范、承拱，并西京作坊使；承衍，内殿崇班；承锡，供奉官。

德雍字仲达，淳化初，授右骁卫将军，历右羽林、龙武二将军，累迁蔡州观察使、咸宁郡公，终天平军节度观察留后，赠宣德军节度、同中书门下平章事，谥康简。明道中，追封广陵郡王。

子承睦、承亮。承睦，终左领军卫大将军、彭州团练、虔州观察使、南康侯；承亮，封秦国公，事见上。

德钧字子正，性和雅，善书翰，好为篇什。淳化初，拜右武卫将军,四迁至右卫将军。景德二年,加右监门卫大将军。四年,卒,赠河州观察使,追封安乡侯。时妻亦卒,男女十四人皆幼,上甚嗟悼之。

子承震,早卒;承绪,供奉官;承伟、承雅、承裔、承鉴、承则,并西京作坊使;承裕,礼宾副使;承翊,内殿崇班;承简,袭徐国公;承干,终怀州防御使,赠保静军节度使、萧国公,子克敦,嗜经术,以宗正荐,召试中选,赐钱三十万。元丰间,集父承干遗文以进,神宗嘉之,诏:"承干父子以艺文儒学名于宗藩,宜有褒劝。"于是追封承干为东平王,而赐克敦敕书奖谕。以宣州观察使卒,赠开府仪同三司、和国公。

德钦字丕从。淳化元年,授右屯卫将军,四迁右羽林将军。景德元年六月卒,年三十一。赠云州观察使,追封云中侯。子承遵,西京作坊使。

德润字温玉,颇好学,善为诗。淳化元年,始授右领军卫将军,四迁右羽林将军。咸平六年二月卒,年三十九。赠应州观察使,追封金城侯。

德文字子矴,淳化初,授右监门卫将军,累迁滑州观察使、冯翊郡公。少好学,凡经史百家,手自抄撮,工为辞章。真宗以其刻励如诸生,尝因进见,戏呼之曰:"五秀才",宫中由是悉称之。德文本廷美第八子,其兄三人早卒,故德文于次为第五也。帝封泰山、祀汾阴、幸亳,德文必奏赋颂。帝每赐诗,辄令属和。数言愿得名士为师友,特命翰林学士杨亿与之游。亿卒,为诗十章悼之。天圣中,迁横海军节度观察留后,拜昭武军节度使,易感德、武胜二军,加同中书门下平章事。仁宗尝称为"五相公"而不名。庆历四年,宗室王者四人,以德文属祖且贤,方汉东平王苍,进封东平郡王,加兼侍中。德文虽老,嗜学不倦。晚被足疾,不能朝。六年,薨,年七十二。初得疾,仁宗临视,亲调药饮之。及讣闻,复临哭,赠太尉、中书令、申王、谥恭裕。子六人,承显,以王后袭封康国公,官至昭化军节度使。薨,年七十四,赠太尉、乐平郡王。

德愿字公谨,淳化元年,授右千牛卫大将军,三进秩为左武卫大将军。咸平二年闰三月卒,年二十四。赠凉州观察使,追封姑臧侯。

德存字安世,九岁授右千牛卫将军,历监门,至骁卫。从祠泰山,领樊州刺史。祀汾阴,以恩迁左羽林将军。大中祥符四年六月卒,年三十。赠洮州观察使,追封洮阳侯。子承衍,礼宾副使。

太祖四子:长滕王德秀,次燕懿王德昭,次舒王德林,次秦康惠王德芳。德秀、德林皆早亡,徽宗时,追赐名及王封。

燕懿王德昭字日新,母贺皇后。乾德二年出阁。故事,皇子出阁即封王。太祖以德昭冲年,欲其由渐而进,授贵州防御使。开宝六年,授兴元尹、山南西道节度使、检校太傅、同中书门下平章事,终太祖之世,竟不封以王爵。太宗太平兴国元年,改京兆尹,移镇永兴,兼侍中,始封武功郡王。诏与齐王廷美自今朝会宜班宰相之上。三年二月,娶太子太傅王溥女,封韩国夫人。是冬郊祀,加检校太尉。

四年,从征幽州。军中尝夜惊,不知上所在,有谋立德昭者,上闻不悦。及归,以北征不利,久不行太原之赏。德昭以为言,上大怒曰:“待汝自为之,赏未晚也!”德昭退而自刎。上闻惊悔,往抱其尸,大哭曰:“痴儿何至此邪!”赠中书令,追封魏王,赐谥,后改吴王,又改越王。德昭喜愠不形于色。真宗即位,赠太傅。乾兴初,加赠太师。子五人:惟正,惟吉,惟固,惟忠,惟和。

庆历四年,诏封十王之后,以惟忠子从蔼袭封颍国公,而惟吉子守巽以冀王后最长,与从蔼同封。守巽官至和州防御使,赠武成军节度使、楚国公。从谒至齐州防御使,赠武胜军节度观察留后、韩国公。守巽、从蔼卒,以惟忠子从信袭封荣国公,官至雄州防御使,赠保宁军节度使、楚国公。从信卒,以惟忠之孙、从恪子世规袭封崇国公,官至右龙武大将军、沂州防御使以卒。守巽子世清,累官茂州

防御使。以本宫之长,得封申国公。熙宁中,坐上书请袭曾祖越懿
王封不当,夺一官。既而议者是其说,乃迁越州观察使,袭封越国
公,进会稽郡王,至保信军留后。爱诸弟,作棣萼会于邸中。会元丰
升祔四后,受命告庙,方属疾,自力就事,未几薨。赠安化军节度使、
开府仪同三司、虢王,谥恭安。子令廓嗣,元符三年,改今封。

先是,熙宁中,诏封楚康惠王之孙从式为安定郡王,奉太祖祀。
及从式薨,乃以懿王曾孙世准袭封安定郡王。世准,从蔼子也。为
人内恕外严,无绮罗金玉之好,凡天子郊庙,必从祀。由金州观察使
拜保静军节度使。薨年六十八,赠开府仪同三司,追封成王。世开
袭封。

世开,从诲子、惟和孙也。七八岁,日诵万言,既长,学问该洽。
事后母孝,抚孤侄如己子。宦官吴申为御史,荐其学行,命试学士
院,累召不赴。神宗褒异之,召对便殿,论事甚众。时宫僚有缺,不
即请,而以他官摄,故私谒公行。宗女当嫁,皆富家大姓以货取,不
复事铨择。世开悉言之,帝嘉纳,欲以为宗正,固辞,乃进一官。以
其所列著为令。官至奉国军留后。薨,赠开府仪同三司,追封信王,
谥献敏。世雄嗣。

世雄亦从蔼子,少力学知名。熙宁中,诏宗子以材能自表见者,
官长及学官以名上。世雄子令铄在选中。尝请营都宅以处疏属,立
三舍以训学者。诏用其议,置两京敦宗院,六宫各建学。徽宗即位,
以世雄于太祖之宗最为行尊,拜崇信军节度使,袭安定郡王,知大
宗正事。崇宁四年薨,年七十五。赠太尉,追封淄王,谥恭宪。世福
袭封。

世福,从信子。官至集庆军节度使。薨,赠仪王。令荡袭爵。令
荡,秦康惠王曾孙也。

惟正,天圣七年,以久病,帝欲慰安之,由保信军节度观察留
后、乐安郡公特拜建宁军节度使。卒,赠侍中,追封同安郡王,谥僖
靖。无子,以弟惟忠子从说为嗣,官至左龙武大将军、温州团练使。
坐射杀亲事官削官爵,幽之别宅。从说少好学,以刚褊废,遂自到

死。帝甚悼之。赠济州防御使、济南侯。

　　惟吉字国祥，母郑国夫人陈氏。惟吉生甫弥月，太祖命辇至内廷，择二女媪养视之，或中夜号啼，必自起抚抱。三岁，作弱弓轻矢，植金钱为的，俾之戏射，十发八中，帝甚奇之。五岁，日读书诵诗。帝尝射飞鸢，一发而中，惟吉从旁雀跃，喜甚，帝亦喜，铸黄金为奇兽、瑞禽赐之。常乘小乘舆及小鞍鞁马，命黄门拥抱，出入常从。太祖崩，惟吉裁六岁，昼夜哀号，孝章皇后慰谕再三，始进饘粥。太宗即位，犹在禁中，日侍中食。太平兴国八年，始出居东宫，授左监门卫将军，封平阳郡侯，加左骁卫大将军，进封安定郡公。淳化四年，迁左羽林军大将军。至道二年，授阆州观察使。凡邸第供亿，车服赐与，皆与诸王埒，自余王子不得偕也。真宗即位，授武信军节度，加同平章事。时石保吉先为使相，诏惟吉班其上。大中祥符初，封泰山，以疾不从行，诏许疾愈驰诣行在。还顿郓州，惟吉迎谒，上劳问再三，改感德军节度。明年，疾复作，上屡临省之，亲视灼艾，日给御膳，为营佛事。三年五月薨，时年四十五。废朝五日，赠中书令，追封南阳郡侯。谥康孝。

　　惟吉好学，善属文，性至孝。孝章皇后抚养备至，亲为栉沐。咸平初，以太祖孝章画像、服玩、器用赐惟吉，岁时奠享，哀慕甚至。每诵《诗》至《蓼莪篇》，涕泗交下，宗室推其贤孝。雅善草隶飞白，真宗次为七卷，御制序，命藏秘阁。其子守节，以父所书《真草千文》以献，诏书褒答，仍付史馆。追赠太尉，明道二年封冀王。子守节、守约、守巽、守度、守廉、守康。

　　守节，累迁彰化军节度观察留后，同知大宗正事。卒赠镇江军节度使，追封丹阳郡王，谥僖穆。子世永、世延。世永，袭邢国公，官至镇南军留后，熙宁元年薨，赠昭信军节度使、南康郡王，谥修孝。世延，终右武卫大将军、绛州防御使，赠武宁军节度观察留后、彭城郡公。

　　守约，终内园使、康州刺史，赠沂州团练使。子世静、世长。世静，至左武卫大将军、均州防御使，卒赠镇海军节度观察留后、北海郡公。世长，终左武卫大将军、解州防御使，赠张信军节度观察留后、济阳郡公。守巽及其子世清，事见上。守度，终左领军卫大将军、英州团练使，赠广州观察使、庐江侯。守廉，终拱备库副使，赠内藏库使。守康，至供奉官。

惟固字宗干，本名元扆，太平兴国八年，改赐名，授左千牛卫将军。是冬卒。

惟忠字令德，初名文起，太平兴国八年赐今名。授右千牛卫将军，四迁右龙武军。真宗即位，改右千牛卫大将军。大中祥符二年，进左监门卫大将军、叙州刺史。五年，进昌州团练使。八年卒，赠鄂州观察使，追封江夏侯。明道二年，加赠彰化军节度使，追封舒国公。子从恪、从蔼、从秉、从颖、从谨、从质、从信、从说。

从恪，累官西染院使，卒，赠磁州刺史、东莱侯。子世规，袭封崇国公。从蔼，终左卫大将军、齐州防御使，赠武胜军节度观察留后，追封韩国公。子世丰，终太子卫右率，追赠进士及第。世准、世雄，并安定郡王。从信，封荣国公，官至雄州防御使，赠保宁军节度使、楚国公，谥安僖。子世福，袭安定郡王。从秉、从颖、从谨，并礼宾使。从质，内殿崇班。从说，出继惟正。

惟和字子礼，端拱元年，授右武卫将军，历右骁卫、神武龙武军、右卫将军。大中祥符元年，领澄州刺史。四年，迁右千牛卫大将军。六年，卒，年三十六。赠汝州防御使、临汝侯。明道二年，加赠永清军节度观察留后，追封清源郡公。

惟和雅好学，为诗颇清丽，工笔札，优游典籍，以礼法自居，宗室推重。尝和御制诗，上称其有理致。及卒，上谓宰相王旦等曰："惟和好文力学，加之谨愿，皇族之秀也，不幸短命！"嗟悼久之，至于泣下。录其稿二十二轴，上亲制序，藏于秘阁。子从审、从海。

从审，终复州防御使，赠宁国军节度观察留后、宣城郡公。尝坐与人奸除名，已而复官。从海，终左金吾卫大将军、台州团练使，赠襄州观察使、襄阳侯。子世开，安定郡王，事见上。

绍兴元年，诏曰："太祖皇帝创业垂统，德被万世。神祖诏封子

孙一人为安定郡王,世世勿绝。今其封不举,朕甚悯之。有司其上
合封人名,遵故事施行。"时燕、秦二王后争袭封,礼部员外郎王居
正上言:"燕王亲,太祖长子,其后当袭封。"议遂定。自绍兴至嘉定,
袭封者十五人,惟令畤、令廧、令𬤇、令衿迹颇著,余皆继嗣,娖娖无
足称。

令畤字德麟,燕懿王玄孙也,蚤以才敏闻。元祐六年,签书颍州
公事。时苏轼为守,爱其才,因荐于朝。宣仁太后曰:"宗室聪明者
岂少哉? 顾德行何如耳。"竟不许。轼被窜,令畤坐交通轼罚金。已
而附内侍谭稹以进。绍兴初,官至右朝请大夫。吕颐浩请以令畤主
行在大宗正司,帝命易环卫官。颐浩言:"令畤读书能文,恐不须
易。"帝曰:"令畤昔事谭稹,颇违清议。"改右监门卫大将军、荣州防
御使,权知行在大宗正事。迁洪州观察使,袭封安定郡王。寻迁宁
远军承宣使,同知行在大宗正事。四年薨,贫无以为殓,帝命户部侍
赐银绢,赠开府仪同三司。

令矼,绍兴五年,由邵武军兵马都监袭封,授华州观察使,寻除
同知大宗正事。逾年薨。

令廧字深之。初,懿王生昌州团练使惟固,惟固生楚安僖王从
信,从信生益公世逢,世逢生令廧,授右班禁直,迁东头供奉官,累
监州县场库。监司薛昂荐其才,易资承事郎,调颍州签判,历绵州通
判,累知蜀州、阆州、庆源府,召除卫尉少卿,擢秘阁修撰,再知庆源
府。建炎二年,分西外宗子于泰州,命令廧知西外宗正事,除御营使
司参赞军事,挈宗子避地福州,因置司焉。元懿太子薨,帝命令廧选
艺祖后得三四人,寻擢集英殿修撰,知南外宗正。再选宗子,得伯
琮、伯浩养宫中,后选得伯玖,性亦聪惠。高宗喜,转令廧知泉州,寻
与祠以归。令矼薨,令廧改阆州观察使,袭封,除同知大宗正事。逾
年,授镇东军承宣使,再迁保平军节度使。绍兴十三年薨,年七十
五。赠少师,后追封惠王,谥襄靖。子子游,官至湖北提刑,用户部
侍郎王俣荐,加直秘阁。会建宁节度使士𣙜知南外宗正司,以事去
官,言者请择宗室文臣之廉正者代之,遂以命子游。西、南外宗官用

文臣,自子游始。

令误,字君序,以父任补右班殿直。政和中,迁承忠郎,召试,授从事郎。宣和二年,以贡士试舍选合格,授宣教郎,调信州永丰县丞。中兴初,累迁福州运判,兼提点刑狱公事。秦桧方柄用,安定郡王绝封者十余年;桧死,次令衿当封,适以事被拘,遂命令误袭封。已而令误以爵逊令衿,乃升令衿秘阁修撰,知台州,移知绍兴府,台权户部侍郎,领严、饶二州铸钱局。先是,诸州钱监兵匠多缺不补,积其衣粮,号三分缺额钱,令误请以其钱付诸监,省朝廷降铜本钱,又建议州县卖官田计所入高下,守令进秩减磨勘有差;州县义仓多红腐,请岁出三之一以易新粟;水旱为灾,检放不及七分处所,即许振恤;皆从之。令衿薨,令误由崇庆军承宣使再袭封。隆兴初,除同知大宗正事,奏减生日支赐并郊祀赏给,以助军兴。诏褒之。迁敷文阁直学士,特授左中大夫、知绍兴府,引疾乞祠以归,寻死,年六十八。令误莅事明敏有风采,然在广东日,尝与副使章芠不协,阴中以法,陷芠于死,世以此少之。

令衿,嘉孝穆公世峡子也。博学有能文声,中大观二年舍选。靖康初,为军器少监。言事忤旨,夺官。绍兴七年,以都官员外郎召。张浚罢,令衿请对留浚,言官石公揆论令衿阿大臣,复罢。久之,以事抵临安,中丞李文会劾令衿"昔为大臣缓颊,今复奔走请托。"诏送吏部。吏部直令衿,奏除德安府通判,迁知泉州。泉属邑有隐士秦系故庐,唐相姜公辅葬邑旁,令衿建堂合祠之,郡人感其化。归寓三衢。尝会宾客观秦桧家庙记,口诵"君子之泽,五世而斩"之句。通守汪召锡,桧兄婿也,颇疑令衿,讽教官莫汲诉令衿论日月无光,谤讪朝政。侍御史董德元承风旨劾之,诬以赃私。诏下令衿狱,案验无状,乃论令衿谤讪不逊,追一官勒停,令南外宗正司拘之。桧除召锡湖南提举以报之,衔令衿,必欲置死地。初,赵鼎之子汾归过衢,令衿照之,侍御史徐喜希桧旨,诬令衿与汾有密谋,伺朝廷机事。捕汾下大理寺,俾汾自诬与张浚、李光等谋逆,而令衿预焉。狱上,桧病不能省,乃获免。桧死,复爵。二十六年,授明州观察使,袭封。引

疾乞奉燕王祠,许之。寻加庆远军承宣使。二十八年薨,赠开府仪
同三司。

令话,建炎末,为右武卫大将军、信州防御使。熙宁初,首封秦
王孙从式,已而更封燕王曾孙世清。宣和中,又封秦王元孙令荡。令
荡卒,令庇年最长,礼官以为小宗不当封。绍兴元年六月,令话得袭
封,授宁州观察使。二年七月薨,赠开府仪同三司。

令德,乾道元年为武德郎。时安定郡王令锒换文阶,大宗正司
奏令德授定武军承宣使,袭封。令德贫,几不能出蜀。七年,令德薨,
令惨当封,以沈湎声色,不任袭。诏武德郎令抬袭封,除金州观察
使。令抬薨,时秦王后无当袭者,武翼郎子拣属燕王后,年又最长,
得袭封。子拣薨,九年九月,忠训郎子彤袭,授容州观察使。绍兴二
年薨,年八十余。庆元元年十月,忠翊郎子恭袭,授利州观察使。子
恭薨,嘉定二年七月,子觏袭,授金州观察使。四年十一月,伯栩袭,
授宣州观察使。嘉定元年十月,伯枳袭,授福州观察使。八年十一
月,伯泽袭,授潭州观察使。

秦康惠王德芳,开宝九年出阁,授贵州防御使。太平兴国元年,
授兴元尹、山南西道节度使、同平章事。三年冬,加检校太尉。六年
三月,寝疾薨,年二十三。车驾临哭,废朝五日。赠中书令、岐王及
谥,后加赠太师,改楚王。子三人:惟叙、惟宪、惟能。

庆历四年,诏封十王之后,以惟叙子从照封安国公,终左金吾
卫大将军、归州团练使。赠同州观察使、齐国公。从照卒,以惟能子
从古封安国公,终延州观察使,赠保静军节度使、同中书门下平章
事、楚国公,谥惠恪。从古卒,惟宪子从式袭封舒国公。

神宗即位,谓创业垂统,实自太祖,顾无以称。乃下诏令中书门
下考太祖之籍,以属近而行尊者一人,裂土地而王之。使常从献于
郊庙,世世勿复绝。于是有司推择,以从式应诏,封安定郡王,终保
康军节度使,赠同中书门下平章事,追封荣王,谥安僖。从式既薨,
诏以越王曾孙世准袭封安定郡王,而以从式子世恩袭爵为楚国公,

主楚王德芳之祀。迁楚州防御使，卒赠奉国军节度使，谥良僖。徽宗即位，改封楚王为秦王。

惟叙字懋功，性纯谨，颇好学。端拱初，授左武卫将军，四迁左卫将军，领勤州刺史。大中祥符四年，从祀汾阴，拜左千牛卫大将军。八月，卒，年三十五。赠怀州防御使，追封河内侯。明道二年，加赠保静军节度观察留后、高平郡公。子从照，封安国公。从溥，至右侍禁内殿崇班。

惟宪字有则，美丰仪，少颇纵肆，长修谨，善射，好吟咏，多读道书。端拱初，授左屯卫将军，累迁左羽林将军、领演州刺史，加左卫大将军、领贺州团练使，真拜资州团练使。大中祥符九年五月卒，年三十八。赠安德军节度使兼侍中、英国公。子从式，始封安定郡王，事见上。从演，礼宾副使。从戎、从戒、从湜，并内殿崇班。从贲，供奉官。

惟能字若拙。端拱初，授右屯卫将军，累迁右神武军将军。大中祥符元年五月卒，年三十。赠蔡州防御使、张掖侯。明道二年，加赠集庆军节度观察留后、南康郡公。子从古，袭安国公。从善，内殿承制。从赟，崇班。

安僖秀王子偁，秦康惠王之后，高宗族兄也。康惠生英国公惟宪，惟宪生新兴侯从郁，从郁生华阴侯世将，世将生东头供奉官令佅，令佅生子偁。宣和元年，舍试合格，调嘉兴丞。是年，子伯琮生，后被选入宫，是为孝宗。

子偁召赴都堂审察，改宗教郎，通判湖州，寻除直秘阁，赐五日服。孝宗既封建国公，就傅，子称召对言："宗室之寓于外者，当聚居官舍，选尊长钤束之。年未十五附入州小学，十五入大学，许依进士就举，未出官者亦许入学听读，及一年，听参选。"高宗纳其说。迁朝奉郎、秘阁修撰，知处州。已而乞祠，许之。累官左朝奉大夫。绍兴十三年秋致仕，明年春，卒于秀州。时孝宗为普安郡王，疑所服，诏侍从、台谏议。秦熹等请解官如南班故事，普安亦自请持服，许之。

及普安建节,子称以恩赠太子少师。既为太子,加赠太师、中书令,封秀王,谥安僖。配张氏,封王夫人。

孝宗受禅,称皇伯,园庙之制未备。绍熙元年,始即湖州秀园立庙,奉神主,建祠临安府,以藏神貌,如濮王故事。仍班讳。

嗣秀王伯圭字禹锡,孝宗同母兄也。初,以恩补将仕郎,调秀州华亭尉,累官至浙西提刑司干办公事,除明州添差通判。孝宗受禅,上皇诏除集英殿修撰、知台州。

伯圭在郡,颇著政绩,除敷文阁待制,改知明州,充沿海制置使。蕃商死境内,遗赀巨万,吏请没入,伯圭不可,戒其徒护丧及赍以归。升敷文阁直学士,以忧去,服阕,再知明州。新学宫,命宗子入学,闲以规矩。诏徙戍定海兵于许浦。伯圭奏:"定海当控扼之冲,不可撤备,请摘制司军以实其地。"从之。

海寇猖獗,伯圭遣人谕降其豪葛明,又遣明禽其党倪德。二人素号桀黠,伯圭悉抚而用之,贼党遂散。以功进一官,累升显谟阁、龙图阁学士。在郡十年,政宽和,浚湖陂,均水利,辨冤狱。尝获铸铜者,不忍置诸法,谕令易业,民由是无再犯。

淳熙三年,授安德军节度使,寻加开府仪同三司,充万寿观使。朝德寿宫,上皇赐玉带,加少保,封荥阳郡王。高宗崩,入临,充攒宫总护使,除少傅。光宗即位,升少师。逾年召见,迁太保,封嗣秀王,赐甲第于安僖祠侧。

臣僚上言:"治平中追崇濮邸,王子孙几二十人,皆自环卫序迁其官。今居南班者止师夔一人,非所以强本支而固磐石也。前未建秀邸时,欲赋以禄,则不免责以吏事;今已建邸,而犹责吏事,他日或不免于议。治则伤恩,不则废法,曷归之南班,俾无吏责而享富贵。"遂诏伯圭诸子得换班。

绍熙二年,除判大宗正事,建请别立宗学,以教宗子。超拜太师,免奉朝请。寻兼崇信军节度使,赐第还湖州,寻薨于家。讣闻,帝为辍朝三日,追封崇王,谥宪靖。

伯圭性谦谨,不以近属自居。每日见,行家人礼,虽宴私隆洽,执臣节愈恭。一日，孝宗问潜龙时事，伯圭辞曰："臣老矣，不复能记。"问至再三，终不言。帝笑曰："何太谨也。"益爱重之。尝欲广其居，并湖为复阁，有司既度材矣，伯圭固辞而止。阜陵成，迁中书令，凡五让。宁宗嘉其志，诏别议褒崇之礼，赠赞拜不名，肩舆至殿门。子九人：师夔、师揆、师垂、师离、师禹、师皋、师岩、师弥、师贡。

师夔字汝一，初以祖恩补官，调太平州芜湖簿。隆兴元年，改右承务郎，历台州、秀州通判，直秘阁。寻知徽州，新学舍，进直徽猷阁，知湖州。时归附从军而廪于湖者众，不能给，师夔请增廪，仍别给僦屋钱，以安其心。帝称善，诏诸郡行之。除直龙图阁，迁浙西提刑，改江东运判。

建康务场往往夺民利，为害滋甚，师夔首罢之。守臣以郡计所资，诣师夔请复旧，不从。池州军帅霍政与守臣交上书相攻，诏师夔究曲直。政密遣人求庇，师夔斥之，具言状，政坐罢去。

改秘阁修撰、知明州兼沿海制置使，加敷文阁待制，转永庆军承宣使。绍熙元年，侍父入觐，除兴宁军节度使。宁宗即位，加检校少保，充阜陵桥道顿递使。阜陵成，迁开府仪同三司。侍父归，父薨未逾月，师夔亦卒，年六十一。赠少师，追封新安郡王。

师揆字元辅，初补右承务郎奉祠。除添差湖州签判，改婺州通判，加直秘阁。守臣韩元吉荐其材，上以问史浩，浩言其聪爽可任。召对，除江东提举。奏免失陷常平人毋责偿。改淮南漕，寻迁淮西提刑兼提举，领屯田事。奏以荒圩给军士，其屯田为民世业者勿夺，从之。及代去，吏请献羡钱二十万，师揆曰："后将病民矣。"除直秘阁，改江东转运副使，加秘阁修撰，知明州。

绍兴元年，授观察使。宁宗即位，除奉国军承宣使，寻陞节度使。召见，赐肩舆，超检校太保、开府仪同三司，充万寿观使，袭封。开禧元年奉朝请，嘉定七年薨，赠太傅，追封澧王，谥恭惠。

弟师禹，由保康军节度使除开府仪同三司，袭封。十六年，薨，赠太傅，追封和王，谥端肃。

宋史卷二四五
列传第四

宗室二

汉王元佐　　昭成太子元僖
商王元份　　越王元杰　　镇王元偓
楚王元偁　　周王元俨　　悼献太子
濮王允让

太宗九子：长楚王元佐，次昭成太子元僖，次真宗，次商恭靖王元份，次越文惠王元杰，次镇恭懿王元偓，次楚恭惠王元偁，次周恭肃王元俨，次崇王元亿。

汉恭宪王元佐字惟吉，初名德崇，母元德皇后。少聪警，貌类太宗，帝钟爱之。年十三，从猎近郊，兔走乘舆前，太宗使元佐射，一发而中，契丹使在侧，惊异之。从征太原、幽蓟。太平兴国中，出居内东门别第，拜检校太傅、同中书门下平章事，封卫王，赴上于中书。后徙居东宫，改赐今名，加检校太尉，进封楚王。

初，秦王廷美迁涪陵，元佐独申救之。廷美死，元佐遂发狂，至以小过操挺刃伤侍人。雍熙二年，疾少间，帝喜，为赦天下。重阳日内宴，元佐疾新愈不与，诸王宴归，暮过元佐第。曰："若等侍上宴，我独不与，是弃我也。"遂发忿，被酒，夜纵火焚宫。诏遣御史捕元佐，诣中书劾问，废为庶人，均州安置。宰相宋琪率百官三上表，请留元佐京师。行至黄山，召还，废居南宫，使者守护。咨议赵齐王通、翊善戴元顿首请罪，帝赦之曰："是子朕教之犹不悛，汝等安能辅导耶？"

真宗即位，起为左金吾卫上将军，复封楚王，听养疾不朝，再加检校太师、右卫上将军。元佐生日，真宗赐以宝带。平居不接人事，而事或预知。帝尝遣术士管归真为醮禳，左右未及白，元佐遽曰："管归真至矣。"帝闻之曰："岂非为物所凭乎？"封泰山，真拜太傅；祀汾阴，迁太尉兼中书令。又加太师、尚书令兼中书令，遂拜天策上将军、兴元牧，赐剑履上殿，诏书不名。时禁中火，元佐表停奉禀助完宫阙，不许。加兼雍州牧。仁宗为皇太子，兼兴元牧。仁宗即位，兼江陵牧。薨，年六十二，赠河中、凤翔牧，追封齐王，谥恭宪。宗室子弟特给假七日，以卤簿鼓吹导至永安，陪葬永熙陵。明道二年，改封潞王。又改魏王。子三人：允升、允言、允成。

神宗封王后，以允言子宗说恭宪王长孙，嗣封祈国公。皇佑中，坐帷薄不修除名，又坐坑杀女仆，锁闭宫室外宅。其子仲旻，官右武卫大将军、道州刺史，后因朝，叩头殿下泣诉云："父老且病，愿纳身官以赎。"神宗亦愍之，而未俞其请。出就马，气塞不能言，及家而卒。赠同州观察使、冯翊侯。宗说幽死。

熙宁三年，以允升子宗惠袭封魏国公。中书言宗惠不应封，以恭宪庶长孙允言子宗立嗣。

宗立从张揆学《春秋》。大清楼侍宴，预坐悉赋裸玉诗，宗立诗先成，仁宗称善。屡赐飞白书，旌其文雅。至是袭封，终武宁军节度观察留后，赠昭信军节度使、同中书门下平章事、南康郡王。子仲来嗣，终金州刺史。子不悦嗣。徽宗立，改封魏王为汉王。不悦卒，子彦清乞袭父爵，奉汉王祀，诏从之。

允升字吉先，初免乳，养明德太后宫，太后亲抚视之。元佐有疾，允升始出第。真宗赐名元中，授右监门卫将军，更赐今名。累迁澶州观察使，封延安郡公，进武宁军节度观察留后，历安德、建雄、安国军节度使。景佑二年卒，赠太尉、平阳郡王，谥懿恭。子十三人，宗礼、宗旦、宗悌、宗惠知名。

宗礼尝侍宴大清楼，仁宗赋诗，命属和，侍射苑中，复献诗。终虔州观察使、成国公，赠安远军节度使、同中书门下平章事、韩国公。子仲翘、仲髦。

宗旦字子文，七岁如成人，选为仁宗伴读。帝即位，获超选，为群从所诋，上书言状，帝曰："宗旦陪朕幼学，勤劳居多，此出朕意，岂应诉以常格？"所生母死，请别择葬域，岁时奠祀，后遂著为法。治平中，同知大宗正事。神宗即位，拜崇信军节度使、同中书门下平章事，为大宗正，赐方团金带，非朝会得乘肩舆。元丰三年，封华阴郡王，加开府仪同三司。长属籍十六年，宗子有过，优游诲导，一善必以闻。异时赴朝请者，率以私丁给侍，宗旦建请，始得从官给。薨，赠太尉、滕王，谥恭孝，听旗节印绶从葬。

宗悌字元发，轻财好施。故相王氏子持父所服带求质钱，宗悌恻然曰："宰相子亦至是乎！"归带而与之钱。所亲用诈取藏镪，得其状，曰："吾不以小故伤骨肉恩。"竟不问。所生母早世，宗悌不识也，闻父婢语平生，辄掩泣。继得其肖貌，绘而奉之如生。终明州观察使，赠保宁军节度使、同中书门下平章事、东阳郡王，谥曰孝宪。

宗惠，封魏国公，寻以旁支黜。终武昌军节度观察留后、江夏郡王，赠郯王。

允言，累官左屯卫将军。尝托疾不朝，降太子左卫率府率，岁中复官。又坐笞侍婢，而兄允升劝止，悖慢无礼，贬副率，绝朝谒，出之别第。以祀汾阴恩，复率府率，还宫。久之，复朝谒，历左监门卫大将军、黄州刺史。天圣七年卒，赠明州观察使、奉化侯。明道二年，赠安远军节度使，追封密国公。子宗说、宗正事并见上。宗育，终右屯卫将军，赠颍州防御使、汝阴侯。

允成，终右神武将军、濮州防御使，赠安化军节度使、郇国公。明道二年，加赠镇江军节度使兼侍中。子宗颜、宗讷、宗鼎、宗严、宗鲁、宗儒、宗奭，皆为环卫、刺史。

昭成太子元僖，初名德明。太平兴国七年出阁，授检校太保、同平章事，封广平郡王，与兄卫王德崇同日受封。八年，进封陈王，改名元佑。诏自今宰相班宜在亲王上，宰相宋琪、李昉请遵旧制，不允。宋琪等恳请久之，上曰："宰相之任，实总百揆，与群司礼绝；藩邸之设，止奉朝请而已。元佐等尚幼，欲其知谦损之道，卿等无固让也。"

雍熙二年，元佐被疾，以元僖为开封尹兼侍中，改今名，进封许王，加中书令。上为娶隰州团练使李谦溥女为夫人，因谓宰相曰："朕尝语诸子，今姻偶皆将相大臣之家，六礼具备，得不自重乎？"淳化元年，宰相吕蒙正复上言，乞班诸王下，诏不允。三年十一月己亥，元僖早入朝，方坐殿庐中，觉体中不佳，径归府。车驾遽临视，疾已亟，上呼之犹能应，少顷遂薨。上哭之恸，废朝五日，赠皇太子，谥恭孝。

元僖姿貌雄毅，沉静寡言，尹京五年，政事无失。及薨，上追念不已，悲泣达旦不寐，作《思亡子诗》示近臣。

未几，人有言元僖为嬖妾张氏所惑，张颇专恣，捶婢仆有至死者，而元僖不知。张又于都城西佛寺招魂葬其父母，僭差逾制。上怒，遣昭宣使王继恩验问，张缢死。左右亲吏悉决杖停免，毁张氏父母冢墓，亲属皆配流。开封府判官、右谏议大夫吕端，推官、职方员外郎陈载，并坐裨赞有失，端黜为卫尉少卿，载为殿中侍御史。许王府咨议、工部郎中赵令图，侍讲、库部员外郎阎象，并坐辅道无状，削两任免。诏停册礼，以一品卤簿葬。真宗即位，始诏中外称太子之号焉。乾兴初，改谥。无子，仁宗时，诏以允成子宗保出后昭成太子为孙。

宗保生二岁，母抱以入见章献后，后留与处。宗保七岁，授左侍禁，帝亲为巾其首。久之，归本宫，诏朔望出入禁省。累官代州防御使，袭封燕国公。性仁恕，主藏吏盗米至千斛，贳不问。尝书"忍"字于座右以为戒。熙宁七年卒。神宗临奠，其子仲鞠泣曰："先臣幼养宫中,终身不自言。"帝感悼,遂优赠静难军节度使、亲平郡王,谥恭静。仲鞠亦好学能诗,事亲居丧以孝闻。

宗保卒,子仲恕嗣,官至忠州团练使,谥纯僖。子士盎嗣。

商恭靖王元份,初名德严。太平兴国八年出阁,改名元俊,拜同平章事,封冀王。雍熙三年,改今名,加兼侍中、威武军节度使,进封越王。淳化中,兼领建宁军,改镇宁海、镇东。真宗即位,加中书令,徙镇永兴、凤翔,改王雍。永熙复土,为山陵使,拜太傅。真宗北征,为东京留守。薨年三十七,赠太师、尚书令、郓王。改陈王,又改润王。治平中,封鲁王。

元份宽厚,言动中礼,标望伟如,娶崇仪使李汉斌之女。李悍妒惨酷,宫中女婢小不如意,必加鞭杖,或致死。上每有恩赐,诏令均给,李尽取之。及元份卧病,上亲临问,见左右无侍者,因辍宫人为主汤剂。初,太宗崩,戚里皆赴禁中,朝晡临,李多称疾不至。元份生日,李以衣服器用为寿,皆饰以龙凤。居元份丧,无戚容,而有谤上之语。上尽知其所为,以元份故优容之。及是,复不欲显究其罪状,止削国封,置之别所。元份子三人:长允宁;次允怀,改允中,早卒;次则濮王允让也。

允让薨,以允宁子宗谔袭虢国公。至熙宁三年,以宗肃嗣封鲁国公。宗肃,亦允宁子也。子仲先嗣。徽宗即位,改封鲁王为商王,诏曰:"宗室诸王追封大国,其世袭子孙尚仍旧国,甚未称正名之意。如鲁王改封商王,其子尚袭鲁国之类。其令大宗正司改正。"制以宁远军节度使、鲁国公仲先改封商国公。

允宁字德之,性至孝,因父感疾,恍惚失常。既而嗜学,尤喜读唐史,通知近朝典故,工虞世南楷法,真宗赐诗激赏之。又善射,尝侍射后苑,屡破的,赐金带器币。初授右千牛卫将军,四迁右武卫,历唐州团练、颖州防御、同州观察使,进彰信军节度观察留后、武定军节度使。景佑元年卒,赠太尉、信安郡王,谥僖简。子宗谔、宗敏、宗孟、宗肃。

宗谔封虢国公,官累集庆军节度使、同中书门下平章事,进封豫章郡王。乞比外使相给奉,仁宗以非兼侍中,令诘主吏,宗谔上章自陈,于是御史张商英劾其招权立威等罪,坐落平章事。英宗即位,还所夺。元丰五年薨,赠太尉、韩王。太常谥荣孝,上省集议驳之,改荣恭,仆射王珪复驳之,遂谥荣思。

宗肃封鲁国公。兄宗谔尝亡宝器,意宗肃家人子窃之,宗肃曰:"吾廉,不足取信兄弟如此乎?"立偿其直。宗谔愧不取,乃施诸僧。久之器得,宗肃不复言。元丰五年,终安化军留后,以尝从英宗入庆宁,优赠镇海军节度使、开府仪同三司、北海郡王。

宗敏终右千牛卫大将军、文州刺史,赠越州观察使、会稽侯。颇涉书传。缘郊恩建请封所生母范氏,宗室子得封所生母,自宗敏始。

越文惠王元杰字明哲,初名德和。太平兴国八年出阁,改名。授检校太保、同平章事,封益王。端拱初,加兼侍中、成都尹、剑南东西川节度。淳化中,徙封吴王,领扬润大都督府长史、淮南镇江军节度使。至道二年,改扬州大都督、淮南忠正军节度。真宗即位,授检校太尉兼中书令、徐州大都督、武宁泰宁等军节度使,改封兖王。咸平中,再郊祀,皆为终献,加守太保。六年七月暴薨,年三十二。

元杰颖悟好学,善属词,工草、隶、飞白,建楼贮书二万卷,及为亭榭游息之所。尝作假山,既成,置酒召僚属观之。翊善姚坦独俯首不视,元杰强之,坦曰:"坦见血山,安得假山。"言州县鞭挞微民,以取租税,假山实租税所为耳。语见《姚坦传》中。

及薨,真宗闻之震悼,不俟旦,步及中禁门,乃乘辇临视,哀动左右,废朝五日。赠太尉、尚书令,追封安王,谥文惠,后改邢王,后改陈王。无子。仁宗以恭宪王之孙、允言子宗望为之后。

宗望字子国,终右武卫大将军、舒州防御使,赠安化军节度使观察留后、高密郡公。仁宗尝御延和殿试宗子书,以宗望为第一;又常献所为文,赐国子监书,及以涂金纹罗御书"好学乐善"四字赐之。即所居建御书阁,帝为题其榜。

　　子仲郐嗣。熙宁三年，与商恭靖王孙宗肃等同日封陈国公。官至陈州观察使。卒，谥良僖。

　　子士关嗣。父卒徒行护丧数百里，路人嗟恻。卒，赠陈州观察使。徽宗即位，改封陈王为越王。

　　镇恭懿王元偓字希道。端拱元年出阁，授检校太保、左卫上将军，封徐国公。至道二年，拜洪州都督、镇南军节度使。真宗即位，加同平章事，封彭城郡王。俄加检校太傅，改镇静难、彰化，进封宁王。郊祀、东封，悉为亚献，礼成，授检校太尉兼侍中、护国镇国等军节度。

　　三年，文武官诣阙请祠后土，元偓以领节帅亦奏章以请，诏许之。将行，命为河、华管内桥道顿递使。明年，车驾入境，元偓奏方物、酒饩、金帛、茗药为贡，仪物甚盛。至河中，与判府陈尧叟分导乘舆度蒲津桥。上登郊丘亭，目元偓曰：“桥道顿置严谨，尔之力也。”元偓顿首谢。及还，加中书令，领成德、安国等军节度，改封相王。五年，加守太傅。

　　真宗自即位以来，屡以学术勖宗子。元偓首寇藩戚，益自修励，上每制篇什，必令属和。一日，谓宰相曰：“朕每戒宗子作诗习射，如闻颇精习，将临观焉。”因幸元偓邸第，宴从官，宫僚毕会，赋七言诗。元偓奉觞上寿，赐袭衣、金带、器币、缗钱，又与宗室射于西南亭。日晡，从官退，上独以中官从，幸元偁、元俨宫，复宴元偓宫，如家人礼，夜二鼓而罢。六年，进位太尉。

　　八年七月，以荣王宫火，徙元偓宫于景龙门外，车驾临幸。是冬，加兼尚书令。天禧元年二月，换成德、镇宁二镇，进封徐王。二年春，宫邸遗烬，爇舍数区，元偓惊悸，暴中风眩薨，年四十二。帝临哭，废朝五日，赠太师、尚书令、邓王，赐谥恭懿。

　　元偓姿表伟异，厚重寡言，晓音律。后改封密王，又改王苏。治平中，追封韩王。

　　子允弼，八岁召入禁中，令皇子致拜，允弼不敢当。御楼观酺，得与王子并坐。皇子即位，是为仁宗。允弼累迁武宁军节度使兼侍中，判大宗正事，封北海郡王。英宗时，拜中书令，徙王东平。神宗即位，拜太保、凤翔雄武军节度使，朝朔望。熙宁二年，丁母忧，悲痛不胜丧，固辞起复。母葬有日而允弼病笃，顾诸子以不得终大事为恨。薨，帝临哭之恸，辍朝三日，赠太师、尚书令兼中书令，追封相王，谥孝定。

允弼性端重，时然后言。诸宫增学官员，允弼已贵，犹日至讲席，延伴读官读《孟子》一节。领宗正三十年，与濮安懿王共事，相友爱，为宗属推敬。

子宗绩，袭祖恭懿王封为韩国公。卒，赠南康郡王，谥良孝。宗绩弟宗景，以相州观察使同知大宗正事。神宗以其父允弼司宗久，故复选用之。宗景事母孝，居丧如不能胜。居第火冒，急赴家庙，不恤其他，火亦不为害。元祐中，累迁彰德军节度、开府仪同三司、检校司空，封济阴郡王。宗景丧其夫人，将以妾继室，先出之于外，而托为良家女且纳焉。坐夺开府，既而还之。绍圣四年薨，年六十六，赠太师、循王，谥曰思。

宗绩既卒，子仲麿嗣，自平川节度使徙剑南西川。徽宗改封韩王为镇王。

楚恭惠王元偁字令闻，七岁授检校太保、右卫上将军、泾国公。久之，领鄂州都督、武昌军节度使。真宗即位，加同平章事、安定郡王，进检校太傅。景德二年，郊祀，迁宣德、保宁两镇，进封舒王。大中祥符初，封泰山，加检校太尉兼侍中，移平江、镇江军。从祀汾阴，加兼中书令，改镇南、宁国军节度使。五年，拜太保。自景德后，每有大事，皆为终献。

元偁体素羸多病，上幸真源，时已被疾，恳求扈从。至鹿邑疾甚，肩舆先归。车驾还，临问数四。七年，薨，年三十四。废朝五日，赠太尉、尚书令，追封曹王，谥恭惠。后改封华王、蔡王。有集三卷、笔札一卷，上为制序，藏之秘阁。子允则，官至右千牛卫大将军卒。

先是，诸王子授官，即为诸卫将军，余以父官及族属亲疏差等。天禧元年，令宗正卿赵安仁议为定制。安仁请以宣祖、太祖、太宗孙初荫授将军，曾孙授右侍禁，玄孙授右班殿直，内父爵高者听从高荫，其事缘特旨者不以为例。诏中书、门下、枢密院参定行之。

允则无子，以平阳懿恭王之子宗达为后。熙宁三年，袭封蔡国公。邻家失火，盗因为奸，窃宗达所服带，既而得之，且知其主名，贷不问。浚井得镪，复投之。官累武信军留后。薨，赠安化军节度使、开府仪同三司、高密郡王。子仲约嗣。徽宗即位，改封蔡王为楚王。

周恭肃王元俨，少奇颖，太宗特爱之。每朝会宴集，多侍左右。帝不欲元俨早出宫，期以年二十始就封，故宫中称为“二十八太保”，盖元俨于兄弟中行第八也。

真宗即位，授检校太保、左卫上将军，封曹国公。明年，为平海军节度使，拜同中书门下平章事，加检校太傅，封广陵郡王。封泰山，改昭武、安德军节度使，进封荣王；祀汾阴，加兼侍中，改镇安静、武信，加检校太尉；祠太清宫，加兼中书令。坐侍婢纵火，延燔禁中，夺武信节，降封端王，出居故驸马都尉石保吉第。每见帝，痛自引过，帝悯怜之。寻加镇海、安化军节度使，封彭王，进太保。仁宗为皇子，加太傅。历横海永清保平定国节度、陕州大都督，改通王、泾王。仁宗即位，拜太尉、尚书令兼中书令，徙节镇安、忠武，封定王，赐赞拜不名，又赐诏书不名。天圣七年，封镇王，又赐剑履上殿。明道初，拜太师，换河阳三城、武成节度，封孟王，改永兴凤翔、京兆尹，封荆王，迁雍州、凤翔牧。景佑二年大封拜宗室，授荆南、淮王节度大使，行荆州、扬州牧，仍赐入朝不趋。

元俨广颡丰颐，严毅不可犯，天下崇惮之，名闻外夷。事母王德妃孝，妃每有疾，躬侍药，晨夕盥洁焚香以祷，至忧念不食。母丧，哀戚过人。平生寡嗜欲，惟喜聚书，好为文词，颇善二王书，工飞白。

仁宗冲年即位，章献皇后临朝，自以属尊望重，恐为太后所忌，深自沉晦。因阖门却绝人事，故谬语阳狂，不复预朝谒。及太后崩，仁宗亲政，益加尊宠，凡有请报可，必手书谢牒。方陕西用兵，上所给公用钱岁五十万以助边费，帝不欲拒之，听入其半。尝问翊善王涣曰："元昊平未？"对曰："未也。"曰："如此，安用宰相为。"闻者畏其言。

庆历三年冬，大雨雪，木冰，陈、楚之地尤甚。占者曰："忧在大臣。"既而元俨病甚。上忧形于色，亲至卧内，手调药，屏人与语久之，所对多忠言。赐白金五千两，固辞不受，曰："臣羸惫且死，将重费家国矣。"帝为嗟泣。明年正月死，赠天策上将军、徐兖二州牧、燕王，谥恭肃。比葬，三临其丧。诏以元俨墨迹及所为诗分赐宰臣，余藏秘阁。

子十三人：允熙、允良、允迪、允初，余皆早卒。熙宁中，以允良子宗绛嗣封吴国公。徽宗改封吴王为周王。

允熙终右监门卫将军、滁州刺史，赠博州防御使、博平侯。

允良历五节度，领宁海、平江两军，封华原郡王，改襄阳，由同中书门下平章事、兼侍中，至太保、中书令。好酣寝，以日为夜，由是一宫之人皆昼睡夕兴。薨，赠定王，有司以其反易晦明，谥曰荣易。

允迪累官耀州观察使。居父丧不哀，又尝宫中为优戏，为妻昭国夫人钱氏所告。制降右监门卫大将军，绝朝谒，钱氏亦度为洞真道士。

允初，初名允宗，勤于朝会，虽风雨不废。未尝问财物厚薄，惟诵佛书，人以为不慧。累迁宁国军节度使、同中书门下平章事。治平元年卒，赠中书令、博平郡王。无子。英宗临奠，以允初后事属其兄允良，乃以允成孙仲连为之后。

崇王元亿，早亡，追赐名，封代国公。治平中，封安定郡王。徽宗即位，加封崇王。

真宗六子：长温王禔，次悼献太子佑，次昌王祗，次信王祉，次钦王祈，次仁宗。禔、祗、祈皆蚤亡，徽宗赐名追封。

悼献太子佑,母曰章穆皇后。咸平初,封信国公。生九年而薨,
追封周王,赐谥悼献。仁宗即位,赠太尉、中书令。明道二年,追册
皇太子。

仁宗三子:长杨王昉,次雍王昕,次荆王曦,皆早亡。徽宗时改
封。

濮安懿王允让字益之,商王元份子也。天资浑厚,外庄内宽,喜
愠不见于色。始为右千牛卫将军。周王佑薨,真宗以绿车旄节迎养
于禁中。仁宗生,用箫韶部乐送还邸。官卫州刺史。仁宗即位,授
汝州防御使,累拜宁江军节度使。上建睦亲宅,命知大宗正寺。宗
子有好学,勉进之以善,若不率教,则劝戒之,至不变,始正其罪,故
人莫不畏服焉。庆历四年,封汝南郡王,拜同平章事,改判大宗正
司。嘉佑四年薨,年六十五,赠太尉、中书令,追封濮王,谥安懿。仁
宗在位久无子,乃以王第十三子宗实为皇子。仁宗崩,皇子即位,是
为英宗。

治平元年,宰相韩琦等奏:请下有司议濮安懿王及谯国夫人王
氏、襄国夫人韩氏、仙游县君任氏合行典礼。诏须大祥后议之。
二年,乃诏礼官与待制以上议。翰林学士王圭等奏曰:

谨按《仪礼丧服》:"为人后者"《传》曰:"何以三年也?受重
者必以尊服服之。""为所后者之祖父母妻,妻之父母昆弟,昆
弟之子若子。"谓皆如亲子也。又"为人后者为其父母"《传》曰:
"何以期?不二斩,持重于大宗,降其小宗也。""为人后者为其
昆弟"《传》曰:"何以大功?为人后者降其昆弟也。"

先王制礼,尊无二上,若恭爱之心分于彼,则不得专于此
故也。是以秦、汉以来,帝王有自旁支入承大统者,或推尊其父
母以为帝后,皆见非当时,取议后世,臣等不敢引以为圣朝法。

况前代入继者,多宫车晏驾之后,援立之策或出臣下,非

如仁宗皇帝年龄未衰,深惟宗庙之重,祗承天地之意,于宗室众多之中,简推圣明,授以大业。陛下亲为先帝之子,然后继体承祧,光有天下。

濮安懿王虽于陛下有天性之亲,顾复之恩,然陛下所以负扆端冕,富有四海,子子孙孙万世相承,皆先帝德也。臣等窃以为濮王宜准先朝封赠期亲尊属故事,尊以高官大国,谯国、襄国、仙游并封太夫人,考之古今为宜称。

于是中书奏:王珪等所议,未见详定濮王当称何亲,名与不名?珪等议:“濮安于仁宗为兄,于皇帝宜称皇伯而不名,如楚王、泾王故事。”

中书又奏:“《礼》与《令》及《五服年月敕》:出继之子于所继、所生皆称父母。又汉宣帝、光武皆称父为皇考。今珪等议称濮王为皇伯,于典礼未有明据,请下尚书省,集三省、御史台议奏。”

方议而皇太后手诏诘责执政,于是诏曰:“如闻集议不一,权宜罢议,令有司博求典故以闻。”礼官范镇等又奏:“汉之称皇考、称帝、称皇,立寝庙,序昭穆,皆非陛下圣明之所法,宜如前议为便。”自是御史吕诲等弹奏欧阳修首建邪议,韩琦、曾公亮、赵概附会不正之罪,固请如王珪等议。

既而内出皇太后手诏曰:“吾闻群臣议请皇帝封崇濮安懿王,至今未见施行。吾载阅前史,乃知自有故事。濮安懿王、谯国夫人王氏、襄国夫人韩氏、仙游县君任氏,可令皇帝称亲,濮安懿王称皇,王氏、韩氏、任氏并称后。”

事方施行,而英宗即日手诏曰:“称亲之礼,谨遵慈训;追崇之典,岂易克当。且欲以茔为园,即园立庙,俾王子孙主奉祠事。”

翌日,诲等以所论列弹奏不见听用,缴纳御史敕告,家居待罪。诲等所列,大抵以为前诏称“权罢集议”,后诏又称“且欲以茔为园”,即追崇之意未已。英宗命阁门以告还之。诲等力辞台职。诲等既出,而濮议亦寝。至神示元丰二年,诏以濮安懿王三夫人可并称王夫人云。

王二十八子。长宗懿，英宗时为宿州团练使，封和国公。神宗以宗懿濮安懿王元子，追封舒王。子仲鸾，常州防御使。父薨，诸子皆进官，独不忍受。喜翰墨，乐施与，九族称贤。卒，赠武康军节度使、洋国公，谥曰良。仲鸾弟仲汾，幼喜书史，一读成诵。居父丧，邻于毁瘠。卒官莱州防御使，赠昭化军节度使、荣国公。

次宗朴，为陇州防御使，封岐国公。宗朴与英宗友爱。初，诏英宗入居庆宁宫，固辞，宗朴率近属敦劝，乃入。治平中，建濮王园庙，宗朴遂拜彰德军节度使，封濮国公，奉王后。神宗即位，加同平章事兼侍中，进封濮阳郡王。薨，赠太师、中书令，追封定王，谥僖穆。子仲佺，父殁，不食者数日。母葬时，天大雪，步泥中扶翼，道路叹恻。以润州观察使卒，赠开府仪同三司。

宗朴既薨，宗谊袭封。官至昭化军节度使、同中书门下平章事。薨，赠太师、中书令、广陵郡王，谥庄孝。

宗晖，元丰中，以淮康军节军使袭濮国公。安懿王及三夫人改祔，命为志并题神主，加同中书门下平章事、开府仪同三司，进嗣濮王。哲宗立，改镇南节度使、检校司徒。绍圣元年薨，年六十七，赠太师，追封怀王，谥荣穆。子仲瑗。先是，濮国嗣王四孟诣洛享园庙，以河南府县官充亚、终献。宗晖之袭封也，神宗始命以其子为之，仲瑗遂以终献侍祠，凡十余年。父丧，哀痛不能胜，才服除而卒。官右监门卫大将军、合州刺史。

宗晟，绍圣元年六月，以武安军节度使判大宗正事，加检校司徒，嗣濮王。明年三月薨，年六十五，赠太师、昌王，谥端孝。宗晟好古学，藏书数万卷，仁宗嘉之，益以国子监书。治平将郊而雨，或议改祐享，英宗访诸宗晟，对曰："陛下初郊见上帝，盛礼也，岂宜改卜。至诚感神，在陛下精意而已。"帝嘉纳，及郊，雨霁。帝数被疾，密请早建储贰，以系天下之望，世称其忠。

宗晟薨，哲宗绍圣二年四月，宗愈以镇安节度使、开府仪同三司、检校司徒嗣封。故事嗣王以四时诣祠所，宗愈方属疾，或曰不可以暑行，曰："吾身主祀而不往，非礼也。"强舆以行，疾遂亟。是年八月薨，年六十五，赠太师，追封襄王，谥恭宪。

宗绰嗣，官至河阳三城节度使、检校司徒。绍圣三年二月薨，年六十二，赠太师，追封荣王，谥孝靖。昌节度使，嗣濮王。既嗣爵，当诣园荐献，会疾，以弟宗汉代行，叹曰："不能亲奉笾豆，飨我先王，而浮食厚禄，安乎！"请以爵授弟，不许。四年六月薨，赠太师、惠王，谥僖节。

宗佑克己自约，萧然若寒士，好读书，尤喜学《易》。嘉佑中，从父允初未立嗣，咸推其贤，诏以宗佑为后，泣曰："臣不幸幼失怙恃，将终身悲慕，忍为人后乎！敢以死请。"仁宗怜而从之。累迁清海军节度使、开府仪同三司，封乘城郡王。绍圣四年八月，加检校司徒，嗣濮王。时已病，当祠园庙，不肯移疾，自秋涉冬连往来。元符元年春，又亟往，遂薨于祠下。赠太师，追封钦王，谥穆恪。

宗汉，英宗幼弟也。累拜保宁军留后、邺国公、东阳安康郡王。元符初，以彰德军节度使、开府仪同三司、检校司空嗣濮王。徽宗即位，徙宁江、保平、泰宁三镇，判大宗正事，加检校司徒、太保、太尉。帝幸濮邸，迁其子孙官。时安懿王诸子独宗汉在，恩礼隆腆。大观三年八月薨，赠太师，追封景王，谥孝简。宗汉善画，尝作《八雁图》，人称其工。仲增嗣。

仲增，濮王孙，于属为长，故封。官至彰德军节度使、开府仪同三司。政和五年九月薨，赠少师，追封简王，谥穆孝。

仲御，自幼不群，通经史，多识朝廷典故。居父宗晟丧，哲宗起知宗正，力辞，诏虚位以须终制。累迁镇宁、保宁、昭信、武安节度使，封汝南、华原郡王。政和中，以检校少傅、泰宁军节度使、开府仪同三司嗣封。天宁节辽使在廷，宰相适谒告，仲御摄事，率百僚上寿，若素习者。帝每见必加优礼，称为嗣王。宣和四年五月薨，年七十一，赠太傅，追封郇王，谥康孝。

仲爰嗣。徽宗即位，拜建武节度使，为大宗正，加开府仪同三司，封江夏郡王，徙节泰宁定武，检校少保、少傅。宣和五年六月薨，年七十，赠太保，追封恭王。

仲理嗣。靖康初，为安国军节度使，加检校少保、开府仪同三司。

嗣濮王者，英宗本生父后也。治平三年，立濮王园庙。元丰七年，封王子宗晖为嗣濮王，世世不绝封。高宗南迁，奉濮王神主于绍兴府光孝寺。

仲湜字巨源，楚荣王宗辅之子，安懿王孙也，初名仲洰。熙宁十年，授右内率府副率。累迁密州观察使、知西外宗正事、保大军承宣使。钦宗嗣位，授靖海节度使，更今名。召知大宗正事，未行，汴京失守。康王即帝位于南京，仲湜由汉上率众径谒。时嗣濮王仲理北迁，乃诏仲湜袭封，加开府仪同三司，历检校少保、少傅。绍兴元年，充明堂亚献。七年，薨，帝为辍朝，赐其家银帛，追封仪王，谥恭孝。仲湜事母以孝闻，喜亲图史。性酷嗜珊瑚，每把玩不去手，大者一株至以数百千售之。高宗尝问坠地则何如，仲湜对曰："碎矣。"帝曰："以民膏血易无用之物，朕所不忍。"仲湜惭不能对。

子士从、士街、士篯、士衎、士歆。士从，靖康末，为洺州防御使。建炎二年，同知西外宗正事，主管高邮军宗子。士从招溃卒置屯，奏假江、淮制置使，许之。贼李在犯楚州，士从遣部将乘虚掩袭，狃于小胜，军无纪律，败绩。士从移司衡、温二州。臣僚以其弟士篯挠州县，士从不能制，遂罢。绍兴四年，迁泾、洪二州观察使，权知濮王园令。士从乞择利便地奉安神位，从之。六年，士街授象州防御使，迁华州观察使，同知大宗正事，安庆军承宣使，主奉濮王祠事。初，以军兴，南班宗子权罢岁赐，至有身殁而不能殓者，士街言于朝，诏复旧制。三十年，拜安德军节度使。典宗司凡十四年。士篯官至安庆军节度使、同知大宗正事。隆兴元年，上言："宗司文移视官叙高下，令退，臣兄也，位反居臣下，失尊卑叙，乞易置之。"诏可其奏。士衎，官至崇庆军节度使、知西外宗正事。右谏议何溥论士衎强市海舟，罢官。已而诏归南班，奉朝请。隆兴中，以边事未宁，与士篯奏减奉给恩赏之半以助军兴。诏加奖谕。

仲偁，景王宗汉子也。初授右内率府副率，转右监门卫大将军。

建炎末,授武功大夫、忠州防御使。绍兴中,迁济州,知南外宗正事。八年,加检校少尉、向德军节度使,袭封嗣濮王。仲僩生而不慧,以次得封。入见榻前恸哭,帝惊问故,答语狂谬,帝优容之。九年,薨,上辍朝三日,追封琼王,谥恭惠。

士儴,安懿王曾孙也。绍兴二十五年十一月袭封,除崇庆军节度使。初,仲僩薨,秦桧专政,罢袭,桧死,始封士儴。逾年薨,赠少师,追封思王,谥温靖。

士辐,士儴弟也。绍兴二十八年,由建州观察使袭封,授昭化军节度使。初,懿王神貌奉安报恩寺西挟,屋居隘陋,士辐请别营祠堂,许之。久之,加检校少尉,累加开府仪同三司,赐嗣濮王居为世业。除知大宗正事,累加三少,充醴泉观使。淳熙七年薨,赠太傅,追封安王。

士歆,仲湜第十一子也。由保康军节度使袭封,加开府仪同三属,累升三少。庆元二年薨,赠太傅,追封歆王。

不垫,安懿王玄孙也。年七十六,累转武功郎。士歆既薨,不垫年最高,得袭封,除福州观察使。由庶官袭封自不垫始。庆元五年,转武安军承宣使。俄薨,赠开府仪同三司,追封蒋国公。

不墼,由武经大夫授利州观察使,袭封。开禧初,迁宁远军承宣使。薨,赠开府仪同三司,追封安国公。

不俦,开禧二年,由安远军承宣使袭封,除昭庆军节度使,迁检校少保。嘉定十年薨,赠少师,追封高平郡王。

不嫖,由武翼大夫袭封,授福州观察使,时嘉定十一年也,逾年而薨,赠开府仪同三司,追封惠国公。

臣僚上言:"嗣濮王元降指挥,虽有择高年行尊之文,然高宗朝仪王仲湜以德望俱隆,越仲孮而选拜;武德郎藟,次当袭封,以官卑,乃命士儴权奉祠事,越十六年始正士儴之封,是亦不拘定制也。乞自今应封者,命大宗司铨量,都堂审察,阁门引见,然后奏取进止。"宁宗然之。

不凌,父士穏。不嫖既薨,不凌由右千牛卫将军授福州观察使,袭封嘉定十五年,迁奉国军承宣使。十七年薨,赠开府仪同三司,追封惠国公。

宋史卷二四六
列传第五

宗室三

吴王颢　益王頵　吴王佖　燕王俣
楚王似　献愍太子茂　郓王楷
肃王枢　景王杞　济王栩　徐王棣
沂王㮪　和王栻　信王榛　太子谌
^{弟训}元懿太子旉　信王璩
庄文太子惜　魏王恺　景献太子询
镇王竑

英宗四子：长神宗，次吴荣王颢，次润王颜，次益端献王頵，皆宣仁圣烈高皇后出也。颜早亡，徽宗赐名追封。

吴荣王颢字仲明，初名仲糺，自右内率府副率为和州防御使，封安乐郡公，转明州观察使，进祁国公。治平元年，加检校太傅、保宁军节度使、同中书门下平章事，封东阳郡王。三年，出阁。神宗立，进封昌王；官制行，册拜司空，徙王雍。哲宗嗣位，加太保，换成德、横海二镇，徙封扬王，赐赞拜不名，五日一谒禁中。帝致恭如家人礼。神宗祔庙，拜太傅，移镇京兆、凤翔。

　　自熙宁以来，颢屡请居外，章上辄却。至元祐初，乃赐咸宜坊第一区，榜曰"亲贤"，与弟頵对邸。车驾偕三宫临幸，留宴终日。拜太尉，诸子皆命赐官，制曰："先皇帝笃兄弟之好，以恩胜义，不许二叔出居于外，盖武王待周公之意。太皇太后严朝廷之礼，以义制恩，始从其请，出就外宅，得孔子远其子之意。二圣不同，同归于道，皆可以为万世法。朕承侍两宫，按行新第，顾瞻怀思，潸然出涕。昔汉明帝问东平王：'在家何以为乐？'王言：'为善最乐。'帝大其言，因送列侯印十九枚，诸子五岁以上悉佩之，著之简策，天下不以为私。今王诸子性于忠孝，渐于礼义，自胜衣以上，颀然皆有成人之风，朕甚嘉之。其各进一官，以助其为善之乐，尚勉之哉！毋忝父祖，以为邦家光。"徙封徐王，诏书不名。

　　宣仁有疾，颢旦旦入问，因亦被病。宣仁祔庙，拜太师，徙王冀，赐入朝不趋。改淮南、荆南节度使，徙封楚王。病益笃，帝亲挟医视诊，令昼夜具起居状闻，小愈则喜。既而薨，年四十七。帝即临哭，辍朝五日，成服苑中。赠尚书令兼中书令、扬荆冀三州牧、燕王，谥曰荣，陪葬永厚陵。徽宗即位，改封吴王。

　　颢天资颖异，尤嗜学，始就外傅，每一经终，即遗讲读官以器币服马。工飞白，善射，好图书，博求善本。神宗嘉其志尚，每得异书，亟驰使以示。尝赐方团玉带，俾服而朝，颢辞，乃为制玉鱼以别之。是后亲王遂踵为故实。初，居英宗丧，丐解官终制，以厌于至尊，不克遂。服慈圣光献太后之服，易月当除，颢曰："身为孙而情文缺然，若是可乎？请如心丧礼，须上禫除，即吉。"诏可。

　　子孝骞嗣，终宁国军节度使、晋康郡王；孝锡终嘉州团练使，赠永国公。

　　益端献王頵，初名仲恪，封大宁郡公，进鄂国公、乐安郡王、嘉王。所历官赐，略与兄颢同。更武胜、山南西、保信、保静、武昌、武安、武宁、镇海、成德、荆南十节度，徙王曹、荆，位至太尉。元祐三年七月薨，年三十三，赠太师、尚书令、荆徐二州牧、魏王，谥端献。徽宗改封益王。

頵端重明粹，少好学，长博通群书，工飞白、篆籀。宾接宫僚，岁满当去，辄奏留，久者至十余年。颇好医书，手著《普惠集效方》，且储药以救病者。

子九人：孝哲，右骁卫将军，早亡；孝奕，彰化军节度观察留后，赠司空、平原郡王；孝参，奉国军节度使，改宁武、武胜，封豫章郡王；孝永，邢州观察使，赠司空、广陵郡王；孝诒、孝骘、孝悦、孝颖、孝愿，皆至节度使。

神宗十四子：长成王修，次惠王仅，次唐哀献王俊，次褒王伸，次冀王佃，次哲宗，次豫悼惠王价，次徐冲惠王倜，次吴荣穆王佖，次仪王伟，次徽宗，次燕王俣，次楚荣宪王似，次越王偲。八王皆早薨：修、仅、伸、伟，徽宗赐名追封；俊、佃、倜、价，徽宗改封。

吴荣穆王佖，帝第九子。初授南山东道节度使，封仪国公。哲宗立，加开府仪同三同、大宁郡王，进申王，拜司空。帝崩，佖于诸弟为最长，有目疾不得立。徽宗嗣位，以帝兄拜太傅，加殊礼，旋拜太师，历京兆、真定尹，荆、扬、太原、兴元牧，徙国陈。崇宁五年薨，辍视朝七日。赠尚书令兼中书令、徐州牧、燕王，谥荣穆。又加赠侍中，改封吴王。子有奕，武信军节度使、和义郡王。

燕王俣，帝第十子；越王偲，帝第十二子。母曰林婕妤。俣初授定武军节度使、检校太尉，封成国公；偲初授武成军节度使、检校太尉、祁国公。哲宗朝，俣加开府仪同三司，封咸宁郡王；偲加开府仪同三司，封永宁郡王。是后累换节钺，历任尹牧，俣进封莘王，偲封睦王。徽宗朝，俱历太保、太傅，俣进封卫王、魏王、燕王，偲进封定王、邓王、越王。靖康元年，同迁太师，俣授河东剑南、西川节度使、成都牧，偲授永兴、成德军节度使、雍州真定牧。

二年，上皇幸青城，父老邀之不及，道遇二王，哭曰："愿与王俱死。”徐秉哲捕为首者戮之，益兵卫送二王于金营，北行至庆源境上，俣乏食薨，俣至韩州而薨。

绍兴初，有崔绍祖者至寿春府，称越王次子，受上皇蜡诏为天下兵马大元帅，兴师恢复。镇抚使赵霖以闻。召赴行在，事败，送台狱伏罪，斩于越州市。

楚荣宪王似，帝第十三子。初为集庆军节度使、和国公，进普宁郡王。元符元年出阁，封简王。似于哲宗为母弟，哲宗崩，皇太后议所立，宰相章惇以似对。后曰：“均是神宗子，何必然。”乃立端王。徽宗定位，加司徒，改镇武昌、武成，徙封蔡，拜太保，移镇保平、镇安，又改凤翔、雄武。以王府史语言指斥，送大理寺验治，似上表待罪。

左司谏江公望上疏，以为：“亲隙不可开，开则言可离贰；疑迹不可显，显则事难磨灭。陛下之得天下也，章惇尝持异议，已有隙迹矣。蔡王出于无心，年尚幼小，未达祸乱之萌，恬不以为恤。陛下一切包容，已开之隙复涂，已显之迹复泯矣。恩意渥缛，欢然不失兄弟之情。若以暧昧无根之语，加诸至亲骨肉之间，则有魏文‘相煎太急’之讥，而忘大舜亲爱之道，岂治世之美事邪。臣愿陛下密诏有司，凡无根之言勿形案牍，倘有瑕可指，一入胸次，则终身不忘，迹不可泯，隙不可涂，则骨肉离矣。一有浸淫旁及蔡王之语，不识陛下将何以处之，陛下何颜见神考于太庙乎？”疏入，公望罢知淮阳军。徽宗虽出公望，然颇思其言，止治其左右。

崇宁中，徙镇荆南、武宁。崇宁五年薨，赠太师、尚书令兼中书令、冀州牧、韩王，改封楚王，谥荣宪。

子有恭，定国军节度使、永宁郡王。

哲宗一子：献愍太子茂，昭怀刘皇后为贤妃时所生。帝未有子，而中宫虚位，后因是得立。然才三月而夭，追封越王，谥冲献。崇宁元年，改谥献悯。后之立也，邹浩凡三上疏谏，随削其稿。至是，或谓浩有“杀卓氏而夺其子，欺人可也，讵可以欺天乎？”之语，徽宗昭暴其事，复窜浩昭州，而峻茂典册。后上表谢，然浩盖无是言也。

徽宗三十一子：长钦宗，次兖王棫，次郓王楷，次荆王楫，次肃王枢，次景王杞，次济王栩，次益王棫，次高宗，次仪王材，次祁王模，次莘王植，次仪王朴，次徐王棣，次沂王㮮，次郓王桢，次和王栻，次信王榛，次汉王椿，次安康郡王㮪，次广平郡王楗，次陈国公机，次相国公梴，次瀛国公樾，次建安郡王楳，次嘉国公椅，次温国公栋，次英国公橞，次仪国公桐，次昌国公柄，次润国公枞。棫、楫、材、桢、椿、机六王早薨。

郓王楷，帝第三子。初名焕。始封魏国公，进高密郡王、嘉王，历奉宁、镇安、镇东、武宁、保平、荆南、宁江、剑南西川、镇南、河东、宁海十一节度使。政和八年，廷策进士，唱名第一。母王妃方有宠，遂超拜太傅，改王郓，仍提举皇城司。出入禁省，不复限朝暮，于外第作飞桥复道以通往来。北伐之役，且将以为元帅，会白沟失利而止。钦宗立，改镇凤翔、彰德军。靖康初，与诸王皆北迁。

肃王枢，帝第五子。初封吴国公，进建安郡王、肃王，历节度六镇。靖康初，金人围京城，要帝子弟为质，且求输两河。于是遣宰臣张邦昌从枢使斡离不军，为金人所留，约俟割地毕遣还，而挟以北去。

景王杞，初授武安军节度使、检校太尉，封冀国公。大观二年，改授山南东道节度使，加开府仪同三司，封文安郡王。政和中，授检校太保，寻迁太保，改授护国、武昌军节度使，追封景王。靖康元年，授荆南、镇东军节度使，迁太傅。

二年，遣诣金营充贺正旦使。既归，又从上幸青城。及上皇出郊，杞日侍左右，衣不解带，食不食肉，上皇制发愿文，述祈天请命之意，以授杞。杞顿首泣。及北行，须发尽白。

　　济王栩,初授镇洮军节度使、检校太尉,封鲁国公。大观二年,改授彰武军节度使,加开府仪同三司,封安康郡王。政和中,授检校太保,改荆南、清海军节度使,进封济王。靖康元年,授护国、宁海军节度使,迁太傅。

　　同景王杞为贺金人正旦使。既还,又与何㮚请命使,金帅给栩曰:“自古有南即有北,不可相无,今所欲割地而已。”栩回以白上,且言金帅请与上皇相见,上曰:“岂可使上皇蒙尘。”遂自出,以栩从行。及索诸王家属,栩夫人曹氏避难他出,徐秉哲捕而拘之,遂同北去。

　　徐王棣,初授镇江军节度使、检校太尉,封徐国公。政和中,授检校太保。宣和中,改镇南军节度使,加开府仪同三司,封高平郡王。寻改山南东道、河阳三城节度使,进封徐王。后从渊圣北去。

　　绍兴二年,有万州李勃者,伪称祁王,内侍杨公谨与言徐王起居状,勃遂改称徐王。宣抚使张浚遣赴行在,上命王府故吏验视,言非真,诏送大理,情得,弃市。

　　沂王㮙,初授横海军节度使、检校太尉、冀国公。政和中,授检校太保。宣和中,改剑南西川节度使,加开府仪同三司,封河间郡王。寻改剑南东川、威武军节度使,迁太保,进封沂王。

　　后从渊圣出郊,至北方,与驸马刘彦文告上皇左右谋变,金遣人按问,上皇遣莘王植,驸马蔡鞗等对辨,凡三日,㮙、彦文气折,金人诛之。

　　和王栻,初授静江军节度使、检校太尉、广国公。三年,授检校太保。寻改定武军节度使,加开府仪同三司,封南康郡王。靖康元年,授瀛海、安化军节度使、检校太傅,追封和王。后从渊圣出郊。

　　有遗女一人,高宗朝封乐平县主,出适杜安石,命大宗正司主婚。

　　信王榛，初授建雄军节度使、检校太尉，封福国公。三年，授检校太保。宣和末，改安远军节度使，加开府仪同三司，封平阳郡王。靖康元年，授庆阳、昭化军节度使，迁检校太傅，进封信王。

　　后从渊圣出郊，北行至庆源，亡匿真定境中。时马广与赵邦杰聚兵保五马山寨，阴迎榛归，奉以为主，两河遗民闻风响应。

　　榛遣广诣行在奏之，其略曰："邦杰与广，忠义之心，坚若金石，臣自陷贼中，颇知其虚实。贼今稍堕，皆怀归心，且累败于西夏，而契丹亦出攻之。今山西诸寨乡兵约十余万，力与贼抗，但皆苦窘，兼阙戎器。臣多方存恤，惟望朝廷遣兵来援，不然，久之恐反为贼用。臣于陛下，以礼言则君臣，以义言则兄弟，其忧国念亲之心无异。愿委臣总大军，与诸寨乡兵，约日大举，决见成功。"广既至，黄潜善、汪伯彦疑其非真，上识榛手书，遂除河外兵马都元帅。潜善、伯彦终疑之，广将行，密授朝旨，使几察榛，复令广听诸路节制。广知事不成，遂留于大名府不进。会有言榛将渡河入京，朝廷因诏择日还京，以伐其谋。

　　金人恐广以援兵至，急发兵攻诸寨，断其汲道，诸寨遂陷。榛亡，不知所在，或曰后与上皇同居五国城。

　　绍兴元年，郑州有杨其姓者，聚千余人，自称信王。镇抚使翟兴觉诈，遣将斩之以闻。

　　钦宗皇太子谌，朱皇后子也。政和七年生，为嫡皇孙，祖宗以来所未有，徽宗喜。蔡京奏除检校少保、常德军节度使，封崇国公，从之。会王黼擅政，谋倾京，言其以东宫比人主，遂降为高州防御使。靖康元年，迁检校少保、昭庆军节度使、大宁郡王。寻进检校少傅、宁国军节度使。四月，诏立为皇太子。

　　二年，上幸青城，命密院同知孙傅兼太子少傅，吏部侍郎谢克家兼太子宾客，辅太子监国，称制行事。未几，金人请二帝谕太子出

城。统制吴革力请留，欲以所募士微服卫太子溃围以出。傅不许，
乃谋匿民间，别求状类太子者并宦者二人杀之，送金人，给以宦者
窃太子欲投献，都人争之，并伤太子。迟疑不决者五日。吴玠、莫俦
督胁甚急，范琼恐变生，以危言慑卫士，遂拥太子与皇后共车以出。
百官军吏奔随号哭，太学诸生拥拜车前，太子呼云："百姓救我！"哭
声震天，已而北去。弟训。

　　训乃北地所生。有砀山人留遇僧者，金人见之曰："全似赵家少
帝。"遇僧窃喜。绍兴十年，三京路通，诏求宗室。遇僧自言少帝第
二子，守臣遣赴行在，过泗州，州官孙守信疑之，白其守，请于朝。阁
门言渊圣无第二子，乃诏守信劾治。遇僧伏罪，黥隶琼州。后有自
北至者，曰："渊圣小大王训，见居五国城。"

　　元懿太子讳旉，高宗子也，母潘贤妃。建炎元年六月，生于南
京。拜检校少保、集庆军节度使，封魏国公。金人侵淮南，帝幸临安，
会苗傅、刘正彦作乱，逼帝禅位于旉，改元明受。既而傅等伏诛，帝
复位，乃以旉为皇太子，从幸建康。太子立，属疾，宫人误蹴地上金
炉有声，太子惊悸，疾转剧，薨谥元懿。

　　信王璩字润夫，初名伯玖，艺祖七世孙，秉义郎子彦之子也。生
而聪慧。
　　初，伯琮以宗子被选入宫，高宗命鞠于婕妤张氏；吴才人亦请
于帝，遂以伯玖命才人母之，赐名璩，除和州防御使，时生七岁矣。
伯琮以建国公就傅，璩独居禁中。俄拜节度使，封吴国公，宰执赵
鼎、刘大中、王庶等坚持之，命不果行。会秦桧专政，遂除保大军节
度使，封崇国公。寻诏赴资善堂听读。绍兴十五年，加检校少保，进
封恩平郡王，出就外第。时伯琮已封普安郡王，璩官属礼制相等夷，
号东、西府。逾年，改武昌军节度使。

二十二年，子彦卒，璩去官持服，终丧，还旧官。显仁太后崩，普安郡王始立为皇太子，璩因加恩称皇侄，名位始定。迁开府仪同三司，判大宗正事，置司绍兴府。

孝宗即位，璩表请入贺，许之，特授少保，改静江军节度使。顷之，省绍兴府宗正事，改判西外宗正司。璩累章乞闲，改醴泉观使。淳熙中，除少傅。高宗崩，奔赴得疾，逾年而薨，年五十九，追封信王，累赠太保、太师。

始，璩之入宫也，储位未定者垂三十年，中外颇以为疑。孝宗既立，天性友爱，璩入朝，屡召宴内殿，呼以官，不名也，赐予无算。

子四人：师淳历忠州团练使、永州防御使，师灏、师瀹、师路并补武翼大夫。孙希梀，特补保义郎。

庄文太子讳愭，孝宗嫡长子也，母郭皇后。初名愉，补右内率府副率，寻赐名愭，除右监门卫大将军、荣州刺史。孝宗为皇子时，愭拜蕲州防御使。及受禅，除少保、永兴军节度使，封邓王。故事皇子出阁，封王，兼两镇，然后加司空。愭自防御使蹿拜少保，章异数也。

乾道元年，立为皇太子，册广国夫人钱氏为妃。诏增东宫从卫，太子谦让。及奏捐月给杂物，从之。三年秋，太子病暍，医误投药，病剧。上皇与帝亲视疾，为赦天下。越三日薨，年二十四，谥庄文。

太子贤厚，上皇与帝皆爱之。帝从礼官议服期，以日易月；文武百官服衰，服一日而除；东宫臣僚齐衰三月，临七日而除。比葬，帝再至东宫，命宰臣奉谥册，大小祥皆以执政官行礼。

子挺，钱氏所生也，甫晬，除福州观察使，封荣国公。乾道九年卒，曾武当军节度使，追封豫国公。

宁宗时，命宗子希瓐为太子后。希瓐，艺祖九世孙也，赐名揢，补右千牛卫将军，置教授于府。开禧二年，除忠州防御使。嘉定八年，更名思正。

魏惠宪王讳恺，庄文同母弟也。初补右内率府副率，转右监门卫大将军、贵州团练使。孝宗受禅,拜雄武军节度使、开府仪同三司,封庆王。庄文太子薨,恺次当立,帝意未决。既而以恭王英武类己,竟立之。加恺雄武、保宁军节度使,追封魏王,判宁国府。妻华国夫人韦氏,特封韩、魏两国夫人,以示优礼。赐黄金三千两、白金一万两,命宰执设祖于玉津园,王登车,顾谓虞允文曰:"更望相公保全。"比至镇,奏朝天申节,许之。

府长史上言,欲与司马分治郡,俾王受成。恺奏曰"臣被命判府,今专委长史、司马,是处臣无用之地。况一郡置三判府,臣恐吏民纷竞不一,徒见其扰。长史、司马宜主钱谷、讼牒,俾拟呈臣依而判之,庶上下安,事益易治。"又请增士人贡额。朝廷悉从之。恺究心民事,筑圩田之隤圮者,帝手诏嘉劳之。

淳熙元年,徙判明州。辍属邑田租以赡学。得两歧麦,图以献,帝复赐手诏曰:"汝劝课艺植,农不游惰,宜获瑞麦之应。"加恺荆南、集庆军节度使,行江陵尹,寻改永兴、成德军节度使、扬州牧。七年,薨于明州,年三十五。帝素服发哀于别殿,赠淮南武宁军节度使、扬州牧兼徐州牧,谥惠宁。

王性宽慈,上皇雅爱之。虽以宗社大计出王于外,然心每念之,赐赉不绝。讣闻,帝泫然曰:"向所以越次建储者,正为此子福气差薄耳!"治二郡有仁声,薨之日,四明父老乞建祠立碑,以纪遗爱。

子二人。据早卒。柄生于明州,母卜氏,信安郡夫人,王薨,还居行在。柄性早慧,帝爱之,将内禅,升耀州观察使,封嘉国公。庆元间,封吴兴郡王,领昭庆军节度使。开禧三年薨,赠太保,封沂王,谥靖惠。

子垠,三岁而夭。诏立宗室希瞿子为其后,更名均,领右千牛卫将军,置教授于府。寻加福州观察使。后更名贵和,即镇王竑也。

景献太子讳询,燕懿王后,艺祖十一世孙也。初名与愿。宁宗既失充王,从宰执京镗等请,取与愿养于宫中,年六岁,赐名曦,除福州观察使。嘉泰二年,拜威武军节度使,封卫国公,听读资善堂。

开禧元年，时边事益急，金人请诛首谋用兵者，曮用翊善史弥远计，奏韩侂胄罢起兵端，上危宗社，宜赐黜罢，以安边境。从之。

曮立为皇太子，拜开府仪同三司，封荣王，更名㠓。诏御朝太子侍立，宰执日赴资善堂会议。寻用天禧故事，宰辅大臣并兼师傅、宾客，太子出居东宫，更名询。嘉定十三年薨，年二十九，谥景献。

镇王竑，希瞿之子也。初，沂靖惠王薨，无嗣，以竑为之后，赐名均，寻改赐名贵和。太子询薨，乃立贵和为皇子，赐名竑，授宁武军节度使，封祁国公。嘉定十五年五月，加检校少保，封济国公。

十七年六月辛未，竑生子，诏告天地、宗庙、社稷、宫观。八月癸未，赐竑子名铨，授左千牛卫大将军。丁亥，铨薨，赠复州防御使，追封永宁侯。竑上表称谢。竑好鼓琴，丞相史弥远买美人善鼓琴者，纳诸御，而厚廪其家，使美人瞯竑，动息必以告。美人知书慧黠，竑嬖之。宫壁有舆地图，竑指琼崖曰："吾他日得志，置史弥远于此。"又尝呼弥远为"新恩"，以他日非新州则恩州也。弥远闻之，尝因七月七日进乞巧奇玩以觇之，竑乘酒碎于地。弥远大惧，日夕思以处竑，而竑不知也。

时沂王犹未有后，方选宗室希玙子昀继之。一日，弥远为其父饭僧净慈寺，独与国子学录郑清之登惠日阁，屏人语曰："皇子不堪负荷，闻后沂邸者甚贤，今欲择讲官，君其善训迪之。事成，弥远之坐即君坐也。然言出于弥远之口，入于君之耳，若一语泄者，吾与君皆族矣。"清之拱手曰："不敢。"乃以清之兼魏忠宪王府教授。清之日教昀为文，又购高宗书俾习焉。清之上谒弥远，即以昀诗文翰墨以示，弥远始誉之不容口。弥远尝问清之："吾闻其贤已熟，大要竟何如？"清之曰："其人之贤，更仆不能数，然一言以断之曰：不凡。'弥远颔之再三，策立之意益坚。清之始以小官兼教授，其后累迁，兼如故。

宁宗崩，弥远始遣清之往，告昀以将立之之意。再三言之，昀默然不应。最后清之乃言曰："丞相以清之从游之久，故使布腹心于足下。今足下不答一语,则清之将何以复命于丞相?"昀始拱手徐答曰:"绍兴老母在。"清之以告弥远,益相与叹其不凡。

竑跂足以需宣召,久而不至。弥远在禁中,遣快行宣皇子,令之曰:"今所宣是沂靖惠王府皇子,非万岁巷皇子,苟误,则汝曹皆处斩。"竑不能自已,属目墙壁间,见快行过其府而不入,疑焉。已而拥一人径过,天已暝,不知其为谁,甚惑。

昀既至,弥远引入枢前,举哀毕,然后召竑。竑闻命亟赴,至则每过宫门,禁卫拒其从者。弥远亦引入枢前,举哀毕,引出帷,殿帅夏震守之。既而召百官立班听遗制,则引竑仍就旧班,竑愕然曰:"今日之事,我岂当仍在此班?"震绐之曰:"未宣制以前当在此,宣制后乃即位耳。"竑以为然。未几,遥见烛影中一人已在御坐,宣制毕,阁门赞呼,百官拜舞,贺新皇帝即位。竑不肯拜,震捽其首下拜。皇后矫遗诏:竑开府仪同三司,进封济阳郡王,判宁国府。帝因加竑少保,进封济王。九月丁丑,以竑充醴泉观使,令就赐第。

宝庆元年正月庚午,湖州人潘壬与其弟丙谋立竑,竑闻变匿水窦中,壬等得之,拥至州治,以黄袍加身。竑号泣不从,不获已,与之约曰:"汝能勿伤太后、官家乎?"众许诺。遂发军资库金帛、会子犒军,命守臣谢周卿率官属入贺,伪为李全榜揭于门,数弥远废立罪,云:"今领精兵二十万,水陆进讨。"比明视之,皆太湖渔人及巡尉兵卒,不满百人耳。竑知其谋不成,率州兵讨之。遣王元春告于朝,弥远命殿司将彭任讨之,至则事平。弥远令客秦天锡托召医治竑疾,竑本无疾。丙戌,天锡诣竑,谕旨逼竑缢于州治。

帝辍朝,赗银绢各一千、会子万贯,赠少师、保静镇潼军节度使。给事中盛章、权直舍人院王塈一再缴奏,诏从之。右正言李知孝累奏,追夺王爵,降封巴陵县公。于是在廷之臣真德秀、魏了翁、洪咨夔、胡梦昱等每以竑为言,弥远辄恶而斥远之。

端平元年,诏复官爵。妻吴氏为比丘尼,赐惠净法空大师,月给钵钱百贯。景定五年,度宗降诏,追复元赠节度使。德佑元年,提领户部财用兼修国史常楙请立竑后,试礼部侍郎兼中书舍人王应麟请更封大国，表墓锡谥，命大宗正司议选择立后，迎善气，销恶运，莫先于此。下礼部议，赠太师、尚书令，依旧节度使，升封镇王，谥昭肃。以田万亩赐其家，遣应麟致祭。

宋史卷二四七
列传第六

宗室四

子淔	子崧	子栎	子砥	子昼
子潚	师嶧	希言	希怿	士珸
士㒟	士嵎	士晴	不群	不弃
不尤	不忒	善俊	善誉	汝述
叔近	叔向	彦侁	彦栖	彦逾

子淔字正之，燕王五世孙。父令铄，官至宝文阁待制。子淔以荫补承务郎，累迁少府监主簿，改河南少尹。

时治西内，子淔有干才，漕使宋升器之。或事有未便，子淔辄力争，升每改容谢之。除蔡河拨发以纲运官。会夏旱，河水涸，转饷后期，贬秩一级。提举三门、白波辇运事，除直秘阁。丁内艰，起复。累进龙图阁、秘阁修撰，除陕西转运副使。

初，蔡京铸夹锡钱，民病壅滞，子淔请铸小铁钱以权之，因范格以进。徽宗大说，御书“宣和通宝”四字为钱文。既成，子淔奏令民以旧铜钱入官，易新铁钱。旬日，易得百余万缗。帝手札以新钱百万缗付五路，均籴。麦，命子淔领其事。民苦限迫，诣子淔诉者日数百人，子淔奏请宽其期，民便之。会蔡京再相，言者希京意，论子淔乱钱法，落职奉祠。

靖康初,复秘阁修撰。金人侵洛,子湡奔荆南。溃兵祝靖、盛德破荆南城,子湡匿民家,靖等知之,来谒,言京城已破。子湡泣曰:"君辈宜亟还都城,护社稷,取功名,无贪财扰州县也。"皆应曰:"诺。"子湡因草檄趣之。翌日,靖等遂北行。

绍兴元年,召见,复徽猷阁直学士、知西外宗正司,改江西都转运使。时建督府,军须浩繁,子湡运饷不绝,以功进宝文阁直学士,再知西外宗正司。三京新复,除京几畿都转运使,以疾辞。卒于家,年六十七。

子湡幼警悟,苏轼过其家,抱置膝上,谓其父曰:"此公家千里驹也。"及长,善谈论,工诗。然崇宁、大观间土木繁兴,子湡每董其役,识者鄙之。

子崧字伯山,燕懿王后五世孙。登崇宁五年进士第。宣和间,官至宗正少卿,除徽猷阁直学士、知淮宁府。汴京失守,起兵勤王,道阻未得进。闻张邦昌僭位,以书白康王:宜遣师邀金人河上,迎请两宫,问罪僭逆,若议渡江,恐误大计。遂与知颍昌府何志同等盟,传檄中外。已而闻金人退,引兵襄邑,遣范墇、徐文中诣济王,请王进兵南京,且言:"国家之制,无亲王在外者,主上特付大王以元帅之权,此殆天意。亟宜承制号召四方豪杰,则中原可传檄而定。"王命子崧充大元帅府参议官、东南道都总管。邦昌家在庐州,子崧檄通守赵令儦几察之,且请捕诛其母子,以绝奸心。

又言:"自围城以来,朝命隔绝,乞下诸路,凡有事宜,并取大元帅府裁决,伪檄毋辄行。宣抚使范讷逗挠营私,所宜加罪。宜蠲被兵州县租,经理淮南、荆、浙形势之地,毋为群盗所据。"

檄止诸路毋受邦昌伪赦,移书责邦昌曰:"人臣当见危致命,今议者籍籍,谓劫请倾危之计实由阁下,不然,金人何坚拒孙傅之请,而卒归于阁下也。敌既远去,宜速反正,若少迟疑,则天下共诛逆节,虽悔无及矣。"又遗书王时雍曰:"诸公相与亡人之国,方且以为佐命功臣,不知平日所学何事。"

会邦昌遣使迎王次第白子嵩,子嵩即贻王书曰:"似闻谓以京师残破,不可复入,止欲即位军中,便图迁徙,臣窃惑焉。夫欲致中兴,当谨举措,宜先谒宗庙,觐母后,明正诛赏,降需四方。若京师果不可都,然后徐议所向。"

遂传檄京师,奏于隆佑太后曰:"诸路先闻二圣北迁,易姓改国,恐间有假讨逆之名,以窃据州郡者。乞速下明诏,谕四方以迎立康王之意,庶几人心慰安,奸宄自消矣。"寻以所部兵会济州。

康王即位,子嵩请放诸路常平积欠钱,又言:"台谏为人主耳目,近年用非其人,率取旨言事。请遵旧制,听学士、中丞互举。范祖禹、常安民、上官均先朝言事尽忠,请录其子。"帝皆可其奏。因建三屯之议:一屯澶渊,一屯河中、陕、华,一屯青、郓间,以张声势。万一敌骑南侵,则三道并进,可成大功。

除延康殿学士、知镇江府、两浙路兵马钤辖。上章论王时雍、徐秉哲、吴幵、莫俦、范琼、胡思、王绍、王及之、颜博文、余大均等逼迁上皇,取太子,辱六宫,捕宗室,窃禁物,都人指为国贼。伏望肆诸市朝,以为臣子之戒。时滑州两经残破,子嵩荐传亮可任。除亮滑州通判,黄潜善沮之,命遂寝。

贼赵万犯镇江,子嵩遣将击万于丹徒,调乡兵乘城为备。顷之,官军败归,乡兵惊溃,子嵩率亲兵保焦山寺,贼据镇江。

初,昌陵复土,司天监苗昌裔谓人曰:"太祖后当再有天下。"子嵩习闻其说,靖康末起兵,檄文颇涉不逊。子嵩与御营统制辛道宗有隙,道宗求得其文,上之。诏御史往案其狱,情得,帝震怒,不欲暴其罪,坐以前擅弃城,降单州团练副使,谪居南雄州。绍兴二年赦,复集英殿修撰,而子嵩已卒于贬所。

子桥,燕懿王后五世孙。登元祐六年进士第。靖康中,为汝州太守。金人再谕盟,破荆湖诸州,独子桥能保境土。李纲言于朝,迁宝文阁直学士,寻提举万寿观。绍兴七年卒。

子砥，艺祖后令珣之子也，仕至鸿胪丞。北迁至燕山，久之，欲遁归，乃遣其徒朱国宾、王孝安至中京，求得上皇宸翰，怀之以归。建炎二年六月，至行在，帝命辅臣召问于都堂。子砥言："金人讲和以用兵，我国敛兵以待和。往者契丹主和议，女真主用兵，十余年间竟灭契丹。今复蹈其辙。譬人畏虎，啖虎以肉，食尽终必食人。若设陷阱待之，庶能制虎。"因复故官。已而赐对称旨，命知台州，卒。

子昼字叔问，燕王五世孙。少警敏强记，工书翰。累官宪州通判。宣和初，充详定《九域图志》编修官。出知泽州，改密州。诏为刑部员外郎，以忧去。

建炎四年，迁吏部员外郎。寻用大宗正士儴荐，迁尚书左司员外郎，兼权货务，岁收茶、盐、香钱六百九万余缗，以功进秩一阶。试太常少卿，集《太常因革礼》八十篇，为二十七卷。上言复春分祀高禖礼。除权礼部侍郎，迁徽猷待制、枢密都承旨。以公族为侍从，及改官制后都承旨用文臣，皆自子昼始。

衢、严、信、饶之民，生子多不举，子昼请禁绝之。累求补外，迁徽猷阁直学士、知秀州。既而奉祠以归，寓于衢。绍兴十二年卒，年五十四。

子潚字清卿，秦康惠王后，孝靖公令奥之子也，七岁而孤，家贫力学。登宣和中进士第。调真州刑曹掾，与守争狱事，解官去。改衢州推官。胡唐老奇其才，任之。属时多故，子潚佐唐老缮完城具，苗、刘兵至城下，不能攻，以功进一秩。累官吏部郎中，求补外，迁户部郎中，总领江、淮军马钱粮。诸司馈礼，月以千缗，悉归之公帑。除直秘阁、两淮转运副使。朝廷遣人检沙田芦场，欲概增租额，子潚以承买异冒占，力止之。

时议者言：田之并太湖者被水患，宜分道诸浦注之江。诏子潚往案视。还言："太湖当数州巨浸，岂松江一川所能独泄。昔人于常熟北开浦二十四以达大江，又开浦十于昆山东南以入海，今皆湮塞,宜加疏浚。"从之。遂浚常熟东栅至鸂浦入于泾谷;又疏凿福山塘,至尚市桥北注大江,分杀其势,水患用息。

明州守赵善继治郡残酷,子潚率诸监司劾罢之。除直敷文阁、知临安府,吏不能欺,禁权家僦人子女为仆妾者。诏权户部侍郎,升华文阁待制,复知临安府。调三衙卒修筑都城,不扰而办。金主亮渝盟,子潚献助军钱十五万缗,特迁一秩。帝幸建康,充行宫留守参谋官。扈跸还,复知临安府。金人来议和,子潚谓事情叵测,宜以军礼待之。

孝宗嗣位,志图恢复,子潚练兵,习为"鹅鹳鱼丽阵",上观于便殿,嘉之,赐金带。擢敷文阁直学士,移知明州、沿海制置使。台谏王十朋、王大宝抗疏留之,帝曰:"朕委以防海,行召还矣。"初,海寇以赂通郡胥吏,吏反为之用,匿其踪迹,贼遂大炽,商舶不通。子潚以礼延土豪,俾率郡胥分道入海,告之曰:"用命者有厚赏,不则杀无贷。"胥众震恐,争指贼处,悉禽获。凡豪猾为贼囊橐者,穷治之,海道遂平。

升龙图阁直学士、知福州。年饥,告籴旁郡,米价顿平,民赖以济。进龙图阁学士,移知泉州。吏有掠民女为妾者,其妻妒悍,杀而磔之,贮以缶,抵其兄兴化椽,安廨中。妾父诣郡诉,吏不决。子潚访知状,亟遣人往兴化,果得缶以归,狱遂决。其发摘概类此。乾道二年卒于官,年六十六。

师罤字从善,系出燕懿王。王生彰化军节度使惟忠,惟忠生宣城侯从谨,从谨生崇国令公世恬,世恬生嘉国公令畯。中兴初,韩世清挟令畯为变,裂黄旗被其身,固拒获免。令畯生朝奉郎子笈,子笈生和州防御使伯骕。伯骕少从高宗于康邸,以文荐侍左右。

师罤,伯骕之子也。举进士第,除司农簿,迁金部郎中。孝宗奇其才,顾遇颇厚。师罤奏:左右曹、度支、仓部宜立总计,司归并财物之数,以绝吏奸。制可。知吉州,即山炼铜,足冶欠额二十万。进户部郎官、淮东总领。

光宗初,擢太府少卿、知秀州,改淮南运判。时郡铁钱不行,盐商弗至,师𤲉请发度牒,出仓粟,以收铁钱,盐利遂通。累迁司农卿、知临安府。有僧号散圣者,以妖术惑众,师𤲉捕治黥之。

韩侂胄用事,师𤲉附之,遂得尹京。侂胄生日,百官争贡珍异,师𤲉最后至,出小合曰:“原献少果核侑觞。”启之,乃粟金蒲萄小架,上缀大珠百余,众惭沮。侂胄有爱妾十四人,或献北珠冠四枚于侂胄,侂胄以遗四妾,其十人亦欲之,侂胄未有以应也。师𤲉闻之,亟出钱十万缗市北珠,制十冠以献。妾为求迁官,得转工部侍郎。侂胄尝饮南团,过山庄,顾竹篱茅舍,谓师𤲉曰:“此真田舍间气象,但欠犬吠鸡鸣耳。”俄闻犬嗥丛薄间,视之乃师𤲉也,侂胄大笑久之。以工部尚书知临安府。

侂胄将用兵,师𤲉度侂胄材疏意广,必召祸,乃持异论,侍御史邓友龙劾罢之。侂胄死,其党多坐谪,以师𤲉尝与侂胄异,故获用。除宝谟阁直学士、知镇江府。

会荆湖始置制阃,以命师𤲉,给事中蔡幼学缴其命,遂罢归。未几,诏为兵部尚书、知临安府。幼学时为学士,亦不草诏,留元刚草之。时楮轻籴贵,师𤲉尹京未数月,楮价浸昂,籴亦稍平,执政愈益贤之。会武学士柯子冲、卢宣德以事至府,师𤲉擅挞遣之,众尽欢,文武二学之士交投牒,师𤲉乃罢免,与祠。卒于家,年七十。

师𤲉四尹临安,有能声。尝钩致民罪,没其家资,谄事权贵,人以是鄙之。

希言字若讷,惠王令廧元孙也。淳熙十四年登第。调衢州司户,合郡民以计,表其坊里,标其户数,为图献于守,守才之。西安令不职,守檄希言摄邑。漕善令,会严州请复乌龙岭税场,檄希言往访之,俾令得复职。希言力陈乌龙场不当复,漕怒曰:“衢已复孔步、章戴二场,何乌龙独不可复?”希言谓二场当并罢去,漕不能夺,二场竟亦废。改吉州司理,属邑有诬人以杀人罪者,吏治之急,囚诬服。希言鞫得实,檄县他捕,乃得真盗。

用杨万里、周必大荐，授临安府司法，改淮西总所干办。移书约诸郡：纲必时发，至即受纳，无滞留。始至，军库见钱不满千缗，比去，库钱充溢。

知临安仁和县。辟学宫四百余亩。适大旱，蝗集御前芦场中，亘数里。希言欲去芦以除害，中使沮其策，希言驱卒燔之。临平塘堤决，希言督役，亲捧土投石，兵民争奋，堤成，因筑重堤，后不复决。民病和买绢折钱重，希言节公费，代其输。

除大社令，迁枢密院编修官兼右司。上言："诸将但务城守，敌来不拒，去不复追，异时之忧，殆不止保江而已。宜谕诸将，一军受围，诸军共守，敌不渡淮则均受赏，以战为守，毋以守为守。"迁宗正丞，请南班得与轮对，许之。累迁秘书丞、著作郎、军器少监，皆兼右司，又充密院检详，为宰属、枢掾凡六年，奉祠去。嘉定十七年卒，年六十一。赠资政殿大学士，封越国公，谥忠宪。

子与权，登进士第，再中刑法科。官至开府仪同三司。

希怿字伯和，燕王八世孙。登淳熙十四年进士第。赵汝愚帅福建，希怿为属吏，尝言：治人如修身，治政如理家，爱民如处昆弟。取古今官著惠爱者缉为一编，曰："是吾师矣。"汝愚嘉之，荐于宪辛弃疾。弃疾尚气，僚吏不敢与可否，希怿独尽言无所避。属邑候官苦税重，每不登额，希怿稽核公帑羡钱以足之。弃疾亦荐其能。汝愚当国，调江东运司干办。

同寅有坐侂胄党者，诸司莫敢荐，希怿贤其人，请以荐已者荐之。改太平州通判。先是盗黥而逃者，捕得处死。希怿言："强盗特贷命而辄逃者斩，今黥罪致死，非法之平也。"自是皆减死论。

迁江西茶盐提举。岁饥，恶少聚劫，希怿将自临按，幕属力止之，不听，曰："希怿不出，饥民终不得食，且召乱矣。"遂行。发粟赈给，禽首谋者治之，其党遂散。升本路帅兼漕事。黑风峒罗世传寇郴阳，奸民潜通贼，阴济以粮。希怿捕治之，贼乏食，乃去。未几，李元砺寇郴，陈廷佐寇南安，复诱罗世传与合，劫掠至龙泉。有何光世者,能知贼动息,希怿授光世计,俾诱世传诛元砺以自赎。功未竟,移知平江府,其后世传果缚元砺以献,廷佐势孤,亦降。

移知太平州,希怿为倅日,习知其民利病,遂损折市价,减榷酤额,以苏民力。已而乞祠,迁端明殿学士,换昭信军节度使、开府仪同三司,致仕。嘉定五年卒,年五十八,赠少保,封成国公。

士珸字公美,濮安懿王曾孙也。天资警敏,儿时俨如成人。比弱冠,为右监门卫大将军、贵州团练使。从上皇北迁,次洺州东,与诸宗室议,欲遁还据城。谋未就而金人围合,皆散走。士珸乘驴西亡,夜半盗夺驴去,徒步疾趋,迟明,抵武安酒家,语人曰:“我皇叔也。”邑官闻之来谒,资以衣冠鞍马。因募得少壮百余人,从至磁州,招集义兵以解洺围。旬日间,得胜兵五千人,归附者数万。

时洺州守臣王麟欲叛降敌,军民怒杀之,推统制韩一为主。士珸夜半薄城下,力战破围。翌日入城,部分守御。敌治壕堑,树鹿角,示以持久。士珸砺将士死守,飞火炮碎其攻具,以计生得其首领,敌乃解围去。以功迁权知洺州,仍兼防御使。

建炎二年,金人再犯洺,粮尽援绝,众不能守,乃拥士珸出城,由白家滩抵大名府,诏赴行在。

绍兴五年,迁泉州观察使,再迁平海军承宣使、知南外宗正事。时泉邸新建,向学者少,士珸奏宗子善辖文艺卓绝,众所推誉,乞免文解,由是人知激劝。迁节度使,未拜而卒,年四十六。赠少师,追封和义郡王。淳熙中,谥忠靖。子不流,历临安、绍兴帅,治有声。

士㒟字立之,郓康孝王仲御第四子。有大志,好学,善属文。初补右班殿直,累迁忠州防御使、郑州观察使,由宁远军承宣使转权同知大宗正事。时康王建大元帅府,士㒟请于孟太后,乞命帅府得承制便宜行事,又请奉王承大统,太后从之,王遂即位。

除光山军节度使,扈跸南幸。黄潜善等用事,士㒟论其误国,潜善斥之,出知南外宗正事。会苗傅、刘正彦作乱,士㒟易服入杭,以蜡书遗张浚，趣其勤王；复遗吕颐浩书，勉其与浚同济国难。苗傅等怒浚，浚坐谪。复遗浚书，谓朝廷无他意，俾贼勿疑耳。事平，加检校少保，除同知大宗正事。

丁母忧，起复，除大宗正事。请序位安定郡王下，从之。累乞祠，不许。以定策功，诏其子不议改文秩，不惮易环卫官。加士儦检校少师。寻加开府仪同三司，判大宗正事。入觐，劝帝留意恤民。

金人既归河南、陕西地，命士儦谒陵寝，遂入柏城，披历榛莽，随宜葺治，礼毕而还。特封齐安郡王，以旌其劳。

寻权主奉濮安懿王祠事。军兴，罢宗室赐予，至有丧不能敛者，士儦以闻。诏缌麻、袒免亲任环卫官而身亡者，赐钱有差。

士儦数言事，忤秦桧。及岳飞被诬，士儦力辨曰：“中原未靖，祸及忠义，是忘二圣不欲复中原也。臣以百口保飞无他。”桧大怒，讽言者论士儦交通飞，踪迹诡秘，事切圣躬，遂夺官。中丞万俟卨复希旨连击之。谪居于建，凡十二年而薨，年七十。帝哀之，赠太傅，追封循王。六子皆进官二阶。

长子不凡，方苗傅之乱，刲股纳蜡书，持告张浚，以功转两官，易文资。从赵哲收复建州，杀叶浓，以功赐爵二级。

士嶂字仲夫，太宗五世孙。初以荫补官，累转太子率府副率。建炎初，隆佑太后幸洪州，敌奄至，百司散走。士嶂至一大船中，见二帝御容，负以走。遇溃兵数百，同行至山中，众欲聚为盗，士嶂出御容示之曰：“盗不过求食为朝夕计耳，孰若仰给州县。士嶂以近属谕之，必从。如此，则今日不饥饿，后日不失赏，是一举而两得也。”众听命。乃走谒太后虔州。

会虔民作乱，乡兵在外为应，与官军相持。士嶂诣执政，谓当请太后急肆赦，人知免死，庶可安集；又宜急谕城中，城中定，则外寇可弭，譬如服药，心腹已安，外御风湿，乃余事耳。赦既下，城中遂定。迁右监门卫大将军、惠州防御使。绍兴二十一年卒，赠建宁军承宣使，追封建安郡王。

士晴，太宗之后，商、濮王之裔也。从上皇俱北迁，乘间变姓名入僧寺中，落发，衣僧衣以行，抵会稽。扈驾循幸，以覃恩转千牛卫将军奉朝请而卒。

不群字介然，太宗六世孙。宣和中，量试授承事郎。靖康初，宰济南章丘县。县当山东、河北之冲，不群募效用五千人，增城浚濠，为战守备，敌攻围两月不能下。

迁维州通判，升直秘阁，通判镇江府，辟充两浙宣抚司主管机宜文字。高宗在越，诏改郴州。时群盗出没湖、湘间，不群严备御，盗不能犯。进直显谟阁，移知鼎州，充湖北兵马副钤辖。既而朝廷虑郴失守，复留不群于郴。会岳飞破曹成，成遁，因犯郴，不群乘城固守，拒却之。

进直宝文阁，移知宣州。军需以时办，而民不扰。进秩二阶。知庐州，郦琼叛，拥不群北去，寻释之以归。帝召见，问琼叛故，不群曰："由刘锜除制置，琼等以为图己，兼抚谕后时，故叛。"帝悔之。除知荆南府，累迁两浙路转运副使，卒于官。

不弃字德夫，太宗之裔。绍兴中，为江东转运判官。秦桧忌四州宣抚使郑刚中，以不弃能制之，除太府少卿、四川宣抚司总领官。初，赵开总蜀赋，宣抚司文移率用申状，不弃至官，用张宪成故事，以平牒见刚中。刚中愕然，久之始悟其不隶己，遂有隙。不弃欲尽取宣抚司所储，刚中不与，不弃怒。刚中辟利州转运使王陟兼本司参议，不弃劾罢之。二人愈不相能，桧并召还。刚中在蜀，服用颇逾制，不弃复文致其事。桧乃罢刚中，升不弃敷文阁待制，知临安府。

逾年改工部侍郎，寻除敷文阁直学士、知绍兴府。时浙东旱，饥民多流亡。提举秦昌时，桧兄子也，不弃言其悉心振恤，全活甚众，昌时得迁秩。其媚桧如此。未几卒。

不尤，有武力。靖康之难，与王明募义兵，与金人战，雄张河南、北。盗皆避其锋，曰："此小使军也。"高宗即位，引众归，补武翼郎。从岳飞平湖寇。飞死，桧夺其兵，遣守横州而卒。

子善悉，进士登第。累官敷文阁直学士、两浙转运副使。

不惎字仁仲，嗣濮王宗晖曾孙也。父士圀，从上皇北迁，遥拜集庆军节度使。不惎初补保义郎，绍兴二十七年登第，易左宣义郎，调婺州金华丞。治县豪何汝翼，械请于郡，编隶他州，邑人慑服。

除永州通判。郡岁输米，倍收其赢，民病之，不惎言于守，损其数。帅司檄不惎录靖州狱，辨出冤者数十百人，靖人德之，绘其像以祠。

除知开州。开在巴东，俗鄙陋，不惎为兴学，俾民知孝义。郡有盐井，旧长吏必遣所亲监之，私其利。不惎罢遣，盐利倍入，郡计用饶，以羡余代民输夏秋两税及天申节银绢。在开二年，民绝斗争，夜户不闭。诸司交荐，以比古循吏。转夔州转运判官，开人数千遮城门，不得行。

至夔，民病上供银。时部使者以亲故摄大宁盐场，专其利。不惎斥去，而盐获羡余。乃出钱市羡盐数十万斤，易米得三万余斛，运抵湖北，市银以归，代诸郡纳上供银，省缗钱十五余万。

改成都路转运判官。适岁饥，不惎行抵泸南，贷官钱五万缗，遣吏分籴。比至，下令曰："米至矣。"富民争发粟，米价遂平。双流朱氏独闭籴，邑民群聚发其廪。不惎抵朱氏法，籍其米，黥盗米者，民遂定。

永康军岁治都江堰，笼石蛇绝江遏水，以灌数郡田。吏盗金，减役夫，堰不固而圮，田失水，故岁屡饥。不惎躬视，操板筑，绳吏以法。乃出令：民业耕者田主贷之，事末作者富民振之，老幼疾患者官为粥视。全活数百万。

黎州青羌奴结儿反，制司调兵往戍，属不惎给饷。故事，富人出粮，而下户以力致于边。不惎曰："民饥，不可扰也。"以羡余米发卒运之。已而朝廷命不忌摄制司。初，官兵败，前制使遣人赂奴结儿以和。不忌曰："奴结儿，吐蕃小种也，今且和，若大族何?"不听。

会酋豪梦束畜列率数千人入汉地二百余里，成都大恐。不忌静以镇之，召僚属饮。夜遣步将领飞山军径赴沉黎，又徙绵州兵戍邛州为后援，戒之曰："坚守勿动。"密檄诸蕃部：生狱吐蕃一人赏十缣，杀一人二缣。于是邛部川首领崖袜合诸部落，大破吐蕃于汉源，斩梦束畜列首来献，凡十有六日而平。嘉州虚恨蛮入寇，不忌标吐蕃首境上，蛮惧，一夕遁去。不忌乃令缘边家出丁夫一人，分戍诸堡，复其家。不忌罢归，蜀人送者自成都至双流，遮道不得行。

未几，除成都提刑，改江西路转运判官。廷臣荐其贤，诏授右监门卫大将军、惠州防御使、知大宗正事。非常制也。吏白承受奏请须用中贵人，不忌曰："有司不存乎?"罢不用。中贵人或请见，辄谢出之。

进明州观察使，俄升招庆军承宣使。金人完颜烈来聘，充馆伴副使。金使从者旧见馆使，皆对揖，不忌不为礼。宴玉津园，不忌连射皆中，使者惊服。

不忌以文行训勉族属，荐其秀杰者。奏新学宫，增广弟子员，仿大学校定法。置自讼斋，使有过者读书其中，人人感励。淳熙十四年卒，年六十七。赠开府仪同三司，封崇国公。

不忌性笃孝，生七岁，遭父北迁，每思慕涕泣。长力学，母曹氏止之，答曰："君父仇未报，非敢志富贵也。"登第时已入仕，法当超两秩，请回授其母。母封法止令人，高宗嘉其志，特封郡夫人。

居官所至有声，立朝好言天下事。蜀中武帅操重权，不忌请复置安抚司，相维而治。其论王抃不宜拣选诸路军，王友直不可为副都指挥使，尤人所难言者。遇大旱，一日九疏，劝上求直言，通下情，退而燔其稿。时布衣上书狂悖，多抵罪，不忌谓太上皇帝不罪言者，此宜书之御座右。帝悚然可之。既嘉其忠谅，每宴禁中，帝饮之酒，顾谓皇太子曰："此贤宗室也。"一日，坐待漏院，有给事中白英国公借击球马，不忌正色曰："上惟一皇孙，万一马惊堕，斩汝辈无益也。"马竟不可得。所敬者朱熹、张栻，栻死为请谥，又请用熹。其好尚如此。

善俊字俊臣，太宗七世孙。父不衰，闽路兵马钤辖。善俊初补承节郎。绍兴二十七年登第。换左承务郎，调南城丞，改昭信军，签判奇之。虞允文亦荐其有边帅才，除干办诸司审计司。知郴州，敷奏称旨，留为太府寺丞。

寻摄帅、知庐州。会岁旱，江、浙饥，民麇至。善俊括境内官田均给之，贷牛种，傮屋以居，死者为给椁，人至如归。州城旧毁于兵，善俊葺完之，因言："异时恃焦湖以通馈饟，今既堙淢，宜募乡兵保孤、姥二山，治屋以储粟。敌或败盟，则吾城守有余，饟道无乏矣。"又增筑学舍，新包拯祠，春秋祀之，人感其化。

累迁龙图阁直学士，移知建州。建俗生子往往不举，善俊痛绳之，给金谷，捐己奉，以助其费。

再知庐州。首言和好不可恃，当高城浚池以为备。复芍陂、七门堰，农政用修。免责属邑坊场、河渡羡钱，百姓德之。

以父忧去，服阕，起知鄂州。适南市火，善俊亟往视事，弛竹木税，发粟振民，开古沟，创火巷，以绝后患。僚属争言用度将不足，善俊曰："吾将瘠己肥人。"乃省燕游车骑鼓吹之费，郡计用饶，代输民役钱。

再知建州。岁饥，民群趋富家发其廪，监司议调兵掩捕，善俊言："是趣乱也。"谕许自新，平米价，民乃定。邑尉入盗十三人死罪，以希赏，善俊辨其冤。

徙知隆兴府，移江西转运副使。时朝廷议减月桩钱，善俊言："及州不及县，则县仍迫取于民，犹不减也。宜一路通裁其额，下之漕臣，科郡县轻重均减之。"又奏："和买已是白科，从而折变，益加糜费，其数反重于正绢，并乞蠲减。黥卒遇赦还者，刺充铺兵，可除民害。"所言多见用。

转湖南帅。郴、桂地绝远，守多非才，善俊谓宜精其选。代输潭州经总制钱,停醴陵渌水渡钱。加秘阁修撰,移知镇江府。丁母忧,终丧而卒,年六十四。

善俊风仪秀整,喜功名,尤好论事。孝宗时,日中有黑子,地屡震,每以饬边备为戒。孝宗英武独运,缺相者累年,善俊极言相位不可无人,尤人所难言者。

善誉字静之,父不倚,太宗之后也。善誉幼敏慧,力学。乾道五年,试礼部第一。初调昌国簿,摄邑事。劝编户裒金买田,以助嫁娶丧葬。捕得海盗全党,守欲上其功,善誉曰:"奈何以人命希赏。"守益贤之,荐于朝。授两浙运干,改知抚州临川县。县尝预借民赋,善誉阅籍发逋负,按籍征催,卒以时办集,遂罢预借。

改常州添差通判。史浩言其贤,诏赴部堂审察,累迁大理丞、湖北常平茶盐提举。会大旱,善誉通融诸郡常平,计户振贷,嗣岁麦禾倍收,民争负以赏。奏罢税场十余、渡四十五,民便之。俾诸郡售田,委郡文学董其入,以给计偕者。

移潼川路提刑、转运判官。遂宁守徐诩乏廉声,部使者以其故御史,宽假之。善誉过遂宁,诩出迎,善誉抑使循廊,诩大沮。郡人闻之,争讼其过。善誉劾诸朝,宰相王淮善诩,寝其章。善誉径以闻,罢诩。又以羡资给诸郡置庄,民生子及娠者俱给米,威惠并孚。宗子寓蜀者,少业儒,善誉即郡庠立学以教之,人始感励。引年乞祠,归处一室,以图书自娱。无疾而卒,年四十七,时淳熙十六年也。

善誉早失怙恃,抚育诸季备至,居官廉靖自将,多所著述,郭雍、朱熹尝取其《易说》云。

汝述字明可,太宗八世孙。曾祖士说,从二帝北迁,临河骂敌而死。汝述登淳熙十一年进士第。调南剑州顺昌尉。嘉定六年,诏主管官告院,自是常兼宰士,累迁将作少监,权侍立修注官。八年,除起居郎兼密院都承旨,俄迁兵部侍郎。以母忧去,服阕,改刑部侍郎,迁尚书,知平江府,卒。

　　汝述为尉，应诏上封事，论议恳恻。立朝荐引，多知名之士。然为时相所亲，躐跻通显，人亦以此少之。

　　叔近，悼王元孙，荣良公克类之子也。建炎元年，为秀州守，杭卒陈通反，诏辛道宗将西兵讨之。兵溃为乱，抵秀州城下，叔近乘城谕以祸福，乱兵乃去。未几，差权两浙提刑。叔近招通，通听命。叔近以素队数十人入贼城，众犹不解甲。叔近置酒，推诚待之，遂皆感服，城中稍定。叔近奏：通初无叛心，止缘叶梦得赏不时给，遂至纷争；今已就招，请赦其徒二百余人。帝许之。台谏皆言不可，遂寝。

　　叔近还秀州，已而王渊兵至杭，诈传呼云：“赵秀州来。”通郊迎，渊遂诛之。初，渊在汴京，狎娼周氏，周氏后归叔近，渊衔之，乃诬叔近通贼，夺职拘于州，以朱芾代之。芾肆残虐，军民怨愤，小卒徐明率众囚芾，迎叔近领郡事，叔近不得辞，因抚定之，请择守于朝。

　　奏未达，朝廷命张俊致讨。俊，渊部曲也，辞行，渊谓之曰：“叔近在彼。”俊谕意。领兵至郡，叔近出迎，俊叱令置对。方操笔，群刀遽前，断其右臂，叔近呼曰：“我宗室也。”俊曰：“汝既从贼，何云宗室！”语未竟，已折首于地。徐明等见叔近死，遂反戈婴城，纵火驱掠。翌日，俊斩关入，捕明等诛之。取周氏归于渊。绍兴九年，御史言叔近之冤，赠集英殿修撰。

　　叔向，魏王之系也。方汴京破时，叔向潜出，之京西。金人退，引众屯青城，入至都堂，叱王时雍等速归政，置救驾义兵。其后为部将于涣上变，告叔向谋为乱，诏刘光世捕诛之。

　　彦侁字安卿，彭城侯叔褧曾孙也。父公广，饶州太守。彦侁初调溧阳尉，邑民潘氏兄弟横邑中，号“三虎”，畜僮仆数百，邑官莫敢谁何。彦侁白其守治之，缚潘氏昆弟，正其罪。

　　改扬州司户，摄狱掾。有告主藏吏屡钱余千万，治之急，吏泣请死。彦侁察其情，屏人问，则诸吏共贷也，乃许自首免罪，一日而毕。

改平江府推官，摄宜兴县。县自中兴后，预借民明年税，民挟此得慢其令。彦侁请禁预借，邑遂易治。

知临安于潜县。县胥往往通台省吏，得肆其奸。彦侁执其黠者，械送府。台省吏从中救之，彦侁力争，竟抵胥罪。浮桥屡以水败，彦侁梁以石，民免溺死。升临安府通判。

开禧初，知兴国军。岁旱蝗，而军需益急，属邑令吴格负上供银尤多，彦侁坐累贬秩，格愧谢。彦侁曰："属时多艰，宜宽民力以崇根本，何谢为？"溃卒据外城为变，彦侁募能斩捕者赏之。既而各斩首以献，散其余党。

累迁湖南运判。徭人罗孟传反，累岁不能平。彦侁谓帅臣曰："徭人仇杀，乃其常情，况主断不平，是激之使叛也。能遣谍者离其党与，俾还自相仇，破之易矣。"帅从其计，遂降孟传。

寻知绍兴府。楮价轻，彦侁权以法，民便之。复鹿鸣礼，置兴贤庄以资其费。筑捍海石塘，亦置庄以备增筑。会旱，饥民聚陂湖中，彦侁取死囚，纍首刖足，徇于众曰："此劫菱藕者也。"遂散其众。乃第民高下，损其税有差，免输湖籍田米，举缗钱四十万以助荒政，民赖以济。诏改太府少卿，迁显谟阁、知太平州，调江西转运使。嘉定十一年卒于官，年六十四。

彦梂字文长，悼王七世孙。祖训之在《忠义传》。彦梂登乾道二年进士第。尉乐清，会大旱，令循故事祷雨，而责租益急。彦梂曰："损敛已责，所以招和气，何祷为？"已而果雨。累官福建路运干，属邑负振盐本钱数千万，累岁不能偿，彦梂白其长，蠲之。

庆元初，知晋陵县，岁饥，彦梂振恤有方，所活几二十万。又以羡钱为五等户代输。

擢监登闻检院。时韩侂胄方柄用，朝士悉趋其门，彦梂切叹惋。出知汀州，州民弃姓者，啸聚汀、赣间，彦梂遣将捕戮之。迁广西提刑，诸郡鬻官盐，取息之六以奉漕司，后增至八分。彦梂复其旧，以苏民力，朝廷从之。

佗胄死，诏户部侍郎兼枢密院检详。士大夫前与兵议者，坐佗胄党，将并逐之。彦梂叹曰："士方以伪学废，今又以兵端斥去，苟欲锢士，何患无名！"每见帝，必言才难。

迁湖广总领。旧士卒物故，大将不落其籍，而私其月请，彦梂置别籍稽核之。或传军中有怨言，彦梂曰："不乐者主帅耳，何损士卒。"持之三年，挂虚籍者赢三万，额减钱百万缗，用度以饶。以去，余七百万，而诸路累积逋负犹四百万，尽蠲之。

知平江府。郡之昆山并大海，盗出没，莫可踪迹，彦梂奏分其半置嘉定县，屯兵以守。转宝谟阁待制。卒于官，年七十一。

彦逾字德先，魏悼王后，崇简国公叔寓曾孙也。绍兴三十年登第。淳熙五年，知秀州。累迁太府少卿、四川总领。将入境，利西帅吴挺遣属吏安丙来迓，彦逾见即喜其人，从容问之曰："太尉统众六万，得无虚籍乎？"丙以情告。彦逾遗挺书，俾损虚籍数千，以宽四川之赋。挺不敢隐。改知镇江府，郡适旱饥，彦逾节浮费，发粟振粜，民赖以济。

迁户部侍郎、工部尚书。孝宗崩，光宗疾，不能持丧。枢密赵汝愚议请立嘉王为皇帝，欲倚殿帅郭杲为用，遣中郎将范任告之，杲不应。时中外凶凶，彦逾见汝愚，对泣，汝愚密告以翊戴之议。彦逾大喜，力赞其决。郭杲尝被诬，彦逾为白于帝，杲德之，遂驰告杲曰："彦逾与枢密第能谋之耳，太尉为国虎臣，当任其责。"杲未及对，彦逾急责之，杲许诺，遂领兵为卫。宁宗即位，汝愚谓彦逾曰："我辈宗臣，不当言功。"

会留正免相，汝愚登右揆，彦逾以端明殿学士出知建康，兼江东安抚使。未行，改四川安抚制置使，兼知成都府。彦逾为政不扰，蜀人便安之。以定策勋，累迁资政殿大学士。嘉泰间，知明州兼沿海制置使。嘉定间，乞祠以归，寻卒。

彦逾始与汝愚协济大计，冀汝愚引己共政，及外除，颇觖望，乃疏当时名臣上之，目为汝愚党，帝由是疑汝愚。

其两入蜀皆有声。然吴氏世守武兴，兼利西安抚，操重权。吴挺卒，朝廷用丘崇议，并利西安抚于东路，以革世将之弊。而彦逾奏复利西安抚，乃领以武帅。其后吴曦因之以生变，人以是咎彦逾云。

宋史卷二四八

列传第七

公　主

　　秦国大长公主　太祖六女

　　太宗七女　真宗二女

　　仁宗十三女　英宗四女

　　神宗十女　哲宗四女

　　徽宗三十四女　孝宗二女

　　光宗三女　魏惠献王一女

　　宁宗一女　理宗一女

　　秦国大长公主,太祖同母妹也。初适米福德,福德卒。太祖即位,建隆元年,封燕国长公主,再适忠武军节度使高怀德,赐第兴宁坊。开宝六年十月薨,太祖临哭,废朝五日,赐谥恭懿。真宗追封大长公主。元符三年,改秦国。政和四年,改封恭懿大长帝姬。

　　有姊一人,未笄而夭。建隆三年,追封陈国长公主。元符改封荆国大长公主。政和改封恭献大长帝姬。

　　太祖六女。申国、成国、永国三公主,皆早亡。

魏国大长公主，开宝三年，封昭庆公主，下嫁左卫将军王承衍，赐第景龙门外。太宗即位，进封郑国。淳化元年，改封秦国。真宗至道三年，进长公主。大中祥符元年薨，赐谥贤肃。元符改封魏国大长公主。政和改贤肃大长帝姬。

鲁国大长公主，开宝五年，封延庆公主，下嫁左卫将军石保吉。太宗即位，进封许国。淳化元年，改晋国。真宗初，进长公主。大中祥符二年，进大长公主。薨，赐谥贤靖。元符改封鲁国。政和改贤肃大长帝姬。

陈国大长公主，开宝五年，封永庆公主，下嫁右卫将军魏咸信。太宗即位，进封虢国。淳化元年，改齐国。真宗初，进许国长公主。咸平二年薨，谥贞惠，后改恭惠。景佑三年，追封大长公主。元符改封陈国。政和改贤惠大长帝姬。

太宗七女。长滕国公主，早亡。

徐国大长公主，太平兴国九年，封蔡国，下嫁左卫将军吴元扆。淳化元年，改魏国。薨，谥英惠。至道三年，追封燕国长公主。景佑三年，进大长公主。元符改徐国。政和改英惠大长帝姬。

邠国大长公主，太平兴国七年为尼，号员明大师。八年卒。至道三年，追封曹国长公主。景佑三年，进大长公主。元符改邠国。

杨国大长公主，至道三年，封宣慈长公主。咸平五年，进鲁国，下嫁左卫将军柴宗庆，赐第普宁坊。宗庆，禹锡之孙，帝命主以妇礼谒禹锡第。历徙韩、魏、徐、福四国。仁宗立，进邓国大长公主。明道二年薨，追封晋国，谥和靖。元符封扬国。政和改和靖大长帝姬。主性妒，宗庆无子，以兄子为后。

雍国大长公主,至道三年,封贤懿长公主。咸平六年,下嫁右卫将军王贻永,进封郑国,赐第。景德元年薨,谥懿顺。景佑三年,追封大长公主。皇佑三年,改韩国。徽宗改封雍国。政和改懿顺大长帝姬。

卫国大长公主,至道三年,封寿昌长公主。大中祥符二年,进封陈国,改吴国,号报慈正觉大师。改楚国,又改邠国。天禧二年,改建国。乾兴元年,封申国大长公主。天圣二年薨,赐谥慈明。徽宗改卫国。政和改慈明大长帝姬。

荆国大长公主,幼不好弄,未尝出房闼。太宗尝发宝藏,令诸女择取之,欲以观其志,主独无所取。真宗即位,封万寿长公主,改随国,下嫁驸马都尉李遵勖。旧制选尚者降其父为兄弟行,时遵勖父继昌亡恙,主因继昌生日以舅礼谒之。帝闻,密以兼衣、宝带、器币助其为寿。遵勖宾客皆一时贤士,每燕集,主必亲视饔饩。尝有盗入主第,帝命有司讯捕。主请出所逮系人,以私钱募告者,果得真盗,法当死,复请贷之。历封越、宿、鄂、冀四国。明道元年,进魏国。

初,遵勖出守许州,暴得疾,主亟欲弛视之,左右白:须奏得报乃可行,主不待报而往,从者裁五六人。帝闻,遽命内侍督诸县逻兵以卫主车。其后居夫丧,衰麻未尝去身,服除,不复御华丽。尝燕禁中,帝亲为簪花,辞曰:"自誓不复为此久矣。"尝因浴仆地,伤右肱,帝遣内侍责侍者,主曰:"早衰力弱,不任步趋,非左右之过。"由是悉得免。

主善笔札,喜图史,能为歌诗,尤善女工之事。尝诫诸子以"忠义自守,无恃吾以速悔尤",视他子与己出均。及病目,帝挟医诊视,自后妃以下皆至第候问。帝亲舐其目,左右皆感泣,帝亦悲恸曰:"先帝伯仲之籍十有四人,今独存大主,奈何婴斯疾!"复顾问子孙所欲,主曰:"岂可以母病邀赏邪?"赍白金三千两,辞不受。帝因谓从臣曰："大主之疾，倘可移于朕，亦所不避也。"主虽丧明，平居隐几，冲淡自若。诫诸子曰："汝父遗令：柩中无藏金玉，时衣数袭而已。吾殁后当亦如是。"

皇佑三年薨，年六十四。帝临奠，辍视朝五日。追封齐国大长公主，谥献穆。徽宗改封荆国。政和改献穆大长帝姬。

真宗二女。长惠国公主，早亡。

升国大长公主，初入道。明道二年，封卫国长公主，号清虚灵照大师。庆历七年，追封鲁国，谥昭怀。徽宗改封升国大长公主。政和改昭怀大长帝姬。

仁宗十三女。徐国、邓国、镇国、楚国、商国、鲁国、唐国、陈国、豫国九公主，皆早亡。

周、陈国大长公主，帝长女也。宝元二年，封福康。嘉佑二年，进封兖国。主幼警慧，性纯孝。帝尝不豫，主侍左右，徒跣吁天，乞以身代。帝隆爱之。

帝念章懿太后不及享天下养，故择其兄子李玮使尚主。玮朴陋，与主积不相能。主中夜扣皇城门入诉，玮皇惧自劾。谏官王陶论宫门夜开，乞绳治护卫，御史又共论主第内臣多不谨，帝为黜都监梁怀一辈十余人。后数年不复协，诏出玮于外，主降封沂，屏居内廷。久之，复召玮，使为驸马都尉如初。英宗立，进越国长公主。神宗治平四年，进楚国大长公主。

熙宁三年薨，年三十三。以玮奉主无状，贬陈州。辅臣议谥，帝以主事仁祖孝，命曰庄孝，追封秦国。徽宗加周、陈国。政和改封庄孝明懿大长帝姬。

秦、鲁国贤穆明懿大长公主，仁宗皇帝第十女也。母曰周贵妃。

嘉佑五年，封庆寿，进惠国。治平四年，进鲁国大长公主。下嫁吴越忠懿王之曾孙、右领军卫大将军钱景臻。改韩、周、燕国。徽宗朝，进秦、魏两国。政和三年，更封令德景行大长帝姬。

靖康二年，诸帝姬北徙，姬以先朝女，金人不知，留于汴。建炎初，复公主号，改封秦、鲁国。避地南渡，贼张遇掠其家，中子愕被害。公主至扬州朝谒，复避地之闽。

绍兴三年，自闽至会稽，请入见，因留居焉。后徙台州。上以公主行尊年高，甚敬之，每入内，见必先揖。靖康中，戚里例纳节，至是，公主为其子忱请还旧官，上以忱为沪川节度使，仍诏戚里不得援例。久之，又为忱请优赐推恩，上重违之，加忱开府仪同三司。时主有三子，恂、恺非己所出，故独厚于忱。上戒之曰："长主寿考如此，乃仁宗皇帝四十二年深仁厚泽，是以钟庆于长主。长主待遇诸子，宜法仁宗用心之均一。"主感服。

薨，年八十六。上辍朝五日，幸其第临奠，诏子孙皆进官一等。谥曰贤穆。二十九年，加谥明懿。

兖国大长公主，帝第十一女也。嘉佑六年，封永寿。进荣国长公主。治平四年，进祁国大长公主。熙宁九年，改鲁国。下嫁左领军卫大将军曹诗。主性俭节，于池台苑囿一无所增饬。十年夏，旱，曹族以主生日将盛具为寿，主曰："上方损膳撤乐，吾何心能安。"悉屏之。

元丰六年薨，年二十四，追封荆国，谥贤懿。迁其二子晔、旼皆领团练使。徽宗追封兖国，又改贤懿恭穆大长帝姬。

燕、舒国大长公主，帝第十二女也。嘉佑六年，封宝寿。八年，进封顺国长公主。治平四年，进冀国大长公主。元丰五年，改魏国，下嫁开州团练使郭献卿。八年，进楚国。徽宗改吴国，进吴、越国，改秦、兖国。政和二年薨，追封燕、舒国，谥懿穆，复改懿穆大长帝姬。

英宗四女。舒国公主，早亡。

魏、楚国大长公主，帝长女。嘉佑八年，封德宁。治平三年，进封徐国，下嫁左卫将军王师约。四年，进陈国长公主。元丰八年薨，追封燕国大长公主，谥惠和。元佑四年，追封秦国。徽宗追封魏国，加韩、魏国，改魏、楚国，又改惠和大长帝姬。

魏国大长公主，帝第二女，母曰宣仁圣烈皇后。嘉佑八年，封宝安公主。神宗立，进舒国长公主，改蜀国，下嫁左卫将军王诜。诜母卢寡居，主处之近舍，日致膳羞。卢病，自和汤剂以进。帝厚于姊妹，故主第池薮服玩极其华缛。主以不得日侍宣仁于宝慈宫，居常悒然。间遇旱暵，帝降损以祷，主亦如之，曰："我奉赐皆出公上，固应同其休戚。"帝居慈圣光献皇后丧，毁甚，主曰："吾与上同体，视此亦复何聊！"立散遣歌舞三十辈。

元丰三年，病笃。主性不妒忌，王诜以是自恣，尝贬官。至是，帝命还诜官，以慰主意。太后临问，已不省，后恸哭，久稍能言，自诉必不起，相持而泣。帝继至，自为诊脉，亲持粥食之，主强为帝尽食。赐金帛六千，且问所须，但谢复诜官而已。明日薨，年三十。帝未上食即驾往，望第门而哭，辍朝五日。追封越国，谥贤惠。后进封公主，累改秦、荆、魏三国。

主好读古文章，喜笔札，眷恤族党，中外称贤。诜不矜细行，至与妾奸主旁，妾数抵戾主。薨后，乳母诉之，帝命穷治，杖八妾以配兵。既葬，谪诜均州。子彦弼，生三岁卒。

韩、魏国大长公主，帝第三女，与魏国同生。始封寿康公主，改祁国、卫国，下嫁张敦礼。进冀国大长公主，改秦、越、楚国，加今封。政和三年，改贤德懿行帝姬。宣和五年薨。

神宗十女。楚国、郓国、潞国、邢国、邠国、衮国六公主，皆早薨。

　　周国长公主,帝长女也。母曰钦圣宪肃皇后。封延禧公主。生而警悟,自羁卯习嗜宛如成人。年十二卒,帝后皆变服哀送。追赠燕国。元符末,改封周国。

　　唐国长公主,帝第三女也。始封淑寿公主。初,帝念韩琦功德,欲与为婚姻,故哲宗缘先帝意,以主降琦之子嘉彦。历封温、曹、冀、雍、越、燕六国。政和元年薨,追封唐国长公主。

　　潭国贤孝长公主,帝第四女也。母曰宋贵妃。始封康国。绍圣四年,下嫁王遇。历韩、鲁、陈、郓四国。大观二年薨,追加封谥。

　　徐国长公主,帝幼女也。母曰钦成皇后。始封庆国,进益、冀、蜀、徐四国。年及笄,犹处圣瑞宫。侍母疾,昼夜不暂去,药饵非经手弗以进。迨疾革,号恸屡绝,左右不忍视。

　　崇宁三年,下嫁郑王潘美之曾孙意。事姑修妇道。潘故大族,夫党数千百人,宾接皆尽礼,无里外言。志向冲淡,服玩不为纷华,岁时简嬉游,十年间惟一适西池而已。再生子,不成而死,媵妾得女,拊视如己出。政和三年,改称柔惠帝姬。五年薨,年三十一,进封贤静长帝姬。

　　哲宗四女。邓国、扬国二公主,早亡。

　　陈国公主,始封德康公主,进瀛国、荣国。大观四年,下嫁石端礼,徙陈国。改淑和帝姬。政和七年薨。

　　秦国康懿长公主,帝第三女也。始封康懿,进嘉国、庆国。政和二年,改韩国公主,出降潘正夫。改淑慎帝姬。靖康末,与贤德懿行大长公主俱以先朝女留于汴。建炎初,复公主号,改封吴国。觐上于越，以玉管笔、小玉山、奇画为献，上温辞却之。避地至婺州。

绍兴四年入见，其子尧卿等五人各进官一等。主奏言："祖宗以来，驸马都尉石保吉、魏咸信、柴宗庆皆除使相。今正夫历事四朝，在汴京曾建议迎陛下，至杭州又言禁卫未集，预宜防变，乞除开府。"上不许。八年再入见，留宫中三日。时极暑，上每正衣冠对之饮食，又为正夫求恩数，上曰："官爵岂可私与人，况今日多事，未暇及此。"时赵鼎当国，方论群臣绍述之奸，颇抑正夫。鼎去位，正夫始得开府之命。给事中刘一正言其非旧制，恐援例者多，乃诏："哲宗惟正夫为近亲，余人毋得援例。"显仁太后归，主同秦、鲁国大长公主迎于道。十九年，又入朝。子长卿、粹卿、端卿皆自团练使升观察使，从所请也。孝宗即位，进封秦国大长公主。隆兴二年薨，谥康懿。

主在日，正夫官至少傅，封和国公；温卿宁国军承宣使，长卿宁江军承宣使，端卿昭信军承宣使，清卿容州观察使，墨卿、才卿并带团练使，其盛如此。正夫薨于绍兴二十二年，赠太傅。

徽宗三十四女。政和三年，改公主号为帝姬，国号易以美名，二字。

嘉德帝姬，建中靖国元年六月，封德庆公主。改封嘉福，寻改号帝姬，再封嘉德。下嫁左卫将军曾夤。

荣德帝姬，初封永庆公主，改封荣福。寻改号帝姬，再封荣德。下嫁左卫将军曹晟。

顺淑帝姬，初封顺庆公主。薨，追谥益国。及改帝姬号，追封顺淑。

安德帝姬，初封淑庆公主，改封安福。寻改号帝姬，再封安德。下嫁左卫将军宋邦光。

茂德帝姬,初封延庆公主,改封康福。寻改号帝姬,再封茂德。下嫁宣和殿待制蔡儵。

寿淑帝姬,初封寿庆公主。薨,追封豫国。及改帝姬号,追封寿淑。

惠淑帝姬,初封惠庆公主。薨,追封邓国。及改帝姬号,追封惠淑。

安淑帝姬,初封安庆公主,改封隆福。薨,追封蜀国。及改帝姬号,追封安淑。

崇德帝姬,初封和庆公主,改封崇福。寻改帝姬号。下嫁左卫将军曹湜。再封崇德。宣和二年薨。

康淑帝姬,初封康庆公主,改封承福。薨,追封商国。及改帝姬号,追封康淑。

荣淑帝姬,初封崇庆公主,改封懿福。薨,追封蔡国。及改帝姬号,追封荣淑。

保淑帝姬,初封保庆公主。薨,追封鲁国。及改帝姬号,追封保淑。

成德帝姬,初封昌国公主。改号帝姬,再封成德。下嫁向子房。

洵德帝姬,初封衍国公主。改号帝姬,寻改封洵德。下嫁田丕。

悼穆帝姬，初封徽福公主。改号帝姬。薨，追封悼穆。

显德帝姬，初封显福公主。改号帝姬，寻改封显德。下嫁刘文彦。

熙淑帝姬，初封熙福公主。薨，追封华国。及改帝姬，追封熙淑。

敦淑帝姬，初封寿福公主。薨，追封泾国。及改帝姬，追封敦淑。

顺德帝姬，初封顺德公主。改号帝姬，寻改封顺德。下嫁向子宬。

柔福帝姬，初封柔福公主。后改帝姬。

申福帝姬，初封。薨，追封冲慧。

宁福帝姬，政和四年封。

保福帝姬，追封庄懿。

贤福帝姬，追封冲懿。

仁福帝姬，追封顺穆。

和福帝姬。

永福帝姬。

惠福帝姬。

令福帝姬。

华福帝姬。

庆福帝姬。

仪福帝姬。

纯福帝姬。

恭福帝姬。

右三十四帝姬,早亡者十四人,余皆北迁。独恭福帝姬生才周晬,金人不知,故不行。建炎三年薨,封隋国公主。

安德帝姬有遗女一人,后适嗣秀王伯圭,封秦国夫人。

荣德帝姬至燕京,附马曹晟卒,改适习古国王。绍兴中,有商人妻易氏者,在刘超军中见内人言宫禁事,遂自称荣德帝姬。镇抚使解潜送至行在,遣内夫人验之,诈。付大理寺,狱成,诏杖死。

又有开封尼李静善者,内人言其貌似柔福,静善即自称柔福。蕲州兵马钤辖韩世清送至行在,遣内侍冯益等验视,遂封福国长公主,适永州防御使高世荣。其后内人从显仁太后归,言其妄,送法寺治之。内侍李愭自北还,又言柔福在五国城,适徐还而薨。静善遂伏诛。柔福薨在绍兴十一年,从梓宫来者以其骨至,葬之,追封和国长公主。

孝宗二女、长嘉国公主,绍兴二十四年,封硕人,进永嘉郡主,三十二年卒。诏以医官李师克等属吏,孝宗时居东宫,奏:“臣女幼而多疾,不宜罪医。”遂寝。乾道二年,赠嘉国公主。次女生五月而夭,未及封。

文安郡主,光宗长女也;次女封和政郡主;季女封齐安郡主。皆早卒。绍熙元年,并追赠公主。

安康郡主,魏惠献王女也。初封永宁郡主,改封通义。以父遗表,遂升安康。归殿前司前军统领罗忠信子良臣。诏王府主管邓从义谕旨:"皇女孙郡主宜执妇道,务成肃雍之德,毋敢或违。"赐甲第居之。良臣以恩转秉义郎,除阁门祗候官。开禧元年,郡主薨,年三十九。

祁国公主,宁宗女也。生六月而薨,追封祁国。

周、汉国公主,理宗女也。母贾贵妃,早薨。帝无子,公主生而甚钟爱。初封瑞国公主,改升国。开庆初,公主年及笄,诏议选尚。宰臣请用唐太宗下降士人故事,欲以进士第一人尚主,遂取周震炎。廷谢日,公主适从屏内窥见,意颇不怿,帝微知之。

景定二年四月,帝以杨太后拥立功,乃选太后侄孙镇尚主。擢镇右领军卫将军、驸马都统,进封公主为周国公主。帝欲时时见之,乃为主起第嘉会门,飞楼阁道,密迩宫苑,帝常御小辇从宫人过公主第。特赐董役官减三年磨勘,工匠犒赏有差。明年,进封周、汉国公主,拜镇庆远军承宣使。镇宗族娣姒皆推官加封,宠异甚渥。

七月,主病。有鸟九首大如箕,集主家捣衣石上,是夕薨,年二十二。无子。帝哭之甚哀,谥端孝。镇官节度使云。

宋史卷二四九
列传第八

范质 子旻 兄子杲　　王溥 父祚
魏仁浦 子咸信 孙昭亮

范质字文素，大名宗城人。父守遇，郑州防御判官。质生之夕，母梦神人授以五色笔。九岁能属文，十三治尚书，教授生徒。

后唐长兴四年举进士，为忠武军节度推官，迁封丘令。晋天福中，以文章干宰相桑维翰，深器之，即奏为监察御史。及维翰出镇相州，历泰宁、晋昌二节度，皆请质为从事。维翰再相，质迁主客员外郎、直史馆。岁余，召入为翰林学士，加比部郎中、知制诰。契丹侵边，少帝命汉祖等十五将出征。是夜，质入直，少帝令召诸学士分草制，质曰："宫城已闭，恐泄机事。"独具草以进，辞理优赡，当时称之。汉初，加中书舍人、户部侍郎。周祖征叛，每朝廷遣使赍诏处分军事，皆合机宜。周祖问谁为此辞，使者以质对。叹曰："宰相器也。"

周祖自邺起兵向阙，京城扰乱，质匿民间，物色得之，喜甚，时大雪，解袍衣之。且令草太后诰及议迎湘阴公仪注，质苍黄论撰，称旨。乃白太后，以质为兵部侍郎、枢密副使。周广顺初，加拜中书侍郎、平章事、集贤殿大学士。翌日，兼参知枢密院事。郊祀毕，进位左仆射兼门下侍郎、平章事、监修国史。从征高平还，加司徒、弘文馆大学士。显德四年夏，从征寿州还，加爵邑。质建议以律条繁冗，轻重无据，吏得因缘为奸。世宗特命详定，是为《刑统》。六年夏，世宗北征，质病留京师，赐钱百万，俾市医药。及平关南，至瀛州，质见于路左。师还，以枢密使魏仁浦为相，命质与王溥并参知枢密院事。世宗不豫，入受顾命。恭帝嗣位，加开府仪同三司，封萧国公。

及太祖北征，为六师推戴，自陈桥还府署。时质方就食阁中，太祖入，率王溥、魏仁浦就府谒见。太祖对之呜咽流涕，具言拥逼之状。质等未及对，军校罗彦瑰举刃拟质曰："我辈无主，今日须得天子。"太祖叱彦瑰不退，质不知所措，乃与溥等降阶受命。

宋初，加兼侍中，罢参知枢密。俄被疾，太祖征泽、潞，幸其第，赐黄金器二百两、银器千两、绢二千匹、钱二百万。太祖初即位，庶事谦抑，至于藩戚尚未崇建，幕府宾佐未列于位。质因上奏曰："自古帝王开基创业，封建子弟，树立磐维，宗戚既隆，社稷永固。伏见皇弟泰宁军节度使光义，自居戎职，特负将材，及领藩维，尤积时望；嘉州防御使光美，雄俊老成，修身乐善，嘉誉日闻。乞并行封册，申锡命书。皇子皇女虽在襁褓者，亦乞下有司许行恩制，此臣之愿也。臣又闻为宰相者，当举贤能，以辅佐天子。窃以端明殿学士吕余庆、枢密副使赵普精通治道，经事霸府，历岁滋深，睹其公忠，诚堪毗倚。乞授以台司，俾申才用。"帝嘉纳之。

先是，宰相见天子议大政事，必命坐面议之，从容赐茶而退，唐及五代犹遵此制。及质等惮帝英睿，每事辄具札子进呈，具言曰："如此庶尽禀承之方，免妄庸之失。"帝从之。由是奏御浸多，始废坐论之礼。

乾德初，帝将有事园丘，以质为大礼使。质与卤簿使张昭、仪仗使刘温叟讨论旧典，定《南郊行礼图》上之。帝尤嘉奖。由是礼文始备，质自为序。礼毕，进封鲁国公，质奉表固辞，不允。二年正月，罢为太子太傅。九月，卒，年五十四。将终，戒其子旻勿请谥，勿刻墓碑。太祖闻之，为悲恸罢朝。赠中书令，冒绢五百匹、粟麦各百石。

质力学强记，性明悟。举进士时，和凝以翰林学士典贡部，览质所试文字，重之，自以登第名在十三，亦以其数处之。贡闱中谓之"传衣钵"。其后质登相位，为太子太傅，封鲁国公，皆与凝同云。初，质既登朝，犹手不释卷，人或劳之，质曰："有善相者，谓我异日位宰

辅。诚如其言,不学何术以处之。”后从世宗征淮南,诏令多出其手,
吴中文士莫不惊伏。质每下制敕,未尝破律,命刺史县令,必以户口
版籍为急。朝廷遣使视民田,按狱讼,皆延见,为述天子忧勤之意,
然后遣之。

　　世宗初征淮南,驻寿、濠,锐意攻取,且议行幸扬州。质以师老,
与王溥泣谏乃止。及再驾扬州,因事怒窦仪,罪在不测。质入谒请
见,世宗意其救仪,起避之。质趋前曰:“仪近臣也,过小不当诛。”因
免冠叩头泣下,曰:“臣备位宰相,岂可使人主暴怒,致近臣于死地
耶? 愿宽仪罪。”世宗意遂解,复坐,即遣赦仪。

　　质性卞急,好面折人。以廉介自持,未尝受四方馈遗,前后所得
禄赐多给孤遗。闺门之中,食不异品。身没,家无余赀。太祖因论
辅相,谓侍臣曰:“朕闻范质止有居第,不事生产,真宰相也。”太宗
亦尝称之曰:“宰辅中能循规矩、慎名器、持廉节,无出质右者,但欠
世宗一死,为可惜尔。”从子校书郎杲求奏迁秩,质作诗晓之,时人
传诵以为劝戒。有集三十卷,又述朱梁至周五代为《通录》六十五
卷,行于世。子旻。

　　旻字贵参,十岁能属文。以父任右千牛备身、太子司议郎,累迁
著作佐郎。

　　宋初,为度支员外郎、判大理正事,俄知开封县。太宗时领京
尹,数召与语,颇器重之。

　　岭南平,迁知邕州兼水陆转运使。俗好淫祀,轻医药,重鬼神,
旻下令禁之。且割己奉市药以给病者,愈者千计,复以方书刻石置
厅壁,民感化之。会南汉知广州官邓存忠劫土人二万众,攻州城七
十余日。旻屡出亲战,矢集于胸。犹激励将卒殊死战,贼遂少却。病
创日笃,坚壁固守,遣使十五辈求援。广州救兵至,围解,赐玺书奖
之。旻病甚,诏令有司以肩舆载归阙下。疾愈,通判镇州,有能声,
赐钱二百万,迁库部员外郎。

　　开宝九年,知淮南转运事。太祖谓旻曰:“朕今委卿以方面之

重,凡除民隐、急军须之务,悉以便宜从事,无庸一一中覆也。"岁运米百余万石给京师,当时称有心计。

太平兴国初,召为水部郎中。钱俶献地,以旻为考功郎中,权知两浙诸州军事。旻上言:"俶在国日,徭赋繁苛,凡薪粒、蔬果箕帚之属悉收算。欲尽释不取,以蠲其弊。"从之。车驾征晋阳,上书求从,召为右谏议大夫、三司副使,判行在三司,又兼吏部选事。师还,加给事中。坐受人请求擅市竹木入官,为王仁赡所发,贬房州司户。语在《仁赡传》。量移唐州。六年,卒,年四十六。有集二十卷、《邕管记》三卷。其后子贻孙上言,诏复旧官。贻孙官至主客员外郎。

杲字师回,父正,青州从事。杲少孤,质视如己子。刻志于学,与姑臧李均、汾阳郭昱齐名,为文深僻难晓,后生多慕效之。以荫补太庙斋郎,再迁国子四门博士。

尝携文谒陶谷、窦仪,咸大称赏,谓杲曰:"若举进士,当待汝以甲科。"及秋试,有上书言伐阅之家不当与寒士争科第,杲遂不应举。稍迁著作佐郎,出为许、邓二州从事,坐事免。太平兴国初,迁著作郎、直史馆,历右拾遗、左补阙。雍熙二年,同知贡举。俄上书自言其才比东方朔,求显用,以观其效。太宗壮之,擢知制诰。

杲家贫,贷人钱数百万。母兄晞性啬,尝为兴元少尹,居京兆,殖货巨万。亲故有自长安来者,绐杲曰:"少尹不复靳财物,已挥金无算矣。"杲闻之喜,因上言兄老,求典京兆以便养。太宗从其请。改工部郎中,罢知制诰。杲既至,而晞吝如故,且常以不法事干公府。杲大悔。杲视事逾年,境内不治。会贼帅刘渥剽掠属县,吏卒解散,遂惊悸成疾。

移知寿州,上言:"家世史官,愿秉直笔,成国朝大典。"召为史馆修撰,固求掌诰词,帝从之。时翰林学士宋白左迁鄘州,贾黄中、李沆参知政事,苏易简转承旨,杲连致书相府,求为学士,且言于宰相李昉曰:"先公尝授以制诰一编,谓杲才堪此职。"因出示昉,昉屡开解之。未几,太宗飞白书"玉堂"额以赐翰林,杲又上《玉堂记》,因请备职。太宗恶其躁競，改右谏议大夫、知濠州，复召为史馆修撰。

初，太宗以太祖朝典策未备，乃议召杲。杲闻命喜甚，以为将加优擢，晨夜趋进。至宋州，遇朗州通判钱熙，杲问以“朝议将任仆何官”，熙言：“重修《太祖实录》尔。”杲默然久之。感疾，至京师，旬月卒，年五十六。太宗闵之，录其二子。

杲性虚诞，与人交，好面誉背非，惟与柳开善，更相引重，始终无间。不善治生，家益贫，杲端坐终日，不知计所出，人皆笑之。子坦亦登进士第。

王溥字齐物，并州祁人。

父祚，为郡小吏，有心计，从晋祖入洛，掌盐铁案，以母老解职归。汉祖镇并门，统行营兵拒契丹，委祚经度刍粟；即位，擢为三司副使。历周为随州刺史。汉法禁牛革，輂送京师，遇暑雨多腐坏，祚请班铠甲之式于诸州，令裁之以输，民甚便之。移刺商州，以奉钱募人开大秦山岩梯路，行旅感其惠。显德初，置华州节度，以祚为刺史。未几，改镇颍州。均部内租税，补实流徙，以出旧籍。州境旧有通商渠，距淮三百里，岁久湮塞，祚疏导之，遂通舟楫，郡无水患。历郑州团练使。宋初，升宿州为防御，以祚为使。课民凿井修火备，筑城北堤以御水灾。因求致政，至阙下，拜左领军卫上将军，致仕。

溥，汉乾佑中举进士甲科，为秘书郎。时李守贞据河中，赵思绾反京兆，王景崇反凤翔，周祖将兵讨之，辟溥为从事。河中平，得贼中文书，多朝贵及藩镇相交结语。周祖籍其名，将按之，溥谏曰：“魑魅之形，伺夜而出，日月既照，氛沴自消。愿一切焚之，以安反侧。”周祖从之。师还，迁太常丞。从周祖镇邺。广顺初，授左谏议大夫、枢密直学士。二年，迁中书舍人、翰林学士。三年，加户部侍郎，改端明殿学士。周祖疾革，召学士草制，以溥为中书侍郎、平章事。宣制毕，周祖曰：“吾无忧矣。”即日崩。

世宗将亲征泽、潞，冯道力谏止，溥独赞成之。凯还，加兼礼部尚书，监修国史。世宗尝从容问溥曰：“汉相李崧以蜡书与契丹，犹有记其词者,信有之耶?"溥曰:"崧为大臣,设有此谋,肯轻示外人?盖苏逢吉诬之耳。"世宗始悟,诏赠其官。世宗将讨秦、凤,求帅于溥,溥荐向拱。事平,世宗因宴酌酒赐溥曰:"为吾择帅成边功者,卿也。"从平寿春,制加阶爵。显德四年,丁外艰。起复,表四上,乞终丧。世宗大怒,宰相范质奏解之,溥惧入谢。六年夏,命参知枢密院事。

恭帝嗣位,加右仆射。是冬,表请修《世宗实录》,遂奏史馆修撰、都官郎中、知制诰扈蒙,右司员外郎、知制诰张淡,左拾遗王格,直史馆、左拾遗董淳,同加修纂,从之。

宋初,进位司空,罢参知枢密院。乾德二年,罢为太子太保。旧制,一品班于台省之后,太祖因见溥,谓左右曰:"溥旧相,当宠异之。"即令分台省班于东西,遂为定制。五年,丁内艰。服阕,加太子太傅。开宝二年,迁太子太师。中谢日,太祖顾左右曰:"溥十年作相,三迁一品,福履之盛,近世未见其比。"太平兴国初,封祁国公。七年八月,卒,年六十一。辍朝二日,赠侍中,谥文献。

溥性宽厚,美风度,好汲引后进,其所荐至显位者甚众。颇吝啬。祚频领牧守,能殖货,所至有田宅,家累万金。

溥在相位,祚以宿州防御使家居,每公卿至,必首谒。祚置酒上寿,溥朝服趋侍左右,坐客不安席,辄引避。祚曰:"此豚犬尔,勿烦诸君起。"溥讽祚求致政,祚意朝廷未之许也,既得请,祚大骂溥曰:"我筋力未衰,汝欲自固名位,而幽囚我。"举大梃将击之,亲戚劝谕乃止。

溥好学,手不释卷,尝集苏冕《会要》及崔铉《续会要》,补其阙漏,为百卷,曰《唐会要》。又采朱梁至周为三十卷,曰《五代会要》。有集二十卷。

子贻孙、贻正、贻庆、贻序。贻正至国子博士。贻庆比部郎中。贻序,景德二年进士,后改名贻矩,至司封员外郎。贻正子克明,尚太宗女郑国长公主,改名贻永,令与其父同行。见《外戚传》。

贻孙字象贤,少随周祖典商、颍二州,署衙内都指挥使。显德中,以父在中书,改朝散大夫、著作佐郎。宋初,迁金部员外郎,赐紫累迁右司郎中。淳化中,卒。太祖平吴、蜀,所获文史副本分赐大臣。溥好聚书,至万余卷,贻孙遍览之;又多藏法书名画。太祖尝问赵普,拜礼何以男子跪而妇人否,普问礼官,不能对。贻孙曰:"古诗云'长跪问故夫',是妇人亦跪也。唐太后朝妇人始拜而不跪。"普问所出,对云:"大和中,有幽州从事张建章著《渤海国记》,备言其事。"普大称赏之。端拱中,右仆射李昉求郡省百官集议旧仪,贻孙具以对,事见《礼志》,时论许其谙练云。

魏仁浦字道济,卫州汲人。幼孤贫,母为假黄缣制暑服,仁浦年十三,叹曰:"为人子不克供养,乃使慈母求贷以衣我,我能安乎!"因慷慨泣下。辞母诣洛阳,济河沉衣中流,誓曰:"不贵达,不复渡此!"晋末,隶枢密院为小史,任职端谨,侪辈不能及。契丹入中原,仁浦随众北迁。会契丹主殂于真定,仁浦得脱归。魏帅杜重威素知仁浦谨厚,善书计,欲留补牙职。仁浦以重威降将,不愿事之,遂遁去。重威遣骑追之,不及。汉祖起太原,次巩县,仁浦迎谒道左,即补旧职。

时周祖掌枢密,召仁浦问阙下兵数,仁浦悉能记之,手疏六万人。周祖喜曰:"天下事不足忧也。"迁兵房主事,从周祖镇邺。

乾佑末,隐帝用武德使李邺等谋,诛大臣杨邠、史弘肇等,密诏澶帅李洪义杀骑将王殷,令郭崇害周祖。洪义知事不济,与殷谋,遣副使陈光穗赍诏示周祖。周祖惧,召仁浦入计,且示以诏曰:"朝廷将杀我,我死不惧,独不念麾下将士乎?"仁浦曰:"侍中握强兵临重镇,有功朝廷,君上信谗,图害忠良,虽欲割心自明,奚可得也,事将奈何。今诏始下,外无知者,莫若易诏以尽诛将士为名,激其怒心,非徒自免,亦可为杨、史雪冤。"周祖纳其言,倒用留守印,易诏书以示诸将。众惧且怒,遂长驱渡河。及即位,以仁浦为枢密副承旨,俄迁右羽林将军,充承旨。

周祖尝问仁浦诸州屯兵之数及将校名氏,令检簿视之。仁浦曰：“臣能记之。”遂手疏于纸，校簿无差，周祖尤倚重焉。广顺末，太原刘崇寇晋州，仁浦居母丧，而宅迩宫城，周祖步登宽仁门，密遣小黄门召仁浦计事。明日，起复旧职。周祖大渐，谓世宗曰：“李洪义长与节镇，魏仁浦无遣违禁密。”

世宗即位，授右监门卫大将军、枢密副使。从征高平，周师不利，东偏已溃，仁浦劝世宗出阵西殊死战，遂克之。师还，拜检校太保、枢密使。故事，惟宰相生辰赐器币鞍马，世宗特以赐仁浦。从平寿春，加检校太傅，进爵邑，迁中书侍郎、平章事、集贤殿大学士兼枢密使。世宗欲命仁浦为相，议者以其不由科第，世宗曰：“古人为宰相者，岂尽由科第耶？”遂决意用之。恭帝嗣位，加刑部尚书。

宋初，进位右仆射，以疾在告。太祖幸其第，赐黄金器二百两、钱二百万。再上表乞骸骨，不许。乾德初，罢守本官。开宝二年春宴，太祖笑谓仁浦曰：“何不劝我一杯酒？”仁浦奉觞上寿，帝密谓之曰：“朕欲亲征太原，如何？”仁浦曰：“欲速不达，惟陛下慎之。”宴罢，就第，复赐上尊酒十石、御膳羊百口。从征太原，中途遇疾。还，至梁侯驿卒，年五十九，赠侍中。

仁浦性宽厚，接士大夫有礼，务以德报怨。汉乾佑中，有郑元昭者，开封浚仪人，为安邑、解县两池榷盐使，迁解州刺史。会诏以仁浦妇翁李温玉为榷盐使管两池，元昭不得专其利。仁浦方为枢密院主事，元昭意仁浦必庇温玉，会李守真以河中叛，温玉子在城中，元昭即系温玉以变闻。时周祖总枢务，知其间，置而不问。显德中，仁浦为枢密使，元昭不自安。及代归阙，道洛都，以情告仁浦弟仁涤，仁涤曰：“公第去，可无忧。我兄素宽仁有度，虽公事不欲伤于人，岂念私隙乎？”元昭至京师，仁浦果不介意，白周祖授元昭庆州刺史。汉隐帝宠作坊使贾延徽，延徽与仁浦并居，欲并其第，屡谮仁浦，几至不测。及周祖入汴，有擒延徽授仁浦者，仁浦谢曰：“因兵戈以报怨，不忍为也。”力保全之。当时称其长者。世宗朝近侍有忤上至死者，仁浦力救之，全活者众。淮南之役，获贼兵数千人，仁浦从容上言，俾隶诸军，军中无滥杀者。

景德四年，其子咸信请谥曰宣懿。

子咸美、咸熙、咸信。咸美以左司御率府率致仕。咸熙性仁孝，
尝会宾客，家童数辈覆案碎器，客皆惊愕，咸熙色不变，止令更设馔
具。其宽厚若此。以父任，累迁屯田郎中，后至太仆少卿。卒年四
十九。子昭庆驾部员外郎，昭文西染院使，昭素供奉官、阁门祗候。

咸信字国宝，建隆初，授朝散大夫、太子右坊通事舍人，改供奉
官。

初，太祖在潜邸，昭宪太后尝至仁浦第，咸信方幼，侍母侧，俨
如成人。太后奇之，欲结姻好。开宝中，太宗尹京，成昭宪之意，延
见咸信于便殿，命与御带党进等较射，称善。遂选尚永庆公主，授右
卫将军、驸马都尉。逾年，出领吉州刺史。

太平兴国初，真拜本州防御使。四年，诏用奉外赐钱十万。五
年，坐遣亲吏市木西边，矫制免所过税算，罚一季奉。俄迁慎州观察
使。雍熙三年冬，契丹扰边，王师出讨，悉命诸主婿镇要地：王承衍
知大名，石保吉知河阳，咸信知澶州。四年，本郡黄河清，咸信以闻，
诏褒答之。籍田毕，就拜彰德军节度。八月，遣归治所。

淳化四年，河决澶渊，陷北城，再命知州事。太宗亲谕方略，传
置而往。时遣阁承翰修河桥，咸信请及流水未下造舟为便，承翰入
奏："方冬难成，请权罢其役。"咸信因其去，乃集工成之。奏至，上大
悦。河平，遣还役兵。俄诏留筑堤，咸信以为天寒地涸，无决溢之患，
复奏罢之。

真宗即位，改定国军节度。咸平中，太阅东郊，以为旧城内都巡
检。车驾北征，为贝冀路行营都统署，诏督师。至贝州，敌人退，召
还行在所。景德初，从幸澶州，石保吉与李继隆为排阵使。契丹请
和，帝置酒行宫，面赏继隆、保吉，咸信避席，自愧无功，上笑而抚慰
之。二年，改武成军节度，知曹州。秋霖积潦，咸信决广济河堤以导
之，民田无害。扈驾朝陵还，上言先坟在洛，欲立碑，求莅盟津，以便
其事，即改知河阳。大中祥符初，从东封，加检校太尉。将祀汾阴，

命知澶州,令入内副都知张继能谕旨。移领忠武军节度。

未几召还,年已昏眊,见上,希旨求宠渥。七年,表乞任用,上出示中书向敏中曰:"咸信联荣戚里,位居节制,复何望耶?"是冬,以新建南京,奖太祖旧臣,加同平章事。俄判天雄军。天禧初,改陕州大都督府长史、保平军节度。有感风疾苦,归。真宗尝谓宰相曰:"咸信老病,诸子不克承顺,身后复能保守其家业耶?"未几卒,年六十九,赠中书令。录其诸子孙侄,迁官者七人。

咸信颇知书,善待士,然性吝喜利,仁浦所营邸舍悉擅有之。既卒,为诸侄所讼,时人耻之。

子昭易、昭亮、昭侃。昭易西京作坊使,知隰州。昭侃改名昭晒,为崇仪使。

昭亮字克明,公主所生。幼未名,太宗召入禁中,命赋赏花诗,诗成上之,太宗大悦,酌以上尊酒,命笔题"从训"、"昭亮"二名,令自择之。拜如京副使,迁如京、洛苑使,掌翰林司。丁公主忧,起复,授六宅使,领富州刺史,迁内藏库副使。未几,拜西上阁门使,进秩东上。上言阁门旧仪制未当,乃诏龙图阁学士陈彭年、待制张知白、引进使白文肇与昭亮同加详定,既成,赐白金千两。又建议设仪石于内殿,加领恩州团练使。时咸信在大名,属生日,命昭亮就赐礼物。是日,告命至,军府荣之。父卒,迁四方馆使,仍兼掌客省,多纠群官之失仪者。昭亮多病在告,诏给其奉。天禧二年,卒。

昭亮未死日,数遣人入谒,求进用,加兼端州防御使。未及拜命,死,仍以制书赐其家,赠贝州观察使。以弟昭侃为供备库使,子余庆为内殿崇班。

昭亮与陈彭年款昵,彭年尝称其才。昭亮居官务瞰察,多遣人侦伺僚辈,枢密承旨尹德润尝少之。会阁门副使焦守节、内殿崇班郭盛以役卒与德润治第,昭亮廉知发其事,皆坐黜削。李维即王曾妻之叔父,同在翰林,曾受诏试举人,以家事属维。昭亮意曾受祈请,奏其窃语。遣中使参问无他状,曾始得释。昭亮阴险多此类,时人恶之。余庆改名成德,为供备库副使。

　　赞曰:五季至周之世宗,天下将定之时也。范质、王溥、魏仁浦,世宗之所拔擢,而皆有宰相之器焉。宋祖受命,遂为佐命元臣,天之所置,果非人之所能测欤。质以儒者晓畅军事,及其为相,廉慎守法。溥刀笔家子,而好学终始不倦。仁浦尝为小史,而与溥皆以宽厚长者著称,岂非绝人之资乎。质临终,戒其后勿请谥立碑,自悔深矣。太宗评质惜其欠世宗一死。呜呼,《春秋》之法责备贤者,质可得免乎!

宋史卷二五〇
列传第九

石守信　子保兴　保吉、孙元孙
王审琦　子成衍　成衍　孙克臣等
高怀德　　韩重赟　子崇训　崇业
张令铎　　罗彦瓌　　王彦升

　　石守信，开封浚仪人。事周祖，得隶帐下。广顺初，累迁亲卫都虞候。从世宗征晋阳，遇敌高平，力战，迁亲卫左第一军都校。师还，迁铁骑左右都校。从征淮南，为先锋，下六合，入涡口，克扬州，遂领嘉州防御使，充铁骑、控鹤四厢都指挥使。从征关南，为陆路副都部署，以功迁殿前都虞候，转都指挥使、领洪州防御使。恭帝即位，加领义成军节度。

　　太祖即位，迁侍卫马步军副都指挥使，改领归德军节度。李筠叛，守信与高怀德率前军进讨，破筠众于长平，斩首三千级。又败其众三万于泽州，获伪河阳节度范守图，降太原援军数千，皆杀之。泽、潞平，以功加同平章事。李重进反扬州，以守信为行营都部署兼知扬州行府事。帝亲征至大仪顿，守信驰奏："城破在朝夕，大驾亲临，一鼓可平。"帝亟赴之，果克其城。建隆二年，移镇郓州，兼侍卫亲军马步军都指挥使，诏赐本州宅一区。

　　乾德初，帝因晚朝与守信等饮酒，酒酣，帝曰："我非尔曹不及此,然吾为天子,殊不若为节度使之乐,吾终夕未尝安枕而卧。”守信等顿首曰:“今天命已定,谁复敢有异心,陛下何为出此言耶?”帝曰:“人孰不欲富贵,一旦有以黄袍加汝之身,虽欲不为,其可得乎。”守信等谢曰:“臣愚不及此,惟陛下哀矜之。”帝曰:“人生驹过隙尔,不如多积金、市田宅以遗子孙,歌儿舞女以终天年。君臣之间无所猜嫌,不亦善乎。”守信谢曰:“陛下念及此,所谓生死而肉骨也。”明日,皆称病,乞解兵权,帝从之,皆以散官就第,赏赉甚厚。

已而,太祖欲使符彦卿管军,赵普屡谏,以为彦卿名位已盛,不可复委以兵权,太祖不从。宣已出,普复怀之,太祖迎谓之曰:“岂非符彦卿事耶?”对曰:“非也。”因奏他事。既罢,乃出彦卿宣进之,太祖曰:“果然,宣何以复在卿所?”普曰:“臣托以处分之语有侜儌者,复留之。惟陛下深思利害,勿复悔。”太祖曰:“卿苦疑彦卿,何也?朕待彦卿厚,彦卿岂负朕耶?”普对曰:“陛下何以能负周世宗?”太祖默然,事遂中止。

开宝六年秋,加守信兼侍中。太平兴国初,加兼中书令。二年,拜中书令,行河南尹,充西京留守。三年,加检校太师。四年,从征范阳,督前军失律,责授崇信军节度、兼中书令,俄进封卫国公。七年,徙镇陈州,复守中书令。九年,卒,年五十七,赠尚书令,追封威武郡王,谥武烈。

守信累任节镇,专务聚敛,积财巨万。尤信奉释氏,在西京建崇德寺,募民辇瓦木,驱迫甚急,而佣直不给,人多苦之。子保兴、保吉。

保兴字光裔,本名保正,太祖取兴宗之义改之。建隆初,年十四,以荫补供奉官。明年,迁尚食副使。太祖尝召功臣子弟询以时事,保兴年最少,应对明白,太祖奇之,拜如京使。开宝中,领顺州刺史。太宗征河东,为御寨四面都巡检。太平兴国八年,出为高阳关监军。守信卒,起复,领本州团练使。雍熙初,契丹扰边,与戴兴、杨守一并为澶州前军驻泊。

　　李继迁入钞，徙银、夏、绥、府都巡检使。尝巡按鼍子寨，并黑水河，趣谷中，夏人知之，以数千骑据险，渡河求战。保兴所部不满二千人，乃分短兵伏于河浒，俟其半渡，急击之，斩首百余级，追北数十里。优诏褒美。

　　端拱中，知平戎军，徙莫州，俄为西京都巡检使。淳化五年，真拜蕲州团练使，为永兴军钤辖，改夏、绥、麟、府州钤辖。至道二年，徙延州都巡检使兼署州事，改本路副都部署，与范重召等五路讨贼。有岌伽罗腻数族率众来拒，保兴选敢死士数百人衔枚夜击，歼之。自是吴移、越移诸族归降。还，至乌、白池，贼又为方阵来拒。保兴麾众出入阵中，会乘马中流矢，挺身持满，易骑奋呼，且行且斗，凡三日四十二战，贼遂引去。

　　咸平二年，知威虏军。会夏人入钞，保兴发官帑钱数万缗分给战士，主者固执不可。保兴曰："城危如此，安暇中覆，事定，覆而不允，愿以家财偿之。"夏人退，驿置以闻，真宗贷而不问。

　　三年，就拜棣州防御使。徙知邢州，改澶州。在郡颇峻刑罚，每捶人，令缓施其杖，移晷方毕。五年，以疾求归京师。未几卒，年五十八。子元孙。

　　保兴世豪贵，累财巨万，悉为季弟保从之子所废。

　　保吉字佑之，初以荫补天平军衙内都指挥使。开宝四年，召见，赐袭衣、玉带、金鞍勒马。选尚太祖第二女延庆公主，拜左卫将军、驸马都尉，俄领爱州刺史。太平兴国初，迁本州防御使。五年，坐遣亲吏市竹木秦、陇间，矫制渡关，为王仁赡所发，罚一季奉。七年，改朔州观察使。守信卒，起复，为威塞军节度。雍熙三年，出知河阳。四年，召入，复命知大名府兼兵马都部署，连改横海、安国二镇节度。

　　真宗即位，加检校太尉、保平军节度。车驾北巡，命为河北诸路行营都部署，屯定州。景德初，改武宁军节度、同平章事。冬，幸澶渊，命与李继隆分为驾前东西面都排阵使，军于北门外。辽骑数万骤至城下，保吉不介马而驰当其锋，辽人引去。俄而请盟，锡宴射于行宫后苑。帝谓继隆等曰："自古北边为患，今其畏威服义，息战安民，卿等力也。"保吉进曰："臣受命御患，上禀成算。至于布列行阵，指授方略，皆出于继隆。"继隆曰："宣力用心，躬率将士，臣不及保吉。"帝曰："卿等协和，共致太平，军旅之事，朕复何忧。"欢甚，赐以袭衣、金带、鞍勒马。

二年，改镇安军节度。未几，自治所来朝，愿奉朝请，从之。四年，部民上治状，乞还镇所，诏奖谕之，仍从其请。大中祥符初，从东封，摄司徒，封祀坛奉俎，加检校太师还镇。冬，公主疾，诏归视，主薨。明年，保吉卒，年五十七，赠中书令，谥庄武。

保吉姿貌瓌硕颇有武干。累世将相家。多财；所在有邸舍别墅，虽馔品亦饰以彩馈。好治生射利，性尤骄倨，所至，峻暴好杀，待属吏不以礼。镇大名也，叶齐、查道皆知名士，尝械以运粮。初，程能为京西转运，保吉托治其私负，能不从。至是，其子宿为属邑吏，将辱之，会有辟召乃止。又染家贷钱，息不尽入，质其女，其父上诉，真宗亟命遣还。尝有仆侵盗私积，不时求对，恳请配隶，帝曰："是有常法，不可。"保吉请不已，帝戒勖之。

善弋猎，畜鸷禽兽数百，令官健罗鸟雀饲之，人有规劝者辄怒之。在陈州，盛饰廨舍以迓贵主。因完葺城垒，疏牖于上，以瞰衢路，如箭窗状。未尝上闻，宾佐谏之不听，颇涉众议。初，守信镇陈，五十七年卒，及保吉继是镇，寿亦止是，谈者异之。

保吉子贻孙，任崇仪使、带御器械，坐事免官。孝孙，西京左藏库使。

元孙字善良，始名庆孙，避章献太后祖讳易之。以守信荫为东头供奉官、阁门祗候，累迁如京副使。

仁宗即位，改文思副使、勾当法酒库。吏盗酒，坐失察，追二官，复如京副使。为澶州巡检，徙知莫州，有治迹，以礼宾使再任。又徙保州，领廉州刺史，兼广信、安肃军缘边都巡检。时开屯田，凿塘水，有讼元孙擅污民田者，遣官按视，讼者以诬服，即赐白金五百两，诏褒谕之。再迁西上阁门使、并代州兵马钤辖，历侍卫亲军步军殿前都虞候、鄜延副都总管、缘边安抚使，迁邕州观察使。

康定初，夏人寇延州，元孙与战于三川口，军败见执。传者以为已死，赠中正军节度使兼太傅，录其子孙七人。及元昊纳款，纵元孙归。谏官御史奏：元孙军败不死，辱国，请斩塞下。贾昌朝独言曰："在春秋时，晋获楚将谷臣，楚获晋将知罃，亦还其国不诛。"因入对，探袖出《魏志于禁传》以奏曰："前代将臣败覆而还，多不加罪。"帝乃贷元孙，安置全州。以升祔赦，内徙襄州。侍御史刘堤言："元孙失军辱命，朝廷贷而不诛，若例从量移，无以劝用命之士。"元孙遂不徙。后徙许州，还京师卒。

王审琦字仲宝，其先辽西人，后徙家洛阳。汉乾祐初，隶周祖帐下，性纯谨，甚亲任之。从平李守贞，以功署厅直左番副将。广顺中，历东西班行首、内殿直都知、铠骑指挥使，从世宗征刘崇，力战有功，迁东西班都虞候，改铁骑都虞候，转本军右第二军都校。世宗召禁军诸校宴射苑中，审琦连中的，世宗嘉之，赏赉有加。俄领勤州刺史。

亲征淮南，舒州坚壁未下，诏以郭令图领刺史，命审琦及司超以精骑攻其城，一夕拔之，擒其刺史，获铠仗军储数十万计。令图既入城，审琦等遂救黄州，数日，令图为舒人所逐。审琦选轻骑衔枚夜发，信宿至城下，大败舒人，令图得复还治所。世宗嘉之，授散员都指挥使。又破南唐军于紫金山，先登，中流矢，转控鹤右厢都校、领虔州团练使。世宗围濠州，审琦率敢死士数千人拔其水寨，夺月城，濠州遂降。及攻楚州，为南面巡检，城将陷，审琦意淮人必遁，设伏待之。少顷，城中兵果凿南门而溃，伏兵击之，斩数千级，系五千余人，献于行在，赐名马、玉带、锦彩数百匹。淮南平，改铁骑右厢都校。又从平瓦桥关。恭帝即位，迁殿前都虞候、领睦州防御使。

宋初，擢为殿前都指挥使、领泰宁军节度。从征李筠，为御营前洞屋都部署,为飞石所伤,车驾临视。泽、潞平,改领武成军节度。李重进叛,副石守信为前军部署讨之。

建隆二年,出为中正军节度。在镇八年,为政宽简。所部邑令以罪停其录事吏,幕僚白令不先咨府,请按之。审琦曰:“五代以来,诸侯强横,令宰不得专县事。今天下治平,我忝守藩维,而部内宰能斥去黠吏,诚可嘉尔,何按之有?”闻者叹服。

开宝二年,从征太原,为御营四面都巡检。三年,改镇许州,赐甲第,留京师。太祖尝召审琦宴射苑中,连中的,赐御马、黄金鞍勒。六年,与高怀德并加同平章事。七年,卒,年五十。

初,审琦暴疾,不能语,帝亲临视,及卒,又幸其第,哭之恸。赐中书令,追封琅琊郡王,赙赠加等。葬日,又为废朝。

审琦重厚有方略,尤善骑射。镇寿春,岁得租课,量入为出,未尝有所诛求。素不能饮,尝侍宴,太祖酒酣仰祝曰:“酒,天之美禄;审琦,朕布衣交也。方与朕共享富贵,何靳之不令饮邪?”祝毕,顾谓审琦曰:“天必赐卿酒量,试饮之,勿惮也。”审琦受诏,饮十杯无苦。自此侍宴常引满,及归私家即不能饮,或强饮辄病。

子承衍、承衎、承德、承佑、承俊、承偓、承僎、承仅、承休。承德西上阁门使、会州刺史,承佑至如京使,承俊、承僎至内殿崇班,承偓至阁门祗候,承仅至左神武将军致仕,承休至内殿承制。

承衍字希甫,幼端谨,审琦镇兖、海、寿春,皆署以牙职。开宝初,补内殿供奉官都知。三年,尚太祖女昭庆公主,授右卫将军、驸马都尉,仍充都知。逾年,领恩州刺史,加本州防御使。太平兴国初,迁应州观察使。二年春,太宗幸其第,赐宴,承衍以金器、名马为寿,诏赐银万两、锦彩五千匹。三年,加检校太保。坐市竹木秦、陇,矫制免税算,罚一季奉。七年,授彰国军节度。

雍熙中,出知天雄军府兼都部署。时契丹扰镇阳,候骑至冀州,去魏二百余里。邻境戒严,城中大恐,属上元节,承衍下令市中及佛寺然灯设乐,与宾佐宴游达旦,人赖以安。明年召还,复为贝冀都部署。端拱初，换永清军节度，再知天雄军。吏民千余诣监军，请为本道节帅，诏褒之。

真宗即位，改河中尹、护国军节度，加检校太尉。咸平六年，以疾求罢节钺，三抗表不许。帝自临问，至卧内慰勉久之，赐予甚厚，择尚医数人迭宿其第。卒，年五十二。车驾亲临，赠中书令，给卤簿葬，谥恭肃。其后公主请置守冢五户，从之。

承衍善骑射，晓音律，颇涉学艺，好吟咏。以功臣子尚主贵显，拥富赀，自奉甚厚。

子世安、世隆、世雄、世融。世安至崇仪副使、通事舍人。世隆字本支，以公主子为如京副使，历洛苑、六宅二使、领平州刺史。性骄恣，每坐诸叔之上，人皆嗤之。景德初卒，特赠泰州防御使。召见其三子，赐名克基、克绪、克忠，皆面授供奉官。世雄至内殿崇班。世融为内殿承制。世安子克正殿中丞。克基、克忠并为西染院副使兼阁门通事舍人。克绪至内殿承制。世隆幼子克明为西上阁门副使。

承衍字希悦，开宝中，授闲厩使，面赐紫袍、金带，才十二岁。太平兴国中，出监徐州军，又为西京水南巡检使，改如京使。表求治郡自效，命知潭州，迁六宅使、领昭州刺史，俄知澶州，加庄宅使。咸平中，两赐川峡传诏，慰抚官吏，经略蛮洞。连知延、代、并三州，皆兼兵马钤辖，改尚食使。凤翔张雍病，命承衍代之，徙泾州，授西上阁门使，改领永州刺史。景德中，真宗以天水近边，蕃汉杂处，择守臣抚治，擢承衍知秦州，徙知天雄军。大中祥符初，进秩东上阁门使。承衍病足，在大名不能骑，政多废弛，及代，赐告家居，求求解职，不允。以久不朝请，求近郡，改左武卫大将军，知寿州。二年，卒，年四十九。诏遣其弟承僎驰往护丧。

承衍颇涉学，喜为诗，所至为一集。晓音律，多与士大夫游，意豁如也。初，审琦镇寿春，承衍生于郡廨，至卒亦于其地，人咸异之。

子世京为阁门祗候，世文内殿崇班。

克臣字子难。祖承衎尚秦国贤穆公主。克臣第景祐进士，仁宗阅其文，顾侍臣曰："贤穆有孙登科，可喜也。"仕累通判寿州。鼓角卒夜入州廨，击郡将，既就擒，而监兵使所部被甲操刃立庭中，官吏骇观。克臣徐言曰："此不过为盗耳。"立遣甲者去，戒凶卒勿妄引他人，众欢服。是日天贶节，率掾属朝谒如常仪，人赖以安，犹坐贬监潭州税。

熙宁中，为开封、度支二判官，迁盐铁副使。时郑侠以上书窜岭表，克臣尝荐侠，且馈之白金，又坐夺官。复为户部副使，以集贤殿修撰知郓州。京东多盗，克臣请以便宜处决，遂下诸郡使械送尤桀者斩以徇，盗为少衰。可决曹村，克臣亟筑堤城下，或曰："河决澶渊，去郓为远，且州徙于高，八十年不知有水患，安事此。"克臣不听，役愈急，堤成，水大至，不没者才尺余。复起甬道，属之东平王陵埠，人得趋以避水。事宁，皆绘像祀之。

进天章阁待制，徙知瀛州。有告外间入境，密旨趣具狱，株连甚众，克臣阴缓之，已而得为间者于他道。徙知太原。王中正西讨冒功，而诬克臣姑息士卒，使无固志，黜为单州。

明年，拜工部侍郎。至是，神宗幸尚书省，至部舍止辇，奖其治力，以为虽少者不及。顾其子驸马都尉师约使入觐。元祐四年，以龙图阁直学士、太中大夫卒，年七十六。

师约字君授，少习进士业。英宗欲求儒生为主婿，命宰相召克臣谕旨，令师约持所为文至第。明日，献赋一编，即坐中赋《大人继明诗》，遂赐对，选为驸马都尉，尚徐国公主。授左卫将军，面赐玉带。又赐《九经》、笔砚，勉之进学。

神宗即位，拜嘉州刺史，迁成州团练使。国朝故事主婿未尝居职，帝始令师约同管当三班院，试其才。明年，主就馆乃罢，迁汝州防御使。始制驸马都尉七年考绩法。转晋州观察使。

哲宗立，迁镇安军节度观察留后。宣仁后临朝，师约屡上书言事。元符初，议者以为职不当上言，褫其秩。徽宗即位，乃复保平军留后，又为枢密都承旨，未几复罢。崇宁元年，卒，年五十九。

师约善射，尝陪辽使燕射玉津园，一发中鹄，发必破的，屡受金带及鞍勒马之赐。

子殊，主所生，至阆州观察使。

高怀德字藏用，真定常山人，周天平节度齐王行周之子。怀德忠厚倜傥，有武勇。行周历延、潞二镇及留守洛都，节制宋、亳，皆署以牙职。晋开运初，辽人侵边，以行周为北面前军都部署。怀德始冠，白行周愿从北征。行周壮之，许其行，至戚城遇辽军，被围数重，援兵不至，危甚。怀德左右射，纵横驰突，众皆披靡，挟父而出。以功领罗州刺史，赐珍裘、宝带、名马以宠异之。及行周移镇郓州，改集州刺史，仍领牙校。又迁信州刺史，从行周再镇宋州。

晋末，契丹南侵，以行周为邢赵路都部署御之，留怀德守睢阳。会杜重威降契丹，京东诸州群盗大起，怀德坚壁清野，敌不能入。行周率兵归镇，敌遂解去。汉初，行周移镇魏博，及再领天平，以怀德为忠州刺史领职如故。周祖征慕容彦超，还过汶上，宠赐行周甚厚，并赐怀德衣带、彩缯、鞍勒马。

行周卒，召怀德为东西班都指挥使、领吉州刺史，改铁骑都指挥使。太原刘崇入寇，世宗讨之，以怀德为先锋都虞候。高平克捷，以功迁铁骑右厢都指挥使、领果州团练使。

从征淮南，知庐州行府事，充招安使。战庐州城下，斩首七百余级。寻迁龙捷左厢都指挥使、领岳州防御使，赐骏马七匹。南唐将刘仁赡据寿春，舒元据紫金山，置连珠寨为援，以抗周师。世宗命怀德率帐下亲信数十骑觇其营垒。怀德夜涉淮，迟明，贼始觉来战，怀德以少击众，擒其裨将以还，尽侦知其形势强弱，以白世宗。世宗大喜，赐袭衣、金带、器币、银鞍勒马。世宗一日因按辔淮壖以观贼势，见一将追击贼众，夺槊以还，令左右问之，乃怀德也。召至行在慰劳，许以节钺。

世宗北征，命与韩通率兵先抵沧州。初得关南，又命副陈思让为雄州兵马都部署,克瓦桥关,降姚内斌以归。恭帝嗣位,擢为侍卫马军都指挥使、领江宁军节度,又为北面行营马军都指挥使。

太祖即位,拜殿前副都点检,移镇滑州,充关南副都部署,尚宣祖女燕国长公主,加驸马都尉。李筠叛上党,帝将亲征,先令怀德率所部与石守信进攻,破筠众于泽州南。事平,以功迁忠武军节度、检校太尉。从平扬州。建隆二年,改归德军节度。开宝六年秋,加同平章事;冬长公主薨,去驸马都尉号。

太宗即位,加兼侍中,又加检校太师。太平兴国三年春,被病,诏太医王元佑、道士马志就第疗之。四年,从平太原,改镇曹州,封冀国公。七年,改武胜军节度。是年七月,卒,年五十七,赠中书令,追封渤海郡王,谥武穆。

怀德将家子,练习戎事,不喜读书,性简率,不拘小节。善音律,自为新声,度曲极精妙。好射猎,尝三五日露宿野次,获狐兔累数百,或对客不揖而起,由别门引数十骑从禽于郊。

子处恭,历庄宅使至右监门卫大将军致仕。处俊至西京作坊使。

韩重赟,磁州武安人。少以武勇隶周太祖麾下。广顺初,补左班殿直副都知。从世宗战高平,以功迁铁骑指挥使。从征淮南,先登中流矢,转都虞候。俄迁控鹤军都指挥使、领虔州刺史。

宋初,以翊戴功,擢为龙捷左厢都校、领永州防御使。从征泽、潞还,命代张光翰为侍卫马步军都指挥使、领江宁军节度。讨李重进,为行营马步军都虞候。建隆二年,改殿前都指挥使、领义成军节度。三年,发京畿丁壮数千,筑皇城东北隅,且令有司绘洛阳宫殿,按图修之,命重赟董其役。乾德三年秋,河决澶州,命重赟督丁壮数十万塞之。

四年,太祖郊祀,以为仪仗都部署。时有谮重赟私取亲兵为腹心者,太祖怒,欲诛之。赵普谏曰:“亲兵,陛下必不自将,须择人付之。若重赟以谮诛,即人人惧罪,谁复为陛下将亲兵者。”太祖纳其言,重赟得不诛。后闻普尝救己,即诣普谢,普拒不见。

五年二月,出为彰德军节度。开宝二年,太祖征太原,过其郡,重赟迎谒于王桥顿,召赴燕饮。帝曰:"契丹知我是行,必率众来援,彼意镇、定无备,必由此路入。卿为我领兵倍道兼行,出其不意,破之必矣。"乃命为北面都部署。重赟令军士衔枚夜发,果遇契丹兵于定州,见重赟旗帜,大骇欲引去,重赟乘之,大破其众,获马数百匹。太祖大喜,优诏褒美。七年,卒,赠侍中。

重赟信奉释氏,在安阳六七年,课民采木为寺,郡内苦之。子崇训、崇业。

重赟与张光翰、赵彦徽分领诸军节度,嘉其翊戴功也。光翰,后唐山南节度使虔钊兄子,及卒,赠侍中。彦徽,真定安喜人,与太祖同事世宗,太祖兄事之,及卒,赠侍中。

崇训字知礼,乾德中,以荫补供奉官,迁西京作坊副使,出为澶州河南北都巡检使。从太宗征河东,还,以贝、冀等州都巡检使权知麟州。

雍熙中,李继迁寇夏州,崇训领兵赴援,大败之。徙监夏州军。历知越、泉、登、莫四州,徙知威房军,改如京使。咸平初,出知石州。属继迁犯境,崇训追袭之,至贺兰山而还。二年,再知麟州,又败继迁于城下。

崇训由河西徙闽、越,再移北边,凡二十五年,以劳擢西上阁门使,邠、宁、环、庆、清远军都巡检使。徙镇、定、高阳关行营钤辖,屯镇州,兼河北都转运使事。契丹兵至方顺河,将寇威房军,崇训陈兵唐河,折其要路。敌遣别骑寇亦堠驿,崇训分兵擒戮之。既而值霖雨,敌兵饥乏不敢进,遂遁去。移并、代钤辖,权知并州。从部署张进领兵由土门会大将王超,袭破契丹于定州。六年,授四方馆使、枢密都承旨。又命为镇、定、高阳马步军都钤辖,屯定州。

景德初,契丹入寇至唐河,崇训陈兵河南。翌日,又与王超追袭至镇州。既而都部署桑赞逗留不进,崇训帅兵独往。时车驾幸澶州,召崇训,乃还。三年春,拜检校太傅。大中祥符二年,授右龙武军大将军,领诏防御使,以本官分司西京卒,年五十六。

崇训为人长厚谦畏,未尝忤物。

子允恭,礼宾副使,有谋略,好学,人以为能世其家云。

崇业字继源,以荫补供奉官,选尚秦王廷美女云阳公主,授左监门卫将军、驸马都尉。廷美得罪,降为右千牛卫率府率,分司西京,俄削秩,去驸马之号,从贬房陵。廷美卒,起为静难军行军司马。雍熙三年,授宁州刺史。公主卒,葬州境。真宗初,始得入朝。咸平四年,改左屯卫大将军、领高州团练使,追封公主为虢国长公主。五年十月,卒,年四十一。

子允升为内殿承制、阁门祗候。

张令铎,棣州厌次人。少以勇力隶军伍。后唐清泰中,补宁卫小校。晋初,改隶奉国军。汉乾佑中,从周太祖平河中,以功迁奉国军指挥使。广顺初,迁控鹤指挥使。累迁本军左厢都指挥使、领虔州团练使。从世宗征淮南,移领虎捷左厢,加常州防御使。再征寿春,命与龙捷右厢柴贵分为京城左右厢巡检。世宗将北征,命与韩通、高怀德领兵先赴沧州,又副韩令坤为霸州部署,率兵戍守。恭帝即位,授侍卫亲军步军都指挥使、领武信军节度使。令铎本名铎,以与河中张铎同姓名,故赐今名。

宋初,迁马步军都虞候、领陈州节制。太祖征李筠,以令铎为东京旧城内都巡检。建隆二年,出为镇宁军节度。帝为皇弟兴元尹光美娶其第三女。开宝二年,来朝被病,车驾临问,赐帛五千匹、银五千两,并赐其家人甚厚。明年春,卒于京师,年六十。帝甚悲悼,赠侍中。

令铎性仁恕,尝语人曰:“我从军三十年,大小四十余战,多摧坚陷敌,未尝妄杀一人。”及卒,人多惜之。

子守正,至内园使。守恩,淳化中,累至崇仪副使,稍迁崇仪使,领绵州刺史。景德初，知原州，就加西上阁门使、知泰州，卒。录其子奉礼郎永安为大理评事，后至殿中丞。

　　罗彦瓌，并州太原人。父全德，晋泌州刺史，彦瓌得补内殿直。

　　少帝在澶州，欲命使宣慰大名府，时河北契丹骑充斥，遂募军中骁勇士十人从行，彦瓌备选。衔枚夜发，往返如期，由是补兴顺指挥使。开运末，契丹主至汴，遣彦瓌送厩马千匹赴幽蓟。彦瓌至元氏，闻汉祖建号太原，以马归汉，汉祖嘉之。及入汴，擢为护圣指挥使。周初，迁散员都虞候，坐枢密使王浚党，出为邓州教练使。世宗嗣位，召为伴饮指挥使，改马步军都军头。从向训收秦、凤有功，迁散指挥都虞候。

　　显德末，太祖自陈桥入归公署，见宰相范质等，未及言，彦瓌挺剑而前曰："我辈无主，今日须得天子。"质等由是降阶听命。擢为控鹤左厢都指挥使，改内外马军都军头、领眉州防御使。

　　从平泽、潞还，命代赵彦徽为侍卫步军都指挥使、领武信军节度。建隆二年，出为彰德军节度。乾德二年，改安国军节度，与昭义军节度李继勋大破契丹。四年春，又与阁门使田钦祚杀太原军千余人于静阳，禽其将鹿英等，获马三百匹。明年，移镇华州。开宝二年，卒，年四十七。

　　王彦升字光烈，性残忍多力，善击剑，号"王剑儿"。本蜀人，后唐同光中，蜀平，徙家洛阳。

　　初事宦官骠骑大将军孟汉琼，汉琼以其趫勇，言于明宗，补东班承旨。晋天福中，转内殿直。开运初，契丹围大名，少帝幸澶渊，募勇敢士赍诏纳城中，彦升与罗彦瓌应之。一夕突围而入，以功迁护圣指挥使。周广顺中，从向拱破太原兵虒亭南，斩敌帅王璋于阵，以功迁龙捷右第九军都虞候。累转铁骑右第二军都校、领合州刺史。世宗征淮南，从刘崇进、宋偓破金牛水寨，禽伪军校阎承旺、范横。又从李重进捍吴兵于盛唐，斩二千余级。又从张永德攻瀛州，下束城,改散员都指挥使。

太祖北征,至陈桥,为众推戴。彦升以所部先入京,遇韩通于路,逐至第杀之。初,太祖誓军入京不得有秋毫犯,及闻通死,意甚不乐。以建国之始,不及罪彦升,拜恩州团练使、领铁骑左厢都指挥使。

后为京城巡检,中夜诣王溥第,溥惊悸而出,既坐,乃曰:"此夕巡警甚困,聊就公一醉耳。"彦升意在求贿,溥佯不悟,置酒数行而罢。翌日,溥密奏其事,乃出为唐州刺史。

乾德初,迁申州团练使。开宝二年,改防州防御使,是冬,又移原州。西人有犯汉法者,彦升不加刑,召僚属饮宴,引所犯以手捽断其耳,大嚼,厄酒下之。其人流血被体,股栗不敢动。前后啗者数百人。西人畏之,不敢犯塞。七年,以病代还,次乾州卒,年五十八。太祖以其专杀韩通,终身不授节钺。

论曰:石守信而下,皆显德旧臣,太祖开怀信任,获其忠力。一日以黄袍之喻,使自解其兵柄,以保其富贵,以遗其子孙。汉光武之于功臣,岂过是哉。然守信之货殖巨万,怀德之驰逐败度,岂非亦因以自晦者邪。至于审琦之政成下蔡,重赟之功宣广陵,卓乎可称。令铎身四十余战,未尝妄杀,可谓勇者之仁矣。彦瓌于革命之日,首挺剑以语范质,于宋则未必功在众先,于周则其过不在人后矣。王彦升杀韩通,太祖虽不加罪,而终身不授节钺,是足垂训后人矣。保吉、承衍咸以帝婿致位藩镇,其被驱策、著戎功,则保吉为优,况推功李继隆,尤为不伐而有让,然械役名士,纵意禽荒,累德多矣。

宋史卷二五一
列传第一〇

韩令坤 父伦　慕容延钊 子德丰
从子德琛　符彦卿 子昭愿 昭寿

　　韩令坤，磁州武安人。

　　父伦，少以勇敢隶成德军兵籍，累迁徐州下邳镇将兼守御指挥使。世宗以令坤贵，擢陈州行军司马，及令坤领陈州，徙伦许州。罢职，复居宛丘，多以不法干郡政，私酤求市利，掊敛民财，公私患之。项城民武郁诣阙诉其事，命殿中侍御史率汀按之。伦诈报汀云被诏赴阙，汀奏之。世宗怒，追劾具伏，法当弃市。令坤泣请于世宗，遂免死流海岛。显德六年，为左骁卫中郎将，迁左监门卫将军。宋初，拜磁州刺史，转亳州团练使。乾德四年，改本州防御使，卒。

　　令坤少隶周祖帐下，广顺初，历铁骑散员都虞候，控鹤右第一军都校、领和州刺史。世宗即位，授殿前都虞候。俄赏高平之功，为龙捷左厢都虞候、领容州团练使，进本厢都指挥使、领泗州防御使。征太原，为行营前军马军都校。未几，为侍卫马军都指挥使、领定武军节度。

　　世宗命宰相李谷将兵征淮南，俾令坤等十二将以从。谷退保正阳，为吴人所乘。令坤与宣祖、李重进合兵击之，大败吴人。世宗亲征，闻扬州无备，遣令坤及宣祖、白延遇、赵晁等袭之。令坤先令延遇以精骑数百迟明驰入，城中不之觉。令坤继至抚之，民皆按堵。南唐东都副留守马延鲁为僧匿寺中,令坤求获之,送行在,遂以令坤知州事,由是泰州惧,以城降。

时钱俶受诏攻常、润,围毗陵,反为南唐所败。南唐乘胜遣将陆孟俊逼泰州,周师不能守,孟俊遂进军蜀冈,逼扬州,令坤弃其城。世宗怒,命太祖与张永德领兵趋六合援之。令坤闻援至,复入城守,与孟俊兵战,大败之,擒孟俊,败其将马贵于楚州湾头堰,擒涟州刺史秦进崇。俄命向拱为缘江招讨使,以令坤副之,下寿州。归朝,加检校太尉、领镇安军节度使。世宗乃复幸淮右,次楚州,遣令坤率兵先入扬州,命权知军府事。扬州城为吴人所毁,诏发丁壮别筑新城,命令坤为修城都部署。

六年春,命令坤以汴、亳民导汴水入于蔡。三月,世宗将北征,命率龙捷、虎捷、骁武兵先赴大名,又副王晏为益津关一路都部署,俄为霸州都部署,率所部兵戍之。恭帝即位,加检校太尉、侍卫马步军都虞候。冬,诏防北边。

宋初,移领天平军,加侍卫马步军都指挥使、同平章事。太祖亲征李筠,诏令坤率兵屯河阳。及泽、潞平,还京,锡宴令坤等于礼贤讲武殿,赐袭衣、器币、鞍勒马有差,以功加兼侍中。又从讨李重进。建隆二年,改成德军节度,充北面缘边兵马都部署。将赴镇,上于别殿置酒饯之,因勖其为治。

乾德六年,疽发背卒,年四十六。太祖素服发哀于讲武殿,录其子庆朝为闲厩使,庆雄为闲厩副使。令坤有才略,识治道,与太祖同事周室,情好亲密。镇常山凡七年,北边以宁。闻其卒,甚悼惜之。

初,南唐遣边镐破湖南,以马希崇分司扬州,及令坤克取之,希崇以妓杨氏献,令坤甚嬖之。会擒陆孟俊,将械送行在所,杨氏于帘间窥见之,即拊膺恸哭。令坤怪问之,杨氏曰:"孟俊往年入潭州,杀我家二百口,惟妾为希崇所匿得免,愿甘心焉。"令坤以诘孟俊,孟俊具伏,令坤乃杀之。

慕容延钊,太原人。父章,襄州马步军都校、领开州刺史。延钊少以勇干闻。汉祖之兴也，周祖为其佐命，以延钊隶帐下。周广顺初，补西头供奉官，历尚食副使、铁骑都虞候。

世宗即位，为殿前散指挥使都校、领溪州刺史。高平之战，督左先锋，以功授虎捷左厢都指挥使、领本州团练使；迁殿前都虞候、领睦州防御使。从征淮南，改龙捷左厢都校、沿江马军都部署。归朝，复为殿前都虞候，出为镇淮军都部署。显德五年，世宗在迎銮江口，闻吴人舟数百艘泊东沛洲，即命延钊与左神武统军宋延渥讨之。延钊以骁骑由陆进，延渥督舟师沿江继进，大破之。淮南平，迁殿前副都指挥使、领淮南节度。恭帝即位，改镇宁军节度，充殿前副都点检，复为北面行营马步军都虞候。

太祖即位，延钊方握重兵屯真定，帝遣使谕旨，许以便宜从事。延钊与韩令坤率所部兵按治边境，以镇静闻。太祖嘉之，加殿前都点检、同中书门下三品，避其父名故也。李筠叛，初命与王全斌由东路会兵进讨，俄为行营都部署、知潞州行府事；及平，加兼侍中，诏还澶州。

建隆二年，长春节来朝，赐宅一区。表解军职，徙为山南东道节度、西南面兵马都部署。是冬大寒，遣中使赐貂裘、百子毡帐。四年春，命师南征，以延钊为湖南道行营前军都部署。时延钊被病，诏令肩舆即戎事。贼将汪端与众数千扰朗州，延钊擒之，磔于市。荆、湘既平，加检校太尉。是冬，卒，年五十一。

初，延钊与太祖友善，显德末，太祖任殿前都点检，延钊为副，常兄事延钊；及即位，每遣使劳问，犹以兄呼之。洎寝病，御封药以赐，闻其卒，恸哭久之。赠中书令，追封河南郡王，录其子弟授官者四人。

子德业、德丰、德钧。德业至卫州刺史，德钧至尚食副使。延钊弟延忠，历内殿直、供奉西头官都知，至磁州刺史；延卿至虎捷军都指挥使。延卿子德琛。

德丰字日新，幼聪悟，延钊爱之，尝曰："兴吾门者必此子。"八岁，补山南东道衙内指挥使。延钊卒，授如京使。

开宝中，从征太原，领御寨南面巡检。又为扬州都监。征南唐，为洞子都监。城既下，命为升州都监。市厘安静，泽国富饶，使者多裒聚金帛，德丰独以廉洁闻。俄领蔚州刺史。

太平兴国二年，知庆州兼郃、宁都巡检。尝破小遇族，夺名马数十匹，诏书褒谕。居任九年，以简静为治，边镇安之。

雍熙四年，使登、莱阅强壮，及还，拜西上阁门使。是冬，出为定远军钤辖，命领后阵中队，别将万骑以御边害。

淳化二年，进秩东上，知邢州。三年，改判四方馆事，出知延州。时侯延广知灵武，或言其得西夏情，倔强难制，命德丰代之，就赐白金三千两。会建使名，改为四方馆使。未几，以所部不治，徙知庆州，俄又改灵州兼部署。谷价涌贵，德丰出私廪赈饥民，全活者众。转引进使。贼入境，德丰率兵击走，获羊马甚众。

咸平二年，迁客省使，知镇州，召对便坐，抚慰甚至。是冬，辽人南侵，德丰缮兵固守，饷馈不绝，诏奖之。三年，改沧州。德丰轻财好施，厚享将士。在西边时，母留京师，妻孥寓长安，贫甚，真宗悯之，特诏给团练使奉。逾年，进颍州团练使，知贝、瀛二州。五年，卒，年五十五。家无余财，谈者善之。

子惟素，至殿内承制。

德琛以延钊荫补供奉官，累迁内殿崇班、知夔州。李顺之乱，贼酋张余领众十万余、舟千艘来寇。与顺战龙山，斩首千余级；又与白继赟击贼，斩二万余，悉焚其舟。贼剽开州，围云安，德琛往援之，又斩百余级。累诏褒谕。历西京作坊、左藏二副使。咸平二年，转崇仪副使、荆湖北路钤辖。蛮扰沣、鼎境上，德琛战于北汉，夺耕牛、铠甲，斩馘以归。徙峡路钤辖，未至，复知夔州。景德中，领梧州刺史，复任峡路，再迁庄宅使，又为并、代钤辖，知宪州。天禧初，改右监门卫大将军。

　　符彦卿字冠侯，陈州宛丘人。父存审，后唐宣武军节度、蕃汉马步军都总管兼中书令。彦卿年十三，能骑射。事庄宗于太原，以谨愿称，出入卧内，及长，以为亲从指挥使。入汴，迁散员指挥使。郭从谦之乱，庄宗左右皆引去，惟彦卿力战，射杀十数人，俄矢集乘舆，遂恸哭而去。天成三年，以龙武都虞候、吉州刺史讨王都于定州，大破契丹于嘉山。明年克其城，授耀州团练使。改庆州刺史。奉诏筑堡方渠北乌仑山口，以招党项。清泰初，改易州，兼领北面骑军，赐戎服、介胄、战马。尝射猎遂城盐台淀，一日射獐、麂、狼、狐、兔四十二，观者神之。晋天福初，授同州节度。兄颜饶亦镇滑台。俄而颜饶叛，颜卿上表待罪，乞归田里，晋祖释不问。改左羽林统军，俄兼领右羽林，改镇鄜延。

　　少帝幼与彦卿狎，即位，召还，出镇河阳三城。辽人南侵，诏彦卿率所部拒战澶渊。契丹骑兵数万围高行周于铁丘，诸将莫敢当其锋，彦卿独引数百骑击之，辽人遁去，行周得免。又副李守贞讨平青州杨光远，移镇许州，封祁国公。

　　开运二年，与杜重威、李守贞经略北鄙。契丹主率众十余万围晋师于阳城，军中乏水，凿井辄坏，争绞泥吮之，人马多渴死。时晋师居下风，将战，弓弩莫施。彦卿谓张彦泽、皇甫遇曰："与其束手就擒，曷若死战，然未必死。"彦泽等然之。遂潜兵尾其后，顺风击之，契丹大败，其主乘橐驼以遁，获其器甲、旗仗数万以归。少帝嘉之，改武宁军节度、同平章事。

　　为左右所间，会再出师河朔，彦卿不预，易其行伍，配以羸师数千，戍荆州口。及杜重威以大军降于滹水，急诏彦卿与高行周领禁兵屯澶渊。会彦泽引辽兵入汴，彦卿与行周遂归辽。辽主以阳城之败诘彦卿，彦卿对曰："臣事晋王，不敢爱死，今日之事，死生唯命。"辽主笑而释之。

　　会徐、宋寇盗蜂起，辽主即遣彦卿归镇。行次甬桥，贼魁李仁恕拥众数万攻徐州。彦卿领数十骑遽至城下，仁恕遣其徒执彦卿马，请随入城。俄顷，彦卿子昭序自城中遣军校陈守习縋而出，大呼贼中曰："相公当为国讨贼,何故自入虎口,乃助贼攻城?我虽父子,今为仇敌,当死战,城不可入。"贼惶愧罗拜彦卿前,乞免罪,彦卿为设誓,乃解去。

汉祖入汴,彦卿自徐州来朝,改镇兖州,加兼侍中。乾祐中,加兼中书令,封魏国公,拜守太保,移镇青州。及杀杨邠辈,召促赴阙下。

周祖即位,封淮阳王。刘铢诛,以其京城第宅赐彦卿。及征兖州,彦卿朝行在,献马及锦彩、军粮万石,连被赐赍。俄移镇郓州。会召魏府王殷,欲以彦卿代镇。俄辽人起兵,留殷控扼,故彦卿不入朝。殷得罪,即以彦卿为大名尹、天雄军节度,进封卫王。

世宗初,并人扰潞州,潞兵败,命彦卿领兵从磁州固镇路压其背。及帝亲征,命为行营一行都部署兼知太原行府事,领步骑二万进讨。

初,彦卿之行也,世宗以并人虽败,朝廷馈运不继,未议攻击,且令观兵城下,徐图进取。及周师入境,汾、晋吏民望风款接,皆以久罹虐政,愿输军须以资兵力,世宗从之。而连下数州,颜卿等皆以刍粮未备,欲旋军。世宗不之省,乃调山东近郡挽军食济之。及世宗至城下,命与郭从义、向训、白重赞、史彦超率万骑屯忻口,以拒北援,又下孟县。

辽人驻忻北,游骑及近郊,史彦超以二千骑当其锋,左右驰击,彦超死之;败辽众二千余,辽骑遁走。先锋为辽人所掩,重伤数百人,诸将论议矛盾,师故不振。世宗乃班师,数赐彦卿缯彩、鞍勒马,遣归本镇。还京,拜彦卿太傅,改封魏王。恭帝即位,加守太尉。

太祖即位,加守太师。建隆四年春,来朝,赐袭衣、玉带。宴射于金凤园,太祖七发皆中的,彦卿贡名马称贺。

开宝二年六月,移凤翔节度,被疾肩舆赴镇。至西京,上言疾亟,请就医洛阳,从之。假满百日,犹请其奉,为御史所劾,下留司御史台。太祖以姻旧特免推鞫,止罢其节制。八年六月,卒,年七十八。丧事官给。

彦卿将家子，勇略有谋，善用兵。存审之第四子，军中谓之"符第四"。前后赏赐巨万，悉分给帐下，故士卒乐为效死。辽人自阳城之败，尤畏彦卿，或马病不饮龁，必唾而咒曰："此中岂有符王邪？"晋少主既陷契丹，德光之母问左右曰："彦卿安在？"或对曰："闻其已遣归徐州矣。"德光母曰："留此人中原，何失策之甚！"其威名如此。

镇大名余十年，政委牙校刘思遇。思遇贪黠，怙势敛货财，公府之利多入其家，彦卿不之觉。时藩镇率遣亲吏受民租，概量增溢，公取其余羡，而魏郡尤甚。太祖闻之，遣常参官主其事，由是斛量始平。诏以羡余粟赐彦卿，以愧其心。

彦卿酷好鹰犬，吏卒有过，求名鹰犬以献，虽盛怒必贳之。性不饮酒，颇谦恭下士，对宾客终日谈笑，不及世务，不伐战功。居洛阳七八年，每春月，乘小驷从家僮一二游僧寺名园，优游自适。

周世宗宣懿皇后、太宗懿德皇后，皆彦卿女也。自恭帝及太祖两朝，赐诏书不名。子昭信、昭愿、昭寿。昭信，天雄军衙内都指挥使、领贺州刺史。周显德初，卒，赠检校太保、阆州防御史。

昭愿字致恭，谨厚谦约，颇读书好事。周广顺中，以荫补天雄军牙职，俄领兴州刺史。

开宝中，改领恩州。彦卿养疾居洛，入补供奉官。四年，改领罗州刺史。七年，迁西京作坊副使。俄授尚食使，出护陈、许、蔡、颍等州巡兵。从征太原，为御营四面巡检使。及攻幽州，命与定国军节度宋偓率兵万余，置寨城南师还，真拜蔡州刺史，知并、澶二州。不逾月，复移并门兼副部署。丁内艰，起复，为本州团练使，连知永兴军、梓滑二州。

咸平初，又为天雄军、邢州二钤辖。三年，以疾求归京师，诏遣中使、尚医驰传诊视。既还，帝赐以名方御药，拜本州防御使。四年，卒，年五十七。车驾临哭，赠镇东军节度。子承煦，为左千牛卫将军。

昭寿,初补供奉官。开宝七年,改西京作坊副使。历迁六宅副使、领兰州刺史。雍熙二年冬,命与刘知信护镇州屯兵。会遣将北征,又与知信为押队都监,转尚食使,真拜光州刺史。端拱二年,知洪州。淳化四年,改定州。咸平初,迁凤州团练使、益州钤辖。

昭寿以贵家子日事游宴,简倨自恣,常纱帽素氅衣,偃息后圃,不理戎务,有所裁决,即令家人传道。多集锦工就廨舍织纤丽绮帛,每有所须,取给于市,余半岁方给其直,又令部曲私邀取之。广籴黍稻,未及成熟者亦取之,悉贮寺观中,久之损败,即勒道释偿之。纵其下凌忽军校。

剑南自李顺平后,人心汹汹,知州牛冕缓驰无政,昭寿又不能御军,人皆怨愤。神卫卒赵延顺等人谋欲害昭寿,未敢发。三年正旦,中使自峨眉山还京,昭寿戒驭吏具鞍马将送之,延顺等悉解厩中马缰,奔逸庭下,阳逐喧呼,登厅执昭寿杀之,并杀二仆,据甲仗库,取兵器。都监王泽闻之,急召本军都虞候王均率兵擒捕。延顺左执昭寿首,右操剑,彷徨无所适,卒见均至,即与众推均为帅,合骁猛、威武兵为乱。牛冕泊转运使张适奔汉州。是秋,官兵讨平之。见《雷有终传》。

昭寿子承谅,娶齐王女嘉兴县主,至内殿承制。

论曰:五季之乱,内则权臣擅命,外则藩镇握兵。宋兴,内外廓清,若天去其疾,或纳节以备宿卫,或请老以奉朝请。虽太祖善御,诸臣知机,要亦否极而泰之象也。彦卿一门二后,累朝袭宠,有谋善战,声振殊俗,与时进退,其名将之贤者欤?令坤、延钊素与太祖亲善,平荆、湘则南服底定,镇常山则北边载宁,未尝恃旧与功以启嫌隙。创业君臣有过人者,类如是夫。

宋史卷二五二
列传第一一

王景 子廷义 王晏 郭从义
曾孙承祐 李洪信 弟洪义 武行德
杨承信 侯章

　　王景,莱州掖人,家世力田。景少倜傥,善骑射,不事生业,结里中恶少为群盗。梁大将王檀镇滑台,以景隶麾下,与后唐庄宗战河上,檀有功,景尝左右之。庄宗入汴,景来降,累迁奉圣都虞候。清泰末,从张敬达围晋阳,会契丹来援,景以所部归晋祖。

　　天福初,授相州刺史。范延光据邺叛,属郡多为所胁从,景独分兵拒守,晋祖嘉之,迁耀州团练使。及代,会晋祖幸邺,留为京城巡检使,改洺州团练使。开运初,授侍卫马军左厢都校。二年,契丹南侵,少帝幸澶渊,景与高行周等大破契丹众于戚城,迁侍卫马军都指挥使、领郑州防御使,出为晋州巡检使、知州事,拜横海军节度。契丹至汴,以其党代景。景归次常山,闻契丹主殂栾城,即间道归镇,斩关而入,契丹遁去。

　　汉乾佑初,加同平章事。会契丹饥,幽州民多度关求食,至沧州境者五千余人,景善怀抚,诏给田处之。

　　周祖微时与景善,及即位,加兼侍中。景起身行伍,素无智略,然临政不尚刻削,民有讼必面诘之,不至大过即谕而释去,不为胥吏所摇,由是部民便之。广顺初入朝,民周环等数百人遮道留之不获,有截景马镫者。俄以景为护国军节度,岁余,迁镇凤翔。显德初,封褒国公,加开府阶。世宗即位,加兼中书令。先是,秦、凤陷蜀,州旁蕃汉户诣阙请收复,世宗命景与向拱率兵出大散关进讨,连陷寨栅,遂命景为西面行营都部署,大破蜀军于上邽,斩首数万级。是秋,秦州降。逾年,徙景镇秦州兼西面缘边都部署。恭帝即位,进封凉国公。

宋初,加守太保,封太原郡王。建隆二年春来朝,太祖宴赐加等,复以为凤翔节度、西面缘边都部署。四年,卒,年七十五。赠太傅,追封岐王,谥元靖。

初,景之奔晋也,妻坐戮,二子逃获免。晋祖待之厚,赏赐万计,尝问景所欲,对曰:"臣自归国,受恩隆厚,诚无所欲。"固问之,景稽颡再拜曰:"臣昔为卒,尝负胡床从队长出入,屡过官妓侯小师家,意甚慕之。今妻被诛,诚得小师为妻足矣。"晋祖大笑,即以小师赐景。景甚宠嬖之,后累封楚国夫人。侯氏尝盗景金数百两,私遗旧人,景知而不责。

性谦退,折节下士,每朝廷使至,虽卑位必降阶送迎,周旋尽礼。左右或曰:"王位尊崇,无自谦抑。"景曰:"人臣重君命,固当如是,我惟恐不谨耳。"初封郡王,朝廷以吏部尚书张昭将命,景尤加礼重,以万余缗遗绍。左右或言其过厚,景曰:"我在行伍间,即闻张尚书名,今使于我,是朝廷厚我也,岂可以往例为限耶?"

景子廷义、廷睿、廷训。廷训至骁卫大将军致仕。

廷义起家供奉官,改如京副使,以善骑射,周世宗擢为虎捷都虞候,迁龙捷右第二军都校、领珍州刺史。宋初,改内外马步军副都军头。乾德四年,与韩重赟率师护治滑州灵河新堤。六年,增治京城,又命廷义董其役。开宝二年,加领横州团练使,从征太原。廷义性勇敢,亲鼓士乘城,独免胄,矢中其脑而颠,经宿卒,年四十七。太祖甚惜之,优诏赠建雄军节度。廷义性骄傲,好夸诞,每言:"我当代王景之子。"闻者咸笑之,因目为"王当代"。

王晏，徐州滕人，家世力田。晏少壮勇无赖，尝率群寇行攻劫。梁末，徐方大乱，属邑皆为他盗所剽，惟晏乡里恃晏获全。

后唐同光中，应募隶禁军，累迁奉国小校。

晋开运末，与本军都校赵晖、忠卫都校侯章等戍陕州。会契丹至汴，遣其将刘愿据陕，恣行暴虐，晏与晖等谋曰："今契丹南侵，天下汹汹，英雄豪杰固当乘时自奋。且闻太原刘公威德远被，人心归服，若杀愿送款河东，为天下唱首，则取富贵如反掌耳。"晖等然之。晏乃率敢死士数人夜逾城，入府署，劫库兵给其徒，迟明，斩愿首县府门外。众请晖为帅，章为本城副指挥使、内外巡检使兼都虞候；遣其子汉伦奉表晋阳。时汉祖虽建号，威声未振，得晏等来归，甚喜，即日以晖为保平军节度，章为镇国军节度，晏为绛州防御使，仍领旧职。既而晖等表晏始谋功为第一，迁建雄军节度。汉祖入汴，加同平章事。

周祖即位，加兼侍中。广顺元年，刘崇侵晋州，晏闭关不出，设伏城上。并人以为怯，竞攀堞而登，晏麾伏兵击之，颠死者甚众，遂焚桥遁。遣汉伦追北数十里，斩首百余级，擢汉伦滨州刺史。八月来朝，周祖以晏家彭城，授武宁军节度，俾荣其乡里。三年，周祖征兖州，次张康镇，晏来朝，献马七匹，赐袭衣、金带。亲郊毕，封滕国公，加开府阶。世宗即位，加兼中书令。

初，晏至镇，悉召故时同为盗者遗以金帛，从容置酒语之曰："吾乡素多盗，我与诸君昔尝为之。后来者固当出诸君之下，为我告谕，令不复为，若不能改，吾必尽灭其族。"由是境内安静，吏民诣阙举留，请为晏立衣锦碑。世宗初，复请立德政碑。世宗命比部郎中、知制诰张正撰文赐之，诏改其乡里为使相乡勋德里，私门立戟。未几，改河南尹、西京留守。显德三年，移凤翔节度。六年，从世宗北征，为益津关一路马军都部署，韩令坤副焉，遂平三关。

太祖即位，进封赵国公。从征李筠，师还，改安远军节度。乾德元年，进封韩国公，上章请老，拜太子太师致仕。每朝会，令缀中书门下班。俄归洛阳别墅。四年冬,卒,年七十七。废朝三日,赠中书令。

初,晏为军校,与平陆人王兴善,其妻亦相为娣姒。晏既贵,乃薄兴,兴不能平。晏妻病,兴语人曰:"吾能治之。"晏遽访兴,兴曰:"我非能医,但以公在陕时止一妻,今妓妾甚众,得非待糟糠之薄,致夫人怏怏成疾耶?若能斥去女侍,夫人之疾可立愈。"晏以为谤己,乃诬以他事,悉案诛其夫妻。

守西洛日,白重赞镇河阳,时世宗征淮南,重赞虑并人乘间为寇,因葺城垒,且约晏为援。晏意欲兼并三城,即与汉伦同率兵赴之。重赞闻其来,拒不纳,遣人语之曰:"公在陕州已立大功,河阳小城不烦枉驾。"惭不能对,遂引兵还。

郭从义,其先沙陀部人。父绍古,事后唐武皇忠谨,特见信任,赐姓李氏。绍古卒,从义才龀角,庄宗畜于宫中,与诸子齿。明宗与绍古同事武皇,情好款狎,即位,以从义补内职,累迁内园使。

晋天福初,始复姓郭氏。坐事出为宿州团练副使。丁内艰北归,遂家太原。汉祖在镇,表为马步军都虞候,屡率师破契丹于代北。及建大号,从义首赞其谋,擢郑州防御使,充东南道行营都虞候,领首军自太行路渡河。

汉祖入汴,以为河北都巡检使。杜重威据大名叛,以为行营诸军都虞候,重威降,为镇宁军节度。赵思绾之叛,为行营都部署,赐戎装、器仗、金带。师至永兴,围其城,即以从义为永兴军节度。思绾粮尽,城中人相食,从义系书矢上射入城中,说思绾令降,仍表于朝廷,许以华州节制。隐帝从其计,即遣使谕思绾,思绾开门纳款。翌日,从义具军容入城,憩候馆中,思绾入谒,即令武士执之,并其党三百余人悉斩于市,以功加同平章事。

周广顺初,加兼侍中,移镇许州。显德初,亲郊,加检校太师。世宗将征刘崇,从义适来朝,因请扈从,世宗甚悦,改天平军节度,即令从符彦卿破契丹于忻口。师还,以功加兼中书令。四年,从征淮南,移镇徐州。及世宗自迎銮至泗州,见于行在。恭帝即位,加开府阶。

宋初,加守中书令。太祖征扬州,从义迎谒于路,愿扈从,不允。乾德二年,又为河中尹、护国军节度。六年,以疾归京师。开宝二年,改左金吾卫上将军。逾年,上章请老,拜太子太师致仕。四年,卒,年六十三,赠中书令。

从义性重厚,有谋略,多技艺,尤善飞白书。初,思绾之叛也,巡检使乔守温遁去,姬妾悉入思绾,思绾败,从义尽取之。守温诣从义求其爱妾,虽不敢拒,而心衔焉,遂发守温逃遁事,坐弃市,人皆冤之。从义善击球,尝侍太祖于便殿,命击之。从义易衣跨驴,驰骤殿庭,周旋击拂,曲尽其妙。既罢,上赐坐,谓之曰:"卿技固精矣,然非将相所为。"从义大惭。

子守忠、守信。守忠至闲厩副使。守信字宝臣,颇知书,与士大夫游,至东上阁门使、知邢州,卒。子世隆为比部员外郎。世隆子昭佑、承佑。昭佑为阁门祗候。

承佑字天锡,娶舒王元称女,授西头供奉官。仁宗为皇太子,承佑补左清道率府率、春坊左谒者,真宗为玉石小牌二,勒铭以戒饬之。帝即位,迁西染院副使兼阁道通事舍人、勾当翰林司,迁西上阁门副使。坐盗御酒及用尚方金器除名,岳州编管,徙许州别驾。起为率府率,迁西京作坊使、勾当右骐骥院。院之大校试路马者,前鸣鞭拥御盖,承佑代试之,其狂僭如此。进六宅使、象州团练使。

承佑性狡狯,缘东宫恩,又凭藉王邸亲,既废复用,乃僭言事,或指切人过失,同列谓之"武谏官"。真授卫州刺史、知相州,入为群牧副使,改潍州团练使,历知曹、郑、澶、郓、贝州。徙澶州兵马总管,役卒有异谋者,廉得不待奏,捕斩之。再知澶州,会中使过,遽延入问管军阙补何人,使者曰:"闻朝廷方择才武者。"承佑起挽强自炫,左右皆笑。

入为龙、神卫四厢都指挥使。以父丧,起复真定府、定州等路副都总管。谏官欧阳修、余靖论其非才，改知相州，寻徙大名府副都总管。枢密使杜衍恶承佑骄恣，奏罢军权，为相州观察使、永兴军副都总管，改知邢州，徙河阳兵马总管。衍去位，复进为殿前都虞候、并代州副都总管兼知代州，徙邢州。谏官钱明逸言承佑无廉守，邢民素厌苦之，改相州，徙秦凤路副总管。累迁建武军节度使、殿前副都指挥使。

寻以宣徽南院使判应天府，府壁垒不完，盗至卒无以御，承佑始城南关，浚沙、濉、盟三河。徙亳州。谏官言承佑在应天府给粮不以次，且擅留粮纲，批宣头，不发成还兵，越法杖配轻罪，借用翰林器，出入拥旗枪，以禁兵拟周卫，体涉狂僭，无人臣礼。罢宣徽南院使，许州都总管，徙节保静军、知许州。

转运使苏舜元荐承佑有将帅才，政事如龚、黄。帝谓辅臣曰：“彼庸人，监司乃龚、黄比之，何所取信哉。”改知郑州，未行，暴疾卒。赠太尉，谥曰密。承佑所至，多兴作为烦扰，百姓苦之。

李洪信，并州晋阳人，汉昭圣太后弟也。后弟六人，洪信居长，少善骑射。后唐明宗在藩时，隶帐下，及即位，爱将朱弘实总领捧圣军，弘宝擢洪信为爪牙，渐迁小校。应顺中，潞王举兵，少帝杀弘实而东奔，捧圣军数百骑从行，洪信预焉。及次卫州，少帝与晋高祖遇，因有疑贰，谋害晋祖，其从兵皆乱。时汉祖方护晋祖，洪信以兵应之，获免。清泰中，又为雍王重美牙校。

晋初，为兴顺左厢都指挥使。汉祖统禁军，迁镇太原，奏隶麾下。汉祖领陈州刺史、左护圣左厢都指挥使，俄加岳州防御使。从汉祖降邺，以警扈之劳，授侍卫马军都指挥使、领武信军节度。

乾祐中，以群小用事，心怀忧惧，白太后求解军职，出为镇宁军节度。岁余，迁保义军节度。初，杨邠以元从功臣为方镇者不谙政务，令三司择军将分补诸镇都押牙、孔目官，或恃以朝选，藩帅难制。洪信闻内难，即召马步军都校聂召，奉国军校杨德、王建、黄全武、杨进、翟本，右牙都校任温、武德，护圣都校康审澄及判官路涛、掌书记张洞、都押牙杨昭勋、孔目官魏守恭，悉杀之，诬奏谋逆。

周广顺初，加同平章事。洪信常以此妄杀自歉，及革命，内不自安。周祖犹以汉太后之故，移镇京兆。本城兵不满千，王峻西征至陕州，以援晋州为辞，又取去数百人。及刘崇北遁，遣禁兵千余屯京兆，洪信益惧，即请入朝，恳辞藩镇，拜左武卫上将军。世宗即位，迁左骁卫上将军。显德五年，改右龙武军统军，从世宗北征，为合流口部署。

乾德五年，改左骁卫上将军。开宝五年请老，以本官致仕。八年，卒，年七十四。

洪信无他才术，徒以外戚致位将相。敛财累钜万，而吝啬尤甚。时节镇皆广置帐下亲兵，惟洪信最寡少。弟洪义。

洪义本名洪威，避周祖名改焉。汉祖镇太原，补亲校。开国，授护圣左厢都校、领岳州防御使，迁侍卫马军都指挥使、领武信军节度。

少帝即位，改镇宁军节度。会诛杨邠、史弘肇等，时侍卫步军都指挥使王殷屯澶州，即遣供奉官孟业赍密诏令洪义杀之，又令护圣都指挥使郭崇等害周祖于邺。洪义素怯懦，虑殷觉，迁延不敢发，遂引业见殷，殷乃锢业，送密诏于周祖。洎周祖起兵，少帝又诏洪义扼河桥，及周祖兵至，洪义就降。汉室之亡，由洪义也。

广圣初，权知宋州节度，未几，真拜归德军节度，加同平章事，权知许州。岁余，改镇安州。显德初，加检校太师。世宗即位，加兼侍中，未几，徙青州。六年夏，迁京兆尹、永兴军节度。恭帝嗣位，加开府阶。

宋初，加兼中书令，移鄜州。乾德五年，代归。卒年五十九，赠太师。

武行德，并州榆次人，身长九尺余，材貌奇伟，家甚贫，常采樵鬻之自给。晋祖镇并门，暇日，从禽郊外，值行德负薪趋拱于道左，晋祖见其魁岸，又所负薪异常，令力士更举之，俱不能举，颇奇之，因留帐下。

晋天福初，授奉国都头，迁指挥使，改控鹤指挥使、宁国军都虞候。开运中，契丹至汴，行德被获，乃伪请于契丹以自效。契丹信之，方具舟数十艘载铠甲，令行德率将校军卒送归其国。溯汴至河阴，行德谓诸将曰："我辈受国厚恩，而受制于契丹，与其离乡井、投边塞，为异域之鬼，曷若与诸君驱逐凶党，共守河阳，姑俟契丹兵退，视天命所属归之，建功业，定祸乱，以图富贵可乎？"众素服行德威名，皆曰："所向惟命，不敢爱死。"行德即杀契丹监使，分授器甲，由汜水倍道抵河阳。契丹节度使崔廷勋出兵来拒，行德麾众逆击，自旦及午殊死战，廷勋大败，弃城走。行德遂据河阳，尽以府库分给将士，因推行德知州事。时契丹兵尚充斥，行德厉士卒，缮甲兵，据上游，士气益奋，人望归之。

闻汉祖起太原，即自称河阳都部署，遣其弟行友间道奉表劝进，汉祖览奏喜甚，即授行德河阳三城节度。汉祖由晋、绛至洛，行德迎候境上，以所部兵翼至京师，还河阳。

乾祐中，加同平章事，移真定尹、成德军节度。广顺初，加兼侍中，俄改忠武军节度，迁河南尹、西京留守。时禁盐入城，犯者法至死，告者给厚赏。洛阳民家妪将入城鬻蔬，俄有僧从妪买蔬，就筥翻视，密置盐筥中，少答其直，不买而去。妪持入城，抱关者搜得盐，擒以诣府。行德见盛盐袱非村妪所有，疑而诘之，妪言："适有僧自城外买蔬，取视久之而去。"即捕僧讯治之，具伏与关吏同诬妪以希赏。行德释妪，斩僧及抱关吏数辈。人畏之若神明，部下凛然。三年，丁外艰，起复。

显德初，加开府阶，进封谯国公。世宗即位，兼中书令。初，世宗自河东还，次河阳，以洛阳城头缺，令葺之。行德率部民万余完其城，封邢国公。是秋，代王晏为武宁军节度，与晏两换其任。先是，唐末杨氏据淮甸，自甬桥东南决汴，汇为污泽。二年，将议南征，遣行德率所部丁壮于古堤疏导之，东达于泗上。及亲征，以行德为濠州行营都部署，破淮军二千余人于郡境。俄遣率师屯定远以逼其城，为吴人所败，死者数百人，行德以身免，左授右卫上将军。五年，下淮南，复授行德保大军节度兼中书令。恭帝嗣位，进封宋国公。

宋初，加中书令，进封韩国公，再授忠武军节度，改封魏国公。乾德二年冬，移镇安州，加开府仪同三司。开宝二年，入为太子太傅。太平兴国三年，以本官致仕。四年，卒，年七十二，赠太师。

杨承信，字守真，其先沙陀部人。父光远，仕晋至太师、寿王。承信，光远第三子，幼以父任，自义武军节院使领兰州刺史，历宣武、平卢二军牙校。

开运初，光远以青州叛，少帝遣李守贞等讨之，食尽势穷，承信兄承勋劫其父以降，青州平，光远死。承信与弟承祚诣阙请死，诏释之，以承信为右羽林将军，承祚为右骁卫将军，放归，服丧私第，寻安置郑州。初，光远送款契丹求援，兵未至而光远降。及契丹来寇，承勋时为郑州防御使，召数其罪杀之。以承信为平卢军节度，继父职。仕汉历安、郧二州节度，累加检校太师。

周广顺初，加同平章事。诸将西讨刘崇，承信表求预行。以郊祀恩加开府阶，封杞国公。世宗即位，进韩国公。显德初，征淮南，为濠州攻城副都部署，改寿州北寨都部署兼知行府事。寿州平，累战功，擢忠正军节度、同平章事。时徙州治下蔡，承信既增广其城，又遣监军薛友柔败淮人六百余于庐州北。恭帝即位，进封鲁国公。

宋初，加兼侍中，来朝，会征李筠，命为泽州西面都部署，筠平，移镇河中。乾德元年，进封赵国公。二年，卒，年四十四，赠中书令。

承信身长八尺，美仪表，善持论，且多艺能，虽叛臣之子，然累历藩镇，刻励为政而不苛，故能始终富贵。其卒也，蒲民表乞祠之，则其遗爱之在人者可知矣。景德四年，录其孙松为奉职。

侯章，并州榆次人。初在并门事后唐庄宗为队长，明宗朝迁小校。晋开运末，为忠卫指挥使，屯兵陕州，为内外马步军都指挥使兼三城巡检使。

会契丹入中原，与赵晖、王晏谋斩契丹将刘愿，送款于汉祖。汉

祖入汴，擢为镇国军节度。乾佑初，加同平章事，寻移镇邠州。章居
镇无善政，傲上剥下，以贪猥闻，用见户为逃，擅其租赋，乃矫奏贫
民数千户负税租，久禁系不能输，愿以己奉代。时方姑息，诏褒之。
副使赵彦铎有良马，章欲之不与，诬彦铎谋逆，杀之，亦置而不问。
俄加检校太师。

周初，加兼侍中。广顺二年入朝，献银帛，请开宴，周祖谓左右
曰："诸侯来朝，天子自当锡宴，以申恺乐，岂俟其贡奉为之耶？"命
复赐之。仍令有司自今藩镇有进奉者勿受。俄赐宴广政殿，章又献
银千两、马七匹上寿，复不纳。三年，授邓州节度。周祖亲郊，加开
府阶，封申国公。世宗即位，加兼中书令。世宗亲征寿阳，命章为攻
城水寨都部署，右卫大将军王璨副之。俄徙西北水寨都部署，再为
武胜军节度。

建隆元年八月，授太子太师，封楚国公。既罢节镇，居常怏怏。
一日于朝堂与故旧言晋、汉间事，时有轻忽章者，章厉声曰："当辽
主疾作谋归，有上书请避暑嵩山者，我粗人，以战斗取富贵，若此谀
佞，未尝为之。"坐中有惭者。乾德五年卒。

论曰：王景辈微时，或至为盗、负薪，遭五代之乱，奋身戎功，重
据边要。宋兴，稽颡北响，太祖待以诚信，宜无不自安者。景趋利改
图，乃至灭族。王晏、郭从义迁怒肆忿，诬人以死。侯章在藩邸有剥
下之名，李洪义狃于肺腑之戚，而无外凛之志，咎孰甚焉。斯皆乱世
之习，有不能尽去之者。武行德守洛邑，辩究欺罔，民用畏服，顾不
优于诸人耶？

宋史卷二五三
列传第一二

折德扆 子御勋 御卿 曾孙克行
冯继业 王承美 李继周
孙行友 子全照

折德扆,世居云中,为大族。父从阮,自晋、汉以来,独据府州,控扼西北,中国赖之。仕周至静难军节度使。其镇府州时,署德扆为马步军都校。广顺间,周世宗建府州为永安军,以德扆为节度使。时从阮镇邠宁,父子俱领节镇,时人荣之。

显德中,德扆率师攻下河市镇,斩并军五百余级。入朝,以其弟德愿权总州事。时世宗南征,还次通许桥,德扆迎谒,且请迁内地。世宗以其素得蕃情,不许,厚加赐赉而遣之。德扆未至,德愿又破并军五百余于沙谷寨,斩其将郝章、张钊。

宋初,德扆又破河东沙谷寨,斩首五百级。建隆二年来朝,待遇有加,遣归镇。乾德元年,败太原军于城下,擒其将杨璘。二年,卒,年四十八,赠侍中。子御勋、御卿。

御勋字世隆,德扆镇府州日,表为右职。德扆卒,以御勋领汾州团练使、权知府州事。开宝二年,太祖征太原,御勋诣行在谒见,以为永安军留后。四年,以郊祀来朝,礼毕归镇。九年,郊祀西洛,复来朝,道病后期,改泰宁军节度使,留京师。太平兴国二年,卒,年四十,赠侍中。

御卿,幼补节院使,御勋知州事,署为兵马都校。御勋徙镇,召为闲厩副使、知府州。太宗征河东,命御卿与尹宪领屯兵同攻岚州,又破岢岚军,擒其军使折令图以献,遂下岚州,又杀其宪州刺史霍翊,又擒其将马延忠等七人。迁崇仪使。

淳化三年,凡四迁而为府州观察使。五年,拜永安军节度使。既而契丹众万余入寇,御卿大败之于子河汊,斩首五千级,获马千匹,契丹将号突厥太尉、司徒、舍利死者二十余人,擒其吐浑一人,自是契丹知所畏。太宗因遣使问御卿曰:"西北要害皆屯劲兵,戎人何自而至?"御卿对曰:"敌缘山峡小径入,谋剽略。臣谍知之,遣人邀其归路,因纵兵大击,败走之,人马坠崖谷死者相枕,其大将韩德威仅以身免。皆圣灵所及,非臣之功也。"上嘉之。

岁余,御卿被病,德威谍知之,且为李继迁所诱,率众来侵,以报子河汊之役。御卿力疾出战,德威闻其至,不敢进。会疾甚,其母密遣人召归,御卿曰:"世受国恩,边寇未灭,御卿罪也。今临敌弃士卒自便,不可,死于军中乃其分也。为白太夫人,无念我,忠孝岂两全!"言讫泣下,翌日卒,年三十八。上闻悼惜久之,赠侍中,以其子惟正为洛苑使、知州事。惟正归朝,以其弟惟昌继之。

咸平二年,河西黄女族长蒙异保及惟昌所部啜讹引赵保吉之众入寇麟州万户谷,进至松花寨,惟昌与从叔同巡检使海超、弟供奉官惟信率兵赴战。会保吉兵众,官军不敌,惟昌臂中流矢坠马,摄弓起,得裨将马突围出,海超、惟信没焉。九月,党万私保移埋复来寇,惟昌与宋思恭、刘文质合战于埋井峰,败走之。又破言泥族拔黄寨,焚其器甲、车帐,俘斩甚众。以功领富州刺史,改文思使。景德元年,与王万海等破贼寨,护刍粮抵麟州。秋,入朔州界,破狼水寨,时契丹方围岢岚军,闻败遁去。明年,拜兴州刺史。

大中祥符二年,表求赴阙。真宗命近臣与射于苑中,宴赐甚厚。上言:"先臣御卿蒙赐旗三十竿以壮军容,请别给赐。"许之。七年,命河东民运粮赴麟州,当出兵为援,惟昌力疾领步骑屯宁远寨,冒风沙而行。时疾已亟,犹与宾佐宴饮,谈笑自若焉。明日卒,年三十七。以其弟惟忠继之。

惟忠字荩臣,初以兄惟信战没,补西头供奉官,擢阁门祗候。及惟昌卒,以惟忠为六宅使、知府州兼麟府路都巡检使,领普州刺史;再迁左藏库使,真拜嘉州刺史,改资州,进简州团练使。丧母,起复云麾将军卒。

惟忠知兵事。天圣中,契丹与夏国会兵境上,声言嫁娶,惟忠觇得其实,率麾下往备之,戒士卒毋轻动。一夕风霾,有骑走营中,以为寇至,惟忠坚卧不动,徐命擒之,得数诞马,盖虏所纵也。既卒,录其弟侄子孙七人,以其子继宣嗣州事。久之,特赠惟忠耀州观察使。

宝元中,继宣坐苛虐掊刻,种落嗟怨,绌为左监门卫将军、楚州都监,擢其弟右侍禁继闵为西京作坊使,嗣州事。

继闵字广孝。庆历中,元昊兵攻麟州不克,进围州城。城险且坚,东南有水门,崖壁峭绝,阻河。贼缘崖腹微径鱼贯而前,城中矢石乱下,贼转攻城北,士卒复力战,贼死伤甚众,遂引去,围丰州,丰州遂陷。继闵以城守劳,特迁宫苑使、普州刺史。未几,护送麟州戍卒冬服,贼伏兵邀击之,尽掠所赍,继闵脱身由间道归。会赦,止夺宫苑使,后复官,领果州团练使。自元昊反,继闵招辑归业者三千余户。皇佑二年,卒,以其弟继祖嗣州事。

继祖字应之,由右侍禁迁西染院使,累转皇城使、成州团练使。临政二十余年。奏乞书籍,仁宗赐以《九经》。韩绛发河东兵城罗兀,继祖为先锋,深入敌帐,降部落户八百。加解州防御使卒。继祖有子当袭州事,请以授兄之子克柔,诏从之,而进其三子官,录二孙为借职。

弟继世,少从军,为延州东路巡检。嵬名山之内附,继世先知之,遣其子克勤报种谔,谔用是取绥州。继世以骑步万军于怀宁寨,入晋祠谷,往银川,分名山之众万五千户居于大理河。夏人来攻,再战皆捷。谔抵罪逮系狱,以兵付之而行,遂同名山守绥州,录功领忠州刺史。说韩绛城罗兀以抚横山,因画取河南之策,绛以为然。以左骐骥使、果州团练使卒。诸司使无赗礼,诏以继世蕃官,捍边有绩,特给之。从子克行。

克行字遵道,继闵子也。初仕军府,无所知名。夏人寇环庆,种谔拒之,诏河东出师为援,克行请往。谔使以兵三千护饷道,战于葭芦川,先登,斩级四百,降户千,马畜万计。诸老将矍然曰:"真折太尉子也。"擢知府州。

秦兵讨夏国,张世矩将河外军民,克行与俱。廷议谓守臣难自行,诏克行选兵隶世矩。克行抗章愿率部落先驱,未报,即委管钥而西。大酋咩保吴良以万骑来蹙,克行为后拒,度贼半度隘,纵击大破之,杀咩保吴良。师还自劾,释不问。王中正出塞,克行先拔宥州,每出必胜,夏人畏之,益左厢兵,专以当折氏。

太原孙览议城葭芦,诸将论多不合,召克行问策,即顿兵吐浑河,约勒部伍,为深入穷讨之状,敌疑不敢动。既讫役,又入津庆、龙横川,斩级三千。

诏河东进筑八寨,通道鄜延。延帅遣秦希甫来共议,克行请两路并力,以远者为先。希甫曰:"由近及远,法也。"克行曰:"不然,事有奇正。今乘士气之锐,所利在速,故先远役,以出其不意,若徐图之,士心且怠矣。"希甫持不可,并上二议,卒用克行策。城成,谍言寇至,军中皆戒严,克行止之曰:"彼自扰耳。"已而果然。

克行在边三十年,善拊士卒,战功最多,羌人呼为"折家父"。官至秦州观察使,卒,赠武安军节度使。子可大为荣州团练使、知府州。从子可适。

可适未冠有勇,驰射不习而能。鄜延郭达见之,叹曰:"真将种也。"荐试廷中,补殿侍,隶延州。从种谔出塞,遇敌马以少年易之,可适索与斗,斩其首,取马而还,益知名。米脂之役,与夏人战三角岭,得级多,又败之于蒲桃谷东。兵久不得食,千人成聚,籍籍于军门,或欲掩杀以为功,可适曰:"此以饥而逃耳,非叛也。"单马出诘之曰:"尔辈何至是,不为父母妻子念而甘心为异域鬼耶?"皆回面声喏,流涕谢再生,各遣归。

羌、夏人十万入寇,可适先得其守烽卒姓名,诈为首领行视,呼出尽斩之,烽不传,因卷甲疾趋,大破之于尾丁砲。回次桱杨沟,正午驻营,分骑据西山,曰:"彼若蹑吾后,腹背受敌,必败。"果举军来,可适所部才八千,转战至高岭,乃从间道趣洪德,设伏邀其归路。敌至,伏发冲之,其国母逾山而遁,焚弃辎重,虽帷帐首饰之属亦不返,众相蹈藉,赴崖涧死者如积。论前后功,至皇城使、成州团练使、知岷兰州镇戎军。

渭帅章楶合熙、秦、庆三道兵筑好水川,命总管王文振统之,而可适将军为副。熙州兵千人失道尽死,文振归罪于可适,楶即下之吏,宰相章惇欲按军法,哲宗不许,犹削十三官而罢。楶请留以责效,乃以权第十二将。

鬼名阿埋、昧勒都逋,皆夏人桀黠用事者,诏可适密图之。会二酋以畜牧为名会境上,可适谍知之,遣兵夜往袭,并俘其族属三千人,遂取天都山。帝为御文德殿受贺,以其地为西安州,迁可适东上阁门使、洺州防御使、泾原钤辖、知州事,真拜和州防御使,进明州观察使,为副都总管。

帅钟传行边,为敌所隔,以轻骑拔之,得归。传议取灵武,环庆亦请出师,命可适将万骑往,即薄灵州川。夏人扶老挟稚,中夜入州城,明日俘获甚伙,而庆兵不至,乃引还。诏使入觐,帝以传策访焉,对曰:"得之易,守之难,当先侵弱其地,待吾藩篱既固,然后可图。"帝曰:"卿言是也。"进武安军节度观察留后、步军都虞候。

大城萧关,与传议龃龉,会覆师数百于踏口,传劾之,贬郑州观察使。俄知卫州,拜淮康军节度使。转运使请于平夏、通峡、镇戎、西安四寨分筑场圃,置刍粟五百万,可适以费大难之,又欲借车牛以运,及致十万斛于熙河,皆戾其意,乃中以疑谤,召为佑神观使。明年,复以为渭州,命其子彦质直秘阁参军事,数月而卒,年六十一。彦质,绍兴中签书枢密院,别有传。

冯继业字嗣宗,大名人。父晖,朔方节度,封卫王。继业幼敏慧,有度量,以父任补朔方军节院使,随父历邠、孟,及再领朔方,皆补牙职。周广顺初,晖疾,继业图杀其兄继勋。晖卒,遂代其父为朔方军留后。以郊祀恩,加灵州大都督府长史,迁朔方节度、灵环观察、处置、度支、温池榷税等使。

恭帝时,继业既杀兄代父领镇,颇骄恣,时出兵劫略羌夷,羌夷不附,又抚士卒少恩,继业虑其为变,以太祖居镇日尝得给事,乃豫徙其孥阙下。

建隆初,来朝,连以驼马、宝器为献。开宝二年,赐诏奖谕,拜静难军节度使。三年,改镇定国军,吏民立碑颂其遗爱。太平兴国初来朝,封梁国公,留京师。明年,卒,年五十一,赠侍中。

王承美,丰州人,本河西藏才族都首领。其父事契丹,为左千牛卫将军,开宝二年率众来归。承美授丰州牙内指挥使,父卒,改天德军蕃汉都指挥使、知州事,移丰州刺史。遣军校诣阙言,愿诱退浑、突厥内附,上嘉其意。

太平兴国七年,与契丹战,斩获以万计,禽其天德军节度使韦太以献。明年,契丹来寇,又击败其众万余,追北至青冢百余里,斩获益众。以功授本州团练使。以乞党族次首领弗香克浪买为归德郎将,没细大首领越移为怀化大将军,瓦窑为归德大将军。淳化二年冬来朝,令归所部,控子河汊。自是诸蕃岁修贡礼,颇效忠顺。

景德初来朝,以其守边岁久,迁本州防御使以还。自承美内属,给奉同蕃官例,至是,特诏月增五万。寻请于州城置孔子庙,诏可之。未几被疾,遣中使挟医视之。大中祥符五年,卒,赠恩州观察使。六年,录其子文宝、孙怀筠以官。

初,承美养其长孙文玉为子,奏署殿直,及卒,其本族首领上言文玉晓达军政,请令袭承美任。下蕃汉议,议同,以为侍禁、知州事。

文玉父文恭时为侍禁,在沂州,表诉其事,诏改文恭为供奉官。九年,承美葬,诏以缯帛、米、曲、羊酒赐其家。

李继周,延州金明人。祖计都,父孝顺,皆为金明镇使,继周嗣掌本族。

太平兴国三年,东山蕃落集众寇清化寨,继周率众败之,杀三千余人,补殿前承旨。雍熙中,又与侯延广败末藏、末腋等族于浑州西山。淳化四年,迁殿直,赐介胄、戎器、茶彩。明年,讨李继迁,命开治塞门、鸦儿两路,又招降族帐首领二十余人,率所部入夏州,败蕃兵数千于石堡寨。以功转供奉官,复加恩赏,仍赐官第。

继周以阿都关、塞门、卢关等寨最居边要,遂规修筑寨城。有磨卢家、媚哞、拽藏等族居近卢关,未尝内顺。继周夜率所部往袭,焚之,斩首俘获甚众。至道二年,授西京作坊副使,赐袍带、银彩、雕戈以宠之。大军讨西夏,命为延州路踏白先锋。会继迁邀战于路,继周战之。咸平初,改西京左藏库副使。三年,复为先锋,入贼境,焚积聚,杀人畜,获器甲凡六十余万。授供备库使,领金明县兵马都监、新寨解家河卢关路都巡检。五年,授西京作坊使。蕃骑入钞,继周逐之出境。景德元年,夏人围麟州,继周受诏率兵会李继福掩击之。加领诚州刺史。

大中祥符二年,卒,年六十七。诏边臣择其子可袭职者以名闻,边臣言其子殿直士彬逊懦,从子士用朴忠练边事,且为部落所伏。乃诏士彬管勾部族事,士用为巡检都监以左右之。

士彬后至供备库副使、金明县都监、新寨解家河卢关路巡检。康定元年,元昊反,攻保安军,而潜兵袭金明,士彬父子俱被禽。士彬兄士绍至内殿崇班,士用至供奉官、阁门祗候。

李继福者,亦与继周同时归顺,授永平寨芰村军主,以战功历归德将军,领顺州刺史,至内殿崇班、新归明诸族都巡检。

孙行友,莫州清苑人,世业农。初,定州西二百里有狼山者,当易州中路，旧有城堡，边人赖之以避寇。山中兰若有尼，姓孙氏，名深意，有术惑众。行友兄子方谏名之为姑师，事之甚谨。及尼坐亡，行友益神其事，因以其术然香灯，聚民渐众。自晋少帝与契丹绝好，边州困于转输，诱民往往依方谏，推以为帅。方谏惧主帅捕逐，乃表归朝，因署为东北西招收指挥使，且赐院额曰"胜福"。每契丹军来，必率其徒袭击之，铠仗、畜产所得渐多，人益依以避难焉。易、定帅闻于朝，因以方谏为边界游奕使，行友副之。自是捍御侵轶，多所杀获。乘胜入祁沟关、平庸城，破飞狐寨，契丹颇畏之，边民千余家赖以无患。然亦阴持两端，以图自固。

已而晋师失律，蓟人导契丹陷中原，方谏之密构也。契丹授方谏定州节度，行友易州刺史。寻以蕃将耶律忠代方谏于云州，方谏不受命，归保狼山。契丹北归，焚劫中山，方谏自狼山率众复保定州，归命于汉，授行友易州刺史，行义泰州刺史。弟兄掎角以居，寇每入，诸军镇闭垒坐视，一无所得。

行友尝遣都校王友遇巡警于石河，与契丹遇，杀百余骑，又尝获其刺史蔡福顺、清苑令王琏。乾佑中，契丹复犯塞，行友御之，俘杀数百人。周太祖北征，行友道献俘馘人马以求见，且请自效，乃厚加赐予，留之军门。及周祖受命，行友屡上言侦得契丹离合，愿得劲兵三千乘间平定幽州，乃移方谏镇华州，以行友为定州留后。显德初，正授节钺。世宗自河东还，加检校太傅。六年，世宗北征，行友攻下契丹之易州，擒其刺史任钦以献。

宋初，加同平章事。狼山佛舍妖妄愈甚，众趋之不可禁，行友不自安，累表乞解官归山，诏不允。建隆二年，乃徙其帑廪，召集丁壮，缮治兵甲，欲还狼山以自固。兵马都监药继能密表其事，太祖遣阁门副使武怀节驰骑会镇、赵之兵，称巡边直入其城，行友不之觉。既而出诏示之，令举族赴阙，行友苍黄听命。既至，命侍御史李维岳就第鞫之，得实，下诏切责，削夺从前官爵，勒归私第。仍戮其部下数人，遣使驰诣狼山，辇其尼师之尸焚之。行友弟易州刺史方进、兄子保塞军使全晖皆诣阙待罪，诏释之。

四年秋,诏免行友禁锢。未几,以郊祀恩,起为右龙武军将军。乾德二年,迁右监门卫大将军,又改左龙武军大将军。太平兴国六年,卒,年八十,赠左卫上将军。方进至德州刺史。子全照。

全照字继明,以荫补殿直,雍熙中授京南巡检,俄隶幽州部署曹彬麾下,迁供奉官、阁门祗候,历静戎、威虏二军监军。从田重进击贼有功,就加西京作坊使,兼知威虏军,连为广韶、鄜延二路都巡检使。淳化五年,率兵与李继隆克绥州,因与张崇贵等同戍守之。俄护屯兵于夏州,兼知州事。召还,为登莱路都巡检使,迁左藏库使、延州监军兼阿都关卢关路都巡检事。

咸平初,入掌军头引见司。二年,加如京使,为泾原路钤辖兼安抚都监,是冬徙并、汾等州都巡检使。三年,改知顺安军,代还,复为环庆路钤辖,与李继和规度灵州道路。四年,加西上阁门使,复为环庆路钤辖。五年,将城绥州,以慕兴为绥州路部署,全照为钤辖。既又虑全照素刚执,与兴不协,乃以曹璨代之。既调兵夫二万余,全照言其非便,乃罢。又尝命度地河北,全照言沿河高阜可分置城堡屯戍者,平边军南、武强县侧凡二处,上重于兴役,止命营安平南,徙置祁州。俄知天雄军府。六年夏,上裁定防秋御戎之要,命为平边军部署,领兵八千扼要害之路。以全照好陵人,取其尝所保荐者王德钧、裴自荣共事焉。

景德元年,上幸澶渊,命为驾前西面邢洺路马步军钤辖兼天雄军驻泊,兼管勾东南贝、冀等州钤辖。全照言:"若敌骑南逼魏城,但得骑兵千百,必能设奇取胜。"上赏其忠果,乃传诏都部署周莹,若全照欲击贼,即分兵给之。既而边骑果逼府城,全照拒退之,真宗遣使劳慰。时契丹请和,朝廷遣曹利用就其行帐议事,全照疑非诚恳,劝判府王钦若留不遣,故德清军不能守,吏民多为贼所害。及契丹出境,北面将帅还师并至府城,全照令以次双行入门,魏能不从其约,率兵马垒入,全照坐城楼引弓射之。钦若入朝就命,全照知军府事,以城守劳,加检校工部尚书,增食邑三百户。徙镇州。召还,进东上阁门使,领英州刺史。

　　全照形短精悍,知兵,以严毅整众,然性刚使气,专任刑罚。中书初进拟严州刺史,上曰:"全照深刻,常虑人以严察议己,今授此州,似涉讥诮。"乃改焉。三年,为邠宁环庆都部署。赵德明纳款,朝议减西鄙戍兵,令屯近地,全照以边防不可无备,未即奉诏。上曰:"全照是好勇多言者,德明使已至阙,复何虑焉。"因徙全照知永兴军府,仍拜四方馆使。西师移屯者至府,命全照兼驻泊钤辖。全照许州有别墅,求典是州,可之。大中祥符中,迁引进使。逾岁表求归朝,命掌阁门、客省、四方馆事。四年,车驾西幸,留为新城都巡检。未几卒,年六十。

　　论曰:五代之季,边圉之不靖也久矣。太祖之兴,虽不勤远略,而向之陆梁跋扈而不可制者,莫不竭忠效节,虽奔走僵仆而不避,岂人心之有异哉? 良由威德之并用,控御之有道也。折氏据有谷,府与李彝兴之居夏州初无以异。太祖嘉其向化,许以世袭,虽不无世卿之嫌,自从阮而下,继生名将,世笃忠贞,足为西北之捍,可谓无负于宋者矣。承美、继周,分莅种落,亦能世其职者也。继业虽出贼叛之族,而有循良之风。方谏、行友介辽、晋间,持两端以取将相,终以首鼠获咎,其诸异端之害欤? 全照职亲禁卫,素称严果,而昧于弭兵之利,君子所不予也。

宋史卷二五四
列传第一三

侯益 子仁矩 仁宝 孙延广 张从恩
扈彦珂 薛怀让 赵赞
李继勋 药元福 赵晁
子延溥

侯益,汾州平遥人。祖父以农为业。唐光化中,李克用据太原,益以拳勇隶麾下。从庄宗攻大名,先登,擒军校,擢为马前直副兵马使。征刘守光,先登,迁军使。破洺州,为机石伤足,庄宗亲以药傅其疮。及愈,改护卫指挥使。梁小将李立、李建以骁勇闻,军中惮之。会庄宗与梁人战河上,益挺身出斗,擒其二将,迁马前直指挥使。庄宗入汴,为本直副都校。从明宗讨赵在礼于邺。会诸军推戴明宗,益脱身归洛,庄宗抚其背出涕。

明宗立,益面缚请罪,明宗曰:"尔尽忠节,又何罪也。"改本直左厢都校。天成初,朱守殷据夷门叛,益率所部斩关先入,转左右马前从马直都校、领潘州刺史。王都据定州叛,益从王晏球攻讨。会契丹来援,益逆击之,破其众唐河北,克其城,授宁州刺史。入为羽林军五十指挥都校、领费州刺史。

时夏帅李仁福卒,子彝超擅命自立,以邀节钺,命益帅师讨之。明宗不豫,遽追还。

应顺初,潞王举兵凤翔,以益为西面行营都虞候。益知军情必变，称疾不奉诏，执政怒，出为商州刺史。蜀军寇金州，益率镇兵袭击，大破之。诏赐袭衣、名马，加西面行营都巡检使。

晋初，召为奉国都校、领光州防御使。范延光反大名，张从宾据河阳为声援。晋祖召益谓曰："宗社危若缀旒，卿能为朕死耶？"益曰："愿假锐卒五千人，破贼必矣。"以益为西面行营副都部署，率禁兵数千人，次虎牢。从宾军万余人，夹汜水而阵。益亲鼓，士乘之，大败其众，击杀殆尽，汜水为之不流，从宾乘马入水溺死。筑京观，刻石纪功。晋祖大喜，拜河阳三城节度，充邺都行营都虞候。会延光以城降，移镇潞州。

天福四年，晋祖追念虎牢之功，迁武宁军节度、同平章事，遣中使谓益曰："朕思卿前年七月九日大立战功，故复以此月此日徙卿镇彭门，领相印。"仍赐门戟，改乡里为将相乡勋贤里。九月，徐州大火，益出金、粟振之。

明年，徙镇秦州，克西面都部署。阶州义军校王君怀苦其刺史暴虐，率众数千投蜀，请为先锋下秦、成诸州。益闻之惧，请援于朝；又潜遣书于蜀将，以达诚意。少帝闻之，疑为边患，议徙于内地。会蒲帅安审琦移镇许下，以益为河中尹、护国军节度。

契丹入汴，益率僚属归京师，诣契丹主，自陈不预北伐之谋。契丹授以凤翔节度。

汉祖即位，加兼侍中。益自以尝受契丹命，闻汉兵入洛，忧之，浚城隍为备。孟昶遣益所亲掌枢密王回赍书招益，复遣绵州刺史吴崇恽厚遗之。崇恽本秦州押衙，益故吏也。及何重建为帅，遣崇恽奉表以阶、秦归蜀，授刺史，故昶遣之。益遂与其子归蜀，昶令重建率川兵数万出大散关以应之。汉祖知其事，遣客省使王景崇率禁军数千，倍道趋岐下，召益入朝。时汉祖已不豫，召至卧内，谓之曰："侯益貌顺朝廷，心怀携贰。尔往至彼，如益来，即置勿问；苟迟疑不决，即以便宜从事。"景崇至京兆，合岐、雍、邠、泾之师以破蜀军。益惧，即谋入朝。

会闻汉祖崩，景崇欲诛益，虑隐帝不知先朝密旨。从事程渥，景崇里人也。益因遣之说景崇曰："君致位通显，亦可小知止足，何必怀祸人之心，为已甚之事乎？况侯君亲戚爪牙甚众，事若妄发，祸亦旋踵至矣。"景崇怒曰："子去，勿为游说，吾将族尔。"益知不用渥言，即率数十骑奔入朝。隐帝遣侍臣问益结连蜀军之由，益对曰："臣欲诱之出关，掩杀之耳。"隐帝笑之。益厚赂史弘肇辈，言景崇之横怒，诸权贵深庇护之，乃授以开封尹兼中书令。俄封鲁国公。景崇闻之，遂据城叛，益亲属在城中余七十口悉为景崇所害。

及周祖起兵，隐帝议出师御之，益献计曰："王者无敌于天下，兵不宜轻出，况大名戍卒家属尽在京城，不如闭关以挫其锐，遣其母妻发降以招之，可不战而定。"慕容彦超以为益衰老，作懦夫计，沮之。隐帝遣益与彦超及张彦超、阎进卿、吴虔裕守澶州。至赤冈，周师奄至，战留子陂，汉军不利。益临阵，见士卒无斗志，又占候不祥，乃与焦继勋等夜谒周祖，周祖慰劳遣还。

广顺初，封楚国公，改太子太师，俄又改封齐国公。隰德元年冬，告老，以本官致仕归洛。遣使赐茶药钱帛，就抚问之。

太祖即位，遣赐器币，岁一来朝，太祖以耆旧厚待之。乾德初，郊祀，诏缀中书门下班，礼与丞相等。三年，卒，年八十，赠中书令。

五子：仁愿、仁矩、仁宝、仁遇、仁兴。仁愿至左金吾卫大将军、蓬州刺史。仁遇，西京内园使。仁兴，右屯卫将军。仁愿子延济，西京作坊使、康州刺史。

仁矩从益为商州牙校。益之讨张从宾也，仁矩首犯贼锋，以功领蓬州刺史，充河南牙职。从益历潞、徐、秦三镇。开运初，入为毡毯使，出为天平行军司马。

汉初，授隰州刺史，至郡决滞讼，一日释系囚百余，狱为之空，民情悦服。仕周，历左羽林将军，出为泗州刺史，改通州，兼屯田盐铁监使。

宋初，历祈、雄二州刺史。治军有方略，历数郡，咸有善政。开宝二年，卒，年五十六。太祖甚惜之，特命中使护丧。子延广、延之，咸平二年进士及第。

　　仁宝以荫迁太子中允,即赵普妹婿。卢多逊与普有隙,普罢相,
即以仁宝知邕州。州之右江生毒药树,宣化县人常采货之。仁宝以
闻,诏尽伐去。九年不代。太平兴国中,上言陈取交州之策,太宗大
喜,令驰驿召归。多逊遽奏曰:"若召仁宝,其谋必泄,蛮夷增备,未
易取也。不如授仁宝飞挽之任,且经度之,别遣偏将发荆湖士卒一
二万人,长驱而往,势必万全。"帝以为然。遂以仁宝为交州水陆计
度转运使。前军发,遇贼锋甚盛,援兵不继,遇害死江中。太宗闻之,
甚悼惜,特赠工部侍郎,录其子延龄、延世并为斋郎。延龄至殿中
丞。延世至太子中舍。

　　延广,初在襁褓中,遭王景崇之难,乳母刘氏以己子代延广死。
刘氏行丐抱持延广至京师,还益。延广父历通、祁、雄三州刺史,悉
以补牙职。仁矩在雄州日,方饮宴,虏数十骑白昼入州城,居民惊
扰。延广引亲信数骑驰出衙门,射杀其酋长一人,斩首数级,悉禽其
余党。延广持首级以献,仁矩喜,拊其背曰:"兴吾门者必汝也。"监
军李汉超以其事闻,诏书褒美,赐锦袍银带。

　　仁矩卒,补西头供奉官。从党进讨太原。太平兴国初,预修永
昌陵,出护延州军兼缘边巡检,善抚士卒,下乐为用,戎人畏服,迁
阁门祗候。会西北戎入寇,边人扰乱,求可使徼巡者。近臣言:"延
广将家子,习边事无出其右。"延广时被病,强起之,迁崇仪副使,充
同、鄜、坊、延、丹缘边都巡检使。延广力疾入辞,太宗赐以名药及
方,遣太医随侍,其疾亦寻愈。戎人闻延广之至,不敢复为寇乱。

　　叛卒刘渥啸聚亡命数百人,寇耀州富平县,谋入京兆,其势甚
盛。所过杀居民,夺财物,纵火而去,关右骚然。延广率兵数百,自
间道追之,会渥于富平四十五里,渥众已千余人,相持久之。渥素惮
延广,传言:"我草间求活,观死如鸿毛耳;侯公家世富贵,奈何不思
保守,而与亡卒争一旦之命于锋镝之下。"延广怒,因击之,挺身与

渥斗大树下，断渥右臂，渥脱走，乘势大破其众。渥创甚，止谷中，后数日为追兵所获。渥素号骁勇无敌，至是为延广所杀，群盗丧气，余党稍稍自归，关右以定。上嘉之，擢拜崇仪使。

淳化二年，李继迁始扰夏台，即命延广领奖州刺史、知灵州，赐金带名马。会赵保忠阴结继迁，朝廷命骑将李继隆率兵问罪，以延广护其军。既而夏台平，保忠就缚。手诏褒美，锡赉甚厚。师还，留为延州钤辖。会节帅田重进老耄，郡中不治，以延广同知州事兼缘边都巡检使。

先是，延广知灵州，部下严整，戎人悦服，李继迁素避其锋。监军康赞元害其功，诬奏延广得虏情，恐后倔强难制。遽诏还，以慕容德丰代之，部内甚不治。至道间，继迁寇灵州，朝廷谋帅，同知枢密院事钱若水称延广可使，就拜宁州团练使、知灵州兼兵马都部署。赐白金二千两，岁增给钱二百万。戎人塞道，邮传馈饷皆不通，延广独引数十骑之镇，戎人素服其威名，皆相率引避。

二年春，被病，上遣御医驰驿视之。医至，疾已亟，延广谓中使李知信曰："延广自度必不起，家世受国恩，今日得死所矣，但恨未立尺寸功以报上耳。"言讫而卒，年五十。上闻之，为出涕，赠赗甚厚，以其子为六品正员官。子绍隆，东染院使、带御器械。绍隆子宗亮，右侍禁、阁门祗候。

张从恩，并州太原人。父存信，振武军节度。后唐明宗微时，尝隶存信麾下。时从恩尚幼，颇无赖，明宗甚薄之，及即位，止授散秩。从恩不得志，乃退归太原。

晋祖镇河东，为少帝娶从恩女。晋初，以外戚擢为右金吾卫将军，未几，改刺贝州，迁北京副留守，移授澶州防御使。历枢密副使、宣徽南院使、权西京留守，俄判三司。安从进叛于襄阳，以从恩为行营兵马都监。

少帝嗣位，襄阳平，迁检校太尉、开封尹，充东京留守。少帝自邺归汴，改邺都留守。锡赉加等，仍赐银装肩舆二，俾迎其家。明年，契丹扰河朔，从恩仅能完守。寻加同中书门下平章事。是岁，契丹将赵延昭据甘陵，命从恩为贝州行营都部署。从恩至，延昭遁去。诏与杜重威合兵三万北伐。

开运初，改天平军节度。契丹复扰边，命十五将北征，以从恩充北面行营都监。二年，移镇晋州，又改潞州。及契丹入汴，从恩欲降，从事高防谏曰：“公晋室之亲，宜尽臣节。”从恩不听，乃弃城而去。巡检使王守恩悉取其家财，以城归汉祖。汉祖至汴，从恩惶惧不敢出。汉祖召赐袭衣、金带、鞍勒马、器币以安慰之。寻拜右卫上将军，奉朝请。

周初，迁左金吾卫上将军。周祖征兖州，从恩从行。世宗嗣位，加检校太师，封褒国公。宋初，改封许国公，久之，以病免。乾德四年，卒，年六十九。

扈彦珂，代州雁门人。幼事王建立，以谨厚称。晋天福中，建立节制潞州，卒，遗表荐彦珂，得补河东节度左都押衙。会汉祖自太原建号，擢为宣徽南院使。未几，授镇国军节度，华商等州观察、处置等使。

乾祐初，河中李守贞、永兴赵思绾、凤翔王景崇并据城叛，周祖为枢密使，总兵出征，道出华州。时议多以先讨景崇、思绾为便，周祖意未决，彦珂曰：“三叛连衡，推守贞为主，宜先击河中；河中平，则永兴、凤翔失势矣。今舍近图远，若景崇、思绾逆战于前，守贞兵其后，腹背受敌，为之奈何？”周祖从其言，及平河中，以功迁护国军节度。时蒲人雕弊，思得良帅镇抚。彦珂暗弱，朝议少之。

广顺初，就加同平章事，移镇滑州。岁余代归。与凤翔赵晖俱献缣帛，请开宴，不纳，以滑州李守贞宅赐之。世宗嗣位，授左卫上将军。显德三年，以老疾上章求退，授开府仪同三司、太了太师致仕，归西京。太祖即位，遣使就赐器币，数月卒，年七十五。

薛怀让，其先戎人，徙居太原。少勇敢，喜战斗。后唐庄宗在镇，得隶帐下，累历军职。明宗时，改神武右厢都校、领奖州刺史。东川董璋遣怀让率本军从晋祖讨贼，贼平，迁绛州刺史。清泰初，移申州。明年，表乞罢郡赴代北军，力陈不允。

晋天福中，范延光叛于邺，以怀让为招牧使。及战，中流矢，诏赐汤药存问。又历沂、辽、密、怀四州刺史，所至无善政，颇事诛敛。杨光远反青州，召怀让至阙，赐袭衣、玉带，为行营先锋都指挥使，以功改宿州团练使。

会契丹南侵，少帝幸澶州，遣怀让与李守贞、皇甫遇、梁汉璋率兵万人缘河而下，以守汶阳。时契丹岁扰边陲，朝廷择骁将守要郡，命怀让为洺州团练使。会符彦卿北讨契丹，以怀让为马军左厢排阵使。又从北面都招讨杜重威为先锋都指挥使。及重威降契丹于中渡桥，怀让亦在籍中，非其志也。

契丹主北归，留麻答守镇州，麻答遣步健督洺州供运。怀让闻汉祖举义晋阳，即杀步健，奉表归汉。汉祖遣郭从义分兵万余，与怀让取邢州。时伪帅刘铎守邢台，坚壁拒之，不克而还。麻答遣副将杨安以八百骑攻怀让，又命刚铁将三百骑继之。怀让战不胜，退保本州，契丹大掠其封内。及麻答为镇军所逐，杨安亟遁，铎又纳款汉祖。怀让乘其不虞，遣人绐铎云："我奉诏为邢州帅，今率众袭契丹，请置顿于郡。"铎无拒心，辄开门迎之，怀让杀铎，夺其城。汉祖即授以安国军节度。

隐帝即位，移镇同州。及杀杨邠等，急召怀让至阙。会北郊兵败，怀让降于周祖。

周祖登位，赐袭衣、金带、鞍勒马，遣还任，加同平章事。刘崇入寇，怀让表求西征，诏褒之。夏阳富人张廷徽诬告赵隐等五人为盗杀人，且厚赂怀让子有光。怀让知之，即讽吏掠治隐等，强伏之，遣掌书记李炳、亲校贾进蒙追、判官刘震等锻成其狱，隐等皆弃市。家人诣，献马十匹，复不纳。有司请逮怀让系狱，周祖以宿将，释不问，杖流震等。俄以怀让为左屯卫上将军。

世宗即位，加左武卫上将军。显德五年，请老，拜太子太师致仕。恭帝即位，封杞国公。建隆元年，卒，年六十九。赠侍中。

怀让好畜马驼，马有大鸟小鸟者，尤奇骏。汉隐帝使求之，吝而不献。及罢节镇，环卫禄薄，犹有马百匹、橐驼三十头，倾资以给刍粟，朝夕阅视为娱。家人屡劝鬻以供费，怀让不听。及死，童仆皆劗面以哭，盖其俗也。

赵赞字元辅，本名美，后改焉。幽州蓟人。祖德钧，后唐卢龙节度，封北平王。父延寿，尚明宗女兴平公主，至枢密使、忠武军节度。

赞幼聪慧，明宗甚爱之，与诸孙、外孙石氏并育于六宅。暇日，因遍阅诸孙数十人，目赞曰：“是儿令器也。”赞七岁诵书二十七卷，应神童举。明宗诏曰：“都尉之子，太尉之孙，幼能诵书，弱不好弄，克彰庭训，宜锡科名，可特赐童子及第。仍附长兴三年礼部春榜。”久之，延寿出镇宣武军，因奏署牙内都校。

清泰末，晋祖起并门，命延寿以枢密使将兵屯上党，德钧将本军自幽州来会。时晋祖以契丹之援，引兵南下，德钧父子降晋，契丹主尽锢之北去，赞独与母公主留西洛。天福三年，晋祖命赞奉母归蓟门，契丹署为金吾将军。数年，契丹以延寿为范阳节度，又署赞为牙内都校。开运末，契丹主将谋南侵，委政延寿。及平原陷，赞复受契丹署为河中节度。延寿从契丹北归，赞得留镇河中。

未几，汉祖起晋阳，赞奉表劝进，汉祖加检校太尉，仍镇河中。改京兆尹、晋昌军节度。赞惧汉疑己，潜遣亲吏赵仙奉表归蜀。判官李恕者，本延寿宾佐，深所委赖，至家事亦参之。及赞出镇，从为上介。至是，恕语赞曰：“燕王入辽，非所愿也，汉方建国，必务怀柔，公若泥首归朝，必保富贵，狼狈入蜀，理难万全。傥复不容，后悔无及。公能听纳，请先入朝，为公申理。”赞即遣恕诣阙。汉祖见恕，问赞何以附蜀，恕曰：“赞家在燕蓟，身受契丹之命，自怀忧恐，谓陛下终不能容，招引西军，盖图苟免。臣意国家甫定，务安臣民，所以令臣乞哀求觐。”汉祖曰：“赞之父子亦吾人也，事契丹出于不幸。今闻延寿落于陷井，吾忍不容赞耶。”恕未还，赞已离镇入朝，即命为左骁卫上将军,徙恕邠州判官。

赞仕周,历左右羽林、左龙武三统军。世宗南征,初遣赞率师巡警寿州城外,俄命为淮南道行营左厢排阵使。世宗归京,留赞与诸将分兵围寿春,赞独当东面。诸将战多不利,赞独持重,自秋涉冬,未尝挫衄。及受诏移军,尺椽片瓦,悉辇而行,城中人无敢睥睨者。会吴遣骁将鲁公绾帅十余万众溯淮奄至,跨山为栅,阻肥水,俯瞰城中。时大军已解围,赞与大将杨承信将轻骑断吴人饷路,又独以所部袭破公绾军,为流矢所中。

世宗再征寿春,命造桥涡口,以通濠、泗。令骑帅韩令坤董其役,俾赞副之。属霖雨,淮水涨溢,濠人谋乘轻舟奄焚其桥,赞觇知之,设伏桥下。濠人果至,赞令强弩乱发,杀获甚众。及世宗移兵趣濠,以牛革蒙大盾攻城,赞亲督役,矢集于胄,虽被重伤,犹力战,遂拔其羊马城,刺史唐景思死焉,团练使郭廷请以城降。世宗诏褒美之。又以所部兵巡抚滁、和之间,破吴人五百于石潭桥。淮南平,以战功多,授保信军节度。赞入视事,尽去苛政,务从宽简,居民便之。恭帝即位,加开府阶。

宋初,加检校太师,移忠正军节度,预平维扬。岁余,改镇延州,受密旨许以便宜行事。将及州境,乃前后分置步骑,绵绵不绝,林莽之际,远见旌旗,所部羌、浑来迎,无不慑服。

乾德六年,移建雄军节度。秋,命将征太原,以赞为邠州路部署。开宝二年,太祖将讨晋阳,又以为河东道行营前军马步军都虞候。车驾薄城下,分军四面,赞扼其西偏。并人乘晦自突门潜犯赞垒,赞率众击之,久而方退,弩矢贯足。太祖劳问数四,赐良药傅之。四年,改镇鄜州。

太宗即位,进封卫国公。太平兴国二年,来朝,未见而卒,年五十五。赠侍中。

赞颇知书,喜为诗,容止闲雅,接士大夫以礼,驭众有方略。其为政虽无异迹,而吏民畏服,亦近代贤帅也。

李继勋，大名元城人。周祖领镇，选隶帐下。广顺初，补禁军列校，累迁至虎捷左厢都指挥使、领永州防御使。显德初，迁侍卫步军都指挥使、领昭武军节度。岁余，改领曹州。

世宗亲征淮上，令继勋领兵屯寿州城南，进洞屋、云梯，以攻其城。继勋急于守御，为其所败，死者数万，梯、屋悉皆被焚。召归阙，出为河阳三城节度。议者以为失责帅之义。及再幸寿春回，左授继勋右武卫大将军，又以其掌书记陈南金裨赞无状，并黜之。

显德四年冬，复从世宗南征，及次迎銮，即命继勋帅黑龙船三十艘于江口滩，败吴兵数百，获战船二艘，以功迁左领军卫上将军。七月，改右羽林统军。六年春，世宗幸沧州，以继勋为战棹左厢都部署，前泽州刺史刘洪副之，俄权知邢州。恭帝即位，授安国军节度，加检校太傅。

宋初，加检校太尉。太祖平泽、潞，继勋朝于行在，即以为昭义军节度。是秋，率师入河东，燔平遥县，俘获甚众。建隆二年冬，又败并军千余人，斩首百余级，获其辽州刺史傅延彦及弟延勋来献。

乾德二年，诏与康延沼、尹训率步骑万余攻辽州，太原将郝贵超领兵来援，战于城下，继勋大败之。州将杜延韬危蹙，与拱卫都指挥使冀进、兵马都监供奉官侯美籍部下兵三千送款于继勋。即遣内供奉官都知慕容延忠入奏，诏褒之。未几，并人诱契丹步骑六万人来取辽州，复遣继勋与罗彦瑰、郭进、曹彬等领六万众赴之，大破契丹及太原军于城下。五年，加同平章事。

开宝初，将征河东，以继勋为行营前军都部署，败并人于涡河。二年，太祖亲征河东，命继勋为行营前军都部署。驾至城下，分军四面，继勋栅其南。三年春，移镇大名。太平兴国初，加兼侍中。俄以疾求归洛阳，许之，赐钱千万、白金万两。是秋，上表乞骸骨，拜太子太师致仕，朝会许缀中书门下班。寻卒，年六十二，赠中书令。

继勋累历藩镇，所至无善政，然以质直称。信奉释氏。与太祖有旧，故特承宠遇。

弟继偓，亦有武勇，周显德末，补内殿直。宋初，累历军职。开宝中，为步军副都军头。太平兴国三年，迁内外马步军副都军头。坐事改右卫率府率。六年，加本卫将军、领奖州刺史。累至龙卫右厢都指挥使、领本州团练使。

继勋子守恩至如京使，守元至北作坊使，守徽为崇仪副使。

药元福，并州晋阳人。幼有胆气，善骑射。初事邢帅王檀为厅头军使，以勇敢闻。事后唐，为拱卫、威和亲从马斗军都校，天平军内外马军都指挥使。晋天福中，为深州刺史。

开运初，契丹陷甘陵，围魏郡，师次于河。少帝驻军澶渊，契丹阵于城北，东西连亘，掩城两隅，登陴望之，不见其际。元福以左千牛卫将军领兵居阵东偏。澶民有马破龙者告契丹曰："先攻其东，即浮梁可夺。"契丹信之，尽锐来战。元福与慕容邺各领二百骑为一队，跃出而斗，元福奋铁挝击契丹，毙者数人，左右驰突，无不披靡，契丹兵溃。少帝登城，见元福力战，召抚之曰："汝奋不顾命，虽古之忠烈无以过之。"元福三马皆中流矢，少帝择名马赐之。明日将战，面授元福郑州刺史，为权臣所沮，止刺原州，俄改泰州。

明年，契丹复入。命元福与李守贞、符彦卿、皇甫遇、张彦泽等御之于阳城，为右厢副排阵使。晋师列方阵，设拒马为行寨。契丹以奇兵出阵后，断粮道，晋人乏水，士马饥渴，凿井未及泉，士辄坏塞。契丹顺风扬尘，诸将皆曰："彼势甚锐，俟风反与战，破之必矣。"守贞与元福谋曰："军中饥渴已甚，若俟风反出战，吾属为虏矣。彼谓我不能逆风以战，宜出其不意以击之，此兵家之奇也。"元福乃率麾下骑，开拒马出战，诸将继至，契丹大败，追北二十余里，杀获甚众，敌帅与百余骑遁去。以元福为威州刺史。

会灵武节度王令温以汉法治蕃部，西人苦之，共谋为乱，三族酋长拓跋彦超、石存、乜厮褒率众攻灵州。令温遣人间道入奏，乃以河阳节度冯晖镇朔方，召关右兵进讨，以元福将行营骑兵。元福与晖出威州土桥西，遇彦超兵七千余，邀晖行李。元福转战五十里，杀千级，禽三十余人，又遣部校援出令温，护送洛下。

朔方距威州七百里，无水草，号旱海，师须赍粮以行，至耀德食尽，比明，行四十里。彦超等众数万，布为三阵，扼要路，据水泉，以待晖军，军中大惧。晖遣人略以金帛，求和解，彦超许之。使者往复数四，至日中，列阵如故。元福曰："彼知我军饥渴，邀我于险，既许和解而日中未决，此岂可信哉？欲困我耳。迁延至暮，则吾党成禽矣。"晖惊曰："奈何？"元福曰："彼虽众而精兵绝少，依西山为阵者是也，余不足患。元福请以麾下骑先击西山兵，公但严阵不动，俟敌少却，当举黄旗为号；旗举则合势进击，败之必矣。"晖然其策，遂率众进击，敌众果溃。元福即举黄旗以招晖，晖军继进，彦超大败，横尸蔽野。是夕，入清边军。明日，至灵州。元福还郡，诏赐晖、元福衣带缯帛银器。

汉乾佑中，从赵晖讨王景崇于凤翔。时兵力寡弱，不满万人，蜀兵数万来援，景崇至宝鸡，依山列栅。都监李彦从以数千人击蜀军，众寡不敌，汉军少。元福领数百骑自后驱之，下令还顾者斩，众皆殊死战，大败蜀兵，追至大散关，杀三千余人，余皆弃甲遁去。凤翔平，以功迁淄州刺史。

周广顺初，王彦超讨徐州叛将杨温，以元福为行营兵马都监。数月克之，率师还京，改陈州防御使。

未几，刘崇引契丹扰晋州，命枢密使王峻率兵拒之，以元福为西北面都排阵使。军过蒙坑，崇夜烧营遁。峻令元福与仇超、陈思让追至霍邑，既行，又遣止之。元福谓思让等曰："刘崇召契丹扰边，志在疲弊中国，今兵未交而遁，宜追奔深入，以挫其势。"诸将畏懦，遂止。周祖知其事，明年，因调兵戍晋州，谓左右曰："去年刘崇之遁，若从药元福之言，则无边患矣。"

俄与曹英、向训讨慕容彦超于兖州，元福为行营马步军都虞候。诏元福自晋州率所部入朝，即遣东行，赐六铢、袍带、鞍马、器仗。周祖谓曰："比用曹州防御使郑璋，我度彦超凶狡，多计谋，恐璋不能集事，选尔代之。已敕曹英、向训不令以军礼见汝。"及至军中，英、训皆尊礼之，当时有为宿将。筑连城以围兖，彦超昼夜出兵，元福屡击败之,遂闭壁不敢出。十余日,元福营栅皆就,又穴地及筑土山,百道攻其城。会周祖亲征,元福以所部先入羊马城,诸军鼓噪角进,拔之。以功授建雄军节度。

世宗高平之战,刘崇败走太原,遂纵兵围其城。以元福为同州节度,充太原四面壕寨都部署。时攻具悉备,城中危急,以粮运不继,诏令班师。元福上言曰:"进军甚易,退军甚难。"世宗曰:"一以委卿。"遂部分卒伍为方阵而南,元福以麾下为后殿,崇果出兵来追,元福击走之。师还,加检校太尉,移镇陕州。又历定、庐、曹三镇。

宋初,加检校太师。九月卒,年七十七,赠侍中。

元福虽老,筋骨不衰,人或言其气貌益壮,当复领兵,必大喜,曲致礼待,或加以赠遗,时称骁将。

赵晁,真定人。初事杜重威为列校。重威诛,属周祖镇邺中,晁因委质麾下。周祖开国,擢为作坊副使。慕容彦超据兖州叛,以晁为行营步军都监。兖州平,转作坊使。晁自以逮事霸府,复有军功,而迁拜不满所望,居常快快。时枢密使王峻秉政,晁疑其轧己。一日使酒诣其第,毁峻,峻不之责。世宗嗣位,改控鹤左厢都指挥使、领贺州刺史。

从征刘崇,转虎捷右厢都指挥使、领本州团练使兼行营步军都指挥使。军至河内,世宗意在速战,令晁倍道兼行。晁私语通事舍人郑好谦曰:"贼势方盛,未易敌也,宜持重以挫其锐。"好谦以所言入白,世宗怒曰:"汝安得此言,必他人所教。言其人,则舍尔;不言,当死!"好谦惧,遂以实对。世宗即命并晁械于州狱,军回始赦之。

及征淮南,改虎捷左厢、领阆州防御使,充前军行营步军都指挥使,又为缘江步军都指挥使。时李重进败吴人于正阳,以降卒三千人付晁,晁一夕尽杀之。世宗不之罪。寿春平,拜检校太保、河阳三城节度、孟怀等州观察措置等使。恭帝即位,加检校太傅。

宋初,加检校太尉。未几,以疾归京师,卒,年五十二。太祖甚悼之,赠太子太师,再赠侍中。

晁身长七尺,仪貌雄伟,好聚敛,处方镇以贿闻。以周初与宣祖分掌禁军,有宗盟之分,故太祖常优礼之,再加赠典焉。子延溥。

延溥,周显德中,以父任补左班殿直。宋初,为铁骑指挥使。开宝初,太祖亲征晋阳,太宗守京邑,延溥以所部为帐下牙军,转殿前散员指挥使。九年,改铁骑都虞候。

太宗即位,迁散指挥都虞候、领思州刺史。太平兴国二年,转内殿直都虞候。三年,改马步军都虞候。从平太原,略地燕蓟。六军扈从有后期至者,帝怒,欲置于法。延溥遂进曰:"陛下巡行边陲,以防御外侮,今契丹未殄,而诛谴将士,若举后图,谁为陛下戮力乎?"帝嘉纳之。师还,迁内外马步军都军头、领本州防御使。

五年,殿前白进超卒,即日以延溥为日骑、天武左右厢都指挥使,兼权殿前都虞候事。坐遣亲吏市竹木所过关渡矫称制免算,责授登州团练使,令赴任。是冬,帝北巡至大名,复以延溥为本州防御使,即命为幽州东路行营壕寨都监。诏修缘边城垒。逾年,加凉州观察使,仍判登州。又为镇州兵马都部署,俄判霸州。

雍熙二年,改蔚州观察使,判冀州。会命曹彬等北征,又与内衣库使张绍勍、引进副使董愿为幽州西北道行营都监。师还,命知贝州,改滑州部署。四年,再知贝州,以疾求代,代未至,卒,年五十。赠天德军节度。

子承彬,至内殿崇班。承彬子咸一,为虞部员外郎,知宗正丞事。咸熙,天圣八年进士及第。

论曰:侯益在晋、汉时,数为反覆,观其受命契丹,私交伪蜀,赤冈之战,复夜谒周祖,宗属长幼,遭景崇鲸鲵,殆无噍类,推其心迹,岂怀贰之罚欤?薛怀让、赵晁为将,皆忍于杀降。晁子延溥,能救后至之诛,虽父子之亲,仁暴相庋有若是者。余皆逢时奋武,致身荣显。扈彦珂请击河中,卒用其策,愚者之一虑云。

宋史卷二五五
列传第一四

郭崇　杨廷璋　宋偓　向拱
王彦超　张永德　王全斌
曾孙凯 **康延泽** 王继涛　高彦晖附

　　郭崇,应州金城人。重厚寡言,有方略。初名崇威,避周祖名,止称崇。父祖俱代北酋长。崇弱冠以勇力应募为卒。后唐清泰中,为应州骑军都校。

　　晋祖割云应地入为契丹,崇耻事之,夺身南归,历郓、河中、潞三镇骑军都校。开运中,戍太原。会汉祖起义,以崇为前锋。入汴,改护圣左第六军都校、领郢州刺史,改领富州。从周祖平河中,以功迁果州防御使、领护圣右厢都指挥使。周祖镇邺,以崇领行营骑军兼天雄军都巡检使。

　　乾祐三年冬,崇从周祖平国难,与李筠拒慕容彦超于刘子陂,走之,以崇补侍卫马军都指挥使。遣冯道等迎湘阴公赟于徐州,将立之。会契丹南侵,周祖北征,次于澶州,为六军推戴。枢密使王峻在京师闻变,遣崇率七百骑东拒赟,遇于睢阳。崇阵于牙门外,赟惧,登门楼呼崇曰:“汝等何遽至此?”崇曰:“澶州军变,遣崇等来卫乘舆,非有他也。”赟召崇升楼,崇未敢登,即遣道下与语,崇乃登,具言军情有属,天命已定,赟执崇手泣,俯首久之。俄而赟所领卫兵都校张令超以众归崇,赟亲将贾、王等数怒目视道,将害之。赟曰:

"汝辈勿草草,此非关令公事。"崇即送赟就馆舍。

广顺初,领定武军节度,又为京城都巡检使、修城都部署兼知步军公事。未几,复升陈州为节镇,以颍州隶焉,命崇为节度。周祖亲郊,加同平章事,出镇澶州。周祖不豫,促还镇所。

世宗立,并人侵潞州,命崇与符彦卿出固镇以御之。世宗亲征,又副彦卿为行营都部署。师还,加兼侍中。冬,移真定尹、成德军节度。四年,世宗征淮南,契丹出骑万乘余掠边,崇率师攻下束鹿县,斩数百级,俘获甚众。五年,天清节,崇来朝,表求致政,不允,赐袭衣、金带、器币、鞍勒马,遣之。世宗平关南,至静安军,崇来朝。恭帝嗣位,加检校太师。

宋初,加兼中书令。崇追感周室恩遇,时复泣下。监军陈思诲密奏其状,因言:"常山近边,崇有异心,宜谨备之。"太祖曰:"我素知崇笃于恩义,盖有所激发尔。"遣人觇之,还言崇方对宾属坐池潭小亭饮博,城中宴然。太祖笑曰:"果如朕言。"未几来朝。时命李重进为平卢军节度,重进叛,改命崇为节制。乾德三年,卒,年五十八。太祖闻之震悼,赠太师。

子守璘至洛苑副使,妻即明德皇后之姊也。子允恭,以父任授殿直,至崇仪副使、知常州卒。次女为仁宗皇后。天圣三年,诏赠崇尚书令兼中书令,守璘太尉、宁国军节度,允恭太傅,安德军节度。六年,又诏追封崇英国公,加赠守璘永清军节度兼中书令,允恭忠武军节度兼侍中。允恭子中庸,左侍禁、阁门祗候、副使;中和,娶颍川郡王德彝女,为西染院副使。

杨廷璋字温玉,真定人。家世素微贱,有姊寡居京师,周祖微时,欲聘之,姊不从,令媒氏传言恐逼,姊以告廷璋。廷璋往见周祖,归谓姊曰:"此人姿貌异常,不可拒。"姊乃从之。

周祖从汉祖镇太原,廷璋屡省其姊,周祖爱其纯谨。姊卒,留廷璋给事左右。及出讨三叛,入平国难,廷璋数献奇计。即位,追册廷璋姊为淑妃,擢廷璋为右飞龙使,廷璋固辞不拜,愿推恩其父洪裕。

即令召洪裕赴阙，以老病辞，就拜金紫光禄大夫、真定少尹。廷璋历皇城使、昭义兵马都监、澶州巡检使。

世宗自澶渊还京，言廷璋有干材，迁客省使。俄为河阳巡检、知州事。泾帅史懿称疾不朝，周祖命廷璋往代之。将行，谓之曰："懿不就命，即图之。"廷璋至，屏左右，以诏书示懿，谕以祸福，懿即日载路。俄闻周主崩，廷璋呕血不食者数日。

世宗立，拜左骁卫大将军，充宣徽北院使。征刘崇，以为建雄军节度。在镇数年，颇有惠爱。前后率兵入太原境，拔仁义、高壁等寨，获刺史、军校数十人，俘其民数千户，获兵器羊马数万计。并人弃沁州二百里，退保新城，廷璋遂置保安、兴同、白壁等十余寨。

会隰州刺史孙议卒，廷璋遣监军李谦溥领州事。谦溥至，并人来攻其城，议者以为宜速救之。廷璋曰："隰州城壁坚完，并人奄至，未能为攻城具，当出奇以破之。"乃募敢死士百余人，许以重赏，由间道遣人约谦溥为内应。既至，即衔枚夜击，城中鼓噪以出，并人大溃，追北数十里，斩首千余级，获器甲万计。奏至，世宗喜曰："吾舅真能御寇。"诏褒之。

世宗自河东还，加检校太保。显德六年夏，率所部入河东界，下堡寨十三，降巡检使靳汉晁等三人。恭帝即位，加检校太傅。

宋初，加检校太尉。吏民诣阙，请立碑颂功德。太祖命卢多逊撰文赐之。李筠叛，潜遣亲信使赍蜡书求援邻境，廷璋获之，械送京师，因上攻取之策，即下诏委以经略。及车驾亲征，诏廷璋率所部入阴地，分贼势。贼平，归镇。是秋来朝，改镇邠州。乾德四年，移鄜州。开宝二年，召为右千牛卫上将军。四年，卒，年六十。赙帛二百匹。

廷璋美髯，长上短下，好修容仪，虽见小吏，未尝懈惰。善待士，幕府多知名人。在晋州日，太祖命荆罕儒为钤辖。罕儒以廷璋周朝近亲，疑有异志，每入府中，从者皆持刀剑，欲图廷璋。廷璋推诚待之，殊不设备，罕儒亦不敢发，终亦无患。议者以廷璋在泾州保全史懿，阴德之报也。

　　洪裕少时，尝渔于貂裘陂，忽有驰骑至者，以二石雁授洪裕，一翼掩左，一翼掩右，曰："吾北岳使者也。"言讫，忽不见。是年生淑妃，明年生廷璋，家遂昌盛。

　　廷璋子七人，皆不为求官，惟表其孤甥安崇勋得西头供奉官。崇勋，后唐枢密使重诲子也。廷璋子坦、堨皆进士及第。坦至屯田员外郎，盐铁副使、判官；堨为都官郎中。

　　宋偓，河南洛阳人。谦恭下士。祖瑶，唐天德军节度兼中书令。父廷浩，尚后唐庄宗女义宁公主，生偓。廷浩历石、原、房三州刺史；晋初，为汜水关使，张从宾之叛，力战死之。偓年十一，以父死事补殿直，迁供奉官。

　　晋祖尝事庄宗，每偓母入见，诏令勿拜，因从容谓之曰："朕于主家诚无所靳，但朝廷多事，府库空竭，主所知也。今主居辇下，薪米为忧，当奉主居西洛以就丰泰。"命偓分司就养，敕有司供给，至于醮醴，率有加等。

　　汉祖在晋阳，遣其子承训至洛，奉书偓母，与偓结昏，即永宁公主也。累授北京皇城使。汉乾祐初，拜右金吾卫大将军、驸马都尉。隐帝即位，授昭武军节度，移镇滑州。

　　周祖举兵向阙，时偓在镇，开门迎谒，周祖深德之。偓率所部兵从周祖，至刘子陂，隐帝卫兵悉走投周祖。周祖谓偓曰："至尊危矣，公近亲，可亟去拥卫，无令惊动。"偓策马及御营，军已乱矣。广顺初，丁内艰，服除，授左监门卫上将军。

　　世宗征淮南，令偓与左龙武统军赵赞、右神武统军张彦超、前景州刺史刘建于寿州四面巡检。师还，以偓为右神武统军，充行营右厢都排阵使，又为庐州城下副部署。吴人大发舟师，次东沛洲，断苏、杭之路。世宗遣偓领战舰数百艘袭之，又遣大将慕容延钊率步骑而进，水陆合势大破之。

　　世宗尝次于野，有虎逼乘舆，偓引弓射之，一发而毙。及江北诸州悉平，画江为界。世宗驻迎銮，命偓率舟师三千溯江而上，巡警诸郡。师还，复授滑州节制，又移镇邓州。恭帝即位，加开府仪同三司。

宋初，加检校太师，遣领舟师巡抚江徼，舒州团练使司超副之。李重进谋以扬州叛，偓察其状，飞章以闻。太祖令偓屯海陵，以观重进去就。遂从征扬州，为行营排阵使。及平，以功改保信军节度。来朝，徙镇华州。会凿池都城南，命偓率舟师数千以习水战，车驾数临观焉。五年，改忠武军节度。

开宝初，太祖纳偓长女为后。偓本名延渥，以父名下字从"水"，开宝初，上言改为偓。三年，徙邠州。太平兴国初，加同平章事。二年，移定国军节度。四年，从平太原，又从征幽州。诏偓与尚食使侯昭愿领兵万余，攻城南面。师还归镇。

五年冬，车驾幸大名，召偓诣行在，诏知沧州。六年，封邢国公，俄迁同州。九年，又为右卫上将军。雍熙中，曹彬等北伐，班师，命偓知霸州，归阙。端拱二年，卒，年六十四。废朝，赠侍中，谥庄惠，中使护葬。

偓，庄宗之外孙，汉祖之婿，女即孝章皇后，近代贵盛，鲜有其比。子元靖至供备库使，元度至供备库副使，元载、元亨并至左侍禁、阁门祗候。初，孝章寝疾，语晋国长公主曰："我瞑目无他忧，惟虑族属不敦睦，贻笑于人。"景德中，偓幼子元翰果诣京府，求析家财。真宗闻之，诏释勿问，仍谕其族属务遵先后遗戒焉。

元度子惟简，为殿直，惟易为奉职。

向拱字星民，怀州河内人。始名训，避周恭帝讳改焉。少倜傥负气。弱冠，闻汉祖在晋阳招致天下士，将往依之。中途遇盗，见拱状貌雄伟，意为富家子，随之，将劫其财。拱觉，行至石会关，杀所乘驴市酒会里中豪杰，告其故，咸出丁壮护拱至太原。以策干汉祖，汉祖不纳，客于周祖门下。及周祖领节镇，署拱知客押牙。

周祖即位，授宫苑使。广顺中，迁皇城使，出监昭义屯军。并人领马步十五都来侵，拱与巡检陈思让逆战于虒亭南，杀三百余人，擒百人，获其帅王璠、曹海金，又败其军于壶关。师还，会征慕容彦超，命为都监，赐以六铢、袍带、鞍勒马、器仗，即日遣行。贼平，命为陕州巡检。未几，改客省使、知陕州。

会延州高允权卒，其子绍基欲求继袭，即自领使务。朝廷益禁兵戍守，命拱权知州事，俄迁内客省使。尝请禁州民卖军装兵器于西人，从之。所属部落有侵盗汉户者，拱招其酋帅犒之，令誓不敢侵犯。召拜左神武大将军、宣徽南院使。

刘崇入寇，遣马军樊爱能、步军何徽赴泽州，令拱监护之。世宗亲征，拱以精骑居阵中。高平之捷，以功兼义成军节度、河东行营前军都监。师还，出镇陈州。

先是，晋末，秦州节度何建以秦、成、阶三州入蜀，蜀人又取凤州。至是，宰相王溥荐拱讨之，乃召拱与凤翔王景并率兵出大散关，连下城寨。复命拱为西南面行营都监。蜀人闻凤州急，发卒五千余出凤州北堂仓镇路，行至黄花谷，将绝周师粮道。拱与王景侦知之，命排阵使张建雄领兵二千直抵黄花谷，又遣别将领劲卒千人出敌后，截其归路。故果为建雄所败，奔堂仓，又为劲卒所逼，合势掩击，擒其监军王峦、孙韬等千五百余。由是剑门之下，州邑营寨，望风宵遁，秦、凤、阶、成平。召归，宴于金祥殿，赐袭衣、金带、银器、缯帛、鞍勒马。

显德二年，世宗亲征淮南，以拱权东京留守兼判开封府事。时扬州初平，南唐令境上出师，谋收复。韩令坤有弃城之意，即驿召拱赴行在，拜淮南节度，依前宣徽使兼缘江招讨使，以令坤为副。时周师久驻淮阳，都将赵晁、白廷遇等骄恣横暴，不相禀从，惟务贪滥，至有劫人妻女者。及拱至，戮其不奉法者数辈，军中肃然。六月，追叙秦、凤功，加检校太尉。

时周师围寿春经年未下，江、淮草寇充斥，吴援兵栅于紫金山，与城中烽火相应。而舒、蕲、和、泰复为吴人所据。拱上言欲且徙扬州之师并力攻寿春，俟其城下，然后改图进取。世宗从之。拱乃封库，付扬州主者；复遣本府牙将分部按巡城中，秋毫不犯，军民感悦。及师行，吴人有负粮粮以送者。至寿春，与李重进合势以攻其城，改淮南道招讨都监，败淮南军二千于黄蓍寨。

世宗再幸寿州，召拱宴赐甚厚，以为武宁军节度，命领其属驻镇淮军。及克寿州，以功加同平章事、领武宁军节度。四年，徙归德军节度。淮南平，改山南东道节度，俄充西南面水陆发运招讨使。恭帝即位，加检校太师、河南尹、西京留守。

宋初，加兼侍中。太祖征李筠，拱迎谒至汜水，言曰："筠逆节久著，兵力日盛，陛下宜急济大河，逾太行，乘其未集而诛之，缓则势张，难为力矣。"帝从其言，卷甲倍道趋之。筠果率兵南向，闻车驾至，惶骇走泽州城守，遂见擒。乾德初，从郊祀毕，封谯国公。

拱尹河南十余年，专治园林第舍，好声妓，纵酒为乐，府政废弛，群盗昼劫。太祖闻之怒，移镇安州，命左武卫上将军焦继勋代之，谓继勋曰："洛久不治，选卿代之，无复效拱为也。"

太平兴国初。进封秦国公，来朝，授左卫上将军。八年，代王彦超判左金吾街仗事。表献西京长夏门北园，诏以银五千偿之。雍熙三年，卒，年七十五。赠中书令。

咸平初，真宗闻拱之后有寒馁流离者，录其孙怿为国子助教。拱子德明，至洛苑使；昱，大中祥符八年进士出身。德明子悦，为虞部郎中。

王彦超，大名临清人。性温和恭谨，能礼下士。少事后唐魏王继岌，从继岌讨蜀，还至渭南。会明宗即位，继岌遇害，左右遁去，彦超乃依凤翔重云山僧舍晖道人为徒。晖善观人，谓彦超曰："子，富贵人也，安能久居此？"给资帛遣之。

时晋祖帅陕，乃召至帐下，委以心腹。及移镇太原，将引兵南下，遣从事桑维翰求援契丹，以彦超从行。天福初，累迁奉德军校，再转殿前散指挥都虞候、领蒙州刺史。汉初，领岳州防御使兼护圣左厢都校，出为复州防御使。

周祖平内难后，北征契丹，以彦超为行营马步左厢都排阵使，从周祖入汴。时自彭门迎湘阴公入缵位，会军变，周祖革命，即命彦超权知徐州节度。未行,湘阴公旧校巩廷美据州叛,真拜彦超武宁军节度,命讨之。彦超督战舰破其水寨,乘胜拔之。

又与枢密使王峻拒刘崇于晋州,彦超以骑兵进,崇遁去,授建雄军节度。复以所部追贼至霍邑,贼步骑堕崖谷,死者甚众。彦超归镇所,俄改河阳三城节度,移镇河中。

显德初,加同平章事。刘崇南寇,命彦超领兵取晋州路东向邀击,从战高平。彦超自阴地关与符彦卿会兵围汾州,诸将请急攻,彦超曰:“城已危矣,且暮将降,我士卒精锐,傥驱以先登,必死伤者众,少待之。”翌日,州将董希颜果降。遂引兵趣石州,彦超亲鼓士乘城,躬冒矢石,数日下之,擒其守将安彦进,献行在。师还,改忠武军节度,加兼侍中。诏率所部浚胡芦河,城李晏口。工未毕,辽人万余骑来侵,彦超击败之,杀伤甚众。

宰相李谷征淮南,以彦超为前军行营副部署,败淮南军二千于寿州城下。吴兵水陆来援,谷退保正阳,吴人蹑其后。会李重进兵至,合势急击,大败吴人三万余众,追北二十余里。还,改京兆尹、永兴军节度。六年夏,移镇凤翔。恭帝嗣位,加检校太师、西面缘边副都部署。

宋初,加兼中书令,代还。太祖与彦超有旧,因幸作坊,召从臣宴射,酒酣,谓彦超曰:“卿昔在复州,朕往依卿,何不纳我?”彦超降阶顿首曰:“勺水岂能止神龙耶!当日陛下不留滞于小郡者,盖天使然尔。”帝大笑。彦超翌日奉表待罪,帝遣中使慰谕,令赴朝谒。

未几,复以为永兴军节度。又以其父光禄卿致仕重霸为太子少傅致仕。乾德二年,复镇凤翔。三年,丁外艰,起复。开宝二年,为右金吾卫上将军判街仗事。

太平兴国六年,封邠国公。七年,彦超语人曰:“人臣七十致仕,古之制也。我年六十九,当自知止。”明年,表求致仕,加太子太师,给金吾上将军禄。彦超既得请,尽斥去仆妾之冗食者,居处服用,咸遵俭约。雍熙三年,卒,年七十三。赠尚书令。

开宝初,彦超自凤翔来朝,与武行德、郭从义、白重赞、杨廷璋俱侍曲宴。太祖从容谓曰："卿等皆国家旧臣，久临剧镇，王事鞅掌，非朕所以优贤之意。"彦超知旨，即前奏曰："臣无勋劳，久冒荣宠，今已衰朽，愿乞骸骨归丘园，臣之愿也。"行德等竟自陈凤昔战功及履历艰苦，帝曰："此异代事，何足论？"翌日，皆罢行德等节镇。时议以此许彦超。

初，彦超将致政，每戒诸子曰："吾累为统帅，杀人多矣，身死得免为幸，必无阴德以及后，汝曹勉为善事以自庇。"及卒，诸子果无达者。宣化门内有大第，园林甚盛，不十余年，其家已鬻之矣。孙克从，咸平元年进士及第，亦止于州县。

张永德字抱一，并州阳曲人。家世饶财。曾祖丕，尚气节。后唐武皇镇太原，急于用度，多严选富家子掌帑库。或调度不给，即坐诛，没入资产。丕为之满岁，府财有余。宗人政当次补其任，率族属泣拜，请丕济其急，丕又为代掌一年，乡里服其义。父颖事晋至安州防御使。

永德生四岁，母马氏被出，育于祖母，事继母刘，以孝闻。周祖初为侍卫吏，与颖善，乃以女妻永德。永德迎其母妻诣宋州。时寇贼充斥，乃易弊衣，毁容仪，居委巷中。有贼过，即邀乞焉，绐曰："此悲田院耳。"贼即舍去，由是免祸。周祖为枢密使，表永德授供奉官押班。

乾祐中，命赐潞帅常遇生辰礼币。遇，周祖之外兄弟也。时周祖镇邺，被谗，族其家。永德在潞州，闻有密诏授遇，永德探知其意，谓遇曰："得非莅杀永德耶？永德即死无怨，恐累君侯家耳。"遇愕然曰："何谓也？"永德曰："奸邪蠹政，郭公誓清君侧，愿且以永德属吏，事成足以为德，不成死未晚。"遇以为然，止令壮士严卫，然所以馈之甚厚。亲问之曰："君视丈人事得成否？"永德曰："殆必成。"未几，周祖使至，遇贺且谢曰："老夫几误大事。"

初，魏人柴翁夫以经义教里中，有女，后唐庄宗时备掖庭，明宗入洛，遣出宫。柴翁夫妻往迎之，至鸿沟，遇雨甚，逾旬不能前。女悉取装具,计直千万,分其半以与父母,令归魏,曰:"儿见沟旁邮舍队长,项黯黑为雀形者,极贵人也,愿事之。"问之,乃周祖也。父母大愧,然终不能夺。他日,语周祖曰:"君贵不可言,妾有缗钱五百万资君,时不可失。"周祖因其资,得为军司。

柴翁好独寝,人传其能司冥间事。一日晨起,大笑不已,妻问之,不对。翁好饮,其妻逼令饮,极醉,因漏言曰:"花项汉作天子矣。"其妻颇露之,遇亦微有闻,未深言。至是,永德故以此讽遇,遇送永德归周祖。

周祖登位,封永德妻为晋国公主,授永德左卫将军、内殿直小底四班都知,加驸马都尉、领和州刺史。逾年,擢为殿前都虞候、领恩州团练使,俄迁殿前都指挥使、泗州防御使,时年二十四。

显德元年,并州刘崇引契丹来侵。世宗亲征,战于高平,大将樊爱能、何徽方战退衄。时太祖与永德各领牙兵二千,永德部下善左射,太祖与永德厉兵分进,大捷,降崇军七千余众。及驻上党,世宗昼卧帐中,召永德语曰:"前日高平之战,主将殊不用命,樊爱能而下,吾将案之以法。"永德曰:"陛下欲固守封疆则已,必欲开拓疆宇,威加四海,宜痛惩其失。"世宗掷枕于地,大呼称善。翌日,诛二将以徇,军威大振。进攻太原,师薄城下,永德与符彦卿、史彦超北控忻口以断契丹援路。太原城四十里,周师去城三百步,围之三匝。自四月至六月,攻之不克。契丹援兵果至,彦超战没,继败其众二千,余众遁去。以永德领武信军节度。师还,徙义成军节度。

时永德父颖为隶人曹澄等所害,因奔南唐。会议南征,永德请行自效,许之。师至寿春,刘仁赡坚壁不下。永德出疲兵诱之,傍伏精骑,每战阳不利,北退三十里,伏兵突起夹攻,大败之,仁赡仅以身免。

三年,世宗亲征,至寿州城下,仁赡执澄等三人槛送行在,意求缓师,诏赐永德,俾其甘心。太祖与永德领前军至紫金山,吴人列十八寨,战备严整。敌垒西偏有高陇,下瞰其营中,永德选劲弓强弩伏陇旁,太祖麾兵直攻第一寨,战阳不胜,淮人果空寨出斗,永德亟登陇，发伏驰入据之，敌众散走。翌日，又攻第二寨，鼓噪而进，始攻北门，淮人开南门而遁。时韩令坤在扬州，复为吴人所逼，欲退师。世宗怒，遣永德率师援之，又败泗州军千余于曲溪堰，俄屯下蔡。

时吴人以周师在寿春攻围日急，又恃水战，乃大发楼船蔽江而下，泊于濠、泗，周师颇不利。吴将林仁肇帅众千余，水陆齐进，又以船数艘载薪，乘风纵火，将焚周浮梁，周人忧之。俄而风反，吴人稍却，永德进兵败之。又夜使习水者没其船下，縻以铁锁，引轻舠急击。吴人既不得进，溺者甚众，夺其巨舰数十艘。永德解金带，赏习水者。乃距浮梁十余步，以铁索千余尺横截长淮，又维巨木，自是备御益坚矣。俄又败千余众于淮北岸，获战船数十艘，吴人多溺死。诏褒美之。

冬，擢为殿前都点检。四年，从克寿州还，制授检校太尉、领镇宁军节度。五年夏，契丹扰边，命永德率步骑二万拒之。从世宗北伐，还驻澶渊，解兵柄，加检校太尉、同中书门下平章事。恭帝嗣位，移忠武军节度。

太祖即位，加兼侍中。永德入朝，授武胜军节度。入觐，召对后苑，道旧故，饮以巨觥，每呼驸马不名。时并、汾未下，太祖密访其策。永德曰："太原兵少而悍，加以契丹为援，未易取也。臣以每岁多设游兵，扰其农事，仍发间使以谍契丹，绝其援，然后可下也。"帝然之。俄归本镇。

会出师讨金陵，永德以己资造战船数十艘，运粮万斛，自顺阳沿汉水而下。富民高进者，豪横莫能禁，永德乃发其奸，置于法。进潜诣阙，诬永德缘险固置十余寨，图为不轨。

太祖命枢密都承旨曹翰领骑兵察之，诘其寨所，进曰："张侍中诛我宗党殆尽，希中以法，报私愤尔。"翰以进授永德，永德遽解缚就市，笞而释之。时称其长者。

太平兴国二年来朝，拜左卫上将军。五年，坐市秦、陇竹木所过矫制免关市算，降为本卫大将军。数月，复旧秩。六年，进封邓国公。雍熙中，连知沧、雄、定三州。

端拱元年,拜安化军节度。召还,为河北两路排阵使,屯定州。尝与契丹战,斩获甚众。二年,丁内艰,起复。淳化初,又代田重进知镇州。二年,改泰宁军节度兼侍中,出判并州兼并代部署。

永德明天文术,尝与僚佐会食,有报辽兵寇州境者,永德用《太白万胜诀》占之,语坐客曰:"彼虽以年月便利,乘金而来,反值岁星对逆,兵家大忌,必败。"未几,折御卿捷报至,众始叹伏。

自五代用兵,多姑息,藩镇颇恣部下贩鬻。宋初,功臣犹习旧事。太宗初即位,诏群臣乘传出入,不得赍货邀利,及令人诸处图回,与民争利。永德在太原,尝令亲吏贩茶规利,栏出徼外市羊,为转运使王嗣宗所发,罢为左卫上将军。

真宗即位,进封卫国公。未几,判左金吾街仗事。咸平初,屡表请老,授太子太师,分司西京,仍以其孙大理寺丞文蔚厘务洛下,以便就养。

二年冬,契丹入边,帝将北巡,以永德宿将,召入对便殿,赐坐,访以边要。以老不可从行,留为东京内外都巡检使。三年,制授检校太师、彰德军节度、知天雄军。俄以衰耄,命还本镇。是秋卒,年七十三。遣内园使冯守规护枢还京师,赠中书令。诸孙迁秩者五人。

永德出母,后适安邑刘祚。及永德镇南阳,祚已卒,迎母归州廨,起二堂,与继母刘并居。刘卒,马预中参,时年八十一,太宗劳之,赐冠帔,封莒国太夫人。同母弟刘再思,署子城使,于市西里起大第,聚刘族。

初,永德寓睢阳,有书生邻居卧疾,永德疗之获愈,生一日就永德求汞五两,既得,即置鼎中煮之,成中金。自是日与永德游,一日,告适淮上,语永德曰:"后当相遇于彼。"永德曰:"吴境不通,子何可去?"生曰:"吾自有术。"永德送行数舍,恳求药法,生曰:"君当大贵,吾不吝此,虑损君福。"言讫而去。及永德屯下蔡,牙帐前后队部曲八百人,皆金银刀槊,绣旗帜。永德善骑射,左右分挂十的,握十矢,疾驰互发,发必中。淮民环观,有一僧睥睨,永德遽召之,乃睢阳书生也。夜宿帐中,复求汞法。僧曰:"始语君贵,今不谬矣。终能谨节,当保五十年富贵,安用此为?然能降志礼贤,当别有授公药法者。"永德由此益罄家资,延致方士,故太祖以方外待之。

初,睢阳书生尝言太祖受命之兆,以故永德潜意拱向。太祖将聘孝明皇后也,永德出缗钱金帛数千以助之,故尽太祖朝而恩渥不替。

孙文蔚虞部员外郎,文炳殿中丞。

王全斌,并州太原人。其父事庄宗,为岢岚军使,私畜勇士百余人,庄宗疑其有异志,召之,惧不敢行。全斌时年十二,谓其父曰:"此盖疑大人有他图,愿以全斌为质,必得释。"父从其计,果获全,因以隶帐下。

及庄宗入洛,累历内职。同光末,国有内难,兵入宫城,近臣宿将皆弃甲遁去,惟全斌与符彦卿等十数人居中拒战。庄宗中流矢,扶掖至绛霄殿,全斌恸哭而去。明宗即位,补禁军列校。晋初,从侯益破张从宾于汜水,以功迁护圣指挥使。周广顺初,改护圣为龙捷,以全斌为右厢都指挥使。及讨慕容彦超于兖州,为行营马步都校。显德中,从向训平秦、凤,遂领恩州团练使。俄迁领泗州防御使。从世宗平淮南,复瓦桥关,改相州留后。

宋初,李筠以潞州叛,全斌与慕容延钊由东路会大军进讨,以功拜安国军节度。诏令完葺西山堡寨,不逾时而就。建隆四年,与洺州防御使郭进等率兵入太原境,俘数千人以归,进克乐平。

乾德二年冬,又为忠武军节度。即日下诏伐蜀,命全斌为西川行营前军都部署,率禁军步骑二万、诸州兵万人由凤州路进讨。召示川峡地图,授以方略。

十二月,率兵拔乾渠渡、万仞燕子二寨,遂下兴州,蜀刺史蓝思绾退保西县。败蜀军七千人,获军粮四十余万斛。进拔石圌、鱼关、白水二十余寨,先锋史延德进军三泉,败蜀军数万,擒招讨使韩保正、副使李进,获粮三十余万斛。既而崔彦进、康延泽等逐蜀军过三泉,遂至嘉陵,杀虏甚众。蜀人断阁道,军不能进。全斌议取罗川路以入，延泽潜谓彦进曰："罗川路险，军难并进，不如分兵治阁道，与大军会于深渡。"彦进以白全斌，全斌然之。命彦进、延泽督治阁道，数日成，遂进击金山寨，破小漫天寨。全斌由罗川趋深渡，与彦进会。蜀人依江列阵以待，彦进遣张万友等夺其桥。会暮夜，蜀人退保大漫天寨。诘朝，彦进、延泽、万友分三道击之，蜀人悉其精锐来逆战，又大破之，乘胜拔其寨，蜀将王审超、监军赵彦渥遁去，复与三泉监军刘延祚、大将王昭远、赵彦韬引兵来战，三战三败，追至利州北。昭远遁去，渡桔柏江，焚梁，退守剑门。遂克利州，得军粮八十万斛。

自利州趋剑门，次益光。全斌会诸将议曰："剑门天险，古称一夫荷戈，万夫莫前，诸君宜各陈进取之策。"侍卫军头向韬曰："降卒牟进言：'益光江东，越大山数重，有狭径名来苏，蜀人于江西置寨，对岸有渡，自此出剑关南二十里，至清强店，与大路合。可于此进兵，即剑门不足恃也。'"全斌等即欲卷甲赴之，康延泽曰："来苏细径，不须主帅亲往。且蜀人屡败，并兵退守剑门，莫若诸帅协力进攻，命一偏将趋来苏，若达清强，北击剑关，与大军夹攻，破之必矣。"全斌纳其策，命史延德分兵趋来苏，造浮梁于江上，蜀人见梁成，弃寨而遁。昭远闻延德兵趋来苏，至清强，即引兵退，阵于汉源坡，留其偏将守剑门。全斌等击破之，昭远、崇韬皆遁走，遣轻骑进获，传送阙下，遂克剑州，杀蜀军万余人。

四年正月十三日，师次魏城，孟昶遣使奉表来降，全斌等入成都。旬余，刘延让等始自峡路至。昶馈遗延让等及犒师，并同全斌之至。及诏书颁赏，诸军亦无差降。由是两路兵相嫉，蜀人亦构，主帅遂不协。全斌等先受诏，每制置必须诸将佥议，至是，虽小事不能即决。

俄诏发蜀兵赴阙，人给钱十千，未行者，加两月廪食。全斌等不即奉命，由是蜀军愤怨，人人思乱。两路随军使臣常数十百人，全斌、彦进及王仁赡等各保庇之，不令部送蜀兵，但分遣诸州牙校。蜀军至绵州果叛，劫属邑，众至十余万，自号"兴国军"。有蜀交州刺史全师雄者,尝为将,有威惠,士卒畏服。适以其族赴阙下,绵州遇乱,师雄恐为所胁,乃匿其家于江曲民舍。后数日为乱兵所获,推为主帅。

全斌遣都监米光绪往招抚之,光绪尽灭师雄之族,纳其爱女及橐装。师雄闻之,遂无归志,率众急攻绵州,为横海指挥使刘福、龙捷指挥使田绍斌所败;遂攻彭州,逐刺史王继涛,杀都监李德荣,据其城。成都十县皆起兵应师雄,师雄自号“兴蜀大王”,开幕府,置僚属,署节帅二十余人,令分据灌口、导江、郫、新繁、青城等县。彦进与张万友、高彦晖、田钦祚同讨之,为师雄所败,彦晖战死,钦祚仅免,贼众益盛。全斌又遣张延翰、张煦往击之,不利,退入成都。师雄分兵绵、汉间,断阁道,缘江置寨,声言欲攻成都。自是,邛、蜀、眉、雅、东川、果、遂、渝、合、资、简、昌、普、嘉、戎、荣、陵十七州,并随师雄为乱。邮传不通者月余,全斌等甚惧。时城中蜀兵尚余二万,全斌虑其应贼,与诸将谋,诱致夹城中,尽杀之。

未几,刘延让、曹彬破师雄之众于新繁,俘万余人。师雄退保郫县,全斌、仁赡又攻破之,师雄走保灌口寨。贼势既衄,余党散保州县。有陵州指挥使元裕者,师雄署为刺史,众万余,仁赡生擒之,磔于成都市。

俄虎捷指挥使吕翰为主将所不礼,因杀知嘉州客省使武怀节、战棹都监刘汉卿,与师雄党刘泽合,众至五万,逐普州刺史刘楚信,杀通判刘沂及虎捷都校冯绍。又果州指挥使宋德威杀知州八作使王永昌及通判刘涣、都监郑光弼,逐州牙校王可璙率州民为乱。位赡等讨吕翰于嘉州,翰败走入雅州。师雄病死于金堂,推谢行本为主,罗七君为佐国令公,与贼将宋德威、唐陶鳌据铜山,旋为康延泽所破。仁赡又败吕翰于雅州,翰走黎州,为下所杀,弃尸水中。后丁德裕等分兵招辑,贼众始息。

全斌之入蜀也,适属冬暮,京城大雪,太祖设毡帷于讲武殿,衣紫貂裘帽以视事,忽谓左右曰:“我被服若此,体尚觉寒,念西征将冲犯霜雪,何以堪处!”即解裘帽,遣中黄门驰赐全斌,仍谕诸将,以不遍及也。全斌拜赐感泣。

初，成都平，命参知政事吕余庆知府事，全斌但典军旅。全斌尝语所亲曰："我闻古之将帅，多不能保全功名，今西蜀既平，欲称疾东归，庶免悔吝。"或曰："今寇盗尚多，非有诏旨，不可轻去。"全斌犹豫未决。

会有诉全斌及彦进破蜀日，夺民家子女玉帛不法等事，与诸将同时召还。太祖以全斌等初立功，虽犯法，不欲辱以狱吏，但令中书问状，全斌等具伏。诏曰："王全斌、王仁赡、崔彦进等被坚执锐，出征全蜀，彼畏威而纳款，寻驰诏以申恩。用示哀矜，务敦绥抚，应孟昶宗族、官吏、将卒、士民悉令安存，无或惊扰；而乃违戾约束，侵侮宪章，专杀降兵，擅开公帑，豪夺妇女，广纳货财，敛万民之怨嗟，致群盗之充斥。以至再劳调发，方获平宁。洎命旋归，尚欲含忍，而衔冤之诉，日拥国门，称其隐没金银、犀玉、钱帛十六万七百余贯。又擅开丰德库，致失钱二十八万一千余贯。遂令中书门下召与讼者质证其事，而全斌等皆引伏。其令御史台于朝堂集文武百官议其罪。"

于是百官定议，全斌等罪当大辟，请准律处分。乃下诏曰："有征无战，虽举于王师；禁暴戢兵，当崇于武德。蠢兹庸蜀，自败奸谋，爰伐罪以宣威，俄望风而归命。遽令按堵，勿犯秋毫，庶德泽之涵濡，俾生聚之宁息。而忠武军节度王全斌、武信军节度崔彦进董兹锐旅，奉我成谋，既居克定之全功，宜体辑柔之深意。比谓不日清谧，即时凯旋，懋赏策勋，抑有彝典。而罔思寅畏，速此悔尤，贪残无厌，杀戮非罪，稽于偃革，职尔玩兵。尚念前劳，特从宽贷，止停旄钺，犹委藩宣。我非无恩，尔当自省。全斌可责授崇义军节度观察留后，彦进可责授昭化军节度观察留后，特建随州为崇义军、金州为昭化军以处之。仁赡责授右卫大将军。"开宝末，车驾幸洛阳郊祀，召全斌侍祠，以为武宁军节度。谓之曰："朕以江左未平，虑征南诸将不遵纪律，故抑卿数年，为朕立法。今已克金陵，还卿节钺。"仍以银器万两、帛万匹、钱千万赐之。全斌至镇数月卒，年六十九。赠中书令。天禧二年，录其孙永昌为三班奉职。

全斌轻财重士，不求声誉，宽厚容众，军旅乐为之用。黜居山郡十余年，怡然自得，识者称之。

子审钧，崇仪使、富州刺史、广州兵马钤辖；审锐，供奉官、阁门祗候。曾孙凯。

凯字胜之。祖审钧，尝为永兴军驻泊都监，以击贼死，遂家京兆。饶于财，凯散施结客，日驰猎南山下，以践蹂民田，捕至府。时寇准守长安，见其状貌奇之。为言："全斌取蜀有劳，而审钧以忠义死，当录其孤。"遂以为三班奉职、监凤翔盩厔、税。历左右班殿直、监益州市买院、庆州合水镇兵马监押、监在京草场。

先是，守卒扫遗秆自入，凯禁绝，而众欲害之。事觉，他监官皆坐故纵，凯独得免。自右侍禁、雄州兵马监押，擢阁门祗候、定、邢、赵都巡检使。

元昊反，徙麟州都监。尝出双烽桥、染枝谷，遇夏人，破之。又破庞青、黄罗部，再战于伺候烽，前后斩首三百余级，获区落马牛、橐驼、器械以数千计。夏人围麟州，乘城拒斗，昼夜三十一日，始解去。特迁西头供奉官。

代迁，边寇犹钞掠，以为内殿崇班、麟州路缘边都巡检使，与同巡检张岊护粮道于青眉浪，寇猝大至，与岊相失。乃分兵出其后夹击之，复与岊合，斩首百余级。又人兔毛川，贼众三万，凯以兵六千陷围，流矢中面，斗不解，又斩首百余级，贼自蹂践，死者以千数。迁南作坊副使，后为并、代州钤辖，管勾麟府军马事。夏人二万寇青塞堡，凯出鞋邪谷，转战四十里，至杜胐川，大败之，复得所掠马牛以还。

经略使明镐言凯在河外九年，有功，遂领资州刺史。久之召还，未及见，会甘陵盗起，即命领兵赴城下。贼平，拜泽州刺史、知邠州。未几，为神龙卫四厢都指挥使、泽州团练使，历环庆、并代、定州路副都总管，捧日天武四厢、绵州防御使，累迁侍卫亲军步军副都指挥使、泾州观察使。又徙秦凤路，辞日，帝谕以唃氏木征，交易阻绝，颇有入寇之萌,宜安静以处之。凯至,与主帅以恩信抚接,遂复常贡。召拜武胜军节度观察留后、侍卫亲军马军副都指挥使。卒,年六十六。赠彰武军节度使,谥庄恪。

凯治军有纪律,善抚循士卒,平居与均饮食,至临阵援枹鼓,毅然不少假。故士卒畏信,战无不力,前后与敌遇,未尝挫衄。兔毛川之战,内侍宋永诚哭于军中,凯劾罢之。尤笃好于故旧。

子缄。缄子诜,字晋卿,能诗善画,尚蜀国长公主,官至留后。

康延泽,父福,晋护国军节度兼侍中。延泽,天福中,以荫补供奉官。周广顺二年,永兴李洪信入觐,遣延泽往巡检,迁内染院副使。

宋初,从慕容延钊、李处耘平湖湘。时荆南高保融卒,其子继冲嗣领军事,命延泽赍书币先往抚之,且察其情伪。及还,尽得其机事,因前导大军入境,遂下荆峡。以劳授正使。

乾德中,征蜀,为凤州路马军都监,破白水、阁子二寨,进击西县、三泉,获韩保正。由来苏路会大军,克剑门。及孟昶降,延泽以百骑先入成都,安抚军民,尽封府库而还。就命为成都府都监。会全师雄复乱,徙为晋州刺史。时有降兵二万七千,诸将惧为内应,欲尽杀之。延泽请简老幼疾病七千人释之,余以兵卫还,浮江而下,贼若来劫夺,即杀之未晚。诸将不能用。俄出兵,败贼党刘泽三万人。复有王可璙率数郡贼兵来战,延泽击走之,追北至合州。又破可璙余党谢行本等,擒罗七君。事平,优诏嘉奖,就命为东川七州招安巡检使。

全斌等得罪,延泽亦坐贬唐州教练使。开宝中,起为供奉官,迁左藏库副使。坐与诸侄争家财失官,居西洛卒。

兄延沼,幼隶后唐明宗帐下。仕晋祖,为尚食使,改散指挥使都虞候、兴圣军都指挥使,出为随、泽二州刺史。

周祖北征,延沼与白文遇、李彦崇、曹奉金并从。广顺中,为侍卫马步军都军头、领信州刺史。从世宗征刘崇,率兵攻辽州,转龙捷右厢都校、领岳州防御使，真拜蔡、齐、郑、楚四州防御使，晋、潞二州兵马钤辖。宋初，李重进叛，以延沼为前军马军都指挥使。建隆四年，改怀州防御使。乾德六年，命李继勋等征河东，以延沼为先锋都监。太祖亲征太原，以延沼宿将，熟练边事，诏领兵屯潞州，会以疾归郡。开宝二年，卒，年五十八。

王继涛，河朔人，少给事汉祖左右。乾祐初，补供奉官，历诸司副使。仕周，为右武卫大将军。淮南平，为天长军使。显德五年，迁和州刺史。

宋初，为左骁骑大将军，再迁左神武大将军。乾德二年，命护徒治安陵隧道。

大军伐蜀，为凤州路壕寨使。兴元降，王全斌命继涛权府事。孟昶降，全斌又遣继涛与供奉官王守讷部送昶归阙。守讷白全斌，言继涛问昶求宫妓、金帛，全斌遂留继涛，止令守讷送昶。俄诏以继涛为彭州刺史。

绵州军乱，劫全师雄为帅，率众攻彭州，继涛与都监李德荣拒之，德荣战死，继涛身被八枪，单骑走至成都。

素与通事舍人田钦祚有隙，会钦祚入朝，乃诬奏继涛以他事。太祖驿召继涛，将面质之，道病卒。诏曰："故彭州刺史王继涛，先登击贼，身被重创，优典未加，赍志而殁。故阶州刺史高彦晖，帅师讨贼，奋不顾命，垂老之年，殒身锋镝。永言痛悼，不忘于怀。宜各赐其家粟帛。"

高彦晖，蓟州渔阳人。仕契丹为瀛州守将。世宗北征，以城来降，迁耀、阶二州刺史。

王师伐蜀，为归州路先锋都指挥使。全师雄之乱，崔彦进遣彦晖与田钦祚共讨之。至导江，与贼遇，贼据隘路，设伏竹箐中，官军至，遇伏发，遂不利。彦晖谓钦祚曰："贼势张大，日将暮，请收兵，诘朝与战。"钦祚欲遁，虑贼曳其后，乃绐之曰："公食厚禄，遇贼畏缩，何也?"彦晖复麾兵进,钦祚潜遁去。彦晖独与部下十余骑力战,皆死之,时年七十余。

彦晖老将,练习边事,上闻其殁,甚痛惜,故并命优恤之。

论曰:郭崇感激昔遇,发于垂涕。太祖察其忠厚,亟焚思晦之奏。虽魏文不强于杨彪,宋武无猜于徐广,何以加之。廷璋开怀以待罕孺,宋偓抗章以察重进,向拱献谋以平上党,乘时建功,各奋所长,有足尚者。王彦超起自戎昭,历典藩服,引年高蹈,武夫之贞;至于自悔多杀,垂戒后裔,近乎仁人之用心。张永德前朝勋伐,夙识太祖,潜怀尊奉,虽有桥公祖之知,而非人臣之不二心者矣。乾德伐蜀之师,未七旬而降款至,诸将之功,何可泯也。王全斌黩货杀降,寻启祸变,太祖罪之,而从八议之贷,斯得驭功臣之道。延泽能相地险,豫谋屯备。继涛、彦晖,先登重伤,殒没无避,咸可称焉。

宋史卷二五六
列传第一五

赵普 弟安易

赵普字则平，幽州蓟人。后唐幽帅赵德钧连年用兵，民力疲弊。普父回举族徙常山，又徙河南洛阳。普沈厚寡言，镇阳豪族魏氏以女妻之。

周显德初，永兴军节度刘词辟为从事，词卒，遗表荐普于朝。世宗用兵淮上，太祖拔滁州，宰相范质奏普为军事判官。宣祖卧疾滁州，普朝夕奉药饵，宣祖由是待以宗分。太祖尝与语，奇之。时获盗百余，当弃市，普疑有无辜者，启太祖讯鞫之，获全活者众。淮南平，调补渭州军事判官。太祖领同州节度，辟为推官；移镇宋州，表为掌书记。

太祖北征至陈桥，被酒卧帐中，众军推戴，普与太宗排闼入告。太祖欠伸徐起，而众军擐甲露刃，喧拥麾下。及受禅，以佐命功，授右谏议大夫，充枢密直学士。

车驾征李筠，命普与吕余庆留京师，普愿扈从，太祖笑曰："若胜胄介乎？"从平上党，迁兵部侍郎、枢密副使，赐第一区。建隆三年，拜枢密使、检校太保。

乾德二年，范质等三相同日罢，以普为门下侍郎、平章事、集贤殿大学士。中书无宰相署敕，普以为言，上曰："卿但进敕，朕为卿署之可乎？"普曰："此有司职尔，非帝王事也。"令翰林学士讲求故实，窦仪曰："今皇弟尹开封，同平章事，即宰相任也。"令署以赐普。既

拜相，上视如左右手，事无大小，悉咨决焉。是日，普兼监修国史。命
薛居正、吕余庆参知政事以副之，不宣制，班在宰相后，不知印，不
预奏事，不押班，但奉行制书而已。先是，宰相兼枢，皆用内制，普相
止用枢，非旧典也。

　　太祖数微行过功臣家，普每退朝，不敢便衣冠。一日，大雪向
夜，普意帝不出。久之，闻叩门声，普亟出，帝立风雪中，普惶惧迎
拜。帝曰："已约晋王矣。"已而太宗至，设重茵地坐堂中，炽炭烧肉。
普妻行酒，帝以嫂呼之。因与普计下太原。普曰："太原当西北二面，
太原既下，则我独当之，不如姑俟削平诸国，则弹丸黑子之地，将安
逃乎？"帝笑曰："吾意正如此，特试卿尔。"

　　五年春，加右仆射、昭文馆大学士。俄丁内艰，诏起复视事。遂
劝帝遣使分诣诸道，徵丁壮籍名送京师，以备守卫；诸州置通判，使
主钱谷。由是兵甲精锐，府库充实。

　　开宝二年冬，普尝病，车驾幸中书。三年春，又幸其第抚问之，
赐赉加等。六年，帝又幸其第。时钱王俶遣使致书于普，及海物十
瓶，置于庑下。会车驾至，仓卒不及屏，帝顾问何物，普以实对。上
曰："海物必佳。"即命启之，皆瓜子金也。普惶恐顿首谢曰："臣未发
书，实不知。"帝叹曰："受之无妨，彼谓国家事皆由汝书生尔！"

　　普为政颇专，廷臣多忌之。时官禁私贩秦、陇大木，普尝遣亲吏
诣市屋材，联巨筏至京师治第，吏因之窃货大木，冒称普市货鬻都
下。权三司使赵玭廉得之以闻。太祖大怒，促令追班，将下制逐普，
赖王溥奏解之。

　　故事，宰相、枢密使每候对长春殿，同止庐中；上闻普子承宗娶
枢密使李崇矩女，即令分异之。普又以隙地私易尚食蔬圃以广其
居，又营邸店规利。卢多逊为翰林学士，因召对屡攻其短。会雷有
邻击登闻鼓，讼堂后官胡赞、李可度受赇鬻法及刘伟伪作摄牒得
官，王洞尝纳赂可度，赵孚授西川官称疾不上，皆普庇之。太祖怒，
下御史府按问，悉抵罪，以有邻为秘书省正字。普恩益替，始诏参知
政事与普更知印、押班、奏事，以分其权。未几，出为河阳三城节度、

检校太傅、同平章事。

太平兴国初入朝,改太子少保,迁太子太保。颇为卢多逊所毁,奉朝请数年,郁郁不得志。会柴禹锡、赵熔等告秦王廷美骄恣,将有阴谋窃发。帝召问,普言愿备枢轴以察奸变,退又上书,自陈预闻太祖、昭宪皇太后顾托之事,辞甚切至。太宗感悟,召见慰谕。俄拜司徒兼侍中,封梁国公。先是,秦王廷美班在宰相上,至是,以普勋旧,再登元辅,表乞居其下,从之。及涪陵事败,多逊南迁,皆普之力也。

八年,出为武胜军节度、检校太尉兼侍中。帝作诗以饯之。普奉而泣曰:"陛下赐臣诗,当刻石,与臣朽骨同葬泉下。"帝为之动容。翌日,谓宰相曰:"普有功国家,朕昔与游,今齿发衰矣,不容烦以枢务,择善地处之,因诗什以导意。普感激泣下,朕亦为之堕泪。"宋琪对曰:"昨日普至中书,执御诗涕泣,谓臣曰:'此生余年,无阶上答,庶希来世得效犬马力。'臣昨闻普言,今复闻宣谕,君臣始终之分,可谓两全。"

雍熙三年春,大军出讨幽蓟,久未班师,普手疏谏曰:

伏睹今春出师,将以收复关外,屡闻克捷,深快舆情。然晦朔屡更,荐臻炎夏,飞挽日繁,战斗未息,老师费财,诚无益也。

伏念陛下自翦平太原,怀徕闽、浙,混一诸夏,大振英声,十年之间,遂臻广济。远人不服,自古圣王置之度外,何足介意。窃虑邪诐之辈,蒙蔽睿聪,致兴无名之师,深蹈不测之地。臣载披典籍,颇识前言,窃见汉武时主父偃、徐乐、严安所上书及唐相姚元崇献明皇十事,忠言至论,可举而行。伏望万机之暇,一赐观览,其失未远,虽悔可追。

臣窃念大发骁雄,动摇百万之众,所得者少,所丧者多。又闻战者危事,难保其必胜;兵者凶器,深戒于不虞。所系其大,不可不思。臣又闻上古圣人,心无固必,事不凝滞,理贵变通。前书有"兵久生变"之言,深为可虑,苟或更图稽缓,转失机宜。旬朔之间,时涉秋序,边庭早凉,弓劲马肥,我军久困,切虑此际,或误指踪。臣方冒宠以守藩,曷敢兴言而沮众。盖臣已日薄西山，余光无几，酬恩报国，正在斯时。伏望速诏班师，无容玩敌。

臣复有全策，愿达圣聪。望陛下精调御膳，保养圣躬，挈彼疲氓，转之富庶。将见边烽不警，外户不扃，率土归仁，殊方异俗，相率向化，契丹独将焉往？陛下计不出此，乃信邪谄之徒，谓契丹主少事多，所以用武，以中陛下之意。陛下乐祸求功，以为万全，臣窃以为不可。伏愿陛下审其虚实，究其妄谬，正奸臣误国之罪，罢将士伐燕之师。非特多难兴王，抑亦从谏则圣也。古之人尚闻尸谏，老臣未死，岂敢面谀为安身之计而不言哉？

帝赐手诏曰：

朕昨者兴师选将，止令曹彬、米信等顿于雄、霸，裹粮坐甲以张军声。俟一两月间山后平定，潘美、田重进等会兵以进，直抵幽州，然后控扼险固，恢复旧疆，此朕之志也。奈何将帅等不遵成算，各骋所见，领十万甲士出塞远斗，速取其郡县，更还师以援辎重，往复劳弊，为辽人所袭，此责在主将也。

况朕踵百王之末，粗致承平，盖念彼民陷于边患，将救焚而拯溺，匪黩武以佳兵，卿当悉之也。疆场之事，已为之备，卿勿为忧。卿社稷元臣，忠言苦口，三复来奏，嘉愧实深。

普表谢曰：

昨以天兵久驻塞外，未克恢复，渐及炎蒸，事危势迫，辄陈狂狷，甘俟宪章。陛下特鉴衷诚，亲纡宸翰，密谕圣谋。臣窃审命师讨罪，信为上策，将帅能遵成算，必可平定。惟其不副天心，由兹败事。今既边鄙有备，更复何虞。况陛下登极十年，坐隆大业，无一物之失所，见万国之咸宁。所宜端拱穆清，啬神和志，自可远继九皇，俯观五帝。岂必穷边极武，与契丹较胜负哉？臣素亏壮志，矧在衰龄，虽无功伐，愿竭忠纯。

观者咸嘉其忠。四年，移山南东道节度，自梁国公改封许国公。会诏下亲耕籍田，普表求入觐，辞甚恳切。上恻然谓宰相曰："普开国元臣，朕所尊礼，宜从其请。"既至，慰抚数四，普鸣咽流涕。

陈王元僖上言曰：

臣伏见唐太宗有魏玄成、房玄龄、杜如晦，明皇有姚崇、宋璟、魏知古，皆任以辅弼，委之心膂，财成帝道，康济九区，宗祀延洪，史策昭焕，良由登用得其人也。今陛下君临万方，焦劳庶政，宵衣旰食，以民为心。历考前王，诚无所让，而辅相之重，未偕曩贤。况为邦在于任人，任人在乎公正，公正之道莫先于赏罚，斯为政之大柄也。苟赏罚匪当，淑慝莫分，朝廷纪纲，渐致隳紊。必须公正之人典掌衡轴，直躬敢言，以辨得失，然后彝伦式序，庶务用康。

伏见山南东道节度使赵普，开国元老，参谋缔构，厚重有识，不妄希求恩顾以全禄位，不私徇人情以邀名望，此真圣朝之良臣也。窃闻憸巧之辈，朋党比周，众口嗷嗷，恶直丑正，恨不斥逐退徵，以快其心。何者？盖虑陛下之再用普也。然公说之人，咸愿陛下复委以政，启沃君心，羽翼圣化。国有大事，使之谋之；朝有宏纲，使之举之；四目未察，使之明之；四聪未至，使之达之。官人以材，则无窃禄，致君以道，则无苟容。贤愚洞分，玉石殊致，当使结朋党以驰骛声势者气索，纵巧佞以援引侪类者道消。沈冥废滞得以进，名儒懿行得以显，大政何患乎不举，生民何患乎不康，匪逾期月之间，可臻清静之治。臣知虑庸浅，发言鲁直。伏望陛下旁采群议，俯察物情，苟用不失，实邦国大幸。

籍田礼毕，太宗欲相吕蒙正，以其新进，藉普旧德为之表率，册拜太保兼侍中。帝谓之曰："卿国之勋旧，朕所毗倚，古人耻其君不及尧、舜，卿其念哉。"普顿首谢。

时枢密副使赵昌言与胡旦、陈象舆、董俨、梁颢厚善。会旦令翟马周上封事，排毁时政，普深嫉之，奏流马周，黜昌言等。郑州团练使侯莫陈利用骄肆僭侈，大为不法，普廉得之，尽以条奏，利用坐流商州，普固请诛之。其嫉恶强直皆此类。

李继迁之扰边，普建议以赵保忠复领夏台故地，因令图之。保忠反与继迁同谋为边患,时论归咎于普,颇为同列所窥,不得专决。

旧制,宰相以未时归第,是岁大热,特许普夏中至午时归私第。明年,免朝谒,止日赴中书视事,有大政则召对。冬,被疾请告,车驾屡幸其第省之,赐予加等。普遂称疾笃,三上表求致仕,上勉从之,以普为西京留守、河南尹,依前守太保兼中书令。普三表恳让,赐手诏曰:"开国旧勋,惟卿一人,不同他等,无至固让,俟首涂有日,当就第与卿为别。"普捧诏涕泣,因力疾请对,赐坐移晷,颇言及国家事,上嘉纳之。普将发,车驾幸其第。

淳化三年春,以老衰久病,令留守通判刘昌言奉表求致政,中使驰传抚问,凡三上表乞骸骨。拜太师,封魏国公,给宰相奉料,令养疾,俟损日赴阙,仍遣其弟宗正少卿安易赍诏书赐之。又特遣使赐普诏曰:"卿顷属微疴,恳求致政,朕以居守之重,虑烦耆耋,维师之命,用表尊贤。亡闻有瘳,与朕相见。今赐羊酒如别录,卿宜爱精神,近医药,强饮食,以副朕眷遇之意。"七月卒,年七十一。

卒之先一岁,普生日,上遣其子承宗赍器币、鞍马就赐之。承宗复命,未几卒。次岁,普已罢中书令。故事,无生辰之赐,特遣普侄婿左正言、直昭文馆张秉赐之礼物。普闻之,因追悼承宗,秉未至而普疾笃。先是,普遣亲吏甄潜诣上清太平宫致祷,神为降语曰:"赵普,宋朝忠臣,久被病,亦有冤累耳。"潜还,普力疾冠带,出中庭受神言,涕泗感咽,是夕卒。

上闻之震悼。谓近臣曰:"普事先帝,与朕故旧,能断大事。向与朕尝有不足,众所知也。朕君临以来,每优礼之,普亦倾竭自效,尽忠国家,真社稷臣也,朕甚惜之。"因出涕,左右感动。废朝五日,为出次发哀。赠尚书令,追封真定王,赐谥忠献。上撰神道碑铭,亲八分书以赐之。遣右谏议大夫范杲摄鸿胪卿,护丧事,赙绢布各五百匹,米面各五百石。葬日,有司设卤簿鼓吹如式。

二女皆笄,普妻和氏言愿为尼,太宗再三谕之,不能夺。赐长女名志愿,号智果大师;次女名志英,号智圆大师。

初,太祖侧微,普从之游,既有天下,普屡以微时所不足者言之。太祖豁达,谓普曰:"若尘埃中可识天子、宰相,则人皆物色之矣。"自是不复言。普少习吏事,寡学术,及为相,太祖常劝以读书。晚年手不释卷,每归私第,阖户启箧取书,读之竟日。及次日临政,处决如流。既薨,家人发箧视之,则《论语》二十篇也。

普性深沈有岸谷,虽多忌克,而能以天下事为己任。宋初,在相位者多龌龊循默,普刚毅果断,未有其比。尝奏荐某人为某官,太祖不用。普明日复奏其人,亦不用。明日,普又以其人奏,太祖怒,碎裂奏牍掷地,普颜色不变,跪而拾之以归。他日补缀旧纸,复奏如初。太祖乃悟,卒用其人。又有群臣当迁官,太祖素恶其人,不与。普坚以为请,太祖怒曰:"朕固不为迁官,卿若之何?"普曰:"刑以惩恶,赏以酬功,古今通道也。且刑赏天下之刑赏,非陛下之刑赏,岂得以喜怒专之。"太祖怒甚,起,普亦随之。太祖入宫,普立于宫门,久之不去,竟得俞允。

太宗入弭德超之谗,疑曹彬不轨,属普再相,为彬辨雪保证,事状明白。太宗叹曰:"朕听断不明,几误国事。"即日窜逐德超,遇彬如旧。

祖吉守郡为奸利,事觉下狱,案劾,爰书未具。郊礼将近,太宗疾其贪墨,遣中使谕旨执政曰:"郊赦可特勿贷祖吉。"普奏曰:"败官抵罪,宜正刑辟。然国家卜郊肆类,对越天地,告于神明,奈何以吉而隳陛下赦令哉?"太宗善其言,乃止。

真宗咸平初,追封韩王。二年,诏曰:"故太师赠尚书令、追封韩王赵普,识冠人彝,才高王佐,翊戴兴运,光启鸿图,虽吕望肆伐之勋,萧何指纵之效,殆无以过也。自辅弼两朝,周旋三纪,茂岩廊之硕望,分屏翰之剧权,正直不回,始终无玷,谋猷可复,风烈如生。宜预享于大丞,永同休于宗祐。兹为茂典,以答旧勋,其以普配飨太祖庙庭。"

普子承宗,羽林大将军,知潭、郓二州,皆有声;承煦,成州团练使。弟固、安易。固至都官郎中。

安易字季和。建隆初，摄府州录事参军，节度使折德扆言其清干，遂命即真。再迁河南府推官。会普居相位，十年不赴调。太平兴国中，历华、邢二镇掌书记。部刍粮至太原城下，拜监察御史，知兴元府；转殿中，赐绯鱼袋。先是，两川民输税者以铁钱易铜钱。安易言其非便，请许纳铁钱，诏从之。九年，起拜宗正少卿，知定州。会以曹璨知州，徙安易为通判，未几代归。又表求外任，命知耀州，留不遣，命按视北边事。

淳化中，尝建议以蜀地用铁钱，准铜钱数倍，小民市易颇为不便，请如刘备时令西川铸大钱，以十当百。下都省集议，吏部尚书宋琪等言："刘备时盖患钱少，因而改作，今安易之请反患钱多，非经久计也。"而安易论请不已，仍募工铸大钱百余进之，极其精好，俄坠殿阶皆碎，盖熔铄尽其精液矣。太宗不之诘，犹嘉其用心，赐以金紫，且遣其典铸。既而大有亏耗，岁中裁得三千余缗，众议喧然，遂罢之。事具《食货志》。

历知襄、庐二州，就迁宗正卿，归朝，复领卿职。时属籍未备，奏请纂录，咸平初，乃命梁周翰与安易同修。安易略涉书传，性强狠，好谈世务，而疏阔不可用。初，太宗尝问农政，安易请复井田之制。又以其家本燕蓟，多访以边事。

景德初，礼官详定明德皇太后灵驾发引，于京师壬地权攒，依礼埋悬重，升祔神主。安易上言：

《礼》云"既虞作主"，虞者，已葬设吉祭也。明未葬则未立虞主及神主。所以周制但凿木为悬重，以主神灵。王后七月而葬，则埋悬重，掩玄堂，凶仗、辒辌车、龙輴之属焚于柏城讫，始可立虞主。吉仗还京，备九祭，复埋虞主，然后立神主，升庙室。自旷古至皇朝，上奉祖宗陵庙行此礼，何以今日乃违典章，苟且升祔，方权攒妄立神主，未大葬辄埋悬重？且棺柩未归园陵，则神灵岂入太庙？奈柏城未焚凶仗，则凶秽唐突祖宗。望约孝章近例，但于壬地权攒，未立神主升祔，凶仪一切祗奉。俟丙午年灵驾西去园陵，东回祔庙。如此则免于颠倒，不利国家。

乃诏有司再加详定。判礼院孙何等上言：

按《晋书》羊太后崩，废一时之祀，天地明堂，去乐不作。又按《礼》，王后崩，五祀之祭不行，既殡而祭。所言五祀不行，则天地之祭不废，遂议以园陵年月不便，须至变礼从宜。又缘先准礼文，候神主升祔毕，方行享祀。若俟丙午岁，则三年不祭宗庙，礼文有阙。况明德皇太后德配先朝，礼合升祔。遂与史馆检讨同共参详，以为庙未祔则神灵不至，伏恐祭祀难行。攒既毕则梓宫在郊，可以葬礼比附。遂按《礼》云"葬者藏也，欲人不得而见也。"既不欲穿圹动土，则龙𫐄、攒木、题凑，蒙樟上四柱如层以覆，尽涂之。所合埋重，一依近例，便可升祔神主。安易妄言，以凶仗为凶秽，目群官为颠倒，指梓宫为棺柩，令百司分析园陵，浼渎圣聪，诬罔臣下。

安易又云"昔日睹群官尽公，奉二帝诸后，并先山陵，后祔庙；今日睹群官颠倒，奉明德皇太后，独先祔庙，后园陵"者。今详当时先山陵后祔庙，正为年月便顺、别无阴阳拘忌，今则年月未便，理合从宜，未埋重则礼文不备，未升祔则庙祭犹阙，须从变礼，以合圣情。兼明德皇太后将赴权攒，而安易所称"柏城未焚凶仗，则凶秽唐突祖宗"。按《檀弓》云："丧之朝也，顺死者之孝心也。"郑玄注云，谓迁柩于庙。又云："其哀离其室也，故至于祖孝之庙而后行，商朝而殡于祖，周朝而遂葬。"今亦遥辞宗庙而后行，岂可以《礼经》所出目为颠倒，吉凶具仪谓之唐突哉？

又云："孝章皇后至道元年崩，亦缘有所嫌避，未赴园陵，出京权攒之时，不立神主入庙。直至至道三年，西去园陵，礼毕，然后奉虞主还京，易神主祔庙，以合典礼。"今详当时文籍，缘孝章为太宗嫂氏，上仙之时，止辍五日视朝，百官不曾成服，与今不同。从初亦无诏命令住庙享。今明德皇太后母仪天下，主上孝极曾、颜，况上仙之初，即有遗命权停享祀。今按礼文，固合如此。安易荒唐庸昧，妄有援引，以大功之亲，比三年之制，欺罔君上，乃至于斯。

况安易以讦直自负,所诋者无非良善;以清要自高,所尚者无非鄙俗。名宦之志,老而益坚;诗书之文,懵而不习。本院所议,并明称典故,旁考时宜,虽曰从权,粗亦稽古,请依元议施行。

从之。安易又屡言陵庙事,词多鄙俚。晚岁进趋不已,时论嗤之。二年卒,年七十六。赠工部尚书。录其子承庆为国子博士,孙从政为太常寺奉礼郎。

论曰:自古创业之君,其居潜旧臣,定策佐命,树事建功,一代有一代之才,未尝乏也。求其始终一心,休戚同体,贵为国卿,亲若家相,若宋太祖之于赵普,可谓难矣。陈桥之事,人谓普及太宗先知其谋,理势或然。事定之后,普以一枢密直学士立于新朝数年,范、王、魏三人罢相,始继其位,太祖不亟于酬功,普不亟于得政。及其当揆,献可替否,惟义之从,未尝以勋旧自伐。偃武而修文,慎罚而薄敛,三百余年之宏规,若平昔素定,一旦举而措之。太原、幽州之役,终身以轻动为戒,后皆如其言。家人见其断国大议,闭门观书,取决方册,他日窃视,乃《鲁论》耳。昔传说告商高宗曰:“学于古训乃有获,事不师古,以克永世,匪说攸闻。”普为谋国元臣,乃能矜式往哲,蓍龟圣模,宋之为治,气象醇正,兹岂无助乎。晚年廷美、多逊之狱,大为太宗盛德之累,而普与有力焉。岂其学力之有限而犹有患失之心欤? 君子惜之。

宋史卷二五七
列传第一六

吴廷祚 子元辅　元载　元扆　李崇矩
子继昌　王仁赡　楚昭辅
李处耘 子继隆　继和

　　吴廷祚字庆之,并州太原人。少颇读书,事周祖,为亲校。广顺初,授庄宅副使,迁内军器库使、知怀州,入为皇城使。会天平符彦卿移镇大名,以廷祚权知郓州。

　　世宗即位,迁右羽林将军,充内客省使。未几,拜宣徽北院使。世宗征刘崇,为北面都巡检使。师还,权判澶州,归阙,加右监门卫大将军。俄迁宣徽南院使、判河南府;知西京留守事。汴河决,命廷祚督丁壮数万塞之。因增筑堤防,自京城至临淮,数旬迄工。世宗北征,权东京留守。是夏,河决郑州原武县,命廷祚发近县丁壮二万余塞之。师还,以廷祚为左骁卫上将军、检校太傅,充枢密使。恭帝即位,加检校太尉。

　　宋初,加同中书门下三品,以其父名璋,故避之。会李筠叛,廷祚白太祖曰:"潞城岩险,且阻太行,贼据之,未易破也。筠素勇而轻,若速击之,必离上党来邀我战,犹兽亡其薮,鱼脱于渊,因可擒矣。"太祖遂亲征,以廷祚留守东京兼判开封府。筠果领兵来,战泽州南,其众败走。及讨李重进,又为东京留守。

　　建隆三年夏,帝谓之曰:"卿掌枢务,有年于兹,与卿秦州,以均劳逸。明日制出,恐卿以离朕左右为忧,故先告卿。"即以为雄武军节度。先是,秦州夕阳镇西北接大薮,多材植,古伏羌县之地。高防知州日,建议就置采造务,调军卒分番取其材以给京师。西夏酋长尚波于率众争夺,颇伤役卒。防捕系其党,以状闻。上令廷祚代防,赍诏赦尚波于等,夏人感悦。是年秋,以伏羌地来献。

乾德二年来朝,改镇京兆。开宝四年长春节来朝。俄遇疾,车驾临问,命蒸艾灸其腹,遣中使王继恩监视之。未几卒,年五十四。赠侍中,官给葬事。

廷祚谨厚寡言,性至孝,居母丧,绝水浆累日。好学,聚书万余卷。治家严肃,尤崇奉释氏。

子元辅、元范、元载、元扆、元吉、元庆。元范、元庆仕皆至礼宾副使。元吉,阁门祗候。元吉子昭允,太子中舍。元庆子守仁,内殿崇班。

元辅字正臣,颇好学,善笔札。周广顺中,以父任补供奉官。世宗嗣位,迁洛苑使。宋初,授左骁卫将军、澶州巡检,累官至定州钤辖。卒,年四十八。子昭德、昭逊、昭普,并阁门祗候。

元载,建隆初,授太子右春坊通事舍人,赐绯鱼袋。廷祚出镇秦、雍,并补衙门都校。廷祚卒,授供奉官。太平兴国三年,加阁门祗候,与太祝毋宾古使契丹。九年,擢为西上阁门副使,出知陕州。

雍熙三年,徙知秦州。州民李益者,为长道县酒务官,家饶于财,僮奴数千指,恣横持郡吏短长,长吏而下皆畏之。民负息钱者数百家,郡为督理如公家租调,独推官冯伉不从。益遣奴数辈伺伉按行市中,拽之下马,因毁辱之。先是,益厚赂朝中权贵为庇护,故累年不败。及伉屡表其事,又为邸吏所匿,不得达,后因市马译者附表以闻,译因入见,上其表。帝大怒,诏元载逮捕之。诏书未至,京师权贵已报益,益惧,亡命。元载以闻,帝愈怒,诏州郡物色急捕之,获于河中府民郝氏家，鞫于御史府，具得其状，斩之，尽没其家。益子仕衡先举进士，任光禄寺丞，诏除籍，终身不齿。益之伏法，民皆饭僧相庆。

端拱初，迁西上阁门使。淳化二年，加领富州刺史，俄徙知成都府。蜀俗奢侈，好游荡，民无赢余，悉市酒肉为声技乐，元载禁止之；吏民细罪又不少贷，人多怨咨。及王小波乱，元载不能捕灭，受代归阙，而成都不守。

时李仕衡通判华州，常衔元载因事杀其父，伺元载至阙，遣人阅行装，收其关市之税。元载拒之，仕衡抗章疏其罪，坐责郢州团练副使。移单州，以疾授左卫将军致政。卒，年五十三。

子昭明，为内殿崇班；昭矩，太子中舍。

元偓字君华。太平兴国八年，选尚太宗第四女蔡国公主，授左卫将军、驸马都尉。明年正月，领爱州刺史。是冬，领本州团练使。

雍熙三年，有事北边。元偓表求试剧郡，命知郓州。逾年召入，寻知河阳。还朝，改郓州观察使。特诏朝会序班次节度使，奉禄赐予悉增之。再知河阳。

淳化元年，以主疾召还。主薨，复遣之任。五年，秋霖河溢，奔注沟洫，城垒将坏，元偓躬涉泥淖，督工补塞。民多构木树杪以避水，元偓命济以舟楫，设饼饵以食。时澶、陕悉罹水灾，元偓所部赖以获安。

真宗即位，换安州观察使，俄知澶州。咸平三年，转运使刘锡上其治状，诏书嘉奖，迁宁国军留后、知定州。时王超、王继忠领兵逾唐河，与辽人战，元偓度其必败，乃急发州兵护河桥。既而超辈果败，辽人乘之，至桥，见阵兵甚盛，遂引去。考满，吏民诣阙贡马，疏其善政十事，愿借留树碑，表其德政。诏褒之。属岁旱，吏白召巫以土龙请雨。元偓曰："巫本妖民，龙止兽也，安能格天？惟精诚可以动天。"乃集道人设坛，洁斋三日，百拜祈祷，澍雨沾洽。

景德三年代归，拜武胜军节度。三年，以陵域积水，议埋掘沟洞，命为修诸陵都部署，以内侍副都知阁承翰副之。出知潞州。初，并、代、泽、潞皆分辖戍卒，后并于太原。至是，以元偓临镇，遂分领泽、潞、晋、绛、慈、隰、威胜七州军戎事，委元偓专总之。东封，表求扈从，命祀青帝，礼毕，加检校太傅、知徐州。大中祥符四年，以祀汾阴恩，改领山南东道。五月，制书下，元偓被疾卒，年五十，赠中书令，谥忠惠。子弟进秩者五人。五年，葬元偓，进上元欲观灯，帝为移次夕。

　　元偓性谨让，在藩镇有忧民心，待宾佐以礼。喜读《春秋左氏》，声色狗马，一不介意。所得禄赐，即给亲族孤贫者。将赴徐州，请对言：“臣族属至多，其堪禄仕者皆为表荐，余皆均奉赡之。”公主有乳媪，得入参宫禁，元偓虑其去后妄有请托，白上拒之。真宗深所嘉叹，于帝婿中独称其贤。及殁，甚悼惜之。且以元偓得疾，本州不以闻，诏劾其官属。

　　子守礼，至六宅使、澄州刺史，以帝甥特赠和州防御使；守严，至内殿崇班，天禧中，录守严子承嗣、承绪并为殿直；守良为内殿崇班；守让阁门祗候。

　　李崇矩字守则，潞州上党人。幼孤贫，有至行，乡里推服。汉祖起晋阳，次上党，史弘肇时为先锋都校，闻崇矩名，召署亲吏。乾佑初，弘肇总禁兵兼京城巡检，多残杀军民，左右惧，稍稍引去，惟崇矩事之益谨。及弘肇被诛，独得免。

　　周祖与弘肇素厚善，即位，访求弘肇亲旧，得崇矩。谓之曰：“我与史公受汉厚恩，戮力同心，共奖王室，为奸邪所构，史公卒罹大祸，我亦仅免。汝史氏家故吏也，为我求其近属，吾将恤之。”崇矩上其母弟福。崇矩素主其家，尽籍财产以付福，周祖嘉之，以崇矩隶世宗帐下。显德初，补供奉官。从征高平，以功转供备库副使，改作坊使。恭帝嗣位，命崇矩告哀于南唐。还判四方馆事。

　　宋初，李筠叛，命崇矩率龙捷、骁武左右射禁军数千人屯河阳，以所部攻大会砦，拔之，斩首五百级。改泽、潞南面行营前军都监，与石守信、高怀德、罗彦环同破筼众于碾子谷。及平泽、潞，遣崇矩先入城，收图籍，视府库。因上言曰："上党，臣乡里也。臣父尚槀葬，愿护槥归京师。"许之，赐予甚厚。师还，会判三司张美出镇，拜右监门卫大将军，充三司使。从征李重进，还为宣徽北院使，仍判三司。

乾德二年，代赵普拜枢密使。五年，加检校太傅。时剑南初平，禁军校吕翰聚众构乱，军多亡命在其党中，言者请诛其妻子。太祖疑之，以语崇矩。崇矩曰："叛亡之徒固当孥戮，然案籍合诛者余万人。"太祖曰："朕恐有被其驱率，非本心者。"乃令尽释之。翰众闻之，亦稍稍自归。未几，翰败灭。

开宝初，从征太原。会班师，命崇矩为后殿。次常山，被病，帝遣太医诊视，命乘凉车还京师。崇矩叩头言："凉车乃至尊所御，是速臣死尔。"固辞得免。

时赵普为相，崇矩以女妻普子承宗，相厚善，帝闻之不悦。有郑伸者，客崇矩门下仅十年，性险诐无行，崇矩待之渐薄。伸衔之，因上书告崇矩阴事。崇矩不能自明。太祖释不问，出为镇国军节度，赐伸同进士出身，以为酸枣主簿；仍赐器币、袭衣、银带。六年，崇矩入为左卫大将军。

太平兴国二年夏，河防多决，诏崇矩乘传自陕至沧、棣，按行河堤。是秋，出为邕、贵、浔、宾、横、钦六州都巡检使。未几，移琼、崖、儋、万四州都巡检使，麾下军士咸惮于行，崇矩尽出器皿金帛，凡直数百万，悉分给之，众乃感悦。时黎贼扰动，崇矩悉抵其洞穴抚慰，以己财遗其酋长，众皆怀附。代还，拜右千牛卫上将军。雍熙三年，命代宋渥，判右金吾街仗兼六军司事。端拱元年，卒，年六十五。赠太尉，谥元靖。

崇矩性纯厚寡言，尤重然诺。尝事史弘肇，及贵，见其子孙，必厚礼之，振其乏绝。在岭海四五年，恬不以炎荒婴虑。旧涉海者多舣舟以俟便风，或旬余，或弥月，崇矩往来皆一日而渡，未尝留滞，士卒僮仆随者皆无恙。信奉释氏，饭僧至七十万，造像建寺尤多。又喜黄白术，自远迎其人，馆于家以师之，虽知其诈，犹以为神仙，试已终无悔恨。子继昌。

继昌字世长。初，崇矩与太祖同府厚善，每太祖诞辰，必遣继昌奉币为寿。尝畀弱弓轻矢，教以射法。建隆三年，荫补西头供奉官。太祖欲选尚公主，崇矩谦让不敢当，继昌亦自言不愿。崇矩亟为继昌聘妇，太祖闻之，颇不悦。

开宝五年，选魏咸信为驸马都尉，继昌同日迁如京副使。崇矩出华州，补镇国军牙职。入为右班殿直、东头供奉官，监大名府商税，岁课增羡。会诏择廷臣有劳者，府以名闻。丁外艰，服阕，授西京作坊副使。淳化中，齐饥多盗，命为登、莱、沂、密七州都巡检使。

至道二年，蜀贼平，余党颇啸聚，拜西京作坊使、峡路二十五州军捉贼招安都巡检使。旋改兵马钤辖。贼酋喻雷烧者，久为民患，以金带遗继昌，继昌伪纳之，贼懈不设备，因掩杀之。进西京左藏库使。

咸平三年，王均乱蜀，与雷有终、上官正、石普同受诏进讨，砦于城西门。贼忽开城伪遁，有终等各以所部径入，继昌觉，亟止之不听，因独还砦。贼果闭关发伏，悉陷之，有终等仅以身免。继昌按堵如故，所部诸校闻城中战声，泣请引去。继昌曰：“吾位最下，当俟主帅命。”是夕，有终驰报至，徙继昌屯雁桥门。三月，破弥牟砦，斩首千级，大获器仗，进逼鱼桥门，均脱走。继昌入城，严戒部下，无扰民者。获妇女童幼置空寺中，俟事平遣还其家。继昌急领兵追贼至资州，闻均枭首乃还。以功领奖州刺史。俄知青州，入掌军头引见司。

景德二年，将幸澶州，遣先赴河上给诸军铠甲。辽人请和，欲近臣充使，乃令继昌与其使姚东之偕诣辽部，俄与韩杞同至行在；及辽人聘至，又命至境首接伴。寻擢为西上阁门使。三年，又副任中正使契丹。是冬，将朝陵寝，以汝州近洛，卫兵所驻，命知州事兼兵马钤辖。驾还，召归，出知延州兼鄜延路钤辖。

大中祥符元年，进秩东上阁门使。俄以目疾求归京师。入对，劳问再三，遣尚医诊视，假满仍给以奉。少愈，令枢密院传旨，将真拜刺史,复任延安。继昌以疾表求休致。未几,改右骁卫大将军,领郡如故。祀汾阴,留为京师新城巡检钤辖,改左神武军大将军、权判右金吾街仗。其子遵助,尚万寿长公主。

天禧初,主诞日,邀继昌过其家,迎拜为寿。帝知之,密以袭衣、金带、器币、珍果、美馔赐之。翌日,主入对,帝问继昌强健能饮食,拜连州刺史,出知泾州。表求两朝御书及谒拜诸陵,皆许之。二年冬,卒,年七十二。遣中使护榇以归。录其子赞善大夫文晟为殿中丞,殿直文旦为侍禁。

继昌性谨厚,士大夫乐与之游。为治尚宽,所至民怀之。任峡路时,与上官正联职。正残忍好杀,尝有县胥护刍粮,地远后期,正令斩之。继昌徐为解贷焉。郑伸者,早死,其母贫饿,尝诣继昌乞丐,家人竞前诟逐。继昌召见,与百金百两,时人称之。

遵助初尚王,诏升为崇矩子,授昭德军留后、驸马都尉。

王仁赡,唐州方城人。少偶傥,不事生产,委质刺史刘词。词迁永兴节度,署为牙校。词将卒,遗表荐仁赡材可用。太祖素知其名,请于世宗,以隶帐下。

宋初,授武德使,出知秦州,改左飞龙使。建隆二年,迁右领军卫将军,充枢密承旨。高继冲请命,以仁赡为荆南巡检使。继冲入朝,命知军府。乾德初,迁左千牛卫大将军。不逾月,加内客省使。

二年春,召赴阙,擢为枢密副使。七月,加左卫大将军。兴师讨蜀,命仁赡为凤州路行营前军都监。蜀平,坐没入生口财货、杀降兵致蜀土扰乱,责授右卫大将军。初,剑南之役,大将王全斌等贪财,军政废弛,寇盗充斥。太祖知之,每使蜀来者,令陈全斌等所入贿赂、子女及发官库分取珠金等事,尽得其状。及全斌等归,帝诘仁赡,仁赡历诋诸将过失,欲自解。帝曰:"纳李廷珪妓女,开丰德库取金宝,岂全斌辈邪?"仁赡不能对。廷圭,故蜀将也。帝怒,令送中书鞫全斌等罪,仁赡以新立功,第行降黜而已。帝幸洛,以仁赡判留守司、三司兼知开封府事。及召沈伦赴行在,以仁赡为东京留守兼大内都部署。驾还,遂判三司,俄命权宣徽北院事。

太平兴国初,拜北院使兼判如故,加检校太保。四年,亲征太原,充大内部署,乃判留守司、三司,总辖里外巡检司公事。师还,加检校太傅。

五年,仁赡廉得近臣戚里遣人市竹木秦、陇间,联巨筏至京师,所过关渡,矫称制免算;既至,厚结有司,悉官市之,倍收其直。仁赡密奏之,帝怒,以三司副使范旻、户部判官杜载、开封府判官吕端属吏。旻、载具伏阂上为市竹木入官;端为秦府亲吏乔琏请托执事者。贬旻为房州司户,载均州司户,端商州司户。判四方馆事程德玄,武德使刘知信,翰林使杜彦圭,日骑、天武四厢都指挥使赵延溥,武德副使窦神兴,左卫上将军张永德,左领军卫上将军祁廷训,驸马都尉王承衎、石保吉、魏咸信,并坐贩竹木入官,责降罚奉。是岁,车驾北巡,命仁赡为大内部署。

七年春,以政事与僚属相矛盾,争辩帝前,仁赡辞屈,责授右卫大将军。翌日,改唐州防御使,月给奉钱三十万。仁赡之获罪也,兵部郎中、判勾院宋琪及三司判官并降秩。先是,仁赡掌计司殆十年,恣下吏为奸,怙恩宠无敢发者;前年发范旻等事,中外益畏其口。会属吏陈恕等数人率以瞰察不畏强御自任,因议本司事有不协者。朝参日,恕独出班持状奏其事。帝诘之,仁赡屈伏。帝怒甚,故及于谴,而恕等悉奖擢。琪与恕等联事,始合谋同奏,至帝前而宋琪犹附会仁赡,故亦左降。仁赡既失权势因怏怏成疾,数日卒,年六十六。

后帝因言及三司财赋,谓宰相赵普等曰:"王仁赡领邦计积年,恣吏为奸,诸场院官皆隐没官钱以千万计,朕悉令罢之。命使分掌。仁赡再三言,恐亏旧数,朕拒之。未逾年,旧获千缗者为一二万缗,万缗者为六七万缗,其利数倍。用度既足,倘遇水旱,即可免民租税。仁赡心知其非,颇亦惭悸,朕优容之。"子雍,为崇仪副使。

楚昭辅字拱辰,宋州宋城人。少事华帅刘词。词卒,事太祖,隶麾下,以才干称,甚信任之。陈桥师还,昭宪太后在城中,太祖忧之,遣昭辅问起居，昭辅具言士众推戴之状，太后乃安。

宋初，为军器库使。太祖亲讨泽、潞，及征淮扬，并以昭辅为京城巡检。建隆四年，权知扬州，使江表。还，命钩校左藏库金帛，数日而毕，条对称旨。开宝四年，帝以其能心计，拜左骁卫大将军、权判三司。六年，迁枢密副使。九年，命权宣徽南院事。

太平兴国初，拜枢密使。三年，加检校太傅。从征太原，加检校太尉。俄以足疾请告，帝亲临问。以所居湫隘，命有司广之，昭辅虑侵民地，固让不愿治。帝嘉其意，赐白金万两，令别市第。昭辅被疾，家居近一岁，始以石熙载代之。昭辅不求解职，上亦不忍罢。会郊祀毕，罢为骁骑卫上将军。逾年卒，年六十九。废朝，赠侍中，命中使护其丧归葬乡里。无子，录其兄子吉为供奉官，敏为殿直。

昭辅性勤介，人不敢干以私，然颇吝啬，前后赐予万计，悉聚而畜之。尝引宾客故旧至藏中纵观，且曰："吾无汗马劳，徒以际会得此，吾为国家守尔，后当献于上。"及罢机务，悉以市善田宅，时论鄙之。

初，词卒，昭辅来京师，问卜于瞽者刘悟。悟为筮卦，曰："汝遇贵人，见奇表丰下者即汝主也，宜谨事之，汝当贵矣。"及见太祖，状貌如悟言，遂委质焉。

咸平三年，录弟之子谅为借职。大中祥府八年，又录从孙鼎为右班殿直。吉至内殿崇班。吉子随，敏子咸，并进士及弟，随为太常博士，咸屯田员外郎。

李处耘，潞州上党人。父肇，仕后唐，历军校，至检校司徒。从讨王都定州，契丹来援，唐师不利，肇力战死之。晋末，处耘尚幼，随兄处畴至京师，遇张彦泽斩关而入，纵士卒剽略。处耘年犹未冠，独当里门，射杀十数人，众无敢当者。会暮夜，遂退。迨晓复斗，又杀数人，斗未解。有所亲握兵，闻难来赴，遂得释，里中赖之。

汉初，折从阮帅府州，召置门下，委以军务。从阮后历邓、滑、陕、邠四节度，处耘皆从之。在新平日，折氏甥诣阙诬告处耘之罪，周祖信之，黜为宜禄镇将。从阮表雪其冤，诏复隶麾下。

显德中，从阮遗表称处耘可用，会李继勋镇河阳，诏署以右职。继勋初不为礼，因会将吏宴射，处耘连四发中的，继勋大奇之，令升堂拜母，稍委郡务，俾掌河津。处耘白继勋曰："此津往来者惧有奸焉，不可不察也。"居数月，果得契丹谍者，索之，有与西川、江南蜡书，即遣处耘部送阙下。

太祖时领殿前亲军，继勋罢镇，世宗以处耘示太祖帐下，补都押衙。会太祖出征，驻军陈桥，处耘见军中谋欲推戴，遽白太宗，与王彦升谋，召马仁禹、李汉超等定议，始入白太祖，太祖拒之。俄而诸军大躁，入驿门，太祖不能却。处耘临机决事，谋无不中，太祖嘉之，授客省使兼枢密承旨、右卫将军。

从平泽、潞，迁羽林大将军、宣徽北院使。讨李重进，为行营兵马都监。贼平，以处耘知扬州。大兵之后，境内凋弊，处耘勤于绥抚，奏减城中居民屋税，民皆悦服。建隆三年，诏归京师，老幼遮道涕泣，累日不得去。拜宣徽南院使兼枢密副使，赐甲第一区。

郎州军乱，诏慕容延钊率师讨之，以处耘为都监。入辞，帝亲授方略，令会兵汉上。先是，朝廷遣内酒坊副使卢怀忠使荆南，觇势强弱。使还，具言可取之状，遂使处耘图之。处耘至襄州，先遣阁门使丁德裕假道荆南，请具薪水给军，荆人辞以民庶恐惧，愿供凶饩于百里外。处耘又遣德裕谕之，乃听命。遂令军中曰："入江陵城有不由路及擅入民舍者斩。"

师次荆门，高继冲遣其叔保寅及军校梁延嗣奉牛酒犒师，且来觇也。处耘待之有加，谕令翌日先还。延嗣大喜，令报继冲以无虞。荆门距江陵百余里，是夕，召保寅等宴饮延钊之帐。处耘密遣轻骑数千倍道前进。继冲但俟保寅、延嗣之还，遽闻大军奄至，即惶怖出迎，遇处耘于江陵北十五里。处耘揖继冲，令待延钊，遂率亲兵先入登北门。比继冲还，则兵已分据城中，荆人束手听命。即调发江陵卒万余人，并其师，晨夜趋郎州。又先遣别将分麾下及江陵兵趋岳州，大破贼于三江口，获船七百余艘，斩首四千级。又遇贼帅张从富于澧江,击败之。逐北至敖山砦,贼弃砦走,俘获甚众。处耘释所俘体肥者数十人,令左右分啗之,黥其少健者,令先入朗州。会暮,宿砦中,迟明,延钊大军继至。黥者先入城言,被擒者悉为大军所啗,朗人大惧,纵火焚城而溃。会朗帅周保权年尚幼,为大将汪端劫匿于江南砦僧寺中。处耘遣麾下将田守奇帅师渡江获之。遂入潭州,尽得荆湖之地。

初,师至襄州,衢肆鬻饼者率减少,倍取军人之直。处耘捕得其尤者二人送延钊,延钊怒不受,往复三四,处耘遂命斩于市以徇。延钊所部少校司义舍于荆州客将王氏家,使酒凶恣,王氏诉于处耘。处耘召义呵责,义又谮处耘于延钊。至白湖,处耘望见军人入民舍,良久,舍中人大呼求救,遣捕之,即延钊圉人也,乃鞭其背,延钊怒斩之。由是大不协,更相论奏。朝议以延钊宿将贳其过,谪处耘为淄州刺史。处耘惧,不敢自明。在州数年,乾德四年卒,年四十七。废朝,赠宣德军节度、检校太傅,赐地葬于洛阳偏桥村。

处耘有度量,善谈当世之务,居常以功名为己任。荆湖之役,处耘以近臣护军,自以受太祖之遇,思有以报,故临事专制,不顾群议,遂至于贬。后太祖颇追念之。及开宝中,为太宗纳其次女为妃,即明德皇后也。

子继隆、继和,自有传;继恂,官至洛苑使、顺州刺史,赠左神武大将军。继恂子召逊,为供备库使。处畴,官至作坊使,子继凝。

继隆字霸图,幼养于伯父处畴。及长,以父荫补供奉官。处耘贬淄州,继隆亦除籍。会长春节,与其母入贡,复旧官。时权臣与处耘有宿憾者,忌继隆有才,继隆因落魄不治产,以游猎为娱。

乾德中平蜀,选为果、阆监军,年方弱冠,母忧其未更事,将辅以处耘左右。继隆曰:“是行儿自有立,岂须此辈,愿不以为虑。”母慰而遣之。代还,夜涉栈道,雨滑,与马偕坠绝漳,深十余丈,挂于大树。骑卒驰数十里外,取火引绠以出之。

会征江南,领雄武卒三百戍邵州,止给刀盾。蛮贼数千阵长沙南,截其道。继隆率众力战,贼遁去,手足俱中毒矢,得良药而愈,部卒死伤者三之一。太祖闻其勇敢器重之。又与石曦率兵袭袁州,破桃田砦,追贼二十里,入潭富砦,焚其梯冲刍积。

复从李符督荆湖漕运,给征南诸军。吴人以王师不便水战,多出舟师断饷道,继隆屡与斗,粮悉善达。日驰四五百里,常令往来觇候。一日中途遇虎,射杀之。尝获吴将,部送赴阙,至项县而病,斩其首以献,太祖益嘉之。与吴人战,流矢中额,以所冠胄坚厚,得不伤。

太祖察其才,且追念其父,欲拔用之,谓曰:“升州平,可持捷书来,当厚赏汝。”时内侍使军中者十数辈,皆伺城陷献捷,会有机事当入奏,皆不愿行,而继隆独请赴阙。太祖见其来,时城尚未下,甚讶之。继隆度金陵破在旦夕,因言在途遇大风晦暝,城破之兆也。翌日,捷奏至,太祖召谓曰:“如汝所料矣。”吴将庐绛聚众万余,攻掠州县,命继隆招来之。江南平,录功迁庄宅副使。从幸西洛,改御营前后巡检使。

太平兴国二年,改六宅使。尝诏与王文宝、李神佑、刘承珪同护浚京西河,又与梁迥、窦神宝治决河。迥体肥硕,所乘舟弊不能济,继隆易以己舟。已而继隆舟果覆,栖枯桑杪,赖他舟以度。

从征太原,为四面提举都监,与李汉琼领梯冲地道攻城西面,机石过其旁,从卒仆死,继隆督战无怠。讨幽州,与郭守文领先锋,破契丹数千众。及围范阳,又与守文为先锋,大败其众于湖翟河南。

后为镇州都监,契丹犯边,与崔翰诸将御之。初,太宗授以阵图,及临阵有不便,众以上命不可违。继隆曰:“事有应变,安可预定,设获违诏之罪,请独当也。”即从宜而行,败之于徐河。

四年,迁宫苑使、领妫州刺史,护三交屯兵。与潘美出征北边,破灵丘县,尽略其人以归。改定州驻泊都监。尝领兵出土镫砦,与贼战,获牛羊、车帐甚众。诏书褒美。

李继迁叛,命继隆与田仁朗、王侁率兵击之。四月,出银州北,破悉利诸族,追奔数十里,斩三千余级,俘蕃汉老幼千余,枭代州刺史折罗遇及其弟埋乞首，牛马、铠仗所获尤多。又出开光谷西杏子坪，破保寺、保香族，斩其副首领埋乜巳五十七人，降银三族首领析八军等三千余众，复破没邵浪、悉讹诸族，及浊轮川东、兔头川西，生擒七十八人，斩首五十九级，俘获数千计。引师至监城，吴移、越移四族来降，惟岌伽罗腻十四族怙其众不下，乃与尹宪袭击之，夷其帐千余，俘斩七千余级。俄改领环州团练使，又护高阳关屯兵。

从曹彬征幽州，率兵助先锋薛继昭破其众数千于固安南，下固安、新城，进克涿州，矢中左股，血流至踵，获契丹贵臣一人。彬欲上其功，继隆止之。俄而傅潜、米信军败众溃，独继隆所部振旅而还。即命继隆知定州，寻诏分屯诸军，继隆令书吏书尽录其诏。旬余，有败卒集城下，不知所向，继隆按诏给券，俾各持诣所部。太宗益嘉其有谋。

三年，迁侍卫马军都虞候、领武州防御使。契丹大入边，出为沧州都部署。刘廷让与敌战君子馆，先约继隆以精卒后殿，缓急为援。既而敌围廷让数重，继隆引麾下兵退保乐寿，廷让力不敌，全军陷没，裁以单骑遁免。上怒，追继隆赴阙，令中书问状，既而得释。逾年，加领本州观察使。

端拱初，制授侍卫马军都指挥使、领保顺节度。九月，出为定州都部署。初，朝议有寇至，令坚壁清野，勿与战。一日，契丹骤至，攻浦城，至唐河。护军袁继忠慷慨请出师，中黄门林延寿等五人以诏书止之。继隆曰："阃外之事，将帅得专。"乃与继忠出兵，战数合，击走之。

二年冬，送刍粟入威虏军，蕃将于越率骑八万来邀王师，继隆所领步骑裁一万，先命千人设伏城北十里，而与尹继伦列阵以待。敌众方食，继伦出其不意，击走之。继隆追奔过徐河，俘获甚众。尝有诏废威虏军，继隆言："梁门为北面保障，不可废。"遂城守如故，讫为要地。

淳化初，上遣使至定州，密谕继隆："若契丹复入寇，朕当亲讨。"继隆上奏曰："自北边肆孽，边邑多虞，陛下不知臣不材，任以

疆事,臣敢不讲求军实,震耀戎容,奉扬天声,以遏外侮。然臣奉辞
之日,曾沥愚囊,诚以蜂蚁之妖,必就鲸鲵之戮。臣子之分,死生以
之,望不议于亲巡,庶靡劳于天步。今聆圣诲,将决亲征,且一人既
行,百司景从,次舍驱驰,郡县供馈,劳费滋甚。珍此微妖,当责将
帅,臣虽弩弱,誓死为期。”是岁,契丹不入边,议遂止。

　　四年夏,召还,太宗面奖之,改领静难军节度,复遣还屯所。时
夏州赵保忠与继迁连谋,朝廷患之,又绥州牙校高文岯举城效顺,
河外蕃汉大扰,以继隆为河西行营都部署、尚食使尹继隆为都监以
讨之。既而继迁遁去,擒保忠以献。初,裨将侯延广、监军秦翰议请
诛保忠,及出兵追之,继隆曰:“保忠机上肉尔,当请于天子。今继迁
遁去,千里穷碛,艰于转饷,宜养威持重,未易轻举。”延广等服其
言。

　　会密诏废夏州,隳其城。继隆命秦翰与弟继和及高继勋同入
奏,以为朔方古镇,贼所窥觎之地,存之可依以破贼;并请于银、夏
两州南界山中增置保戍,以扼其冲,且为内属蕃部之障蔽,而断贼
粮运。皆不报。

　　至道二年,白守宗守荣、马绍忠等送粮灵州,为继迁所邀,败于
浦洛河。上闻之怒,亟命继隆为灵、环十州都部署。是秋,五路讨继
迁,以继隆出环州,取东关镇,由赤柽、苦井路赴之。继隆以所出道
回远乏水,请由橐驼驰路径趋贼之巢穴。且遣继和入奏,太宗召诘
之,知其必败,因遣周莹赍手诏切责,督其进军赤柽。莹至,继隆以
便宜发兵,不俟报,与丁罕行十余日,果不见贼而还。诸将失期,士
卒困乏。继隆素刚,因惭愤,肆杀戮,乃奏转运使陈绛、梁鼎军储不
继,并坐削秩。

　　三年春,继迁以蕃部从顺者众,遣其军主史乩遇率兵屯橐驼口
西北双堆,以遏绝之。执仓族蕃官乩遇来告,继隆遣刘承蕴、田敏会
乩遇讨之,斩首数千级,获牛马、橐驼万计。

　　先是,受诏送军粮赴灵州,必由旱海路,自冬至春,而乩粟始
集。继隆请由古原州蔚茹河路便,众议不一,继隆固执论其事,太宗

许焉。遂率师以进，壁古原州，令如京使胡守澄城之，是为镇戎军。

真宗即位，改领镇安军节度、检校太傅。逾月召还，加同中书门下平章事，解兵柄归本镇。咸平二年，丁内艰，起复。会秋潦暴集，蔡水坏岸，继隆乘危督士卒补塞，自辰讫午，冲波稍息。四年，加检校太师。王师失利于望都，继隆累表求诣阙面陈边事，因乞自效。俄召还，延见询访，因言："丑类侵扰，盖亦常事，愿委将帅讨伐，不烦亲征。"真宗慰谕之，改山南东道节度，判许州。

景德初，明德皇太后不豫，诏入省疾。九月，复许会葬。是冬，契丹大入，逾魏郡至河上。真宗幸澶渊，继隆求扈从，命为驾前东西排阵使，先赴澶州，陈师于北城外，毁车为营。敌数万骑急攻，继隆兴石保吉率众御之，追奔数里。及上至，幸北门观兵，召问慰劳，见其所部整肃，叹赏久之。翌日，幸营中，召从臣饮宴。二年春，还京，加开府仪同三司、食邑、实封。诏始下，会疾作，上亲临问。继和时为并、代钤辖，驿召省视。卒，年五十六。车驾临哭之恸，为制服发哀。赠中书令，谥忠武。以其子昭庆为洛苑使，从子昭□、昭逊，并为内殿崇班。又录其门下二十余人。乾兴初，诏与李沆、王旦同配享真宗庙庭。

继隆出贵胄，善骑射，晓音律，感慨自树，深沉有城府，严于御下。好读《春秋左氏传》，喜名誉，宾礼儒士。在太宗朝，特被亲信，每征行，必委以机要。真宗以元舅之亲，不欲烦以军旅，优游近藩，恩礼甚笃。然多智用，能谦谨保身。明德寝疾，欲面见之，上促其往。继隆但诣万安宫门拜笺，终不入。又尝命诸王诣第候谒，继隆不设汤茗，第假王府从行茶炉烹饮焉。昭庆改名昭亮，至东上阁门使、高州刺史。

继和字周叔，少以荫补供奉官，三迁洛苑使。淳化后，继隆多在边任，继和常从行，友爱尤至，每令入奏机事。继隆罢兵柄，手录唐李勣遗戒授继和，曰："吾门不坠者在尔矣。"

初，继和之请城镇戎军也，朝廷不果于行。继和面奏曰："平凉旧地，山川险阻，旁扼夷落，为中华襟带，城之为便。"太宗乃许焉。
后复不守。咸平中，继和又以为言，乃命版筑，以继和知其军。兼原、
渭、仪都巡检使。城毕，加领平州刺史。建议募贫民及弓箭手，垦田
积粟，又屡请益兵，朝议未许。上曰："苟缓急，部署不为济师，则或
至失援矣。"命继和兼泾、原、仪、渭钤辖。

　　时继迁未殄，命张齐贤、梁颢经略，因访继和边事，继和上言：

　　　　镇戎军为泾、原、仪、渭北面捍蔽，又为环、庆、原、渭、仪、
秦熟户所依，正当回鹘、西凉、六谷、吐蕃、咩逋、贱遇、马臧、梁
家诸族之路。自置军已来，克张边备，方于至道中所葺，今已数
倍。诚能常用步骑五千守之，泾、原、渭州苟有缓急，会于此军，
并力战守，则贼必不敢过此军；而缘边民户不废耕织，熟户老
幼有所归宿。

　　　　此军苟废，则过此新城，止皆废垒，有数路来寇：若自陇山
下南去，则由三百堡人仪州制胜关；自瓦亭路南去，则由弹筝
峡入渭州安国镇；自清石岭东南去，则由小卢、大卢、潘谷入潘
原县；若至潘原而西则入渭州，东则入泾州；若自东石岭东公
主泉南去，则由东山砦故彭阳城西并入原州；其余细路不可尽
数。如以五千步骑，令四州各为备御，不相会合，则兵势分而力
不足御矣。故置此城以扼要路。

　　　　即令自灵、环、庆、鄜、延、石、隰、麟、府等州以外河曲之
地，皆属于贼，若更攻陷灵州，西取回鹘，则吐蕃震惧，皆为吞
噬，西北边民，将受驱劫。若以可惜之地，甘受贼攻，便思委弃，
以为良策，是则有尽之地，不能供无已之求也。

　　　　臣虑议者以调发刍粮扰民为言，则此军所费，上出四川，
地里非遥，输送甚易。又刘琼方兴屯田若成，积中有备，则四州
税物，亦不须得。

　　　　况今继迁强盛，有逾曩日。从灵州至原、渭、仪州界，次更
取镟子山以西接环州山内及平夏，次并黄河以东以南、陇山内
外接仪州界，及灵州以北河外。蕃部约数十万帐，贼来足以斗

敌，贼迁未盛，不敢深入。今则灵州北河外、镇戎军、环州并北彻灵武、平夏及山外黄河以东族帐，悉为继迁所吞，纵有一二十族，残破奔进，事力十无二三。

自官军瀚海失利，贼愈猖狂，群蕃震惧，绝无斗志。兼以咸平二年弃镇戎后，继迁径来侵掠军界蕃族，南至渭州安国镇北一二十里，西至南市界三百余里，便于萧关屯聚万子、米逋、西鼠等三千，以胁原、渭、灵、环熟户，常时族帐谋归贼者甚多。赖圣谟深远，不惑群议，复置此军。一年以来，蕃部咸以安集，边民无复悉苦。以此较之，则存废之说，相失万倍矣。

又灵州远绝，居常非有尺布斗粟以供王府，今关西老幼，疲苦转饷，所以不可弃者，诚恐滋大贼势，使继迁西取秦、成之群蕃，北掠回鹘之健马，长驱南牧，何以枝梧。昨朝廷访问臣送刍粮道路，臣欲自萧关至镇戎城砦，西就胡卢河川运送。但恐灵州食尽，或至不守，清远固亦难保，青冈、白马曷足御捍，则环州便为极边。若贼从萧关、武延、石门路入镇戎，纵有五七千兵，亦恐不敌，即回鹘、西凉路亦断绝。

伏见咸平三年诏书，缘边不得出兵生事蕃夷，盖谓贼如猛兽，不怫其心，必且不动。臣愚虑此贼他日愈炽，不若听骁将锐旅屡入其境，彼或聚兵自固，则勿与斗，妖党才散，则令掩击。如此则王师逸而贼兵劳，贼心内离，然后大举。

及灵州孤垒，戍守最苦，望比他州尤加存恤。且守边之臣，内忧家属之窘匮，外忧奸邪之憎毁。忧家遇思为不廉，忧身则思为退迹，思不廉则官局不治，思退迹则庶事无心，欲其奋不顾身，令出惟行，不可得已。良由赏未厚、恩未深也。赏厚则人无顾内之忧，恩深则士有效死之志。古之帝王皆悬爵赏以拔英俊，卒能成大功。

大凡君子求名，小人徇利。臣为儿童时，尝闻齐州防御使李汉超守关南，齐州属州城钱七八万贯，悉以给与，非次赏赉，动及千万。汉超犹私贩榷场，规免商算，当时有以此事达于太祖者,即诏汉超私物所在,悉免关征。故汉超居则营生,战则誓死,赀产厚则心有所系,必死战则动有成绩。故毕太祖之世,一方为之安静。今如汉超之材固亦不少,苟能用皇祖之遗法,选择英杰,使守灵武,高官厚赏,不吝先与;往日,留半奉给其家,半奉资其用,然后可以责洁廉之节,保必胜之功也。

又戎事内制,或失权宜,汉时渤海盗起,龚遂为太守,尚听便宜从事。且渤海,汉之内地,盗贼,国之饥民;况灵武绝塞,西鄙强戎,又非渤海之比。苟许其声制,则无失事机,纵有营私冒利,民政不举,亦乞不问。用将之术,异于他官,贪勇知愚,无不皆录,但使法宽而人有所慕,则久居者安心展体,竭材尽虑,何患灵州之不可守哉?

又朝廷比禁青盐,甚为允惬。或闻议者欲开其禁。且盐之不入中土,因贼之良策也。今若谓粮食自蕃界来,虽盐禁不能围贼,此鬻盐行贿者之妄谈也。蕃粟不入贼境,而入于边廪,其利甚明。况汉地不食青盐,熟户亦不入蕃界博易,所禁者非徒粮食也,至于兵甲皮余之物,其名益多。以朝廷雄富,犹言摘山煮海,一年商利不入,则或阙军须。况蕃戎所赖,止在青盐,禁之则彼自困矣。望固守前诏为便。

五年,继和领兵杀卫埋族于天麻川。自是垅山外诸族皆恐惧内附,愿于要害处置族帐砦栅,以为戍守。继和因请移泾原部署于镇戎,以壮军势,又请开道环、延为应援。真宗以其精心戎事,甚嘉之。戎人伺警巡弛备,一夕,塞长壕,越古长城抵城下。继和与都监史重贵出兵御之,贼据险再突城隍,列阵接战,重贵中重创,败走之,大获甲骑。有诏嘉奖,别出良药、缣帛、牢酒以赐。

继和习武艺,好谈方略,颇知书,所至干治。然性刚忍,御下少恩,部兵终日擐甲,常如寇至;及较阅之际,杖罚过当,人多怨焉。真宗屡加勖励,且为覆护之。常上言:"保捷军新到屯所,多亡命者,请优赐缗钱;苟有亡逸,即按军法。"旧制,凡赐军中,虽缘奏请者,亦以特旨给之。上以继和峻酷,欲军士感其惠,特令以所奏著诏书中而加赐之。且以计情定罪,自有常制,不许其请。终以边防之地,虑人不为用,遣张志言代还。既即路,军中皆恐其复来。

六年,又出为并、代铃辖。将行请对,欲领兵去按度边垒。上曰:"河东岳险,兵甲甚众,贼若入寇,但邀其归路,自可致胜,不必率兵而往也。"

景德初,北边入寇,徙北平砦。车驾驻澶渊,继和受诏与魏能、张凝领兵赴赵州蹑敌后。契丹请和,边民犹未宁,又命副将张凝为缘边巡检安抚使。事平,复还并、代。时朝廷每诏书约束边事,或有当行极断之语,官吏不详深意,即处大辟。继和言其事,乃诏:"自今有云重断、极断、处斩、决配之类,悉须裁奏。"先是,继隆卒,继和耻以遗奏得官。久之,迁西上阁门使。未几,擢殿前都虞侯、领端州防御使。大中祥府元年卒,年四十六。赠镇国军节度,遣诸王率宗素服赴吊。二子早卒。帝以其族盛大,诸侄皆幼,令三班选使臣为主家事。

弟继恂,至洛苑使、顺州刺史,赠左神武大将军。子昭逊为供备库使。

论曰:夫乘风云之会,依日月之光,感慨发愤,效忠骏奔,居备要任,出握重兵,如是而令名克终,斯固可伟也。吴廷祚策李筠之破,如目睹其事,诚有将略。李崇矩秉纯厚之德,感史弘肇之恩,保其叛亡之孥,然交郑伸不知其倾险,坐谪炎海,固无先见之明矣;其子继昌,忘父仇以恤伸母之贫,虽非中道,亦人所难。王仁赡征蜀,杀降附之卒,肆贪矫之行,郁郁而毙,自贻伊戚,尚何尤乎?楚昭辅当陈桥推戴,太祖遣之入安母后,亦必可托以事者;及为三司,善于心计,人不可干以私,然终以讦直,取寡信之名,何欤?处耘于创业之始,功参缔构,克荆山、靖衡、湘,势如拉枯,而志昧在和,勋业弗究,良可惜也;幸联戚畹之贵,秉旄继世,抑造物之报,啬此而丰彼欤?

宋史卷二五八
列传第一七

曹彬 <small>子璨 玮 琮</small>　潘美 <small>李超附</small>

　　曹彬字国华，真定灵寿人。父芸，成德军节度都知兵马使。彬始生周岁，父母以百玩之具罗于席，观其所取。彬左手持干戈，右手取俎豆，斯须取一印，他无所视，人皆异之。及长气质淳厚。汉乾佑中，为成德军牙将。节帅武行德见其端悫，指谓左右曰："此远大器，非常流也。"周太祖贵妃张氏，彬从母也。周祖受禅，召彬归京师。隶世宗帐下，从镇澶渊，补供奉官，擢河中都监。蒲帅王仁镐以彬帝戚，尤加礼遇。彬执礼益恭，公府宴集，端简终日，未尝旁视。仁镐谓从事曰："老夫自谓夙夜匪懈，及见监军矜严，始觉己之散率也。"

　　显德三年，改潼关监军，迁西上阁门使。五年，使吴越，致命讫即还。私觌之礼，一无所受。吴越人以轻舟追遗之。至于数四，彬犹不受。既而曰："吾终拒之，是近名也。"遂受而籍之以归，悉上送官。世宗强还之，彬始拜赐，悉以分遗亲旧而不留一钱。出为晋州兵马都监。一日，与主帅暨宾从环坐于野，会邻道守将走价驰书来诣，使者素不识彬，潜问人曰："孰为曹监军？"有指彬以示之，使人以为绐己，笑曰："岂有国戚近臣，而衣弋绨袍、坐素胡床者乎？"审视之方信。迁引进使。

　　初，太祖典禁旅，彬中立不倚，非公事未尝造门，群居宴会，亦所罕预，由是器重焉。建隆二年，自平阳召归，谓曰："我畴昔常欲亲汝，汝何故疏我？"彬顿首谢曰："臣为周室近亲，复忝内职，靖恭守位,犹恐获过,安敢妄有交结?"迁客省使,与王全斌、郭进领骑兵攻河东乐平县,降其将王超、侯霸荣等千八百人,俘获千余人。既而贼将考进率兵来援,三战皆败之。遂建乐平为平晋军。乾德初,改左神武将军。时初克辽州,河东召契丹兵六万骑来攻平晋,彬与李继勋等大败之于城下。俄兼枢密承旨。

二年冬,伐蜀,诏以刘光毅为归州行营前军副部署,彬为都监。峡中郡县悉下,诸将咸欲屠城以逞其欲,彬独申令戒下,所至悦服。上闻,降诏褒之。两川平,全斌等昼夜宴饮,不恤军士,部下渔夺无已,蜀人苦之。彬屡请旋师,全斌等不从。俄而全师雄等构乱,拥众十万,彬复与光毅破之于新繁,卒平蜀乱。时诸将多取子女玉帛,彬橐中唯图画、衣衾而已。及还,上尽得其状,以全斌等属吏。谓彬清介廉谨,授宣徽南院使、义成军节度使。彬入见,辞曰:"征西将士俱得罪,臣独受赏,恐无以示劝。"上曰:"卿有茂功,又不矜伐,设有微累,仁赡等岂惜言哉?惩劝国之常典,可无让。"

六年,遣李继勋、党进率师征太原,命为前军都监,战洞涡河,斩二千余级,俘获甚众。开宝二年,议亲征太原,复命为前军都监,率兵先往,次团柏谷,降贼将陈廷山。又战城南,薄于濠桥,夺马千余。及太祖至,则已分砦四面,而自主其北。六年,进检校太傅。

七年,将伐江南。九月,彬奉诏与李汉琼、田钦祚先赴荆南发战舰,潘美帅步兵继进。十月,诏以彬为升州西南路行营马步军战棹都部署,分兵由荆南顺流而东,破峡口砦,进克池州,连克当涂、芜湖二县,驻军采石矶。十一月,作浮梁,跨大江以济师。十二月,大破其军于白鹭洲。

八年正月,又破其军于新林港。二月,师进次秦淮,江南水陆十余万陈于城下,大败之,俘斩数万计。及浮梁成,吴人出兵来御,破之于白鹭洲。自三月至八月,连破之,进克润州。金陵受围,至是凡三时,居人樵采路绝,频经败衅,李煜危甚,遣其臣徐铉奉表诣阙,乞缓师,上不之省。先是,大军列三砦,美居守北偏,图其形势来上。太祖指北砦谓使者曰:"吴人必夜出兵来寇,尔亟去,令曹彬速成深沟以自固,无堕其计中。"既成,吴兵果夜来袭,美率所部依新沟拒之,吴人大败。奏至,上笑曰:"果如此。"

长围中,彬每缓师,冀煜归服。十一月,彬又使人谕之曰:"事势如此,所惜者一城生聚,若能归命,策之上也。"城垂克,彬忽称疾不视事,诸将皆来问疾。彬曰:"余之疾非药石所能愈,惟须诸公诚心自誓,以克城之日,不妄杀一人,则自愈矣。"诸将许诺,共焚香为誓。明日,稍愈。又明日,城陷。煜与其臣百余人诣军门请罪,彬慰安之,待以宾礼,请煜入宫治装,彬以数骑待宫门外。左右密谓为彬曰:"煜入或不测,奈何?"彬笑曰:"煜素懦无断,既已降,必不能自引决。"煜之君臣,卒赖保全。自出师至凯旋,士众畏服,无轻肆者。及入见,刺称"奉敕江南干事回",其谦恭不伐如此。

初,彬之总师也,太祖谓曰:"俟克李煜,当以卿为使相。"副帅潘美预以为贺。彬曰:"不然,夫是行也,仗天威,遵庙谟,乃能成事,吾何功哉。况使相极品乎?"美曰:"何谓也?"彬曰:"太原未平尔。"及还,献俘。上谓曰:"本授卿使相,然刘继元未下,姑少待之。"既闻此语,美窃视彬微笑。上觉,遽诘所以,美不敢隐,遂以实对。上亦大笑,乃赐彬钱二十万。彬退曰:"人生何必使相,好官亦不过多得钱尔。"未几,拜枢密使、检校太尉、忠武军节度使。

太宗即位,加同平章事。议征太原,召彬问曰:"周世宗及太祖皆亲征,何以不能克?"彬曰:"世宗时,史彦超败于石岭关,人情惊扰,故班师;太祖顿兵甘草地,会岁暑雨,军士多疾,因是中止。"太宗曰:"今吾欲北征,卿以为何如?"彬曰:"以国家兵甲精锐,荡太原之孤垒,如摧枯拉朽尔,何为而不可。"太宗意遂决。太平兴国三年,进检校太师;从征太原,加兼侍中。八年,为弭德超所诬,罢为天平军节度使。旬余,上悟其谮,进封鲁国公,待之愈厚。

雍熙三年,诏彬将幽州行营前军马步水陆之师,与潘美等北伐,分路进讨。三月,败契丹于固安,破涿州,戎人来援,大破之于城南。四月,又与米信破契丹于新城,斩首二百级。五月,战于岐沟关,诸军败绩,退屯易州,临易水而营。上闻,亟令分屯边城,追诸将归阙。

先是，贺令图等言于上曰："契丹主少，母后专政，宠幸用事，请乘其衅，以取幽蓟。"遂遣彬与崔彦进、米信自雄州，田重进趣飞狐，潘美出雁门，约期齐举。将发，上谓之曰："潘美之师但先趣云、应，卿等以十万众声言取幽州，且持重缓行，不得贪利。彼闻大兵至，必悉众救范阳，不暇援山后矣。"既而，美之师先下寰、朔、云应等州，重进又取飞狐、灵丘、蔚州，多得山后要害地，彬亦连下州县，势大振。每奏至，上已讶彬进军之速。及彬次涿州，旬日食尽，因退师雄州以援饷馈。上闻之曰："岂有敌人在前，反退军以援刍粟，失策之甚也。"亟遣使止彬勿前，急引师缘白沟河与米信军会，案兵养锐，以张西师之势；俟美等尽略山后地，会重进之师而东，合势以取幽州。时彬部下诸将，闻美及重进累建功，而己握重兵不能有所攻取，谋议蜂起。彬不得已，乃复裹粮再往攻涿州。契丹大众当前，时方炎暑，军士乏困，粮且尽，彬退军，无复行伍，遂为所蹑而败。

彬等至，诏鞫于尚书省，令翰林学士贾黄中等杂治之，彬等具伏违诏失律之罪。彬责授右骁卫上将军。彦进右武卫上将军，信右屯卫上将军，余以次黜。四年，起彬为侍中、武宁军节度使。淳化五年，徙平卢军节度。真宗即位，复检校太师、同平章事。数月，召拜枢密使。

咸平二年，被疾。上趣驾临问，手为和药，仍赐白金万两。问以后事，对曰："臣无事可言。臣二子材器可取，臣若内举，皆堪为将。"上问其优劣，对曰："璨不如玮。"六月薨，年六十九。上临哭之恸，对辅臣语及彬，必流涕。赠中书令，追封济阳郡王，谥武惠；且赠其妻高氏韩国夫人；官其亲族、门客、亲校十余人。八月，诏彬与赵普配飨太祖庙庭。

彬性仁敬和厚，在朝廷未尝忤旨，亦未尝言人过失。伐二国，秋毫无所取。位兼将相，不以等威自异。遇士夫于途，必引车避之。不名下吏，每白事，必冠而后见。居官，奉入给宗族，无余积。平蜀回，太祖从容问官吏善否，对曰："军政之外，非臣所闻也。"固问之。唯荐随军转运使沈伦廉谨可任。为帅知徐州日,有吏犯罪,既具案,逾年而后杖之,人莫知其故。彬曰:"吾闻此人新娶妇,若杖之,其舅姑必以妇为不利,而朝夕笞詈之,使不能自存。吾故缓其事,然法亦未尝屈焉。"北征之失律也,赵昌言表请行军法。及昌言自延安还,被劾,不得入见。彬在宥府,为请于上,乃许朝谒。

子璨、珝、玮、玹、珫、珣、琮。珝娶秦王女兴平郡主,至昭宣使。玹左藏库副使,珫尚书虞部员外郎,珣东上阁门使,琮西上阁门副使。珫之女,即慈圣光献皇后也。芸,累赠魏王。彬,韩王。珫,吴王,谥曰安僖。珫之子修、傅。修见《外戚传》。傅,后兄也,荣州刺史,谥恭怀。

璨字韬光,性沉毅,善射,以荫补供奉官。常从彬征讨,得与计议,彬以为类己,特钟爱焉。

迁宫苑副使,出为高阳关及镇、魏、并、代、赵五州都监。雍熙中,命知定州,改尚食使。淳化二年,领富州刺史,徙知代州。明年,擢为镇州行营钤辖,徙绥、银、夏、麟、府等州钤辖。契丹入寇,屡战有功。诸将多欲穷追,璨虑有伏,力止之。至道初,迁四方馆使、知灵州徙河西钤辖,改引进使。范廷召将兵出塞,命璨为之副。丁外艰,起复,为鄜延路副都部署,拜赵州刺史,领武州团练使,充麟、府、浊轮副部署。出蕃兵邀继迁,俘馘甚众。入为枢密都承旨,改领亳州团练使。

契丹入寇,命为镇、定、高阳关三路行营都钤辖,领康州防御使,再知定州。明年冬,拜侍卫马军副都指挥使、天德军节度。入为东京旧城都巡检使,连拜彰国、保静、武宁、忠武等军节度使。在禁卫十余年,未尝忤旨。天禧三年春,以足疾授河阳节度使、同平章事。卒,年七十,赠中书令,谥武懿。

璨起贵胄,以孝谨称,能自奋历,以世其家。习知韬略,好读《左氏春秋》,善抚士卒,兼著威爱。虽轻财不逮其父,而仁敬和厚,亦有父风。子仪,官至耀州观察使。

　　玮字宝臣。父彬，历武宁、天平军节度使，皆以玮为牙内都虞候，补西头供奉官、阁门祗候。沉勇有谋，喜读书，通《春秋三传》，于《左氏》尤深。李继迁叛，诸将数出无功，太宗问彬：“谁可将者？”彬曰：“臣少子玮可任。”即召见，以本官同知渭州，时年十九。

　　真宗即位，改内殿崇班、知渭州。驭军严明有部分，赏罚立决，犯令者无所贷。善用间，周知房动静，举措如老将。彬卒，请持丧，不听，改阁门通事舍人。迁西上阁门副使，徙知镇戎军。李继迁虐用其国人，玮知其下多怨，即移旧书诸部，谕以朝廷恩信，抚养无所间，以动诸羌。由是康奴待族请内附。继迁略西蕃还，玮邀击于石门川，俘获甚众。以镇戎军据平地，便于骑战，非中国之利，请自陇山以东，循古长城堑以为限。又以弓箭手皆土人，习障塞蹊隧，晓羌语，耐寒苦，官未尝与兵械资粮，而每战辄使先拒贼，恐无以责死力，遂给以境内闲田。春秋耕敛，州为出兵护作，而蠲其租。

　　继迁死，其子德明请命于朝。玮言：“继迁擅河南地二十年，兵不解甲，使中国有西顾之忧。今国危子弱，不即捕灭，后更强盛，不可制。愿假臣精兵，出其不意，禽德明送阙下，复河西为郡县，此其时也。”帝方以恩致德明，不报。既而西延家、妙娥、熟魏数大族请拔帐自归，诸将犹豫不敢应。玮曰：“德明野心，不急折其翮，后必扬去。”即日，将骑士薄天都山，受降者内徙，德明不敢拒。迁西上阁门使，为环庆路兵马都钤辖，兼知邠州。封泰山，进东上阁门使。

　　帝以玮习知河北事，乃以为真定路都钤辖，领高州刺史。玮尝上泾原、环庆两道图。至是，帝以示左右，曰：“华夷山川城郭险固出入战守之要，举在是矣。”因敕别绘二图，以一留枢密院，一付本道，俾诸将得按图计事。复为泾原路都钤辖兼知渭州，与秦翰破章埋族于武延川，分兵灭拨臧于平凉，于是陇山诸族皆来献地。玮筑堡山外，为笼竿城，募士兵守之。曰：“异时秦、渭有警，此必争之地也。”祀汾阴，进四方馆使。逾年，上表还州不事，愿专督军旅。帝不欲遽更守臣，以密诏敦谕之。改引进使、英州团练使，复知秦州，兼泾、原、仪、渭、镇戎缘边安抚使。

时唃厮啰强盛,立遵佐之。立遵乃上书求号"赞普"。玮言:"赞普,可汗号也。立遵一言得之,何以处唃厮啰邪?且复有求,渐不可制。"乃以立遵为保顺军节度使,恩如厮铎督。西羌将举事,必先定约束,号为"立文法"。唃厮啰使其舅赏样丹与厮敦立文法于离王族,谋内寇。玮阴结厮敦,解宝带予之。厮敦感激,求自效,间谓玮曰:"吾父何所使?欲吾首,犹可断以献。"玮曰:"我知赏样丹时至汝帐下,汝能为我取赏样丹首乎?"厮敦愕然应之。后十余日,果断其首来。厮敦因献南市地。南市者,秦、渭之扼也,玮城之,表厮敦为顺州刺史。

初,张佶知秦州,置四门砦,侵夺羌地,羌人多叛去,畏得罪不敢出。玮招出之,令入马赎罪,还故地,至者数千人,每送马六十匹,给采一端。筑弓门、冶坊、床穰、静戎、三阳、定西、伏羌、永宁、小洛门、威远十砦,浚壕三百八十里,皆役属厮厢兵,工费不出民。伏羌首领厮鸡波、李磨论私立文法,玮潜兵灭其帐。其年,唃厮啰率众数万大入寇,玮迎战三都谷,追奔三十里,斩首千余级,获马牛、杂畜、器仗三万余。迁客省使、康州防御使。马波叱腊立栅野吴谷,玮选募神武军二百人,斩栅,获生口、孳畜甚众。

宗哥大首领甘遵治兵于任奴川,玮遣间杀遵,及破鱼角蝉所立文法于吹麻城。既而河州、洮兰、安江、妙敦、邈川、党逋诸城皆纳质为熟户。时玮作堙抵拶罗唬。拶罗唬,西蕃要害地也。先是,玮遣小吏杨知进护赐物通甘州可汗王,还过宗哥界,立遵邀知进,语曰:"秦州大人直以兵入拶罗唬来,幸为我言,愿罢兵,岁入贡,约蕃汉为一家。"因使种人党失卑陵从知进来献马。自是唃厮啰势蹙,退保碛中不出。秦人请刻石纪功,有诏褒之。

天禧三年,德明寇柔远砦,都巡检杨承吉与战不利。以玮为华州观察使、鄜延路副都总管、环庆秦等州缘边巡检安抚使。委乞、骨咩、大门等族闻玮至,归附者甚众。拜宣徽北院使、镇国军节度观察留后、签书枢密院事。

宰相丁谓逐寇准，恶玮不附己，指为准党。除南院使、环庆路都总管安抚使。乾兴初，谪左卫大将军、容州观察使、知莱州。玮以宿将为谓所忌，即日上道，从弱卒十余人，不以弓帐矢箙自随。谓败，复华州观察使、知青州。徙天雄军，以彰化军节度观察留后知永兴军。拜昭武军节度使、知天雄军。以疾守河阳，数月，为真定府、定州都总管，改彰武军节度使。卒，赠侍中，谥武穆。

玮用士，得其死力。平居甚闲暇，及师出，多奇计，出入神速不可测。一日，张乐饮僚吏中，坐失玮所在，明日，徐出视事，而贼首已掷庭下矣。尝称疾，加砭艾，卧阁内不出。会贼至，玮奋起裹创，披甲跨马，贼望见，皆遁去。将兵几四十年，未尝少失利。唃厮啰闻玮名，即望玮所在，东向合手加颡。契丹使过天雄，部勒其下曰："曹公在此，毋纵骑驰驱也。"真宗慎兵事，凡边事，必手诏诘难至十数反，而玮守初议，卒无以夺。后虽他将论边事者，往往密付玮处之。

渭州有告戍卒叛入夏国者，玮方对客奕棋，遽曰："吾使之行也。"夏人闻之，即斩叛者，投其首境上。羌杀边民，入羊马赎罪。玮下令曰："羌自相犯，从其俗；犯边民者，论如律。"自是无敢犯。

环、庆属羌田多为边人所市，致单弱不能自存，因没彼中。玮尽令还其故田，后有犯者，迁其家内地。所募弓箭手，使驰射，较强弱，胜者与田二顷。再更秋获，课市一马，马必胜甲，然后官籍之，则加五十亩。至三百人以上，团为一指挥。要害处为筑堡，使自堑其地为方田环之。立马社，一马死，众出钱市马。降者既多，因制属羌百帐以上，其首领为本族军主，次为指挥使，又其次为副指挥使，不及百帐为本族指挥使。其蕃落将校，止于本军叙进，以其习知羌情与地利，不可徙他军也。开边壕，率令深广丈五尺；山险不可堑者，因其峭绝治之，使足以限敌，后皆以为法。天雄卒有犯盗者，众谓狱具必杀之，玮乃处以常法。人或以为疑，玮笑曰："临边对敌，斩不用命者，所以令吾众，非好杀也。治内郡，安事此乎？"

初守边时，山东知名士贾同造玮，客外舍。玮欲按边，即同舍，邀与俱。同问："从兵安在？"曰："已具。"既出就骑，见甲士三千环

列,初不闻人马声。同归,语人曰:"玮殆名将也。"玮为将不如其父
宽,然自为一家。嘉佑八年,诏配享仁宗庙庭。

　　琼字宝章。兄羽,娶秦王女兴平郡主。琼幼时,从主入禁中,太
宗置膝上,拊其背曰:"曹氏有功我家,此亦佳儿也。"及彬领镇海军
节度使,补衙内都指挥使。彬卒,特迁西头供奉官、阁门祗候、勾当
骐骥院、群牧估马司,市马课有羡,再迁西上阁门副使。与曹利用连
姻,利用贬,出为河阳兵马都监,领内军器库,迁东上阁门使、荣州
刺史。仁宗册琼兄女为后,礼皆琼主办,除卫州团练使。琼因奏曰:
"陛下方以至公属天下,臣既备后族,不宜冒恩泽,乱朝廷法。族人
敢因缘请托,愿致于理。"时论称之。

　　出为环庆路马步军总管、知邠州,迁秦州防御使、秦凤路副都
总管兼知秦州。度羡材为仓廪,大积谷古渭、冀城。生羌屡入钞边。
琼怀以恩信,击牛酾酒犒之,多请内属。

　　宝元初南郊,召入侍祠。会元昊反,拜同州观察使,复知秦州,
上攻、守、御三策。久之,兼同管勾泾原路兵马、定国军节度观察留
后。刘平、石元孙败,关辅震恐。琼请籍民为义军,以张兵势,于是
料简乡弓手数万人。贼寇山外,还天都,劫仪、秦属户。琼发骑士,
设伏以待之,贼遂引去。琼欲诱吐蕃掎角图贼,得西川旧贾,使谕
意。而沙州镇王子遣使奉书曰:"我本唐甥,天子实吾舅也。自党项
破甘、凉,遂与汉隔。今愿率首领为朝廷击贼。"帝善琼策,改陕西副
都总管、经略安抚招讨副使,拜步军副都指挥使。与夏竦屯鄜州,还
为马军副都指挥使,以疾卒。帝临奠,后并出临丧,就第成服。赠安
化军节度使兼侍中,谥忠恪。

　　琼小心谨畏,善赞谒,御军整严,死时家无余赀。子佺,皇城使、
嘉州防御使。佺子诗,尚鲁国大长公主。

　　潘美字仲询,大名人。父璘,以军校戍常山。美少倜傥,录府中
典谒。尝语其里人王密曰:"汉代将终,凶臣肆虐,四海有改卜之兆。

大丈夫不以此时立功名、取富贵，碌碌与万物共尽，可羞也。"会周世宗为开封府尹，美以中涓事世宗。及即位，补供奉官。高平之战，美以功迁西上阁门副使。出监陕州军，改引进使。世宗将用师陇、蜀，命护永兴屯兵，经度西事。

先是，太祖遇美素厚，及受禅，命美先往见执政，谕旨中外。陕帅袁彦凶悍，信任群小，嗜杀黩货，且缮甲兵，太祖虑其为变，遣美监其军以图之。美单骑往谕，以天命既归，宜修臣职，彦遂入朝。上喜曰："潘美不杀袁彦，能令来觐，成我志矣。"

李重进叛，太祖亲征，命石守信为招讨使，美为行营都监以副之。扬州平，留为巡检，以任镇抚，以功授泰州团练使。时湖南叛将汪端既平，人心未宁，乃授美潭州防御使。岭南刘鋹数寇桂阳、江华，美击走之。溪峒蛮獠自唐以来，不时侵略，颇为民患。美穷其巢穴，多所杀获，余加慰抚，夷落遂定。乾德二年，又从兵马都监丁德裕等率兵克郴州。

开宝三年，征岭南，以美为行营诸军都部署、朗州团练使，尹崇珂副之。进克富川，鋹遣将率众万余来援，遇战大破之，遂克贺州。十月，又下昭、桂、连三州，西江诸州以次降。美以功移南面都部署，进次韶州。

韶，广之北门也，贼众十余万聚焉。美挥兵进乘之，韶州遂拔，斩获数万计。鋹穷蹙，四年二月，遣其臣王珪诣军门求通好，又遣其左仆射肖漼、中书舍人卓惟休奉表乞降。美因谕以上意，以为彼能战则与之战，不能战则劝之守，不能守则谕之降，不能降则死，不能死则亡，非此五者他不得受。美即令殿直冉彦衮部送漼等赴阙。

珪复遣其弟保兴率众拒战，美即率厉士卒倍道趋栅头，距广州百二十里。鋹兵十五万依山谷坚壁以待，美因筑垒休士，与诸将计曰："彼编竹木为栅，若攻之以火，彼必溃乱。因以锐师夹击之，万全策也。"遂分遣丁夫数千人，人持二炬，间道造其栅。及夜，万炬俱发，会天大风，火势甚炽。鋹众惊扰来犯，美挥兵急击之，鋹众大败，斩数万计。长驱至广州，鋹尽焚其府库，遂克之，擒鋹送京师，露布以闻。即日,命美与尹崇珂同知广州兼市舶使。五月,拜山南东道节度。五年,兼岭南道转运使。土豪周思琼聚众负海为乱,美讨平之,岭表遂安。

八年,议征江南。九月,遣美与刘遇等率兵先赴江陵。十月,命美为升州道行营都监,与曹彬偕往,进次秦淮。时舟楫未具,美下令曰:"美受诏,提骁果数万人,期于必胜,岂限此一衣带水而不径度乎?"遂麾以涉,大军随之,吴师大败。及采石矶浮梁成,吴人以战舰二十余鸣鼓沂流来趋利。美麾兵奋击,夺其战舰,擒其将郑宾等七人,又破其城南水砦,分舟师守之。奏至,太祖遣使仅令亟徙置战棹,以防他变。美闻诏即徙军。是夜,吴人果来攻砦,不能克。进傅金陵,江南水陆十万陈于城下,美率兵袭击,大败之。李煜危甚,遣徐铉来乞缓师,上不之省,仍诏诸将促令归附。煜迁延未能决,夜遣兵数千,持炬鼓噪来犯我师。美率精锐以短兵接战,因与大将曹彬率士晨夜攻城,百道俱进。金陵平,以功拜宣徽北院使。

秋,命副党进攻太原,战于汾上,破之,且多擒获。太平兴国初,改南院使。三年,加开府仪同三司。四年,命将征太原,美为北路都招讨,判太原行府事。部分诸将进讨,并州遂平。继征范阳,以美知幽州行府事。及班师,命兼三交都部署,留屯以捍北边。三交西北三百里,地名固军,其地险阻,为北边咽喉。美潜师袭之,遂据有其地。因积粟屯兵以守之,自是北边以宁。美尝巡抚至代州,既秣马蓐食,俄而辽兵万骑来寇,近塞,美誓众衔枚奋击,大破之。封代国公。八年,改忠武军节度,进封韩国公。

雍熙三年,诏美及曹彬、崔彦进等北伐,美独拔寰、朔、云应等州。诏内徙其民。会辽兵奄至,战于陈家谷口,不利,骁将杨业死之。美坐削秩三等,责授检校太保。明年,复检校太师。知真定府,未几,改都部署、判并州。加同平章事,数月卒,年六十七。赠中书令,谥武惠。咸平二年,配飨太宗庙庭。

子惟德至宫苑使,惟固西上阁门使,惟正西京作坊使,惟清崇仪使,惟熙娶秦王女,平州刺史。惟熙女,即章怀皇后也。美后追封郑王,以章怀故也。

惟吉,美从子,累资为天雄军驻泊都监。虽连戚里,能以礼法自饬,扬历中外,人咸称其勤敏云。

李超者,冀州信都人。为禁卒,常从潘美军中,主刑刀。美好乘怒杀人,超每潜缓之。美怒解,辄得释,以是全者甚众,人谓其有阴德。

子睿字德渊。中进士,累擢秘书、知康州。咸平中,入为刑部详覆,御史台推直官。屡上书言事,迁开封府推官,赐绯鱼。景德初,拜虞部员外郎兼侍御史知杂事,赐金紫。从幸澶渊,颇上疏言便宜。师还,命与陈尧咨安抚河北。逾年,判吏部铨。睿居宪府,未再岁,帝宠待之,擢枢密直学士。宰相王旦言:"睿虽有专剧才,然骤历清切,时望未允。"真宗曰:"朕业已许之矣。"寻知开封,能检察隐微,京师称之,累迁至右司郎中,出知秦州,暴疾卒。睿与李宗谔同岁同月后一日生,其卒也,亦后一日,众以为异。

论曰:曹彬以器识受知太祖,遂膺柄用。平居,于百虫之蛰犹不忍伤,出使吴越,籍上私馈,悉用施予,而不留一钱,则其统戎专征,而秋毫无犯,不妄戮一人者,益可信矣。潘美素厚太祖,信任于得位之初,遂受征讨之托。刘鋹遣使乞降,观美所喻,辞义严正,得奉辞伐罪之体,则其威名之重,岂待平岭表、定江南、征太原、镇北门而后见哉?二人皆谥武惠,皆与配飨,两家子孙,皆能树立,享富贵。而光献、章怀皆称贤后,非偶然也。君子谓仁恕清慎,能保功名,守法度,唯彬为宋良将第一,岂无意哉? 若李睿者,亦以材干自结主知,遂历清显。谓为阴德所致,致理或然也。

宋史卷二五九
列传第一八

张美　郭守文　尹崇珂
刘廷让　袁继忠　崔彦进
张廷翰　皇甫继明　张琼

张美字玄圭,贝州清河人。少善书计,初为左藏小吏,以强干闻。三司荐奏,特补本库专知,出为澶州粮料使。周世宗镇澶渊,每有求取,美必曲为供给。周祖闻之怒,将谴责之,而恐伤世宗意,徙美为濮州马步军都虞候。

世宗即位,召为枢密承旨。时宰相景范判三司,被疾,世宗命美为右领军卫大将军,权判三司。世宗征淮南,留美为大内部署。一日,方假寐,忽觉心动,遽惊起行视宫城中。少顷,内醖署火起,既有备,即扑灭之。俄真授三司使。

四年,世宗再幸淮上,皆为大内都点检。北征,又为大内都部署。师还,为左监门卫上将军,充宣徽北院使,判三司。美强力有心计,周知其利病,每有所条奏厘革,上多可之,常以干敏称。世宗连岁征讨,粮饷不乏,深委赖焉。然以澶渊有所求假,颇薄之,美亦自愧。恭帝嗣位,加检校太傅。

宋初,加检校太尉。初,李筠镇上党,募亡命,多为不法,渐倔强难制。美度筠必叛,阴积粟于怀、孟间。后筠果叛,太祖亲讨之,大军十万出太行,经费无阙,美有力焉。拜定国军节度。县官市木关中,同州岁出缗钱数十万以假民,长吏十取其一,谓之率分钱,岁至数百万,美独不取,未几,他郡有诣阙诉长吏受率分钱者,皆命偿之。

乾德五年,移镇沧州。太平兴国初来朝,改左骁卫上将军。美献都城西河曲湾果园二、蔬圃六、亭舍六十余区。八年,请老,以本官致仕。雍熙二年,卒,年六十八。淳化初,谥恭惠。子守瑛,至供备库使。孙士宗,至内殿承制。士宗卒,士禹为崇班,士安至阁门祗候,士宣为礼宾副使。

郭守文,并州太原人。父晖,仕汉为护圣军使,从周祖征河中,战死。守文年十四,居丧哀毁,周祖怜之,召隶帐下。广顺初,补左班殿直,再迁东第二班副都知。

宋初,迁西头供奉官。蜀平,选知简州。时剑外多寇,守文悉招来集附。从潘美征岭南,会擒刘𬬮,遣守文驰传告捷,迁翰林副使。从曹彬等平金陵,护送李煜归阙下。时煜以拒命颇自歉,不欲生见太祖。守文察知之,因谓煜曰:"国家止务恢复疆土,以致太平,岂复有后至之责耶?"煜心遂安。改西京作坊使,领翰林司事、俄从党进破并寇于团柏谷。

太平兴国初,秦州内附,蕃部骚动,命守文乘传抚谕,西夏悦伏。三年,迁西上阁门使。是夏,汴水决于宁陵,发宋、亳丁壮四千五百塞之,命守文董其役。是冬,又与阁门副使王宪、西八作副使石全振护塞灵河县决河。

及征太原,守文与判四方馆事梁迥分护行营马步军。会刘继元降,其弟继文据代州,依辽人之援以拒命,遣守文讨平之。俄受诏护定州屯兵,大破辽人于满城。以功迁东上阁门使、领澶州刺史。召还,擢拜内客省使。八年,滑州房村河决,发卒塞之,命守文董其役。辽人扰雄州,命守文率禁兵数万人赴援,既至,辽人遁去。

雍熙二年,诏守文率兵屯三交,俄加领武州团练使。属夏人扰攘,命守文帅师讨之,破夏州盐城镇岌罗腻等十四族,斩首数千级,俘获生畜万计。又破咩嵬族，歼焉。诸部畏惧，相率来降，凡银、麟、夏三州归附者百二十五族、万六千余户，西鄙遂宁。三年春，大举北伐，为幽州道行营前军步军水陆都监。卒与辽人遇，为流矢所中，气色不挠，督战益急，军中服其量。会大军不利，坐违诏逗遛退军，左迁右屯卫大将军。事具《曹彬传》。

明年复旧职，才三月，拜宣徽北院使。又与田钦祚并为北面排阵使，屯镇州。端拱初，改南院使、镇州路都部署。又为北面行营都部署兼镇定、高阳关两路排阵使。是冬，辽骑南侵，大破之唐河。端拱三年十月，卒，年五十五。太宗悼惜之，赠侍中，谥忠武，追封谯王，遣中使护丧，归葬京师。

守文沈厚有谋略，颇知书，每朝退，习书百行，出言温雅，未尝忤人意。先是，将臣戍边者多致寇以邀战功，河朔诸州殆无宁岁，既败歧沟关，乃命守文以内职总兵镇常山以经略之。

守文既丧月余，中使自北边来言：“守文死，军士皆流涕。”帝问：“何以得此？”对曰：“守文得奉禄赐赉悉犒劳士卒，死之日，家无余财。”帝嗟叹久之，赐其家钱五百万，为真宗纳其女为夫人，即章穆皇后也。

子崇德至太子中舍。崇信至西京左藏库使、同知皇城司，赠福州观察使。崇俨至崇仪使、全州刺史，赠润州观察使。诸司使无废朝、赠官之例，崇信、崇俨咸以后兄故，特示优礼。崇德子承寿，至虞部员外郎。天禧五年，录承寿子若水为太常寺奉礼郎，崇仁为解州团练使。

尹崇珂，秦州天水人，后徙居大名。父延勋，历磁、同、滁三州刺史。崇珂初事周世宗于藩邸，以谨厚称。及即位，补东西班都知。从战高平，有劳绩，迁本班副点检。从征淮南，迁都虞候，转都指挥使，改殿前都指挥使。

宋初，出为淄州刺史。有善政，民诣阙请刻石颂德，太祖命殿中侍御史李穆撰文赐之。讨湖南，为行营前军马军都指挥使。荆湘平，授朗州团练使。又与潘美、丁德裕克郴州。

乾德中，征岭表，以崇珂为行营马步军副部署。克广州，擒刘铱，即日诏与潘美同知广州兼市舶转运等使，禄功迁保信军节度。未几，南汉开府乐范、容州都指挥使邓存忠、韶州贼帅周思琼、春恩道都指挥使麦汉琼等据五州之地以叛。崇珂讨之，太祖遣中使李神佑督战，数月，尽平其党，还治所。

六年，卒，年四十二。赠侍中。遣中使护其丧，归葬洛阳。以其子昭吉、弟崇珪并为西京作坊使，昭吉领会州刺史，崇珪领歙州刺史。

初，太宗在周朝娶崇珂妹，追谥淑德皇后。昭吉至洛苑使，次子昭辑，至供奉官、阁门祗候。

刘廷让字光义，其先涿州范阳人。曾祖仁恭，唐卢龙军节度。祖守广，袭沧州卢彦威，遂据其城，昭宗授以节钺。后其弟守光囚父仁恭，守文举兵讨之，军败，为守光所杀。廷让与其父延进避难南奔。少有膂力，周祖镇邺，以隶帐下。广顺初，补内殿直押班，累迁龙捷都校。从世宗征淮南，以功领雷州刺史。再迁涪州团练使、领铁骑右厢。

宋初，转江州防御使、领龙捷右厢。从征李筠，为行营先锋使。建隆二年，改侍卫马军都指挥使、领宁江军节度。乾德二年春，诏领兵赴潞州，以备并寇。冬，兴师伐蜀，为西川行营前军兵马副都部署，率禁兵步骑万人、诸州兵万人，由归州进讨。入其境，连破松木、三会、巫山等砦，获蜀将南光海等五千余人，擒战棹都指挥使袁德宏等千二百人，夺战舰二百余艘。又获水军三千人，因度南岸，斩三千余级。

初，夔州有锁江为浮梁，上设敌棚三重，夹江列炮具。廷让等将行，太祖以地图示之，指锁江曰："我军至此沂流而上，慎勿以舟师争胜，当先以步骑陆行，出其不意击之，俟其势，即以战棹夹攻，取之必矣。"及师至，距锁江三十里，舍舟步进，先夺其桥，复牵舟而上,破州城,守将高彦俦自焚,悉如太祖计。遂进克万、施、开、忠四州,峡中郡县悉下。

明年正月,次遂州,州将陈愈率吏民来降。尽出府库金帛以给将士。初出师也,太祖命之曰:"所得郡县,当倾帑藏,为朕赏战士,国家所取唯土疆尔。"故人皆效命,所至成功。蜀平,王全斌等皆坐纵部下掠夺子女玉帛及纳贿赂左降,惟廷让秋毫无犯。及全师雄等作乱,郡县相应,寇盗蜂起。廷让又与曹彬破之,以功改领镇安军节度,从征太原。开宝六年,出为镇宁军节度。太平兴国二年,入为右骁卫上将军。

雍熙三年,曹彬败于歧沟关,诸将失律,多坐黜免。既而契丹扰边,时议遣将,无惬上意者。时廷让与宋偓、张永德并罢节镇在环列,帝欲令击契丹自效,乃遣分守边郡,以廷让知雄州,又徙瀛州兵马都部署。是冬,契丹数万骑来侵,廷让与战君子馆。时天大寒,兵士弓弩皆不能彀,契丹围廷让数重。廷让先分精兵属李继隆为后殿,缓急为援。至是,继隆退保乐寿,廷让一军皆没,死者数万人,仅以数骑获免。先锋将贺令图、杨重进皆陷于契丹。自是河朔戍兵无斗志,又科乡民为兵以守城,皆未习战斗。契丹遂长驱而入,陷深、祁、德数州,杀官吏,俘士民,所在辇金帛而去。博、魏之北,民尤苦焉。太宗闻之,下哀痛之诏。

初,廷让诣阙待罪,太宗知为李继隆所误,不之责。四年,复命代张永德知雄州兼兵马部署。

是秋以疾闻,帝遣内医诊视,因上言求归京师,不俟报,乃离屯所。帝怒,下御史按问,狱具。下诏曰:"右骁卫上将军刘廷让,朕以其宿旧,荐董军政,擢自环尹,付之成师,俾控边关,式防寇钞。而乃以病为解,不俟报命,委弃戎重,傲装上道。矧万旅所集,实制于中权,列燧相望,或虞于外侮。事机一失,咎责安归。有司议刑,当在不赦。录其素效,特从宽典,可削夺在身官爵,配隶商州。"又黜其子如京使永德为濠州团练副使,崇仪副使永和为唐州刺史。廷让即黜,怏怏不食,行至华州卒,年五十九。帝录其旧勋,赠太师。

子永德至内殿崇班,永恭至西京作坊副使,永和为内殿承制,永锡至崇班,永保、永昌、永规并至阁门祗候,永崇为崇班,永宁及孙允忠并为阁门祗候。

袁继忠,其先振武人,后徙并州。父进,仕周为阶州防御使。继忠以父任补右班殿直。

太祖平泽、潞,讨并、汾,悉预攻战。乾德中征蜀,隶大将刘廷让麾下。既克蜀,知云安军,历嘉、蜀二州监军。开宝中伐广南,为先锋壕砦。广南平,以功迁供奉官,护显州白壁关屯兵。时河东拒命,继忠累入其境,破三砦,擒将校二人,得生口、马牛羊、铠仗逾万计。近戍主将惧无功受谴,以诚告继忠,继忠以所获分与之,遂与都巡检郭进略地忻、代州,改天平军巡检。

太宗即位,以为阁门祗候,令击梅山洞贼,破之。又巡遏边部于唐龙镇。太宗征太原,继忠预破鹰扬军,先登陷阵。契丹入代境,继忠率兵击走之。以功迁通事舍人,护高阳关屯兵。与崔彦进破契丹长城口,杀获数万众,玺书褒美。时有劝继忠自论其功者,继忠不答。会赵保忠来朝献其地,绥州刺史李克宪偃蹇不奉诏,遣继忠谕旨,竟率克宪入朝。迁西上阁门副使。诏与田仁朗率兵定河西诸州,大破西人于葭芦川,迁引进副使,护定州屯兵。

雍熙二年,迁西上阁门使。三年,大将田重进征契丹,命继忠为定州路行营马步军都监。领师取飞狐,下灵丘,平蔚州,擒其帅大鹏翼以献,事见《重进传》。师还,继忠为后殿,行列甚整。至定州,重进欲斩降卒后期至者,继忠谕以杀降不祥,皆救免之。迁判四方馆事、领播州刺史,护屯兵如故。大将李继隆以易州静塞骑兵尤骁果,取隶麾下,留其妻子城中。继忠言于继隆曰:"此精卒,止可守城,万一敌至,城中谁与捍者?"继隆不从。既而契丹入寇,城陷,卒妻子皆为所俘。继隆疑此卒怨己,欲分隶诸军。继忠曰:"不可,但奏升其军额,优以廪给,使之尽节可也。"从之,众皆感悦。继忠因自请以隶麾下。

会契丹骑大至,驻唐河北,诸将欲坚壁待之。继忠曰:"今强敌在近,城中屯重兵不能剪灭,令长驱深入,侵略他郡,虽欲谋自安之计,岂折冲御侮之用乎?我将身先士卒,死于寇矣!"辞气慷慨,众壮之。静塞军摧锋先入,契丹兵大溃。太宗闻之,降玺书奖谕,赐予甚厚。淳化初,迁引进使,护镇定、高阳关两路屯兵。三年,被病,召赴阙,卒,年五十五。

继忠长厚忠谨,士大夫多与游,前后赐赉钜万计,悉以犒赏士卒。身死之日,家无余财,搢绅称之。子用成,雍熙初登进士第,至太常博士。

崔彦进,大名人。纯质有胆略,善骑射。汉乾佑中,隶周祖帐下。广顺初,补卫士。世宗镇澶渊,令领禁兵以从。显德初,为控鹤指挥使。从征淮南,以功迁散员都虞候。从平瓦桥关,改东西班指挥使、领昭州刺史。

宋初,改控鹤右厢指挥使、领果州团练使。征李筠,为先锋部署,以功迁常州防御使。从平李重进,改虎捷右厢。建隆二年,迁侍卫步军都指挥使、领武信军节度。大举伐蜀,为凤州路行营前军副都部署。蜀平,坐纵部下略玉帛、子女及诸不法事,左迁昭化军节度观察留后。太祖郊祀西洛,彦进来朝,授彰信军节度。

太平兴国二年,移镇河阳,四年正月,遣将征太原,分命攻城,以彦进与郓州防御使尹勋攻其东,彰德军节度李汉琼、冀州刺史牛思进攻其南,桂州观察使曹翰、翰林使杜彦圭攻其西,彰信军节度刘遇、光州刺史史珪攻其北。彦进督战甚急,太祖嘉之。晋阳平,从征幽州,又与内供奉官江守钧率兵攻城之西北。及班师,诏彦进与西上阁门副使薛继兴、阁门祗候李守斌领兵屯关南,以功加检校太尉。是秋,契丹侵遂城,彦进与刘廷翰、崔翰等击破之,斩首万级。五年,车驾北巡,以彦进为关南都部署,败契丹于唐兴口。

雍熙三年正月,命将北伐,分兵三路,诏彦进为幽州道行营马步军水陆副都部署,与曹彬、米信出雄州。大军失利,彦进坐违彬节制，别道回军，为敌所败，召还，贬右武卫上将军，事具《彬传》。四年春，授保静军节度。端拱元年，被病，召归阙，卒，年六十七。赠侍中。

彦进频立战功，然好聚财货，所至无善政。没后，诸子争家财，有司摄治。太宗召见，为决之，谓左右曰："此细务，朕不宜亲临，但以彦进尝任节制，不欲令其子辱于父耳。"

子怀遵至内殿崇班，怀清至崇仪副使。怀遵子上贤，娶镇王女崇安县主。怀清子从湜，娶岐王女永寿县主，为西京左藏库副使，后坐事除名。

张廷翰，泽州陵川人。初为汉祖亲校。汉祖入汴，补内殿直，迁东西班军使。周初，改护圣指挥使。从世宗平淮甸，以功迁铁骑右第二军都虞候。显德末，改殿前散都头都虞候。

宋初，权为铁骑左第二军都校、领开州刺史。从平扬州，又以功迁控鹤左厢都指挥使、领果州团练使。未几，转龙捷左厢都指挥使、领春州团练使。乾德中，兴师伐蜀，以廷翰为归州路行营马军都指挥使，随刘廷让由归州路进讨。师次夔州，廷让顿兵白帝庙西，俄而夔州监军武守谦率所部来拒战，廷翰引兵逆击，败之于猪头铺，乘胜拔其城。蜀平，授侍卫马步军都虞候、领彰国军节度。开宝二年，寝疾，太祖亲临问，未几卒，年五十三。赠侍中。

皇甫继明，冀州蓚人。父济，汾川令。继明身长七尺，善骑射，以膂力闻郡中。刺史张廷翰以隶左右，荐于太祖，补殿前指挥使，历左右番押班都知。

太宗即位，累迁至捧日军都指挥使、领檀州刺史。太平兴国七年，坐秦王廷美事，出为汝州马步军都指挥使。雍熙三年，召入为马步军副都军头。四年，复为捧日右厢第三军都指挥使、领澶州刺史。田重进北征，继明为前锋，以功加马步军都军头。端拱二年，转龙、神卫四厢都指挥使、领罗州防御使。即日命副高琼为并代部署。淳化二年，又副范廷召为平虏桥砦兵马都部署，改高阳关部署。

至道元年,改领洋州观察使,充环庆路马步军都部署。继明谨愿,御下严肃,士卒颇畏惮之。二年,受诏护送辎重赴灵州,继明已先约灵州部署田绍斌率军迎援,适被病,裨将白守荣谓继明曰:"君疾甚,不可行,恐失期会,守荣当率兵先往。"继明宿将,虑守荣等轻挑,与戎人接战,因谓之曰:"我疾少间。"遂戴铢被甲上马,强行至清远军,卒,年六十三,诏赠彰武军节度。迁其子怀信为供奉官。

张琼,大名馆陶人。世为牙中军。琼少有勇力,善射,隶太祖帐下。周显德中,太祖从世宗南征,击十八里滩砦,为战舰所围,一人甲盾鼓噪而前,众莫敢当,太祖命琼射之,一发而踣,淮人遂却。

及攻寿春,太祖乘皮船入城濠。城上车弩遽发,矢大如椽,琼亟以身蔽太祖,矢中琼股,死而复苏。镞著髀骨,坚不可拔。琼索杯酒满饮,破骨出之,血流数升,神色自若。太祖壮之。及即位,擢典禁军,累迁内外马步军都军头、领爱州刺史。数日,太宗自殿前都虞候尹开封。太祖曰:"殿前卫士如狼虎者不啻万人,非琼不能统制。"即命琼代为都虞候,迁嘉州防御使。

琼性暴无机,多所凌轹。时史珪、石汉卿方用事,琼轻侮之,目为巫媪。二人衔之切齿,发琼擅乘官马,纳李筠隶仆,畜部曲百余人,恣作威福,禁军皆惧;又诬毁太宗为殿前都虞候时事。建隆四年秋,郊禋制下,方欲肃静京师,乃召讯琼。琼不伏,太祖怒,令击之。汉卿即奋铁挝乱下,气垂绝,曳出,遂下御史案鞠之。琼知不免。行至明德门,解所系带以遗母。狱具,赐死于城西井亭。太祖旋闻家无余财,止有仆三人,甚悔之。因责汉卿曰:"汝言琼有仆百人,今何在?"汉卿曰:"琼所养者一敌百耳。"太祖遂优恤其家。以其子尚幼,乃擢其兄进为龙捷副指挥使。

论曰:崔彦进与王全斌征蜀,黩货杀降,以致蜀乱,惟刘廷让一军秋毫无犯,纪律严否于斯别矣。尹崇珂斤斤谨厚,临淄攻守之绩,岭峤廓清之劳,至于瘁事。皇甫继明力疾以护军行,纯诚勇节,皆足嘉尚。张廷翰西征，未睹奇效。张美虽称干敏，而初有自愧之行。郭守文敦诗阅礼，轻财好施，慎保封疆，士卒乐用，终以勋旧蒙眷，联姻戚里。宋初诸将，要终而论，臧否异趣，何昭昭若是哉。

宋史卷二六〇
列传第一九

曹翰　杨信 弟嗣赟 **党进**
李汉琼　刘遇　李怀忠
米信　田重进　刘廷翰
崔翰

　　曹翰，大名人。少为郡小吏，好使气陵人，不为乡里所誉。乾佑初，周太祖镇邺，与语奇之，以隶世宗帐下。世宗镇澶渊，署为牙校，入尹开封，留翰在镇。会太祖寝疾，翰不俟召，归见世宗，密谓曰："主上不豫，王为冢嗣，不侍医药而决事于外廷，失天下望。"世宗悟，即入待，以府事属翰总决。

　　及世宗即位，补供奉官，从征高平，参豫谋画。寻迁枢密承旨，护塞决河。世宗征淮南，留铠甲千数在正阳，既而得降卒八百，部送归京师。时翰适从京师来诣，过正阳十数里许遇之，虑劫兵器为叛，矫杀之。及见世宗，具言其事，世宗不悦。翰曰："贼以困归我，非心服也，所得器甲，尽在正阳，苟为所劫，是复生一淮南矣。"因不之罪。从征瓦桥关，会班师，留知雄州。世宗大渐，谕范质等以王著为相，翰为宣徽使。质以著嗜酒，翰饰诈而专，并寝之。改德州刺史。

　　宋初，从征泽、潞，还改济州刺史。乾德二年，太祖亲征西蜀，移刺均州，涧谷深险，翰令凿石通道，师旋以济；诏兼西南诸州转运使,自石门径趋归州,饷运不乏,由夔、万入会王全斌军,成都以平。时全师雄拥众十万余据郫县叛,谋窥成都,翰率兵会刘光毅、曹彬等讨平之。未几,军校吕翰杀武怀节,据嘉州以叛,翰及诸将夺其城。谍知贼约三鼓复来攻,翰戒知更使缓,向晨犹二鼓,贼众不集而溃,因而破之,剑南遂平。师还,迁蔡州团练使。

开宝二年,从征太原,复为行营都壕砦使。既班师,会河决澶州,令翰董其役,翰出银器助役,沉所乘白马以祭;复决阳武,再护役,皆有成绩。将征江南,命翰率兵先赴荆南,改行营先锋使,进克池州。金陵平,江州军校胡德、牙将宋德明据城拒命。翰率兵攻之,凡五月而陷,屠城无噍类,杀兵八百。所略金帛以亿万计,伪言欲致庐山东林寺铁罗汉像五百头于京师,因调巨舰百艘,载所得以归。录功迁桂州观察使、判颍州。

太平兴国四年,从征太原,为攻城南面都部署。与崔彦进、李汉琼、刘遇三节度分部攻城,翰攻东北,而刘遇攻西北,与刘继元直,城尤险固,遇欲与翰易处,翰言:“观察使班次下,当部东北。”遇坚欲易之,数日不决。上虑诸将不协,遣谕翰曰:“卿智勇无双,西北面非卿不能当也。”翰乃奉诏,筑土山瞰城中,数日而就,继元甚恐。军中乏水,城西十余里谷中有娘子庙,翰往祷之,穿渠得水,人马以给。又从征幽州,率所部攻城东南隅,卒掘土得蟹以献。翰谓诸将曰:“蟹水物而陆居,失所也。且多足,彼援将至,不可进拔之象。况蟹者解也,其班师乎?”已而果验。

五年,从幸大名,拜威塞军节度,仍判颍州,复命为幽州行营都部署,诏督役开南河,自雄达莫,以通漕运,议筑大堤以捍之。翰遣徒数万,伐巨木于汉境,遣骑五,授五色旗为斥候,前遇丘陵、水泽、寇贼、烟火,则各举其旗以为应,又起烽燧于境上,敌疑不敢近塞,得巨木数万以济用,讫事归镇。

翰在郡岁久,征敛苛酷,政因以弛。上以其有功,每优容之。会汝阴令孙崇望诣阙,诉翰私市兵器,所为多不法。诏遣御史滕中正乘传鞫之,狱具,当弃市,上贷其罪,削官爵,流锢登州。雍熙二年,起为右千牛卫大将军、分司西京。四年，召入为左千牛卫上将军，赐钱五百万，白金五千两。淳化三年，卒，年六十九，赠太尉。上命迁其四子守谦、守能、守节、守贵官，其六子守让、守赟、守澄、守恩、守英、守吉皆补殿直。

翰阴狡多智数，好夸诞，贪冒货赂，饮酒至数斗不乱。每奏事上前，虽数十条，皆默识不少差。必作《退将诗》曰："曾因国难披金甲，耻为家贫卖宝刀。"翰直禁日，因语及之。上悯其意，故有银钱之赐。咸平元年，赐谥武毅。

杨信，瀛州人。初名义。显德中，隶太祖麾下为裨校。宋初，权内外马步军副都军头。建隆二年，领贺州刺史。改铁骑、控鹤都指挥使，迁殿前都虞候，领汉州防御使。乾德初，亲郊，为仪仗都部署。四年，信病瘖，上幸其第，赐钱二百万。五年，改静江军节度。开宝二年，散指挥都知杜廷进等将为不轨，谋泄，夜启玄武门，召信逮捕，迟明，十九人皆获，上亲讯而诛之。六年，迁殿前都指挥使，改领建武军节度。

太祖尝令御龙直习水战于后池，有鼓噪声，信居玄武门外，闻之，遽入，服皂绨袍以见。上谓曰："吾教水战尔，非有他也。"出，上目送之。谓左右曰："真忠臣也。"九年，授义成军节度。太平兴国二年，改镇宁军。并领殿前都指挥使。三年春，以疡疾在告，俄卒，赠侍中。

信虽瘖疾而质实自将，善部分士卒，指顾申儆，动有纪律，故见信任，而终始无疑焉。有童奴田玉者，能揣度其意，每上前奏事，及与宾客谈论，或指挥部下，必回顾玉，书掌为字，玉因直达其意无失。信未死前一日，瘖疾忽愈，上闻而骇之，遽幸其第。信自言遭遇两朝，恩宠隆厚，叙谢感慨，涕泗横集。上加慰勉，锡赉有差。信弟嗣、赞。

嗣，建隆初以信荐为殿直，三迁崇仪副使、火山军监军。雍熙四年，就命知军事。代还，以吏民借留再任，俄迁高阳关战棹都监。淳化二年，改知保州，门无私谒。转运使言其治状，优迁威虏军，改崇仪使，与曹思进同为静戎军、保州、长城、蒲城缘边都巡检使。改如京使，再知保州，有战功。

真宗即位，加洛苑使。咸平初，领奖州刺史。三年，与敌人战于廉良，斩首二千级，获战马辎重甚众，以功真拜保州刺史。召还，授本州团练使。时杨延昭方为刺史，嗣言："尝与延昭同官，骤居其上，不可，愿守旧官。"上嘉其让，乃迁延昭官。嗣与延昭久居北边，俱以善战闻，时谓之"二杨"。嗣以武人治郡，不屑细务，又兼领巡徼，在郡日少，城堞圮坏，有未葺者，诏供备库副使赵彬代之，改深州团练都巡检使兼保州钤辖。

五年，边人寇保州，嗣与杨延昭御之，部伍不整，为所袭，士马多亡失，代还，特宥其罪。明年，与防秋之策，条陈北面利害，以其练达边事，出为镇、定、高阳关三路后阵钤辖，移定州副都部署，留其家京师，假官第以居。

景德初，改镇州路副都部署。上以嗣耄年总军政，虑有废阙，旋命代之。连为赵、贝、深三州部署。大中祥府五年，复出为天雄军副都部署。六年，以左龙武大将军致仕。明年卒，年八十一。录其子承宪为侍禁。

赞稍知书，无异能，以兄故得掌禁旅，累资朝著至牧守焉。

党进，朔州马邑人。幼给事魏帅杜重威，重威爱其淳谨，及壮，犹令与姬妾杂侍。重威败，进以膂力隶军伍。周广顺初，补散指挥使，累迁铁骑都虞候。宋初，转本军都校，领钦州刺史，迁马步军副都军头、领虔州团练使，改虎捷右厢都指挥使、领睦州防御使。建隆二年，改领阆州。乾德初，改龙捷左厢都虞候、领利州观察使。后四年，权步军。杜番琼卒，命进代领其务。五年，领彰信军节度兼侍卫步军都指挥使。

开宝元年，将征太原，以进将河东行营前军。开宝二年，太祖师临晋阳，置砦四面，命进主其东偏。师未成列，太原骁将杨业领突骑数百来犯，进奋身从数人逐业；业急入隍中，会援兵至，缘縆入城获免。上激赏之。六年，改侍卫马军都指挥使、领镇安军节度。九年，又命将河东行营兵征太原，入其境，败太原军于城北。太祖崩，召还。太平兴国二年，出为忠武军节度。在镇岁余，一日自外归，有大蛇卧榻上寝衣中，进怒，烹食之。遇疾卒，年五十一，赠侍中。

进出戎行，形貌魁岸，居常恂恂，每擐甲胄，毛发皆竖。进名进，自称曰晖，人问之，则曰：“吾欲从吾便耳。”先是，禁中军校，自都虞候已上，悉书所掌兵数于梃上，如笏记焉。太祖一日问进所掌几何，进不识字，但举梃以示于上曰：“尽在是矣。”上以其朴直，益厚之。尝受诏巡京师，闾里间有畜养禽兽者，见必取而纵之，骂曰：“买肉不将供父母，反以饲禽兽乎。”太宗尝令亲吏臂鹰雏于市，进亟欲放之，吏曰：“此晋王鹰也。”进乃戒之曰：“汝谨养视。”小民传以为笑，其变诈又如此。杜重威子孙有贫困者，进分月俸给之，士大夫或有愧焉。子崇义闲厩使，崇贵阁门祗候。

李汉琼，河南洛阳人。曾祖裕，祁州刺史。汉琼体质魁岸，有膂力。晋末，补西班卫士，迁内殿直。周显德中，从征淮南，先登，迁龙旗直副都知，改左射指挥使。宋初，再迁铁骑第二军都校、领饶州刺史，迁控鹤左厢都校、领泸州刺史，改澄州团练使，转虎捷左厢都指挥使、领融州防御使，迁侍卫马军都虞候、领洮州观察使。

王师征江南，命领行营骑军兼战棹左厢都指挥使，自蕲春攻岐口砦，斩首数千级，获楼船数百艘，沿流拔池州，破铜陵，取当涂，作浮梁于牛渚以济大军。分围金陵，率所部度秦淮，取巨舰实苇其中，纵火攻其水砦，拔之。江南平，以功领振武军节度。

太平兴国二年，出为彰德军节度。四年，太宗亲征太原，改攻城都部署。汉琼与牛思进主攻城南偏，汉琼先登，矢集其脑，并中指，伤甚犹力疾战。上召至幄殿，赐良药以慰劳之。先是，攻城者以牛革冒木上,士卒蒙之而进,谓之洞子。上欲幸其中,以劳士卒,汉琼极谏,以为矢石之下,非万乘之尊所宜轻往,上乃止。太原平,改镇州兵马钤辖。

契丹数万骑寇中山,汉琼与战于蒲城,大败之,逐至遂城,俘斩万计,加检校太尉。车驾幸太名,汉琼上谒,陈边事称旨,命为沧州都部署,加赐战马、金甲、宝剑、戎具以宠之。六年,以病还京,赐白金万两,月余卒,年五十五,赠中书令。

汉琼性木强,使酒难近,然善战有功。无子,弟汉赟、汉彬。太平兴国初,汉赟蒲供奉官,尝监高阳关、平戎军,乘传衢、婺二州,捕剧贼程白眉数十人,悉歼焉。累仕崇仪使、知宁州,大中祥府七年卒。汉彬至礼宾副使。

刘遇,沧州清池人。少魁梧有膂力。周祖镇大名,隶帐下。广顺初,蒲控鹤都头,改副指挥使。宋初,迁御马直指挥使,俄领汉州刺史,改领眉州。累迁控鹤右厢都指挥使、领琼州团练使。从征太原以功迁虎捷右厢,改领尉州防御使,开宝六年,转侍卫步军都虞候领洮州观察使。征江南,领步军战棹都指挥使。时吴兵三万屯皖口,遇会诸路兵破之,擒其将朱令赟、王晖等,获戎器数万,金陵以平,录功加领大同军节度。车驾雩祀西洛,命率禁卫以从。

太平兴国二年,出为彰信军节度。四年,征太原,与史珪攻城北面,平之。进攻范阳,师还,坐所部失律,责授宿州观察使。五年,从幸大名,复保静军节度、幽州行营都部署,护筑保州、威虏、静戎、平塞、长城五城。八年,徙镇滑州。晨兴方对客,足有灸疮痛,其医谓火毒未去,故痛不止。遇即解衣,取刀割疮至骨,曰:"火毒去矣。"谈笑如常时,旬余乃差。遇性淳谨,待士有礼,尤善射,太宗待之甚厚。雍熙二年,卒,年六十六,赠侍中,归葬京师。

李怀忠,涿州范阳人。初名怀义。太祖掌禁兵时,隶帐下为散都头,累迁殿前都指挥使、都虞候、领开州刺史。乾德中,授东西班都指挥使,改领富州。开宝中,从太祖征晋阳,累月未下。会盛署,欲班师以休息士卒,怀忠谓:"贼婴孤城,内无储峙,外无援兵,其势危困,若急攻之,破在旦夕,臣愿奋锐为士卒先。"会大热,战不利,怀忠中流矢,力疾战益奋。还授散指挥使,迁富州团练使,改日骑左右厢都指挥使。

上幸西京,爱其地形势得天下中正,有留都之意。怀忠乘间进曰:"东京有汴渠之漕,岁致江、淮米数百万斛,禁卫数十万人仰给于此,帑藏重兵皆在焉。根本安固已久,一旦遽欲迁徙,臣实未见其利。"上嘉纳之。

太宗即位,改领本州防御使,稍迁侍卫步军都虞候、领大同军节度。三年,改步军都指挥使,五月,卒,赠侍中。录其子绍宗等三人为供奉官。大中祥符三年,又录其子德钧为借职。

米信旧名海进,本奚族,少勇悍,以善射闻。周祖即位,隶护圣军。从世宗征高平,以功迁龙捷散都头。太祖总禁兵,以信隶麾下,得给使左右,遂委心焉,改名信,署牙校。及即位,补殿前指挥使,迁直长。平扬州日,信执弓矢侍上侧,有游骑将迫乘舆,射之,一发而毙。迁内殿直指挥使。开宝元年,改殿前指挥使、领郴州刺史。

太宗即位,转散都头指挥使,继领高州团练使。太平兴国三年,迁领洮州观察使。四年,征太原,命为行营马步军指挥使,与田重进分督行营诸军。并人潜师来犯,信击败之,杀其将裴正。并州平,遂移兵攻范阳。师还,以功擢保顺军节度使。时信族属多在塞外,会其兄子全自朔州奋身来归,召见,俾乘传诣代州,伺间迎致其亲属,发劲卒护送之。既而全宿留逾年,边境斥候严,竟不能致。信慷慨叹曰:"吾闻忠孝不两立,方思以身徇国,安能复顾亲戚哉。"北望号恸,戒子侄勿复言。五年,命与郭守斌等同护定州屯兵。六年秋,迁定州驻泊部署。八年,改领彰化军节度使。

雍熙三年,征幽蓟,命信为幽州西北道行营马步军都部署,败契丹于新城。契丹率众复来战,王师稍却,信独以麾下龙卫卒三百御敌，敌围之数重，矢下如雨，信射中数人，麾下士多死。会暮，信持大刀，率从骑大呼，杀数十人，敌遂小却，信以百余骑突围得免。坐失律，议当死，诏特原之，责授右屯卫大将军。明年，复授彰武军节度。

端拱初，诏置方田，以信为邢州兵马都部署以莅之。二年，改镇横海军。信不知书，所为多暴横，上命何承矩为之副，以决州事。及承矩领护屯田，信遂专恣不法，军人宴犒甚薄，尝私市绢附上计吏，称官物以免关征，上廉知之。四年，召为右武卫上将军。明年，判左右金吾街仗事。未逾月，吏卒以无罪被捶挞者甚众。强市人物，妻死买地营葬，妄发居民冢墓。家奴陈赞老病，棰之致死，为其家人所告。下御史鞫之，信具伏。狱未上而卒，年六十七。赠横海军节度。子继丰，内殿崇班、阁门祗候。

田重进，幽州人。形质奇伟，有武力。周显德中，应募为卒，隶太祖麾下。从征契丹，至陈桥还，迁御马军使，积功至瀼州刺史。太平兴国四年，从征太原还。录功擢为天德军节度使。六年，改侍卫步军指挥使。八年，改领静难军节度使。九年，河决滑州韩、房村，重进总护其役，以刘吉为之副，河遂塞。

雍熙中，出师北征，重进率兵傅飞狐城下，用袁继忠继计，伏兵飞狐南口，擒契丹骁将大鹏翼及其监军马赟、副将何万通并渤海军三十余人，斩首数千级，俘获以万计，逐北四十里，连下飞狐、灵州等城。进攻蔚州，其牙校李存璋等杀酋帅萧啜理、执耿绍忠，率吏民来附。会曹彬之师不利，乃命重进董师驻定州，迁定州驻泊兵马都部署。三年，率师入辽境，攻下岐沟关，杀守城兵千余及获牛马辎重以还。四年春，改彰信军节度。

淳化三年，改真定尹、成德军节度。未几，移京兆尹、永兴军节度。五年，改知延州，复还镇。至道三年，卒，年六十九，赠侍中。

重进不事学，太宗居藩邸时，爱其忠勇，尝遗以酒炙不受，使者曰："此晋王赐也，何为不受？"重进曰："为我谢晋王，我知有天子尔。"卒不受。上知其忠朴,故终始委遇焉。子守信六宅使,守吉阁门祗候。

刘廷翰,开封浚仪人。父绍隐,后唐末隶兵籍。晋天福中,以队长戍魏博。范延光反,绍隐力战死焉。周世宗镇澶渊,廷翰以膂力隶帐下,即位,补殿前指挥使,累从征伐,以战功再迁至散指挥第一直都知。

宋初,预平上党、维扬,迁铁骑都指挥使、领廉州刺史。太宗即位,迁右厢都指挥使,领本州团练使,迁去州观察使。太平兴国四年,从征太原,领镇州驻泊都钤辖。

太宗北伐,既班师,上以边备在于得人,乃命廷翰、李汉琼率兵屯真定,崔彦进屯关南,崔翰屯定州。冬,契丹果纵兵南侵。廷翰先阵于徐河,彦进率师出黑庐堤北,衔枚蹑契丹后,崔翰、汉琼兵继至,合击之,大败其众于满城。廷翰以功领大同军节度、殿前都虞候。八年,改领彰信军节度。雍熙四年春,改镇滑、邢。端拱中,镇州驻泊马步军都部署郭守文卒,上特命廷翰代之。淳化三年,改大名尹、天雄军节度。三年,以病求解官,还阙,上亲临问,赐赉有加。未几卒,年七十,赠侍中。

廷翰自卫士至上将,颇以武勇自任,宽厚容众,虽不事威严,而长于御下。为殿前都指挥使,入朝,常行众中,每历宫殿门,少识之者。尝与郊祀恩,当追封三世,廷翰少孤,其大父以上绵不逮事,忘其家讳,上为撰名亲书赐之。子赞元,宫苑使、澄州刺史;赞明,皇城使、勤州团练使。

崔翰字仲文,京兆万年人。少有大志。风姿伟秀,太祖见而奇之,以隶麾下。从周世宗征淮南,平寿春,取关南,以功补军使。宋初,迁御马直副指挥使,从征泽、潞。开宝初,迁河东降民以实陕西地,晋人通悍,多习武艺,命翰差择之。及阅试河北镇兵,取其骁果者以分配天武两军。九年,领端州刺史。

太宗即位,进本州团练使。太平兴国二年秋,讲武于西郊,时殿前都指挥使,杨信病瘖,命翰代之。翰分布士伍,南北绵亘二十里,建五色旗号令,将卒望其所举,以为进退,六师周旋如一。上御台临观,大悦,以藩邸时金带赐之,谓左右曰:"晋朝之将,必无如崔翰者。"

四年,从征太原,命总侍卫马步诸军,率先攻城,流矢中其颊,神色不变,督战益急,上即军帐抚问之。太原平,时上将有事幽蓟,诸将以为晋阳之役,师罢饷匮,刘继元降,赏赉且未给,遽有平燕之议,不敢言。翰独奏曰:"所当乘者势也。不可失者时也,取之易。"上谓然,定议北伐。既而班师,命诸将整暇以还。至金台驿,大军南向而溃,上令翰率卫兵千余止之。翰请骑往,至则谕以师律,众徐以定,不戮一人。既复使,上喜,因命知定州,得以便宜从事,缘边诸军并受节制,军市租储,得以专用。

冬,契丹兵数万寇满城,翰会李汉琼兵于徐河,河阳节度崔彦进兵自高阳关继至,因合击之。契丹投西山坑谷中死者不可胜计,俘馘数万,所获他物又十倍焉。以功擢武泰军节度使。

初刘继元降,上令翰往抚慰,俘略无得出城。时秦王廷美以数十骑将冒禁出,翰呵止之。至是,构于上。明年夏,出为感德军节度使。至镇时,盗贼充斥,翰诱其渠魁,戒以祸福,群盗感悟,散归农亩,境内肃然。

雍熙二年,移知滑州。三年,北伐不利,上追念徐河之功,召翰为威虏军行营兵马都部署,四年春,改镇定国军。二年,移镇镇安宜军。淳化三年召还,以疾留京师。稍间,入见上曰:"臣既以身许国,不愿死于家,得以马革裹尸足矣。"上壮之,复令赴镇,月余卒,年六十三,赠侍中。

翰骁勇有谋,所至多立功。轻财好施,死之日家无余赀。晚年酷信释氏。子继颙,虞部员外郎。孙承业,内殿承制、阁门祗候;承祐,内殿崇班。

　　论曰：自曹翰而下，尝任将帅居节镇者凡十人，其初率由拳勇起家戎行，虽不事问学，而皆精白一心，以立事功。始终匹休，而无韩、彭之祸者，由制御保全之有道也。杨信以笃实，重进以忠朴，刘遇以淳谨，廷翰以武勇称，故皆终始委遇而不替。汉琼虽木强使酒，米信所为虽多暴横，党进恂恂类怀奸诈，怀忠论迁似昧大体；然以征太原、平江南、战徐河观之，皆不害其为骁果也。至于好谋善战，轻财好施，所至立功，则未有优于曹翰、崔翰者也。然不可与古之良将同日而语者，崔之论奏平燕，未免出于率尔；而曹之杀降卒，屠江州，则又过于忍者也。君子谓功莫优于二子，而过亦莫先于二子，信矣。

宋史卷二六一
列传第二〇

李琼　郭琼　陈承昭
李万超　白重赞　王仁镐
陈思让　焦继勋　子守节
刘重进　袁彦　祈廷训
张铎　李万全　田景咸　王晖附

李琼字子玉,幽州人。祖传正,涿州刺史。父英,涿州从事。琼幼好学,涉猎史传。杖策诣太原依唐庄宗,属募勇士,即应募,与周祖等十人约为兄弟。一日会饮,琼熟视周祖,知非常人。因举酒祝曰:"凡我十人,龙蛇混合,异日富贵无相忘,苟渝此言,神降之罚。"皆刺臂出血为誓。周祖与琼情好尤密,尝过琼,见其危坐读书。因问所读何书,琼曰:"此《阃外春秋》,所谓以正守国,以奇用兵,较存亡治乱,记贤愚成败,皆在此也。"周祖令读之,谓琼曰:"兄当教我。"自是周祖出入常袖以自随,遇暇辄读,每问难琼,谓琼为师。及讨河中,乃解琼兵籍,令参西征军事。贼平,表于朝,授朝散大夫、大理司直。岁中,迁太子洗马。周祖镇邺,表为大名少尹。

广顺初,拜将作监,充内作坊使,赐金紫。连知亳、陕二州,改济州刺史。世宗初,迁洺州团练使,改安州防御使,治郡宽简,民请立碑颂德,诏中书舍人窦仪撰文赐之。

宋初,召为太子宾客。建隆三年,上章请老,改右骁卫上将军致仕。琼信释氏,明年四月八日,诣佛寺,遇疾归,至暮卒,年七十三,赠太子少师。

郭琼,平州卢龙人。祖海,本州两冶使。父令奇,卢台军使。琼少以勇力闻,事契丹,为蕃汉都指挥使。后唐天成中,挈其族来归,明宗以为亳州团练使,改刺商州,迁原州。清泰初,移阶州,城垒未葺,蜀人屡寇,琼患之,因徙城保险,民乃无患。受诏攻文州,拔二十余砦,生擒数百人。

晋天福中,移刺警州,属羌、浑骚动,朔方节度张希崇表琼为部署,将兵共讨平之。连领滑、坊、虢、卫四州。开运初,为北面骑军排阵使。阳城之役,战功居多。改沂州刺史,充荆口砦主兼东面行营都虞候。擒莫州刺史赵思以献,改刺怀州。俄为北面先锋都监。契丹陷中原,盗贼蜂起,山东为甚,契丹主命琼复刺沂州以御盗,琼即日单骑赴郡。盗闻琼威名,相率遁去。

汉乾祐中,淮人攻密州,以为行营都部署,未至,淮人解去。会平卢节度刘铢恃佐命之旧,称疾不朝,将相大臣,惧其难制,先遣琼与卫州刺史郭超以所部兵屯青州。铢不自安,置酒召琼,伏壮士幕下,欲害琼。琼知其谋,屏去从者,从容就席,略无惧色,铢不敢发。琼因为陈祸福,铢感其言,遂治装。俄诏至,即日上道。琼改颍州团练使,又加防御使。时朗州结荆、淮、广南合兵攻湖南,诏琼以州兵合王令温大军攻光州,寻以内难不果。罢归朝,遣诣河北计度兵甲刍粮。

周祖祀南郊,召权知宗正卿事。世宗征刘崇,为北面行营都监,历绛、蔡、齐三州防御使。在齐州,民饥,琼以己奉赈之。人怀其惠,相率诣阙颂其德政,诏许立碑。

宋建隆三年,告老,加右领军卫上将军致仕,归洛阳。乾德二年,卒,年七十二。琼虽起卒伍,而所至有惠政,尊礼儒士,孜孜乐善,盖武臣之贤者也。

陈承昭,江表人。始事李景为保义军节度,周世宗征淮南,景以承昭为濠、泗、楚、海水陆都应援使。世宗既拔泗州,引兵东下,命太祖领甲士数千为先锋,遇承昭于淮上击败之,追至山阳北,太祖亲禽承昭以献。世宗释之,授右监门卫上将军,赐锦袍、银带,改右领军卫上将军,分司西京。

宋初入朝,太祖以承昭习知水利,督治惠民、五丈二河以通漕运,都人利之。建隆二年,河成,赐钱三十万。承昭言其婿王仁表在南唐,帝为致书于李景,令遣归阙,历左右神武统军。

四年春,大发近甸丁壮数万,修畿内河堤,命承昭董其役。又令督诸军子弟数千,凿池于朱明门外,以习水战。从征太原,承昭献计请壅汾水灌城,城危甚,会班师,功不克就。乾德五年,迁右龙武军统军。开宝二年,卒,年七十四。赠太子太师,中使护丧。大中祥符元年,录其孙宗义为三班借职。

李万超,并州太原人。幼孤贫,负贩以养母,晋祖起并门,万超应募隶军籍。战累捷,稍迁军校。从李守贞讨杨光远于青州,奋勇先登,飞石中其脑,气不属者久之。开运中,从杜重威拒契丹于阳城,流矢贯手,万超拔矢复战,神色自若。以功迁肃锐指挥使。

契丹入中原,时万超以本部屯潞州,主帅张从恩将弃城归契丹,会前骁卫将军王守恩服丧私第,从恩即委以后事,遁去。及契丹使至,专领郡务,守恩遂无所预。万超奋然谓其部下曰:"我辈垂饵虎口,苟延旦夕之命,今欲杀使,保其城。非止逃生,亦足建勋业,汝曹能乎?"众皆跃然喜曰:"敢不唯命。"遂率所部大噪入府署,杀其使,推守恩为帅,列状以闻。汉祖从其请,仍命史弘肇统兵先渡河至潞,见万超,语之曰:"得复此州,公之力也。吾欲杀守恩,以公为帅,可乎?"万超对曰:"杀契丹使以推守恩,盖为社稷计尔。今若贼害于人,自取其利,非宿心也。"弘肇大奇之,表为先锋马步军都指挥使。路经泽州,刺史翟令奇坚壁拒命,万超驰至城下,谕之曰:"今契丹北遁，天下无主，并州刘公仗大义，定中土，所向风靡，后服者族，盍早图之。"令奇乃开门迎纳。弘肇即留万超权州事，汉祖遂以为刺史。及征李守贞，以万超为行营壕砦使。河中平，拜怀州刺史。

周祖开国，从征慕容彦超，又为都壕砦使，以功授洺州团练使，预收秦、凤，改莱州。从平淮南，连移蕲、登二州，所至有善政。属有诏重均田租，前牟平令马陶，籍隶文登县，隐苗不能，命系之，将斩而后闻。陶惧遁去，由是境内肃然。

宋初，入为右武卫大将军，迁左骁卫大将军。开宝八年，卒，年七十二。

白重赞，宪州楼烦人，其先沙陀部族。重赞少从军，有武勇。汉初，自散员都虞候三迁护圣都指挥使。乾祐中，李守贞据河中叛，隐帝以重赞为行管先锋都指挥使。河中平，以功领端州刺史。周祖，转护圣左厢都指挥使。未几，出为郑州防御使，改相州留后。广顺中，授义成军节度。在镇日，河屡决，重赞亲部丁壮，塞大程、六合二堤，诏书褒美。

世宗征刘崇，以重赞为河东道行营马军都指挥使。重赞与李重进居阵西偏，樊爱能、何徽居阵东偏。既合战，爱能与徽皆遁走，唯重赞与重进率所部力战，世宗自督亲军合势薄之，并人大败。既诛爱能等，重赞以功授保大军节度使。及世宗征太原，以河阳刘词为随驾都部署，命重赞副之。其忻州监军杀刺史赵皋及契舟大将杨耨姑，以城降，而契丹兵犹盛，命重赞及符彦卿击走之。世宗还京，改河阳三城节度、检校太尉。及征淮南，命重赞率亲兵三千于颍上。未几，改淮南道行营马步军都虞候。俄迁彰义军节度。

宋初加检校太师，改镇泾州。有马步军教练使李玉，本燕人，凶狡，与重赞有隙。遂与部下闫承恕谋害重赞，密遣人市马缨，伪造制书云重赞构逆，令夷其族。乃自持伪制并马缨，以告都校陈延正曰："使者至而去矣。"延正具白重赞，重赞封其书以闻。太祖大骇，令验视之，率皆诞谬，遂命六宅使陈思诲驰赴泾州，禽玉及承恕鞠问，伏罪弃市。延正擢领刺史以赏之，仍诏诸州，凡被制书有关机密，则详验印文笔迹。俄改泰宁军节度。乾德四年，又为定国军节度。开宝二年，改左千牛卫上将军，奉朝请。

三年，卒，年六十二。

王仁镐，邢州龙冈人。后唐明宗镇邢台，署为牙校，即位，擢为作坊副使，累迁西上阁门使。清泰中，改右领军卫将军。晋天福中，青州杨光远将图不轨，以仁镐为节度副使，伺其动静。历二年，或谮仁镐于朝，改护国军行军司马。仁镐至河中数月，光远反书闻。汉乾佑中，历昭义、天雄二军节度副使。

周祖镇邺，表仁镐为副留守。及起兵，仁镐预其谋。周祖即位，仁镐为王峻所忌，出为唐州刺史，迁棣州团练使，入为右卫大将军，充宣徽北院使兼枢密副使。显德初，出为永兴军节度使。世宗嗣位，移河中。会殿中丞上官瓒使河中还，言河中民多匿田租，遂遣按视均定。百姓苦之，多逃亡他郡，仁镐抗论其事，乃止。丁继母忧，去官。

五年，拜安国军节度，制曰："眷惟襄国，实卿故乡。分予龙节之权，成尔锦衣之美。"郡民抚老携幼，迎于境上，有献锦袍者四，仁镐皆重衣之，厚酬以金帛。视事翌日，省其父祖之墓，周视松槚，涕泗鸣咽，谓所亲曰："仲由以为不如负米之乐，信矣。"时人美之。郡有群盗，仁镐遣使遗以束帛，谕之，悉遁去，不复为盗。恭帝嗣位，移山南东道节度。

宋初，加检校太师。建隆二年，以疾召还，次唐州，卒于传舍，年六十九。仁镐性端谨俭约，崇信释氏，所得俸禄，多奉佛饭僧，每晨诵佛经五卷，或至日旰方出视事。从事刘谦责仁镐曰："公贵为藩侯，不能勤恤百姓，孜孜事佛，何也？"仁镐敛容逊谢，无愠色。当时称其长者。

陈思让字后己，幽州卢龙人。父审确，仁后唐至晋，历檀、顺、涿、均、沁、唐、祁、城八州刺史。预征蜀，权利州节度，终金州防御使。思让初隶庄宗帐下，即位补右班殿直。晋天福中，改东头供奉官，再迁作坊使。安从进叛于襄阳，以思让为先锋右厢都监，从武德使焦继勋领兵进讨。遇从进之师于唐州花山下，急击大破之，从进仅以身免。以功领奖州刺史。从进平，授坊州刺史。

八年冬，契丹谋入寇，以思让监澶州军，赐鞍勒马、器帛。讨杨光远于青州也，又为行营右厢兵马都监，兵罢，改磁州刺史。会符彦卿北征契丹，思让表求预行。未几，改卫州。连丁内外艰。时武臣罕有执丧礼者，思让不俟诏，去郡奔丧，闻者嘉之。起复随州刺史。

汉初，移淄州，罢任归朝。会淮南与朗州马希萼合兵淮南，攻湖南，马希广来乞师，旋属内难，又周祖北征，乃分兵令思让往郢州赴援，兵未渡而希广败。思让留于郢。

周祖即位，遣供奉官邢思进召思让及所部兵还。刘崇僭号太原，周祖思得方略之士以备边，遣思让率兵诣磁州，控扼泽、潞。未几，授磁州刺名，充北面兵马巡检。未行，升磁州为团练，即以思让充使。

广顺元年九月，刘崇遣大将李环领马步军各五都，乡兵十都，自团柏军于窑子店。思让与都监向训、张仁谦等率龙捷、吐浑军，至虒亭西，与环军遇，杀三百余人，生禽百人，获崇偏将王璠、曹海金、马五十匹。俄遣王峻援晋州，以思让与康延沼分为左右厢排阵使，令率军自乌岭路至绛州与大军合。崇烧营遁去，思让又与药元福袭之。俄命权知绛州。明年者，迁绛州防御使。

显德元年九月，改亳州防御使，充昭义军兵马钤辖，屡败并人及契丹援兵，迁安国军节度观察留后，充北面行营马步军排阵使。五年，败并军十千余于西山下，斩五百级。是秋，邢州官吏、耆艾邢铢等四十诣阙，求借留思让，诏褒之。十二月，改义成军节度观察留后。

六年春，世宗将北征，命先赴冀州以俟命。及得瓦桥关，为雄州，命思让为都部署，率兵戍守。世宗不豫还京，留思让为关南兵马都部署。恭帝嗣位,授广海军节度。

宋初,加检校太傅。乾德二年,又为保信军节度。时皇子兴元尹德昭纳思让女为夫人。开宝二年夏,改护国军节度、河中尹。七年,卒,年七十二。赠侍中。

思让累历方镇,无败政,然酷信释氏,所至多禁屠宰,奉禄悉以饭僧,人目为“陈佛子”。身没之后,家无余财。弟思诲,至六宅使。子钦祚,累迁至香药库使、长州刺史。钦祚子若拙。

若拙字敏之。幼嗜学,思让尝令持书诣晋邸,太宗嘉其应对详雅,将縻以府职,若拙恳辞。太平兴国五年,进士甲科,解褐将作监丞、通判鄂州,改太子右赞善大夫、知单州。以能政,就改太常丞,迁监察御史,充盐铁判官。益州系囚甚众,太宗览奏讶之,召若拙面谕委以疏决,迁殿中侍御史、通判益州。淳化三年,就命为西川转运副使,未几,改正使,召归。会李至守洛都,表若拙佐治,改度支员外郎,通判西京留司。久之,柴禹锡镇泾州,复奏为通判,迁司封员外郎,部送刍粮至塞外,优诏奖之。

入为盐铁判官,转工部郎中。与三司使陈恕不协,求徙他局,改主判开拆司。车驾北巡,命李沆留守东京,以若拙为判官。河决郓州,朝议徙城以避水患,命若拙与闫承翰往规度,寻命权京东转运使,因发卒塞王陵口,又于齐州浚导水势,设巨堤于采金山,奏免六州所科梢木五百万,民甚便之。河平,真授转运使。召还,拜刑部郎中、知潭州。时三司使缺,若拙自谓得之。及是大失望,因请对,言父母年老,不愿远适,求纳制命。上怒,谓宰相曰:“士子操修,必须名实相副,颇闻若拙有能干,特迁秩委以藩任,而贪进择禄如此。往有黄观者,或称其能,选为西川转运使,辄诉免,当时黜守远郡。今若拙复尔,亦须谴降。凡用人,岂以亲疏为间,苟能尽瘁奉公,有所树立,何患名位之不至也。”乃追若拙所授告敕,黜知处州,徙温州。代还,复授刑部郎中,再为盐铁判官,改兵部郎中、河东转运使,赐金紫。

会亲祀汾阴,若拙以所部缯帛、刍粟十万,输河中以助费,经度制置使陈尧叟言其干职,擢拜右谏议大夫,徙知永兴军府。时邻郡岁饥,前政拒其市籴,若拙至,则许贸易,民赖以济。又移知凤翔府,入拜给事中、知澶州。蝗旱之余,勤于政治,郡民列状乞留。天禧二年,卒,年六十四。录其子映为奉礼郎。

若拙多诞妄,寡学术,当时以第二人及第者为牓眼,若拙素无文,故目为"瞎牓"云。

焦继勋字成绩,许州长社人。少读书有大志,尝谓人曰:"大丈夫当立功异域,取万户侯。岂能孜孜事笔砚哉?"遂弃其业,游三晋间为轻侠,以饮博为务。晋祖镇太原,继勋以儒服谒见,晋祖与语,悦之,留帐下。天福初,授皇城兼宫苑使,迁武德使。安重荣反镇州,安从进自襄阳举兵为应。晋祖命继勋督诸将进讨。至唐州南,遇从进军万余,设伏击败之,禽其牙将安洪义、鲍洪等五十余人,得山南东道印,从进单骑奔还。从进弟从贵率兵千余人,援均州刺史蔡行遇,继勋杀其众七百,生禽百,获从贵,断腕放入城中,从进自此不能复镇。继勋以功就拜齐州防御使。少帝即位,从进平,籍勋威名镇之,徙襄阳防御使岁余,入为右千牛卫大将军,拜宣徽北院使,迁南院使。

西人寇边,朝议发师致讨,继勋抗疏请行,拜秦州观察使兼诸蕃水陆转运使。既至,推恩信、设方略招诱,诸郡尊长相率奉玉帛、牛酒乞盟,边境以安。俄徙知陕州,就迁保义军兵马留后。

汉初,凤翔军校阳彦昭据城叛,命继勋率师讨之,以功授保大军节度。召入,会汉祖幸大名,留为京城右厢巡检使,俄改右羽林统军。隐帝末,命继勋领兵北征。及周祖举兵向阙,继勋奉隐帝逆战于留子陂,战不利,遂归周祖。

广顺初,改右龙武统军。世宗征淮南,为左厢排阵使,又改右羽林统军、左屯卫上将军,以战功拜彰武军节度。

宋初,召为右金吾卫上将军,改右武卫上将军。乾德三年,权知延州。四年，判右街仗杜审琼卒，命继勋代之。时向拱为西京留守，多饮燕，不省府事，群盗白日入都市劫财，拱被酒不出捕逐。太祖选继勋代之，月余，京城肃然。太祖将幸洛，遣庄宅使王仁珪、内供奉官李仁祚部修洛阳宫，命继勋董其役。车驾还，嘉其干力，召见褒赏，以为彰德军节度，仍知留府事。仁珪领义州刺史，仁祚为八作副使。继勋以太平兴国三年卒，年七十八，赠太尉。

继勋猎涉史传，颇达治道，所至有善政。然性吝啬，多省公府用度，时论少之。子守节。

守节字秉直，初补左班殿直，选为江、淮南路采访。还奏称旨，擢阁门祗候。李顺余党扰西川，命与上官正讨平之。高、溪州蛮内寇，又命往图方略，守节言："山川回险，非我师之利。"诏许招纳。

咸平中，置江淮南、荆湖路兵马都监，首被选擢。又讨施、夔州叛蛮，以大义谕其酋长，皆悔过内附，因为之划界定约。还迁阁门通事舍人，监香药榷易院，三司言岁课增八十余万。时守节已为衣库副使，当迁阁门副使，真宗谓辅臣曰："守节缘财利羡余而迁横行，何以劝边陲效命者？"止以为宫苑副使。

奉使契丹，馆伴丁求说指远山谓曰："此黄龙府也。"守节应声曰："燕然山距此几许？"求说惭服。久之，迁皇城副使，管勾军头引见司。坐以白直假枢密院副承旨尹德润治第，免所居官。三迁东上阁门使，加荣州刺史。数请补外，历知襄、邓、汝三州，迁四方馆使，以右神武大将军致仕卒。

刘重进，幽州人，本名晏僧。梁末隶军籍。晋初，以习契丹语，应募使北边，改右班殿直，因赐是名。迁西头供奉官，再使契丹。契丹主以其敏慧，留为帐前通事；俄南侵，署重进忠武军节度。

汉初，移镇、邓州。汉法，禁牛革甚严，州民崔彦、陈宝选八人自本镇持革诣汉祖庙鞔鼓，重进杖遣之。判官史在德谓重进不善用法，宜置极典。及大理、刑部详覆，重进所断为是。在德坐故入，杖死之。

乾祐末，罢镇来朝。周祖起兵至封丘，诏重进与左神武统军袁义率兵拒之，重进望尘退走。周广顺初，众征兖州。未几，封薛国公。俄召为右神武统军。累加检校太师。世宗南征，为右厢排阵使。显德三年，世宗闻扬州无备，遣宣祖、韩令坤与重进等往袭取之，又为先锋都部署，进克泰州。初，杨行密子孙居海陵，号永宁宫，周师渡淮，尽为李景所杀。重进入其家，得玉砚、玉杯盘、水晶盏、玛瑙杯、翡翠瓶以献。俄命判庐州行府事兼行营都部署，败淮人千余于州境，又败五百众于白城湖。及世宗再巡，吴师溃于紫金山，有至东山口者，重进杀三千余众。及下寿州，以功授武胜军节度。淮南平，改镇邠州。世宗北征，为先锋都指挥使恭帝即位，封开府。

宋初，进封燕国公。建隆二年秋，授右羽林统军。乾德五年，改左领军卫上将军。重进徒善译语，无他才能，值契丹入中原，遂至方镇。及在环卫，尝从幸玉津园，太祖召与语。既退，谓左右曰："观重进应对不逮常人，前朝以为将帅，何足重耶？"六年，卒，年七十。

袁彦，河中河东人。少以矫勇应募从事，隶奉国营，汉乾祐中，周祖领军讨李守贞，以彦置麾下，及镇邺，以为部直小将。周广顺中，世宗在澶渊，迁为亲事都校。世宗尹京，改开封府步直指挥使。显德初，授内外步军都军头，领泉州刺史。未几，改岳州防御史。从征寿州，为城北造竹龙都部署。竹龙者，以竹数十万竿，围而相属，上设版屋，载甲士数百人，以攻其城。又命于涡口修桥，桥成，世宗幸焉，因立为镇淮军。李继勋以淮上失律，罢军职，命彦为武信军节度，权侍卫步军都指挥使。又命为淮南道行营马步军副都指挥使，赐衣服、金带、鞍勒马、铠甲、器仗，遣赴军前。

太祖下滁阳，禽皇甫晖、姚凤，彦皆有劳绩，诏褒之。又令率师屯下蔡以逼寿春。及刘仁赡降，从世宗攻濠、泗，又禽南唐将许文缜、边镐等以献。师还，真授步军都指挥使，领彰信军节度。六年春，发近畿丁壮浚五丈河，命彦董其役。恭帝嗣位，移保义军节度。

宋初,加检校太尉。是秋来朝,改镇曹州。乾德六年,为静难军节度。开宝二年,移鄜州。五年,罢镇归阙,卒,年六十六。景德四年,特诏录其孙昭庆为借职。大中祥符八年,昭庆上彦周朝所受告敕有二圣名讳者,特迁殿直。

祈廷训本名廷义,避太宗旧名改焉。河南洛阳人。父珪,梁左监门卫大将军。廷训善书计、骑射,隶周祖帐下。广顺中,历东西班右蕃行首、铁骑都虞候。世宗即位,改东西班都指挥使,迁内殿直都指挥使,继领兰、睦二州刺史。从征淮南,赐以明光细甲,令董舟师巡江界。吴人伏兵三江口葭葖中,掩击廷训,廷训力战大破之,俘馘千人,余党遁去。江北平,以功迁吉州团练使,领铁骑左厢都指挥使。月余,迁岚州防御使,领龙捷右厢都指挥使。

宋初,为安远军节度观察留后,是秋,改河阳。乾德二年,又改彰德军节度留后,俄权知邓州。五年,就拜义武军节度。

开宝二年,太祖征太原,以廷训为北面副都部署。太平兴国元年来朝。二年冬,改左领军卫上将军。五年,坐私贩竹木贵鬻入官,责本卫大将军。未几,复旧官。六年,卒,年五十八。

廷训形质魁岸,无才略,临事多规避,时人目为“祈橐驼”,以其庞大而无所取也。

张铎,河朔人,少以材武应募隶军籍。汉初,为奉国右第六军都指挥使,领沣州刺史。周祖以枢密使镇邺,铎以所部从行,及起兵,铎预焉。广顺初,铎为奉国左厢都指挥使,韩通为右厢都指挥使;俄并兼防御使,铎领永州,通领睦州。会改奉国为虎捷,铎乃领其职。是冬,出为密州防御使,改亳州。三年,授镇国节度。郊祀毕,加检校太傅。世宗初,移彰义军,未几,加检校太尉。显德三年,又移河中尹、护国军节度。

宋初,加检校太师,俄复镇泾州。州官岁市马,铎厚增其直而私取之,累至十六万贯,及擅借公帑钱万余缗,侵用官曲六千四百饼。

事发,召归京师,本州械系其子保常及亲吏宋习。太祖以铎宿旧,释不问,罢镇为左屯卫上将军,奉朝请而已。其所盗用,仍蠲除之。保常、习亦得释。铎又尝假晋邸钱百六十万,太宗即位,诏贳之。俄命判左金吾街仗。及驾征河东,以铎为京城内外都巡检,郦州刺史高继充、闲厩副使张守明分为里城左右厢巡检。雍熙三年,卒,年七十二。赠太傅。

子熙载至左千牛卫大将军。熙载子禹珪字天锡,粗知书,有方略,幼事太宗藩邸,即位,补东西班承旨,改殿直,带御器械。以材勇擢居禁卫,殿前散祗候都虞候。咸平初,授内殿直都虞候,领恩州刺史。三年,出为滁州刺史,知洺、瀛、霸三州,并兼兵马钤辖,徙岚州。西人勒厥麻诱众叛,禹珪率众讨之,俘六千余人,获名马孳畜甚众。

景德初,授高阳关行营副都部署。契丹既请和,帝思守臣有武干能镇静边郡者,亲录十余人名付中书,禹珪预焉。遂知石州,徙代、兖州,又移澶州,颇勤政治,以瑞麦生、狱空,连诏嘉奖。会河堤决溢,禹珪率徒塞之,宰相王旦使兖州还,言其状,优诏褒之。就拜洺州团练使,寻知广信军。天禧初,复为高阳关副都部署兼知瀛州。明年召还,将授四厢之职,卒,年五十九。录其二子。

李万全,吐谷浑部人。善左右射,隶护圣军为骑士,累迁至本军都校,与田景咸、王晖等从周祖入汴,号十军主。显德中,为彰武军节度。

宋初,加检校太尉、横海军节度。乾德中代归,太祖数召于苑中宴射。万全无将略,惟挽强弓,老而不衰,帝亦以此赏之。

田景咸、王晖,皆太原人。景咸仕汉,为奉国右厢都校,从周祖入汴,为龙捷左厢都校,改安国军留后。俄真拜,升本军节度。世宗时,拜武胜军节度。宋初,为左骁卫上将军。开宝三年卒。

景咸性鄙吝,务聚敛,每使命至,惟设肉一器,宾主共食。后罢镇,常忽忽不乐。妻识其意,引景咸遍阅囊储,景咸方自释。在邢州日,使者王班至,景咸劝班酒曰:"王班请满饮。"典客曰:"是使者姓名也。"景咸悟曰:"我意'王班'是官尔,何不早谕我。"闻者笑之。

晖性亦吝啬,赀甚富,而妻子饭疏粝,纵部曲诛求,民甚苦之。世宗以先朝功臣,知而弗问焉,至右神武统军。建隆四年,终右领军卫上将军。

论曰:太祖事汉、周,同时将校多联事兵间,及分藩立朝,位或相亚。宋国建,皆折其猛悍不可屈之气,俯首改事,且为尽力焉。扬雄有言:"御之得其道,则狙诈咸作使。"此太祖之英武而为创业之君也欤。

宋史卷二六二
列传第二一

李谷　　皆居润　　窦贞固
李涛　弟浣　孙仲容　　王易简
赵上交　子旷　　张锡　　张铸
边归谠　　刘温叟　子烨　孙几
刘涛　　边光范　　刘载　　程羽

李谷字惟珍，颍州汝阴人。身长八尺，容貌魁伟。少勇力善射，以任侠为事，颇为乡人所困，发愤从学，所览如宿习。年二十七，举进士，连辟华、泰二州从事。

晋天福中，擢监察御史。少帝领开封尹，以谷为太常丞，充推官。晋祖幸邺，少帝居守。加谷虞部员外郎，仍旧职。少帝为广晋尹，谷又为府推官。及即位，拜职方郎中，俄充度支判官，转吏部郎中，罢职。天福九年春，少帝亲征契丹，诏许扈从，充枢密直学士，加给事中。为冯玉、李彦韬所排。会帝幸河北，改三司副使，权判留司三司事。

开运二年秋，出为磁州刺史、北面水陆转运使。契丹入汴，少帝蒙尘而北，旧臣无敢候谒者，谷独拜迎于路，君臣相对泣下。谷曰："臣无状，负陛下。"因倾囊以献。会契丹主发使至州，谷禽斩之，密送款于汉祖，潜遣河朔酋豪梁晖入据安阳，契丹主患之，即议北旋。

会有告契丹以城中虚弱者，契丹还攻安阳，陷其城，谷自郡候契丹，遂见获。契丹主先设刑具，谓之曰："尔何背我归太原？"谷曰："无之。"契丹主因引手车中，似取所获文字，而谷知其诈，因请曰："如实有此事，乞显示之。"契丹国制，人未伏者不即实死。自后凡诘谷者六次，谷词不屈。契丹主病，且曰："我南行时，人云尔谓我必不得北还，尔何术知之？今我疾甚，如能救我，则致尔富贵。"谷曰："实无术，盖为人所陷耳。"谷气色不挠，卒宽之。

俄而德光道殂，永康继立，署谷给事中，时契丹将麻答守真定，而李崧、和凝与家属皆在城中。会李筠、何福进率兵逐麻答，推护圣指挥使白再荣权知留后。再荣利崧等家财，令甲士围其居以求赂，既得之，复欲杀崧等灭口。谷遽见再荣谓之曰："今国亡主辱，公辈握劲兵，不能死节，虽逐一契丹将，城中战死者数千人，非独公之力也。一朝杀宰相，即日中原有主，责公以专杀，其将何辞以对？"再荣甚惧，崧等获免。

汉初，入拜左散骑常侍。旧制，罢外郡归本官，至是进秩，奖之也。俄权判开封府。时京畿多盗，中牟尤甚，谷诱邑人发其巢穴。有刘德舆者，梁时屡摄畿佐，居中牟，素有干材，谷即署摄本邑主簿。浃旬，谷请侍卫兵数千佐德舆，悉禽贼党，其魁一即县佐史，一御史台吏。搜其家，得金玉财货甚众，自是行者无患。俄迁工部侍郎。

周祖西征，为西南面行营水陆转运使。关右平，改陈州刺史。会有内难，急召赴关阙。周祖兵入汴，命权判三司。广顺初，加户部侍郎。未几，拜中书侍郎、平章事，仍判三司。初，汉乾祐中，周祖讨河中，谷掌转运，时周祖已有人望，属汉政紊乱，潜贮异志，屡以讽谷，谷但对以人臣当尽节奉上而已。故开国之初，倚以为相。是岁，淮阳吏民数千诣阙请立生祠，许之，谷恳让得止。

先是，禁牛革法甚峻，犯者抵死。谷乃校每岁用革之数，凡田十顷岁出一革，余听民私用。又奏罢屯田务，以民隶州县课役，尽除宿弊。谷父祖本居河南洛阳，经巢之乱，园庐荡尽，谷生于外。既贵，访得旧地，建兰若，又立垣屋，凡族人之不可仕者分田居之。诏改清风乡高阳里为贤相乡勖德里。

二年，晨起仆阶下，伤右臂，在告，旬中三上表辞相位，周祖不允，免朝参，视事本司，赐白藤肩舆，召至便殿勉谕。谷不得已，起视事。征兖州，为东京留守、判开封府事。

显德初，加右仆射、集贤殿大学士。从世宗征太原，遇贼于高平，匿山谷中，信宿而出，追及乘舆，世宗慰抚之。世宗将趋太原，命谷先调兵食，又代符彦卿判太原行府事。师还，进位司空、门下侍郎，监修国史。谷以史氏所述本于起居注，丧乱以来遂废其职，上言请令端明、枢密直学士编记言动，为内廷日历，以付史官。是岁，河大决齐、郓，发十数州丁壮塞之，命谷领护，刻期就功。二年冬，议伐南唐，以谷为淮南道行营前军都部署，兼知庐、寿等州行府事，忠武军节度王彦副之，韩令坤以下十二将率从。谷领兵自正阳渡淮，先锋都将白延遇败吴军数千于来远，又破千余人于山口镇，进攻上窑，又败千余众，获其小校数十人，长围寿春。南唐遣大将刘彦贞来援，谷召将佐谋曰："今援军已过来远，距寿阳二百里，舟棹将及正阳。我师无水战之备，万一断桥梁，隔绝王师，则腹背受敌矣。不如退守浮梁，以待戎辂之至。"初，世宗至围镇，已闻此谋，亟走内侍乘驲止之。谷已退保正阳，仍焚刍粮，回军之际，递相掠夺，淮北役夫数百悉陷于寿春。世宗闻之怒，亟命李重进率师伐之，以谷判寿州行府。是秋，诏归阙，得风痹疾，告满百日，累表请致仕，优诏不允。每军国大事，令中使就第问之。

四年春，吴人壁紫金山，筑甬道以援寿春，不及者数里。师老无功，时请罢兵为便，世宗令范质、王溥就谷谋之。谷手疏请亲征，有必胜之利者三，世宗大悦，用其策。及淮南平，赏赐甚厚。出谷疏，令翰林学士承旨陶谷为赞以赐之。是夏，世宗还，谷扶疾见便殿，诏令不拜，命坐御坐侧。以抱疾既久，请辞禄位。世宗怡然勉之，谓曰："譬如家有四子，一人有疾，弃而不养，非父之道也。朕君临万方，卿处辅相之位，君臣之间，分义斯在，奈何以禄奉为言。"谷愧谢而退。俄以平寿州，叙功加爵邑。是秋，谷抗表乞骸骨，罢相，守司空，加邑封,令每月肩舆一诣便殿,访以政事。

五年夏,世宗平淮南回,赐谷钱百万、米麦五百斛、刍粟薪炭等。恭帝即位,加开府仪同三司,进封赵国公。求归洛邑,赐钱三十万,从其请。太祖即位,遣使就赐器币。建隆元年,卒,年五十八。太祖闻之震悼,赠侍中。

谷为人厚重刚毅,深沉有城府,雅善谈论,议政事能近取譬,言多诣理,辞气明畅,人主为之耸听。人有难必救,有恩必报。好汲引塞士,多至显位。与韩熙载善,熙载将南渡,密告谷曰:“若江东相我,我当长驱以定中原。”谷笑曰:“若中原相我,下江南探囊中物耳。”谷后果如其言。李昉尝为谷记室,在淮上被病求先归。谷视之曰:“子他日官禄当如我。”昉后至宰相、司空。

周显德中,扈载以文章驰名,枢密使王朴荐令知制诰。除书未下,朴诣中书言之。谷曰:“斯人薄命,虑不克享耳。”朴曰:“公在衡石之地,当以材进人,何得言命而遗才。”载遂知制诰,迁翰林学士,未几卒。世谓朴能荐士,谷能知人。谷归洛中,昭义李筠以谷周朝名相,遗钱五十万,他物称是,谷受之。既而筠叛,谷忧恚而终。子吉至补阙,拱至太子中允。

　　昝居润,博州高唐人。善书计。后唐长兴中,隶枢密院为小吏,以谨愿称。晋初,出掌滑州廪庾,遂补牙职。会景延广留守西洛,署为右职。延广卒,居润往依陕帅白文珂,文珂致仕,乃表荐居润于周祖。

时世宗尹京,诏以补府中要职。即位,擢为军器库使。从征高平,以功迁客省使,知青州。从向拱西征,为行营都监,秦、凤平,以居润为秦州,历知凤阳、河中府。显德三年秋,迁内客省使,代王朴知开封府。四年,再幸寿州,命为副留守。十月,幸淮上,以居润为宣徽北院使兼副留守。五年夏,南征还,复判开封府。六年,征关南。为东京副留守。及吴廷祚出塞河,命居润权知开封府事。廷祚为枢密使,真判开封府,改左领军卫上将军。恭帝嗣位,加检校太傅。

太祖立,加检校太尉。及征泽、潞,命赴澶州巡警。师还,权知镇州,加左领军卫上将军。建隆二年,又权知澶州。八月,拜义武军节度,在镇数年,得风痹,诏还京师。乾德四年,卒,年五十九,赠太师。

居润性明敏,有节暨,笃于行义。初,晋室将亡,景延广委其族自洛赴难,至则为辽人所执。辽人在洛者遽欲恣摽掠,延广僚吏部曲悉遁,独居润力保护,其家以安。居润与太祖同事世宗,情好款浃,尝荐沈伦于太祖,以为纯谨可用,后至宰相,世称其知人。

子惟质至内园使,弟居济至水部员外郎。大中祥符三年,录其孙建中为三班借职。

窦贞固字体仁,同州白水人。父专,后唐左谏议大夫。贞固幼能属文,同光中举进士,补万全主薄。丁内艰去官,服除,授河东节度推官。时晋在藩,以贞固廉介,甚重之。及即位,擢为户部员外郎、翰林学士,就拜中书舍人。

天福三年,诏百僚各上封事,贞固疏曰:“臣闻举善为明,知人则哲。圣君在位,薮泽岂有隐沦;昭代用材,政理固,无紊乱。求贤若渴,从谏如流,郑所以誉子皮;□□□□,□□□□鲁所以讥文仲。为国之要,进贤是先。陛下方树丕基,宜求多士。乞降诏百僚,令各司议定一人,有何能识,堪何职官,朝廷依奏用之。若能符荐引,果谓当才,所奏之官,望加奖赏;如乖其举,或涉徇私,所奏之官,宜加殿罚。自然官由德序,位以才升。三人同行,尚闻择善;十目所视,必不滥知。臣职在论思,敢陈狂狷。”书奏,帝深嘉之,命所司著为令典。明年,改御史中丞,与太常卿崔棁、刑部侍郎吕琦、礼部侍郎张允同详定正冬朝会礼节、乐章及二舞行列。历刑部、门下二侍郎。

少帝即位,拜工部尚书。迁礼部尚书,知贡举。旧制,进士夜试,继以三烛。长兴二年改令昼试,贞固以昼暑短,难尽士材,奏复夜试,择士平允,时论称之。改刑部尚书,出为颍州团练使。岁余,复拜刑部尚书。

汉祖入汴，贞固与礼部尚书王松率百官见于荥阳西，汉祖驻驾，劳问久之。初营宗庙，帝以姓自汉出，遂袭国号，尊光武为始祖，并亲庙为五。诏群臣议，贞固上言曰："按《王制》：'天子七庙，诸侯五，大夫三，士一。'《正义》曰：'周之制七庙者，太祖及文王、武王之祧与亲庙四也。'又曰：'七庙者据周也。有其人则七，无其人则五。'至光武中兴，及魏、晋、宋、齐、隋、唐，或立六庙，或立四庙，盖建国之始，未盈其数也。《礼》曰'德厚者流光'，此天子可以祀六世之义也。今陛下大定寰区，重兴汉祚，旁求典礼，用正宗祧，伏请立高、曾、祖、祢四亲庙。及自古圣王祖有功、宗有德、更立始祖在四庙之外，不拘定数，所以或五庙或七庙。今请尊高皇帝、光武皇帝为始祖，法文王、武王不迁之制，用历代六庙之规，庶合典礼。"汉祖从之。论者以天子建国，各从其所起，尧自唐侯，禹生大夏是也。立庙皆祖其有功，商之契，周之后稷，魏之武帝，晋之三庙是也。高祖起于晋阳，而追嗣两汉，徙以同姓为远祖，甚非其义；贞固又以四亲匹庶，上合高、光，失之弥远矣。但援立亲庙可也，余皆非礼。俄迁吏部尚书。

初，帝与贞固同事晋祖，甚相得。时苏逢吉、苏禹珪自霸府僚佐骤居相位，思得旧臣冠首，以贞固持重寡言，有时望，乃拜司空、门下侍郎、平章事、弘文馆大学士。贞固少时中蛊，若赘在喉中，常鲠阂。及为相日，因大吐，有物状蜥蜴落银盘中，毒气冲盘，焚于中衢，臭闻百步外，人皆异之。隐帝即位，加司徒，改本贯永安乡为贤相乡，班瑞里为勋贵里。杨邠、史弘肇、王章树党恣横，专权凌上，贞固但端庄自持，不能规救。

周祖兵起，贞固与苏逢吉奉隐帝兵次于野，败。逢吉仓黄自杀，贞固遂诣周祖。周祖称太后制，委贞固与苏禹珪、王峻同掌军国政事。周祖登位，加兼侍中。会以冯道为首相，改监修国史。俄罢相，守司徒，封沂国公。世宗即位，以范质为司徒，贞固遂归洛阳，输课役，齿为编民。贞固不能堪，诉于留守向拱，拱不听。

宋初，以前三公赴阙陪位，诣范质，求任东宫三少，预朝请，质不为奏。乃还洛，放旷山水，与布衣辈携妓载酒以自适。开宝二年病困，自为墓志，卒，年七十八。

李涛字信臣，京兆万年人。唐敬宗子郇王玮十一世孙。祖镇，临濮令。父元，将作监。朱梁革命，元以宗室惧祸，挈涛避地湖南，依马殷，署涛衡阳令。涛从父兄郁仕梁为阁门使，上言涛父子旅湖湘，诏殷遣归京师，补河阳令。

后唐天成初，举进士甲科，自晋州从事拜监察御史，迁右补阙。宋王从厚镇邺，以涛为魏博观察判官。岁余，入为起居舍人。

晋天福初，改考功员外郎、史馆修撰。晋祖幸大梁，张从赏以盟津叛，陷洛阳，扼虎牢。故齐王全义子张继祚者实党之，晋祖将族其家。涛上疏曰：“全义历事累朝，颇著功效。当巢、蔡之乱，京师为墟，全义手披荆棘，再造都邑，垂五十年，洛民赖之。乞以全义之故，止罪继祚妻子。”从之。尝奉诏为宋州括田使，前雄州刺史袁正辞斋束帛遗涛，以田园为托，涛表其事，晋祖嘉之。正辞坐降一阶，涛迁浚仪令。改比部郎中、盐判官，改刑部郎中。

泾帅张彦泽杀记室张式，夺其妻，式家人诣阙上诉。晋祖以彦泽有军功，释其罪。涛伏阁抗疏，请实于法。晋祖召见谕之，涛植笏叩阶，声色俱厉，晋祖怒叱之，涛执笏如初。晋祖曰：“吾与彦泽有誓约，恕其死。”涛厉声曰：“彦泽私誓，陛下不忍食其言；范延光尝赐铁券，今复安在？”晋祖不能答，即拂衣起，涛随之，谏不已。晋祖不得已，召式父铎、弟守贞、子希范等皆拜以官，罢彦泽节制。涛归洛下，赋诗自悼，有“三谏不从归去来”之句。先是，范延光据邺叛，晋祖赐铁券许以不死，终亦不免，故涛引之。晋祖崩，涛坐不赴临，停。未几，起为洛阳令，迁屯田职方郎中、中书舍人。

会契丹入汴，彦泽领突骑入京城，恣行杀害，人皆为涛危之。涛诣其帐，通刺谒见。彦泽曰：“舍人惧乎？”涛曰：“今日之惧，亦犹足下昔年之惧也。向使先皇听仆言，宁有今日之事。”彦泽大笑，命酒对酌,涛神气自若。

汉祖起义至洛,涛自汴奉百官表入对,汉祖问京师财赋,从契丹去后所存几何,涛具对称旨,汉祖嘉之。至汴,以为翰林学士。杜重威据邺叛,高祖命高行周、慕容彦超讨之,二帅不协。涛密疏请亲征。高祖览奏,以涛堪任宰辅,即拜中书侍郎兼户部尚书、平章事。

隐帝即位,杨邠,周祖共掌机密,史弘肇握兵柄,与武德使李邺等中外争权,互作威福。涛疏请出邠等藩镇,以清朝政。隐帝不能决,白于太后,太后召邠等谕之。反为所构,免相归第。时中书厨釜鸣者数四,涛昼寝阁中,梦严饰厅事,群吏趋走,云迎新宰相带诸司使,既寤,心异之。数日涛罢,以邠为相兼枢密使。及周祖举兵,太后仓皇涕泣曰:"不用李涛之言,宜其亡也。"

周初,起为太子宾客,历刑部、户部二尚书。世宗晏驾,为山陵副使。恭帝即位,封莒国公。

宋初,拜兵部尚书。建隆二年,涛被病。有军校尹勋董浚五丈河,陈留丁壮夜溃,勋擅斩队长陈琲等十人,丁夫七十人皆杖一百,刵其左耳。涛闻之,力疾草奏,请斩勋以谢百姓。家人谓涛曰:"公久病,宜自爱养,朝廷事且置之。"涛愤言曰:"人孰无死,但我为兵部尚书,坐视军校无辜杀人,乌得不奏?"太祖览奏嘉之,诏削夺勋官爵,配隶许州。涛卒,年六十四,赠右仆射。

涛慷慨有大志,以经纶为己任。工为诗,笔札遒媚,性滑稽,善谐谑,亦未尝忤物,居家以孝友闻。景德三年,其孙惟勤诣阙自陈,诏授许州司士参军。子承休至尚书水部郎中,承休子仲容。

涛弟浣字日新。幼聪敏,慕王、杨卢、骆为文章。后唐长兴初,吴越王钱俶卒,诏兵部侍郎杨凝式撰神道碑,令浣代草,凡万余言,文彩遒丽,时辈称之。秦王从荣召至幕中,从荣败,勒归田里。久之,起为校书郎、集贤校理。晋天福中,拜右拾遗,俄召为翰林学士。会废学士院,出为吏部员外郎,迁礼部郎中、知制诰。复置翰林,迁中书舍人,再为学士。时涛在西掖,搢绅荣之。

契丹入汴,浣与同职徐台符俱陷塞北。永康王兀欲袭位,置浣宣政殿学士。兀欲死,述律立,以其妻族萧海贞为幽州节度使。海贞与浣相善,浣乘间讽海贞以南归之计,海贞纳之。

周广顺二年,浣因定州孙方谏密表言契丹衰微之势,周祖嘉焉,遣谍者田重霸赍诏慰抚,仍命浣通信。浣复表述契丹主幼弱多宠,好击鞠,大臣离贰,若出师讨伐,因与通好,乃其时也,请速行之。属中原多事,不能用其言。

浣在契丹尝逃归,为其所获,防御弥谨。契丹应历十二年六月卒,时建隆三年也。涛收浣文章编之为《丁年集》。浣二子,承确主客郎中,承续职方郎中。

仲容字仪父,举进干甲科,除大理评事、知三原县。累擢监察御史,为殿试进士考官。真宗问题义,对称旨,诏试中书,擢左司谏、直史馆。天圣中,以起居郎为知制诰,累迁右谏议大夫。在西掖八年,次当补学士,而不为宰相张士逊所喜,罢为给事中、集贤院学士、判史馆、司农寺,复知制诰。及石中立、张观补学士,始以为翰林侍读学士。久之,兼龙图阁学士,至户部侍郎卒。

仲容性醇易,喜饮酒,不与物忤,与人言,未尝及势利。三弟早卒,字其诸孤十余人如己子,当世称其长者。然于史事非所长。自集制草为《冠凤集》十二卷。

王易简字国宝,京兆万年人。性介特寡合。曾祖朏,唐剑州刺史。祖远,连州刺史。父贯,唐州刺史。易简少好学,工诗。会僖宗幸蜀,长安兵乱,避地山谷。梁乾化中,邵王友诲镇陕,易简举进士,诣府拔解,友诲赠钱二十万。明年遂擢第,复隐华山。邠帅韩恭辟观察支使。府罢,华帅李保衡复辟从事。逾年,尹皓代保衡,易简仍在幕府。

会朱友谦以河中叛归庄宗,攻华州甚急,城中危惧,咸请筑月城以自固。皓恃勇不听,下令曰:“有敢复言者斩。”易简固请,乃许。

板筑始毕，外城果坏，军民赖之。会夜不能攻，友谦遂遁去。皓卒，易简归田里。久之，召为著作郎，数月弃去。复召为右拾遗，上书忤旨，出为邓州节度推官。

后唐同光中，遣魏王继岌伐蜀，以宰相郭崇韬为招讨使，辟易简为巡官，改魏王都督府记室参军。明宗即位，周帅罗周恭辟为掌书记。府罢，退居华阴，作《小隐诗》二十首并序以见志，好事者多传诵。秦王从荣闻而重之，谓宰相冯道、李愚曰："易简有才，岂宜久居外地。"即召为祠部员外郎，改水部郎中、知制诰，拜中书舍人。

晋初，赐金紫，判弘文馆、史馆事。晋祖为治务求速效，易简上《渐治论》以谏之，诏书褒答，以论付史馆。及废翰林学士，易简兼知内制，又拜御史中丞，历右丞、吏部侍郎、左丞、判吏部铨。必上言："选门格敕条件具存，藩府官僚习熟者少，凡给文解，未晓规程，以致选人诣都，亲求解样，往来跋涉，重可伤闵，传写少差，旋复验放。乞自今委南曹详定解样，兼录长定格取解条，下诸州，板置州院门，每取解时，准条式遵行。"从之。晋祖在大梁，台省湫隘，易简奏举故事，一岁得光省钱二百万，缮治省署及造器物，号为举职。

周朝讳"简"，易止名易。文顺初，迁礼部尚书。是冬，合三铨为一，令易简权判，俄改刑部尚书。周祖将亲郊，命判兵部，会册四庙，命为副使。周祖晏驾，为山陵副使。显德四年，告老，以太子少保致仕，归乡里。

宋初，召加少傅。所居华阴，构一鸣堂、二品楼，优游自适。建隆四年四月，无疾卒年七十九。子景让，进士及第，至尚书郎。

赵上交，涿州范阳人。本名远，字上交，避汉祖讳，遂以字称。祖光邺，鄂州录事参军。父简章，涿州司马。上交身长七尺，黑色，美风仪，善谈论，负才任气，为乡里所推。

后唐同光中，尝诣中山干王都。有和少微者亦在都门下，忌之，颇毁訾上交，都遂不为礼。上交不得志，因南游洛阳，与中官骠骑大将军马绍宏善。绍宏领北面转运制置大使，表为判官，迁殿中丞。秦王从荣开府兼判军卫,以上交为虞部员外郎,充六军诸卫推官。李浣、张沇、鱼崇远皆白衣在秦府,悉与上交友善。累迁司封郎中,充判官。从荣性豪迈,不遵礼法,好昵群小。上交从容言曰:"王位尊崇,当修令德以慰民望,王忍为此,独不见恭世子、戾太子之事乎?"从荣怒出之,历泾、秦二镇州节度判官。从荣及祸,僚属皆坐斥,上交由是知名。

晋初,召为左司郎中、度支判官,历右谏议大夫。会废翰林学士,以上交为中书舍人、知内外制,迁刑部侍郎。尝上言:"伏睹长兴中诏书:'州县官在任详谳刑狱、昭雪人命者,不限岁月赴选,许令超资注官,仍赐章服。诸道州府给付公验,躬赴行部投状,随给优牒,庶绝欺罔,以存激劝。'载详元诏,止言州县,未该内外职司。乞自今但能雪活冤狱,不限中外官,并加旌赏。诸道州县委长吏抄案以闻。俟本人考满,即诣刑部投状,毋得隔越年岁,庶使内外同律。"诏从之。俄迁户部侍郎,拜御史中丞,弹举无所阿避。

契丹入汴,立明宗幼子许王从益为帝,以礼部尚书王崧为左丞相,上交为右丞相。契丹去,上交请去伪号,称梁王。汉祖将至,从益遣上交驰表献款,授检校礼部尚书、太仆卿,迁秘书监。周祖监国,命太师冯道迎湘阴公子于徐州,以上交副之。

广顺初,拜礼部侍郎。会将试贡士,上交申明条制,颇为精密,始复糊名考校。擢扈载甲科,及取梁周翰、董淳之流,时称得士。转户部侍郎。明年再知举,谤议纷然。时枢密使王峻用事,常荐童子,上交拒之。峻怒,奏上交选士失实,贬商州司马,朝议以为太重,会峻贬乃止,但坐所取士李观、侯璨赋落韵,改太子詹事。

显德初,迁宾客。二年,拜吏部侍郎,多请告不朝,时出游别墅。世宗因问陶谷曰:"上交岂衰老乎?"谷对曰:"上交昔掌贡举,放釁市家子李观及第,受所献名园,多植花卉,优游自适。"世宗怒,免其官。

宋初,起为尚书右丞。建隆二年正月,卒,年六十七。上交所莅官以干闻,当时称有公辅器。尤好吟咏,有集二十卷,张昭为序。

子晔字可畏。七岁丧母,过哀。十二能属文,与兄晙同举进士,未成名而兄夭,遂以荫补千牛备身,历秘书郎、殿中丞、著作郎。卒,年二十六。有集十卷,太宗尝取以入内。

张锡,福州闽县人。梁末,刘君铎任棣州刺史,辟为军事判官。棣为郓之属郡,郡有曲务,郓以牙将主之,颇横恣,民有犯曲三斤,牙将欲实于死,君铎力不能救。既而牙将盗曲百斛私造曲,事觉,锡判曰:"曲犯三斤,求生不克,曲盗百斛,免死诚难。"时郡吏以使府牙将乞免,锡不允,固实于法。

同光末,赵在礼举兵于邺,濒河诸州多构乱,锡权知州事,即出省钱赏军,皆大悦,一郡独全,隶人赖之。后为淄川令,不畏强御,专务爱民,刺史有所征,不答,由是衔之。及代,白其事于宰相冯道。道知锡介直,即奏召为监察御史,出为陕、虢观察判官。晋开运二年,拜右补阙,历起居郎、刑部及外郎开封府判官、浚仪令、司门驾部二郎中,并以清节闻。周显德中,以老疾求解官,授右谏议大夫致政。

宋初,改给事中。锡无子,宰相范质尝事之,馆于别墅。锡以执政之门,不欲久处,往依乡人邓州观察判官黄保绪。建隆二年六月,卒于穰下。

张铸字司化,河南洛阳人。性清介,不事生产。曾祖居卿,祖祎,父文蔚,在唐俱举进士。祎至翰林学士承旨、天平军节度、检校吏部尚书。文蔚,中书侍郎、平章事,《五代史》有传。

铸,梁贞明三年举进士,补福昌卫、集贤校理,拜监察御史,迁殿侍御史。仕后唐,历起居郎、金部员外郎,赐绯,改右司员外郎。

明宗初,转金部郎中,赐金紫。尝上言曰:"国家以务农为本,守令以劝课为先,广辟田畴,用资仓廪。窃见所在乡村浮户,方事垦辟,甫成生计,种田未至二顷,植木未及十年,县司以定色役,民畏责敛,舍之而去,殊乖抚恤之方,徒设诏携之令。望令诸州应有荒田纵民垦莳，俟及五顷已上，三年外始听差科。"从之。使两浙还迁，考功郎中。

晋天福初，福州王延义奉表称藩，遣铸持节册为闽国王。少帝即位，改河南令。开运二年，召为太常少卿，避曾祖讳不拜，改秘书少监、判太常寺事。逾年，转右庶子，分司西京。周广顺初，入为左谏议大夫、给事中，使朗州。显德三年，授检校礼部尚书、光禄卿，又以祖名请避，改秘书监、判光禄寺。宋初，加检校刑部尚书。建隆四年，卒，年七十三。

铸美姿仪，善笔札，老能灯下细书如蝇头。由晋以来，天地、宗庙太及上徽号、封拜王公册文，皆诏铸书之。及卒，身无兼衣，家人鬻其服马、园圃，得钱十万以葬。

边归谠字安正，幽州蓟人，父退思，檀州刺史。归谠弱冠以儒学名。后唐末，客游并、邠。晋祖镇太原，召置门下，表为河东节度推官、试秘书省校书郎，改太原府推官、试大理评事。

天福初，拜监察御史。历殿中侍御史、礼部员外郎，充户部判官。迁水部郎中，赐金紫，拜比部郎中、知制诰。历右谏议大夫、给事中。尝上言："使臣经过州县，券料外妄自征需，以丰馔从，多索人驴，用递行李。挟命为势，凌下作威，供亿稍迟，即加鞭棰，吏民受辱，宁免怨嗟。欲望察访得情，严示惩戒。"从之。俄迁右散骑常侍。

汉初，历礼部、刑部二侍郎。时史弘肇怙权专杀，闾里告讦成风。归谠言曰："迩来有匿名书及言风闻事，构害善良，有伤风化，遂使贪吏得以报复私怨，谗夫得以肆其虚诞。请明行条制，禁遏诬罔。凡显有披论，具陈姓名。其匿名书及风闻事者并望止绝。"论者韪之。

周广顺初，迁兵部、户部二侍。世宗闻其亮直，擢为尚书右丞、枢密直学士，以备顾问。就转左丞，世宗以累朝以来宪纲不振，命为御史中丞。

归谠虽号廉直，而性刚介，言多忤物。显德三年冬，大宴广德殿,归谠酒酣,扬袂言曰:"至于一杯而已。"世宗命黄门扶出之。归谠回顾曰:"陛下何不决杀赵守微。"守微者,本村民,因献策擢拾遗,有妻复娶,又言涉指斥,坐决杖配流,故归谠语及之。翌日,伏阁请罪,诏释之,仍于阁门复饮数爵,以愧其心。五年秋,归谠与百官班广德殿门外,忽厉声闻于帝,诏夺一季奉。

宋初,迁刑部尚书。建隆三年,告老,拜户部尚书致仕。乾德二年,卒,年五十七。子定,雍熙二年进士及第。

刘温叟字永龄,河南洛阳人。性重厚方正,动遵礼法。唐武德功臣政会之后。叔祖崇望,相昭宗。父岳,后唐太常卿。温叟七岁能属文,善楷隶。岳时退居洛中,语家人曰:"吾儿风骨秀异,所未知者寿耳。今世难未息,得与老夫皆为温、洛之叟是矣。"故名之温叟。以荫补国子四门助教,河南府文学。清泰中,为左拾遗、内供奉。以母老乞归就养,改监察御史,分司。时台署废弛,温叟作新之。未几,如召为右补阙。

晋初,王松权知青州,表为判官,加朝散阶。入为主客员外郎。少帝领开封尹,奏为巡官,命典文翰,又改广晋府巡官。少帝即位,拜刑部郎中,赐金紫。改都官郎中,充翰林学士。初,岳仕后唐,尝居内署,至是温叟复居斯任,时人荣之。温叟既受命,归为母寿,候立堂下。须臾闻乐声,两青衣举箱出庭,奉紫袍、兼衣,母命卷帘见温叟曰:"此即尔父在禁中日内库所赐者。"温叟拜受泣下,退开影堂列祭,以文告之。母感怆累日,不忍见温叟。岁满,加知制诰。

契丹入汴,温叟惧,随契丹北迁,与承旨张允共上表求解职。契丹主怒,欲出允等为县令。赵延寿曰:"若学士才不称职求解者,守本官可也,不可加贬出。"遂得罢职出院。汉祖南下,温叟自洛从至郑州,称疾不行。及入汴,温叟久之方至,授驾部郎中。

周初拜左谏议大夫,逾年,改中书舍人,加史馆修撰,判馆事。显德初,迁礼部侍郎、知贡举,得进士十六人。有谮于帝者,帝怒,黜十二人,左迁太子詹事。温叟实无私,后数年,其被黜者相继登第。

温叟与张昭同修汉隐帝及周祖实录,恭帝即位,迁工部侍郎兼判国子祭酒事。

宋初,改刑部。建隆九年,拜御史中丞。丁内艰,退居西洛,旋复本官。三年,兼判吏部铨。因上言曰:"伏见两京百司,渐乏旧人,多隳故事。虽检阅具存于往册,而举行须在于攸司。盖因年限得官,归司者例与减选;冬集赴调,授任者寻又出京。兼有裁满初官,不还旧局,但称前资,用图免役。又有尝因停任,切欲归司,而元敕不该,无由复职。遂使在司者失于教习,历事者难于追还。伏望自今诸司职掌,除官勒留及归司者,如理减外欠三选以下,仍须在司执行公事,及三十月即许赴集;如理减外欠三选以上,及在官不成资考者,即准元敕处分。若在任停官及在司停职者,经恩后于刑部出给雪牒,却勒归司,如无阙员,即令守阙,余依敕格处分。"

一日晚归由阙前,太祖方与中黄门数人偶登明德门西阙,前驺者潜知之,以白温叟。温叟令传呼如常过阙。翌日请对,具言:"人主非时登楼,则近制咸望恩宥,辇下诸军亦希赏给。臣所以呵导而过者,欲示众以陛下非时不御楼也。"太祖善之。宪府旧例,月赏公用茶,中丞受钱一万,公用不足则以赃罚物充。温叟恶其名不取。任台丞十二年,屡求代。太祖难其人,不允。开宝四年被疾,太祖知其贫,就赐器币,数月卒,年六十三。

温叟事继母以孝闻,虽盛暑非冠带不敢见。五代以来,言执礼者惟温叟焉。立朝有德望,精赏鉴,门生中尤器杨徽之、赵邻几,后皆为名士。范杲幼时,尝以文贽温叟,大加称奖,以女妻之。

太宗在晋邸,闻其清介,遣吏遗钱五百千,温叟受之,贮厅西舍中,令府吏封署而去。明年重午,又送角黍、执扇,所遣吏即送钱者,视西舍封识宛然,还以白太宗。太宗曰:"我钱尚不用,况他人乎?昔日纳之,是不欲拒我也;今周岁不启封,其苦节愈见。"命吏辇归邸。是秋,太宗侍宴后苑,因论当世名节士,具道温叟前事,太祖再三赏叹。

雍熙初,子照罢徐州观察推官待选,以贫诣登闻求注官。及引对,太宗问谁氏子,照以温叟对。太宗愀然,召宰相语其事,且言当今大臣罕有其比。因问:"照当得何官?"宰相言:"免选以为厚恩。"帝曰:"其父有清操,录其子登朝,庶足示劝。"擢照太子右赞善大夫,历判三司理欠、凭由司,江南转运司,入朝为司封郎中。炳、烨并进士及第。

烨字耀卿,进士及第。积官秘书省著作郎。知龙门县,群盗杀人,烨捕得之,将械送府,恐道亡去,皆斩之。众服其果。通判益州召还,时王曙治蜀,或言其政苛暴。真宗问:"曙治状与凌策孰愈?"烨曰:"策在蜀,岁丰事简,故得以宽假民。比岁小歉,盗贼窃发,非诛杀不能禁。然曙所行,亦未尝出陛下外。"帝善之。

天禧元年,始置监官。帝谓宰相曰:"谏官御史,当识朝廷大体。"于是以烨为右正言。会岁荐饥,河决滑州,大兴力役,饥殍相望。烨请策免宰相,以应天变。都城东南有泉出,民争传可以已疾,诏即其地建祥原观。烨言其诡妄不经,且亢旱,不可兴土木以营不急;又请罢提点刑狱,禁民弃父母事佛老者。皆不报。

表请补外,帝以烨屡言事,乃以判三司户部勾院,出安抚京西。还,直集贤院,同修起居注,迁右司谏。以尚书工部员外郎兼侍御史知杂事,权判吏部流内铨。请京朝官遭父母忧,官司毋得奏留,故事当起复者如旧。因诏益、梓、利、夔路长吏,仍旧奏裁,余乞免持服者论其罪。改三司户部副使,擢龙图阁待制,提举诸司库务,权发遣开封府事。累迁刑部郎中、龙图阁直学士、知河南府,徙河中府,卒。

初,王曙坐寇准贬官,在朝无敢往见者。烨叹曰:"友朋之义,独不行于今欤?"往饯之,经宿而还。尝善河中处士李渎,渎死,为陈其高行,诏以著作郎赠之。

唐末五代乱,衣冠旧族多离去乡里,或爵命中绝而世系无所考。惟刘氏自十二代祖北齐中书侍郎环隽以下,仕者相继,而世牒具存焉。子几。

几字伯寿,以烨任为将作监主薄。生而豪隽,长折节读书,第进士。

从范仲淹辟,通判邠州。邠地卤,民病远汲,几浚渠引水注城中。役兴,客曰:"自郭汾阳城此州,苟外水可酾,何待今日?无为虚费劳人也!"几不答。未几,水果至凿五池于通达,民大便利。

孙沔荐其才堪将帅,换如京使、知宁州。俗喜巫,军校仗妖法结其徒,乱有日。几使他兵伏垒门以伺,夜半尽禽之。加本路兵马钤辖,知邠州。

侬智高犯岭南,几上书愿自效,以为广东、西捉杀。道闻将偕、张忠战没,疾驰至长沙,见狄青曰:"贼若退守巢穴,瘴毒方兴,当班师以俟再举。若恃胜求战,此成擒耳。"贼果悉众来,大战于归仁铺。前锋孙节死,几以右军搏斗,自辰至巳,胜负未决。几言于青,出劲骑五千,张左右翼捣其中坚,贼骇溃。

进皇城使、知泾州。陛见,辞以母老,丐复文阶归养。仁宗谕之曰:"泾,内地也,将母莫便焉。"命特赐冠帔。领循州刺史,迁西上阁门使,再归郎中班。曾公亮荐之,复以嘉州团练使,为太原、泾原路总管。

夏人寇周家堡,转运使陈述古摄渭帅,几移文索援兵,不听,率诸将偕请,又不听,乃趣以手书。述古怒,移几为凤翔,且劾生事。朝廷以总管非转运使所得徙置,遣御史出按,述古黜,几亦改鄜州。召判三班院。边吏告夏人趋大顺,英宗问几。几曰:"大顺天险,非夏人可得近,正恐与赵明为仇尔。"帝曰:"明之子奔马入城,几为所掩,卿料敌一何神也。"以为秦凤总管。

神宗即位,转四方馆使、知保州,治状为河北第一。逾六年,即请老,还为秘书监致仕。元丰三年,祀明堂,大臣言几知音,诏诣太常定雅乐。几曰:"古乐备四清声,沿五季乱离废,请增之。"乐成,予一子官。

几得谢二十年,放旷嵩、少间,遇唐末异人靖长官者得养生诀,故益老不衰。间与人语边事,谓张耒曰:"比见诏书禁边吏夜饮。此曹一旦有急，将使输其肝脑，而平日禁其为乐，为今役者不亦难乎？夫椎牛酾酒，丰犒而休养之，非欲以醉饱为德，所以增士气也。"未敬识其语。再加通议大夫，卒，年八十一。

几笃于风义，推父遗恩官从兄，已得任子，必先兄弟子之孤者。其议乐律最善，以为："律主于人声，不以尺度求合。古今异时，声亦随变，犹以古寇服加于今人，安得而称。儒者泥古，致详于形名度数间，而不知清浊轻重之用，故求于器虽合，而考于声则不谐。"尝游佛寺，闻钟声，曰："声渐而悲，主者且不利。"是夕，主僧死。在保州，闻角声，曰："宫微而商离，至秋，守臣忧之。"及期，几遇疾。然所学颇杂郑、卫云。

刘涛字德润，徐州彭城人，后唐天成中，举进士，释褐为凤翔掌书记，拜右拾遗，赐绯。时太常丞在德上章，词理鄙俗，仍犯庙讳。涛上言请正其罪，虽不允，时论是之。出为山南东道节度判官，召为左补阙，迁起居舍人。

晋天福初，改司勋员外郎、史馆修撰，迁工部郎中，赐金紫。历度支、职方二郎中，掌左藏库，时少帝奢侈，常以银易金，广其器皿。李崧判三司，令上库金之数。及崧以元薄较之，少数千镒。崧责曰："帑库通式，一曰不受虚数，毫厘则有重典。"涛曰："帑司常有报不尽数，以备宣索。"崧令有司劾涛，涛事迫，以情告枢密使桑维翰，乃止罚一月奉。汉初，宰相苏禹珪荐为中书舍人。

周广顺中，坐令子监察御史顼代草诰命，左迁少府少监，分司西京；顼亦贬复州司户。显德初，就改太常少卿，俄拜右谏议大夫。四年，再知贡举。枢密使王朴尝荐童子刘谱于涛，涛不纳，朴衔之。时世宗南征在迎銮，涛引新及第人赴行在。朴时留守上都，飞章言涛取士不精。世宗命翰林学士李昉覆试，出者七人。涛坐责授太子右赞善大夫。恭帝即位，迁右詹事。涛性刚毅不挠，素与宰相范质不协，常郁郁不得志，遂退居洛阳之清化里，杜门以书史自娱。

太祖素知涛履行，开宝二年召赴阙，以老病求退，授秘书监致仕。年七十二卒。

清泰初,中书舍人卢导受诏主文,将锁宿,涛力荐薛居正,以为文章器业必至台辅,导取之,后果为相。世称其知人。

项子晟晟子讷、谭,并进士及第。晟至屯田员外郎,讷为殿中侍御史。

边光范字子仪,并州阳曲人。性谦退和雅,有吏材。父仁嗣,忠武军节度副使。光范,后唐天成二年,起家榆次令,召为殿中丞,赐绯。长兴四年,改太常丞。丁内艰。晋天福初,服阕,授检校户部员外郎、北京留守判官兼侍御史。二年,拜太府少御。上书曰:"臣闻唐太宗有言:'朕居深宫之中,视听不能及远,所委者惟都督、刺史。'则知此官实系治乱,必须得人。今则刺史或因缘世禄,或贡奉家财,或微立军功,或但循官序。实恐抚民无术,御吏无方,以此牧民,而民受其赐鲜矣。望选能吏能苏民瘼,用致升平。"奏入,留中不出。俄为册秦王李从严副使。张从恩以外戚为河南尹,奏授判官。迁秘书监兼御史中丞,入拜大理少御。

少帝尹京,改卫尉少御,充开封府判官,又改光禄少御,广晋府判官,赐金紫。少帝即位,拜右谏议大夫,权知开封府事,迁给事中。会蝗灾,遣使亳州括借军粮,称为平允。时与契丹失欢,河朔连兵,命光范出使修好。会契丹复南入,光范行至赵州,召还。开运元年,权知郑州,拜左散骑常侍。二年,入为枢密直学士。少帝以光范藩邸旧僚,待遇尤厚。因游宴,见光范位翰林学士下,即日拜尚书礼部侍郎、知制诰,充翰林学士,仍直枢密院。

汉初,改检校刑部尚书、卫尉卿。上言:"伏见朝廷除刺史,不限年月,或未及期年,又闻除代。往来跋涉,岂暇抚怀。望慎选良牧,立定年限,以责辑绥之效。"疏入,不报。乾祐二年,连使宋州虞城、汝州襄城,按视民田之伤稼者。是为吴越加恩使。

周广顺初,出知陈州,迁秘书监,俄召拜御史中丞,赐袭衣、银器、缯采、鞍勒马,复为礼部侍郎。时礼部侍郎于贡部或掌或否,光范拜官,将及秋试,乃言于执政曰:"单门偶进,何言名第。若他曹公事,光范不敢辞;若处文衡,校阅名贤,品藻优劣,非下走所能。"执政曰:"公晋末为翰林、枢密直学士,勿避事也。"及期,光范辞疾不出,乃以翰林学士承旨徐台符掌之,时论多其自知。

世宗即位,改刑部侍郎、权知开封府,俄迁户部。显德三年,命往大名检民田。五年,遣使普均租税,光范诣宋州。时韩通掌禁兵,领宋师修汴堤,访郡民,皆言光范均平之状,及具以闻,世宗嘉之。

宋初,征泽、潞,命光范为前军转运。计度郑、洛、汝、孟、怀刍粮。秋,拜太常卿。时张昭为吏部尚书,朝议以其耆老,令光范签判选事。

建隆四年,襄州节度慕容延钊征湖南,以光范权知州事,路当冲会,饷馈无阙。是冬郊祀,召还。会延钊卒,复知襄州。大军数万由陕路计蜀,出汉上,光范复当供亿,人不知劳。尝举本镇判官李楫为殿中侍御史,楫后坐事徐籍,光范左迁太子宾客,仍知襄州。

五年,兼桥道使,朝廷遣使督治道,常六七辈,一使所调发民皆数百人,吏缘为奸,多私取民课,所发不充数,而道益不修。光范计其工,以州卒代民,官给器用,役不淹久,人以无扰。诏书褒美。开宝四年,复判吏部铨曹。御史中丞刘温叟卒,以光范判御史台事,数月,真拜中丞。六年,以疾解铨曹任。卒,年七十三。

光范性至孝,谦退和易,雅有吏干。母病疽,光范尝吮之。景德中,录其孙易从同学究出身。

刘载字德兴,涿州范阳人。唐卢龙节度济之六世孙。父昭,下蔡令。载后,唐清泰中举进士。晋初,解褐校书郎,迁著作佐郎,赐绯,拜左拾遗、集贤殿直学士。汉初,为殿中侍御史,丁内艰,服阕,复拜旧官。判西京留台,改仓部员外郎,尝著五论,曰《为君》《为相》《为将》《去谗》《纳谏》颇为文士所称。

周宗初,擢知制诰。显德三年,拜右谏议大夫,与右拾遗郑起、尚书博士李宁同校道书。迁给事中,使许州定田租。俄赐金紫,为魏王符彦卿加恩国信使。

　　宋初，浚五丈河，自陈桥达曹州之西境，命护其役。建隆四年，贝州节度使张光翰来朝，遣载权知州事。光翰归镇，载还，知贡举。乾德初，掌建安榷货务。六年，就为江南国主生辰使，召还，令知镇州。

　　开宝四年，坐与何继筠不协，改山南东道行军司马。十年不召，尝受诏权点检州事。太平兴国初，复入为给事中。三年，出知襄州，六年，代还。告老，改工部侍郎致仕，乃赐一子出身。八年，卒，年七十一。

　　载尤好学，博通史传，善属文。尝受诏撰明宪皇后谥册文，又作《吊战国赋》万余言行于世。雅信释典，敦尚名节。

　　子宗言，至比部郎中。宗望，景德二年进士及第。大吕祥符四年，其孙介以载文集来献，以为试将作主簿。

　　程羽字冲远，深州陆泽人。少好学，能属文。晋天福中，擢进士第，授阳谷主薄。历虞乡、醴泉、新都令，皆有政绩。开宝中，选为两使判官，入对，太祖询以时事，敷奏称旨，擢著作郎，出知兴州。逾年，改知兴元府。八年，诏归阙，以本官领开封府判官。

　　羽性淳厚，莅事恪谨。时太宗尹京，颇以长者待之。及即位，拜给事中，知开封府。未几，出知成都府，为政宽简，蜀人便之。入朝，拜礼部侍郎。上欲优以清职。故事，端明殿设学士二员，居翰林学士上，专备顾问，冯道、赵凤始居是职，累朝因之。及是，即殿名以羽为文明殿学士，位在枢密副使下，且即泰宁坊营第以赐之。

　　太平兴国五年，典试贡士，御试得人居多。六年，以老疾求解职，拜兵部侍郎，未几致仕，仍给全奉。雍熙元年，卒，年七十二。赠礼部尚书。

　　子希振，以荫至尚书虞部员外郎。大中祥符元年卒。其子通，赐同学究出身。从孙琳，别传。

论曰：五季为国，不四、三传辄易姓，其臣子视事君犹佣者焉。主易则他役，习以为常。故唐方灭即北面于晋，汉甫称禅已相率下拜于周矣。君子伤之。此《杂臣传》所由立也，李谷、边归谠、窦贞固、李涛辈，或在庙堂，或侍帷幄，世主之所宠任，社稷之所倚赖，而更事异姓，不能以名节生死，伦义废矣。且谷以筹策自名，乃不能料艺祖有容人之量，及受李筠馈遗，惧其见杀，遂以忧死，又何缪耶？呜呼，魏范粲、齐颜见远，宜见褒于前史也。

宋史卷二六三
列传第二二

张昭　　窦仪 弟俨　俨　　**吕余庆**
刘熙古 子蒙正　蒙叟　　**石熙载**
子中立　**李穆** 弟肃

　　张昭字潜夫,本名昭远,避汉祖讳,止称昭。自言汉常山王耳之后,世居濮州范县。祖楚平,寿张令。楚平生直,即昭父也。初,楚平赴调长安,值巢寇乱,不知所终。直幼避地河朔,既冠,以父失所在,时盗贼蜂起,道路榛梗,乃自秦抵蜀,徒行丐食,求父所在,积十年不能得。乃发哀行服,躬耕海滨。青州王师范开学馆,延置儒士,再以书币招直,署宾职。师范降梁,直脱难北归,以《周易》、《春秋》教授,学者自远而至,时号逍遥先生。

　　昭始七岁,能诵古乐府、咏史诗百余篇;未冠,遍读《九经》,尽通其义。处侪类中,缓步,以为马、郑不己若也。后至赞皇,遇程生者,专史学,以为专究经旨,不通今古,率多拘滞,繁而寡要;若极谈王霸,经纬治乱,非史不可。因出班、范《汉书》十余义商榷,乃授昭《荀纪》、《国志》等,后又尽得十三代史,五七年间,能驰骋上下数千百年事。又注《十代兴亡论》。处乱世,躬耕负米以养亲。

　　后唐庄宗入魏,河朔游士,多自效军门,昭因至魏,撝文数十轴谒兴唐尹张宪。宪家富文籍,每与昭燕语,讲论经史要事,恨相见之晚,即署府推官。同光初,奏授真秩,加监察御史里行。宪为北京留守,昭亦从至晋阳。庄宗及难,闻邺中兵士推戴明宗,宪部将符彦超合成兵将应之。昭谓宪曰:"得无奉表劝进为自安之计乎?"宪曰:"我本书生,见知主上,位至保厘,乃布衣之极。苟面颜求生,何面目见主于地下?"昭曰:"此古人之志也,公能行之,死且不朽矣。"相泣而去,宪遂死之,时论重昭能成宪之节。

时有害昭者,昭曰:"明诚所至,期不再生,主辱臣亡,死而无悔。"众执以送彦超,彦超曰:"推官正人,无得害之"又逼昭为榜安抚军民。事宁,以昭为北京留守推官,加殿中侍御史、内供奉官,赐绯。天成三年,改安义军节度掌书记。

时以武皇、庄宗实录未修,诏正国军节度卢质、西川节度副使何瓒、秘书监韩彦辉缵录事迹。瓒上言:"昭有史材,尝私撰《同光实录》十二卷,又闻其欲撰《三祖志》,并藏昭宗朝赐武皇制诏九十余篇,请以昭所撰送史馆。"拜昭为左补阙、史馆修撰,委之撰录。昭以懿祖、献祖、太祖并不践帝位,仍补为《纪年录》二十卷,又撰《庄宗实录》三十卷上之。优诏褒美,迁都官员外郎。

时皇子竞尚奢侈,昭疏谏曰:

帝王之子,长于深宫,安于逸乐,纷华之玩,丝竹之音,日接于耳目,不与骄期而骄自至。傥非天资英敏,识本清明,以此荡心,焉能无惑。苟不豫为教道,何以置之盘牙?臣见先帝时,皇子、皇弟尽喜无稽玩物之言,厌闻致治经邦之论,入则务饰姬姜,出则广增仆马;亲宾满坐食客盈门,箴规者少,谐谑者多。以此而欲托以主鬯,不亦难乎?臣请诸皇子各置师傅,陛下令皇子屈身师事之,讲论道德。使一日之中,止记一事,一岁之内,所记渐多,每月终,令师傅具录闻奏。或皇子上谒之时,陛下更令侍臣面问,十中得五,为益良多,博识安危之理,深知成败之由。

臣又闻古之人君,即位而封太子、拜诸王,究其所由,盖有深旨。使庶不乱嫡,疏不间亲,礼秩有常,邪慝不作。近代人君,失于此道,以至邦家构患,衅隙萌生。昔隋祖聪明,炀帝亦倾杨

勇；太宗齐圣，魏王终覆承乾。臣每读古书，深悲其事。愿于圣
代，杜此厉阶。其于卜贰封宗，在臣未敢轻议。臣请诸皇子于
恩泽赐与之间，婚姻省侍之际，依嫡庶而为礼秩，据亲疏而定
节文，示以等威，绝其徼幸，保宗之道，莫大于斯。

明宗览疏而不能用。

四年，上《武皇以来功臣列传》三十卷，以本官知制诰。明宗好
畋猎，昭疏谏曰：

　　太祖初镇太原，每年打鹿于北鄙；先帝在位，暇日射雁于
近郊。此盖军务之余，畋游自适。洎先帝膺图启祚，乡时御宇，
则宜易彼诸侯之事，肃乎万乘之仪。而犹因习旧风，失其威重，
驰逐原兽，殆无虚日。

　　臣愚以为事有可畏者四焉。洛都旧制，宫城与禁苑相连，
人君宴游，不离苑囿，御马来往，辇路坦夷，不涉荒郊，何忧蹶
失。今则驱驰骖服，涉历榛芜，此后节气严凝，径涂冻滑，万一
有衔橛之变，陛下纵自轻，奈宗庙社稷何？所可畏者一也。又
陛下新有四海，宜以德服万邦。今则江、岭未平，淮夷尚梗；彼
初闻陛下革先朝之失政，还太古之淳风，御物以慈，节财以俭，
有典有则，不矜不骄，彼必有三苗率服之心，七旬来格之意。如
闻陛下暂游近甸，彼即以为复好畋游。所可畏者二也。臣又闻
"作法于凉，其弊犹贪，作法于贪，弊将如何？"且打鹿射雁之事
新，败轨倾辀之辙在，常宜取鉴，不可因循。所可畏者三也。臣
又闻"作事可法，贻厥孙谋"。若以陛下齐圣广渊之机，聪明神
武之量，其可以宴游蒐狩之事，少累圣明，所谓"城中好广眉，
城外加半额"，为法之弊，靡不由兹。所可畏者四也。

　　伏望陛下居高虑远，慎始图终，思创业之艰难，知守成之
不易，念老氏驰骋之戒，树文王忠厚之基，约三驱之旧章，定四
时之游幸。始出有节，后不敢违。

疏奏，明宗嘉纳之。

　　长兴二年，丁内艰，赙绢布五十匹，米麦五十石。昭性至孝，明

宗闻其居丧哀毁,复赐以钱币。服除,改职方员外郎、知制诰,充史馆修撰。上言乞复本朝故事,置观察使察民疾苦,御史弹事,谏官月给谏纸。并从之。又奏请劝农耕及置常平仓等数事。

明宗方务听纳,昭复上疏曰:"臣闻'安不忘危,治不忘乱'者,先儒之丕训;'靡不有初,鲜克有终'者,前经之至戒。究观列辟,莫不以骄矜怠惰,有亏盛德。恭惟太宗贞观之初,玄宗开元之际,焦劳庶政,以致太平。及国富兵消,年高志逸,乃忽守约之道,或贻执简之讥。陛下以慈俭化天下,以礼法检臣邻,绌奸邪之党,延正直之论,务遵纯俭,以节浮费,信赏必罚,至公无私。其创业垂统之规,如贞观、开元之始,然陛下有始有终,无荒无怠。臣又伏念保邦之道,有八审焉,愿为陛下陈之:夫委任审于材器,听受审于忠邪,出令审于烦苛,兴师审于德力,赏罚审于喜怒,毁誉审于爱憎,议论审于贤愚,劈宠审于奸佞。推是八审,以决万机,庶可以臻至治。"明宗览之称善。

清泰初,改驾部郎中、知制诰,撰皇后册文,迁中书舍人,赐金紫。二年,加判史馆兼点阅三馆书籍,校正添补。预修《明宗实录》,成三十卷以献。三年,迁礼部侍郎,改御史中丞。

晋天福初,从幸汴州。昭请创宫阙名额及振举朝纲、条疏百司廨舍。二年,改户部侍郎,宰相桑维翰荐为翰林学士。内署故事,以先后入为次,不系官序。特诏昭立位次承旨崔棁。晋祖尝幸内署,与昭语及并、魏旧事,甚重之,锡赉颇厚。直以昭故,授著作佐郎致仕,至是卒。归西洛,赙赐加等。五年,服阕,召为户部侍郎。以唐史未成,诏与吕琦、崔棁等续成之,别置史院,命昭兼判院事。昭又撰《唐朝君臣正论》二十五卷上之。改兵部侍郎。八年,迁吏部,判东铨,兼史馆修撰、判馆事。开运二年秋,《唐书》成二百卷,加金紫阶,进爵邑。三年,拜尚书右丞,判流内铨,权知贡举。

汉初,复为吏部侍郎。时追尊六庙,定谥号、乐章、舞曲,命昭权判太常卿事,月余即真。乾佑二年,加检校礼部尚书。少帝年十九,犹有童心,昵比群小。昭上言请听政之暇,数召儒臣讲论经义。

周广顺初，拜户部尚书。子秉阳，为阳翟主薄，抵罪，昭自以失教，奉表引咎，左迁太子宾客。岁余，复旧官。尝奏请兴制举，设贤良方正能直言极谏、经学优深可为师法、详闲吏治达于教化三科，职官、士流、黄衣、草泽并许应诏。诸州依贡举体式，量试策论三道，共以三千字以上为准，考其文理俱优，解送尚书吏部，其登朝之官亦听自举。从之。

显德元年，迁兵部尚书。世宗以昭旧德，甚重焉。二年，表求致仕，优诏不允，促其入谒。尝诏撰《制旨兵法十卷》，又撰《周祖实录》三十卷，及梁郢王均帝、后唐闵帝废帝、汉隐帝五朝实录；梁二主年祀浸远，事皆遗失，遂不克修，余三帝实录，皆藏史阁。

世宗好拔奇俊，有自布衣及下位上书言事者，多不次进用。昭疏谏曰："昔唐初，刘洎、马周起于徒步，太宗擢用为相；其后，柳璨、朱朴方居下僚，昭宗亦加大用。此四士者，受知于明主；然太宗用之而国兴，昭宗用之而国亡，士之难知如此。臣愿陛下存旧法而用人，当以此四士为鉴戒。"世宗善之。诏令详定《经典释文》、《九经文字》、《制科条式》，及问六玺所出，并议《三礼图》祭玉及鼎釜等。昭援引经据，时称其该博。恭帝即位，封舒国公。

宋初，拜吏部尚书。乾德元年郊祀，昭为卤薄使，奏复宫阙、庙门、郊坛夜警晨严之制。礼毕，进封郑国公，与翰林承旨陶谷同掌选。谷尝诬奏事，引昭为证，昭免冠抗论。太祖不说，遂三拜章告老，以本官致仕，改封陈国公。开宝五年，卒，年七十九。

昭博通学艺，书无不览，兼善天文、风角、太一、卜相、兵法、释老之说，藏书数万卷。尤好纂述，自唐；晋至宋，专笔削典章之任。岭南平，擒刘铢，将献俘，莫能知其礼。时昭已致政，太祖遣近臣就其家问之，昭方卧病，口占以授使者。著《嘉善集》五十卷、《名臣事迹》五卷。

子秉图进士及弟，秉谦至尚书郎。

窦仪字可象。蓟州渔阳人。曾祖逊，玉田令。祖思恭，妫州司马。父禹钧,与兄禹锡皆以词学名。禹钧,唐天佑末起家幽州掾,历沂、邓、安;同郑、华、宋、澶州支使判官。周初,为户部郎中,赐金紫。显德中,迁太常少卿、右谏议大夫致仕。

仪十五能属文,晋天福中举进士。侍卫军帅景延广领夔州节度,表为记室。延广后历滑、陕、孟、郓四镇,仪并为从事。

开运中,杨光远以青州叛,时契丹南侵,博州刺史周儒以城降,光远与儒遣人引契丹轻骑于马家渡渡河。时延广掌卫兵,颜衎知州事,即遣仪入奏。仪谓执政曰:"昨与衎论事势,有所预虑,所以乘驿昼夜不息而来。国家若不以良将重兵控博州渡,必恐儒引契丹逾东岸与光远兵合,则河南危矣。"俄而儒果导契丹渡河,增置垒栅。少帝军河上,即遣李守贞等率兵万人,水陆并进,守汶阳,据要害。契丹果大至,击走之。汉初,召为右补阙、礼部员外郎。

周广顺初,改仓部员外郎、知制诰。未几,召为翰林学士。周祖幸南御庄宴射,坐中赐金紫。历驾部郎中、给事中,并充职。

刘温叟知贡举,所取士有覆落者,加仪礼部侍郎,权知贡举。仪上言:"请依晋天福五年制,废明经、童子科。进士省卷,令纳五轴以上,不得有神道碑志之类;帖经对义,有三通为合格;却复昼试。其落第者,分为五等:以词理纰缪之甚者为第五等,殿五举;其次为第四等,殿三举;以次稍可者为第三、第二、第一等,并许次年赴举。其学究,请并《周易》、《尚书》为一科,各对墨义三十道;《毛诗》依旧为一科,亦对墨义六十道。及第后,并减为七选集。诸科举人,第一场十否,殿五举;第二、第三场十否,殿三举;三场内有九否,殿一举。解试之官坐其罪。进士请解,加试论一首,以五百言以上为准。"奏可。

俄以父病,上表解官。世宗亲加慰抚,手封金丹,俾赐其父。父卒,归葬洛阳。诏赐钱三十万,米麦三百解。终丧,召拜端明殿学士。从征淮南,判行在三司,世宗以其饷馈不继,将罪之,宰相范质救解得免。淮南平,判河南府兼知西京留守事。恭帝即位,迁兵部侍郎,充职。俄使南唐,既至,将宣诏,会雨雪,李景请于庑下拜受,仪曰:

“仪获将国命，不敢失旧礼。傥以沾服失容，请俟他日。”景即拜命于庭。

建隆元年秋，迁工部尚书，罢学士，兼判大理寺。奉诏重定《刑统》，为三十卷。会翰林学士王著以酒失贬官，太祖谓宰相曰：“深严之地，当待宿儒处之。”范质等对曰：“窦仪清介重厚，然已自翰林迁端明矣。”太祖曰：“非斯人不可处禁中，卿当谕以朕意，勉令就职。”即日再入翰林为学士。

乾德二年，范质等三相并罢。越三日，始命赵普平章事。制书既下，太祖问翰林学士曰：“质等已罢，普敕何官当署？”承旨陶谷时任尚书，乃建议相位不可以久虚，今尚书乃南省六官之长，可以署敕。仪曰：“谷所陈非承平之制，皇弟开封尹、同平章事，即宰相之任。”太祖曰：“仪言是也。”即命太宗署敕赐之。俄加礼部尚书。

时御史台议欲以左右仆射合为表首，太常礼院以东宫三师为表首。仪援典故，以仆射合为表首者六，而谓三师无所据。朝议是之。四年秋，知贡举。是冬卒，年五十三，赠右仆射。

仪学问优博，风度峻整。弟俨、侃、称、僖，皆相继登科。冯道与禹钧有旧，尝赠诗，有“灵椿一株老，丹桂五枝芳”之句，缙绅多讽诵之，当时号为窦氏五龙。

初，周祖平兖州，议将尽诛胁从者。仪白冯道、范质，同请于周祖，皆得全活。显德中，太祖克滁州，世宗遣仪籍其府库。太祖复令亲吏取藏中绢给麾下，仪曰：“太尉初下城，虽倾藏以给军士，谁敢言者？今既著籍，乃公帑物也，非诏不可取。”后太祖屡对大臣称仪有执守，欲相之。赵普忌仪刚直，乃引薛居正参知政事。及仪卒，太祖悯然谓左右曰：“天何夺我窦仪之速耶！”盖惜其未大用也。

侃，汉乾祐初及第，至起居郎。僖，周广祐初及第，至左补阙。

子秬、谔、诰，俱登进士第，秬至都官员外郎，谔至秘书丞。

俨字望之，幼能属文。既冠，举晋天福六年进士，辟滑州从事。府罢，授著作佐郎、集贤校理，出为天平军掌书记，以母忧去职。服除，拜左拾遗。开运中，诸镇恣用酷刑，俨上疏曰："案名例律，死刑二，绞、斩之谓也。绞者筋骨相连，斩者头颈异处，大辟之目，不出两端。淫刑之兴，近闻数等，盖缘外地不守通规，或以长钉贯人手足，或以短刀脔人肌肤，迁延信宿，不令就死。冤声上达，和气有伤，望加禁止。"从之。

俨仕汉为史馆修撰。周广顺初，迁右补阙，与贾纬、王伸同修晋高祖少帝、汉祖三朝实录。改主客员外郎、知制诰。时仪自阁下入翰林，兄弟同日拜命，分居两制，时人荣之。俄加金部郎中，拜中书舍人。

显德元年，加集贤殿学士，判院事。父忧去职，服阕，复旧官。时世宗方切于治道，俨上疏曰："历代致理，六纲为首：一曰明礼，礼不明则彝伦不叙。二曰崇乐，乐不崇则二仪不和。三曰熙政，政不熙则群务不整。四曰正刑，刑不正则巨奸不慑。五曰劝农，农不劝则资泽不流。六曰经武，武不经则军功不盛。故礼有纪，若人之衣冠；乐有章，若人之喉舌；政有统，若人之情性；刑有制，若人之呼吸；农为本，若人之饮食；武为用，若人之手足。斯六者，不可斯须而去身也。陛下思服帝猷，寤寐献纳，亟下方正之诏，廓开艺能之路。士有一技，必得自效。故小臣不揆，辄陈礼、乐、刑、政、劝农、经武之言。"世宗多见听纳。

南征还，诏俨考正雅乐，俄权知贡举。未几，拜翰林学士，判太常寺。俨校锺磬管钥之数，辨清浊上下之节，复举律吕旋相为宫之法，迄今遵用。

会诏中外臣僚，有所闻见，并许上章论议。俨疏曰："设官分职，授政任功，欲为政之有伦，在位官之无旷。今朝廷多士，省寺华资，无事有员，十乃六七，止于计月待奉，计年待迁。其中廉干之人，不无愧耻之意。如非历试，何展公才。请改两畿诸县令及外州府千诰户以上县令为县大夫，升为从五品下。千大夫见府尹如赤令之仪，其诸州府县大夫见本部长如宾从之礼。郎中、员外郎、起居、补阙、拾遗、侍御史、殿中侍御史、监察御史、光禄少卿以下四品，太常丞以下五品等,并得衣朱紫。满日,准在朝一任,约旧官迁二等。自拾遗、监察除授回日,即为起居、侍御史、中行员外郎。若前官不是三署,即罢后一年方得求仕。如此,则士大夫足以陈力,贤不肖无以驾肩,各系否臧,明行黜陟,利民益国,斯实良规。"又以为:"家国之方,守谷帛而已,二者不出国而出于民。其道在天,其利在地,得其理者蕃阜,失其理者耗啬。民之顒蒙,宜有劝教。请于《齐民要术》及《四时纂要》、《韦氏月录》中,采其关于田蚕园圃之事,集为一卷,镂板颁行,使之流布。"疏奏不报。

宋初,就转礼部侍郎,代仪知贡举。当是时,祠祀乐章、宗庙谥号多俨撰定,议者服其该博。车驾征泽、潞,以疾不从。卒,年四十二。

俨性夷旷,好贤乐善,优游策府凡十余年。所撰《周正乐》成一百二十卷,诏藏于史阁;其《通礼》未及编纂而卒。有文集七十卷。俨与仪尤为才俊,对景览古,皆形讽咏,更迭唱和至二百篇,多以道义相敦励,并著集。

俨显德中奉使荆南。荆南自唐季以来,高氏据有其地,虽名蕃臣,车服多僭侈逾制,以至司宾贱隶、候馆小胥,皆盛服彩缨,与王人亢礼。俨讽以天子在上,诸侯当各守法度,悉令去之,然后宣达君命。

尤善推步星历,逆知吉凶。卢多逊、杨徽之同任谏官,俨尝谓之曰:"丁卯岁五星聚奎,自此天下太一,二拾遗见之,俨不与也。"又曰:"俨家昆弟五人,皆登进士第,可谓盛矣,然无及相辅者,唯称稍近之,亦不久居其位。"卒如其言。俨有子早卒,以侄说为嗣。

称字日章,汉乾佑二年举进士。周广顺初,补单州军事判官,迁秘书郎,出为绛州防御判官。宋初,历武宁军掌书记、西京留守判官、天雄归德军节度判官。开宝六年,拜右补阙,知宋州。尝作《遂命赋》以自悼。太宗领开封尹,选称判官。时贾琰为推官,称不乐其为人。太宗尝宴诸王,称、琰预会,琰言矫诞,称叱之曰:"巧言令色,心不独愧乎。"上愕然，因罢会，出称为彰义军节度判官。

太平兴国五年，车驾幸大名府，召至行在所，拜比部郎中。时议北征，称请休兵牧马，以徐图之，上从其言。归，以称为枢密直学士，赐第一区。六年，迁左谏议大夫，充职。

七年，参知政事。上谓称曰："汝何能臻此？"称曰："陛下不忘旧臣。"太宗曰："非也，卿能以公正责贾琰，朕旌直臣尔。"是秋卒，年五十八。车驾临哭，赠工部尚书。

初，称在泾州，与丁颢同官，颢子谓方幼，称见之曰："此儿必远到。"以女妻之。后为宰相、三公。太祖尝谓宰相曰："近朝卿士，窦仪质重严整，有家法，闺门敦睦，人无谰语，诸弟不能及。僖亦中人材尔，称有操尚，可嘉也。"

吕余庆，幽州安次人，本名胤，犯太祖偏讳，因以字行。祖兖，横海军节度判官。父琦，晋兵部侍郎。余庆以荫补千牛备身，历开封府参军，迁户曹掾。晋少帝弟重睿领忠武军节度，以余庆为推官。仕汉历周，迁濮州录事参军。太祖领同州节制，闻余庆有材，奏为从事。世宗问曰："得非尝为濮州纠曹者乎？"即以为定国军掌书记。世宗尝镇澶渊，濮为属郡，故知其为人也。

太祖历滑、许、宋三镇，余庆并为宾佐。及即位，自宋、亳观察判官召拜给事中，充端明殿学士。清泰中，琦亦居是职，官秩皆同，时人荣之。未几，知开封府。太祖征潞及扬，并领上都副留守。建隆三年，迁户部侍郎。丁母忧。荆湖平，出知潭州，改襄州，迁兵部侍郎、知江陵府。召还，以本官参知政事。

蜀平，命知成都府。时盗贼四起，军士恃功骄恣，大将王全斌等不能戢下。一日，药市始集，街吏驰报有军校被酒持刃夺贾人物。余庆立捕斩之以徇，军中畏伏，民用按堵。就加吏部侍郎。归朝，兼剑南、荆南等道都提举、三司水陆发运等使。开宝六年，与宰相更知政事印，旋以疾上表求解机务，拜尚书左丞。九年，卒，年五十。赠镇南军节度。

余庆重厚简易，自太祖继领藩镇，余庆为元僚。及受禅，赵普、李处耘皆先进用，余庆恬不为意。未几，处耘黜守淄州，余庆自江陵还，太祖委曲问处耘事，余庆以理辨释，上以为实，遂命参知政事。会赵普忤旨，左右争倾普，余庆独辨明之，太祖意稍解，时称其长者。至道中，以弟端为宰相，特诏赠侍中。

刘熙古字义淳，宋州宁陵人，唐左仆射仁轨十一世孙。祖实进，尝为汝阴令。

熙古年十五，通《易》、《诗》、《书》；十九，通《春秋》、子、史。避祖讳，不举进士。后唐长兴中，以《三传》举。时翰林学士和凝掌贡举，熙古献《春秋极论》二篇、《演例》三篇，凝甚加赏，召与进士试，擢第，遂馆于门下。

清泰中，骁将孙铎以战功授金州防御使，表熙古为从事。晋天福初，铎移汝州，又辟以随。熙古善骑射，一日，有鸦集戟门槐树，高百尺，铎恶之，投以瓦石不去，熙古引弓一发，贯鸦树。铎喜，令勿拔矢，以旌其能。后二岁，铎卒，调补下邑令。俄为三司户部出使巡官，领永兴、渭桥、华州诸仓制置发运。仕汉，为卢氏令。周广顺中，改亳州防御推官，历澶州支使。秦、凤平，以为秦州观察判官。

太祖领宋州，为节度判官。即位，召为左谏议大夫，知青州。车驾征惟扬，追赴行在。建隆二年，受诏制置晋州榷樊，增课八十余万缗。乾德初，迁刑部侍郎、知凤翔府。未几，移秦州。州境所接多寇患，熙古至，谕以朝廷恩信，取蕃酋酋豪子弟为质，边鄙以宁。转兵部侍郎，徙知成都府。六年，就拜端明展学士。丁母忧。开宝五年，诏以本民参知政事，选名马、银鞍以赐。岁余，以足疾求解，拜户部尚书致仕，九年，卒，年七十四。赠右仆射。

熙古兼通阴阳象纬之术，作《续聿斯歌》一卷、《六壬释卦序例》一卷。性淳谨，虽显贵不改寒素。历官十八，登朝三十余年，未尝有过。尝集古今事迹为《历代纪要》五十卷。颇精小学，作《切韵拾玉》二篇，摹刻以献，诏付国子监颁行之。子蒙正、蒙叟。

蒙正字颐正，善骑射。乾德中，以荫补殿直，迁供奉官。王师征江南，命乘传军中承奉事。卢绛以舟师来援润州，蒙正白部署丁德裕，请分精甲百人，出与绛战，矢中左臂，战愈力。及下润州，获知州刘澄、监军崔谅，部送阙下。

岭南陆运香药入京，诏蒙正往规画。蒙正请自广、韶江沂流至南雄；由大庾岭步运至南安军，凡三铺，铺给卒三十人；复由水路输送。

又掌朝服法物库，会重制绣衣、卤簿，多其规式。太平兴国四年，转内藏库副使，进崇仪使。自创内藏库，即诏蒙正典领，凡二十余年。

真宗初，改如京使，出知沧、冀、磁三州。戎人犯境，蒙正调丁男乘城固守，有劳。未几，以擅乘驿马，责授亳州团练副使。咸平四年，卒，年七十二。

蒙叟字道民，乾德中，进士甲科。历岳、宿二州推官，以所知论荐，授太子中允、知乾兴，拜监察御史，徙知济州。俄以秦王子德恭判州事，就命为通判，郡事皆决于蒙叟。迁右补阙，转起居舍人、户部盐铁判官。再迁屯田郎中，历知庐、濠、滁、汝四州，迁都官。

咸平中，上疏曰："陛下已周谅暗，方勤万务，望崇俭德、守前规，无自矜能，无作奢纵，厚三军之赐，轻万姓之徭，使化育被于生灵，声教加于中外。且万国已观其始，惟陛下慎守其终，思鲜克之言，戒性习之渐，则天下幸甚。"上嘉之，以本官直史馆。

车驾北巡，令知中宫名。表献《宋都赋》，述国家受命建号之地，宜建都，立宗庙。时虽未遑，后卒从之。会诏直馆各献旧文，以蒙叟所著为嘉，改职方郎中。景德中，以足疾，拜太常少卿致仕。卒，年七十三。

蒙叟好学，善属辞，著《五运甲子编年历》三卷。

子宗儒，太子中舍；宗弼、宗海，并进士及第。

石熙载字凝绩,河南洛阳人。周显德中,进士登第。疏俊有量,居家严谨,有礼法。宋初,太宗以殿前都虞候领泰宁军节制,辟为掌书记。及尹京邑,表为开封府推官。授右拾遗,迁左补阙。丁外艰,将起复,以逸出为忠武、崇义二军掌书记。太宗即位,复以左补阙召,同知贡举。时梅山洞蛮屡为寇,以熙载知潭州。召还,擢为兵部员外郎,领枢密直学士。未几,签书枢密院事,诏赐官第一区。

太平兴国四年,亲征河东,以给事中充枢密副使从行,还,迁刑部侍郎。五年,拜户部尚书、枢密使,以病足在告,寝疾久之未愈。八年,上表求解职,诏加慰抚,授尚书右仆射。

九年,卒,年五十七。赠侍中,谥元懿。上为悲叹累日,且谓其事君之心,纯正无他,适当委用,而奄忽至此,深为可惜。国朝大臣谢事而卒,车驾临视者唯熙载焉。

熙载性忠实,遇事尽言,是非好恶,无所顾避。人有善,即推荐之,时论称其长者。初,游学时,为养负米。尝行嵩阳道中,遇一叟,熟视熙载曰:"真人将兴,子当居辅弼之位。"言讫不见。及居太宗幕下,颇尽诚节。典枢务日,上眷注甚笃,方将倚以为相,俄构疾不起。

熙载事继母牛氏以孝闻。弟熙导,牛氏前夫子,随母归石氏。以熙载故,奏补殿直。从弟熙古、幼弟熙政,皆登进士第,熙载抚之如一。熙载卒时,子中孚、中立皆幼,熙政恶熙导以异姓居己上,乃诈传上旨,令己籍熙导家财,由是交讼。有司归罪熙导,上召问中孚、中立,令有司再鞫得实。熙导还本姓,中孚亦养子勿问,熙政坐除名。上素知熙载以母故育熙导甚厚,虽令还宗,而不夺其官,复以财产量给之。

咸平二年八月,熙载配飨太宗庙庭。熙政后至供备库副使。中孚至尚书虞部员外郎,子行简,大中祥符进士。

中立字表臣,年十三而孤。性疏旷,好谐谑,人不以为怒。初补西头供奉官,后五年,改光禄寺丞。家财悉推与诸父,无所爱。擢直集贤院,与李宗谔、杨亿、刘筠、陈越相厚善。校仇秘书,凡更中立者,人争传之。判三司理欠、凭由司。

帝幸亳,命修所过图经。为盐铁判官,累迁尚书礼部侍郎,判吏部南曹。注释御集,为检阅官。改判户部句院,迁户部郎中、史馆修撰,纠察在京刑狱。以吏部郎中、知制诰领审官院。又同知礼部贡举,判集贤院。坐举官不当,落史馆修撰,罢审官院。顷之,复纠察刑狱,领三班院。历右谏议大夫、给事中,入为翰林学士,判秘阁。会知制诰并知贡举,诏中立与张观兼行外制,迁尚书礼部侍郎,为学士承旨兼龙图阁学士。景佑四年,拜参知政事。明年,灾异数见,谏官韩琦言:"中立在位,喜诙笑,非大臣体。"与王随、陈尧佐、韩亿皆罢,以户部侍郎为资政殿学士,领通进、银台司,判尚书都省,进大学士。迁吏部侍郎、提举祥源观,以太子少傅致仕,迁少师。卒,赠太子太傅,谥文定。

中立练习台阁故事,不汲汲近名。喜宾客,客至必与饮酒,醉乃得去。初,家产岁入百万钱,末年费几尽。帝闻其病,赐白金三百两。既死,其家至不能办丧。子居简,至太子中允、集贤校理。

李穆字孟雍,开封府阳武人。父咸秩,陕州大都督府司马。穆幼能属文,有至行。行路得遗物,必访主归之。从酸枣王昭素受《易》及《庄》、《老》书,尽究其义。昭素谓曰:"子所得皆精理,往往出吾意表。"且语人曰:"李生异日必为廊庙器。"以所著《易论》三十三篇授之。

周显德初,以进士为郓、汝二州从事,迁右拾遗。

宋初,以殿中侍御史选为洋州通判。既至,剖决滞讼,无留狱焉。移陕州通判,有司调郡租输河南,穆以本镇军食阙,不即应命,坐免。又坐举官,削前资。时弟肃为博州从事,穆将母就肃居,虽贫甚,兄弟相与讲学,意泊如也。

开宝五年,以太子中允召。明年,拜左拾遗、知制诰。五代以还,词令尚华靡,至穆而独用雅正,悉矫其弊。穆与卢多逊为同门生,太祖尝谓多逊：“李穆性仁善，辞学之外无所豫。”对曰：“穆操行端直，临事不以生死易节，仁而有勇者也。”上曰：“诚如是，吾当用之。”时将有事江南，已部分诸将，而未有发兵之端。乃先召李煜入朝，以穆为使。穆至谕旨，煜辞以疾，且言：“事大朝以望全济，今若此，有死而已。”穆曰：“朝与否，国主自处之。然朝廷甲兵精锐，物力雄富，恐不易当其锋，宜熟思之，无自贻后悔。”使还，具言状，上以为所谕要切。江南亦谓其言诚实。

太平兴国初，转左补阙。三年冬加史馆修撰、判馆事，面紫金眦。四年，从征太原还，拜中书舍人。预修《太祖实录》，赐衣带、银器、缯采。七年，以与卢多逊款狎，又为秦王廷美草朝辞笏记，为言者所劾，责授司封员外郎。

八年春，与宋白等同知贡举，及侍上御崇政殿亲试进士，上悯其颜貌癯瘁，即日复拜中书舍人、史馆修撰、判馆事。五月，召为翰林学士。六月，知开封府，剖判精敏，奸猾无所假贷，由是豪右屏迹，权贵无敢干以私，上益知其才。十一月，擢拜左谏议大夫、参知政事。月余，丁母忧，未几，起复本官。穆三上表乞终制，诏强起之，穆益哀毁尽礼。九年正月，晨起将朝，风眩暴卒，年五十七。

穆自责授员外郎，复中书舍人，入翰林，参知政事，以至于卒，不及周岁。上闻其死，哭谓近臣曰：“穆国之良臣，朕方倚用，遽兹沦没，非斯人之不幸，乃朕之不幸也。”赠工部尚书。

穆性至孝，母尝卧疾，每动止转侧，皆亲自扶掖，乃称母意。初，穆坐秦王事属吏，其子惟简绐祖母以穆奉诏鞫狱台中，及责授为省郎，还家，亦不以白母。每隔日，阳为入直，即访亲友，或游僧寺。免归，暨于牵复，母终弗之知。及居丧，思慕以至灭性。

穆善篆隶，又工画，常晦其事。质厚忠恪，谨言慎行，所为纯至，无有矫饰。深信释典，善谈名理，好接引后进，多所荐达。尤宽厚，家人未尝见其喜愠。所著文章，随即毁之，多不留稿。

子惟简，以父任将作监丞，多材艺，性冲澹，不乐仕进。去官家居二十余年，人多称之。真宗素闻其有履行，景德三年，诏授惟简子郊将作监主薄。大中祥府七年冬,召惟简入对,特拜太子允致仕,后加太常丞。天禧四年,卒,赐其家钱十万,仍给郊月奉终制。郊后为太子中舍。

肃字季雍,七岁诵书知大义,十岁为诗,往往有警语。举进士,登甲科。性嗜酒。历濮、博二州从事,迁保静军节度推官。诏方下,一夕与亲友会饮,酣寝而卒,年三十三。尝作《大宋乐章》九首,取九成、九夏之义,以颂国家盛德,其文甚工。又作《代周偶答北山移文》、《吊幽忧子文》、《病鸡赋》,意皆有所规焉。

论曰:张昭居五季之末,专以典章撰述为事,博洽文史,旁通治乱,君违必谏,时君虽嘉尚之而不能从。宋兴,敦奖硕儒,多所询访,庶几获稽古之效矣。窦氏弟昆以儒学进,并驰时望。仪之刚方清介,有应务之才,将试大用而遽沦亡。俨优游文艺,修起礼乐。太宗尹京,俶实元僚,冲淡回翔,晚著忠谠。若其门族宦业之盛,世或以为阴德之报,其亦义方之效也。余庆当太祖居潜,历任幕府,名亚赵普、李处耘;及二人登用,一不介意,其后相继为众所倾,乃能为之辩释。熙古居大任,自处如寒素。熙载立朝,言无顾避,喜荐善人。穆以文学孝行见称于时。数贤虽当创业之始,而进退之际,蔼然承平多士之风焉。宜宋治之日进于盛也。

宋史卷二六四
列传第二三

薛居正 子惟吉　　沈伦 子继宗
卢多逊　宋琪 宋雄

薛居正字子平,开封浚仪人。父仁谦,周太子宾客。居正少好学,有大志。清泰初,举进士不第,为《遣愁文》以自解,寓意偶傥,识者以为有公辅之量。逾年,登第。

晋天福中,华帅刘遂凝辟为从事。遂凝兄遂清领邦计,奏署盐铁巡官。开运初,改度支推官。宰相李崧领盐铁,又奏署推官,加大理司直,迁右拾遗。桑维翰为开封府尹,奏署判官。

汉乾祐初,史弘肇领侍卫亲军,威权震主,残忍自恣,无敢忤其意者。其部下吏告民犯盐禁,法当死。狱将决,居正疑其不实,召诘之,乃吏与民有私憾,因诬之,逮吏鞫之,具伏抵法。弘肇虽怒甚,亦无以屈。周广顺初,迁比部员外郎,领三司推官,旋知制诰。周祖征兖州,诏居正从行,以劳加都官郎中。显德三年,迁左谏议大夫,擢弘文馆学士,判馆事。六年,使沧州定民租。未几,以材干闻于朝,擢刑部侍郎,判吏部铨。

宋初,迁户部侍郎。太祖亲征李筠及李重进,并判留司三司,俄出知许州。建隆三年,入为枢密直学士,权知贡举。初平湖湘,以居正知朗州。会亡卒数千人聚山泽为盗,监军使疑城中僧千余人皆其党,议欲尽捕诛之。居正以计缓其事,因率众蒐灭群寇,擒贼帅汪端,诘之,僧皆不预,赖以全活。

　　乾德初,加兵部侍郎。车驾将亲征太原,大发民馈运。时河南府饥,逃亡者四万家,上忧之,命居正驰传招集,浃旬间民尽复业。以本官参知政事。五年,加吏部侍郎。开宝五年,兼淮南、湖南、岭南等道都提举三司水陆发运使事,又兼判门下侍郎事,监修国史;又监修《五代史》,逾年毕,锡以器币。六年,拜门下侍郎、平章事。八年二月,上谓居正等曰:"年谷方登,庶物丰盛,若非上天垂佑,何以及斯。所宜共思济物,或有阙政,当与振举,以成朕志。"居正等益修政事,以副上意焉。

　　太平兴国初,加左仆射、昭文馆大学士。从平晋阳还,进位司空。因服丹砂遇毒,方奏事,觉疾作,遽出。至殿门外,饮水升余,堂吏掖归中书,已不能言,但指庑间储水器。左右取水至,不能饮,偃阁中,吐气如烟焰,舁归私第卒,六年六月也,年七十。赠太尉、中书令,谥文愚。

　　居正气貌瑰伟,饮酒至数斗不乱。性孝行纯,居家俭约。为相任宽简,不好苛察,士君子以此多之。自参政至为相,凡十八年,恩遇始终不替。

　　先是,太祖尝谓居正曰:"自古为君者鲜克正己,为臣者多无远略,虽居显位,不能垂名后代,而身陷不义,子孙罹殃,盖君臣之道有所未尽。吾观唐太宗受人谏疏,直诋其非而不耻。以朕所见,不若自不为之。使人无异词。又观古之人臣多不终始,能保全而享厚福者,由忠正也。"开宝中,居正与沈伦并为相,卢多逊参知政事,九年冬,多逊亦为平章事。及居正卒,而沈伦责授,多逊南流,论者以居正守道蒙福,果符太祖之言。

　　居正好读书,为文落笔不能自休。子惟吉集为三十卷上之,赐名《文惠集》。咸平二年,诏以居正配飨太宗庙庭。

　　惟吉字世康,居正假子也。居正妻妒悍,无子,婢妾皆不得侍侧,故养惟吉,爱之甚笃。少有勇力,形质魁岸,与京师少年追逐,角抵蹴踘,纵酒不谨。雅好音乐,尝与伶人游,居正不能知。荫补右千牛卫备身,历太子通奉舍人,改西头供奉官。

太宗即位,三相子皆越次拔擢,沈伦、卢多逊子并为尚书郎,惟吉以不习文,故为右千牛卫大将军。及居正卒,太宗亲临,居正妻拜于丧所,上存抚数四,因问:"不肖子安在,颇改行否?恐不能负荷先业,奈何!"惟吉伏丧侧,窃闻上语,惧赧不敢起。自是尽革故态,谢绝所与游者,居丧有礼。既而多接贤士大夫,颇涉猎书史,时论翕然称之。上知其改行,令知澶州,改扬州。上表自陈,迁左千牛卫大将军。丁内艰,卒哭,起复本官,恳求终制,不许。俄诏知河南府,又知凤翔府。淳化五年,秦州温仲舒以伐木为蕃户攘夺,驱其部落徙居渭北,颇致骚动。诏择守臣安抚之,乃命惟吉与仲舒对易其任。未几,迁左领军卫大将军。至道二年,移知延州,未行,卒,年四十二。

惟吉既知非改过,能折节下士,轻财好施,所至有能声。然御家无法,及其死,家人争财致讼,妻子辨对于公庭云。

沈伦字顺宜,开封太康人。旧名义伦,以与太宗名下字同,止名伦。少习《三礼》于嵩、洛间,以讲学自给。汉乾祐中,白文珂镇陕,伦往依之。

周显德初,太祖领同州节度,宣徽使昝居润与伦厚善,荐于太祖,留幕府。太祖继领滑、许、宋三镇,皆署从事,掌留使财货,以廉闻。及受周禅,自宋州观察推官召为户部郎中。奉使吴越归,奏使宜十数事,皆从之。道出扬、泗,属岁饥,民多死,郡长吏白于伦曰:"郡中军储尚百余万斛,傥贷于民,至秋复收新粟,如此则公私俱利,非公言不可。"还具以白。朝论沮之曰:"今以军储振饥民,若荐饥无征,孰任其咎?"太祖以问,伦曰:"国家以廪粟济民,自当召和气,致丰稔,岂复有水旱耶?此当决于宸衷。"太祖即命发廪贷民。

建隆三年,迁给事中。明年春,为陕西转运使。王师伐蜀,用为随军水陆转运使。先是,王全斌、崔彦进之入成都也,竞取民家玉帛子女,伦独居佛寺蔬食,有以珍异奇巧物为献者,伦皆拒之。东归,箧中所有,才图书数卷而已。太祖知之,遂贬全斌等,以伦为户部侍郎、枢密副使。亲征太原，领大内都部署、判留司三司事。

先是，伦第庳陋，处之晏如。时权要多冒禁市巨木秦、陇间，以营私宅，及事败露，皆自启于上前。伦亦尝为母市木营佛舍，因奏其事。太祖笑谓曰：“尔非逾矩者。”知其未葺居第，因遣中使按图督工为治之。伦私告使者，愿得制度狭小，使者以闻，上亦不违其志。

开宝二年，丁母忧，起复视事。六年，拜中书侍郎、平章事、集贤殿大学士兼提点荆南、剑南水陆发运事。雩祀西洛，以伦留守东京兼大内都部署。俄召赴行在，令预大礼。

太平兴国初，加右仆射兼门下侍郎，监修国史。亲征太原，复以伦为留守、判开封府事。师还，加左仆射。五年，史官李昉、扈蒙撰《太祖实录》五十卷，伦为监修以献，赐袭衣、金带。六年，加开府仪同三司。是岁疾作，自是多请告。

卢多逊事将发，伦已上表求致仕。明年多逊败，以伦与之同列，不能觉察，诏加切责，降授工部尚书。其子都官员外郎继宗，本由父荫，不宜更在朝行，可落班薄。时伦病不能兴，上表谢。未几，伦再奉章乞骸骨，复授左仆射致仕。上以伦国初旧臣，遽复继宗官以慰其心。雍熙四年，卒，年七十九。赠侍中。

伦清介醇谨，车驾每出，多令居守。好释氏，信因果，尝盛夏坐室中，恣蚊蚋嚼其肤，童子秉箑至，辄叱之，冀以微福。在相位日，值岁饥，乡人假粟者皆与之，殆至千斛，岁余尽焚其券。

微时娶阎氏，无子，妾田氏生继宗。及贵，阎以封邑固让田，伦乃为阎治第太康，田遂为正室，搢绅非之。

初，有司议谥伦曰恭惠，继宗上言曰：“亡父始从冠岁，即事儒业，未违从贼，遽赴宾招，叨遇明时，陟于相位。伏见国朝故相，薛居正谥文惠，王薄谥文献，此虽近制，实为典常。若以臣父起家不由文学，即尝历集贤、修史之职，伏请改谥曰文。”

判太常礼仪院赵昂、判考功张洎驳曰：“沈伦逮事两朝，早升台弼，有祗畏谨守之美，有矜恤周济之心。案《谥法》：不懈于位，与夫谨事奉上、执事坚固、执礼御宾、率事以信、接下不骄、能远耻辱、贤

而不伐、尊贤贵让、爱民长悌、不懈为德、既过能改,数者皆谓之
'恭'。又云,慈民好与,与夫柔质慈民、受民好柔、宽裕不苛、和质受
谏,数者皆谓之'惠'。由汉以来,皆为美谥。如唐相温彦博之出纳
明允,止谥曰'恭';窦易直之公举无避,乃谥曰'恭惠'。而沈伦备位
台衡,出于际会,徒能谨饬以自保全,以'恭'配'惠',厥美居多。又
按《谥法》:道德博闻曰'文',忠信接礼曰'文',宽不慢、廉不刿曰
'文',坚强不暴曰'文',敏而好学、不耻下问曰'文',德美才秀曰
'文',修治班制曰'文'。昔张说之谥文正,杨绾之谥文简,人不谓
然。盖行义有所未充,虽蒙特赐,诚非至公。若夫大臣子孙,许其为
父陈请,则曲台、考功之司为虚器,而彰善瘅恶之义微矣。继宗以其
父曾任集贤殿学士及监修国史之职,辄引薛居正、王溥为比,则彼
皆奋迹辞场,历共诰命,以'文'为谥,允合国章。至于集贤、国史,皆
宰相兼领之任,非必由文雅而登。其沈伦谥,伏望如故。"从之。

继宗字世卿,伦为枢密副使,以荫补西头供奉官。伦作相,授水
部员外郎,加朝散大夫。迁都官、职方,知浚仪县,转屯田郎中,出知
单州。代归,命使京东计度财赋。濮州士贡银,课民织造,不折省税;
郓州节度配属县纳药物,皆为民病。继宗归,历言于上以除其弊。至
道末,领淮南转运使。

继宗贵家子,倦于从吏,既因疾,以将作少监致仕。东封岁,求
扈从,复授职方郎中。礼毕,改太仆少卿、判吏部南曹,迁光禄少卿、
判三司三勾院。

继宗善营产业,厚于养生,不饮酒,不嗜音律,而喜接宾客,终
日宴集无倦。大中祥符五年,卒,年五十五。前后录其子惟温、惟清、
惟恭,并为将作监主簿。惟温后至秘书丞;惟清娶密王女宜都县主,
至内殿承制。

卢多逊,怀州河内人。曾祖得一、祖真启皆为邑宰。
父亿字子元,少笃学,以孝悌闻。举明经,调补新乡主簿。秩满,

复试进士，校书郎、集贤校理。晋天福中，迁著作佐郎，出为郓州观察支使。节帅杜重威骄蹇黩货，幕府贿赂公行，唯亿清介自持。会景延广镇天平，表亿掌书记；留守西洛，又表为判官。时国用窘乏，取民财以助军，河南府计出二十万缗，延广欲并缘以图羡利，增为三十七万缗。亿谏曰："公位兼将相，既富且贵。今国帑空竭，不得已而取赏于民，公何忍利之乎？"延广惭而止。

汉初，以魏王承训为开封尹，授亿水部员外郎，充推官。时侍卫诸军骄恣，朝廷姑息之，军士成美以驴负盐入都门，阍者不敢执，反擒平民孟柔送侍卫司。柔自诬伏，论当弃市。亿察其冤，言于汉祖而释之。

周初，为侍御史。汉末兵乱，法书亡失。至是，大理奏重写律令格式，统类编敕。乃诏亿与刑部员外郎曹匪躬、大理正段涛同加议定。旧本以京兆府改同五府，开封、大名府改同河南府，长安、万年改为次赤县，开封、浚仪、大名、元城改为赤县。又定东京诸门薰风等为京城门，明德等为皇城门，启运等为宫城门，升龙等为宫门，崇元等为殿门。庙讳书不成文，凡改点画及义理之误字二百一十有四。又以晋、汉及周初事关刑法敕条者，分为二卷，附编敕，自为《大周续编敕》，诏行之。俄以本官知杂事，加左司员外郎，迁主客度支郎中，并兼弘文馆直学士。世宗晏驾，为山陵判官，出为河南令。

宋初，迁少尹。亿性恬退，闻其子多逊知制诰，即上章求解。乾德二年，以少府监致仕。

多逊，显德初，举进士，解褐秘书郎、集贤校理，迁左拾遗、集贤殿修撰。建隆三年，以本官知制诰，历祠部员外郎。乾德二年，权知贡举。三年，加兵部郎中。四年，复权知贡举。六年，加史馆修撰、判馆事。

开宝二年，车驾征太原。以多逊知太原行府事。移幸常山，又命权知镇州。师还，直学士院。三年春，复知贡举。四年冬，命为翰林学士。六年，使江南还，因言江南衰弱可图之状。受诏同修《五代

史》，迁中书舍人、参知政事。丁外艰，数日起复视事。会史馆修撰
扈蒙请复修时政记，诏多逊专其事。金陵平，加吏部侍郎。

太平兴国初，拜中书侍郎、平章事。四年，从平太原还，加兵部
尚书。

多逊博涉经史，聪明强力，文辞敏给，好任数，有谋略，发多奇
中。太祖好读书，每取书史馆，多逊预戒吏令白己，知所取书，必通
夕阅览，及太祖问书中事，多逊应答无滞，同列皆伏焉。先是，多逊
知制诰，与赵普不协，及在翰林日，每召对，多攻普之短。未几，普出
镇河阳。太宗践祚，普入为少保。数年，普子承宗娶燕国长公主女，
承宗适知泽州，受诏归阙成婚礼。未逾月，多逊白遣归任，普由是愤
怒。

初，普出镇河阳，上言自诉云："外人谓臣轻议皇弟开封尹，皇
弟忠孝全德，岂有间然。昭昭宪皇太后大渐之际，臣实预闻顾命。知
臣者君，愿赐昭鉴。"太祖手封其书，藏于宫中。至是，普复密奏："臣
开国旧臣，为权幸所沮。"因言昭宪顾命及先朝自诉之事。上于宫中
访得普前所上表，因感悟，即留承宗京师。未几，复用普为相，多逊
益不自安。普屡讽多逊令引退，多逊贪固权位，不能决。

会有以多逊尝遣堂吏赵白交通秦王廷美事闻，太宗怒，下诏数
其不忠之罪，责授守兵部尚书。明日，以多逊属吏，命翰林学士承旨
李昉、学士扈蒙、卫尉卿崔仁冀、膳部郎中知杂事滕中正杂治之。狱
具，召文武常参官集议朝堂，太子太师王溥等七十四人奏议曰："谨
案兵部尚书卢多逊，身处宰司，心怀顾望，密遣堂吏，交结亲王，通
达语言，咒诅君父，大逆不道，干纪乱常，上负国恩，下亏臣节，宜膏
铁铖，以正刑章。其卢多逊请依有司所断，削夺在身官爵，准法诛
斩。秦王廷美，亦请同卢多逊处分，其所缘坐，望准律文裁遣。"

遂下诏曰："臣之事君，贰则有辟，下之谋上，将而必诛。兵部尚
书卢多逊，顷自先朝擢参大政，洎予临御，俾正台衡，职在燮调，任
当辅弼。深负倚毗，不思补报，而乃包藏奸宄，窥伺君亲，指斥乘舆，
交结藩邸，大逆不道，非所宜言。爰遣近臣，杂治其事，丑迹尽露，具

狱已成，有司定刑，外廷集议，金以枭夷其族，污潴其宫，用正宪章，以合经义。尚念尝居重位，久事明廷，特宽尽室之诛，止用投荒之典，实汝有负，非我无恩。其卢多逊在身官爵及三代封赠、妻子官封，并用削夺追毁。一家亲属，并配流崖州，所在驰驿发遣，纵经大赦，不在量移之限。期周已上亲属，并配隶边远州郡。部曲奴婢纵之。余依百官所议。中书吏赵白、秦王府吏阎密、王继勋、樊德明、赵怀禄、阎怀忠并斩都门外，仍籍其家，亲属流配海岛。"阎密初给事廷美左右，太宗即位，补殿直，仍隶秦邸，恣横不法。王继勋尤廷美所亲信，尝使求访声妓，继勋因怙势以取货贿。德明素与赵白游处，多逊因之传达机事，以结廷美。又累遣怀禄私召同母弟军器库副使赵廷俊与语。怀忠尝为廷美使诣淮海国王钱俶遗白金、钿器、绢扇等，廷美又尝遣怀忠赍银器、锦采、羊酒诣其妻父潘邻营宴军校。至是皆伏罪。多逊累世墓在河南，未败前，一夕震电，尽焚其林木，闻者异之。

多逊至海外，因部送者还，上表称谢。雍熙二年，卒于流所，年五十二。诏徙其家于容州，未几，复移置荆南。端拱初，录其子雍为公安主簿，还其怀州籍没先茔。雍卒，诸弟皆特敕除州县官。

初，亿性俭素，自奉甚薄。及多逊贵显，赐赍优厚，服用渐侈，愀然不乐，谓亲友曰："家世儒素，一旦富贵暴至，吾未知税驾之所。"后多逊果败，人服其有识。

咸平五年，又录雍弟宽为襄州司士参军。宽弟察，中景德进士，将廷试，特诏授以州掾。大中祥符二年，始改簿尉。三年，察奉多逊丧归葬襄阳，又诏本州赐察钱三十万。四年，仍录其孙又玄为襄州司士。

宋琪字叔宝，幽州蓟人。少好学，晋祖割燕地以奉契丹，契丹岁开贡部，琪举进士中第，署寿安王侍读，时天福六年也。

幽帅赵延寿辟琪为从事，会契丹内侵，随延寿至京师。延寿子赞领河中节度，汉初改授晋昌军，皆署琪为记室。周广顺中，赞罢镇,补观城令。世宗征淮南,赞自右龙武统军为排阵使,复辟琪从征。及金陵归款,以赞镇庐州,表为观察判官。部有冤狱,琪辨之,免死者三人,特加朝散大夫。赞仕宋,连移寿阳、延安二镇,皆表为从事。

乾德四年,召拜左补阙、开封府推官。太宗为府尹,初甚加礼遇,琪与宰相赵普、枢密使李崇矩善,出入门下,遂恶之,乃白太祖出琪知龙州,移阆州。开宝九年,为护国军节度判官。

太宗即位,召赴阙。时程羽、贾琰皆自府邸攀附致显要,抑琪久不得调。太平兴国三年,授太子洗马,召见诘责,琪拜谢,请悔过自新。迁太常丞。出知大通监。五年,召归,将加擢用,为卢多逊所沮,改都官郎中,出知广州,将行,复以藩邸旧僚留判三司勾院。七年,与三司使王仁赡廷辨事忤旨,责授兵部员外郎,俄通判开封府事,京府置通判自琪始。

八年春正月,擢拜右谏议大夫、同判三司。三月,改左谏议大夫、参知政事。是秋,上将以工部尚书李昉参预国政,以琪先入,乃迁琪为刑部尚书。十月,赵普出镇南阳,琪遂与昉同拜平章事。自员外郎岁中四迁至尚书为相。上谓曰:“世之治乱,在赏当其功。罚当其罪,即无不治;谓为饰喜怒之具,即无不乱,卿等慎之。”九年九月,上幸景龙门外观水硙,因谓侍臣曰:“此水出于山源,清泠甘美,凡近河水味皆甘,岂非余润之所及乎?”琪等对曰:“实由地脉潜通而然,亦犹人之善恶以染习而成也。”其年冬,郊祀礼毕,加门下侍郎,昭文馆大学士。

一日,上谓琪等曰:“在昔帝王多以崇高自处,颜色严毅,左右无敢贡言者。朕与卿等周旋款曲,商榷时事,盖欲通上下之情,无有壅蔽。卿等但直道而行,无得有所顾避。”琪谢曰:“臣等非才,待罪相府,陛下曲赐温颜,令尽愚恳,敢不倾竭以副圣意。”会诏广宫城,宣徽使柴禹锡有别第在表识内,上言愿易官邸上览奏不悦。禹锡阴结琪,欲因白请卢多逊旧第,上益鄙之。先是,简州军事推官王浣引对,上嘉其隽爽,面授朝官。翌日,琪奏浣经学出身,一任幕职,例除七寺丞。上曰："吾已许之矣，可与东宫官。"琪执不从，拟大理丞告牒进入，上批曰："可右赞善大夫。"琪勉从命，上滋不悦。

初，上令琪娶马仁禹寡妻高继冲之女，厚加赐与以助采。广南转运王延范，高氏之亲也，知广州徐休复密奏其不轨，且言其依附大臣。上因琪与禹锡入对，问延范何如人，琪未知其端，盛言延范强明忠干，禹锡旁奏与琪同。上意琪交通，不欲暴其状，因以琪素好淡谐，无大臣体，罢守本官；禹锡授左骁卫大将军。琪将罢前数日，有异乌集琪待漏之所，驱之不去，及是罢相，人以为先兆云。

端拱初，上亲耕籍田，以旧相进位吏部尚书。二年，将讨幽蓟，诏群臣各言边事。琪上疏谓：

大举精甲，以事讨除灵旗所指，燕城必降。但径路所趋，不无险易，必若取雄，霸路直进，未免更有阳城之围。盖界河之北，陂淀坦平，比路行师，非我所便。况军行不离于辎重，贼来莫测其浅深。欲望回辕，西适山路，令大军会于易州，循孤山之北，漆水以西，挟山而行，援粮而进，涉涿水，并大房，抵桑干河，出安祖砦，则东瞰燕城，裁及一舍，此是周德威收燕之路。

自易水距此二百余里，并是沿山，村野连延，溪涧相接，采薪汲水，我占上游。东则林麓平冈，非戎马奔冲之地，内排枪弩步队，实王师备御之方，而于山上列白帜以望之，戎马之来，二十里外可悉数也。

从安祖砦西北有卢师神祠，是桑干出山之口，东及幽州四十余里。赵德钧作镇之时，欲遏西冲，曾堑此水。况河次半有崖岸，不可径度，其平处筑城护之，守以偏师，此断彼之右臂也。仍虑步奚为寇，可分雄勇士三五千人，至青白军以来山中防遏，此是新州、妫川之间，南出易州大路，其桑乾河水属燕城北隅，绕西壁而转。大军如至城下，于燕丹陵东北横堰此水，灌入高梁河，高梁岸狭，桑水必溢。可于驻跸寺东引入郊亭淀，三五日弥漫百余里，即幽州隔在水南。王师可于州北系浮梁以通北路，贼骑来援，已隔水矣。视此孤垒，浃旬必克。幽州管内洎山后八军,闻苏门不守,必尽归降,盖势使然也。

　　然后国家命重臣以镇之,敷恩泽以怀之。奚、霫部落,当刘仁恭及其男守光之时,皆刺面为义儿,服燕军指使,人马疆土少劣于契丹,自被胁从役属以来,常怀骨髓之恨。渤海兵马土地,盛于奚帐,虽勉事契丹,俱怀杀主破国之怨。其苏门泊山后云、朔等州,沙陀、吐浑元是割属,咸非叛党。此蕃汉诸部之众,如将来王师讨伐,虽临阵擒获,必贷其死,命署置存抚,使之怀恩,但以罪契丹为名。如此则蕃部之心,愿报私憾,契丹小丑,克日殄平。其奚、霫、渤海之国,各选重望亲嫡,封册为王,仍赐分器、鼓旗、车服戈甲以优遣之,必竭赤心,永服皇化。

　　俟克平之后,宣布守臣,令于燕境及山后云、朔诸州,厚给衣粮料钱,别作禁军名额,召募三五万人,教以骑射,隶于本州。此人生长塞垣,谙练戎事,乘机战斗,一以当十,兼得奚、霫、渤海以为外臣,乃守在四夷也。

　　然自阿保机时至于近日,河朔户口,虏掠极多,并在锦帐。平卢亦迩柳城,辽海编户数十万,耕垦千余里,既殄异类,悉为王民。变其衣冠,被以声教,愿归者俾复旧贯,怀安者因而抚之,申画郊圻,列为州县,则前代所建松漠、饶落等郡,未为开拓之盛也。

琪本燕人,以故究知蕃部兵马山川形势。俄又上奏曰:

　　国家将平燕蓟,臣敢陈十策:一、契丹种族,二、料贼众寡,三、贼来布置,四、备边,五、命将,六、排阵讨伐,七、和蕃,八、馈运,九、收幽州,十、灭契丹。

　　契丹,蕃部之别种,代居辽泽中,南界潢水,西距邢山,疆土幅员,千里而近。其主自阿保机始强盛,因攻渤海,死于辽阳。妻述律氏生三男:长曰东丹、次曰德光,德光南侵还,死于杀胡林;季曰自在太子。东丹生永康,永康代德光为主,谋起军南侵,被杀于大神淀。德光之子述律代立,号为“睡王”。二年,为永康子明记所篡。明记死,幼主代立。明记妻萧氏,蕃将守兴之女,今幼主,萧氏所生也。

晋末,契丹主头下兵谓之大帐,有皮室兵约三万,皆精甲也,为其爪牙。国母述律氏头下,谓之属珊,属珊有众二万,乃阿保机之牙将,当是时半已老矣。南来时,量分借得三五千骑。述律常留余兵为部族根本。其诸大首领有太子、伟王、永康、南北王、于越、麻答、五押等。于越,谓其国舅也。大者千余骑,次者数百骑,皆私甲也。

别族则有奚、霫,胜兵亦万余人,少马多步。奚,其王名阿保得者,昔年犯阙时,令送刘晞、崔廷勋屯河、洛者也。又有渤海首领大舍利高模翰步骑万余人,并髡发左衽,窃为契丹之饰。复有近界尉厥里、室韦、女真、党项亦被胁属,每部不过千余骑。其三部落,吐浑、沙陀,泊幽州管内、雁门已北十余州军部落汉兵合二万余众,此是石晋割以赂蕃之地也。蕃汉诸族,其数可见矣。

每蕃部南侵,其众不啻十万。契丹入界之时,步骑车帐不从阡陌,东西一概而行。大帐前及东西面,差大首领三人,各率万骑,支散游奕,百十里外,亦交相侦逻,谓之栏子马。契丹主吹角为号,众即顿合,环绕穹庐,以近及远。折木梢屈之为弓子铺,不设枪营堑栅之备。每军行,听鼓三伐,不问昏昼,一匝便行。未逢大敌,不乘战马,俟近我师,即竞乘之,所以新羁战蹄有余力也。且用军之术,成列而不战,俟退而乘之,多伏兵断粮道,冒夜举火,土风曳柴,馈饷自赍,退败无耻,散而复聚,寒而益坚,此其所长也。中原所长,秋夏霖霪,天时也;山林河津,地利也;枪突剑弩,兵胜也;财丰士众,力强也。乘时互用,较然可知。

王师备边破敌之计,每秋冬时,河朔州军缘边砦栅,但专守境,勿辄侵渔,令彼寻戈,其词无措。或戎马既肥,长驱入寇,契丹主行,部落萃至,寒云翳日,朔雪迷空,鞍马相持,毡褐之利。所宜守陴坐甲,以逸待劳,令骑士并屯于天雄军、贝磁相州以来,若分在边城,缓急难于会合;近边州府,只用步兵,多屯弩手,大者万卒,小者千人,坚壁固守,勿令出战。彼以全国之兵,此以一郡之众,虽勇懦之有殊,虑众寡之不敌也。国家别命大将,总统前军,以遏侵轶,只于天雄军、邢洺贝州以来,设掎戎之备。俟其阳春启候,虏计既穷,新草未生,陈荄已朽,蕃马无力,疲寇思归,逼而逐之必自奔北。

前军行阵之法,马步精卒不过十万,自招讨以下,更命三五人蕃侯充都监、副戎、排阵、先锋等职,临事分布,所贵有权。追戎之阵,须列前后,其前阵万五千骑,阵身万人,是四十指挥,左右梢各十指挥,是二十将。每指挥作一队,自军主、都虞候、指挥使、押当,每队用马突或刃子枪一百余,并弓剑、骨朵。其阵身解镫排之,俟与戎相搏之时,无问厚薄,十分作气,枪突交冲,驰逐往来,后阵更进。彼若乘我深入,阵身之后,更有马步人五千,分为十头,以撞竿、镫弩俱进,为回骑之舍。阵梢不可轻动,盖防横骑奔冲,此阵以都监主之,进退赏罚,便可裁决。后阵以马步军八万,招讨董之,与前阵不得过三五里,展梢实心,布常山之势,左右排阵分押之。或前阵击破寇兵,后阵亦禁其驰骤轻进,盖师正之律也。

《牧誓》云:“四伐五伐,乃止齐焉。”慎重之戒也。是以开运中晋军掎戎,未尝放散,三四年间,虽德光为戎首,多计桀黠,而无胜晋军之处,盖并力御之。厥后以任人不当,为彦泽之所误。如将来杀获驱攘之后,圣人务好生之德,设息兵之谋,虽降志难甘,亦和戎为便。魏绛尝陈五利,奉春仅得中策,历观载籍,前王皆然。《易》称高宗用伐鬼方,《诗》美宣王薄伐猃狁,是知戎狄侵轶,其来尚矣。然则兵为凶器,圣人不得已而用之。若精选使臣,不辱君命,通盟继好,弭战息民,此亦策之得也。

臣每见国朝发兵,未至屯戍之所,已于两河诸郡调民运粮,远近骚然,烦费十倍。臣生居边土,习知其事。况幽州为国北门,押蕃重镇,养兵数万,应敌乃其常事。每逢调发,惟作糗粮之备,入蕃旬浃,军粮自赍,每人给斗余,盛之于囊以自随。征马每匹给生谷二斗,作口袋,饲秣日以二升为限,旬日之间,人马俱无饥色。更以牙官子弟,戮力津擎裹送,则一月之粮,不烦馈运。俟大军既至,定议取舍,然后图转饷,亦未为晚。臣去年有平燕之策,入燕之路具在前奏,愿加省览。

疏奏,颇采用之。

淳化二年,诏百官转对,琪首应诏,建明堂、辟雍之议。五年,李继迁寇灵武,命侍卫马军都指挥使李继隆为河西兵马都部署以讨之。西川贼帅李顺攻劫州县,以昭宣使王继恩为剑南西川招安使。琪又上书言边事曰:

　　臣顷任延州节度判官,经涉五年,虽未尝躬造夷落,然常令蕃落将和断公事,岁无虚月,蕃部之事,熟于闻听。大约党项、吐蕃风俗相类,其帐族有生户、熟户,接连汉界、入州城者谓之熟户,居深山僻远、横过寇略者谓之生户。其俗多有世仇,不相来往,遇有战斗,则同恶相济,传箭相率,其从如流。虽各有鞍甲,而无魁首统摄,并皆散漫山川,居常不以为患。

　　党项界东自河西银、夏,西至灵、盐,南距鄜、延,北连丰、会。厥土多荒隙,是前汉呼韩邪所处河南之地,幅员千里。从银、夏至青、白两池,地惟沙碛,俗谓平夏;拓拔,盖蕃姓也。自鄜、延以北,多土山柏林,谓之南山;野利,盖羌族之号也。

　　从延州入平夏有三路:一、东北自丰林县苇子驿至延川县接绥州,入夏州界;一、正北从金明县入蕃界,至卢关四五百里,方入平夏州南界;一、西北历万安镇经永安城,出洪门至宥州四五百里,是夏州西境。我师如入夏州之境,宜先招致接界熟户,使为乡导,其强壮有马者,令去官车三五十里踏白先行。缘此三路,土山柏林,溪谷相接,而复隘狭不得成列,蹑此乡导,可使步卒多持弓弩枪锯随之,以三二千人登山侦逻,俟见坦涂宁静,可传号勾马遵路而行,我皆严备,保无虞也。

　　长兴四年,夏州李仁福死,有男彝超擅称留后。当时诏延州安从进与李彝超换镇,彝超据夏州,固不奉诏,朝廷命邠州药彦稠总兵五万送从进赴任。时顿兵城下,议欲攻取,军储不继,遽命班师。而振旅之时,不能严整,失戈弃甲,遂为边人之利。

臣又闻党项号为小蕃,非是劲敌,若得出山布阵,止劳一战,便可荡除。深入则馈运邓难,穷追则窟穴幽隐,莫若缘边州镇,分屯重兵,俟具入界侵渔,方可随时掩击,非为养勇,亦足安边。凡乌合之徒,势不能久,利于速斗,以骋兵锋。莫若持重守疆,以挫其锐。彼无城守,众乏馈粮,威赏不行,部族分散,然后密令觇其保聚之处,预于麟、府、鄜、延、宁、庆、灵、武等州约期会兵,四面齐进,绝其奔走之路,合势击之,可以剪除无噍类矣。仍先告谕诸军,击贼所获生口、资畜,许为己有,彼为利诱,则人百其勇也。

灵武路自通远军入青冈峡五百里,皆蕃部熟户。向来使人、商旅经由,并在部族安泊,所求略遗无几,谓之:“打当”,亦如汉界逆旅之家宿食之直也。此时在军或须入其境,则乡导踏白,当如夏州之法。况彼灵州便是吾土,刍粟储畜,率皆有备。缘路五七程,不烦供馈,止令逐都兵骑,裹粮轻赍,便可足用。谚所谓“磨镰杀马”,劫一时之力也,旬浃之余,固无阙乏矣。

又臣曾受任西川数年,经历江山,备见形势要害。利州最是咽喉之地,西过桔柏江,去剑门百里,东南去阆州,水陆二百余里,西北通白水、清川,是龙州入川大路,邓艾于此破蜀,至今庙貌存焉。其外三泉、西县、兴、凤等州,并为要冲,请选有武略重臣镇守之。

奏入,上密写其奏,令继隆择利而行。

至道元年春,大宴于含光殿,上问琪年,对曰:“七十有九。”上因慰抚久之。二年春,拜右仆射,特令月给实奉一百千,又以其衰老,诏许五日一朝。是年九月被病,令其子贻序秉笔,授辞作《多幸老民叙》,大抵谓《洪范》五福,人所难全,而己兼有之,实天幸也。又口占遗表数百字而卒。赠司空，谥惠安。起复贻序为右赞善大夫，贻庥为大理评事，贻广童子出身。贻序上表乞终丧制，从之。天禧初，录其孙宗谅试秘书郎。

琪素有文学，颇谐捷。在使府前后三十年，周知人情，尤通吏术。在相位日，百执事有所求请，多面折之，以是取怨于人。

贻序尝预修《册府元龟》，笔札遒劲。未几，坐事左迁复州副使，起为殿中丞卒。

宋雄者，亦幽州人。初与琪齐名燕、蓟间，谓之"二宋"。

雄仕契丹为应州从事。雍熙三年，王师北伐，雄与其节度副使艾正以城降，授正本州观察使，以雄为鸿胪少卿同知州事。改光禄少卿，历知均、唐二州。未几，护河阴屯兵，以知河渠利害，因命领护汴口，均节水势，以达转漕，京师赖之。改太子詹事，复为光禄少卿，迁将作监。所至职务修举，公私倚任焉。

雄涉猎文史，善谈论，有气节，士流多推许之。景德元年，卒，年七十六。录其子可久为太常寺奉礼郎，赋禄终制。

论曰：自薛居正而下，尝居相位者凡四人，其始终出处虽不同，然观于其行事，概可见矣。初，郎州亡卒啸聚为盗，监军使疑城中僧千余人皆与谋，欲尽杀之，居正缓其事，贼禽而僧不与，卒赖以活。沈伦使吴越还，请以扬、泗军储百万余斛贷饥民，朝论难之。伦曰："国家以廪粟济民，自当召和气，致丰稔，岂复有水旱？"得请乃已。太祖每取书史馆，卢多逊预戒吏令白己。知所取，必能通夕阅览，以是答问多中。宋琪始为程羽、贾琰所抑，继为多逊所忌，其后自员外郎岁中四迁至尚书，居相位。即此而观，则守道蒙福者幸致，而投荒窜死者非不幸也。宋雄善持论，有气节，虽与琪齐名，而爵位不侔者，所遇不同焉尔。呜呼，自昔怀材抱艺，而抑郁下僚以终其身者多矣，岂特宋雄为然哉！

宋史卷二六五

列传第二四

李昉　　子宗讷　宗谔　孙昭述等　　吕蒙正

张齐贤　子宗诲　贾黄中

　　李昉字明远，深州饶阳人。父超，晋工部郎中、集贤殿直学士。从大父右资善大夫沼无子，以昉为后，荫补斋郎，选授太子校书。汉乾佑举进士，为秘书郎。宰相冯道引之，与吕端同直弘文馆，改右拾遗、集贤殿修撰。

　　周显德二年，宰相李谷征淮南，昉为记室。世宗览军中章奏，爱其辞理明白，已知为昉所作，及见相国寺《文英院集》，乃昉与扈蒙、崔颂、刘兖、窦俨、赵逢及昉弟载所题，益善昉诗而称赏之曰："吾久知有此人矣。"师还，擢为主客员外郎、知制诰、集贤殿直学士。四年，加中馆修撰、判馆事。是年冬，世宗南征，从至高邮，会陶谷出使，内署书诏填委，乃命为屯田郎中、翰林学士。六年春，丁内艰。恭帝嗣位，赐金紫。

　　宋初，加中书舍人。建隆三年，罢为给事中。四年，平湖湘，受诏祀南岳，就命知衡州，逾年代归。陶谷诬奏昉为所亲求京畿令，上怒，召吏部尚书张昭面质其事。昭老儒，气直，免冠上前，抗声云："谷阋上。"上疑之不释，出昉为彰武军行军司马，居延州为生业以老。三岁当内徙，昉不愿。宰相荐其可大用，开宝二年，召还，复拜中书舍人。未几，直学士院。

　　三年，知贡举。五年，复知贡举。秋，预宴大明殿，上见昉坐卢多逊下,因问宰相,对曰:"多逊学士,昉直殿尔。"即令真拜学士,令居多逊上。昉之知贡举也,其乡人武济川预选,既而奏对失次,昉坐左迁太常少卿,俄判国子监。明年五月,复拜中书舍人、翰林学士。冬,判吏部铨。时赵普为多逊所构,数以其短闻于上,上询于昉,对曰:"臣职司书诏,普之所为,非臣所知。"普寻出镇,多逊遂参知政事。

太宗即位,加昉户部侍郎,受诏与扈蒙、李穆、郭贽、宋白同修《太祖实录》。从攻太原,车驾次常山,常山即昉之故里,因赐羊酒,俾召公侯相与宴饮尽欢,里中父老及尝游从者咸预焉。七日而罢,人以为荣。师还,以劳拜工部尚书兼承旨。太平兴国中,改文明殿学士。时赵普、宋琪居相位久,求其能继之者,宿旧无逾于昉,遂命参知政事。十一月,普出镇,昉与琪俱拜平章事。未几,加监修国史,复时政记先进御而后付有司,自昉议始也。

雍熙元年郊祀,命昉与琪并为左右仆射,昉固辞,乃加中书侍郎。王师讨幽蓟不利,遣使分诣河南、东,籍民为兵,凡八丁取一。昉等相率奏曰:"近者分遣使籍河南、东四十余郡之民以为边备,非得已也。然河南之民素习农桑,罔知战斗,一旦括集,必致动摇,若因而啸聚,更须剪除。如此,则河北闾阎既困于戎马,河南生聚复扰于萑蒲,矧当春和,有妨农作。陛下若以明诏既颁,难于反汗,则当续遣使臣,严加戒饬,所至点募,人情若有不安,即须少缓,密奏取裁,庶免后患。"上嘉纳之。

端拱初,布衣翟马周击登闻鼓,讼昉居宰相位,当北方有事之时,不为边备,徒知赋诗宴乐。属籍田礼方毕,乃诏学士贾黄中草制,罢昉为右仆射,且加切责。黄中言:"仆射,百僚师长,实宰相之任,今自工部尚书而迁是职,非黜责也。若曰文昌务简,以均劳逸为辞,斯为得体。"上然之。会边警益急,诏文武群臣各进策备御,昉又引汉、唐故事,深以屈己修好、弭兵息发为言,时论称之。

淳化二年,复以本官兼中书侍郎、平章事,监修国史。三年夏,早蝗,既雨。时昉与张齐贤、贾黄中、李沆同居宰辅,以燮理非材,上表待罪，上不之罪。四年，昉以私门连遭忧戚，求解机务，诏不允，遣齐贤等谕旨，复起视事。后数月，罢为右仆射。先是，上召张洎草制，授昉左仆射，罢相，洎言："昉居燮理之任，而阴阳乖戾，不能决意引退，俾居百僚师长之任，何以示劝？"上览奏，乃令罢守本官。

晋侍中崧者，与昉同宗且同里，时人谓崧为东李家，昉为西李家。汉末，崧被诛。至是，其子璨自苏州常熟县令赴调，昉为讼其父冤，且言："周太祖已为昭雪，赠官，还其田宅，录璨而官之。然璨年几五十，尚淹州县之职，臣昔与之同难，岂宜叨遇圣明。傥推一视之仁，泽及衰微之祚，则已往之冤获伸于下，而继绝之恩永光简册矣。"诏授璨著作佐郎，后官至右赞善大夫。

明年，昉年七十，以特进、司空致事，朝会宴飨，令缀宰相班，岁时赐予，益加厚焉。至道元年正月望，上观灯乾元楼，召昉赐坐于侧，酌御樽酒饮之，自取果饵以赐。上观京师繁盛，指前朝坊巷省署以谕近臣，令拓为通衢长廊，因论："晋、汉君臣昏暗猜贰，枉陷善良，时人不聊生，虽欲营缮，其暇及乎？"昉谓："晋汉之事，臣所备经，何可与圣朝同日而语。若今日四海清晏，民物阜康，皆陛下恭勤所致也。"上曰："勤政忧民，帝王常事。朕不以繁华为乐，盖以民安为乐尔。"因顾侍臣曰："李昉事朕，两入中书，未尝有伤人害物之事，宜其今日所享如此，可谓善人君子矣。"

二年，陪祀南郊，礼毕入贺，因拜舞仆地，台吏掖之以出，卧疾数日薨，年七十二。赠司徒，谥文正。

昉和厚多恕，不念旧恶，在位小心循谨，无赫赫称。为文章慕白居易，尤浅近易晓。好接宾客，江南平，士大夫归朝者多从之游。雅厚张洎而薄张佖，及昉罢相，洎草制深攻诋之，而佖朔望必诣昉。或谓佖曰："李公待君素不厚，何数诣之？"佖曰："我为廷尉日，李公方秉政，未尝一有请求，此吾所以重之也。"

昉所居有园亭别墅之胜，多召故人亲友宴乐其中。既致政，欲寻洛中九老故事，时吏部尚书宋琪年七十九，左谏议大夫杨徽之年七十五，郢州刺史魏丕年七十六，太常少卿致仕李运年八十，水部郎中朱昂年七十一,庐州节度副使武允成年七十九,太子中允致仕张好问年八十五,吴僧赞宁年七十八,议将集,会蜀寇而罢。

昉素与卢多逊善,待之不疑,多逊屡谮昉于上,或以告昉,不之信。及入相太宗言及多逊事,昉颇为解释。帝曰:"多逊居常毁卿一钱不直。"昉始信之。上由此益重昉。

昉居中书日,有求进用者,虽知其材可取,必正色拒绝之,已而擢用;或不足用,必和颜温语待之。子弟问其故,曰:"用贤,人主之事、若受其请,是市私恩也,故峻绝之,使恩归于上。若不用者,既失所望,又无善辞,取怨之道也。"

初,超未有子,昉母谢方娠,指腹谓叔母张曰:"生男当与叔母为子。"故昉出继于超。昉再相,因表其事,求赠所生父母官。诏赠其祖温太子太傅,祖母权氏莒国太夫人,超太子太师,谢氏郑国太夫人。

昉素病心悸,数岁一发,发必弥年而后愈,盖典诰命三十余年,劳役思虑所致。及居相位,益加忧畏。有文集五十卷。子四人:宗讷、宗海、宗谔、宗谅。宗海,右赞善大夫。宗谅,主宾客员外郎。

宗讷字大辨,以荫补太庙斋郎,迁第四室长。代谒吏部铨,边光范意其年少,未能属辞,语之曰:"苟援笔成六韵诗,虽不试书判,可入等矣。"宗讷易之,光范试诗赋,立就。明日,拟授秘书省正字;又明日,上命擢国子监丞。盖上居藩邸时,每有篇咏,令昉属和,前后数百章,皆宗讷缮写,上爱其楷丽,问知为宗讷所书,故有是命。太平兴国初,诏贾黄中集《神医普救方》,宗讷暨刘锡、吴淑、吕文仲、杜镐、舒雅皆预焉。雍熙初,昉在相位,上欲命宗讷为尚书郎,昉恳辞,以为非承平故事,止改秘书丞,历太常博士。

宗讷颇习典礼。淳化中,吕端掌礼院,引宗讷同判,累迁比部郎中。咸平六年,卒,年五七五。子昭过,大中祥符五年献文,召试赐进士第,后为屯田员外郎。昭逊,太子中舍。

宗谔字昌武,七岁能属文,耻以父任得官,独由乡举,第进士,授校书郎。明年,献文自荐,迁秘书郎、集贤校理、同修起居注。先是,后苑陪宴,校理官不与,京官乘马不得入禁门。至是,皆因宗谔之请复之,遂为故事。

真宗即位,拜起居舍人,预重修《太祖实录》。从幸大名,上疏曰:"国家驭边之术,制胜之谋,将帅之短长,兵卫之众寡,宸算庙谟,尽在吾术中矣。今之言事者,不过请陛下益兵贮粮,分道掩杀,言之甚易,行之则难。始受命则无不以攻坚陷阵为壮图,及遇敌则惟以闭垒塞关为上计,孤君父之重委,致生灵之重困,兴言及此,诚可叹息。自古行军出师,无不首择将帅。夫将帅随材任使,守一郡,控一城,分领骁勇,争据要害,又岂直三路主帅之名,然后能制六师生死之命乎?今陛下选任非不至也,权位非不重也,告戒非不丁宁也,处置非不专一也;而外敌犯塞,车驾亲征,曾不闻出丁人一骑为之救助,不知深沟高垒,秣马厉兵,欲安用哉?臣以为临军易帅,拔卒为将,在此时也。有功者拔于朝,不用者戮于市,亦此时也。惟陛下图之。然后下哀痛之诏,行蠲复之恩,回銮上都,垂衣当宁,岂不盛哉。"

迁知制诰;判集贤院,纂《西垣集制》,刻石记名氏。尝牒御史台不平空,中丞吕文仲移文诘之,往复再三,宗谔执言两省故事与台司不相统摄者凡八。事闻,卒如宗谔议。

景德二年,召为翰林学士。是秋,将郊,命判太常大乐、鼓吹二署。先是,乐工率以年劳迁补,至有抱其器而不知声者。宗谔素晓音律,遂加审定,奏斥谬滥者五十人。因修完器具,更署职名,条上利病二十事,帝省阅而赏叹之。事具《乐志》。又著《乐纂》以献,命付史馆,自是月再肄习焉。

时诸神祠坛多阙外墙之制,因深堑列树以表之,营葺斋室,旧典因以振起。属契丹遣使来贺承天节,诏宗谔为馆伴使,自郊劳至饮饯,皆刊定其仪。

大中祥符初,从封泰山,改工部郎中。二年,始建昭应宫,命副丁谓为同修宫使。三年,知审官院。属祀汾阴后土,命为经度制置副使,同权河中府事。礼成,优拜右谏议大夫。

尝侍宴玉宸殿,上谓曰:"闻卿至孝,宗族颇多,长幼雍睦。朕嗣守二圣基业,亦如卿之保守门户也。"又曰:"翰林,清华之地,前贤效历,多有故事,卿父子为之,必周知也。"宗谔尝著《翰林杂记》,以纪国朝制度,明日上之。

宗谔究心典礼,凡创制损益,靡不与闻。修定皇亲故事、武举武选入官资叙、阁门仪制、臣僚导从、贡院条贯,余多裁正。

五年,迎真州圣像,副丁谓为迎奉使。五月,以疾卒,年四十九。帝甚悼之,谓宰相曰:"国朝将相家能以声名自立,不坠门阀,唯昉与曹彬家尔。宗谔方期大用,不幸短命,深可惜也。"既厚赙其家,以白金赐其继母,又录其子若弟以官焉。

初,昉居三馆、两制之职,宗谔不数年,皆践其地。风流儒雅,藏书万卷。内行淳至,事继母符氏以孝闻。二兄早世,奉嫂字孤,恩礼兼尽。与弟宗谅友爱尤至,覃恩所及,必先群从,及殁而己子有未仕者。程宿早卒,有弟无所依,宗谔为表请于朝而官之。勤接士类,无贤不肖,恂恂尽礼,奖拔后进,唯恐不及,以是士人皆归仰之。

宗谔工隶书。有文集六十卷,《内外制》三十卷。尝预修《续通典》、《大中祥符封禅汾阴记》、《诸路图经》,又作《家传》、《谈录》,并行于世。子昭遘、昭述、昭适。

昭述字仲祖,以父阴为秘书省校书郎。召试学士院,赐进士出身,为刑部详覆官,累迁秘书丞。群牧制置使曹利用荐为判官。郓州牧地侵于民者凡数千顷,昭述悉复之。以太常博士知开封县,特迁尚书屯田员外郎、开封推官。坐尝被曹利用荐,出知常州,迁为三司度支判官,改河北转运使。江陵屯兵哗言仓粟陈腐,欲以动众。昭述取以为奉,且以饭其僚属,众遂定。徙湖南潭州,戍卒愤监军酷暴,欲构乱,或指昭述谓曰:"如李公长者,何可负?"其谋遂寝。昭述闻之,以戒监军,监军自是不复为暴。比去,众遮道罗拜,指妻子曰:

"向非公，无噍类矣。"徙淮南转运使兼发运使，加直史馆。徙陕西转运使，纠察在京刑狱，为三司户部副使，累迁刑部郎中。陕西用兵，提点陕西计置粮草，还授度支、盐铁副使，以右谏议大夫为河北都转运使。

河决澶渊，久未塞。会契凡遣刘六符来，乃命昭述城澶州，以治堤为名，调兵农八万，逾旬而就。初，六符过之，真以为堤也，及还而城具，甚骇愕。初置义勇军，人情汹汹，昭述乘疾置日行数舍，开谕父老，众始安。宣抚使表其能，除龙图阁直学士、知澶州，又为枢密直学士、陕西都转运使。

河北始置四路，以为真定府路安抚使、知成德军。大水，民多流亡，籍僧舍积粟为粥糜，活饥民数万计。改龙图阁学士、知秦州。谏官、御史言昭述庸懦，不可负重镇，留真定府。居四年，入领三班院，以翰林侍读学士知郑州。未几，知通进银台司，判太常寺，复领三班，累迁尚书右丞。从祫享致斋于朝堂，得暴疾卒。赠礼部尚书，谥恪。李氏居京城北崇庆里，凡七世不异爨至昭述稍自丰殖，为族人所望，然家法亦不隳。

昭遘字逢吉，宗谔从子也，以荫为将作监主簿。

幼时，杨亿尝过其家，出拜，亿命为赋，既成，亿曰："桂林之下无杂木，非虚言也。"其后荐之，召试，授馆阁校勘，改集贤院校理。坐失误落秩。未几，复为盐铁判官。

初，议罢天下职田及公使钱，昭遘以为不可。三司使姚仲孙恶其异己，请诘所以兴利之实，昭遘争不屈，遂罢判官，为白波发运使。因入奏事，仁宗谓曰："前所论罢职田等事，卿言是也。"迁直史馆、知陕州。谏官欧阳修言："陕府，关中要地，昭遘无治剧材，不宜遣。"

改判三司理欠司，徙度支判官。

使契丹还，道除陕西转运使。坐家僮盗辽人银酒盅，降知泽州。阳城冶铸铁钱，民冒山险输矿炭，苦其役，为奏罢铸钱。又言："河东铁钱真伪淆杂，不可不革。"

后复直史馆知陕州。城中旧无井，唐武德中，刺史长孙操始疏广济渠水入城，众赖其利。昭遘至，立庙祠之。归为三司户部判官，纠察在京刑狱，进直龙图阁，改集贤殿修撰，累迁尚书工部郎中。历知凤翔河中府、晋州，迁管勾登闻检院。擢天章阁待制，知沧州，用谏官吴及言，复改知陕州，徙郑州卒。昭遘性和易不忤物，能守家法。

吕蒙正字圣功，河南人。祖梦奇，户部侍郎。父龟图，起居郎。蒙正，太平兴国二年擢进士第一，授将作监丞，通判升州。陛辞，有旨，民事有不便者，许骑置以闻，赐钱二十万。代还，会征太原，召见行在，授著作郎，直史馆，加左拾遗。五年，亲拜左补缺，知制诰。

初，龟图多内宠，与妻刘氏不睦，并蒙正出之，颇沦踬窘乏，刘誓不复嫁。及蒙正登仕，迎二亲，同堂异室，奉养备至。龟图旋卒，诏起复。未几，迁都官郎中，入为翰林学士，擢左谏议大夫参知政事，赐第丽景门。上谓之曰："凡士未达，见当世之务戾于理者，则怏怏于心，及列于位，得以献可替否，当尽其所蕴，虽言未必尽中，亦当金议而更之，俾协于道。朕固不以崇高自恃，使人不敢言也。"蒙正初入朝堂，有朝士指之曰："此子亦参政耶？"蒙正阳为不闻而过之。同列不能平，诘其姓名，蒙正据止之曰："若一知其姓名，则终身不能忘，不若毋知之为愈也。"时皆服其量。

李昉罢相，蒙正拜中书侍郎，兼户部尚书、平章事，监修国史。蒙正质厚宽简，有重望，以正道自持。遇事敢言，每论时政，有未允者，必固称不可，上嘉其无隐。赵普开国元老，蒙正后进，历官一纪，遂同相位，普甚推许之。俄丁内艰，起复。

先是，卢多逊为相，其子雍起家即授水部员外郎，后遂以为常。至是，蒙正奏曰："臣忝甲科及第，释褐止授九品京官。况天下才能，老于岩穴，不沾寸禄者多矣。今臣男始离襁褓，膺此宠命，恕罹阴谴，乞以臣释褐时官补之。"自是宰相子止授九品京官，遂为定制。

　　朝士有藏古镜者,自言能照二百里,欲献之蒙正以求知。蒙正笑曰:"吾面不过楪子大,安用照二百里哉?"闻者叹服。

　　淳化中,右正言宋抗上疏忤旨,抗,蒙正妻族,坐是罢为吏部尚书,复相李昉。四年,昉罢,蒙正复以本官入相。因对,论及征伐,上曰:"朕比来征讨,盖为民除暴,苟好功黩武,则天下之人燔亡尽矣。"蒙正对曰:"隋、唐数十年中,四征辽碣,人不堪命。炀帝全军陷没,太宗自运土木攻城,如此卒无所济。且治国之要,在内修政事,则远人来归,自致安静。"上韪之。

　　尝灯夕误宴,蒙正侍,上语之曰:"五代之际,生灵凋丧,周太祖自邺南归,士庶皆罹剽掠,下则火灾,上则彗孛,观者恐惧,当时谓无复太平之日矣。朕躬览庶政,万事粗理,每念上天之咒,致此繁盛,乃知理乱在人。"蒙正避席曰:"乘舆所在,士庶走集,故繁盛如此。臣尝见都城外不数里,饥寒而死者甚众,不必尽然。愿陛下视近以及远,苍生之幸也。"上变色不言。蒙正侃然复位,同列多其直谅。

　　上尝欲遣人使朔方,谕中书选才而可责以事者,蒙正退以名上,上不许。他日,三问,三以其人对。上曰:"卿何执耶?"蒙正曰:"臣非执,盖陛下未谅尔。"固称:"其人可使,余人不及。臣不欲用媚道妄随人主意,以害国事。"同列悚息不敢动。上退谓左右曰:"蒙正气量,我不如。"既而卒用蒙正所荐,果称职。

　　至道初,以右仆射出判河南府兼西京留守。蒙正至洛,多引亲旧欢宴,政尚宽静,委任僚属,事多总裁而已。

　　真宗即位,进左仆射。会营奉熙陵,蒙正追感先朝不次之遇,奉家财三百余万以助用。葬日,伏哭尽哀,人以为得大臣体。咸平四年,以本官同平章事、昭文馆大学士。国朝以来三入相者,惟赵普与蒙正焉。郊祀礼成,加司空兼门下侍郎。六年,授太子太师,封蔡国公,改封随,又封许。

　　景德二年春,表请归洛。陛辞日,肩舆至东园门,命二子掖以升殿,因言:"远人请和,弭兵省财,古今上策,惟愿陛下以百姓为念。"

上嘉纳之，因迁从简太子洗马，知简奉礼郎。蒙正至洛，有园亭花木，日与亲旧宴会，子孙环列，迭奉寿觞，怡然自得。大中祥符而后，上朝永熙陵，封泰山，祠后土，过洛，两幸其第，锡赍有加。上谓蒙，正曰："卿诸子孰可用？对曰："诸子皆不足用。有侄夷简，任颍州推官，宰相才也。"夷简由是见知于上。

富言者，蒙正客也。一日白曰："儿子十许岁，欲令入书院，事廷评、太祝。"蒙正许之。及见，惊曰："此儿他日名位与吾相似，而勋业远过于吾。"令与诸子同学，供给甚厚。言之子，即弼也。后弼两入相，亦以司徒致仕。其知人类如此。许国之命甫下而卒，年六十八，赠中书令，谥曰文穆。

蒙正初为相时，张绅知蔡州，坐赃免。或言于上曰："绅家富，不至此，特蒙正贫时勾索不如意，今报之尔。"上命即复绅官，蒙正不辨。后考课院得绅实状，复黜为绛州团练副使。及蒙正再入相，太宗谓曰："张绅果有赃。"蒙正不辨亦不谢。在西京日，上数遣中贵人将命至，蒙正待之如在相位时，不少贬，时人重焉。

子从简，再为国子博士；惟简，太子中舍；承简，司门员外郎；行简，比部员外郎；务简，亦国子博士；居简，殿中丞；知简，太子右赞善大夫。

蒙正弟蒙休，咸平进士，至殿中丞。

龟图弟龟祥，殿中丞，知寿州。子蒙亨，举进士高等，既廷试，以蒙正居中书，故报罢。后历下蔡、武平主薄。至道初，考课州县官，蒙亨引对，文学、政事俱优，命为光禄寺丞，改大理寺丞，卒。次子蒙巽，虞部员外郎；蒙周，淳化进士及第。蒙亨子即夷简也。次子宗简，亦进士及第。

庆历中，居简提点京东刑狱，时夏竦有憾于石介，介死，竦言于上曰："介未尝死，北走邻国矣。"乃遣中使发棺验之。居简谓曰："万一介果死，则朝廷为无故发人之墓，奈何？"中使曰："于君何如？"居简曰："介死，当时必有内外亲族及门生会葬，问之可也。"中使乃令结状保证以闻，介事乃白。居简长者，其行事多类此。

徐州妖人孔直温挟左道诱军士为变，或诣转运使告，不受词。居简令易其牒，尽捕究党与，贷诖误者，请于朝，斩直温等。濮州复叛，都民惊溃，居简驰往，获首恶诛之。因大阅兵享劳，奸不得发。用二事，迁秩盐铁判官，拜集贤院学士，知梓州、应天府，徙荆南，进龙图阁直学士；知广州，陶甓甃城，人以为便。以兵部侍郎判西京御史台，卒，年七十二。

张齐贤，曹州冤句人。生三岁，值晋乱，徙家洛阳。孤贫力学，有远志，慕唐李大亮之为人，故字师亮。

太祖幸西都，齐贤以布衣献策马前，召至行宫，齐贤以手画地，条陈十事：曰下并、汾，曰富民，曰封建，曰敦孝，曰举贤，曰太学，曰籍田，曰选良吏，曰慎刑，曰惩奸。内四说称旨，齐贤坚执以为皆善，上怒，令武士拽出之。及还，语太宗曰："我幸西都，唯得一张齐贤尔。我不欲爵之以官，异时可使辅汝为相也。"

太宗擢进士，欲置齐贤高第，有司偶失抢选，上不悦，一榜尽与京官，于是齐贤以大理评事通判衡州。时州鞫劫盗，论皆死，齐贤至，活其失入者五人。自荆渚至桂州，水递铺夫数千户，因于邮役，衣食多不给，论奏减其半。四年，代还，会亲征晋阳，齐贤上谒，迁秘书丞。忻州新下，命知州事。明年召还，改著作佐郎，直史馆，改左拾遗。冬，车驾北征，议者皆言宜速取幽蓟，齐贤上疏曰：

> 方今海内一家，朝野无事。关圣虑者，岂不以河东新平，屯兵尚众，幽燕未下，辇运为劳？臣愚以为此不足虑也。自河东初下，臣知忻州，捕得契丹纳米典史，皆云自山后转般以授河东。以臣料，契丹能自备军食，则于太原非不尽力，然终为我有者，力不足也。河东初平，人心未固，岚、宪、忻、代未有军砦，入寇则田牧顿失，扰边遇守备可虞。及国家守要害，增壁垒，左控右扼，疆事甚严，恩信已行，民心已定，乃于雁门阳武谷来争小利，此其智力可料而知也。圣人举事，动在万全，百战百胜，不若不战而胜，若重之慎之，则契丹不足吞，燕蓟不足取。

自古疆场之难，非尽由敌国，亦多边吏扰而致之。若缘边诸砦抚御得人，但使峻垒深沟，畜力养锐，以逸自处，宁我致人，此李牧年所以用赵也。所谓择卒不如择将，任力不如任人。如是则边鄙宁，边鄙宁则辇运减，辇运减则河北之民获休息矣。民获休息，则田业增而蚕绩广，务农积谷，以实边用。且敌人之心固亦择利避害，安肯投诸死地而为寇哉？

臣闻家六合者以天下为心，岂止争尺寸之事，角强弱之势而已乎？是故圣人先本而后末，安内以养外。人民，本也；疆土，末也。五帝三王，未有不先根本者也。尧、舜之道无他，在乎安民而利之尔。民既安利，则远人敛衽而至矣。陛下爱民人、利天下之心，真尧、舜也。臣虑群臣多以纤微之利，尜下之术，侵苦穷民，以为功能。至于生民疾苦，见之如不见，闻之如不闻，敛怨速尤，无大于此。伏望慎择通儒，分路采访两浙、江南、荆湖、西川、岭南、河东，凡前日赋敛苛重者，改而正之，因而利之，使赋税课利通济，可经久而行，为圣朝定法、除去旧弊，天下诸州有不便于民者，委长吏以闻。敢循故常者，重置之法。使天下耳目皆知陛下之心，戴陛下之惠，以德怀远，以惠刑民，则远人之归，可立而待也。

六年，为江南西路转运副使，冬，改右补阙，加正使。齐贤至官，询知饶、信、虔州土产铜、铁、铅、锡之所，推求前代铸法，取饶州永平监所铸以为定式，岁铸五十万贯，凡用铜八十五万斤，铅三十六万斤，锡十六万斤，诣阙面陈其事，敷奏详确，议者不能夺。

先是，诸州罪人多锢送阙下，路死者十常五六。齐贤道逢南剑、建昌、虔州所送，索牒视之，率非首犯，悉伸其冤抑。因力言于朝，后凡送囚至京，请委强明吏虑问，不实，则罪及原问官属。自是江南送罪人者为减太半。

先是，江南诸州小民，居官地者有地房钱，吉州缘江地虽沦没，犹纳勾栏地钱，编木而浮居者名水场钱，皆前代弊政，齐贤悉论免之。

　　初，李氏据有江南，民户税钱三千已上者户出丁一人，黥面，自备器甲输官库，出即给之，日支粮二升，名为义军。既内附，皆放归农。至是，言者以为此辈久在行伍，不乐耕农，乞遣使选充军伍，并其家属送阙下。齐贤上言："江南义军，例皆良民，横遭黥配，无所逃避。克复之后，便放归农，久被皇风，并皆乐业。若逐户搜索，不无惊扰。法贵有常，政尚清静，前敕既放营农，不若且仍旧贯。"齐贤居使职，勤究民弊，务行宽大，江左人思之不忘。召还，拜枢密直学士，擢右谏议大夫、签书枢密院事。

　　雍熙初，迁左谏议大夫。三年，大举北伐，代州杨业战没。上访近臣以策，齐贤请行，即授给事中、知代州，与部署潘美同领缘边兵马。是时辽兵自湖谷入寇，薄城下，神卫都校马正以所部列南门外，众寡不敌，副部署卢汉赟畏懦，保壁自固。齐贤选厢军二千，出正之右，誓众慷慨，一以当百，辽兵遂却。

　　先是，约潘美以拜师来会战，无何，间使为辽人所得。齐贤以师期既漏，且虞美众为辽所乘。既而美使至，云师出并州，至北井，得密诏，东师败绩于君子馆，并之全军不许出战，已还州矣。于时辽兵塞川，齐贤曰："贼知美之来，而不知美之退。"乃闭其使密室，中夜发兵二百，人持一帜，负一束刍，距州城西南三十里，列帜然刍。辽兵遥见火光中有旗帜，意谓并师至矣，骇而北走。齐贤先伏步兵二千于土磴砦，扰击大败之，擒其北大王之子一人，帐前舍利一人，斩数百级，获马二千、器甲甚众。捷奏，且归功汉赟。

　　端拱元年冬，拜工部侍郎。辽人又自大石路南侵，齐贤预简厢兵千人为二部，分屯繁畤、崞县。下令曰："代西有寇，则崞县之师应之；代东有寇，则繁畤之师应之。比接战，则郡兵集矣。"至是，果为繁畤兵所败。

　　二年，置屯田，领河东制置方田都部署，入拜刑部侍郎、枢密副使。淳化二年夏，参知政事，数月，拜吏部侍郎、同中书门下平章事。齐贤母孙氏年八十余，封晋国太夫人，每入谒禁中，上叹其福寿、有令子，多手诏存问，加赐与，搢绅荣之。

　　初,王延德与朱贻业同掌京庾,欲求补外,贻业与参政李沆有姻娅,托之以请于沆,沆为请于齐贤,齐贤以闻。太宗以延德尝事晋邸,怒其不自陈而干祈执政,召见诘责。延德、贻业皆讳不以实对,齐贤不欲累沆,独任其责。四年六月,罢为尚书左丞。十月,命知定州,以母老不愿往。未几,丁内艰,水浆不入口者七日,自是日啜粥一器,终丧不食酒肉蔬果。寻复转礼部尚书、知河南府。时狱有大辟将决,齐贤至,立辨而释之。三日,徙知永兴军。时阁门祗候赵赞以言事得幸,提点关中刍粮,所为多豪横。齐贤论列其罪,卒抵于法。俄徙襄州,移荆南,又徙安州。逾年,加刑部尚书。

　　真宗即位,召拜兵部尚书、同中书门下平章事。尝从容为上言皇王之道,而推本其所以然,且言:"臣受陛下非常恩,故以非常为报。"上曰:"朕以为皇王之道非有迹,但庶事适治道则近之矣。"时戚里有分财不均者更相讼,又入宫自诉。齐贤曰:"是非台府所能决,臣请自治。"上俞之。齐贤坐相府,召讼者问曰:"汝非以彼所分财多、汝所分少乎?"曰:"然。"命具款。乃召两吏,令甲家入乙舍,乙家入甲舍,货财无得动。分书则交易之。明日奏闻,上大悦曰:"朕固知非君莫能定者。"郊祀,加门下侍郎。与李沆同事,不相得。坐冬至朝会被酒失仪,免相。

　　四年,李继迁陷清远军。命为泾、原等州军安抚经略使,以右司谏梁颢为之副。齐贤上言谓:"清远军陷没以来,青冈砦烧弃之后,灵武一郡,援隔势孤,此继迁之所凯觎而必至者也。以事势言之,加讨则不足,防遏则有余。其计无他,蕃部大族首领素与继迁有隙者,若能啖以官爵,诱以货利,结之以恩信,而激之以利害,则山西之蕃部族帐,靡不倾心朝廷矣。臣所领十二州军,见二万余人,若缘边料柬本城等军,更得五万余人,招致蕃部,其数又逾十数万。但彼出则我归,东备则西击,使之奔走不暇,何能为我患哉?今灵武军民不翅六七万,陷于危亡之地,若继迁来春于我兵未举之前,发兵救援灵武,尽驱其众,并力攻围,则灵州孤城必难固守。万一失陷,贼势益增,纵多聚甲兵,广积财货,亦难保必胜矣。臣所以乞封潘罗支为六谷王而厚以金帛者，恐继迁旦暮用兵断彼卖马之路也。苟朝廷信使得达潘罗支，则泥埋等族、西南远蕃，不难招集。西南既禀命，而缘边之势张，则鄜、延、环、庆之浅蕃，原、渭、振戎之熟户，自然归化。然后使之与对替甲兵及驻泊军马互为声援，则万山闻之，必不敢于灵州、河西顿兵矣。万山既退，则贺兰蕃部亦稍稍叛继迁矣。若曰名器不可以假人，爵赏不可以滥及，此乃圣人为治之常道，非随时变易之义也。"

齐贤又请调江淮、荆湘丁壮八万以益防御，朝议以为动摇，兼泽国人民，远戍西鄙亦非便，计遂寝。

齐贤又言："灵州斗绝一隅，当城镇完全、碛路未梗之时，中外已言合弃，自继迁为患已来，危困弥甚。南去镇戎约五百余里，东去环州仅六七日程，如此畏途，不须攻夺，则城中之民何由而出，城中之兵何由而归？欲全军民，理须应接。为今之计，若能增益精兵，以合西边屯驻、对替之兵，从以原、渭、镇戎之师，率山西熟户从东界而入，严约师期，两路交进。设若继迁分兵以应敌，我则乘势而易攻。且奔命途道，首尾难卫，千里趋利，不败则禽。臣谓兵锋未交，而灵州之围自解。然后取灵州军民，而置砦于萧关、武延川险要处以侨寓之，如此则蕃汉土人之心有所依赖。裁候平宁，却归旧贯，然后纵蕃汉之兵，乘时以为进退，则成功不难矣。"时不能用。未几，灵武果陷。

闰十二月，拜右仆射、判汾州，不行，改判永兴军兼马步军部署。时薛居正子惟吉妻柴氏无子早寡，尽畜其货产及书籍论告，欲改适齐贤。惟吉子安上诉其事。上不欲实于理，命司门员外郎张正伦就讯。柴氏所对与安上状异。下其事于御史，乃齐贤子太子中舍宗诲教柴氏为词。齐贤坐责太常卿、分司西京，宗诲贬海州别驾。

景德初，起为兵部尚书、知青州。上幸澶渊，命兼青、淄、潍州安抚使。二年，改吏部尚书。上疏言曰："臣在先朝，常忧灵、夏两镇终为继迁并吞，言事者以臣所虑为太过，略举既往之事以明本末。当时臣下皆以继迁只是怀恋父祖旧地，别无他心，先帝与以银州廉察,庶满其意。尔后攻劫不已,直至降麟、府州界八部族蕃酋,又胁制贺兰山下帐族,言事者犹谓封奖未厚。洎陛下赐以银、夏土壤,宠以节旄,自此奸威愈滋,逆志尤暴。屡断灵州粮路,复挠缘边城池,数年之间,灵州终为吞噬。当灵池、清远军垂欲陷没,臣方受经略之命。臣思继迁须是得一两处强大蕃族与之为敌,此乃以蛮夷攻蛮夷,古今之上策也。遂请以六谷名目封潘罗支,俾其展效。其时近臣所见,全与臣谋不同,多为沮挠。及继迁为潘罗支射杀,边患谓可少息。今其子德明依前攻劫,析逋游龙钵等尽在部下,其志又似不小。臣虑德明乘大驾东幸之际,去攻六谷,则瓜、沙、甘、肃、于阗诸处渐为控制矣。向使潘罗支尚在,则德明未足为虞;今潘罗支已亡,厮铎督恐非其敌。望委大臣经制其事。"

从东封还,复拜右仆射。时建玉清昭应宫,齐贤言绘画符瑞,有损谦德,又违奉天之意,屡请罢其役。

三年,出判河阳,从祀汾阴还,进左仆射。五年,代还,请老,以司空致仕。入辞便坐,方拜而仆,上遽止之,许二子抚掖升殿,命益坐茵为三。归洛,得裴度午桥庄,有池榭松竹之盛,日与亲旧觞咏其间,意甚旷适。七年夏,薨,年七十二。赠司徒,谥文定。

齐贤姿仪丰硕,议论慷慨,有大略,以致君自负。留心刑狱,多所全活。喜提奖寒隽。少时家贫,父死无以为葬,河南县吏为办其事,齐贤深德之,事以兄礼,虽贵不替也。仲兄昭度尝授齐贤经,及卒,表赠光禄寺丞。又尝依太子少师李肃家,肃死,为营葬事,岁时祭之。赵普尝荐齐贤于太宗,未用,普即具前列事,以谓:"陛下若进齐贤,则齐贤他日感恩,更过于此。"上大悦,遂大用。种放之起,齐贤所荐也。齐贤四践两府,九居八座,以三公就第,康宁福寿,时罕其比。居相日,数起大狱,又与寇准相倾,人或以此少之。

齐贤诸子皆能有立:宗信,内殿崇班;宗理,大理寺丞;宗谅,殿中丞;宗简,阁门祗候;宗讷,太子中舍;宗礼最贤,虽轸累登朝,而畏羁束,故多居田里。

　　宗诲字习之,齐贤第二子也。少喜学兵法,阴阳、象纬之书目无不通究。以父任为秘书省正字,迁至太子中舍,贬海州别驾。尝通判河阳,徙知富顺监。会夷人斗郎春叛,群獠皆骚动,宗诲将郡兵攻破之。擢开封府判官、三司度支勾院。宗诲在开封日,御史王沿劾其嗜酒废事,及为河北转运使,乃发沿居丧假官舟贾贩,朝论恶之。

　　会以调发扰民,徙知徐州。累迁太常少卿,后为永兴军兵马钤辖,又徙鄜延路兼知鄜州。元昊寇延安,刘平、石元孙败没,钤辖黄德和遁还,延州不纳,又走鄜州。宗诲曰:“军奔将无所归,激之则为乱矣。”乃纳之,拘德和以闻。是时鄜城不完,且无备,传言寇兵至,人心不安。宗诲乃严斥候,籍入而禁出,使老幼并力守御之,故亦自引去。领兴州防御使,复徙永兴钤辖兼知邠州,以秘书监致仕。

　　尝事干谒,其子曰:“昔贺秘监以道士服东归会稽,明皇赐以鉴湖,以为休老之地。今洛下虽无鉴湖,而嵩、少、伊、瀍天下佳处,虽非朝廷所赐,皆闲逸之人所有尔。大人盍衣羽服以优游,何必更事请谒乎?”宗诲曰:“吾作白头老监秘书而眠,何以贺老流沙之服为哉?”时以为名言。

　　初,齐贤守代州,宗诲预计画,其保任亲族不问疏近,以年为先后。然性贪,虽谢事,犹事货殖,以至于卒。

　　子二人。子皋字叔谟,少有才名而不自负,人乐与之游。最善尹洙,洙曰:“吾交天下士多矣,不以通否易意者,子皋也。”举进士,试秘书郎、知新郑县。以齐贤相,迁校书郎,馆阁献颂,擢著作佐郎,进直史馆,累官至尚书司封员外郎。子宪字彦章,以荫将作监主薄,以献文赐同进士出身,累迁尚书刑部郎中、知光化军。戍卒逐其帅韩纲,余党作乱,子宪招降之。征税重,人多逋负,子宪奏除之。历太常少卿、三司盐铁判官、直史馆、知洪州。迁右谏议大夫、知桂州,不赴,御史劾之,降秘书监。复为光禄卿,加直秘阁、知庐州,迁秘书监,累职徙扬州,卒。

　　贾黄中字娲民,沧州南皮人,唐相耽四世孙。父玭字仲宝,晋天福三年进士,解褐。宋初,为刑部郎中,终水部员外郎、知浚仪县,年七十卒。玭严毅,善教子,士大夫子弟来谒,必谆谆诲诱之。初,通判镇州,葬乡党群从之未葬者十五丧,孤贫不自给者,咸教育而婚嫁之。

黄中幼聪悟,方五岁,玭每旦令正立,展书卷比之,谓之"等身书",课其诵读。六岁举童子科,七岁能属文,触类赋咏。父常令蔬食,曰:"俟业成,乃得食肉。"十五举进士,授校书郎、集贤校理,迁著作佐郎、直史馆。

建隆三年,迁左拾遗,历左补阙。开宝八年,通判定州,判太常礼院。黄中多识典故,每详定礼文,损益得中,号为称职。

岭南平,以黄中为采访使,廉直平恕,远人便之。远奏利害数十事,皆称旨。会克江表,选知宣州。岁饥,民多为盗,黄中出己奉造糜粥,赖全活者以千数,仍设法弭盗,因悉解去。

太宗即位,迁礼部员外郎。太平兴国二年,知升州。时金陵初附,黄中为政简易,部内甚治。一日,案行府署中,见一室扃钥甚固,命发视之,得金宝数十匮,计直数百万,乃李氏宫阁中遗物也,即表上之。上览表谓侍臣曰:"非黄中廉恪,则亡国之宝,将污法而害人矣。"赐钱三十万。丁父忧,起复视事。五年,召归阙。

有荐黄中文学高第,召试中书,拜驾部员外郎、知制诰。八年,与宋白、吕蒙正等同知贡举,迁司封郎中,充翰林学士。雍熙二年,又知贡举,俄掌吏部选。端拱初,加中书舍人。二年,兼史馆修撰。凡再典贡部,多柬拔寒俊,除拟官吏,品藻精当。淳化二年秋,与李沆并拜给事中,参知政事。太宗召见其母王氏,命坐谓曰:"教子如是,真孟母矣。"作诗以赐之,颁赐甚厚。

黄中素重吕端为人,属端出镇襄阳,黄中力荐于上,因留为枢密直学士,遂参知政事。当世文行之士,多黄中所荐引,而未尝言,人莫之知也。然畏慎过甚,中书政事颇留下决。

四年冬,与沆并罢守本官。明年,知襄州,上言母老乞留京,改知澶州。辞日,上戒之曰:"夫小心翼翼,君臣皆当然;若太过,则失大臣之体。"黄中顿首谢。上因谓侍臣曰:"朕尝念其母有贤德,七十余年未觉老,每与之语,甚明敏。黄中终日忧畏,必先其母老矣。"因目参知政事苏易简曰:"易简之母亦如之。自古贤母不可多得。"易简前谢曰:"陛下孝治天下,奖及人亲,臣实何人,膺兹荣遇。"

至道初,黄中遘疾,诏令归阙。会建储宫,择大臣有德望者为宾友,黄中在选中,以久疾,改命李至、李沆兼宾客,黄中亦特拜礼部侍郎,代至兼秘书监。黄中素嗜文籍,既居内阁,甚以为慰。二年,以疾卒,年五十六,其母尚无恙,卒如上言。赠礼部尚书。上闻其素贫,别赐钱三十万。既葬,其母入谢,又赐白金三百两。上谓之曰:"勿以诸孙为念,朕当不忘也。"

黄中端谨,能守家法,廉白无私。多知台阁故事,谈论亹亹,听者忘倦焉。在翰林日,太宗召见,访以时政得失,黄中但言:"臣职典书诏,思不出位,军国政事,非臣所知。"上益重之,以为谨厚。及知政事,卒无所建明,时论不之许。有文集三十卷。

子守谦,雍熙二年进士;守正,献文召试,赐进士第,后为虞部员外郎;守约,国子博士;守文,殿中丞;守讷,右赞善大夫。

论曰:《诗》云:"允也天子,降为卿士,实为阿衡,实左右商王。"言有是君则有是臣,有是臣则足以相是君也。太宗励精庶政,注意辅相,以昉旧德,亟加进用;继擢蒙正、齐贤,迭居相位;复进黄中,俾参大政。而四臣者将顺德美,修明庶政,以致承平之治,可谓君臣各尽其道者矣。君子谓李昉为多逊所毁而不校,蒙正为张绅所污而不辨,齐贤为同列所累而不言,黄中多所荐引而不有其功,此固人之所难也。而况四臣者皆贤宰辅,又能进退有礼,皆以善终,非盛德君子,其孰能与于斯?

宋史卷二六六

列传第二五

钱若水 从弟若冲 苏易简
郭贽 李至 辛仲甫
王沔 温仲舒 王化基
子举正 举元 孙诏

　　钱若水字澹成,一字长卿,河南新安人。父文敏,汉青州帅刘铢辟为录事参军,历长水丰都尉、扶风令、相州录事参军。先是,府帅多以笔牍私取官库钱,韩重斌领节制,颇仍其弊。文敏不从,重斌假他事廷责之,文敏不为屈。太祖嘉其有守,授右赞善大夫、知泸州,召见讲武殿,谓曰:"泸州近蛮境,尤宜绥抚。闻知州郭思齐、监军郭重迁掊敛不法,恃其荒远,谓朝廷不知尔。至,为朕鞫之,苟一毫有侵于民,朕必不赦。"至郡,有政迹,夷人诣阙借留。诏改殿中丞,许再任。三迁司封员外郎,又知洺州、建昌军。卒,年七十二。

　　若水幼聪悟,十岁能属文。华山陈搏见之,谓曰:"子神清,可以学道;不然,当富贵,但忌太速尔。"雍熙中,举进士,释褐同州观察推官,听决明允,郡治赖之。淳化初,寇准掌选,荐若水洎王抚、程肃、陈充、钱熙五人文学高第,召试翰林,若水最优,擢秘书丞、直史馆。岁余。迁右正言、知制诰。会置理检院于乾元门外,命若水领之。俄同知贡举,加屯田员外郎。诏诣原、盐等州制置边事,还奏合旨,翌日改职方员外郎、翰林学士,与张洎并命。俄知审官院、银台通进封驳司。尝草赐赵保忠诏,有云:"不斩继迁,开狡兔之三穴;潜疑光嗣,持首鼠之两端。"太宗大以为当。

至道初,以右谏议大夫同知枢密院事。真宗即位,加工部侍郎。数月,以母老上章求解机务,诏不许。若水请益坚,遂以本官充集贤院学士、判院事。俄诏修《太宗实录》若水引柴成务、宗度、吴淑、杨亿同修,成八十卷。真宗览书流涕,锡赉有差。

初,太宗有畜犬甚驯,常在乘舆左右。及崩,鸣号不食,因送永熙陵寝。李至尝咏其事,欲若水书之以戒浮俗,若水不从。吕端虽为监修,以不莅局不得署名,至抉其事以为专美。若水偶诏旨及唐朝故事以折之,时议不能夺。既又重修《太祖实录》,参以王禹偁、李宗谔、梁颢、赵安仁,未周岁毕。安仁时为宗正卿,上言夔王于太宗属当为兄,《实录》所纪缪误。若水援国初诏令,廷诤数四乃定。

俄判史部流内铨。从幸大名,若水陈御敌安边之策,有曰:

孙武著书,以伐谋为主;汉高将将,以用法为先。伐谋者,以将帅能料敌制胜也;用法者,以朝廷能赏罚不私也。今傅潜领雄师数万,闭门不出,坐视边寇俘掠生民,上孤委注之恩,下挫锐师之气,盖潜辈不能制胜,朝廷未能用法使然也。军法,临阵不用命者斩。今若斩潜以徇,然后擢如杨延朗、杨嗣者五七人,增其爵秩,分授兵柄,使将万人,间以强弩,分路讨除,孰敢不用命哉?敌人闻我将帅不用命,退则有死,岂独思遁,抑亦来风度不敢犯边矣。如此则可以坐清边塞,然后銮辂还京,天威慑于四海矣。

臣尝读前史,周世宗即位之始,刘崇结敌入寇,敌遣其将杨衮领骑兵数万,随崇至高平。当时懦将樊爱能、何徽等临敌不战,世宗大陈宴会,斩爱能等,拔偏将十余人,分兵击太原。刘崇闻之,股慄不敢出,即日遁去。自是兵威大振。其后收淮甸,下秦、凤,平关南,特席卷尔。以陛下之神武,岂让世宗乎?此今日御敌之奇策也。

若将来安边之术,请以近事言之,太祖朝制置最得其宜。

止以郭进在邢州,李汉超在关南,何继筠在镇定,贺惟忠在易州,李谦溥在隰州,姚内斌在庆州,董遵诲在通远军,王彦升在原州,但授缘边巡检之名,不加行营部署之号,率皆十余年不易其任。立边功者厚加赏赍,其位皆不至观察使。盖位不高则朝廷易制,任不易则边事尽知。然后授以圣谋,来则掩杀,去则勿追,所以十七年中,北边、西蕃不敢犯塞,以至屡使乞和,此皆陛下之所知也。苟能遵太祖故事,慎择名臣,分理边郡;罢部署之号,使不相统辖;置巡检之名,俾递相救应。如此则出必击寇,入则守城,不数年间,可致边烽罢警矣。

俄知开封府。时北边未宁,内出手札访若水以策。若水陈备边之要有五:

一曰择郡守,二曰募乡兵,三曰积刍粟,四曰革将帅,五曰明赏罚。

何谓择郡守?今之所患,患在战守不同心。望陛下选沉厚有谋谙边事者,任为边郡刺史,令兼缘边巡检,许召勇敢之士为随身部曲。廪赡不充则官为支给。然后严亭障,明斥候,每得事宜,密相揭示。寇来则互为救应,齐出讨除;寇去则不令远追,各务安静。苟无大过,勿为替移;傥立微功,就加爵赏。如此则战守必能同心,敌人不敢近塞矣。

何谓募乡兵?今之所患,患在不知敌情。望诏逐州沿边民为招收军,给与粮赐,蠲其赋租。彼两地之中,各有亲族,使其怀惠,来布腹心。彼若举兵,此必预知,苟能预知,则百战百胜矣。

何谓积刍粟?今之所患,患在困民力。望陛下令缘边各广营田,以州郡长官兼其使额,每岁秋夏,较其课程,立鼓旗以齐之,行赏罚以劝之。仍纵商人入粟缘边。傥镇戍有三年之备,则敌人不敢动矣。

何谓革将帅?今之所患,患在重兵居外,轻兵居内。去岁傅潜以八万骑屯中山,魏、博之间镇兵全少,非銮辂亲征,则城邑危矣。望陛下慎选将臣任河北近镇，仍依旧事节制边兵，未能削部署之名，望且减行营之号；有警则暂巡边徼，无事则却复旧藩。岂惟不启戎心，况复待劳以逸。如此则不失备边之要，又无举兵之名，且使重兵不屯一处，进退动静，无施不可矣。

何谓明赏罚？今之所患，患在其戎卒骄惰。臣自知府以来，见侍卫、殿前两司送到边上亡命军卒，人数甚多。臣试讯之，皆以思亲为言，此盖令之不严也。平时尚敢如此，况临大敌乎？望陛下以此言示将帅，俾严号令，以警其下。古人云："赏不劝谓之止善，罚不惩谓之纵恶。"又曰："法不可移，令不可违。"臣尝闻郭进出镇西山，太祖每遣戍卒，必谕之曰："汝等谨奉法。我犹赦汝，郭进杀汝矣。"其假借如此，故郭进所至，未尝少衄。陛下能鉴前日之事，即今日之元龟也。

若水又言："边部用兵，唯视太白与月为进退者，诚以太白者将军也，星辰者廷尉也。合则有战，不合则无战；合于东则主胜，合于西则客胜。陛下能用臣言以谨边备，则边部不召而自来矣。太祖临御十七年间，未尝生事疆场，而敌人往往遣使乞和者，以其任用得人而备御有方也。陛下苟思兵者凶器，战者危事，而不倒持太阿，授人以柄，则守在四夷，而常获静胜，此备御之上策也。"

未几，出知天雄军兼兵马部署。时言事者请城绥州，屯兵积谷以备党项。边城互言利害，前后遣使数辈按视，不能决。时已大发丁夫，将兴其役，诏若水自大名驰往视之。若水上言："绥州顷为内地，民赋登集，尚须旁郡转饷。自赐地越保忠以来，人户凋残，若复城之，即须增戍。刍粮之给，全仰河东。其地隔越黄河、铁碣二山，无定河在其城下，缓急用兵，输送艰阻。且其地险，若未葺未完，边寇奔冲，难于固守。况城邑焚毁，片瓦不存，所过山林，材木匮乏。城之甚劳，未见其利。"复诣阙面陈其事，上嘉纳之，遂罢役。初，若水率众过河，分布军伍，咸有节制，深为戍将推服。上谓左右曰："若水，儒臣中知兵者也。"是秋，又遣巡抚陕西缘边诸郡，令便宜制置边事。还拜邓州观察使、并代经略使、知并州事。

六年春,因疾灸两足,创溃出血数斗,自是体貌羸瘵,手诏慰劳之。俾归京师。数月,始赴朝谒,因与僚友会食僧舍,假寝而卒,年四十四。赠户部尚书,赐其母白金五百两。子延年甫七岁,录为太常奉礼郎。

若水美风神,有器识,能断大事,事继母以孝闻。雅善谈论,尤轻财好施。所至推诚待物,委任僚佐,总其纲领,无不称治。汲引后进,推贤重士,襟度豁如也。精术数,知年寿不永,故恳避权位。其死也,士君子尤惜之。有集二十卷。

兄若愚,比部员外郎。从弟若冲,大中祥符中,调河阳令。有仆酗酒,仗之百数。仆挟刀夜潜室中,断其臂,若冲大呼;又害其幼子。诏磔仆于其门。真宗念若水母老,遣使存问,赐缯、绵、羊、酒;且赐若冲帛三十端,补孟州别驾。延年后以献文赐进士出身,历太常博士、集贤校理。

苏易简字太简,梓州铜山人。父协举蜀进士,归宋,累任州县,以易简居翰林,任开封县兵曹参军,俄迁光禄寺丞,卒,特赠秘书丞。

易简少聪悟好学,风度奇秀,才思敏赡。太平兴国五年,年逾弱冠,举进士。太宗方留心儒术,贡士皆临轩覆试。易简所试三千余言立就,奏上,览之称赏,擢冠甲科。解褐将作监丞,通判升州,迁左赞善大夫。八年,以右拾遗知制诰。雍熙初,以郊祀恩进秩祠部员外郎。二年,与贾黄中同知贡举。有诏,凡亲属就举者,籍名别试。易简妻弟崔范,匿父丧充贡,奏名在上第;又王千里者,水部员外郎孚之子,协为孚门生,千里预荐。上闻,坐范及千里罪。易简缘是罢知制诰,以本官奉朝请。未几,复知制诰。三年,充翰林学士。初,易简充贡,宋白掌贡部,至是裁七年。易简幼时随父河南,贾黄中来使,必教之属辞;及是,悉为同列。易简连知贡举,陈尧叟、孙何并甲廷试。

淳化元年，丁外艰。二年，同知京朝官考课，迁中书舍人，充承旨。先是，曲宴将相，翰林学士皆预坐，梁迥启太祖罢之；又皇帝御丹凤楼，翰林承旨侍从升楼西南隅，礼亦废。至是，易简请之，皆复旧制。易简续唐李肇《翰林志》二卷以献，帝赐诗为嘉之。帝尝以轻绡飞白大书"玉堂之署"四字，令易简榜于厅额。易简会韩丕、毕士安、李至等往观。上闻，遣中使赐宴甚盛，至等各赋诗纪其事，宰相李昉等亦作诗颂美之。他日，易简直禁中，以水试欹器。上密闻之，因晚朝，问曰："卿所玩得非欹器耶？"易简曰："然，江南徐邈所作也。"命取试之。易简奏曰："臣闻日中则昃，月满则亏，器盈则覆，物盛则衰。愿陛下持盈守成，慎终如始，以固丕基，则天下幸甚。"

会郊祀，充礼仪使。先是，扈蒙建议以宣祖升配。易简引唐故事，请以宣祖、太祖同配。从之。知审官院，言初任京朝官，未尝历州县，不得拟知州、通判。诏可。改知审刑院，俄掌吏部选，迁给事中、参知政事。时赵昌言亦参知政事，与易简不协，至忿争上前，上皆优容之。未几，昌言出使剑南，中路命改知凤翔府。明年，易简亦以礼部侍郎出知邓州，移陈州。至道二年，卒，年三十九，赠礼部尚书。

易简外虽坦率，中有城府。由知制诰入为学士，年未满三十。属文初不达体要，及掌诰命，颇自刻励。在翰林八年，眷遇琼绝伦等。李沆后入，在易简下，先参知政事，故以易简为承旨，锡赉均焉。太宗遵旧制，且欲稔其名望而后正台辅，易简以亲老急于进用，因亟言时政阙失，遂参大政。

蜀人何光逢，易简之执友也，尝任县令，坐赃削籍，流寓京师。会易简典贡部，光逢代人充试以取赀，易简于稠人中屏出之。光逢遂造谤书，斥言朝廷事，且讥易简。易简得其书以闻，逮捕光逢，狱且，坐弃市。易简以杀光逢非其意，居常怏怏。母薛氏以杀父执责之，易简泣曰："不谓及此，易简罪也。"及易简参知政事，召薛氏入禁中，赐冠帔，命坐，问曰："何以教子成此令器？"对曰："幼则束以礼让，长则教以诗书。"上顾左右曰："真孟母也。"

易简性嗜酒,初入翰林,谢日饮已微醉,余日多沉湎。上尝戒约深切,且草书《劝酒》二章以赐,令对其母读之。自是每入直,不敢饮。及卒,上曰:"易简果以酒死,可惜也。"易简常居雅善笔札,尤善谈笑,旁通释典,所著《文房四谱》、《续翰林志》及《文集》二十卷,藏于秘阁。三子曰宿、曰寿、曰耆,大中祥符间,皆禄之以官云。

郭贽字仲仪,开封襄邑人。乾德中,举进士,中首荐。太宗尹京,因事藩邸。太平兴国初,擢为著作佐郎、右赞善大夫。俄兼皇子侍讲,赐绯鱼。太宗至东宫,出《戒子篇》命贽注解,且令委曲讲说,以喻诸王。三年,与刘兼、张泊、王克正同知贡举,迁右补阙,与宋白并拜中书舍人,赐金紫。五年,复与程羽、侯陟、宋白同知贡举。置京朝官差遣院,凡将命出入、受代归阙官,悉考校劳绩,铨量才品,命贽泊滕中正、雷德骧领之。

七年,以本官参知政事。曹彬为弭德超所诬,贽极言救解,深为宰相赵普所重。尝因论事奏曰:"臣受不次之遇,誓以愚直上报。"太宗曰:"愚直何益于事?"贽言:"虽然,犹胜奸邪。"

无何,以入对宿酲未解,左迁秘书少监、知荆南府。府俗尚淫祀,属久旱,盛陈祷雨之具。贽始至,命悉撤去,投之江,不数日大雨。就加左谏议大夫,入为盐铁使。时诸路积逋欠犯人,虽死犹系其子孙。贽条陈其事,多所蠲货。籍田,超拜工部侍郎。淳化中,知澶州,坐河决免所居官。久之,起为给事中,复工部侍郎,知审官院、通进银台封驳司。

真宗即位,拜刑部,出知天雄军。翌日,贽入对,恳辞。上曰:"全魏之地,所寄尤重,卿宜亟去。"入判太常寺、吏部流内铨,加集贤院学士、判院事。知河南府,归朝,献诗自陈,进秩吏部,俄兼秘书监。

初,真宗未出阁,贽已授经,上尝至其家;后杨可法继其任,上以为辅导不及贽,尝称贽纯厚长者。至是,在秘府,屡赐对,询访旧事。且愍其已老,特拜工部尚书、翰林侍读学士,作诗赐之,有"启发冲言晓典常"语。东封，迁礼部尚书。太宗在晋邸时，凡制篇咏，多令属和。真宗尝访其赐本，赟集为四卷以献，诏奖之。大中祥符三年，卒，年七十六。上以旧学之故，特亲临哭之，赠左仆射，谥文懿。录其子昭度为大理寺丞，昭升、昭用并大理评事，昭允左赞善大夫。

赟属文敏速而不雕刻，昭度集为三十卷上之，赐名《文懿集》。性温和，颇能延誉时隽。宋白以文学沉下位，赟荐引之，遂同掌诰命。赵昌言儿时，一见器之，及掌贡部，以为奏名之首，后卒贵显。赟初充赋有声，邑人同在籍中者忌之，潜加构毁，自是连上不中选。洎赟再知贡举，邑人子以明经充荐，诏下日，悔泣而去。赟闻之，命其所亲召还，慰谕俾就举，遂预荐中第。然吝啬，切于治生，晚节不事事，人颇以是少之。

李至字言几，真定人。母张氏，尝梦八仙人自天降，授字图使吞之，及寤，犹若有物在胸中，未几，生至。七岁而孤，鞠于飞龙使李知审家。幼沉静好学，能属文。及长，辞华典赡。举进士，释褐将作监丞，通判鄂州。旋擢著作郎、直史馆。会征太原，命督泽、潞刍粮，累迁右补阙、知制诰。太平兴国八年，转比部郎中，为翰林学士。冬，拜右谏议大夫、参知政事。

雍熙初，加给事中。时议亲征范阳，至上疏以为："兵者凶器，战者危事，用之之道，必务万全。幽州为敌右臂，王师所向，彼必拒张，攻城数万，兵食倍之。今日边庾未充，况范阳之傍，坦无陵阜，去山既远，取石尤难。金汤之坚，必资机石，傥有未备，愿且缮完。畜威养锐，观衅以伐谋，更纵弥年，亦未为晚。必若圣心独断，在于必行，则京师天下之本，陛下恭守宗庙，不离京国，示敌人以闲暇，慰亿兆之仰望，策之上也。大名，河朔之咽喉，或暂驻銮辂，扬言自将，以壮军威，策之中也。若乃远提师旅，亲抵边陲，北有契丹之虞，南有中原之虑，则曳裾之恳切，断鞅之狂愚，臣虽不肖，耻在二贤后也。"至以目疾累表求解机政，授礼部侍郎，进秩吏部。

会建秘阁，命兼秘书监，选三馆书置阁中，俾至总之。至每与李昉、王化基等观书阁下，上必遣使赐宴，且命三馆学士皆与焉。至是升秘阁，次于三馆，从至请也。上尝临幸秘阁，出草书《千字文》为赐，至勒石，上曰："《千文》乃梁武得破碑锺繇书，命周兴嗣次韵而成，理无足取。若有资于教化，莫《孝经》若也。"乃书以赐至。荐潘慎修、舒雅、杜镐、吴淑等入充直馆校理。请购亡书，间以新书奏御，必便坐延见，恩礼甚厚。淳化五年，兼判国子监。至上言："《五经》书疏已板行，惟二《传》、二《礼》、《孝经》、《论语》、《尔雅》七经疏未备，岂副仁君垂训之意。今直讲崔颐正、孙奭、崔偓佺皆励精强学，博通经义，望令重加仇校，以备刊刻。"从之。后又引吴淑、舒雅、杜镐检正伪谬，至与李沆总领而裁处之。

至道初，真宗初正储位，以至与李沆并兼宾客，诏太子事以师傅礼。真宗每见必先拜，至等上表，不敢当礼。诏答曰："朕旁稽古训，肇建承华，用选端良，资于辅导。藉卿宿望，委以护调，盖将助以谦冲，故乃异其礼数。勿饰当仁之让，副予知子之心。"至等相率谢。太宗谓曰："太子贤明仁孝，国本固矣。卿等可尽心规诲，若动皆由礼，则宜赞助，事有未当，必须力言。至于《礼》、《乐》、《诗》、《书》义有可裨益者，皆卿等素习，不假朕之言谕也。"

真宗即位，拜工部尚书、参知政事。一日，上访以灵武事，至上疏曰："河湟之地，夷夏杂居，是以先王置之度外。继迁异类，骚动疆场，然脐不足弭其患，擢发不足数其罪。然圣人之道，务屈己含垢以安亿民，盖所损者小，所益者大。望陛下以元元为念，不以巨憝介意。料彼胁从亦厌兵久矣，苟朝廷舍之不问，啖以厚利，縻以重爵，亦安肯迷而不复讫于沦胥哉？昨郑文宝绝青盐使不入汉界，禁粒食使不及羌夷，致彼有词，而我无谓，此之失策，虽悔何追。今若复禁止不许通粮，恐非制敌怀远、不战屈人之意。昔唐代宗虽罪由承嗣而不禁魏盐，陛下宜行此事，以安边鄙。使其族类有无交易，售盐以利之，通粮以济之，彼虽远夷，必然向化，互相诰谕。一旦怀恩，舍逆效顺，则继迁竖子孤而无辅，又安能为我蜂虿哉！今灵州不可不弃，非独臣愚以为当然，若移朔方军额于环州，亦一时之权也。或指灵州为咽喉之地,西北要冲,安可弃之以为敌有,此不智之甚,非臣之所敢知也。"后灵武卒不能守。

　　咸平元年,以目疾求解政柄,授武信军节度,入辞节制,不允。居二年,徙知河南府。四年,以病求归本镇,许之。诏甫下,卒,年五十五。赠侍中,诏给其子惟良、惟允、惟熙等奉终制。至尝师徐铉,手写铉及其弟锴集,置于几案。又赋《五君咏》,为铉及李昉、石熙载、王祐、李穆作也。至刚严简重,人士罕登其门。性吝啬。幼育于知审,及贵,即逐其养子以利其资。知审因至亦至右金吾卫大将军。

　　辛仲甫字之翰,汾州孝义人。曾祖实,石州推官。祖迪,寿阳令。父藩,河东节度判官。仲甫少好学,及长,能吏事,伟姿仪,器局沉厚。

　　周广顺中,郭崇掌亲军,领武定节制,署仲甫掌书记。显德初,出镇澶渊,仍署旧职。崇所亲吏为厢虞候,部民有被劫杀者,诉阴识贼魁,即捕盗吏也,官不敢诘。仲甫请自捕逮,鞫之,吏故稽其狱,仲甫曰:"民被寇害而使自诬服,蠹政甚矣,焉用僚佐为?"请易吏以雪冤愤。崇悟,移鞫之,乃得实状。崇移镇真定,改深、赵、镇观察判官。

　　太祖受命,以崇为监军陈思诲密奏崇有奸状,上怒且疑,遣中使驰往验之。未至,崇忧懑失据,谓宾佐曰:"苟王人不察,为之奈何?"皆愕相视。仲甫曰:"皇帝膺运,公首效节。军民处置,率循常度,且何以加辞。第远侦使者,率僚属尽郊迎礼,听彼伺察,久当自辨矣。"崇如其言。使者至,视崇无他意,还奏,上大喜,归罪于思诲。仲甫又随崇为平卢军节度判官。崇卒,改郓、齐观察判官,累雪冤枉。

　　乾德五年,入拜右补阙,出知光州。州有横河与城直,会霖潦暴疾,水溢溃庐舍。仲甫集船数百艘,军资民储,皆赖以济。六年,移知彭州。州卒诱营兵及诸屯戍,谋以长春节宴集日为乱。属春初,仲甫出城巡视,见壕中草深,意可藏伏,命烧薙之。凶党疑谋泄,有自首者。禽百余人,尽斩之。先是州少种树,署无所休。仲甫课民栽柳荫行路,郡人德之,名为"补阙柳"。太祖问群臣文武兼资者为谁,赵普以仲甫对。徙益州兵马都监,代还,选为三司户部判官。

太平兴国初,迁起居舍人,奉使契丹。辽主问:"党进何如人?如进之比有几?"仲甫曰:"国家名将辈出,如进鹰犬材耳,何足道哉!"辽主欲留之,仲甫曰:"信以成命,义不可留,有死而已。"辽主竟不能屈。使还,以刑部郎中知成都府。既至,奏免岁输铜钱,罢榷酤,政尚宽简,蜀人安之。八年,加右谏议大夫。时彭州盗贼连结为害,诏捕未获。仲甫诱令自缚诣吏者凡百余人,余因散去。

九年,入知开封府,拜御史中丞。雍熙二年,拜给事中、参知政事。端拱中,进户部侍郎。时吕蒙正以长厚居相位,王沔任事,仲甫从容其间而已。淳化二年,以足疾罢为工部尚书,出知陈州。代归,会蜀有寇,以仲甫素著恩信,将令舆疾招抚,以疾未行。无何,以太子少保致仕。真宗即位,加太子少傅。咸平三年,卒,年七十四,赠太子太保。子若冲、若虚、若蒙、若济、若渝,皆能其官。孙有孚、有邻,俱中进士。

王沔字楚望,齐州人。太平兴国初,举进士,解褐大理评事。四年,太宗亲征太原,见于行在,授著作郎、直史馆。迁右拾遗,出为京西转运副使。明年,加右补阙、知怀州。八年春,与宋白、贾黄中等同知贡举,擢膳部郎中、枢密直学士。迁右谏议大夫、同签书枢密院事,赐第崇德坊。雍熙元年,加左谏议大夫、枢密副使。端拱初,改户部侍郎、参知政事。

淳化初,宰相赵普出守西洛。吕蒙正以宽简自任,政事多决于沔,沔与张齐贤同掌枢务,颇不叶,齐贤出知代州,沔遂为副使,参预政事。陈恕好苛察,亦尝与沔忤。淳化二年,齐贤泊恕参知政事,沔不自安,虑僚属有以中书旧事告齐贤等。会左司谏王禹偁上言:"自今宰相及枢密使不得于本厅见客,许于都堂延接。"沔喜,即奏行之。直史馆谢泌以为如此是疑大臣以私也,疏驳之。太宗追还前诏,诞暨恕因是罢守本官。翌日,蒙学正亦罢。沔见上,涕泣,不愿离左右。未几,须鬓皆白。会省吏事发,连中书,因有奏毁者。上语毁者曰:"吕蒙正有大臣体,王沔甚明敏。"毁者惭而止。

三年,上欲黜陟官吏,命沔与谢泌、王仲华同知京朝官考课。沔上言,应京朝官殿犯,乞令刑部条报,以赃及公私罪分三等以闻。立法苛察,欲因是以求再用。受命甫旬日,方视事,以暴疾卒,年四十三,赠工部尚书。

沔聪察敏辩,有适时之用,上前言事,能委曲敷绎。每对御读所试进士辞赋,音吐明畅,经读者多中高第。性苛刻,少诚信。掌机务日,凡谒见者必咶以甘言,皆喜过望,既而进退非允,人胥怨之。沔弟淮,太平兴国五年进士,任殿中丞,尝掌香药榷易院,坐赃论当弃市。以沔故,诏杖一百,降定远主薄。沔以是频为寇准所诋云。

温仲舒字秉阳,河南人。太平兴国二年,举进士,为大理评事,通判吉州。再迁秘书丞、知汾州,坐事除名,未几,复起为右赞善大夫,通判睦州。端拱初,拜右正言、直史馆、判户部凭由司。三年,拜工部郎中、枢密直学士,知三班院。秋,彗星见,召对别殿,仲舒以为:"国家平太原以来,燕、代之交,城守年深,杀伤剽掠,彼此迭见。大河以北,农桑废业,户口减耗。凋弊之余,极力奉边。丁壮备徭,老弱供赋。遗庐坏堵,不亡即死。邪人媚上,犹云乐输。加以兵卒践更,行者辛苦,居者怨旷。愿推恩宥,以绥民庶"。太宗嘉纳之,遂赦河北。

淳化二年,拜右谏议大夫、枢密副使,改同知枢密院事。四年,罢知秦州。先是,俗杂羌、戎,有两马家、朵藏、枭波等部,唐末以来,居于渭河之南,大洛、小洛门砦,多产良木,为其所据。岁调卒采伐给京师,必以赍假道于羌户。然不免攘夺,甚至杀掠,为平民患。仲舒至,部兵历按诸砦,谕其酋以威信,诸部献地内属。既而悉徙其部燕于渭北,立堡砦以限之。民感其惠,为画像祠之。会有言仲舒生事者,上谓近臣曰:"仲舒尝总机密之职,在吾左右,当以绥怀为务。古者伊、洛之间,尚有羌、浑杂居,况此羌部内属,素居渭南,土著已久，一旦擅意斥逐，或至骚动，又烦吾关右之民。"乃命知凤翔薛惟吉与仲舒对易其任。连知兴元、江陵二府，加给事中。会内侍蓝继宗使秦州还，言得地甚利。乃召仲舒，拜户部侍郎，寻参知政事。二砦后为内地，岁获巨木之利。

咸平初，拜礼部尚书，罢政，出知河阳。逾年，知开封府。五年，以京府务剧求罢，遂以本官兼御史中丞，寻迁刑部尚书、知天雄军，徙河南。景德中，并州缺守，上以北门重镇须大臣镇抚，非张齐贤、温仲舒不可，令宰相谕旨，皆不愿往。未几，复知审官院。大中祥符中，进秩户部尚书。三年，判昭文馆大学士，命下，卒，年六十七。赠左仆射，谥恭肃。

仲舒敏于应务。少与吕蒙正契厚，又同登第。仲舒黜废累年，蒙正居中书，极力援引，及被任用，反攻蒙正，士论薄之。自为正言至贰枢密，皆与寇准同进，时人谓之"温寇"。子嗣宗、嗣良、嗣先、嗣立。仲舒既卒，帝悯其孤弱，并禄以官。

王化基字永图，镇定人。太平兴国二年，举进士，为大理评事，通判常州。迁太子右赞善大夫、知岚州。时赵普为相，建议以骤用人无益于治，改淮南节度判官，入为著作郎，迁右拾遗，抗疏自荐。太宗览奏曰："化基自结人主，慷慨之士也。"召试，知制诰，以右谏议大夫权御史中丞。一日，侍便殿，问以边事，对曰："治天下犹植木焉，所患根本未固，固则枝干不足忧。朝廷治，则边鄙何患乎不安？"又尝令荐士，即一疏数十人，王嗣宗、薛映、耿望，皆其人也。

化基尝慕范滂为人，献《澄清略》，言时事有五：

其一，复尚书省，曰：国家立制，动必法天。尚书省上应玄象，对临紫垣，故六卿拟喉舌之官，郎吏应星辰之位，斯实乾文昭著，故事具明。方今省署，名实未称。夫三司使额，乃近代权制；判官、推官、勾院、开拆、磨勘、凭由、理欠、孔目、勾押、前后行，皆州郡吏局之名。请废三司，止于尚书省设六尚书分掌其事；废判官、推官，设郎官分掌二十四司及左右司公事，使一人掌一司；废孔目、勾押、前后行为都事、主事、令史；废勾院、开拆、磨勘、凭由、理欠等司归比部及左右司。如此即事益精详，且尽去州郡吏局之名也。六卿如阙，即选名品相近、有才望者权之；郎官如阙，则于两省三院选名干有清望者，依资除之。其二十四司公事，若繁简不同，望下本省府属参酌其类，均而行之。

其二，慎公举，曰："朝廷频年下诏，以类求人。但闻例得举官，未见择其举主。欲望自今先责朝官有声望者，各举所知，其举到官员则置籍，并举主名姓籍之。所之官，实著廉能，则特旌举主；若所举贪冒败事，连坐举主。陛下自登宝位，十年于兹，七经选抡，得人多矣。然下僚远官，不无沉滞。望令采访司及州郡长吏，廉察以闻，籍以待用，则下无遗材矣。

其三，惩贪吏，曰："贪吏之于民，其损甚大。屈法烦刑，徇私肆虐，使民之受害甚于木之受蠹。若乃用非其人而不绳以法，虽夷、齐、颜、闵不能自见。盖中人之性，如水之在器，方员不常，顾用之者何如尔。望令诸路转运使副兼采访之名，责以觉察州、府、军、监长吏得失，俟其澄清部内，则待以不之擢，置于侍从之间。所贵周知物理，能备顾问，且足为外官之劝也。

其四，省冗官，曰：古人建官，初不必备者，惟得其人也。国家封疆虽逾前世，而分设庶官实倍常数，意欲尽笼天下之利，而民物转加凋弊。二十年前，江、淮诸郡，扬、楚最居要冲，务穰事众，地广民繁。然止设知州一人署领官事，其余通判官、推官及州官等，悉皆分管榷务、仓库。当时事无不集，兼少狱讼。其后十年，臣任扬州时，朝廷添置监临、使臣等职，实逾本州官数。诸州冗员，似此非一。今以朝官、诸色使臣及县令、薄、尉等高卑相折而计之，一人月费不啻十千，以千人约之，岁计用十余万千，更倍万约之，万又过倍。使皆谦吏，止糜公帑；设或贪夫参错其间，则取于民者又加倍焉。望委各路转运使副，与知州同议裁减。若县令、薄、尉等官自前多不备置，可兼者兼之，如此则冗官汰矣。

其五，择远官，曰：负罪之人，多非良善，贪残凶暴，无所不至。若授以远方牧民之官，其或怙恶不悛，恃远肆毒。小民罹殃，卒莫诉，甚非抚绥远人之意也。若自今以往，西川、广南长吏不任负罪之人，则远人受赐矣。

书奏，太宗嘉纳之。

初，柴禹锡任枢密，有奴受人金，而禹锡实不知也。参知政事陈恕欲因以中禹锡。太宗怒，引囚讯其事，化基为辨其诬。太宗感悟，以化基为长者。淳化中，拜中丞，俄知京朝官考课，迁工部侍郎。至道三年，超拜参知政事。咸平四年，以工部尚书罢知扬州。移知河南府，进礼部尚书。大中祥符三年，卒，年六十七。赠右仆射，谥惠献。化基宽厚有容，喜愠不形，僚佐有相凌慢者，辄优容之。在中书，不以荫补诸子官，然善教训，故其子举正、举直、举善、举元皆有所立。

举正字伯仲，幼嗜学，厚重寡言。化基以为类己，器爱异诸子以荫补秘书省校书郎。进士及第，知伊阙、任丘县，馆阁校勘、集贤校理、《真宗实录》院检讨、国史编修官。三迁尚书度支员外郎、直集贤院，修《三朝宝训》，同修起居注，擢知制诰。其妻父陈尧佐为相，改龙图阁待制。尧佐罢，以兵部郎中复知制诰，为翰林学士，拜右谏议大夫、参知政事。前一日，吏有驰报者，举正方燕居斋舍，徐谓吏曰：“安得漏禁中语？”既入谢，仁宗曰：“卿恬于进取，未尝干朝廷以私，故不次用卿。”

时陕西用兵，吕夷简以宰相判枢密院，举正曰：“判名重，不可不避也。”乃改兼枢密使。迁给事中。御史台举李徽之为御史，举正友婿也，格不行。徽之讼曰：“举正妻悍不能制，如谋国何？”欧阳修等亦论举正懦默不任事，举正亦自求去，遂以资政殿学士、尚书礼部侍郎知许州。光化军叛卒转寇傍境，而州兵有谋起为应者，举正潜捕道恶者斩之。徙知应天府，累迁左丞。

皇祐初，拜御史中丞，乃奏："张尧佐庸人，缘妃家，一日领四使，使贤士大夫无所劝。"不报，举正因留班廷诤，乃夺宣徽、景灵二使。又曰："先朝用人，虽守边累年者，官止遥郡刺史。今所用未尽得人，而趣期待迁，使后有功者何所劝耶？且转运使察官吏能否，生民休戚赖焉。命甫下而数更，不终岁而再易，恩泽所以未宣，民疾所以未瘳者，职此故也。"

御史唐介坐言事贬春州，举正力言之，介得徙英州。居半岁，尧佐复为宣徽使。家居凡七上疏。及狄青为枢密使，又言青出兵伍不可为执政，力争不能夺，因请解言职。帝称其得风宪体，遣赐就第，赐白金三百两，除观文殿学士、礼部尚书、知河南府，入翰林侍读学士。每进读及前代治乱之际，必再三讽谕。

以太子少傅致仕，卒，赠太子太保，谥安简，赐黄金百两。文章雅厚如其为人，有《平山集》、《中书制集》、《内制集》五十卷。

举元字懿臣，以上父章赐进士出身。知潮州，江水败堤，盗乘间窃发，举元夜召里豪计事，盗既获，乃治堤。为河阴发运判官。或言大河决，将犯京师。举元适入对，具论地形证其妄，已而果然。历郡牧、户部判官、京东转运使。沙门岛多流人，守吏顾货橐，阴杀之。举元请立监以较赏罚，自是全活者众。徙淮南、河东，夏人来争屈野地。举元从数骑度河，设幕与之议，示以赤心，夏人感服。

治平中，又徙成都。邛井盐岁入二百五十万，为丹棱卓个所侵，积不售，下令止之，盐登如旧。召提举在京修造，英宗劳之曰："官庐舍害于水，仅有存者，卿究心公家，毋惮其劳。"俄进盐铁副使，拜天章阁待制，知沧州，改河北都转运使，知永兴军。庆人夏人屯境上，有窥我意。举元使二裨将以千骑扼其要害。长安遣从事来会兵泾原，戒勿轻举。大将窦舜卿锐意请行，不听。举元曰："不过三日，虏去矣。"至期果去。神宗以细札谘攻守策，举元请省官减戍，益备去兵，勿营亭障。舆论不合，遂引疾求解，徙陈州，未行而座。官至给事中，年六十二。子诏。

诏字景献，用荫补官，通判广信军事，知博州。魏俗尚椎剽，奸盗相囊橐，诏请开反告杀并赎罪法，以携其党，元祐初，朝廷起回河之议，未决，而开河之役遽兴。诏言河朔秋潦，水淫为灾，民人流徙，赖发廪振赡恩，稍苏其生，谓宜安之，未可以力役伤也。从之。擢开封府推官。富民贷后绝僧牒为缗钱十三万，逾期复责倍输，身死赍籍，又锢其妻子，诏请免之。出为滑州。州属县有退滩百余顷，岁调民刈草给河堤，民病其役，诏募人佃之，而收其余。为度支郎中，使契丹。时方讨西夏，迓者耶律诚欲尝我，言曰："河西无礼，大国能容之乎？诏曰："夏人侮边，既正其罪矣，何预两朝和好事？"入贺，故事，跪而饮，盖有误拜者，乃强诏。诏曰："南北百年，所守者礼，其可纷更耶？"卒跪饮之。

崇宁中，由大理少卿为卿，徙司农。御史论诏在滁日请苏轼书《醉翁亭碑》，罢主崇福宫。旋知汝州，铸钱卒骂大校，诏斩以徇，而上章待罪。除直秘阁，言者复抉滁州事，罢去。起知深、兖二州，徙同州，过阙，留为左司郎中，迁卫尉、太府卿、刑部侍郎，详定敕令。旧借绯紫者不佩鱼，诏言："章服所以辨上下，今与胥吏不异。"遂皆佩鱼。历工、兵、户三部侍郎，转开封尹。时子寿使京西，摄尹洛。父子两京相望，人以为荣。

进刑部尚书，拜延康殿学士，提举上清宝箓宫，复为工部尚书。徽宗闵其老，命毋拜，诏皇恐，于是但朝朔望。俄以银青光禄大夫致仕，卒，年七十九。

论曰：自昔参大政、赞机务，非明敏特达之士，不能胜其任。若又饬以文雅，济以治具，则尽善矣。若水机鉴明敏，儒而知兵；李至刚严简重，好古博雅，其于柄用宜矣。王沔临事精密，能远私谒，而考课之议，颇伤苛刻；仲甫以吏事为时用，未免苟容之诮，瑕瑜固不相掩也。仲舒见举于蒙正，而反攻其短；易简不能周恤光逢，而置之死地，其不可与郭贽辨曹彬之诬、化基伸禹锡之枉同日而语也明矣。此纯厚长者之称,所以独归于二子欤!举正继践台佐,得风宪体;举元任职边郡,有持重称。矧诏之父子又并尹两京,克济其美,何王氏子孙之多贤也!

宋史卷二六七
列传第二六

张宏　赵昌言　陈恕 魏羽附
刘昌言　张洎　李惟清

　　张宏字巨卿,青州益都人。高祖茂昭,唐易、定节度使。曾祖玄,易州刺史。祖持,蒲城令。父峭,业《春秋》,一举不第,退居丘园,后唐天成中以贤帅后补协律郎,至平利令。

　　宏,太平兴国二年,举进士,为将作监丞,通判宣州。改太子中允、直史馆,迁著作郎,赐绯鱼,预修《太平御览》,历左拾遗。六年,出为峡路转运副使,就加左补阙。会省副使,知遂州,以勤干闻,入为度支员外郎。

　　雍熙中,吕蒙正、李至、张齐贤、王沔荐其文行,改主客郎中、史馆修撰。数日,以本官充枢密直学士,赐金紫。太宗召对便殿,谓曰:"成都重地,卿为朕镇之。"因厚赐以遣。至郑州,促召归阙,拜右谏议大夫、枢密副使。会太宗亲试礼部不合格贡士,令枢密院给牒,因谓宏曰:"朕自御极以来,亲择群材,大者为栋梁,小者为榱桷,卿与吕蒙正皆中朕选,大臣颇有沮议。非朕独断,岂能及此乎?"宏顿首谢。

　　时河朔用兵,宏居位无所建白,御史中丞赵昌言多言边事,乃以昌言副枢密,宏为中丞,两更其任。端拱初,改工部侍郎,再为枢密副使。淳化二年,以吏部侍郎罢,俄判吏部铨,权知开封府。太宗便殿虑囚,以府狱多壅,诏劾其官属,宏等顿首请罪,乃释之。真宗尹京，宏罢奉朝请。至道初，出知潞州。二年，就转右丞。真宗即位。加工部尚书。咸平初，还朝，知审官院、通进银台驳司。二年，真宗以上封者众，虑其稽留，命宏与王旦知登闻鼓院，再掌吏部选。四年，卒，年六十三。废朝，赠右仆射，命中使莅葬事。录其子可久大理评事，可道太祝，可度奉礼郎。

宏循谨守位，不求赫赫之誉，历践通显，未尝败事。可久至虞部员外郎，可道国子博士，可度太子中舍。

赵昌言字仲谟，汾州孝义人。父睿，从事使府，太宗尹开封，选为雍丘、太康二县令，后终安、申观察判官。

昌言少有大志，赵逢、高锡、寇准皆称许之。太平兴国三年，举进士，文思甚敏，有声于场屋，为贡部首荐。廷试日，太宗见其辞气俊辩，又睹其父名，谓左右曰："是必为东畿宰，朕之生辰，必献诗韵为寿，善训其子，亦可嘉也。"擢实甲科，为将作监丞，通判鄂州。拜右拾遗、直史馆，赐绯鱼。选为荆湖转运副使，迁右补阙，会省副职，改知青州。入拜职方员外郎，知制诰，预修《文苑英华》。雍熙初，加屯田郎中。明年，同知贡举，俄出知天雄军。时曹彬、崔彦进、米信失律于岐沟，昌言遣观察支使郑蒙上疏，请诛彬等。优诏褒答，召拜御史中丞。太宗宴金明池，特召预焉。宪官从宴，自昌言始也。

河朔用兵，枢密副使张宏循默守位，昌言多条上边事，太宗即以昌言为左谏议大夫，代宏为枢密副使，迁工部侍郎。时盐铁副使陈象舆与昌言善，知制诰胡旦、度支副使董俨皆昌言同年，右正言梁颢尝在大名幕下。四人者，日夕会昌言之第。京师为之语曰："陈三更，董半夜。"有佣书翟颍，性险诞，与旦狎，旦为作大言之辞，使颍上之，为颍改姓名马周，以为唐马周复出也。其言多毁时政，自荐为大臣，及历举数十人皆公辅器，期昌言为内应。陈王尹开封，廉知以闻，招捕颍系狱，鞫之尽，得其状。昌言坐贬崇信军节度行军司马，颍仗黥面，流海岛，禁锢终身。

初，太宗厚遇昌言，垂欲相之。赵普以勋旧复入，恶昌言刚戾，乃相吕蒙正。裁数月,会有颍狱,普以昌言树党,再劝太宗诛之,太宗特宽焉。淳化二年,起昌言知蔡州,逾年,召拜右谏议大夫。或议弛茶盐禁,以省转漕。命昌言为江淮、两浙制置茶盐使,昌言极言非便,太宗不纳,趣昌言往。昌言固执如初。即以户部副使雷有终代之,卒以无利而罢。

昌言复知天雄军,赐钱二百万。大河贯府境,豪民峙刍茭图利,诱奸人潜穴堤防,岁仍决溢。昌言知之。一日,堤吏告急,命径取豪家庤积以给用,自是无敢为奸利者。属澶州河决,流入御河,涨溢浸府城,昌言籍府兵负土增堤,数不及千,乃索禁卒佐役,皆偃蹇不进。昌言怒曰:"府城将垫,人民且溺,汝辈食厚禄,欲坐观耶?敢不从命者斩。"众股栗赴役,不浃旬城完。太宗手诏褒谕之,召拜给事中、参知政事,俾乘疾置以入,即赴中书。

时京城连雨,昌言请出厩马分牧外郡。或以盛秋备敌,马不可阙。昌言曰:"塞下积水,敌必不至。"太宗从之。未几,王小波、李顺构乱于蜀,议遣大臣抚慰。昌言独请发兵,无使滋蔓,廷论未决。会嘉、眉连陷,始命王继恩等分路进讨。昌言摄祭太庙,宿齐中,因召对滋福殿,复赞兵计,遂遣使督继恩战。继恩御众寡术,余寇未殄,握兵留成都,士无斗志,郡县复有陷者。太宗意颇厌兵,召昌言谓曰:"西川本自一国,太祖平之,迄今三十年矣。"昌言知意,即前指画攻取之策。太宗喜,命昌言为川峡五十二州招安行营马步军都部署。昌言恳辞,敦谕不许,赐精铠、良马、白金五千两,别赐手札数幅,皆讨贼方略。自继恩以下,并受节度。既行,有奏昌言无嗣,鼻折山根,颇有反相,不宜遣握兵入蜀。后旬日,召宰相于北苑门曰:"昨令昌言入蜀,朕思之有所未便。且蜀贼小丑,昌言大臣,未易前进且令驻凤翔,止遣内侍卫绍钦赍手书指挥军事,亦可济也。"诏书追及,昌言已至凤州,留候馆百余日。贼平,改户部侍郎,罢政事,知凤翔府。徙澶、泾、延三州。

真宗即位,迁兵部侍郎,知陕州,表求还京,不许。未几,移知永兴军。咸平三年,与吕蒙正、寇准同召,以本官兼御史中丞、知审官院。有言门资官不宜任亲民，昌言手疏，以才不才在人，岂以寒进世家为限，遂罢其议。加工部尚书，仍兼中丞。

先时，多遣台吏巡察群臣逾越法式者，昌言建议请准故事，令左右巡使分领之。会知审刑院赵安仁、判大理寺韩国华断狱失中解职，昌言因上言："详断官宜加慎择，自今有议刑不当，严示惩罚，授以远官，若有罪被问不即引伏者，许令追摄。又天下大辟断讫，皆录款闻奏，付刑部详覆，用刑乖理者皆行按劾。惟开封府未尝奏案，或断狱有失，止罪元勘官吏，知府、判官、推官、检法官皆不及责，则何以辨明枉滥，表则方夏？望自今如外州例施行。"从之。会孟州民常德方讼临津尉任懿以贿登第，事下御史，乃知举王钦若受之，昌言以闻。钦若自诉，诏邢昺覆按，坐昌言故入，夺官，贬安远军行军司马，移武胜军。

景德初，拜刑部侍郎。求兼三馆职，命判尚书都省。真宗幸澶渊，以盟津居要，增屯兵，命知河阳。历知天雄军府。境内有小盗，昌言榜谕："能告贼者给赏，牙吏即迁职。"枢密使王继英以为小盗不当擅为赏格，乃诏昌言易其榜，有劳者俟朝旨。未几，徙知镇州，迁户部侍郎。大中祥符二年，卒，年六十五。赠吏部尚书，谥曰景肃。录其子庆嗣为国子监丞，赋禄终丧。侄孙允明同学究出身。

昌言喜推奖后进，掌漕湖外时，李沆通判潭州，昌言谓有台辅之量，表闻于朝。王理宰岳州平江，昌言一见，识其远大，以女妻之，后皆为贤相。王禹偁自卑秩擢词职，亦昌言所荐也。昌言强力尚气概，当官无所顾避，所至以威断立名，虽屡经摈斥，未尝少自抑损。然刚愎纵率，对僚吏倨慢，时论以此少之。庆嗣至太子洗马。

陈恕字仲言，洪州南昌人。少为县吏，折节读书。江南平，礼部侍郎王明知洪，恕以儒服见，明与语，大奇之，因资送令预计偕。太平兴国二年进士，解褐大理评事、通判洪州，恕以乡里辞。改澧州。澧自唐季为节镇兼领，吏多缘簿书乾没为奸。恕尽擿发其弊，郡中称为强明，以吏干闻。

召入，为右赞善大夫，同判三司勾院，迁左拾遗，充度支判官。与判使王仁赡廷争本司事，仁赡屈伏，坐贬秩；擢恕为度支员外郎，仍旧职。再迁工部郎中、知大名府。时契丹内寇，受诏增浚城隍，其器用取于民者不时集，恕立擒府中大豪一人，会将吏将斩之。宗族号诉，宾佐竞前请救，大豪叩头流血，请翌日集事，违期甘死。恕令械之以徇，民皆恐栗，无敢后期者，数日功就。

会契丹引去，召入为户部郎中、户部副使，迁右谏议大夫、知澶州。驿召为河北东路营田制置使。太宗谕以农战之旨，恕对曰："古者兵出于民，无寇则耕，寇至则战。今之戎士皆以募致，衣食仰给县官，若使之冬持兵御寇，春执耒服田，万一生变，悔无及矣。"太宗曰："卿第行，朕思之。"恕行数日，果有诏，止令修完城堡、通导沟渎而已，营田之议遂寝。俄知代州，入判吏部选事，拜盐铁使。恕有心计，厘去宿弊，太宗深器之，亲题殿柱曰："真盐铁陈恕。"迁给事中、参知政事。数月，及宗言及户部使樊知古所部不治。恕与知古联事，情好款洽，密以语之，欲知古修举其职。知古诉于太宗，太宗怒恕泄禁中语，罢守本官。旋出知江陵府，大发群吏奸赃，坐徒、流、停、废者甚众，郡内惕息。

淳化四年，太宗从魏羽、段惟一之请，分三司为十道，置左右计使，以魏羽、董俨分主之；召恕为工部侍郎，充总计使，判左右计事。左右计使分判十道事，凡议论、计度并令恕等参预。恕以官各建，政令互出，难以经久，极言其非便。岁余，果罢，复以恕为盐铁使。

时太宗留意金谷，召三司吏李溥等二十七人对于崇政殿，询以计司利害。溥等言条目烦多，不可以口占，愿给笔札以对。太宗遣中黄门送诣相府，限五日悉条上之。溥等共上七十一事，诏以四十四事付有司行之，其十九事下恕等议可否。遣知杂御史张秉、中使张崇贵监议，令中书籍其事，专检举之，无致废格。赐溥等白金缗钱，悉补侍禁、殿直，领其职。太宗谓宰相曰："溥等条奏事颇有所长。朕尝语恕等，若文章稽古，此辈固不可望；若钱谷利病，颇自幼至长寝处其中，必周知根本。卿等但假以颜色，引令剖陈，必有所

益。恕等刚强，终不肯降意询问。"吕端对曰："耕当问奴，织当问
婢。"寇准曰："夫子入太庙，每事问，乃以贵下贱，先有司之义。"

　　后数日，太宗又曰："国家岁入财数倍于唐。唐中叶以降，藩镇
擅命，征赋多不入公家，下陵上替，经制隳坏。若前代为得，即已致
太平，岂复烦朕心虑也。"因召恕等责以职事旷废。恕等对曰："今土
宇至广，庶务至繁，国用军须，所费浩瀚，又遇诸州凡有灾珍，必尽
蠲其租。臣等每举权利，朝廷必以侵民为虑，皆尼而不行。纵使耿
寿昌、桑弘羊复生，亦所不逮。臣等驽力，惟尽心簿领，终不足上裨
圣治。"太宗曰："卿等清而不通，专守绳墨，终不能为国家度长挈
大，剖烦析滞。只如京城仓库，主吏当改职者，簿领中壹处节目未
备，即至十年五年不决，以致贫无资给，转徙沟壑。此卿等之过，岂
不伤和气哉？"恕等顿首谢。五年，赐三司钱百万，募吏有能言本司
不便者，令恕等量事大小，以钱赏之，钱尽更给。

　　至道二年，欲并三司，命官总判。其勾院、磨勘、理欠、凭由、支
收、行帐、提点等司，令恕条列其事以闻。恕奏曰："伏以封域浸广，
财谷繁多，三司之中，簿牒填委，朝廷设法，督责尤严，官吏救过不
暇。若为三部各设主司，择才非难，办事亦易。事办过鲜，不挠上心，
此亦一时之良策也。其勾院、磨勘两司，出于旧制，关防之要，莫加
于此。理欠、凭由二司，虽非旧设，自理欠失序，凭由散落，故设二司
专令典掌。纲目咸具，制置有伦，逋欠无失理之名，凭由鲜流散之
弊，实亦要切，不可废除。若两司并委一官，方及判官一员之事。其
主辖支收司，先因从京支财货，转输外地，此除彼附，照验稽滞，
若京城得贤主史，使居此司，专行检辖，凡支拨官物，便给除破文
凭，却于所司置薄记录，催到书附文记，即乃勾销薄书取捷之门，亦
为允当。其行帐司近日权置，了绝旧帐，帐目告尽，司额自除。提点
司是中旨特置，提振三司废怠之事，固非有司敢得拟议也。"诏三司
都凭由、理欠司宜令为一处，命官兼判。应诸道逋负官物，令三司逐
部理约，理欠司但总其所逋之数纠督之。余悉从恕奏。

　　恕将立茶法，召牙商数十人，俾各条利害，恕阅之第为三等，语

副使宋大初曰："吾观下等固灭裂无取。上等取利太深，此可行于商贾，不可行于朝廷。惟中等公私皆济，吾裁损之，可以经久。"于是始为三法行之。货财流通。

峡路诸州，承孟氏旧政，赋税轻重不均，阆州税钱千八百为一绢，果州六百为一绢。民前后击登闻鼓陈诉，历二十年，诏下本道官吏，因循不理。转运副使张晔年少气锐，会受诏按覆，即便宜行之。恕奏晔擅改法，计果州一岁亏上供绢万余，晔坐削一任免。

恕每便殿奏事，太宗或未深察，必形诮让。恕敛板蹙缩，退至殿壁负立，若无所容。俟意稍解复进，愿执前奏，终不改易，如是或至三四。太宗以其忠，多从之。迁礼部侍郎。真宗即位。加户部，命条具中外钱谷以闻。恕久不进，屡趣之，恕曰："陛下富于春秋，若知府库充实，恐生侈心，臣是以不敢进。"真宗嘉之。

咸平二年，帝北巡，充行在转运使。俄以母老求解，拜吏部侍郎，知通进银台封驳司、审官院。上言："封驳之任，实给事中之职，隶于左曹。虽别建官局，不可失其故号。请以门下封驳事隶银台司。"从之。五年，知贡举。恕自以洪人避嫌，凡江南贡士悉被黜退。又援贡举非其人之条，故所取甚少，而所取以王曾为首，及廷试糊名考校，曾复得甲科，时议称之。恕每自叹曰："吾得曾，名世才也，不愧于知人矣。"

恕事母孝，母亡，哀慕过甚，不食荤茹，遂至羸瘠。起复视事，迁尚书左丞、权知开封府。恕已病，独勉强亲职，数月增剧，表求馆殿之职，获奉以济其贫。真宗曰："卿求一人可代者，听卿去。"是时寇准罢枢密使，恕即荐以自代，遂以准为三司使，恕为集贤学士、判院事。准即检寻恕前后改革兴立之事，类以为册，及以所出榜，别用新板，躬至恕第请判押。恕亦不让，一一押之。自是计使无不循其旧贯。至李谘为三司使，始改茶法，恕之规模渐革矣。

帝重恕，诏太医诊疗。百日，有司请停奉，不许，未几，卒，年五十九。恕将卒，口占遗奏及约束后事，送终之具，无不周悉。真宗悼惜，废朝，赠吏部尚书。录其子执中为太常寺太祝，执古为奉礼郎。

恕颇涉史传，多识典故，精于吏理，深刻少恩，人不敢干以私。
前后掌利柄十余年，强力干事，胥吏畏服，有称职之誉。善谈论，听
者忘倦。素不喜释氏，尝请废译经院，辞甚激切。真宗曰："三教之
兴，其来已久，前代毁之者多矣，但存而不论可也。"恕性吝，怒子淳
私用钱。及寝疾，上言淳不率教导，多与非类游，常习武艺，愿出为
外州军校。真宗曰："戎校管镇兵，非丞郎家子弟所莅也。"以为滁州
司马，恕卒，召复旧官，后竟以贿败。执中至同中书门下平章事，别
有传；执古至虞部员外郎；执方、执礼，并太子中舍。

魏羽者，字垂天，歙州婺源人。少能属文，上书李煜，署弘文馆
校书郎。时建当涂县为雄远军，以羽为判官。宋师渡江出其境，羽
以城降，太祖擢为太子中舍，仍旧职。金陵平，入朝，出知兴州。

太平兴国初，知棣州，改京兆府。六年，受诏诣瀛州覆军市租，
得隐漏数万计。因上言："本州录事参军郭震十年未代；河间令崔能
前任即墨，未满岁迁秩。有司调选失平，疏远何由闻达，请罪典司，
以肃欺弊。"上赐诏褒谕。复命，迁太常博士、知宋州，又徙阆州，就
改膳部员外郎。丁外艰，起复莅事，入判大理寺。历度支、户部二判
官，召拜本曹郎中。因上疏言三司职官颇众，愿省其半，可以责成，
仍条列利病凡二十事。诏下有司详议，皆以为便。改盐铁判官。时
北边多警，朝议耕战之术，以羽为河北东路营田副使，改两浙转运
使，迁兵部郎中。

淳化初，选为秘书少监，逾月，迁左谏议大夫，俄拜度支使，改
盐铁使。四年，并三部为一司，以羽判三司。先是，三司薄领堆积，
吏缘为奸，虽尝更立新制，未为适中。是冬，羽上言："依唐制天下郡
县为十道，两京为左右计，各署判官领之。"制三司使二员，以羽为
左计使，董俨为右计使，中分诸道以隶焉。未久，以非便罢，守本官，
出知滑州。丁内艰，起复，加给事中，徙潭州，遣使谕旨。真宗即位，
迁工部侍郎，连徙杭、扬二州，召权知开封府。车驾北巡，判留司三
司，再为户部度支使。

咸平四年，以疾解职，拜礼部侍郎。谢日，召升便殿，从容问谕，勉以医药。月余卒，年五十八。

羽涉猎史传，好言事。淳化中，许王暴薨，或有以宫府旧事上闻者。太宗怒，追捕僚吏，将穷究之。羽乘间上言曰："汉戾太子窃弄父兵，当时言者以其罪当笞耳。今许王之过，未甚于是。"太宗嘉纳之，繇是被劾者皆获轻典。尝建议有唐以来，凡制诏皆经门下省审，有非便者许其封驳，请遵故事，择名臣专领其职，迄今不废。

羽强力有吏干，尤小心谨事。太宗尝谓左右曰："羽有心计，亦明吏道，但无执守，与物推移耳。历剧职十年，始逾四十，发鬓尽白，亦可怜也。"羽出入计司凡十八年，习知金谷之事，然颇伤烦急，不达大体。

景德二年，长子玠卒，其妻自陈家贫无禄，上悯之。次子校书郎瓛为奉礼郎，后为殿中丞；琰为太子中舍。孙平仲，天禧三年同进士出身。

羽同时有刘式者，亦久居计司，创端拱中三年磨勘之法，首以式主之。

式字叔度，袁州人也。李煜时，举《三传》中第。归宋，历迁大理寺丞、赞善大夫、监通州丰利监及主三司都磨勘司，仍赐绯。式又建议置主辖支收司，以谨财赋出纳，时以为当。迁秘书丞，与陈靖使高丽。至道中，并三勾院为一，命式领之。再转工部中外郎，赐金紫。迁刑部。式深究薄领之弊，江、淮间旧有横赋，逋积至多，式奏免之，人以为便。然多所条奏，检校过峻，为下吏所讼，免官，卒。

真宗追录前效，赐其子立本学究出身。次子立之，后为国子博士。立德、立礼，并进士及第，立礼为殿中丞。

刘昌言禹谟，泉州南安人。少笃学，文词靡丽。本道节度陈洪进辟功曹参军，掌笺奏。洪进遣子文显入贡，令昌言偕行，太祖亲劳之。

太平兴国二年，洪进归朝，改镇徐州，又辟推官。五年，举进士入格,太宗初惜科第,止授归德军掌书记。八年,复举得第,迁保信、武信二镇判官。宰相赵普镇南阳,重昌言有吏干。钱俶帅邓,表荐之。移泰宁军节度判官。入为左司谏、广南安抚使。淳化初,赵普留守西京,表为通判,委以府政。普疾,属昌言后事。普卒,昌言感普知己,经理其家事。太宗以为忠于所举,拜起居郎,赐金紫、钱五十万。连对三日,皆至日旰。昌言捷给诙诡,能揣人主意,无不称旨。太宗谓宰相曰:“昌言质状非伟,若以貌取,失之子羽矣。”迁工部郎中,逾月,守本官,充枢密直学士,与钱若水同知审官院。二十八日,迁右谏议大夫、同知枢密院事。

昌言骤用,不为时望所伏,或短其闽语难晓,太宗曰:“惟朕能晓之。”又短其委母妻乡,十余年不迎侍,别娶旁妻。太宗既宠之,诏令迎归京师,本州给钱办装,县次续食,时又有光禄丞何亮家果州,秘书丞陈靖家泉州,不迎其亲。下诏戒谕文武官,父母在剑南、峡路、漳泉、福建、岭南,皆令迎侍,敢有违者,御史台纠举以闻。

昌言自以登擢非次,惧人倾夺。会诛凶人赵赞,昌言与赞素善,前在河南尝保任之,心不自安。因太宗言及近侍有与赞交者,昌言蹶然出位,顿首称死罪。太宗慰勉之,然自此恶其为人。以给事中罢,出知襄州。上言:“水旱民输税愆期,旧制六月开仓,臣令先一月许所在县驿输纳以便民。获盗当部送阙下,臣恐吏柔懦不能制,再亡命,配隶军籍。此二事,臣从便宜,不如诏书,虑谗慝因而浸润,愿陛下察之。”太宗下诏责其不循旧章,敛怨于民,自今敢背弃诏条,谴责不复恕。

至道二年,徙知荆南府。真宗即位,就拜工部侍郎。咸平二年,卒,年五十八,赠工部尚书。子有方,比部员外郎;有政,虞部员外郎。

张洎滁州全椒人。曾祖旼,澄城尉。祖蕴,泗上转运巡官。父煦,滁州司法掾。

洎少有俊才,博通坟典。江南举进士,解褐上元尉。李景长子弘冀卒,有司谥武宣。洎议以为世子之礼,但当问安礼膳,不宜以"武"为称。旋命改谥,擢监察御史。洎自以论事称旨,遂肆弹击无所忌,大臣游简言等嫉之。会景迁国豫章,留煜居守,即荐洎为煜记室,不得从。未几,景卒,煜嗣。擢工部员外郎、试知制诰;满岁,为礼部员外郎、知制诰。迁中书舍人、清辉殿学士,参预机密,恩宠第一。

洎旧字师黯,改字偕仁。清辉殿在后苑中,煜宠洎,不欲离左右,授职内殿,中外之务一以谘之。每兄弟宴饮,作妓乐,洎独得预。为建大第宫城东北隅,及赐书万余卷。煜尝至其第,召见妻子,赐予甚厚。

洎尤好建议,每上言,未即行,必称疾,煜手札慰谕之,始复视事。及王师围城,逾年,城危甚,洎劝煜勿降,每引符命云:"玄象无变,金汤之固,未易取也。北军旦夕当自引退。苟一不虞,即臣当先死。"既而城陷,洎携妻子及橐装,自便门入止宫中,给光政使陈乔同升阁,欲与俱死。乔自经气绝,洎反下见煜曰:"臣与乔同掌枢务,国亡当俱死。又念主在,谁能为主白其事,不死,将有以报也。"

归朝,太祖召责之曰:"汝教煜不降,使至今日。"因出帛书示之,乃围城日洎所草诏,召上江救兵蜡丸书也。洎顿首请罪曰:"实臣所为也。犬吠非其主,此其一尔,他尚多有。今得死,臣之分也。"辞色不变。上奇之,贷其死,谓曰:"卿大有胆,不加卿罪。今之事我,无替昔日之忠也。"拜太子中允,岁余,判刑部。太宗即位,以其文雅,选直舍人院,考试诸州进士。未几,使高丽,复命,改户部员外郎。太平兴国四年,出知相州。明年夏,徙贝州。是冬,又知相州。部内不治,转运使田锡言其状,代还。洎求见廷辩,上以其儒生,不责以吏事,诏不问。令以本官知译经院,迁兵部员外郎、礼户二部郎中。雍熙二年,同知贡举。

端拱初,契丹寇边,诏群臣言事。洎上奏,以练兵聚谷,分屯塞下,来则备御,去则勿追为要略。会钱俶薨,太常定谥忠懿。洎时判考功,为覆状,经尚书省集议。虞部郎中张佖奏驳曰:"按考功覆状一句云'亢龙无悔'实非臣子宜言者。况钱俶生长岛夷,夙为荒服,未尝略居尊位,终是藩臣,故名不可称龙,位不可为亢。其'亢龙无悔'四字,请改正。"事下中书,以诘泊。对状曰:"窃以故秦国王明德茂勋,格于天壤,处崇高之富贵,绝纤介之讥嫌。太常礼院稽其勋行,定兹嘉谥,考功详覆之际,率遵至公,故其议状云:'兹所谓受宠若惊,居亢无悔者也。'谨按《易乾》之九三云:'君子乾乾,夕惕若厉,无咎。'王弼注云:'处下体之极,居上体之下,履重刚之险,因时而惕,不失其几,可以无咎。处下卦之极,愈于上九之亢。'《易例》云:'初九为元士,九二为大夫,九三为诸侯。'《正义》云:'《易》之本理,以体为君臣。九三居下体之极,是人臣之体也。其免亢龙之咎者,是人臣之极可以慎守免祸。故云免亢极之祸也。'《汉书·梁商传赞》云:'地居亢满,而能以谨厚自终。'杨植《许由碑》云'锱铢九有,亢极一夫。'杜鸿渐《让元帅表》云:'禄位亢极,过逾涯量。'卢极杞《郭子仪碑》云'居亢无悔,其心益降。'李翰《书霍光传》云:'有伊、周负荷之明,无九三亢极之悔。'张说《祁国公碑》云:'一无目牛之全,一无亢龙之悔也。'况考功状内止称云:'受宠若惊,居亢无悔。'即本无'亢龙无悔'之语。斯盖张佖擅改公奏,罔冒天聪。请以元状看详,反坐其人,以惩奸妄。"俄下诏曰:"张泊援引故实,皆有依据。张佖学识甚浅,敷陈失实,尚示矜容,免其黜降,可罚一月俸。"

泊未几选为太仆少卿、同知京朝官考课,拜右谏议大夫、判大理寺。又充史馆修撰、判集贤院事。淳化中,上令史馆修撰杨徽之等四人修正入阁旧图,泊同奉诏,因讨论故事,独草奏以闻。泊又言:

按旧史,中书、门下、御史台为三署,谓侍从供奉之官。今起居日侍从官先入殿庭,东西立定,俟正班入,一时起居。其侍从官东西列拜,甚失北面朝谒之仪。请准旧仪,侍从官先入起居,行毕,分侍立于丹墀之下,谓之"娥眉班'。然后宰相率正班入起居,雅合于礼。

臣又闻古之王者，躬勤庶务，其临朝之疏数，视政事之繁简。唐初五日一朝，景云初，始修贞观故事。自天宝兵兴之后，四方多故，肃宗而下咸只日临朝，双日不坐。其只日或遇阴霾、盛署、大寒、泥泞，亦放百官起居。双日宰相当奏事，即特开延英召对。或夷蛮入贡，勋臣归朝，亦特开紫宸殿引见。陛下自临大宝，十有五年，未尝一日不鸡鸣而起，听天下之政，虽刚健不息，固天德之常然，而游焉息焉，亦圣人之谟训。傥君父焦劳于上，臣子缄默于下，不能引大体以争，则忠良之心，有所不至矣。

臣欲望陛下依前代旧规，只日视朝，双日不坐。其只日遇大寒、盛署、阴霾、泥泞，亦放百官起居，其双日于崇德、崇政两殿召对宰臣。常参官以下及非时蛮夷入贡、勋臣归朝，亦特开上阁引见，并请准前代故事处分。

奏入不报。

时，上令以《儒行篇》刻于版，印赐近臣及新第举人。洎得之，上表称谢，上览而嘉之。翌日，谓宰相曰："群臣上章献文，朕无不再三省览。如张洎一表，援引古今，甚不可得。可召至中书，宣谕朕意。"数月，擢拜中书舍人，充翰林学士。上顾谓近臣曰："学士之职，清要贵重，非他官可比，朕常恨不得为之。"故事，赴上日设燕，教坊以杂戏进，久罢其事。至是，令尽设之，仍诏枢密直学士吕端、刘昌言及知制诰柴成务等预会，时以为荣。

俄判吏部铨。尝引对选人，上顾之谓近臣曰："张洎富有文艺，至今尚苦学，江东士人之冠也。"洎与钱若水同在禁林，甚被宠顾。时刘昌言骤擢枢要，人望甚轻，董俨方掌财赋，欲以计倾之。会杨徽之、钱熙尝言洎及若水旦夕当大用。熙以语昌言，昌言曰："洎必参政柄。若水后进年少，岂遽及此。"时翰林小吏谘事在侧，昌言虑洎闻之，即对小吏尽述熙言，令告洎。洎方修饬边幅以固恩宠，疑徽之遣熙以搆飞语中己，遂白于上。上怒，召昌言质之，以徽之为镇安军行军司马。熙罢职，通判朗州。

会皇子益王元杰改封吴王,行扬州、润州大都督府长史,领淮南、镇江两军节制。洎当草制,因上疏议曰:"谨按前史,皇子封王,以郡为国,置傅相及内史、中尉等,佐王为治。自汉、魏以降,所封之王始不之国,朝廷命卿大夫临郡,即称内史行郡事。东晋永和、泰元之际,有瑯邪王、会稽王、临川王,故谢灵运、王羲之等为会稽、临川内史,即其事也。唐有天下,以扬、益、潞、幽、荆五郡为大都督,署长史、司马为上佐,即前代内史之类也。其大都督之号,非亲王不授;其扬、益等郡,或有亲王遥领,朝廷命大臣临郡者,即皆长史、副大使知节度事也。臣请质之前代,段文昌出镇扬州,云'淮南节度副大使知节度事、兼扬州大都督府长史'。李载义镇幽州,云'卢龙军节度副大使知节度事、兼幽州大都督府长史',即其例也。今益王以扬、润二郡建社为吴国王,居大都督之任,又已正领节度事,岂宜却加长史之号,乃是国王自为上佐矣。若或朝廷且以长史拜受,其加衔内又无副大使、知节度使之目,倘或他日别命守将,俾临本郡,即不知以何名目而授除也。臣草制之夕,便欲上陈,虑奏报往反,有妨明日宣降。兹事有关国体,况吴王未领恩命,尚可改正,乞付中书门下,商议施行。"宰相以制命已行,难于追改。洎又上表论列,吕蒙正言:"越王领福州长史,今吴王独为大都督,居越王之上,非便。"上令俟异日除授,并改正之。至明年,上郊祀覃庆,遂改焉。

俄奉诏与李至、范果、张佖同修国史,又判史馆。洎博涉经史,多知典故。每上有著述,或赐近臣诗什,洎必上表,援引经传,以将顺其意。上因赐诗褒美,有"翰长老儒臣"之句。与苏易简同在翰林,尤不协,及易简参知政事,洎多攻其失。既而易简罢,即以洎为给事中、参知政事,与寇准同列。

先是,准知吏部选事,洎掌考功,为吏部官属。准年少,新进气锐,思欲老儒附己以自大。洎夙夜坐曹视事,每冠带候准出入于省门,揖而退,不交一谈。准益重焉,因延与语。洎捷给善持论,多为准规画,准心伏,乃兄事之。极口谈洎于上。上欲进用,又知其在江左日多谗毁良善,李煜杀潘佑,洎尝预谋,心疑之。翰林待诏尹熙古、吴郢皆江东人，洎尝善待之。上一夕召熙古辈侍书禁中，因问以佑得罪故。熙古言煜忿佑谏说太直耳，非洎谋也。自是洗然，遂加擢用，盖准推挽之也。既同秉政，奉准愈谨，政事一决于准，无所参预。专修时改记，甘言善柔而已。后因奏事异同，准复忌之。

至道二年五月，四方馆使曹璨自河西驰骑入奏边事，言继迁率万余众寇灵州。上诏宰相吕端、知枢密院事赵熔等各以所见画策，即日具奏来上。吕端相率诣长春殿见上，言曰：“臣等若各述所见，则非询谋金同之议，望许共为一状，陈其利害。”洎越次奏曰：“端等备位辅弼，上有所询问，反缄默不言，深失讦谟之体。”端曰：“洎欲有言，不过揣摩陛下意耳，必无鲠切之理。”上默然。翌日，洎上疏引贾捐之弃珠崖事，愿弃灵武以省关西馈运。上尝有此意，既而悔之，洎果迎合，览奏不悦。既以疏付洎，谓之曰：“卿所陈，朕不晓一句。”洎惶恐而退。上召同知枢密院事向敏中等谓曰：“张洎上言，果为吕端所料，朕已还其疏矣。”洎既议事不称旨，恐惧，欲自固权位。上已嫉准专恣，恩宠衰替。洎虑一旦同罢免，因奏事，大言寇准退后多诽谤。准但色变，不敢自辩。上由是大怒准，旬日罢。未几，洎病在告，满百日，力疾请对，方拜，踣于上前，左右掖起之。明日，上章求解职，优诏不允。后月余，改刑部侍郎，罢知政事。奉诏呜咽，疾遂亟，十余日卒，年六十四。赠刑部尚书，以其二子皆为京官。

洎风仪洒，文采清丽，博览道释书，兼通禅寂虚无之理。终日清谈，亹亹可听。尤险诐，好攻人之短。李煜既归朝，贫甚，洎犹丐索之。煜以白金颐面器与洎，洎尚未满意。时潘慎修掌煜记室，洎疑慎修教煜，素与慎修善，自是亦稍疏之。煜子仲寓雅好蒱博饮宴，洎因切谏之。仲寓谢过。后数月，人有言仲寓蒱博如故，洎遂与之绝。及仲寓死郢州，葬京师，洎亦不赴吊。与张佖议事不协，遂为仇隙，始以从父礼事佖，既而不拜。尤善事内官，在翰林日，引唐故事，奏内供奉官蓝敏政为学士使，内侍裴愈副之。上览奏，谓曰：“此唐室弊政，朕安可踵此覆辙，卿言过也。”洎惭而退。性鄙吝，虽亲戚无所沾，及江表故旧，亦罕登其门。素与徐铉厚善，后因议事相忤，遂绝交。然手写铉文章,访求其笔札,藏箧笥,甚于珍玩。洎有文集五十卷行于世。

子安期,至国子博士;方回,后为虞部员外郎。方回子怀玉,王钦若婿,赐进士及第,大理寺丞,秘书校理。

李惟清字直臣,下邑人。父仲行为,章丘簿,因徙家焉。惟清,开宝中,以三史解褐涪陵尉。蜀民尚淫祀,病不疗治,听于巫觋,惟清擒大巫笞之,民以为及祸。他日又加箠焉,民知不神。然后教以医药,稍变风俗。时遣宦官督输造船木,纵恣不法,惟清奏杀之,由是知名。秩满,迁大理寺丞。

太平兴国三年,迁为京湖北路转运判官,五年,改左赞善大夫,充转运副使,升正使,就改监察御史,兼总南路。尝入奏事太宗问曰:“荆湖累丰稔,又无徭役,民间苏否?”惟清曰:“臣见官卖盐为钱六十四,民以三数斗稻价,方可买一斤。”乃诏减十钱。徙京西转运使,入为度支判官,改主客员外郎。

雍熙三年,大举取幽州,惟清以为兵食未丰,不可轻动。朝廷业已兴师,奏入不报。判度支许仲宣建议通盐法,以卖盐岁课赋于乡村,与户税均纳。惟清奉诏往荆湖诸路详定,奏言以盐配民非便,遂罢。使还,上又问民间苦乐不均事,惟清言:“前在荆湖,民市清酒务官酿转鬻者,斗给耗二升,今三司给一升,民多他图,而岁课甚减。”诏复其旧。未几,出为京东转运使。会募丁壮为义军,惟清曰:“若是,天下不耕矣。”三上疏谏,繇是独选河北,而余路悉罢。擢屯田郎中、度支副使。

端拱初,迁右谏议大夫,历户部使,改度支使。会遣使河朔方田,大发兵。惟清以盛春妨农,恳求罢废。太宗曰:“兵夫已发矣。止令完治边城而已。”淳化三年,迁给事中,充盐铁使,遂以帐式奏御。太宗曰:“费用若此,民力久何以堪?如可减省,即便裁度。”惟清曰:“比开宝军兴之际,其数倍多,盖以将帅未得其人,边事未宁,屯兵至广也。臣闻汉有卫青、霍去病,唐有郭子仪、李晟,西北望而畏之。

如此则边事息而支用减矣。望慎擢将帅，以有威名者俾安边塞，庶节费用。"上言："彼一时，此一时也。今之西北变诈，与古不同。选用将帅，亦须深体今之几宜。韩、彭虽古之名将，以彼时之见，制今之敌，亦恐不能成功。今纵得人，未可便如古委之。此乃机事，卿所未知也。"

淮南榷货务卖岳茶，斤为钱百五十。主吏言陈恶者二十六万六千余斤，惟清擅减斤五十钱，不以闻。滁泗濠楚州、涟水军亦以岳茶陈恶，减价市之。计亏钱万四千余贯，为勾院吏卢守仁所发，左授卫尉少卿，黜判官李琯为本曹员外郎，赐守仁钱十五万。俄出知广州。至道初，就拜右谏议大夫。太宗闻其廉平，诏奖之。二年，徙广南东、西路都转运使，寻召拜给事中。逾月，同知枢密院事。

惟清倜傥自任，有钩距。临事峻刻，所至称强干。然以俗吏进，无人望。才数月，真宗即位，加刑部侍郎，复除御史中丞。既去枢要，怫郁尤甚，肆情弹击。咸平元年，卒，年五十六，赠户部尚书。

子永锡，荫至光禄寺丞。颇涉学属辞，尚气少检，喜交结。冯拯、王济、皇甫选多与之游，日聚举子于家，谈议时政。真宗将幸河朔，永锡犹服父丧，上章大言，列诋近臣，自谓有致太平灭敌之术。选为户部判官，因对，袖表以献，又自荐扬。真宗驻跸大名，召赴行在，试策不中，贬泷水县主薄。选为南剑州团练副使，俄复光禄寺丞。六年，又坐交游非类，监和州商税，后至右赞善大夫。次子永德，至殿中丞。

论曰：张宏为枢副，当用兵之际，循默备位；赵昌言为御史中丞，屡上书言兵，乃两易之。中丞可使循默者居之利？宋失政矣。昌言识李沆，器王旦；陈恕取士得王曾，举代得寇准；皆可谓知人之明。然赵好奖拔，而颇树党与，终以取败；陈典贡举，务黜南士，以避嫌疑，皆非君子所为也。昌言尚气敢言，恕为宋人能吏之首，庶足称矣。刘昌言感赵普之遇，身后经理其家；然委亲乡里，十年而不迎侍，厚薄失措，又何取乎？张洎初劝李煜勿降，既而不能死之，"犬吠

非主"之对,徒以辩舌,侥幸得免。厥后揣摩百端,谗毁正直,利口之
士,鲜不为反覆小人也。李惟清居台端,恨失政柄,恣情鸷击。旧史
称为俗吏,又奚责焉。

宋史卷二六八
列传第二七

柴禹锡　张逊　杨守一
赵镕　周莹　王继英　王显

　　柴禹锡字玄圭,大名人。少时,有客见之曰:"子质不凡,若辅以经术,必致将相。"禹锡由是留心问学。时太宗居晋邸,以善应对,获给事焉。

　　太平兴国初,授供奉官。三年,改翰林副使,迁如京使,仍掌翰林司。每夜直,上以藩府旧僚,多召访外事。迁宣徽北院使,赐第宝积坊。告秦王廷美阴谋,擢枢密副使。逾年,转南院使。服劳既久,益加勤敏。

　　雍熙中,议广宫城。禹锡有别业在表识中,请以易官邸,上因是薄之。又与宰相宋琪厚善。会广州徐休复密奏转运王延范不轨状,且言倚附大臣,无敢动摇者。上因访琪及禹锡曰:"延范何如人?"延范与琪妻为疏属,甚言其忠勤,禹锡亦傍赞之。上意其交通,滋不悦。禹锡又为琪请卢多逊故第,上益恶其朋比。坐琪以诙谐罢相,不欲显言之也。下诏切责禹锡,以骁卫大将军出知沧州。在任勤于政治,部民诣滨州列状以闻。改涪州观察使,徙澶、镇二州驻泊部署。俄知潞州州民乞留三载,诏奖之。徙知永兴军府,再召为宣徽北院使、知枢密院事。

　　至道初,制受镇宁军节度、知泾州。入谢日,上谓曰:"由宣徽罢者不过防御使尔,今委卿旄节,兼之重镇,可谓优异矣。"禹锡流涕哽咽而已。咸平中,移知贝州。是岁,契丹兵奄至城下,禹锡内严备御,寇寻引去。明年,徙陕州。

景德初,子宗庆选尚,召禹锡归阙,令公主就第谒见,行舅姑礼,固辞不许。顷之,还镇。未几,卒,年六十二,赠太尉。子宗亮,太子中允;宗庆,永清军节度。

张逊,博州高唐人。数岁丧父,养于叔父职方员外郎干,后随母归魏仁浦家,驸马都尉咸信,其异父弟也。太宗在晋邸,召隶帐下。

太平兴国初,补左班殿直。从征太原还,迁文思副使,再迁香药库使。岭南平后,交阯岁入贡,通关市。并海商人遂浮舶贩易外国物,睹婆、三佛齐、渤泥、占城诸国亦岁至朝贡,由是犀象、香药、珍异充溢府库。逊请于京置榷易署,稍增其价,听商入金帛市之,恣其贩鬻,岁可获钱五十万缗,以济经费。太宗允之,一岁中果得三十万缗。自是岁有增羡,至五十万。

雍熙二年,录其劳,迁领妫州刺史。三年,与安忠并命为东上阁门使。数月,会许仲宣罢判度支,即以逊为度支使。端拱初,迁盐铁使。二年,授宣徽北院使、签署枢密院事。未几,兼枢密副使、知院事。与同列寇准不协,每奏事,颇相矛盾。

一日,逊等晚归私第,准与温仲邠并辔,有狂民迎马首拜呼万岁。街使王宾旧与逊同事晋邸,逊又必举宾,雅相厚善,因奏民迎准拜呼万岁。准自辩:“实与仲舒同行,盖逊令宾独奏斥臣。”辞意俱励,因互发其私。太宗恶之,下诏切责,逊左降右领军卫将军,准京罢职。会判右金吾街仗蔡玉冒奏富人子为州大校,黜官,命逊代掌其事。

西蜀李顺为乱,诏发兵水陆进讨,以荆渚居其要害,命孙为右骁卫大将军、知江陵府,赐钱二百万,白金三千两。逊既至,会峡路诸漕卒数千人聚江陵,有告其谋变以应蜀寇,府中议欲尽诛之。逊止捕首恶杨承进等二十一人斩于市,余党亲加慰抚,飞奏以闻。太宗嘉之,诏以其卒分配州郡。数月,逊卒,年五十六,时至道元年也。

赠桂州观察使,归葬京师。逊小心谨慎,徒以攀附至贵显,其讦谋献替无闻焉。子敏中,初补供奉官。逊在宣徽,表言尝业文,愿改秩,即换大理寺丞,累至比部郎中。次子虚中,娶宗室申国公女,至供奉官、阁门祗候。敏中子先,进士及第。

杨守一字象先,其先河南洛阳人。唐末避乱,徙家宋、郑间。守一稍通《周易》及《左氏春秋》,事太宗于晋邸。

太宗即位,补右班殿直。太平兴国中,出护登州兵。召还,监仪鸾司。累迁西头供奉官,其下多贵族子弟,颇豪纵徼幸。始置三班院,令守一专其事,考核授任,渐有条制。岁余,改翰林学士。守一初名守素,至是诏改之。七年,与赵熔、柴禹锡、相里勋等告秦王廷美阴谋事,擢东上阁门使兼枢密都承旨。八年,改判四方馆事。雍熙中,诏护迁云朔归附安庆兵屯于潞州。三年,转内客省使,仍兼都承旨。端拱元年,授宣徽北院使、签署枢密院事。是秋,卒,年六十四。赠太尉,中使护葬。

守一性质直勤谨,无他材术,徒以肇自王府,久事左右,适会时机,故历职通显,饰终之礼,率加常数焉。

子安期历国子博士,坐事贬卒。安期子梦得,进士及第。

赵镕字化钧,沧州乐陵人。以刀笔事太宗于藩邸,即位,补东头供奉官。因使吴越赐国信,及钱俶纳士,遣检校帑廪,转内酒坊副使。以告秦王廷美阴事,迁六宅使,领罗州刺史。掌翰林司,擢东上阁门使。

郭贽参知政事,镕以同府之旧,尝有所请托,贽不从。镕摭堂吏过失以闻,贽见上,白镕私谒,即召镕廷辩。词屈,出为梓、遂州都巡检使,改左骁卫大将军,领郡如故。代还,知沧州兼兵马部署。镕在郡完城堑,严战具。寇尝数百骑至境上,闻有备,引去。迁左神武大将军。会崔翰知州,改镕为本州钤辖。

又知庐州,因对,自陈愿留,不许。逾年,召为枢密都承旨,同掌三班,俄拜宣徽北院使、同知枢密院事,与柴禹锡并掌机务。尝遣吏卒变服,散之京城察事。卒乘醉与卖书人韩玉斗殴,不胜,因诬玉言涉指斥。禹锡等遽以闻,玉坐抵法。太宗寻知其冤,自后廉事不复听。禹锡出镇,镕加知院事。真宗即位,改南院使、检校太傅,以心疾求解。是秋,授寿州观察使。咸平元年三月,卒,年五十五。赠忠正军节度,录其三子官。

镕少涉猎文史,美书翰,委质晋邸,以勤谨被眷。本名容,太宗改为镕,曰:"陶镕所以成器也。"镕性好佛,多蓄古书画。三子:忠辅,西京左藏库副使;忠愿,虞部员外郎;忠厚内殿崇班。

周莹,瀛州景城人。右领军卫上将军景之子也。景家富财,好交结,历事唐、汉、周。习水利,尝浚汴口,导郑州郭西水入中牟渠,修滑州河堤,累迁至是官。

太宗潜邸时,莹得给事左右。即位,补殿直,领武骑卒巡警泉、福州。卒才数百,捕剧贼千余,迁供奉官。天雄军节度孙永佑、转运使杨缄称荐之,又使绥、银州按边事,还奏称旨,擢鞍辔库副使。

雍熙二年,为杭、睦五州都巡检使兼杭州都监。会妖僧绍伦为变,莹擒获之,逮捕就戮者三百余人,人以为酷滥。代还,改崇仪使、沧州都监。召拜西上阁门使,领镇、定、高阳关都监,加判四方馆事。与郝守睿护塞宋州决河,俄改三路排阵钤辖,历知天雄军、真定二府,就迁引进使。至道二年,代还。会李继隆讨西夏,诏莹诣军前,授以机事,还拜客省使,签书枢密院诸房公事,俄兼提点宣诸房、鼓司、登闻院,与刘承珪并任。

真宗嗣位,承珪分使河北告谕,加领富州刺史。上闻其母老病,闵之,特封武功郡太夫人。秋,拜宣徽北院使。先是,宣徽著位在枢密副使上,莹表请居下,从之。咸平二年,大阅,命为随驾部署。从重量河朔,又为驾前马步都部署。

三年,迁南院使、知枢密院事。会蜀平,部送胁从者数十百人至阙下。西川转运使马亮因入奏,请赦其罪遣还。莹以为当尽诛之。

令莹、亮廷议,上是亮议,悉原其罪。

五年,高阳关都部署阙,藩侯无足领之者,宰相请辍宣徽使以居其任。时王纪英任北院,上以莹练达军事,乃拜永清军节度,兼领其任,为三路排阵使。莹隶人有钱仁度者,颇有军功,与虎翼小校刘斌相竞,为殿直阎渥所发。以莹故,诏勿问,止徙斌隶他军。契丹入寇,诏步兵赴宁边军为援。莹至,则寇兵已去,即日还屯所。上闻曰:"莹何不持重少留,示以不测。轻于举措,非将帅体也。"

景德初,丁内艰,起复,代王显为天雄军都部署兼知军府事。尝召洺州骑士五百人赴大名,道与寇直,力战,有死伤者,莹犹谓其玩寇,将悉诛之。诏赐金帛,谕莹勿治其罪。车驾北巡,为驾前东面贝冀路都部署。明年,改知陕州,俄徙永兴军府,又移邠州,兼环庆路都部署。时夏州内属,诏省戍兵还营,以减馈饷之费。仍手诏谕莹,莹遽奏乞留,以张边威。上谓莹庸懦不智,以曹玮代之,徙知澶州。

大中祥符初,改天平军节度。明年,为镇定都部署兼知定州。转运使奏其旷弛,徙知澶州,境内屡有寇盗,宰相以莹任居将帅,不能以威望镇靖,请徙他郡。上曰:"处之闲僻,适使其自偷尔。"遂下诏督责,令其擒捕。时发卒修河防,而军中所给糗粮,多腐败不可食;又役使不均,莹不加恤,以故亡命者众。

七年,入朝,复遣还镇。又以澶渊当契丹之卫,藉其廪给之厚,复命知澶州。九年,被疾,求还京师。卒,年六十六,赠侍中。初谥忠穆,后改元惠。录其二子供奉官普、显为内殿崇班,二孙永昌、永吉为殿直。

莹居枢近,无他谋略,及莅军旅,历藩镇,功业无大过人者。故事,大礼覃庆,外藩无赐物例。东封岁,莹镇澶渊,车驾所经,故特有袭衣、金带、器帛之赐。祀汾阴,莹知定州,乃预上言:"礼成,所赐望于治所支给。"人咸笑之。普后为崇仪副使,显至内殿承制。

王继英,开封祥符人。少从赵普给笔札,普自罢河阳,为少保,从者皆支,继英趋事逾谨。普再入相,继英录名中书五房、院。

时真宗在藩邸，选为导吏兼内知客事。太宗召见，谓曰："汝昔事赵普，朕所备知。今奉亲贤，尤宜尽节。"及建储，授左清道率府副率兼左春坊谒者。谒者本宫职，副率品秩颇崇，非趋走左右者所宜为，俾兼领之，执政之误也。真宗即位，擢为引进使。咸平初，领恩州刺史兼掌阁门使，迁左神武大将军、枢密都承旨，改客省使。契丹入寇，继英密请车驾北巡，上从之，即使命继英驰传诣镇、定、高阳关阅视行宫储顿，宣谕将士。俄充澶州钤辖。会大将传潜逗挠得罪，令继英即军中召还属吏。寻掌三班，拜宣徽北院使，与周莹同知枢密院事。莹出镇，继英遂冠枢宥，小心慎靖，以勤敏称，上倚赖之。

景德初，授枢密使。旧制，枢密院使祖母及母止封郡太夫人，有诏特加国封。尝因进补军校，白上曰："踪外之外急于攀附者，谓臣蒙蔽不为荐引。"上曰："此辈虽有贪缘，亦须因事立功，方许擢用，不可过求侥幸，卿勿复言也。"

从幸澶州，契丹请和，诹访经略，继英预焉。明年郊祀，加特进、检校太傅。三年，卒，年六十一。上临哭之，赐白金五千两，赠太尉、侍中，谥恭懿。且为葬其祖父，赠其妻贾长乐郡太夫人，录其子婿、门下亲吏数十人。初，继英幼孤，寄育外氏。既贵，外王父、诸舅有旅殡者，时方奏遣其子营葬，会卒，特诏有司给办焉。

子遵式、遵诲、遵度、遵范，皆至显宦。

王显字德明，开封人。初为殿前司小吏，太宗居藩，尝给事左右。性谨介，不好狎，未尝践市肆。即位，补殿直，稍迁供奉官。

太平兴国三年，授军器库副使，迁尚食使。逾年，与郭昭敏并为东上阁门使。八年春，拜宣徽南院使兼枢密副使。是夏，制授密使。上谓之曰："卿世家本儒，少遭乱失学，今典朕机务，无暇博览群书，能熟《军戒》三篇，亦可免于面墙矣。"因取是书及道德坊宅一区赐之。其后居位既久，机务益繁，副使赵昌言、寇准锋气皆锐，慢显，显或失误，护短终不肯改，上每面戒之。淳化二年八月，诏加切责，黜授随州刺史，充崇信军节度、观察等使，遣之任。

　　俄知永兴军，徙延州。时夏台、益部寇扰，显上疏曰："间岁以来，戎事未息，李继迁负恩于灵，王小波干纪于巴邛，河右坤维并兴师旅。而继迁翻然向化，遣子入觐，顾修职贡。陛下曲加容纳，许其内附，示以德信，伸以恩锡，所以绥怀之者至矣。然而狼子野心，未可深信。所宜谨屯戍，固城垒，积刍粮，然后遴选才勇，付以边任，纵有缓急，则备御有素，彼又奚能为患哉？至若蜀寇未平，神人共愤，谓宜申饬将帅，速期荡平，既免老师费财，且防事久则生变。又况邛蜀物产殷富，其间士卒骄怠，迟留顾恋，实兼有之。莫若勿惮往来，潜为更代，既可均其劳逸，抑可免于迁延。至于河北关防所当加谨者，诚以国家方事西南密谋兴举，若分中朝之势力，则长外寇之奸谋矣。"

　　时制，沿边粮斛不许过河西，河西青盐不得过界贩鬻，犯者不以多少，处斩。显请犯多者依法，自余别为科断，以差其罪。章上未报，移知秦州。初，温仲舒知州日，开拓山林，讽蕃部献其地。后朝廷虽尝给还，而采伐如故。转运使卢知翰请量给蕃部茶采，以酬所献，诏遣张从式与显同往规度。显言："乃者朝命以赵保吉修贡，边城务使字静，若今动众开斥疆境，非便。"议遂罢。

　　咸平初，入朝，改横海军节度，出知镇州。二年，曹彬卒，复拜枢密使。郊祀，加检校太师。真宗幸大名，内枢惟显与副使宋湜从，言者多谓显专司兵要，谋略非长。会湜卒，乃以参知政事向敏中权同知枢密院事。三年春，改授山南东道节度、同中书门下平章事、定州路行营都部署、河北都转运使兼知定州。秋，吏民诣驻泊都部署孔守正言显治状，愿借留。守正以闻。明年秋，加镇、定、高阳关三路都部署，许便宜从事。十月，契丹入寇，前军过威虏军。比时方积雨，契丹以皮为弦，湿缓不堪用，显因大破之，枭获名王、贵将十五人及羽林印二钮，斩首二万级。显上言："先奉诏令于近边布阵，及应援北平控扼之路。无何，敌骑已越亭障，显之前阵虽有捷克，终违诏命。"上章请罪。上降手札，以慰其尤悸。

　　明年，求致仕，不许，改河阳三城节度。将之镇，时议亲征契丹，

显言:"盛寒在序,敌未犯塞,銮舆轻举,直抵穷边,寇若不逢,师乃
先老。况今继迁未灭,西鄙不宁,傥北边部藩,与之结援,则中国之
患,未可量也。议者乃于此时请复幽蓟非计之得也。凡建议大事,
上下协力,举必成功。今公卿士大夫以至庶人,尚有异同,未可谓为
万全之举。若能选择将帅,训练士卒,坚城垒而缮甲兵,亦足以待敌
矣。必欲复燕苏旧地,则必修文德、养勇锐,伺时之利,以奉行天罚
而后可。"

景德初,徙知天雄军府。又言:"祖宗以来,多命近臣统领军旅。
今后宣徽使,宜于文武群臣中择晓达边事者为之。盖位高则威名
著,识远则勋劳立故也。武臣以罪黜者,宜加容贷,不以一眚遂废,
苟用之有恩,必得其死力,故曰使功不如使过也。至若临敌命将,则
贵专任,出师应敌,则约束将校,使相应援。全是数者,则军威倍壮,
人心增勇矣。"既而上表请赴行在,从之。是年秋,遣还镇。

契丹入寇,上议亲征。显复陈三策,谓:"大将军方在镇定,契丹
必不南侵,军驾止以驻澶渊,诏镇定出兵,会河南军,合击之可也。
若契丹母子虚张声势,以抗我师,潜遣锐兵南攻驾前诸军,则令镇
定之师直冲戎帐,攻其营寨,则沿河游兵不战而自屈矣。否则遣骑
兵千、步兵三千于濮州渡河,横掠澶州,继以大军追北掩击,亦可出
其不意也。"已而契丹请盟,赵德明遣使修贡称藩,朝廷加赏锡,且
许通青盐以济边民,从显之请也。

三年冬,被病,诏中使偕尚医疗视。明年正月,许还京师。时车
驾上陵,显谓宾佐曰:"余年位偕极,今天子道出虎牢,不得一拜属
车之尘,是遗恨也。"言施涕下,至京,信宿卒,年七十六。车驾至郑
州,闻之,遣宫苑使邓永迁驰还护丧,赠中书令,谥忠肃。录其二子。

显自三班不数年正枢任,奖擢之速,时无疑之者。显吏军司时,
张永德以滑州节制为殿前都点检。及显自枢密镇孟津兼相帅,永德
由太子太师为相帅,同日宣制,永德兼大夫反在显下,时人讶之。显
居中执政,矫情以厚胥吏,龊龊自固而已。在藩镇颇纵部曲扰下,论
者非之。

子希逸字仲庄,以荫补供奉官。好学,尤熟唐史,聚书万余卷。换秩授朝奉大夫、太子中允。咸平初,改殿中丞、直史馆,预修《册府元龟》,加祠部员外郎,卒。希范至如京副使。

论曰:自柴禹锡而下,率因给事藩邸,以攀附致通显者凡七人。若守一之质直,赵容之勤谨,服劳虽久而益修乃职,则其被眷遇也宜矣。张逊优于理财而未免于媢嫉,周莹练习军旅而颇伤于酷滥,禹锡素称勤敏而不能不涉于朋比,王显虽谨介自将而昧于学识,故莫逃于龊龊之讥。若以勤谨被信任,耆德冠枢宥,而善终如始者,其惟继英乎。《易》曰:"君子有终,吉。"此之谓也。

宋史卷二六九
列传第二八

陶谷　扈蒙　王著　王祐
子旭　孙质　　杨昭俭　鱼崇谅
张澹　高锡 从子冕

陶谷字秀实，邠州新平人。本姓唐，避晋祖讳改焉。历北齐、隋、唐为名族。祖彦谦，历慈、绛、沣三州刺史，有诗名，自号鹿门先生。父涣，领夷州刺史，唐季之乱，为邠帅杨崇本所害。时谷尚幼，随母柳氏育崇本家。

十余岁，能属文，起家校书郎、单州军事判官。尝以书干宰相李崧，崧甚重其文。时和凝亦为相，同奏为著作佐郎、集贤校理。改监御史，分司西京，迁虞部员外郎、知制诰。会晋祖废翰林学士，兼掌内外制。词目繁委，谷言多委惬，为当时最。少帝初，赐绯袍、靴、笏、黑银带。天福九年，加仓部郎中。初，崧从契丹以北，高祖入京师，以崧第赐苏逢吉，而崧别有田宅在西京，逢吉皆取之。崧自北还，因以宅券献逢吉，逢吉不悦，而崧子弟数出怨言。其后逢吉乃诱告崧与弟屿、义等下狱，崧惧，移病不出。

崧族子昉为秘书郎，尝往修崧，崧语昉曰："迩来朝廷于我有何议？"昉曰："无他闻，唯陶给事往往于稠人中厚诬叔父。"崧叹曰："谷自单州判官，吾取为集贤校理，不数年擢掌诰命，吾何负于陶氏子哉？"及崧遇祸，昉尝因公事诣谷，谷问昉："识李侍中否？"昉敛衽应曰："远从叔尔。"谷曰"李氏之祸，谷出力焉。"昉闻之汗出。

谷性急率，尝与兖帅安审信集会，杯酒相失，为审信所奏。时方姑息武臣，谷坐责授太常少卿。尝上言："顷莅西台，每见台司详断刑狱，少有既时决者。至于闾阎夫妇小有争讼，淹滞积时，坊市死亡丧葬，必俟台司判状，奴婢病亡，亦须检验。吏因缘为奸，而邀求不已，经旬不获埋瘗。望申条约以革其弊。"从之。俄拜中书舍人。尝请教习乐工、停二舞郎，及禁民伐桑棘为薪，并从其请。开运三年，赐金紫。

契丹主北归，胁谷令从行。谷逃匿僧舍中，衣布褐，阳为行者状。军士意其诈，持刃陵协者日数四。谷颇工历数，谓同辈曰："西南五星连珠，汉地当有王者出。契丹主必不得归国。"及耶律德光死，有孛光芒指北，谷曰："自此契丹自相鱼肉，永不乱华矣。"遂归汉，为给事中。乾祐中，令常参官转对。谷上言曰："五日上章，曾非旧制。百官叙对，且异昌言。徒浼天聪，无益时政，欲乞停转对。在朝群臣有所闻见，即许不时诣阙闻奏。"从之。

仕周为右散骑常侍，世宗即位，迁户部侍郎。从征太原，时鱼崇谅迎母后至，谷乘间言曰："崇谅宿留不来，有顾望意。"世宗颇疑之。崇谅又表陈母病，诏许归陕州就养，以谷为翰林学士。

世宗尝谓宰相曰："朕观历代君臣治平之道，诚为不易。又念唐、晋失德之后，乱臣黠将，僭窃者多。今中原甫定，吴、蜀、幽、并尚未平附，声教未能远被，宜令近臣各为论策，宣导经济之略。"乃命承旨徐台符以下二十余人，各撰《为君难为臣不易论》、《平边策》、以进。其策率以修文德、来远人为意，惟谷与窦仪、杨昭俭、王朴以封疆密迩江、淮，当用师取之，世宗自克高平，常训兵讲武，思混一天下。及览其策，忻然听纳，由是平南之意益坚矣。显德三年，迁兵部侍郎，加承旨。世宗留心稼穑，命工刻木为耕夫、织妇、蚕女之状，置于禁中，思广劝课之道，谷为赞辞以进。显德六年，加吏部侍郎。

宋初，转礼部尚书，依前翰林承旨。谷在翰林，与窦仪不协，仪有公望，虑其轧己，尝附宰相赵普与赵逢、高锡辈共排仪，仪终不至相位。

乾德二年，判吏部铨兼知贡举。再为地南郊礼仪使，法物制度，多谷所定。时范质为大礼使，以卤簿清游队有甲骑具装，莫知其制度，以问于谷。谷曰：“梁贞明丁丑岁，河南尹张全义献人甲三百副、马具装二百副。其人甲以布为里，黄施表之，青绿画为甲文，红锦绿青施为下裙，绛韦为络，金铜抉，长短至膝。前膺为人面二目，背运膺缠以红锦腾蛇。马具装盖寻常马甲，但加珂拂于前膺及后鞦尔。庄宗入洛，悉焚毁。”质命有司如谷说，造以给用。又乘舆大辇，久亡其制，谷创意造之，后承用焉。明德门成，诏谷为之记。

乾德中，命库部员外郎王贻孙、《周易》博士奚屿同考试品官子弟。谷属其子郿与屿，郿书不通，以合格闻，补殿中省进马。俄为人所发，下御史府案问，屿责授乾州司户，贻孙责授左赞善大夫，夺谷奉两月。谷后累加刑部、户部二尚书。开宝三年，卒，年六十八。赠右仆射。

谷强记嗜学，博通经史，诸子佛老，咸所总览；多蓄法书名画，善隶书。为人隽辨宏博，然奔竞务进，见后学有文采者，必极言以誉之；闻达官有闻望者，则巧诋以排之，其多忌好名类此。初，太祖将受禅，未有禅文，谷在旁，出诸怀中而进之曰：“已成矣。”太祖甚薄之。尝自曰：“吾头骨法相非常，当戴貂蝉冠尔。”盖有意大用也，人多笑之。子邧，至起居舍人。天禧四年，录谷孙实试秘书省校书郎。

扈蒙字日用，幽州安次人。曾祖洋，涿州别驾。祖智周，卢龙军节度推官。父曾，内园使。蒙少能文，晋天福中，举进士，入汉为零县主簿。赵思绾叛，遣郭从义讨之。郡县吏供给皆戎服趋事，蒙冠服褒博，举止舒缓，从义颇讶之。转运使李谷谓曰：“蒙文学名流，不习吏事。”遂不之问。周广顺中。从归德军节度赵晖为掌书记，召为右拾遗、直史馆、知制诰。蒙从第载时为翰林学士，兄弟并掌内外制，时号“二扈”。

宋初，由中书舍人迁翰林学士，坐请托于同年仇华，黜为太子左赞善大夫,稍迁左补阙,掌大名市征。六年,复知制诰充史馆修撰。开宝中,受诏与李穆等同修《五代史》,详定《古今本草》。五年,连知贡举。

七年,蒙上书言:"昔唐文宗每召大臣论事,必命起居郎、起居舍人执笔立于殿侧,以纪时政,故《文宗实录》稍为详备。至后唐明宗,亦命端明殿学士及枢密直学士轮修日历,送史官。近来此事都废,每季虽有内殿日历,枢密院录送史馆,然所记者不过臣下对见辞谢而已。帝王言动,莫得而书。缘宰相以漏泄为虞,昧于宣播,史官疏还,何得与闻。望自今凡有裁制之官,优恤之言,发自宸衷、可书简策者,并委宰臣及参知政事每月轮知抄录,以备史官择集。"从之,即以参知政事卢多逊典其事。

九年正月,受朝乾元殿,降王在列,声明大备。蒙上《圣功颂》,以述太祖受禅、平一天下之功,其词夸丽,有诏褒之。为卢多逊所恶,出知江陵府。

太宗即位,召拜中书舍人,旋复翰林学士。与李昉同修《太祖实录》。太平兴国四年,从征太原还,转户部侍郎,加承旨。雍熙三年,被疾,以工部尚书致仕。未几,卒,年七十二。赠右仆射。

自张昭、窦仪卒,典章仪注,多蒙所刊定。初,太祖受周禅,追尊四庙,亲郊,以宣祖配天。及太宗即位,礼官以为舜郊喾,商郊冥,周郊后稷,王业所因兴也。若汉高之太公,光武之南顿君,虽有帝父之尊,而无预配天之祭。故自太平兴国三年、六年再郊,并以太祖配,于礼为允。太宗将东封,蒙定议曰:"严父莫大于配天,请以宣祖配天。"自雍熙元年罢封禅为郊祀,遂行其礼,识者非之。

蒙性沉厚,不言人是非,好释典,不喜杀,搢绅称善人。有笑疾,虽上前不自禁。多著述,有《鳌山集》二十卷行于世。载字仲熙,有传,见《五代史》

王著字成象,单州单父人。性豁达,无城府。幼能属文,汉乾祐中,举进士。周祖镇大名,世宗侍行,闻著名,召置门下,因得谒见周祖。广顺中,世宗镇澶州,辟观察支使。隋世宗入朝,迁殿中丞;即位,拜度支员外郎。显德三年,充翰林学士。六年,丁家艰,起复。南唐李景使其子从善来贡,会恭帝嗣位,命著伴送至睢阳,加金部郎中、知制皓,赐金紫。世宗灵驾赴庆陵,符后从行,公务悉资于著。

宋初,加中书舍人。建隆二年。知贡举时亳州献紫芝,郓州获白兔,陇州贡黄鹦鹉,著献颂,因以规谏。太祖甚嘉其意,下诏褒之。四年春,宿直禁中,被酒,发倒垂被面,夜扣滋德殿门求见。帝怒,发其醉宿倡家之过,黜为比部员外郎。乾德初,改兵部员外郎二年,复知制诰。数月,加史馆修撰、判馆事。三年,就转户部郎中。六年,复为翰林学士,加兵部郎中,再知贡举。开宝二年冬,暴卒,年四十二。

著少有俊才,世宗以幕府旧僚,眷待尤厚,常召见与语,命皇子出拜,每呼学士而不名。屡欲相之,以其嗜酒,故迟留久之。及世宗疾大渐,太祖与范质入受顾命,谓质等曰:"王著藩邸旧人,我若不讳,当命为相。"世宗崩乃止。著善与人交,好延誉后进,当世士大夫称之。有传,见《五代史》。

王祜字景叔,大名莘人。祖言,仕唐黎阳令。父彻,举后唐进士,至左拾遗。

祜少笃志词学,性倜傥有俊气。晋天福中,以书见桑维翰,称其藻丽,由是名闻京师。邺帅杜重威辟为观察支使。汉初,重威移镇睢阳,反侧不自安,祜尝劝之,使无反汉,不听。佑坐是贬沁州司户参军,因作书贻乡友以见志,辞气俊迈,人多称之。仕周,历魏县、南乐二令。

太祖受禅,拜监察御史,由魏县移知光州,迁殿中侍御史。乾德三年,知制诰。六年,加集贤院修撰,转户部员外郎。太祖征太原,已济河。诸州饷馈集上党城中,车乘塞路,上闻之,将以稽留罪转运使。赵普曰:"六师方至,而转运使以获罪闻,敌必谓储峙不充,有以窥我矣,非威远之道也。俾能治剧者,往莅其州足矣。"即命祜知潞州。及至,馈饷无乏,路亦无壅,班师,召还。

会符彦卿镇大名,颇不治,太祖以祐代之,俾察彦卿动静,谓曰:"此卿故乡,所谓昼锦者也。"祐以百口明彦卿无罪,且曰:"五代之君,多因猜忌杀无辜,故享国不永,愿陛下以为戒。"彦卿由是获免,故世谓祐有阴德。继以用兵岭表,徙知襄州。湖湘平,移知潭州。召还,摄判吏部铨。时左司员外郎侯陟自扬州还,复判铨,祐判门下省,陟所注拟,祐多驳正。户多逊与陟善,陟因诉之,多逊素恶祐不比己,遂出祐为镇国军行军司马。

太平兴国初,移知河中府。入为左司员外郎,拜中书舍人,充史馆修撰。未几,知开封府,以病请告。太宗谓祐文章、清节兼著,特拜兵部侍郎。月余卒,年六十四。初,祐掌诰,会卢多逊为学士,阴倾赵普,多逊累讽祐比己,祐不从。一日,以宇文融排张说事劝释之,多逊滋不悦。及普再入,多逊果败,与宇文融事颇类,识者服其先见。

祐子三人:曰懿,曰旦,曰旭。旦自有传。初,佑知贡举,多拔擢寒俊,毕士安、柴成务皆其所取也。后与其子旦同入两制,居中书。懿字文德,励志为学,举进士,尝知袁州,有政绩,卒,年四十九。

旭字仲明。严于治内,恕以接物,尤笃友谊。以荫补太祝,尝知缑氏县。时官邻邑者多贪猥,民有"永宁三镬,缑氏一镰"之谣。又知雍丘县。真宗尹京时,素闻其能,及践祚,三迁至殿中丞。自旦居宰府,旭以嫌不任职。王矩尝荐旭材堪治剧,真宗召旦谓曰:"前代弟兄同居要地者多矣,朝廷任才,岂以卿故屈之邪?"命授京府推官,旦固辞,改判南曹。由判国子监出知颍州,荒政修举。

大中祥符间,旦既薨,扬历中外,卓有政绩,由兵部郎中出知应天府。卒,年六十八。懿子睦,旭子质,皆能其官。

质字子野。少谨厚淳约,力学问,师事杨亿,亿叹以为英妙。伯父旦见其所为文,嗟赏之。以荫补太常寺奉礼郎。后献文召试,赐进士及第，被荐为馆阁校勘，改集贤校理，累迁尚书祠部员外郎。丁父忧，与诸弟饭脱粟茹蔬终丧。

通判苏州，州守黄宗旦少质，尝因争事，宗旦曰："少年乃与丈人抗邪？"质曰："事有当争，职也。"卒不为屈。宗旦得盗铸钱者百余人，下狱治，退告质曰："吾以术钩致得之。"喜见于色。质曰："以术钩人置之死而又喜，仁者之政，固如是乎？"宗旦惭沮，为薄其罪。还判尚书刑部、吏部南曹，知蔡州。州人岁时祀吴元济庙，质曰："安有逆丑而庙食于民者？"毁之，为更立狄仁杰、李愬像而祠之，蔡人至今号"双庙"。以本曹郎中召为开封府推官。

时兄雍为三司判官，质不欲兄弟并居省府，恳辞，得知寿州，徙庐州。盗杀其徒，并赍而遁，捕得之。质论盗死，大理以谓法不当死，质曰："盗杀其徒，自首者原之，所以疑坏其党，且许之自新，此法意也。今杀人取赍而捕获，贷之，岂法意乎？"疏上不报。降监舒州灵仙观，采古今炼形摄生之术，撰《宝元总录》百卷。逾年，韩琦知审刑院，请盗杀其徒、非自首者勿原。著为令。于是郑戬、叶清臣皆言质非罪，且称其材，起知泰州，迁度支郎中，徙荆湖北路转运使。

尝摄江陵府事，或诉民约婚后期，民言贫无赍以办，故违约。质问其费几何，出私钱予之。吏捕盗人衣者，盗叩头曰："平生不为过，迫饥寒而至于此。"质命取衣衣之，遣去。加史馆修撰、同判吏部流内铨。擢天章阁待制，出知陕州，卒。

质家世富贵，兄弟习为骄侈，而质克己好善，自奉简素如寒士，不喜畜财，至不能自给。初，旦为中书舍人，家贫，与昆弟贷人息钱，违期，以所乘马偿之。质阅书得故券，召子弟示之曰"此吾家素风，尔曹当毋忘也。"范仲淹贬饶州，治朋党方急，质独载酒往饯。或诮质，质曰："范公贤者，得为之党，幸矣。"世以此益贤之。

杨昭俭字仲宝，京兆长安人。曾祖嗣复，唐门下侍郎、平章事、吏部尚书。祖授，唐刑部尚书。父景，梁左谏议大夫。

昭俭少敏俊，后唐长兴中，登进士第。解褐成德军节度推官。历镇、魏掌书记，拜左拾遗、直史馆，与中书舍人张昭远等同修《明宗实录》。书成，迁殿中侍御史。天福初，改礼部员外郎。晋祖命宰相冯道为契丹册礼使，以昭俭为介，授职方员外郎，旋加虞部郎中，俄以本官知制诰。不逾月三拜命，时人荣之。又为荆南高从诲生辰国信使，赐金紫。使回，拜中书舍人，又为翰林学士。

时骄将张彦泽镇泾原，暴杀从事张式，朝廷不加罪。昭俭与刑部郎中李涛、谏议大夫郑受益抗疏论列，请置之法。疏奏不报。会有诏令朝臣转对，或有封事，亦许以不时条奏。昭俭复上疏曰："天子君临四海，日有万机，懋建诤臣，弥缝其阙。今则谏臣虽设，言路不通，药石之论不达于圣聪，而邪佞之徒取容于左右。御史台纪纲之府，弹纠之司，衔冤者固当昭雪，为蠹者难免放流。陛下临御以来，宽仁太甚，徒置两司，殆如虚器。遂令节使慢侮朝章，屠害幕吏，始诉冤于丹阙，反执送于本藩。苟安跋扈之心，莫恤冤抑之苦。愿回睿断，诛彦泽以谢军吏。"由是权臣忌之。会请告洛阳，不赴晋祖丧，为有司所纠，停官。

未几，起为河南少尹，改秘书少监，寻复中书舍人。时河决数郡，大发丁夫，以本部帅董其役，既而塞之。晋少主喜，诏立碑记其事。昭俭表谏曰："陛下刻石纪功，不若降哀痛之诏；摛翰颂美，不若颁罪己之文。"言甚切至，少主嗟赏之，卒罢其事。周世宗爱其才，复召入翰林为学士。岁余，改御史中丞，多振举台宪故事。未几，以鞫狱之失，与知杂御史赵砺、侍御史张纠并出为武胜军节度行军司马。

开宝二年，入为太子詹事，以眼疾求退。六年，以工部尚书致仕。太宗即位，就加礼部尚书。太平兴国二年，卒，年七十六。昭俭美风仪，善谈名理，事晋有直声。然利口喜讥訾，执政大臣惧其构谤，多曲徇其意。

鱼崇谅字仲益，其先楚州山阳人，后徙于陕。崇谅初名崇远，后避汉祖讳改之。幼能属文，弱冠，相州刺史辟为从事。会魏帅杨师厚卒，建相州为昭德军，分魏郡州县之半以隶之。魏人不便，裨校张彦及帐下，囚节度使贺德伦归款庄宗，崇谅奔归陕。

明宗即位，秦王从荣表为记室。从荣诛，坐除籍，流庆州。清泰初，移华州。俄以从荣许归葬，放还陕。三年，起为陕州司马。仕晋，历殿中侍御史，凤翔李俨表为观察支使。奉方物入贡，宰相荐为屯田员外良郎、知制诰。开运末，契丹入汴，契丹相张砺荐为翰林学士。契丹主北归，留崇谅京师。

汉祖之入，尽索崇谅所受契丹诏敕，焚于朝堂，复令知制诰。俄拜翰林学士，就加中书舍人。隐帝即位，崇谅以母老求就养，除保义军节度副使，领台州刺史，食郡奉。会举师讨三叛，节度使白文珂在军前，崇谅知后事。凡供军储、备调发，皆促期而办，近镇赖之。崇谅亲属尽在凤翔城中，逾年城破，李谷为转运使，庇护崇谅家数十口，皆无恙。崇谅请告，自岐迎居于陕。未几，王仁裕罢内职，朝议请召崇谅为学士。

周祖践祚，书诏繁委，皆崇谅为之。广顺初，加工部侍郎，充职。会兖州慕容彦超加封邑，彦超已怀反侧，遣崇谅充使赐官告，仍慰抚之。时多进策人，命崇谅就枢密院引试，考定升降。崇谅以母老思乡里，求解官归养。诏给长告，赐其母衣服、缯帛、茶药、缗钱，假满百日，令本州月给钱三万，米面十五斛。俄拜礼部侍郎，复为学士。诏令侍母归阙，崇谅再表以母老病乞终养，优诏不允。世宗征高平，崇谅尚未至，陶谷乘间言曰："鱼崇谅逗留不来，有顾望意。"世宗颇疑之。崇谅又表陈母病，诏许归陕州就养。讫太祖朝不起。

太宗即位，诏授金紫光禄大夫、尚书兵部侍郎致仕。岁余卒。

张澹字成文，其先南阳人，徙家河南。澹幼而好学，有才藻。晋开运初，登进士第。宰相桑维翰器之，妻以女。解褐校书郎，直昭文馆，再迁秘书郎，充盐铁推官，历左拾遗、礼部员外郎，并充史馆修撰。出为洛阳令，秩满，授吏部员外，复充史馆修撰。周恭帝初，拜右司员外郎、知制诰。

建隆二年，加祠部郎中。会秘书郎张去华上书自荐有文艺，愿与澹及祠部员外郎知制诰卢多逊、殿中侍御史师颂并试，核定优劣。太祖令并试于讲武殿，澹所对不应策问，责授左司员外郎。未几，通判泰州兼海陵盐监副使。蜀平，通判梓州，复拜祠部郎中。

开宝初，就转仓部郎中。四年冬，以本官复知制诰。六年，会李昉责授，卢多逊使江南，内署阙学士，太祖令澹权直学士院。七年长春节，摄殿中监，进酒，命赐金紫。六月，权点检三司事。不逾旬，疽肆背卒，年五十六。太祖闻其无子，甚愍之，命中使护葬于洛阳。

澹美风仪，善谈论，历官厘务，所至皆治。初与词臣校艺，黜居郎署，颇怏怏。晚年附会卢多逊，方再获进用。淳化中，太宗论及文士，曰："澹典书命而试以策，非其所长，此盖陶谷、高锡党张去华阻澹尔。若使谷辈出其不意而遽试之，岂有不失律者邪？"

高锡字天锡，河中虞乡人。家世业儒，幼颖悟，能属文。汉乾佑中，举进士。王晏镇徐州，辟掌书记；留守西洛，又辟河南府推官。坐按狱失实夺官，迁置泾州，会赦得归。周显德初，刘崇入寇，宰相请选将拒之。世宗锐意亲征，破崇高平，诛败将樊爱能等，由是政无大小悉亲决之，不复责成有司。锡徒步诣招谏匦上书，请择贤任官，分治众职，疏奏不报。世宗尝令翰林学士及两省官分撰俳优词，付教坊肄习，以奉游宴。锡复上疏谏。后为蔡州防御推官。

宋初，弃官归京师，诣匦上疏，请禁兵器，疏入不报。建隆五年，又以书干宰相范质，质奏用为著作佐郎。明年春，迁监察御史。秋，拜左拾遗、知制诰，加屯田员外郎。乾德初，赐绯。太宗尹京，石熙载在幕中，锡弟铣应进士举，干熙载，望首荐。铣辞艺浅薄，熙载不许，锡深衔之，数于帝前言熙载裨赞无状。帝具以语太宗，且曰："当为汝择人代之。"太宗曰："熙载勤于乃职，闻高锡尝求荐其弟，熙载拒之，虑为锡所构。"帝大悟，虽怒之，未有以发。会使青州，私受节帅郭崇赂遗；又尝致书澧州刺史为僧求紫衣，为人所告。事下御史府核实，责贬莱州司马。遇赦，改均州别驾，移陈州。太平兴国八年，卒。

　　兄子冕。冕字子庄，周显德中，诣阙上书，称旨，擢为谏议大夫。宰相范质以为超擢太过，诏特授将仕郎，守右补阙，赐赍加等。宋初，由膳部都官员外郎累至膳部郎中，出知益州。雍熙二年，卒，年五十。赠右谏议大夫，录其子垂休为固始主簿。

　　论曰：自唐以来，翰林直学士与中书舍人对掌训辞，颂宣功德，箴谏阙失，不专为文墨之职也。宋兴，亦采词藻以备斯选，若谷之才隽，著之敏达，澹之治迹，锡之策虑，冕之敦质，咸有可观。然豫成禅代之诏，见薄时君，终身不获大用。及夫险诐忌前，醋醯少检，附势希荣，构谗谋己，皆无取焉。蒙博洽长厚，继窦仪裁定仪制，惜乎南郊之议，请去太祖以宣祖配天，为识者所非。昭俭抗论跋扈，志除骄将，而多言历诋，自取恶名，抑好讦为直者与？崇谅奉亲笃至，反罹间毁，终身归养，而不复起，后蒙旌贲之典，则为善者耸动矣。祐以百口明符卿无他志，且言以猜忌杀无辜者享国不长，因以杜太宗之他疑，又却卢多逊之倾赵普，以致被黜，仁者有后，宜乎子旦为宋元臣焉。

宋史卷二七○
列传第二九

颜衎　剧可久　赵逢　苏晓
高防　冯瓒　边珝　王明
许仲宣　杨克让　段思恭
侯陟　李符　魏丕　董枢

　　颜衎字祖德，兖州曲阜人。自言兖国公四十五世孙。少苦学，治《左氏春秋》。梁龙德中擢第，解褐授北海主簿，以治行闻。再调临济令。临济多淫祠，有针姑庙者，里人奉之尤笃。衎至，即焚其庙。

　　后唐天成中，为邹平令。符习初镇天平，习，武臣之廉慎者，以书告属邑毋聚敛为献贺。衎未领书，以故规行之，寻为吏所讼。习遽召衎笞之，幕客军吏咸以为辱及正人，习甚悔焉，即表为观察推官，且塞前事。长兴初，召拜太常博士，习力奏留之。习致仕，衎东归养亲。

　　未几，房知温镇青州，复辟置幕下。知温险愎，厚敛多不法，衎每机言之，不避其患。晋祖入洛，知温恃兵力偃蹇，衎劝其入贡。知温以善终，衎之力也。知温诸子不慧，衎劝令以家财十万余上进。晋祖嘉之，归功于衎。知温子彦儒授沂州刺史，衎拜殿中侍御史。

　　俄迁都官员外郎，充东都留守判官，改河阳三城节度副使；检校左庶子，知州事。居半岁，得家问，父在青州有风痹疾，衎不奏弃官去侍疾,不复有仕宦意。岁余,父疾不能起,衎亲自掬矢,未尝少倦。晋祖闻之,召之工部郎中、枢密直学士,连使促召至阙,辞曰:"臣无他才术,未知何人误有闻达。望放臣还,遂其私养。"晋祖曰:"朕自知卿,非他人荐也。"俄废枢密院,以本官奉朝请。逾年,上表请还侍养,授青州行营司马。丁父尤,哀毁甚。俄召为驾部郎中、盐铁判官。以母老恳辞,有诏止守本官。

　　未几,复出为天平军节度副使。开运末,授左谏议大夫,权判河南府,召拜御史中丞。丧乱之后,朝纲不振,衎执宪颇有风采。尝上言:"才除御史者,旋授外藩宾佐,复有以私故细事求假外拜,州郡无参谒之仪,出入失风宪之体,渐恐四方得以轻易,百辟无所准绳。请自今藩镇幕僚,勿得任台官;虽亲王、宰相出镇,亦不得奏充宾佐。非奉制勘事,勿得出京,自余不令厘杂务。"诏惟辟召入幕如故,余从其请。复抗表求侍养,改户部郎中。衎又坚乞罢免,诏书褒许,即与其母东归。归乾祐末,丁尤。服除,诏郓州高行周津遣赴阙,衎辞以足疾,不至。周广顺初,起为尚书右丞,俄充端明殿学士。太祖征兖州,驻城下,遣衎往曲阜祠文宣王庙。城平,以衎权知州事。归朝,权知开封。

　　时王峻持权,衎与陈观俱为峻所引用。会峻败,观左迁,衎罢职,守兵部侍郎。显德初,上表求解官,授工部尚书,致仕还乡里,台阁缙绅祖饯都门外,冠盖相望,时人荣之。建隆三年春,卒于家,年七十四。衎守章句,无文藻,然谅直孝悌,为时所推。

　　剧可久字尚贤,涿州范阳人。沉毅方正,明律令。与冯道、赵凤为友。后唐同光初,凤荐于朝,补徐州司法,以干职闻。召为大理评事,赐绯。逾年,迁大理正,坐误治狱责授登州司户。遇赦,召为著作郎。仕晋,历殿中少监、太子右谕德、大理少卿,赐金紫。晋祖崩,可久方在病告,有司纠以不赴国哀,坐免。未几复官,迁大理卿。

　　周广顺初,改太仆卿,复为大理卿。会郑州民李思美妻诣御史台诉夫私鬻盐,罪不至死,判官杨瑛置以大辟。有司摄治瑛,瑛具伏。可久断瑛失入，减三等，徒二年半。宰相王骏欲杀瑛，召可久谓之曰："死者不可复生，瑛枉杀人，其可恕耶？"可久执议益坚，瑛得免死。由是忤峻，改太仆卿，分司西京。显德三年，所举官犯赃，可久坐停任。明年，复起为右庶子。

世宗以刑书深古、条目繁细，难于检讨。又前后敕格重互，亦难详审，于是中书门下奏曰："伏以刑法者，御人之衔勒，救弊之斧斤，有国家者不可一日而废也。虽尧、舜之世，亦不能舍此而致治。今奉制旨，删定律令，有以见明罚敕法之意也。窃以朝廷之所用者，《律》十二卷、《律疏》三十卷、《式》、三十卷《令》、三十卷、《开成格》一十卷、《大中统类》一十二卷，后唐以来至汉末编敕三十三卷，及国朝制敕等。律令则文辞古质，或难以详明；格敕则条目繁多，或有所疑误。将救舞文之弊，宜伸画一之规。所冀民不陷刑，吏有所守。臣等商议，望准制旨施行。乃命侍御史知杂事张湜、太子右庶子剧可久、殿中侍御史率汀、职方郎中邓守中、仓部郎中王莹、司封员外郎贾玭、太常博士赵砺、国子博士李光赞、大理正苏晓、太子中允王伸等十人编集新格，勒成部秩。律令之有难解者，就文训释；格敕之有繁杂者，随事删削；其有矛盾相违、轻重失宜者，尽从改正，无或拘牵。候毕日，委御史台、尚书省四品以上及两省五品以上官参详可否，送中书门下议定。"从之。自是湜等于都省集议删定，仍令大官供膳。五年，书成，凡三十卷，目曰《刑统》。宰相请颁天下，与律、疏、令、式并行。可久复拜大理卿。

建隆三年，告老，改光禄卿致仕。卒，年七十七。

可久在廷尉四十年，用法平允，以仁恕称。

赵逢字常夫，妫州怀戎人。性刚直，有吏干。父崇事刘守光为牙校。后唐天祐中，庄宗遣周德威平幽州，因诛崇。逢尚幼，德威录为部曲，令与诸子同就学。及德威战没胡柳陂，逢乃游学河朔间。久之西游，客凤翔李从晔门下。从晔卒，侯益领节制，逢又依之。汉乾祐中，益入为开封尹，表逢为巡官，逢不乐，乃求举进士。是岁，礼部侍郎、集贤殿学士司徒翊典贡举，擢登甲科。解褐授秘书郎、直史馆。周广顺中，历左拾遗、右补阙，皆兼史职。世宗嗣位，迁礼部员外郎、史馆修撰。显德四年，改膳部员外郎、知制诰。逾年，转水部郎中，仍掌诰命。恭帝即位，赐金紫。

宋初，拜中书舍人。太祖征泽、潞，逢从行。次河内，闻李筠拥兵入寇，又虑太行艰险，乃妄言坠马伤足，留于怀州。驾还京，有密旨除拜，逢当草制，又称疾不入。太祖谓宰相曰："此人得非规避行役者耶？"对曰："诚如圣言。"遂贬房州司户。会恩，量移汝州司马。乾德初，召赴阙，授都官郎中、知制诰，充史馆修撰，判馆事。二年，改判昭文馆。未几，充枢密直学士，加左谏议大夫。蜀平，出知阆州。时部内盗贼攻州城，逢防御有功。贼既平，诛灭者仅千家。妻朱氏病死京师，诏给葬事。代还，迁给事中，充职。六年，权知贡举。

太祖征太原，以逢为随军转运使，铸印赐之。会发诸道丁壮数十万，筑堤壅汾水灌晋阳城。逢白太祖乞效用，即命督其版筑。时方盛署，逢于烈日中亲课力役，因而遘疾，舁归京师。开宝八年，卒。逢扬历清近，所至有声，然伤惨酷，又言多诋讦，故缙绅目之为"铁橛"。大中祥符三年，特诏录其子极为三班借职。

苏晓字表东，京兆武功人。父瓒仕后唐，历秘书少监。长兴初，晓辟邓州从事。汉祖镇太原，表为观察支使。周广顺初，由华州支使入为大理正。以谳狱有功，迁少卿。显德中，历屯田郎中。

宋初，诏与窦仪、奚屿、张希让等同详定《刑统》为三十卷及《编敕》四卷。建隆四年，权大理少卿事，迁度支郎中。乾德三年，出为淮南转运使，建议榷蕲、黄、舒、庐、寿五州茶，置十四场，规其利，岁入百余万缗。开宝三年，迁司勋郎中，改西川转运使，仍掌京城市征。

先是，朝廷遣供备库使李守信市木秦、陇间，守信盗官钱钜万，既受代，为部下所发，守信至中牟，自到到传舍。太祖命晓案之，逮捕甚众。右拾遗、通判秦州马适妻李，即守信息女。守信尝用木为筵以遗适，晓得守信所送书以进，太祖将舍之，晓上章固请置于法，仍籍其家。余所连及者，多至破产，尽得所隐没官钱。擢拜晓右谏议大夫、判大理寺，赐金紫，迁左谏议大夫。七年，监在京商税。九年六月，卒，年七十三。

晓深文少恩，当时号为酷吏。及卒，无子，有一女甚钟爱，亦先晓卒，人以为深刻所致。

高防字修己，并州寿阳人。性沉厚，守礼法。累世将家。父从庆，戍天井关，与梁军战死。防年十六，护柩以归。事母孝，好学，善为诗。

初，张从恩为北京副留守，奏摄太原府仓曹掾。从恩移澶州防御使，表为判官。有亲校段洪进盗官木造器，市取其直。从恩闻之怒，将杀之。洪进惧，思缓其罪，绐曰："判官使为之。"从恩召防诘之，防即引伏，洪进得免。从恩遗防钱十千、马一疋遣之。防拜受而去，终不自明。既而悔之，命骑追及，防不得已而还，宾主如初。又居帐下岁余，稍稍有言防自诬以活人，从恩益加礼重。从恩入为枢密副使，防授国子监丞。从恩留守西洛，又为推官。召拜殿中丞，充盐铁推官。以母忧去官，服除，随从恩历郓、晋、潞三镇判官。契丹入汴，晋主北行。忧恩欲归款契丹，召拜计议，防为陈逆顺，请固守臣节。为左右所摇，从恩不用其言，遂归契丹。既行，命副使赵行迁知留后，从恩所亲王守恩为巡检，与防同领郡事。防与守恩谋诛行迁，以城归汉祖。汉祖召防赴太原，加检校金部郎中。

乾祐初，授屯田员外郎，改浚仪令。时杨邠用事，与防有隙，未几，免职。居数月，梦一吏以白帕裹印，自门入授防，防寤而思曰："白主刑，吾当为主刑官乎？"俄而周祖即位，起为刑部员外郎，吏赍印至，一如梦中所睹。改开封令，迁本府少尹，除刑部郎中。宿州民以刃杀妻，妻族受赂，伪言风狂病暗。吏引律不加考掠，具狱上请覆。防云："其人风不能言，无医验状，以何为证？且禁系逾旬，亦当须索饮食。愿再劾，必得其情。"周祖然之，卒置于法。

世宗尹京,判官崔颂忤旨,简求僚佐,宰相首以防荐。周祖曰:
"朕方欲用之。"乃以防代颂。世宗即位,拜左谏议大天,赐金紫、鞍
勒马。显德二年,迁给事中,从征淮南,初下泰州,即命防权知州事
兼判海陵监事。会吴师至,乃迁州民入牙城,分兵固守,以俟外援。
俄而扬帅韩令坤驰骑召防,吴军复至广陵,防与令坤败之。诏书嘉
奖。三年,改左散骑常侍。其秋,召归阙。复历知蔡、宋二州。再从
世宗南征,判行泗州,及城降,命防知州事,复知蔡州。五年,迁户部
侍郎。世宗谋取蜀,以防为西南面水陆转运制置使,屡发刍粮赴凤
州,为征讨之备。

太祖还自陈桥,防所居为里民所略,诏赐绫绢、衣服、衾绸、鞍
马。及征李筠,防又为潞州东北路计度转运使。泽、潞平,拜尚书左
丞,赐银器、采帛、鞍勒马。

建隆二年,出知秦州,州与夏人杂处,罔知教养,防齐之以刑,
旧俗稍革。州西北夕阳镇,连山谷多大木,夏人利之。防议建采造
务,辟地数百里,筑堡要地。自渭而北,夏人有之;自渭而南,秦州有
之。募卒三百,岁获木万章。夏部尚波千等率诸族千余人,涉渭夺
木筏,杀役兵。防出与战,俘四十七以献。太祖虑扰边郡,诏谕酋帅,
赐所获之俘锦袍、银带以遣之,遂罢采木之役,命吴廷祚为节度以
代防。归为枢密直学士,复出知凤翔。乾德元年,卒,年五十九。

太祖甚悼惜,赐其子太府寺丞延绪诏曰:"尔父有干蛊之才,怀
匪躬之节,朕所毗倚。遽兹沦亡,闻之蠹伤,不能自己。矧素尚清白,
谅无余资,殡殓所须,特宜优恤。今遣共奉官陈彦徇部署归葬西洛,
凡所费用,并从官给。"

冯瓒字礼臣。齐州历城人。性便佞,任数,务巧进。父知兆,后
唐司农卿。瓒以荫补,解褐授秘书省校书郎,迁著作佐郎,出为诸城
令。岁满,授太子右赞善大夫。

汉初,改监察御史。周广顺元年,迁殿中侍御史。河阳判官宋
仁范与洛阳嫠妇交讼,诏瓒劾之。狱成,大理断以官当徒,追两官告

身,刑部员外郎张处素覆核无异,奏行。仁范诣阙诉其事,诏还一官,瓒泊处素具坐降一阶。显德初,迁刑部员外郎,充三司判官。岁余,改祠部郎中,充集贤院直学士。

宋初,转兵部郎中。加金紫阶。瓒风神俊爽,善谈论,有吏材,太祖甚宠之,擢拜左谏议大夫,出知舒州。境内有菰蒲鱼鳖之饶,居民采以自给,防御使司超尽征之,瓒奏夺民利,请蠲除,从之。建隆四年春,徙知庐州。乾德三年,以本官充枢密直学士。

时剑外初平,卒有亡命者散匿为盗,命瓒知梓州。无何,蜀军校上官进率亡命三千余人,掠民数万,夜攻州城。瓒曰:“贼乘夜奄至,此乌合之众,以棰梃相击,必无固志。正可持重以镇之,旦自溃矣。”城中止有云骑兵三百,令分守城门。瓒坐城楼,密令促其更筹,未夜分击五鼓,贼悉遁去。因纵兵追之,擒上官进,斩于市。诱其余党千余人,并释其罪,境内获安。

初,太祖欲任用瓒,常与赵普言瓒有奇材。普忌之,乃遣诣蜀平寇,潜令所亲信从其行,密察其过,即亡入京师击登闻鼓,讼瓒及监军绫锦副使李美、通判殿中侍御史李楫受赇为奸事。急召归阙,亲问之,词理屡屈,乃属吏。既而普遣人至潼关,阅其囊装,得金带珍玩之物,皆封题将以赂刘赞,赞方在太宗幕府。瓒具伏,普言法当死,太祖欲贷之,普固执不可,乃削去名籍。瓒流登州沙门岛,美配隶通州海门岛,赞免所居官。李楫者,尝与王德裔佐王饶幕,太祖内孝明皇后,因识之。德裔轻率而楫谨厚,太祖薄德裔而厚楫,至是,楫特免配流。未几,复为御史。

瓒在海上凡十年不得召,开宝末,遇赦放还。太宗即位,授左赞善大夫。太平兴国元年冬,与礼部员外郎贾黄中、左补阙程能分掌左藏三库。先是,货泉与金帛通。至是,以帑藏充溢,乃命分之。二年,复赐金紫。明年,判大理寺,改度支判官,迁秘书少监,充职。四年,上亲征太原,以瓒为随驾三司判官。凯旋,改大理卿兼判秘书省。以足疾求解,优诏免朝请,令于本司视事。瓒抗章请退,除给事中致仕,复旧勋阶。五年,卒,年六十七。子克忠,至内殿崇班、阁门祗候。

边翊字待价，华州郑人也。曾祖颉，石泉令。祖操，下邳令。父蔚，太常卿。

翊，晋天福六年，举进士，解褐秘书省校书郎、直洪文馆。汉乾佑初，为右拾遗，加朝散大夫。泽州饥，奉诏视民田。周广顺元年，迁右补阙。三年，转起居舍人。显德二年，改库部员外郎。丁外艰，服阕，授职方员外郎，知通州。翊课鬻盐于狼山，岁增万余石。

宋初，诣卫州视秋稼及掌京仓。建隆二年，兄玕自河南令入为吏部员外郎，复以翊为洛阳令。兄弟迭尹赤邑，时人荣之。乾德初，召为仓部郎中。蜀平，命翊知三泉县。开宝初，迁职方郎中，监京兆曲务，又掌建安军榷货，奏徙务扬州。有富民诉广陵尉谢图杀其父，本部收尉囚之，官吏劾累三百日，狱未具，州以状闻。诏翊案鞫，尽得其实。乃富民以私憾诬告尉，即反坐之。就命权知州事，仍兼权货务。罢郡，又兼掌酒税盐樊务。未几，丁母忧，起复，知州事。会征江表，兼领淮南转运使。金陵平，知江北诸州转运事。

太宗即位，迁吏部郎中。召还，赐金紫，充广南转运使。初至，桂州守张颂卒。颂，潍州人，藁葬城外。旧制不许以族行，仆人乃分匿其家财，翊召官吏悉追取之，部送其枢归潍州。又属郡守与护军有忿隙者，但奏令易地，不致之于罪峄。太平兴国五年，代归。拜右谏议大地，领吏部选事。七年，移知开封府。明年夏，卒，年六十三。

翊精力有吏材，帝方欲倚用，及闻其卒，叹惜数四，赙其家绢四百匹，钱二十万。翊一子早卒，以其从子俊为尉氏主簿。兄玕至金部郎中，弟玢右赞善大夫，从子仿至殿中丞，倚为比部员外郎。

王明字如海，大名成安人。晋天福中，举进士不第。骁骑将药元福为原州刺史，辟为从事。冯晖节制灵武，表为观察巡官。周广顺初，元福领陈州防御使，奏署判官。会刘崇寇晋州，命元福将兵援之，事多咨于明。

先是，州县吏部送丁壮饷粮，一夕，夫尽遁去。元福怒，尽驱官吏出军门，将就戮。明驰往止之，入白元福曰："今军储无阙，丁夫数万人，文吏懦不能制，斩之何益，不如宽以待之。贼败凯旋，公无专杀之名，不亦善乎？"元福感悟，尽免其死。既而崇众宵遁，即命元福为建雄军节度留镇，因奏署明为书记，赐绯鱼。

显德初，元福移镇陕，恃功多骄恣，明以直道规之，忤其左右，多毁明于元福，元福亦稍疏之。明以父病求归省，元福数召明，明因谢绝之。诣阙上书，求任州县，历清平、鄢城二县令。

宋初，荆南高继冲入觐，授彭门节铖，以明为武宁军节度掌书记。乾德初，召公卿近臣各举清白有吏干者一人，给事中马士元以明塞诏，召为左拾遗。蜀平，选知荣州，代归，迁右补阙。会用兵于岭南，选为荆湖转运使。开宝三年，大举南征，以明为随军转运使。山路险绝，舟车不通，但以丁壮数万人转递，供亿不阙。每下一郡一城，必先保其薄书，守其仓库。既而贺州未下，明入与主帅计曰："当急取之，恐援兵至，则我师胜负未可知。"诸将颇犹豫。明乃擐甲胄，率所部护送辎重卒百人，拥丁夫数千，畚锸皆作，埋其堑，直抵城门。城中惧，开门纳款，遂据有之。因抵广州，贼众十余万拒战。是夕，大风发屋折木，众乃惊惧。明与都部署潘美等谋，命丁夫数千人，人持二炬，间道先捣贼垒，大军蓐食，阵以待之。俄而万炬皆发，焚其栅。贼惊，果来犯，大军因逆击之，贼大败，斩首数万，刘铼以城降。广州平，为本道转运使。太祖嘉其功，擢授秘书少监，领韶州刺史，充转运使。俄以潘美、尹崇珂为岭南转运使，以明为副使。明遍历部内，视民疾苦，旧无名科敛，悉条奏除之，岭表遂安。

七年，代归，帝召见劳问，赐袭衣、金带、鞍勒马。是岁，将用师南唐，以明为黄州刺史，帝密授成算。明既视事，即完葺城垒，训练士卒，众莫解其意。俄而王师自荆渚乘战舰而下，即以明为池州至岳州江路巡检战棹都部署。击鄂州军于江南，斩首三百级。又破万余人于武昌，杀江南军七百人，拔樊山砦。破江州军，斩首三千级。又破江南军三百人于江中，获船十余艘。又击败湖口军万余众，夺战舰五百艘。

时南唐将朱令赟自上江领众十五万,连大舰沿流而下,将焚采石浮梁,抵金陵为援。明率所部舟师屯独树口,遣其子驰奏,请添造战舰三百艘以袭令赟。帝曰:"非应急策也,令赟朝夕至,金陵之围解矣。"乃密遣谕明,令树长木于州浦间,若帆樯之状。令赟望见之,果疑大军袭其后,逗挠不敢进。明移檄诸军,相为掎角,因督兵棹袭之。至小孤山,与诸军合势,大破之,擒令赟,众赴水死者十五六。金陵平,诏明安抚诸郡,因命知洪州。太宗即位,兼领江南诸路转运使。召为右谏议大夫,充三司副使。

太平兴国七年,与侯陟同判三司事。八年,召分三司,各命使领之,改左谏议大夫,为盐铁使,迁给事中。雍熙四年,改光州刺史,出知并州。端拱元年,代还。表求换秩,改礼部侍郎。会契丹扰边,诏以明知真定府。契丹遁去。淳化初,诏归阙,知京朝官差遣事。二年,卒,年七十三。

子挺、扶,并进士及第。历台省,累为转运使,皆知名。挺至殿中侍御史,扶尝直集贤院。至工部员外郎。景德中,录幼子揆为光禄寺主簿。大中祥符八年,又录其孙师颜为三班借职,揆至殿中丞。

许仲宣字希粲,青州人。汉乾祐中,登进士第,时年十八。周显德初,解褐授济阴主簿,考功员外郎张乂荐为淄州团练判官。

宋初赴调,引对便殿。仲宣气貌雄伟,太祖悦之。擢授太子中允,受诏知北海军。仲宣度其山川形势、地理广袤可以为州郡,因画图上之,遂升为潍州。初,议建牧马监,令充仲宣行视诸州,颇得善地。从征并门,掌给纳,四十余州资粮悉能集事。帝益知其强干。开宝四年,知荆南转运使。及征江南,又兼南面随军转运事,兵数十万,供馈无阙。南唐平,以漕挽功拜刑部郎中。中谢日,召升殿奖谕,赐绯。九年,诏知永兴军府事。

太宗嗣位,迁兵部郎中,驿召赴阙,赐金紫。授西川转运使,属西南夷寇钞边镜,仲宣亲至大度河,谕以逆顺,示以威福,夷人率服。会言事者云,江表用兵时,仲宣乾没官钱,召还,令御史台尽索财计薄钩校，凡数年而毕，无有欺隐。改广南转运使，会征交州，其地炎瘴，士卒死者十二三，大将孙全兴等失律，仲宣因奏罢其兵。不待报，即以兵分屯诸州。开库赏赐，草檄书以谕交州。交州即送款内附，遣使修贡。仲宣复上章待罪，帝嘉之。

太平兴国六年冬，南郊毕，迁吏部郎中。八年，与膳部郎中、知杂滕中正，兵部郎中刘保勋，刑部郎中辛仲甫，皆以久次郎署，擢陟谏垣，仲宣为左谏议大夫。未几，召还，以本官权度支。雍熙四年，出知广州，未上，移知江陵府，俄改河南府。端拱中，迁给事中。淳化元年，卒，年六十一。

仲宣性宽恕，倜傥不检，有心计。初，为济阴主簿时，令与簿分掌县印。令畜婢妾，与其室争宠，令弗能禁。婢欲陷其主，窃取其印藏之，封识如故，以授仲宣。翌日署事，发匣，则无其印，因逮捕县吏数辈及令、簿家人，下狱鞫问，果得之于令舍灶突中。令闻之，仓皇失措，仲宣处之晏然，人服其量。尝从征江南，都部署曹彬令取陶器数万，给士卒为灯具。仲宣已预料置，奉之如其数，其才干类此。

子待用至国子博士，待问再举及第，至殿中丞，待旦至比部员外郎。待用子巨源，亦登进士第。

杨克让字庆孙，同州冯翊人。高祖公略，洪州都督。晋末，举进士不第，州将刘继勋辟为户曹掾。汉乾祐中，本府节度线彦成表授掌书记。

周广顺初，彦成移镇安阳、穰下，克让以旧职从行。彦成入为执金吾，病笃，奏称其材可用。克让以彦成死未葬，不忍就禄，退居别墅，俟张氏子外除。时论称之。历镇宁军掌书记。显德二年，调授凤翔府司录参军，加兼监察御史，以祖母老解官归养。未几，改延州察推官，与通判宋琪并为节度使赵赞所礼。累加朝散大夫兼殿中侍御史，连以家难去职。

太祖素知其名，会赞入觐，复称其才，即起为左补阙，掌蕲口榷货务。乾德六年，知果州。上言愿毕襄事，特赐缗钱，许葬毕赴任。

开宝三年，就命为西川转运副使，蜀民怀其善政，玺书褒美。代归阙下，疏民利病十事，称旨。太祖召升殿，赐坐劳问，面赐金紫。将大用，为侯陟所沮，事见《陟传》。

征南唐，命克让知升州行府。升州平，就知州事兼水陆计度转运使事，加兵部员外郎。太平兴国初，就加刑部郎中，知大名府。会钱俶、陈洪进来归疆土，以克让为两浙西南路转运使。泉州民啸聚为盗，克让在福州，即率其屯兵至泉州，与王明、王文宝共讨平之。四年，徙知广州，俄兼转运市舶使。明年，卒，年六十九。

克让少好学，手写经籍，盈于箧笥。多收图画墨迹。历官廉谨干局，所至有声。每视事，自旦至暮，或通夕，断决如流，无有凝滞，当时称为能吏。

子希闵字无间。生而失明，令诸弟读经史，一历耳辄不能忘。属文善缄尺，赵普守西洛，府中笺疏，皆希闵所为。将奏署本府掾，固辞不受，普优加给赡。张齐贤、李沆、薛惟吉、张茂宗断领府事，皆优待之。卒，年三十九，有集二十卷。自教三子：日华，日严、日休，皆登进士第。日华都官员外郎，日严职方员外郎，日休殿中丞。希闵弟甫，淳化三年进士，至屯田员外郎。从子日宣，亦登进士第。

段思恭，泽州晋城人。曾祖约，定州司户。祖昶，神山令。父希尧，晋祖镇太原，辟为从事，与桑维翰同幕府。晋有天下，希尧累历清显。思恭以门荫署镇国军节度使官。天福中，希尧任棣州刺史兼权盐樊制置使。思恭解官侍养，奉章入贡，改国子四门博士，赐绯。开运初，出为华、商等州观察支使。刘继勋节制同州，辟为掌书记。断勋入朝，会契丹入汴，军士，喧噪，请立思恭为州帅，思恭谕以祸福，拒而弗从，乃止。

汉祖建国，授左补阙。隐帝时，蝗，诏遍祈山川。思恭上言："赦过宥罪，议狱缓刑，苟狱讼平允，则灾害不生。望令诸州速决重刑，无致淹滥。必召和气。"从之。历度支、驾部。周显德中，定滨州田赋，世宗嘉之，赐金紫。丁外艰，服阕，拜左司员外郎。

建隆二年，除开封令，迁金部郎中。乾德初，平蜀，通判眉州。时亡命集众，攻逼州城，刺史赵廷进惧不能敌，将奔嘉州，思恭止之，因率屯兵与贼战彭山。军人皆观望无斗志，思恭募军士先登者厚赏，于是诸军贾勇，大败贼，思恭矫诏以上供钱帛给之。后度支请按其罪，太祖怜其果干，不许，令知州事。丁母尤，起复，俄召为考功郎中，知泗州。

会冯断业自灵州举宗来朝，帝以思恭代知州事，仍语之曰："冯断业言灵州非卫、霍名将镇抚之不可，汝其往哉！"思恭曰："臣奉诏而往，必能治之。"帝壮之，赐窄衣、金带、钱二百万，仍以涂涉诸部，令别赍金帛以遗之。思恭下车。矫继业之失，绥抚夷落，访求民病，悉条奏免之。俄而回鹘入贡，路出灵州，交易于市，思恭遣吏市硇砂，吏争直，与之竞。思恭释吏，械其使，数日贳之。使还诉其主，复遣使赍牒诣灵州问故，思恭理屈不报。自是数年，回鹘不复朝贡。

久之，迁右谏议大夫，知扬州。朝廷方经略江表，命思恭兼沿江巡检。每出巡，委州事于通判，以牌印、鼓角、金钲自随。驿书自京师来者，令赍至其所，事多稽滞。因与通判李峁相告讦，诏以属吏。思恭辞不直，责授太常为卿，改知宿州。太宗即位，迁将作监，知秦州。坐擅借官军银造器，又妄以贡奉为名，贱市犾毛虎皮为马饰，为通判王廷范所发，降授少府少监、知邢州。太平兴国六年，迁少府监。雍熙元年，南郊毕，表乞复旧官，再为右谏议大夫。二年，知寿州。端拱初，迁给事中，寻知陕州。淳化三年，卒，年七十三。思恭以门资历显官，不知书，无学术；然践更吏事，所至亦著勤绩。子惟一至太常博士；三司度支判官。从子惟几，第进士，仕至兵部员外郎。

侯陟，淄州长山人。汉末，举明经。周广顺初，试校书郎，为西州回鹘国信使判官，还补雷泽主簿。司门外郎姚恕凡四荐陟，为襄城令、汝州防御判官、濮阳襄邑令。

建隆初，为冤句令，以清干闻，二年，擢为左拾遗，仍知县事。节度袁彦颇为不法，陟抗章言之，彦上表谢，自陈无罪，太祖亦不穷治。四年，令兼领本县屯兵，俄改淮南转运使，赐绯衣、黑银带，迁右补阙。乾德三年，就改侍御史。明年，入为左司员外郎、度支判官。朝议欲以本官领省事，改度支员外郎，依前充判官。开宝五年，复为左司员外郎。六年，权判吏部铨，俄赐金紫。十二月，诏与户部员外郎、知制诰王佐等同知贡举，未锁宿，出知扬州。会出师收金陵，陟以所部败南唐军千人于宣化城。俄为部下所讼，追赴阙，陟度理穷，乃求哀庐多逊，多逊素与陟善，为其画计。时江表未拨，太祖厌兵，南土暑炽，军卒疫死，方议休兵，以为后图。陟适从扬州来，知金陵危甚，多逊令上急变求见。陟时被病，令掖入，即大言曰："南唐平在朝夕，陛下奈何欲班师，愿急取之。臣若误陛下，愿夷三族。"上屏左右，召升殿问状，遂寝前议，并赦陟罪，复知吏部选事。

太平兴国初，迁户部郎中。俄而选人有妄冒，事发，词涉于陟。南曹雷德骧将奏劾之，陟造便殿自首，出为河北转运使。征太原，为太原东路转运使。驾还，次镇州，命先还上都俱顿军需。以功迁左谏议大夫，权御史中丞事。五年，同知贡举。开宝末，赵普在中书，陟尝上疏言其短。至是，普再入相，陟颇忧患。六年，南郊毕，加给事中。七年，三司使王仁赡左降，以陟与王明同判三司。八年，卒，赠工部尚书。

陟有吏干，性狡狯，好进，善事权贵，巧中伤人。太祖尝召刑部郎中杨克让，命坐与语，且谕以将大用。陟素忌克让，侦知之。因奏事，上问识杨克让否，陟曰："臣与克让甚善，知其人才识，朝廷佳士也。近闻其自言上许以大用，多市白金作饮器以自奉，臣颇怪之。"上怒，亟令克让出典郡。其险诐如此。

李符字德昌，大名内黄人。汉乾祐中，郭从义讨赵思绾于京兆，辟符在幕府，表为京兆府户曹掾。历郿县主薄、保义军节度推官。丁内艰，服除，调汝州防御判官，权知州事。右庶子杨恪荐为大理正。乾德中，知归州转运司制置。

归朝,以京西诸州钱帛不登,选知京西南面转运事。奏便宜百余条,凡四十八事,命著为令,赐绯鱼。因奏对称旨,迁起居郎。后荆湖转运许仲宣随军讨南唐,诏符赴荆湖调发刍粮,符领船数千艘顺流而下。事毕,赐金紫。符又建议凿横江河以通漕运,发和州三县丁壮给其役。太祖欲幸西京,有事于南郊。符上书陈八难曰:"京邑凋弊,一也;宫阙不备,二也;郊庙未修,三也;百司不具,四也;畿内民困,五也;军食不充,六也;壁垒未设,七也;千乘万骑盛暑扈行,八也。"不从。礼毕还京,改比部员外郎、判刑部。

太平兴国初,迁驾部转祠部郎中,知广州兼转运使。二年,符图海外诸城及岭外花各一以献。在任有善政,民为立生祠。五年,召为右谏议大夫,判吏部铨兼大理寺理。三司副使范旻得罪,以符代之。赐白金三千两。车驾幸大名,领行在三司。未几,坐与官属竞课最,罢职守本官。

七年春,开封尹秦王廷美出守西京,以符知开封府。廷美事发,太宗令归第省过。赵普令符上言:"廷美在西洛非便,恐有他变,宜迁远郡,以绝人望"遂有房陵之贬。普恐泄言,坐符用刑不当,贬宁国军行军司马。卢多逊贬崖州也,符白普曰:"珠崖虽远在海中,而水土颇善。春州稍近,瘴气甚毒,至者必死,愿徙多逊处之。"普不答。先是,太宗尹京,符因宋琪荐弥德超事藩邸。符贬,德超为枢密副使,屡称其冤。会德超以事贬,帝恶其朋党,徙符岭表,普移符知春州。至郡岁余卒,年五十九。

符无文学,有吏干,好希人主意以求进用,终以此败。至道二年,郊祀,追复右谏议大夫。祥符五年,隶其子璜试将作监主薄。

魏丕字齐物,相州人,颇涉学问。周世宗镇澶渊,辟司法参军。有盗五人狱具,丕疑共冤,缓之。不数日,果获真盗,世宗嘉其明慎。历顿丘、冠氏、元城三县令。世宗即位,改右班殿直。自陈本以儒进,愿受本资官。世宗曰:"方今天下未一,用武之际,藉卿干事,勿固辞也。"未几,出监明灵砦军。世宗征淮甸,丕获江南谍者四人,部送行在。诏奖之，赐钱十万，迁供奉官、供备库副使。

太祖即位，改作坊副使。时杨承信帅河中，或言其反侧未安，命丕赐承信生辰礼物，阴察之。还，言其无状。太祖尝召对，语丕曰："作坊久积弊，尔为我修整之。"丕在职尽力，以久次转正使。开宝九年，领代州刺史。凡典工作十余年，讨泽潞、维扬，下荆广，收川峡，征河东，平江南，太祖皆先期谕旨，令修创器械，无不精办。旧床子弩射止七百步，令丕增造至千步。及改绣衣卤簿，亦专敕丕裁制。丕撤本坊旧屋，为舍衢中，收僦直及鬻死马骨，岁得钱七千余缗，工匠有丧者均给之。太祖幸洛郊祀，三司使王仁赡议雇民车牛运法物，太祖以劳民，不悦，召丕议之。丕请拣本坊匠呼壮者二千余，分为递铺输之，时以为便。

雍熙四年，代郝正为户部使。端拱初。迁度支使。是冬，出为黄州刺史。还朝，召对便坐，赐御书《急就章》、《朱邸集》。丕退作歌以献，因自述愿授台省之职。太宗面谕曰："知卿本儒生，然清望官奉给不若刺史之优也。"淳化初，改汝州刺史。历知凤州，改襄州。境内久旱，丕以诚祷之，二夕，雨沾足。明年，召还，屡求退居西洛，不许。

四年表求致仕，授左武卫大将军，仍领汝州刺史。俄判金吾街仗。初，六街巡警皆用禁卒，至是，诏左右街各募卒千人，优以禀给，使传呼备盗。丕以新募卒引对，遂分四营，营设五都，一如禁兵之制。五年，改领郓州刺史。俄改领复州，迁左骁卫大将军。咸平二年，卒，年八十一。

丕好歌诗，颇与士大夫游接，有时称。南唐主李煜妻卒，遣丕充吊使，且使观其意趣。煜邀丕登升远阁赋诗，丕有"朝宗海浪拱星辰"之句，以风动之。太宗尝赐诗，令丕与柴禹锡和焉。

董枢，真定元氏人。后唐太清中，以献书授校书郎。累历宾佐。晋天福中，为左拾遗、知枢密表奏。周广顺初，为左补阙。世宗即位，诏常参官各奏封事，枢上平吴策。淮南平，迁浚仪令。恭帝即位，迁殿中侍御史。

太祖乾德初，迁主客员外郎。上书请伐蜀，蜀平，通判剑州。会全师雄叛。攻剑。刺史张仁谦足疾不能战，欲弃城走。枢固争，战贼败之，因招余众降。仁谦饮枢令醉，密杀降数百，诬奏枢与贼通。会中使正成都还，备言其事，太祖并召之，庭辩曲直，仁谦遂屈。下御史台鞫之，黜宋州都练使，以枢尝贡西伐计，迁比部郎中。三年，出兼桂阳监使，上书请伐广南。诏益桂阳戍卒三千，令枢统之。

开宝二年，又上方略。会刘𬭼令内侍曾居实侵桂阳，枢击退之。三年，大举伐𬭼，令枢率兵趋连口，克之。改兵部郎中，权知连州兼行营招抚使。岭南平，赐钱三百万。四年，移知襄州，又为河北转运使，改判西京留司御史台。

初，枢罢桂阳监，以右赞善大夫孔璘代之。通《三礼》，尝讲学于河朔。擢第，历州县。及升朝，莅桂阳，岁满，以太子洗马赵瑜代之。

瑜，赵州人。家世豪右，自言谙练边事。开宝中，命为易州通判，岁满，移桂阳。瑜至，即称疾，遂以著作郎张侃代之。侃至月余，奏瑜在任累月，得羡银数十斤，虽送官而不具数闻，计枢与璘隐没可知矣。诏下御史案之，狱具。有司计资赃法，俱当死。太祖曰："赵瑜非自盗，但不能发摘耳。枢、璘并坐死，瑜决杖流海岛。擢侃为屯田员外郎。

论曰：颜衎振举风宪，不避强御。剧可久居廷尉之任，以平允闻。赵逢果断之士，而独尚严酷，处之要密之职，则非所宜。苏晓锐意深刻，乐致人罪，后嗣衰谢，厥报不诬。高防陈逆顺以耸臣节，体明慎而究疑狱，治迹清操，没而弥章。若其自诬以救人之死，古人何加焉。冯瓒省关市之苛赋，设方略以击贼，功若可称，而巧宦任数，竟致倾败，理固然矣。边珝、王明、许仲宣、杨克让当官效用，以清干称。然仲宣宽简持重，造次不挠，盖人之难能者。王明累参戎事，预立战功，至若开谕元福，止其暴诛，此处踏之仁也，段思恭遏乱兵，击群寇，便宜从事，以著奇绩，斯亦可矣。然不能动遵规矩，速讼左降者再焉。侯陟吏才适用,患在怯刻。李符搏通时务,乃事深文,以致投荒正弊,遂为口实。魏丕久典工效,以济戎用至于平反冤盗之狱,救杨承信之诬,善尤可称。董枢论平吴伐蜀及取广南,咸克举之,且多战功,而以贪墨取败。惜哉!

宋史卷二七一
列传第三〇

马令琮　杜汉徽　张廷翰
吴虔裕　蔡审廷　周广
张勋　石曦　张藏英
陆万友　解晖　李韬
王晋卿　郭廷谓　子延浚　从子延泽
赵延进　辅超

　　马令琮,本名令威,避周祖名改之,大名人。父全节,《五代史》有传。全节历横海、定远、昭义、彰德、定武、天雄六节度,皆署令琮为牙校,累授彰德牙内都指挥使、检校尚书左仆射,领勤州刺史。令琮少善骑射,尝从其父平安州及与镇州安重荣战,皆有功,由是知名。

　　晋开运二年,全节卒,令琮起复,拜隰州刺史。汉祖开国,为西京巡检使。周祖授命,改陈州刺史。征兖州,为京城四门外巡检。世宗嗣位,移随州。显德二年,入为虎捷左第一军都指挥使。六年,兼领建州刺史。

　　太祖即位,出刺怀州。李筠叛,将亲征,召三司张美饷兵食,美言河内密迩上党,令琮日夜储蓄以俟王师。太祖善之,命授团练使。

执政言令琮方供亿大军,不可移他郡,故升怀州为团练,以令琮充使,又充先锋都指挥使。泽、潞平,为昭义兵马钤辖。逾年被疾,诏许归郡。乾德元年,卒,年三十九。太祖甚怜之,禄其子延恩为殿直。

杜汉徽,京兆长安人。父阿孙,为太原威胜军使。汉徽有膂力,善骑射。年十七,仕后唐武皇为厅直队长。天成中,累迁护圣军使。

晋天福六年,与慕容邺等讨安州李金全,生擒指挥使孙厚,以功迁兴顺指挥使。八年,从征镇州安重荣,改护圣指挥使,赠阿孙为左赞善大夫。开运二年,以所部戍深州,破契丹于乐寿,杀获甚众。

汉初,从高行周讨杜重威于邺,屡为流矢所中,身被重创,犹力战,观者壮之。又率所部戍镇州,破契丹于灵寿,获车马甚众。

周世宗征刘崇,汉徽有战功,补龙捷左第五军都虞候。移所部屯安平县,破契丹于县南,获器甲车帐,迁本军左第四军都虞候。

宋初,补本军都校,领茂州刺史,改领潮州。从平李筠,又从平李重进,录功居多。建隆三年,出为天长军使,移雄武军使,知屯田事。是冬,被病,即以符印授通判宋鸾,请告归京。家人劝其求医药,汉徽笑曰:“我在戎行四十年,大小百余战,不死幸矣,安用药为?”未几,卒。

张廷翰,冀州信都人。父慎图,仕周为兵部郎中。廷翰少慷慨,有智略,善骑射。晋天福中,冀州刺史张建武召补牙校。其后,刺史李冲署为本州牢城军校。契丹入中原,署其党何行通为刺史。契丹主道殂,州人共杀行通,推廷翰知州事。

汉初,就拜刺史,廷翰尽捕杀行通者戮于市。为政宽厚简易,民甚爱之。周广顺初,召赴阙,周祖见其貌魁伟,谓枢密使王峻曰:“冀州近边,虽更择人,亦无逾廷翰者。”即日遣还。在郡八年,契丹将高牟翰数扰边,皆为廷翰击走。廷翰家富于财,岁遣人赍金帛北入市善马,常得数百匹,贡献外悉遗贵近,甚获美誉。显德中,历棣、海、沂三州团练使,屡率兵败淮人,移莱州。

宋初，又历冀、亳二州。乾德二年，卒，年四十七。

吴虔裕，许州许田人。父徽，左屯卫将军。虔裕少为郡吏，汉祖镇许，爱其精谨，署以右职。及移镇太原，以虔裕从。开国，擢为引进使，转内客省使。时镇州节度刘在明卒，遣虔裕率兵巡护。隐帝即位，召为宣徽北院使。

周祖讨三叛，以虔裕为河中行营都监，率护圣诸军五千以往。李守贞出兵五千余，设梯桥，分五路于长连城西北以御周祖。周祖令虔裕率大军横击之，蒲人败走，夺其梯桥，杀伤大半。师还，赐袭衣、玉带。会枢密使杨邠上言求解职，隐帝遣人谕邠曰："枢机之任，非卿不可，卿何听间离而为此请耶？"使至而虔裕在坐，即扬言曰："机要重地，非可久处，俾后来者迭居可也。"使还以白帝，帝怒，出虔裕为郑州防御使。乾祐末，诛大臣，急诏入朝，命将兵守澶州。及留子陂战败，遂降周祖。广顺初，遣还，赐以袭衣、玉带、鞍勒马。从周祖讨慕容彦超，破之。改汝州防御使，历右卫、左金吾卫二大将军兼街仗使。

太平兴国六年，迁右千牛卫上将军，仍判左街仗事。虔裕掌金吾三十馀年。端拱初，卒，年八十八，赠太尉。

虔裕性简率，言多轻肆。右金吾上将军王彦超告老，虔裕语人曰："我纵僵仆殿阶下，断不学王彦超七十致仕。"人传笑之。每朝会及从游宴，太宗怜其寿高，常慰抚之。子延彬至仪鸾副使，延彬子仁美至内殿崇班。

蔡审廷，磁州武安人。曾祖凝，邢州别驾。祖绾，武安远城三冶使。父颙，洺州长史。审廷少能骑射，晋初，应募补护圣散都头。

周显德初，擢为殿前散员，转铁骑副兵马使。从世宗战高平有功，迁军使。太祖为殿前都点检，从世宗征淮南，审廷隶麾下，预战紫金山，改副指挥使。

宋初，授殿前散都头指挥使。从征李筠，攻泽州先登，为飞石伤足,帝赐以良药、美酒。及车驾还京,幸其官署问之,赐赉甚厚。寻转内殿直都虞候,俄改伴饭都指挥使。建隆中,领富州刺史兼内外马步军副都军头。

乾德初,授冀州刺史。征太原时,为北面步军都指挥,屯兵易州。审廷训练士卒甚整。太祖过镇阳,见于行在所,赐名马、宝剑,命为镇州兵马都钤辖。开宝八年,卒,年六十九。

周广,字大均,其先应州神武川人。父密,事晋历鄜、延、晋三镇节度使。周广顺初,至太子太师致仕。广幼从其父为牙校。汉初,授供奉官。未几,擢左千牛卫将军。

周祖命将讨慕容彦超于兖州,以广为行营都监。贼平,录功迁右武卫将军。俄改右神武将军,充镇淮军兵马都监。从世宗征淮南。既得江北数州,即命广劳来安集,民甚德之。因领常州刺史兼内外马步军都军头。淮南平,改眉州刺史。

宋初,授隰州刺史。乾德三年,迁潘州团练使,令训练雄武诸营。开宝二年,从征太原,为攻城楼橹战擢都部署。师还,加内外马步军副都军头。六年,改右屯卫大将军,领郡如故。太平兴国二年,卒。

张勋,河南洛阳人。晋开运中,事留守景延广为典客,延广表为供奉官。周世宗将征淮南,以勋为申州缘淮巡检。因采光州机事闻于朝廷,即命勋率兵同讨平之,遂监光州军,充内外巡检。后攻黄州,败吴人于麻城,复破柏业山砦,目中流矢,迁内园副使。及征瀛、莫,以为霸州兵马都监。

初,征李筠,勋从石守信董前军,拔大会砦,及败筠众于太行,破泽州,皆预有功。太祖还京,命权知许州。未几,李重进叛,又诏与石守信、李处耘先率兵进讨。拔扬州,以勋为兵马都监,迁毡毯使。讨朗陵,充前军兵马都监。荆湖平,以功就拜衡州刺史。乾德初,克郴州及桂阳监,以勋为刺史兼监使。五年,代归,至扬州卒,年六十八。太祖甚怜之，录其子廷敏为殿直。

勋性残忍好杀；每攻破城邑，但扬言曰"且斩"，颇有横罹锋刃者。将赴衡州，州民皆涕泣相谓曰："'张且斩'至矣，吾辈何以安乎！"

石曦，并州太原人，晋祖弟韩王晖之子。天福中，以曦为右神武将军。历汉至周，为右武卫、左神武二将军。恭帝即位，初为左卫将军。会高丽王昭加恩，命曦副左骁卫大将军戴交充使。建隆三年，再使高丽，迁左骁卫大将军，护秦州屯兵。西人犯边，曦率所领击破之，斩渠帅十三人。

太祖征晋，曦领兵二千人自泽、潞除道至太原，壅汾水灌其城，又益兵千人，部攻辽州。俄知雄州，代为潭州钤辖。开宝八年，领兵败南唐军二千余于袁州，平梅山、板仓诸洞蛮寇，俘馘数千人。太平兴国中，历右神武、右羽林大将军，连知孟、襄二州，迁领诚州刺史。

雍熙四年，改知霸州兼部署。会陈廷山谋以平戎军叛入北边，曦察知之，与侯延济定计，擒廷山以献。录其功，加领本州团练使，同知镇州。淳化二年，移原州，迁右龙武军大将军。被病请告，诏特给全奉。四年，卒，年七十四，赠赙加等。

张藏英，涿州范阳人，自言唐相嘉贞之后。唐末，举族为贼孙居道所害。藏英年十七，仅以身免。后逢居道于幽州市，引佩刀刺之，不死，为吏所执。节帅赵德钧壮之，释而不问，以补牙职。

藏英后闻居道避地关南，乃求为关南都巡检使。至则微服携铁挝，匿居道舍侧，伺其出击之，仆于地，啗其耳噉之，遂擒归。设父母位，陈酒肴，缚居道于前，号泣鞭之，脔其肉，经三日，剖其心以祭。即诣官首服，官为上请而释之。燕、蓟间目为"报仇张孝子"。

契丹用为卢台军使兼权盐制置使，领坊州刺史。周广顺三年，率内外亲属并所部兵千余人，及煮盐户长幼七千余口，牛马万计，舟数百艘，航海归周。至沧州，刺史李晖以闻。周祖颇疑之，令馆于

封禅寺，俄赐袭衣、银带、钱十万、绢百匹、银器、鞍勒马。数月，世宗
即位，授德州刺史。未几，召归，对便殿，询以备边之策。藏英请于
深州李晏口置砦，及诱境上亡命者以隶军，愿为主将，得便宜讨击。
世宗悉从之。以为缘边招收都指挥使，赐名马、金带。藏英遂筑城
李晏口，累月，募得劲兵数千人。

　　会遣凤翔节度王彦超巡边，为契丹所围。藏英率新募兵驰往击
之，转战十余里，契丹解去，改濮州刺史，仍领边任。契丹将高矣翰
以精骑数千扰边，藏英逆击于胡卢河北，自旦至晡，杀伤甚众。值暮
收兵，契丹遁去。后因领兵巡乐寿，契丹幽州骁将姚内侦知藏英兵
少，以精骑二千阵于县之北，藏英率麾下击之，自辰及申，士皆殊死
战，内遂解去。世宗降玺书褒美。

　　征瓦桥关，为先锋都指挥使，败契丹骑数百于关北。下固安县，
又改关南排阵使。宋初，迁瀛州团练使，并护关南军。建隆三年，卒
于治所，年六十九。孙鉴，自有传。

　　陆万友，蔚州灵丘人。少隶太原为裨校。汉祖起义，擢为护圣
指挥使。隐帝即位，出为天雄军马军都指挥使。

　　周祖之起兵也，万友预谋。及践阼，擢为散员都指挥使，领奖州
刺史。世宗嗣位，迁龙捷左第三军都指挥使。转控鹤右厢都校、领
虔州团练使。改虎捷右厢、领阆州防御使。恭帝嗣位，出为安州防
御使。

　　宋初，历沂、蕲二州防御使。乾德四年，改汝州。开宝中，讨南
唐，造舟于采石矶以济师。命万友守之。江南平，为和州防御使。太
宗嗣位，以为晋、绛等州都巡检使。帝征太原，克汾、石二州，以万友
为石州都巡检使。俄兼知石州，移巡警凤翔、秦陇。代归，诏知瀛州，
在郡二年，政务苟简。雍熙二年，改右监门卫大将军，充河阴兵马都
监。逾年卒，年七十三。万友始业圬镘，既贵达，不忘本，以银为圬
镘器数十事示子孙。性猛暴，以武勇自任，所至无善政。太宗以其
勋旧，恩遇不替，聘其次女为许王夫人。

　　解晖,洺州临洺人。父珪,应募为州兵,后唐天成中,西征至剑门,没于阵。晖少有勇力,以父死戎事,得隶兵藉。戍雁门,与契丹接战,斩首七级,获酋长一人。以功迁奉国军队长。

　　晋天福中,安重荣反镇州,因举兵向关。至宗城,晋师逆战,大破之。晖募军中壮士百余人夜捣贼垒,杀获甚众。晖频中流矢,而督战自若,颜色不挠,以功迁本军列校。

　　周广顺初,刘崇与契丹侵晋州。晖从都部署、帐枢密使王峻等往援之。晖率敢死士三十余,夜入契丹帐击之,杀获甚众,迁本军第五指挥使。从世宗征淮南,率所部下黄州,擒刺史高弼,迁虎捷第一军都虞候。

　　宋初,步军都军头,从征泽州,力战,目中流矢。师还,策勋为内外马步军副都军头。建隆四年,充湖广道行营前军战棹都指挥使。潭州平,降玺书奖谕。伪统军黄从志据岳州,晖率舟师讨平之,生擒从志及将十四人,俘斩数千,溺死者众。改控鹤右第二军都指挥使,领高州刺史。乾德六年,诏领所部军屯上党,从李继勋略太原。开宝九年,破太原军于境上,斩首千馀级,获马三十匹。改均州刺史。

　　太平兴国二年,诏于潞州北乱柳石围中筑城,名威胜军,以晖为军使。从征并州,与尚食使石彦赟率所部先下隆州,杀并州三百余;擒招讨使李询等六人,以献于行在所,赐予有加。复令与彦赟督战士隶城西行营,分攻太原。刘继元降,太宗以太原宫女三人赐晖。俄以功迁本州团练使,知霸州。

　　雍熙初,充云、应、寰、朔、忻、代等州巡检使。三年,代归本郡。淳化二年,被病,上章告老,改右千牛卫上将军致仕。诏未至而卒,年八十。

　　晖鸷猛木强,每受诏征伐,常身先之。人所惮者,晖视之若甚易,由是频立战功,金创遍体。时称骁将。子守颙至内殿崇班、阁门祗候。

　　李韬，河朔人。有勇力胆气，善用矛，为禁军队长。周祖征三叛，韬从白文珂攻河中，兵傅其城。文珂夜诣周祖议犒军，留韬城下。时营栅未备，李守贞乘虚来袭。营中忽见火发，知贼骤至，惶怖失据。客省使阎晋卿率左右数十人，遇韬于月城侧，谓韬曰："事急矣，城中人悉被黄纸甲，为火光所照，色俱白，此殊易辨，奈军士无斗志何？"韬愤怒曰："岂有食君禄而不为国致死耶！"即援矛而进，军中敢死士十余辈随韬犯贼锋。蒲有猛将跃马持戈拟韬，韬刺之，洞胸而坠。又连杀数十人，蒲军遂溃，因击大破之。守贞自是闭垒不敢出。俄骁将王三铁降，城遂平，韬由此知名。累迁军校，出为赵州刺史，移慈州。乾德六年，卒。

　　王晋卿，河朔人。少勇敢，为乡里所推。周世宗在澶渊，晋卿以武艺求见，得肆帐下。及即位，补东头供奉官。从战高平，征淮甸，每遣宣传密旨，甚亲信之。洎北征，为先锋都监，督战有功，诏权控鹤都虞候。克关南，授军器库使。显德四年，为龙捷右第一军都指挥使，领彭州刺史。恭帝即位，出为滨州刺史。

　　乾德中，为兴州刺史。四年，移汉州。时蜀初平，寇盗充斥，晋卿严武备，设方略。擒捕剪灭，靡有遗漏。自是，虽剧贼无敢窥其境。然以贿闻，太祖惜其才而不问。秩满归阙以疾求颐养，改左监门卫将军，奉朝请。贡重锦十匹、银千两以谢。诏不纳，以其黩货愧之也。

　　未几，诏戍北边，疆场清肃。开宝四年，复授莫州刺史。在郡谨斥候，善抚循，士卒皆乐为之用，边民安堵。六年八月，卒，年六十七。

　　郭廷谓，字信臣，徐州彭城人。父全义，仕南唐为濠州观察使。廷谓幼好学，工书、善骑射。补殿前承旨，改濠州中军使。李景每令侦中朝机事入奏。全义卒，擢庄宅使、濠州监军。

　　周世宗攻淮右，南人屡败，城中甚恐。廷谓与州将黄仁谦为固御之计。周师遣谍以铁券及其全，廷谓拒之。城中负贩之辈率不逞，廷谓虑其亡逸,籍置大寺,遣兵守之,给日食,俾制防城具,随其所习,以故周师卒不得觇城中虚实。

周师为浮梁涡口,命张从恩、焦继勋守之。廷谓语仁谦曰:"此濠,寿之患也。彼以骑士胜,故利于陆;我以舟师锐,故便于水。今夏久雨,淮流泛溢,愿假舟兵二千,断其桥,屠其城,直抵寿春。"仁谦初沮其议,不得已从之。即轻棹衔枚抵其桥,麾兵断笮,悉焚之。周师大恤,死者不可计,焚其资粮而还。以功授武殿使。

周师退保定远。又募壮士为负贩状,入定远,侦军多寡及守将之名。还曰:"武行德、周务勍也。"廷谓曰:"是可图也。"又籍乡兵万余、洎卒五千,日夕训练,依山衔枚设伏以破之。周师大溃,行德单骑脱走。时有以玉帛子女饷廷谓者,悉拒之,唯取良马二百匹以献。以功为滁州刺史、上淮巡检应援兵马都监。

及紫金山之战,南唐诸将多归降者,独廷谓以全军还守濠州,追不能及。时濠守欲弃城走,廷谓止之。俄加本州团练使,缮戈甲,治沟垒,常若敌至。是秋,周师复至,表于景请援,且言周兵四临,乞卑辞请和,以固邻好。夜出敢死士千余袭周营,焚头车洞屋,周师蹂躏死者甚众。既而援兵不至,周师急击,廷谓集诸军垒门之外,南望大恸而降于周。

至山阳,见世宗,特加宴劳,赐金带、袭衣、良马、器皿,拜亳州防御使。以其弟本州马步都校廷赞为和州刺史。命攻天长军,降其将马赟。又为楼橹战擢左右厢都监,俄归谯郡。

宋初,从征上党,再知亳州。乾德二年,代还,改降州防御使。两川平,冯瓒知梓州,为仆夫所讼,召廷谓为静江军节度观察留后以代之。州承旧政,有庄宅户、车脚户,皆隶州将,鹰鹞户日献雉兔,田猎户岁入皮革;又有乡将、都将、镇将辈互扰闾里,廷谓悉除之。开宝五年,卒,年五十四。

廷谓性恭谨,事母以孝闻,未尝不束带立侍。子延浚。廷谓兄廷谕,仕南唐为太子洗马致仕,宋初至秘书监。廷谕子延泽。

延浚，字利川，幼谦和。初，廷谓为静江军节度使，延浚为桂州牙内都指挥使。廷谓卒，太祖录延浚为供奉官，屡使西北，宣谕机事。

太平兴国初，以内庭宣索及殿前赐赉，移文库务，未有专领之者。乃置合同凭由应，命延浚与内藏库副使刘蒙正掌之。又领八作司及督治汴河。雍熙三年，改崇仪使。诏与翟守素、田仁朗、王继恩往河北，分路按行诸州城垒，发镇兵葺之。端拱二年，诏建河北方田，命延浚等五人共往规划，会罢其务而止。淳化四年，李顺乱，改西京作坊使，充成都十州都巡检使。时成都将陷，延浚单骑入城，与郭载议募亡卒退保剑门，贼数千来蹑其后，击破之。王继恩率兵至，以延浚为先锋壕砦使，即领兵倍道先进。贼出探骑数士，延浚悉擒之，尽得贼机事。延浚易旗变号，贼不知觉，斩关掩入，斩千余级。

继恩又请延浚知汉州。州经兵燹，廨舍、桥梁、城砦悉毁。延浚募军民葺之，又率州帑以应军须。录功，改洛苑使。又命率兵屯遂州。剑门钤辖、转运使刘锡言其劳，诏书嘉奖。

真宗初，改内园使。代还，会河朔用兵，延浚驰往边城，按视砦垒。咸平二年，疾卒。子有伦，为供奉官、阁门祗候。

延泽，字德润，南唐试秘书省正字。乾德中，四迁著作佐郎，转殿中丞、知建州。淳化二年，太宗闻延泽泊右赞善大夫董元亨皆好学，博通典籍，诏宰相召问经史大义，皆条对称旨，命为史馆检讨。历国子《周易》博士、国子博士。咸平中，求休退，授虞部员外郎致仕。居濠州城南，有小园以自娱，其咏牡丹千余首。聚图籍万余卷，手自刊校。范杲、韩丕皆与之游。景德初，卒。元亨亦至虞部员外郎，尝缵《玄门碑志》三十卷。

赵延进，澶州顿丘人。父晖，周太子太师。晖为偏将时，赵在礼据邺。延进颇亲学，尝与军中少年入民家，竞取财贿。延进独持书数十编以归，同辈哂之。

汉末，晖领凤翔节度，未赴镇，王景崇据城反，命晖为都招讨使击之。延进年十八，屡当军锋。景崇平，延进奉捷奏以入，授凤翔牙内指挥使，领贵州刺史。晖徙宋州，亦从为牙职，改领荣州刺史。睢阳有盗数百，各立酋帅，为民患。延进以父命，领牙兵千余悉擒戮之，诏书褒美。

丁外艰，表求持服。既终丧，周世宗征淮南，延进献万缣以助军，仍请对，世宗召见之。时延进有从兄为虎捷都虞候、帐前横冲指挥使，世宗指延进语之曰："尔弟拳勇有谋，将授以禁军大校。"延进自陈："好读书，不愿也。"翌日，授右千牛卫将军、濠州兵马钤辖。从征瓦桥关，为随驾金吾街仗使。

宋初，迁右羽林军将军、濠州都监。会伐蜀，以襄州当川路津要，命为钤辖，同知州务。蜀平，专领郡事。汉江水岁坏堤，害民田，常兴工修护，延进累石为岸，遂绝其患。入为两浙、漳泉国信使。开宝二年，授右龙武将军，知灵州，以母老愿留，得权判右金吾街仗使，历知河中府、梓、相、青三州。

太平兴国中，大军平并州，讨幽蓟，皆为攻城八作壕砦使。尝诏督造炮具八百，期以半月，延进八日成，太宗亲试之，大悦。又令主城北诸洞子。及班师，命与孟玄喆、药可琼留屯定州。

辽人扰边，命延进与崔翰、李继隆将兵八万御之，赐阵图，分为八阵，俾以从事。师次满城，辽骑坌至，延进乘高望之，东西亘野，不见其际。翰等方按图布阵，阵去各百步，士众疑惧，略无斗志。延进谓翰等曰："主上委吾等以边事，盖期于克敌尔。今敌众若此，而我师星布，其势悬绝，彼若持我，将何以济！不如合而击之，可以决胜。违令而获利，不犹愈于辱国乎？"翰等曰："万一不捷，则若之何？"延进曰："倘有丧败，则延进独当其责。"于是改为二阵，前后相副，士众皆喜。三战大破之，获人马、牛羊、铠甲数十万。以功迁右监门卫大将军、知镇州。及代，吏民数千守阙借留，诏许留一年。

俄改右领军卫大将军，出为高阳关、平戎军都监兼缘边巡检，改钤辖。知扬州，召入，授右屯卫大将军，徙知相州。迁右骁卫大将军。改知邓州。淳化初,飞蝗不入境诏褒之。还,判右金吾街仗事。至道二年,拜右金吾卫大将军。咸平二年,卒,年七十三。赠左武卫上将军。

延进姿状秀整,涉猎经史,好作诗什,士流以此多之。延进妻即淑德皇后之妹,故在显德、兴国中,颇任以腹心。子昂,太平兴国二年登进士第,至户部郎中、直昭文馆。

辅超,忻州秀容人,家世业农。超少勇悍有力。晋开运中,应募隶澶州军籍。汉乾祐中,赵思绾据永兴叛,周祖护诸将讨之,督兵攻城。超率骁勇十七人升云梯,斫北门楼,楼坏而入,士卒继进,城遂陷,以功补小校。

显德中,从太祖征淮南,常执锐前驱,定滁、泗,破淮阴,下扬州。以功转日骑副兵马使。

宋初,从平上党,再迁内直都知。太宗即位,以超为马军都军头。会亲征太原,冒矢石攀堞先登,身被十三创。帝嘉其勇,赐锦袍、银带、帛五十段。诘朝,再乘城,中流矢者八,复加厚赐。大举袭范阳,分兵三路,超隶偏将米信,为田重进先锋,取飞狐、蔚州,迁马步军副都军头。俄出补曹州马步军都指挥使,领峰州刺史,改栾州。召归,转都军头。

淳化三年,出为德州刺史,坐诬奏使者殴杀驿史,责授右监门卫将军、领诚州刺史。五年,复加都军头、领澄州刺史。真宗即位,加领奖州团练使,真拜莱州团练使,以年老愿留京师,从之。景德元年,卒,年七十七。

论曰:太祖有天下,凡五代之臣,无不以恩信结之,既以安其反侧,亦藉其威力,以镇抚四方。故一时诸将吴虔裕、蔡审廷之徒,数从征讨,咸有劳绩焉。若马令琮守河内,储兵食以迎王师;解晖击湖南,冒锋镝以禽故将;此忠荩骁果,尤可称者。汉徽之疾危辞药,藏英之为亲复仇,亦皆一节之美。惟张勋嗜杀,晋卿冒货,虽立威著勋，所不取也。

宋史卷二七二
列传第三一

杨业 子延昭等 及王贵附 **荆罕儒**
从孙嗣 **曹光实** 从子克明 **张晖**
司超

杨业，并州太原人。父信，为汉麟州刺史。业幼倜傥任侠，善骑射，好畋猎，所获倍于人。尝谓其徒曰："我他日为将用兵，亦犹用鹰犬逐雉兔尔。"弱冠事刘崇，为保卫指挥使，以骁勇闻。累迁至建雄军节度使，屡立战功，所向克捷，国人号为"无敌"。

太宗征太原，素闻其名，尝购求之。既而孤垒甚危，业劝其主继元降，以保生聚。继元既降，帝遣中使召见业，大喜，以为右领军卫大将军。师还，授郑州刺史。帝以业老于边事，复迁代州兼三交驻泊兵马都部署。帝密封橐装，赐予甚厚。会契丹入雁门，业领麾下数千骑自西京而出，由小陉至雁门北口，南向背击之，契丹大败。以功迁云州观察使，仍判郑州、代州。自是契丹望见业旌旗，即引去。主将戍边者多忌之，有潜上谤书斥言其短，帝览之皆不问，封其奏以付业。

雍熙三年，大兵北征，以忠武军节度使潘美为云、应路行营都部署，命业副之。以西上阁门使、蔚州刺史王侁军器库使、顺州团练使刘文裕护其军。诸军连拔云、应、寰、朔四州，师次桑乾河。会曹彬之师不利，诸路班师，美等归代州。

未几,诏迁四州之民于内地,令美等以所部之兵护之。时,契丹国母萧氏,与其大臣耶律汉宁、南北皮室及五押惕隐领众十余万,复陷寰州。业谓美等曰:"今辽兵益盛,不可与战。朝廷止令取数州之民,但领兵出大石路,先遣人密告云、朔州守将,俟大军离代州日,令云州之众先出。我师次应州,契丹必来拒,即令朔州民出城,直入石碣谷。遣强弩千人列于谷口,以骑士援于中路,则三州之众,保万全矣。"侁沮其议曰:"领数万精兵而畏懦如此。但趋雁门北川中,鼓行而往。"文裕亦赞成之。业曰:"不可,此必败之势也。"侁曰:"君侯素号无敌,今见敌逗挠不战,得非有他志乎?"业曰:"业非避死,盖时有未利,徒令杀伤士卒而功不立。今君责业以不死,当为诸公先。"

将行,泣谓美曰:"此行必不利。业,太原降将,分当死。上不杀,宠以连帅,授之兵柄。非纵敌不击,盖伺其便,将立尺寸功报国恩。今诸君责业以避敌,业当先死于敌。"因指陈家谷口曰:"诸君于此张步兵强弩,为左右翼以援,俟业转战至此,即以步兵夹击救之,不然,无遗类矣。"

美即与侁领麾下兵阵于谷口。自寅至巳,侁使人登托逻台望之,以为契丹败走,欲争其功,即领兵离谷口。美不能制,乃缘交河西南行二十里。俄闻业败,即麾兵却走。业力战,自午至暮,果至谷口。望见无人,即拊膺大恸,再率帐下士力战,身被数十创,士卒殆尽,业犹手刃数十百人。马重伤不能进,遂为契丹所擒,其子延玉亦没焉。业因太息曰:"上遇我厚,期讨贼捍边以报,而反为奸臣所迫,致王师败绩,何面目求活耶!"乃不食,三日死。

帝闻之痛惜甚,俄下诏曰:"执干戈而卫社稷,闻鼓鼙而思将帅。尽力死敌,立节迈伦,不有追崇,曷彰义烈!故云州观察使杨业诚坚金石,气激风云。挺陇上之雄才,本山西之茂族。自委戎乘,式资战功。方提貔虎之师,以效边陲之用;而群帅败约,援兵不前。独以孤军,陷于沙漠;劲果犬厉,有死不回。求之古人,何以加此!是用特举徽典,以旌遗忠;魂而有灵,知我深意。可赠太尉、大同军节度,赐其家布帛千匹,粟千石。大将军潘美降三官;监军王侁除名,隶金州;刘文裕除名,隶登州。"

业不知书,忠烈武勇,有智谋。练习攻战,与士卒同甘苦。代北苦寒,人多服毡罽,业但挟纩,露坐治军事,傍不设火,侍者殆僵仆,而业怡然无寒色。为政简易,御下有恩,故士卒乐为之用。朔州之败,麾下尚百馀人,业谓曰:"妆等各有父母妻子,与我俱死无益也,可走还报天子。"众皆感泣不肯去。淄州刺史王贵杀数十人,矢尽遂死。余亦死,无一生还者。闻者皆流涕。业既没,朝廷录其子供奉官延朗为崇仪副使,次子殿直延浦、延训并为供奉官,延环、延贵、延彬并为殿直。

延昭本名延朗,后改焉。幼沉默寡言。为儿时,多戏为军阵,业尝曰:"此儿类我。"每征行,必以从。太平兴国中,补供奉官。业攻应、朔,延昭为其军先锋,战朔州城下,流矢贯臂,斗益急。以崇仪副使出知景州。时江、淮凶歉,命为江、淮南都巡检使。改崇仪使,知定远军。徙保州缘边都巡检使,就加如京使。

咸平二年冬,契丹扰边,延昭时在遂城。城小无备,契丹攻之甚急,长围数日。契丹每督战,众心危惧,延昭悉集城中丁壮登陴,赋器甲护守。会大寒,汲水灌城上,旦悉为冰,坚滑不可上。契丹遂溃去,获其铠仗甚众,以功拜莫州刺史。时,真宗驻大名,傅潜握重兵顿中山。延昭与杨嗣、石普屡请益兵以战,潜不许。及潜抵罪,召延昭赴行在,屡得对,访以边要。帝甚悦,指示诸王曰:"延昭父业为前朝名将,延昭治兵护塞,有父风,深可嘉也。"厚赐遣还。

是冬,契丹南侵,延昭伏锐兵于羊山西,自北掩击,且战且退。及西山,伏发,契丹众大败,获其将,函首以献。进本州团练使,与保州杨嗣并命。帝谓宰相曰:"嗣及延昭,并出疏外,以忠勇自效。朝中忌嫉者众,朕力为保庇,以及于此。"五年契丹侵保州,延昭与嗣提兵援之,未成列,为契丹所袭,军士为丧失。命李继宣、王汀代还,将治其罪。帝曰:"嗣辈素以勇闻,将收其后效。"即宥之。六年夏,契丹复侵望都，继宣逗遛不进，坐削秩，复用延昭为都巡检使。时讲防秋之策，诏嗣及延昭条上利害，又徙宁边军部署。

景德元年，诏益延昭兵满万人，如契丹骑入寇，则屯静安军之东。令莫州部署石普屯马村西以护屯田。断黑卢口、万年桥敌骑奔冲之路，仍会诸路兵掎角追袭；令魏能、张凝、田敏奇兵牵制之。时王超为都部署，听不隶属。延昭上言："契丹顿澶渊，去北境千里，人马俱乏，虽众易败，凡有剽掠，率在马上。愿饬诸军，扼其要路，众可歼焉；即幽、易数州可袭而取。"奏入不报，乃率兵抵辽境，破古城，俘馘甚众。

及请和，真宗选边州守臣，御笔录以示宰相，命延昭知保州兼缘边都巡检使。二年，追叙守御之劳，进本州防御使。俄徙高阳关副都部署。在屯所九年，延昭不达吏事，军中牒诉，常遣小校周正治之，颇为正所罔，因缘为奸。帝知之，斥正还营而戒延照焉。大中祥符七年，卒，年五十七。

延昭智勇善战，所得奉赐悉犒军，未尝问家事。出入骑从如小校，号令严明，与士卒同甘苦，遇敌必身先，行阵克捷，推功于下，故人乐为用。在边防二十余年，契丹惮之，目为杨六郎。及卒，帝嗟悼之，遣中使护榇以归。河朔之人多望柩而泣。录其三子官，其常从、门客亦试艺甄叙之。子文广。

文广，字仲容。以班行讨贼张海有功，授殿直。范仲淹宣抚陕西，与语奇之，置麾下。从狄青南征，知德顺军，为广西钤辖，知宜、邕二州，累迁左藏库使、带御器械。治平中，议宿卫将，英宗曰："文广，名将后，且有功。"乃擢成州团练使、龙神卫四厢都指挥使，迁兴州防御使。秦凤副都总管韩琦使筑筚篥城，文广声言城喷珠，率众急趣筚篥，比暮至其所，部分已定。迟明，敌骑大至，知不可犯而去，遗书曰："当白国主，以数万精骑逐汝。"文广遣将袭之，斩获甚众。或问其故，文广曰："先人有夺人之气。此必争之地，彼若知而据之，则未可图也。"诏书褒谕，赐袭衣、带、马。知泾州、镇戎军，为定州路副都总管,迁步军都虞候。辽人争代州地界,文广献阵图并取幽燕策,未报而卒。赠同州观察使。

王贵者,并州太原人。广顺初,补卫士。宋初,累迁至散员都指挥使、马步军都军头,领胜州刺史。太平兴国二年,出为淄州刺史。受诏从潘美北征,攻沁州,颇立战功。及从杨业,为辽兵所围,亲射杀数十人,矢尽,张空拳又击杀数人,遂遇害。年七十三。擢其子文晟供奉官、文昱殿直。

荆罕儒,冀州信都人。父基,王屋令。罕儒少无赖,与赵凤、张辇为群盗。晋天福中,相率诣范阳,委质燕王赵延寿,得掌亲兵。开运末,延寿从契丹主德光入汴,署罕儒密州刺史。汉初,改山南东道行军司马。周广顺初,为率府率,奉朝请,贫不能振。

显德初,世宗战高平,戮不用命者,因求骁勇士。通事舍人李延杰以罕儒闻,即召赴行在,命为招收都指挥使。会征太原,命罕儒率步卒三千先入敌境。罕儒令人负束刍径趋太原城,焚其东门。擢为控鹤、弩手、大剑直都指挥使。从平淮南,领光州刺史,改泰州,为下蔡守御都指挥使兼舒、蕲二州招安巡检使。四年,泰州初下,真拜刺史兼海陵、盐城两监屯田使。明年三月,世宗幸泰州,以罕儒为团练使,赐金带、银器、鞍勒马。六年春,军吏耆艾诣阙请留,恭帝诏褒之。

建隆初,升郑州防御,以罕儒为使,改晋州兵马钤辖。罕儒恃勇轻敌,尝率骑深入晋境,人多闭壁不出,虏获甚众。是年冬,复领千余骑抵汾州城下,焚其草市,案兵以退。夕次京土原,刘钧遣大将郝贵超领万馀众袭罕儒,黎明及之。罕儒遣都监、毡毯副使阎彦进分兵以御贵超。罕儒锦袍衷甲据胡床享士,方割羊臂臑以啖。闻彦进小却,即上马挥麾兵径犯贼锋。并人攒戈舂之,罕儒犹格斗,手杀十数人,遂遇害。刘钧素畏罕儒之勇,常欲生致,及闻其死,求杀罕儒者戮之。太祖痛惜不已,擢其子守勋为西京武德副使。因索京土原之不效命者，黜慈州团练使王继勋为率府率，阎彦进为殿直，斩其部下龙捷指挥使石进德等二十九人。

罕儒轻财好施。在泰州，有煮海之利，岁入巨万，诏听十收其八，用犹不足。家财入有籍，出不问其数。有供奉官张奉珪使泰州，自言后唐张承业之子。罕儒曰："我生平闻张特进名，幸而识其子。"厚加礼待，遗钱五十万，米千斛。

罕儒虽不知书，好礼接儒士。进士赵保雍登科覆落，客游海陵。罕儒问其所欲，保雍以将归京师，且言缘江榷务以丝易茗有厚利。罕儒立召主藏奴，令籍藏中丝，得四千余两，尽以与之。然好勇善战，不顾胜负。常欲削平太原，志未果而及于败，人皆惜之。罕儒兄延福。延福孙嗣。

嗣，乾德初，应募为控鹤卒，从李继勋讨河东。继勋择悍勇百人，间道截洛阳砦。嗣出行间请行，手斩五十余级。贼焚砦宵遁。进薄汾河，贼将杨业扼桥路，嗣与众转战，贼退逾桥。杀业所部兵千计，射中业从骑，获旗鼓铠甲甚众，业退保城。进焚南门，夺羊马城，矢集于面。贼数千夜来薄砦，继勋选勇敢五百人接战，而嗣为冠。及旦，战数合，多所斩馘。

从太祖征太原，贼来拒，焚洞子。遣殿前杨信领百人援之，嗣预焉，率先陷阵。召见，补御龙直。太平兴国初，三迁至天武军校。太宗再征太原，嗣自陈愿率一队先登，命主城西洞子。车驾巡师，嗣登城，手刃数贼，足贯双箭，中手炮，折二齿。太宗见之，及召赐锦袍、银带。从征幽州，隶殿前崔翰，斩三十级，补龙猛副指挥使。

五年，契丹侵雄州，据龙湾堤。嗣隶袁继忠，继忠令率千兵力战夺路。内侍有至州阅城垒者，出郭外，敌进围之，及出兵接战，十数合，斩骑卒七百余。嗣军夜相失，在古城庄外，三鼓突敌围，壁于莫州城下，又领百人斧敌望橹，斩五十级。敌为桥界河，将遁，嗣邀击之，杀获甚众。

六年，从崔彦进捍契丹于静戎北，砦于唐兴口。彦进遣嗣率所部度河。与契丹战，败之，追奔二十余里。

八年，李继迁寇边，嗣从袁继忠、田钦祚戍三叉口，为前锋，斩贼千余。追之，获牛羊、铠甲、弓矢数千计。进至万井口、狐路谷，余贼复来挑战。初以雄武千人为后殿，为贼所掩。继忠命嗣援之，凡数战，始与雄武合队，因列阵格斗，复夺人马七百馀。钦祚夜还，依山为营，贼亦砦其下。募劲卒五十往袭之，嗣为其帅。抵贼所，刺杀百余人，焚其砦而还，诏赐锦袍、银带。

雍熙三年，从田重进、谭延美率师入辽境，疾战飞狐口，辽师不利。重进引全师合击，辽骑引去。进至飞狐城北，辽将大鹏翼率众复至。重进阵厌东偏，数战不胜，命嗣出西偏，麾兵薄山崖，以短兵接战。辽兵败，投崖而下，手斩百馀级。散卒千余在野，嗣呵止之，悉断弦折筈来降。追至河槽，复击退。馀众屯土岭，裨将黄明与战不胜，将退。嗣谓之曰："汝且顿兵于此，为我声援，我当夺此岭。"遂力战，追奔五十余里，抵仓头而还。又领招收卒千人，克仓头、小治二砦。黄明与战，克直谷砦，命嗣屯焉。

数日，辽人复致师。重进与战，奔突往来，大军颇扰。重进召嗣合战，悉走之，夺炮具、铠胄。贼乘夜复围直谷、石门二砦，重进遣嗣以精兵五百济之，嗣曰："敌二万余，今援师甚寡，难以解围。"重进颇忧之。嗣曰："谭师屯小治，绾兵二千，愿间道以往，邀其策应。"中夜，匹马诣延美，延美曰："敌势若此，何可解？"嗣曰："请移全军就平川，植旗立队，别择三二百人张白旗于道侧。彼见旗帜绵亘远甚，谓大军继至，嗣自以所部五百疾驱往斗，必克其砦。"延美许焉。一日凡五七战，辽兵遂引去，咸如嗣所料。

蔚州之降也，重进先命嗣率勇士数十人缒入，见守将，得其实状。翌日，将受降，而敌反拒大军所出之路，遂与斗，杀伤甚众，屡缒入城，取守将之归服者。重进之垒，粮运颇乏，嗣遣降卒辇州廥济之。辽援兵大至，副都指挥使江谦妄言惑众，嗣即斩之。悉收兵敛辎重还，重进砦，与辽人转战。时军校五人，其四悉斗死。至大岭，嗣与战，败走之。师还，太宗引见便殿，重进言其有劳，补本军都虞候。

又从李继隆御敌于北平砦,将赴蒲城,道遇敌,疾战,俘获甚众。又战于鸾女祠,继隆遣步卒二千,伏定州古城,为敌所攻,命嗣援之。至唐河桥,嗣扼桥路出战,解敌围数重,与伏兵合,分为三队,背水为阵。敌将于越率骑百余队临烽台求战,嗣整兵与战数合,得与继隆会,又阵于东偏,大败之。继隆以闻,诏嘉奖之,迁本军都指挥使,领澄州刺史。

至道二年,加御前忠佐马步军头,屯定州。辽人入侵,隶范廷召,提偏师捍辽兵于嘉山。廷召徙高阳,命嗣以兵二千为殿。过平敌城,辽众十余万来,嗣屡出战。及桑赞、秦翰来援,夜二鼓,敌再至,嗣曰:"彼不利夜战,我当破其砦,以趣大军。"即与赞、翰合势,戒所部望敌炬火多处并力冲之。诘旦,至瀛州。咸平三年,加领本州团练使,出为郎山路都巡检使,破敌砦于蒲阴,俘获甚众。

四年,命嗣领万人断西山路。会敌遽至,大兵不及进而止。五年,真拜蔡州团练使、赵州部署。逾年,徙沧州。是冬,辽人入侵,命率所部自齐州抵淄、青警备。景德初,又命与刘汉凝、田思明率兵至冀州防边。俄赴澶州行在所。会辽人请和,复遣还任。历郓州、凤翔、永兴部署。车驾幸亳州,留为旧城内同都巡检使。大中祥符七年,改虢州防御使、邠宁环庆副部署,卒。嗣起行间,以劳居方面,经百五十余战,没。兄子信、贵,并为左侍禁,贵至内殿崇班。

曹光实,雅州百丈人。父畴,为蜀静南军使,控扼邛崃,以捍蛮夷。光实少武勇,有胆气,轻财好施,不事细行,意豁如也。畴卒,光实嗣职,迁永平军节度管内捕盗游奕使。

乾德中,太祖命王全斌等平蜀。俄而盗贼群起,夷人张忠乐者,尝群行攻劫,且憾光实杀其徒党,率众数千,中夜奄至,环其居,鼓噪并进。光实负其母,挥戈突围以出。贼众辟易不敢近,杀其族三百余口。又发冢墓,坏其棺椁。光实诣全斌具以事白,誓雪冤愤。时蜀中诸郡未下,乃图雅州地形要害,兼陈用兵攻取之策,请官军先下之。全斌壮其志，令率兵先导，果克其城，获忠乐而甘心焉。全斌乃署光实为义军都指挥使。残寇犹据沈黎，光实以所部尽平之。遂以光实知黎、雅二州兼都巡检使。安集劳来，蛮族怀之。

六年秋，全斌遣入贡京师，遂言境内安乂，乞罢义军归农。太祖喜，谓左右曰："此蜀中杰俊也。"诏升殿劳问久之，以为黎州刺史。开宝三年，改唐州刺史。及平交、广，群盗未息，以光实伪岭南诸州都巡检使。既至，捕逐群盗，海隅以宁。太平兴国二年，就迁本州团练使。车驾征河东，以光实知威胜军事，令调军食。光实入告，愿提一旅奋锐先登，帝曰："资粮事重，亦足宣力也。"河东平，命为汾、辽、石、沁等州都巡检使。五年，改汝州团练使。大军北征，与潘美分道出雁门。光实为前锋，遇敌迎击，败之，斩首数千级，优诏嘉奖。

李继捧之入朝也，以光实为银、夏、绥、麟、府、丰、宥州都巡检使。继捧弟继迁逃入蕃落，为边患，光实乘间掩袭至地斤泽，俘斩甚众，破其族账，获继迁母妻及牛羊万计。继迁仅免，使人给光实曰："我数奔北，势窘不能自存矣，公许我降乎？"因致情款陈甥舅之礼，期某日降于葭卢川。光实信之，且欲专其功，不与人谋。及期，继迁先设伏兵，令十数人近城迎致光实，光实从数百骑往赴之。继迁前导北行，将至其地，举手麾鞭而伏兵应之。光实遂遇害，卒，年五十五。帝闻之惊悼，赠赙加等，以其子大理评事克襄为右赞善大夫，克恭为殿直。淳化二年，又录克已为奉职，后至内殿承制；克广至阁门祗候。从子克明。

克明，字尧卿。既生，会敌攻百丈县，父光远遇害，姆抱克明匿苇蒲中得免。既长，喜兵法，善骑射。从父光实奇之，补为衙内都虞候。光实击敌于葭卢川，战殁。克明时护辎重在后，闻光实死，惧军乱，秘不发丧。阳令人西来传光实命还军银州，而潜与仆张贵入敌中，获光实尸以还，葬京师，由是显名。

初，蜀人留京师者禁不得还乡里，克明以母老间道归。李顺反，闻克明将家子，且有名，欲胁以官。克明携母遁山谷，夜止神祠中，梦有人叱之起,既觉而去,贼果至。及贼陷雅州,克明募众数万人以迎王师,遂复名山、火井、夹江等九县。分兵嘉、眉、邛三州,立七砦以邀贼。复收雅州,斩六十余人。贼将何承禄等走云南。蜀平,擢西头供奉官、黎州兵马监押。以余寇未息,权邛州驻泊巡检。

明年,峡路溃卒邓绍等复起攻雅州,克明又平之。还军邛州,遇贼王珂,战于延贡镇,击以矛,中左踝。后又设伏山下,以数十骑与贼接战,克明伪北,而所部失期,伏不发。克明挺身走,贼追急,乃倚大石引弓三发,毙三人,由是获免。入朝,改内殿崇班,为温、台等七州都巡检使。

景德中,蛮寇邕州,改供备库副使、知邕州。左、右江蛮洞三十六,克明召其酋长,谕以恩信。是岁承天节,相率来集。克明慰抚,出衣服遗之,感泣而去。独如洪峒恃险不至,克明谕两江防遏使黄众盈引兵攻之,斩其首领陆木前,枭于市。

宜州澄海军校陈进反。时郁江暴涨,州城摧圮,克明率丁夫伐木为连筏,维之水上,状如郛郭。又多张旗帜,浮巨筏,陈兵其上,为守御备。募溪峒兵三千,而黄众盈亦济兵千五百,将趣象州。会巡抚使曹利用约克明会兵,行次贵州,遇贼大败之,斩首四百余级。贼平,利用专其功。代还,真宗问南方事,对称旨,赐一子官,迁供备库使、江、淮、两浙都大提举捉贼。克明使人捕贼,辄出私钱资之,以故人人尽力。视贼中趫勇者,释缚,使还捕其党,前后获千余人。知江宁府张咏以其事闻,赐钱四十万,领平州刺史,知辰州。

抚水蛮叛,徙宜、融、桂、昭、柳、象、邕、钦、廉、白十州都巡检使兼安抚使。既至,蛮酋献药一器,曰:"溪峒药,药箭中人,以是解之可不死。"克明曰:"何以验之?"曰:"请试以鸡犬。"克明曰:"当试以人。"乃取药箭刺酋股而饮以药,即死,群蛮惭惧而去。

是年冬,安抚都监王文庆、马玉出天河砦东,克明与中人杨守珍出环州樟岭西,磴道危绝,林木深阻,蛮多伏弩以待。玉所向力战,屡败蛮军。是时朝廷意在招附,数诏谕克明,而克明亦惮深入,屡移文止玉。玉至如门团,为蛮所扼,不得进。克明迁延顾望,月余,乃至抚水州,与知州蒙承贵等约盟而还。

　　未几,知桂州兼管勾溪峒公事,始置溪峒司。又奏阅广南两路土军为忠敢军。州人覆茅为屋,岁多火,克明选北军教以陶瓦,又激江水入城,以防火灾。代还,知滁州,徙鼎州。会交阯李公蕴寇邕州,以文思使复知邕州。既至,遣人入交阯谕以利害,公蕴拜表谢罪。迁西上阁门使,历知登、舒、邵三州,复徙鼎州,卒。

　　张晖,幽州大城人。后唐清泰初,隶控鹤军,累迁奉国、弩手都头。晋开运末,与武行德夺契丹甲船于河阴。行德领河阳,以晖为弩手指挥使,复令引兵趋怀州。契丹将遁去,因领州军。汉祖入汴,晖迎于荥阳,授怀州刺史。乾祐初,郓州刺史慕容业治多不法,以晖为缘汉都巡检使,领唐州,屯兵至郓州,即代业。还京,改郓州刺史。

　　周广顺初,刘崇寇晋、绛,召晖为步军左厢排阵使。师还,改沂州刺史。三年,吏民诣阙举留,俄改冀州。会诏筑李晏口、束鹿、安平、博野、百八桥、武强等城,命晖护其役,逾月而就。从世宗征淮甸,充壕砦都指挥。既拔楚、泗,即授泗州。未几,改耀州,俄为西南面桥道使。

　　宋初,从征泽、潞,为行营壕砦使,先登陷阵。事平,迁华州团练使,在郡颇有治状。建隆二年,太原未下,诏入觐问计,晖对曰:"泽、潞经李筠之叛,疮痍未复,军旅一兴,恐人力重困。不若戢兵育民,俟富庶而后为谋。"乃赐袭衣、金带、鞍勒马,令还州。朝廷方议伐蜀,迁凤州团练使兼缘边巡检壕砦桥道使。晖尽得山川险易,因密疏陈之,太祖览之大悦。乾德二年,大军西下,乃以晖充西川行营先锋都指挥使。督兵开大散关路,躬抚士卒,且役且战,人忘其劳。十二月,至青泥岭,卒。

　　天禧五年,晖妻年百五岁,家贫,诣阙自陈。诏赐束帛,录其孙永德为三班借职。

　　司超,大名元城人。初事邢帅安叔千。汉祖在太原,超往依之,隶帐下为小校。汉祖将渡河,遣超先领劲骑,由晋、降趋河阳。及入汴,以超为郓州必敌指挥使。时京东诸州寇盗充斥,以超为宋、宿、亳三州游奕巡检使。改宿州西固镇守御都指挥使。移屯颍州下蔡镇。屡与淮人战,有功。

周世宗命宰相李谷讨淮南,以超为步军先锋副都指挥使,又为卢、寿、光、黄等州巡检使。大败淮人三千馀众于盛唐县,获棹船四十余艘,擒其监军高弼、果毅指挥使许万以献。时黄州未下,即命超遥领刺史兼楼橹战棹右厢都校。师还,改光州刺史,败吴军千余于麻城北。显德四年冬,与王审琦攻舒州,败吴军三千,先擒刺史施仁望献于行在。即以超为舒州团练使。

宋初,命副宋偓领舟师巡抚江徼,月馀特诏升舒州为防御,以超充使。太祖讨李重进,以为前军步军都指挥使,及平,遣归治所。建隆三年春,迁蔡州防御使。

乾德六年,改降州防御使,徙晋州兵马钤辖。是秋,又副赵赞为邠州行营都部署,进攻河东。及太祖亲征,为行营前军步军都指挥使,改郑州防御使。开宝七年,朝廷将讨江左,以超久在淮右,习知江山险易,徙蕲州防御使,行至淮西卒,年七十一。天禧元年,录其孙文睿为三班奉职。

论曰:昔许子卒于师,葬之加等。《春秋》书之,所以褒臣节而儆官守也。业、罕儒、光实,咸当捍城之寄,临戎力战,殁于敌境。虽罕儒恃勇不戒,光实甘贼迁之言,失在轻敌,然其忘躯徇节,诚可嘉也。业本太原骁将,感太宗宠遇,思有以报。常胜之家,千虑一失。然其素得士心,部卒不忍离去,从之以殁,则忠义之风概可见矣。嗣与延昭并克绍勋伐。延昭久居边阃,总戎训士,威名方略,闻于敌人,于嗣为优。晖于危时则有陷阵之功,平日则献息戎之谏。超频战以清淮海,其忠诚勇果,率有可尚者焉。

宋史卷二七三

列传第三二

李进卿 <small>子延渥</small>　杨美　何继筠

<small>子承矩</small>　李汉超 <small>子守恩</small>　郭进

<small>牛思进附</small>　李谦溥 <small>子允正</small>　姚内斌

董遵诲　贺惟忠　马仁瑀

　　李进卿,并州晋阳人。少以骁勇隶护圣军。晋天福中,杜重威帅师败安重荣于宗城,进卿力战有功,擢为兴顺军校。周祖开国,命领所部兵戍灵寿,久之,迁龙捷指挥使。显德初,从世宗战高平,改铁骑指挥使,历散员左射都校,改铁骑及内殿直都虞候。

　　宋初,领贵州刺史,三迁铁骑左厢都指挥使,领乾州团练使。乾德初,迁控鹤左厢都指挥使,改汉州团练使。二年,转虎捷左厢都指挥使,领澄州团练使。是岁冬,伐蜀,以进卿为归州路行营步军都指挥使,拔巫山砦,下夔、万二州。蜀平,录功拜侍卫亲军步军都虞候,领保顺军节度。开宝二年,太祖亲征河东,留进卿为在京都巡检,颍州刺史常晖、淄州刺史韩光愿分为河南、北巡检。及还,改亲军马军都虞候。六年,迁步军都指挥使,领静江军节度。卒,年五十九,赠侍中。子延渥、延信。延信至内殿崇班。

　　延渥以荫补供奉官,寻为阁门祗候,三迁至西京左藏库使。咸平初,历知平戎宁边顺安军、保州威虏军钤辖,又知冀州。六年,徙瀛州。

景德初，契丹大举扰边，经胡卢河，逾关南，十月，抵城下。昼夜鼓噪，四面夹攻。旬日，其势益张，唯击鼓伐木之声相闻，驱奚人负板秉烛乘堋而上。延渥率州兵强壮，又集巡检史普所部乘城，发礌石巨木击之，皆累累而坠，杀伤甚众。翌日，契丹主与其母亲鼓众急击，发矢如雨。延渥分兵拒守益坚，契丹遁去，死者三万余，伤者倍之，获铠甲、兵矢、竿牌数百万，驿书以闻。赐延渥锦袍、金带，将士缗钱，迁延渥本州团练使。以通判、太子中允陆元凯为国子博士，赐绯；推官李翔为太子中允；录事参军蔡亨为右赞善大夫；侍禁、兵马监押王海，殿直、贝冀同巡检史普为内殿崇班，充听职故。

初，戍棚垂板护城才数寸许，契丹射之，矢集其上凡二百馀。及请葺城，诏取板视之，真宗颇称其劳。又闻城守之际，陆元凯流矢中面，史普勇敢不避敌，复迁元凯屯田员外郎，普尚食副使。普寻卒，又录其子昭度为右侍禁，昭俭为奉职。

二年，延渥徙知邢州，历天雄军、贝州副都部署，知冀、贝、博三州。大中祥符八年，入朝，以疾，连赐告，换右领军卫大将军，领演州团练使。明年，从其请，以左武卫大将军致仕。天禧初，卒。子宗禹，为内殿崇班。

杨美，并州文水人。本名光美，避太宗旧名改焉。美状貌雄伟，武力绝人，以豪侠自任。汉乾祐中，周祖征三叛，美杖策诣军门求见，周祖召与语，庄之，留帐下。广顺初，累迁禁军大校，从世宗征淮南，以功擢铁骑都指挥使，领白州刺史。

太祖与美有旧，即位，以为内殿直都知。建隆三年，升青州北海县为军，以美为军使。为政尚简易，民皆德之。乾德二年，召还，北海民数百诣阙乞留，诏谕之不去，笞为首者始罢。迁马步军都头。会讨蜀，以美为归州路战棹左右厢都指挥使。蜀平，迁内外马步军副都军头，领恩州团练使。开宝二年，改领端州防御使。六年，加都军头，领宣州观察使。俄授虎捷左右厢都指挥使，领河西军节度。会

遣党进、潘美征太原,命美为行营马军都虞候。太平兴国二年冬,出
为保静军节度。三年夏,以疾求解官归京师,寻医药,诏遣内侍与道
士马志视之。未几,卒,年四十八,赠侍中,命中使护葬。美为人任
气好施,凡得予赐及奉禄,尽赒给亲戚故旧。死之日,家无余财,人
多叹息之。

　　何继筠,字化龙,河南人。父福进,历事后唐至周,累官忠武、成
德、天平三节度。继筠幼时与群儿戏,必分行伍为战阵之象。晋初,
补殿直。周祖讨三叛,表继筠从行。贼平,改供奉官。

　　广顺初,福进镇真定,署衙内都校,尝领偏师出土门,与并人
战,斩首数千级,以功领钦州刺史。契丹将高模翰率二千骑扰深、
冀,以苇筏度胡卢河。继筠与虎捷都指挥使刘诚诲率兵拒之,至武
强,获老稚千余人,模翰遁去。俄随福进入朝,为内殿直都知。福进
卒,起复,为濮州刺史,领兵戍静安军。契丹内侵,继筠逆击败之,改
棣州刺史。世宗征瓦桥关,命继筠以所部兵出百井道,破并人数千
众。恭帝即位,以为西北面行营都监。

　　建隆二年,升棣州为团练,以继筠充使。三年,命为关南兵马都
监。乾德四年,加本州防御使。开宝元年秋,命昭义节度李继勋等
征太原,以继筠为先锋部署。至涡河与并人遇,击走之,夺汾河桥,
败其众于城下,获马五百匹,擒其将张环、石赟以献。二年春,太祖
亲征晋阳,契丹来援,继筠时屯兵阳曲县,驿召至行在所,授以方
略,命将精骑数千赴石岭关拒契丹,谓之曰:"翌日亭午,俟卿来奏
捷也。"至期,帝御北台以俟。见一骑自北来,及遣逆问之,乃继筠子
承睿来献捷:生擒刺史二人,获生口百余,斩首千余级,获马七百余
匹、器甲甚众。初,并人恃契丹为声援;及捷奏,太祖命以所获首级、
铠甲示城下,并人丧气。继筠以功拜建武军节度,判棣州。

　　三年,来朝,诏赐鞍马、戎仗,令戍边。四年秋,来朝,疽发背,车
驾幸其第,锡赉甚厚。未几,卒。年五十一。帝亲临之,为之流涕,
从容谓侍臣曰:"继筠捍边有功,朕不早授方镇者,虑其数奇耳。今

才领节制，果至沦没，良可惜也。"赠侍中，赙绢五百匹，中使护丧，令以生平所佩剑及介胄同葬。

继筠深沉有智略，前后备边二十年，与士卒同甘苦，得其死力。善揣边情，边人畏伏，多画像祠之。子承矩。

承矩，字正则。幼为棣州衙内指挥使，从继筠讨刘崇，擒其将胡澄以献。开宝四年，授闲厩副使。太平兴国三年，漳、泉陈洪进纳土，诏承矩乘传监泉州兵。会仙游、莆田、百丈寇贼啸聚，承矩与乔维岳、王文宝讨平之，以功就迁闲厩使。疏为政之害民者数十事上之，悉被容纳。会改使名，即为崇仪使。五年，知河南府。时调丁男百十辈转送上供纲，承矩以为横役，奏罢其事。徙知潭州，凡六年，囹圄屡空，诏嘉奖之。入为六宅使。端拱元年，领潘州刺史，命护河阳屯兵。

米信知沧州。以其不习吏事，命承矩知节度副使，实专郡治。时契丹挠边，承矩上疏曰："臣幼侍先臣关南征行，熟知北边道路、川源之势。若于顺安砦西开易河蒲口，导水东注于海，东西三百余里，南北五七十里，资其陂泽，筑堤贮水为屯田，可以遏敌骑之奔轶。俟期岁间，关南诸泊悉壅阗，即播为稻田。其缘边州军临塘水者，止留城守军士，不烦发兵广戍。收地利以实边，设险固以防塞，春夏课农，秋冬习武，休息民力，以助国经。如此数年，将见彼弱我强，彼劳我逸，此御边之要策也。其顺安军以西，抵西山百里许，无水田处，亦望选兵戍之，简其精锐，去其冗缪。夫兵不患寡，患骄慢而不精；将不患怯，患偏见而无谋。若兵精将贤，则四境可以高枕而无忧。"太宗嘉纳之。

属霖雨为灾，典者多议其非便。承矩引援汉、魏至唐屯田故事，以折众论，务在必行。乃以承矩为制置河北缘边屯田使，俾董其役。事具《食货志》。由是自顺安以东濒海，广袤数百里，悉为稻田，而有莞蒲蜃蛤之饶，民赖其利。

淳化四年，擢为西上阁门使、知沧州，逾年徙雄州。御书印纸录

其功最,仍赐以弓剑。承矩推诚御众,同其甘苦。边民有告机事者,
屏左右与之款接,无所猜忌,故契丹动息皆能前知。

至道元年,契丹精骑数千夜袭城下,伐鼓纵火,以逼楼堞。承矩
整兵出拒。迟明,列阵酾战久之,斩馘甚众,擒其酋所谓铁林相公
者,契丹遁去。是年春,府州尝败契丹众,承矩条杀获以谕州民,或
揭于市。契丹愧忿,故有是役。太宗意其轻率致寇,复命与沧州安
守忠两换其任。魏廷式使河北,得雄州功状,抗表上言。又遣内侍
刘勋核实,及麾下士有功者千余人,皆进擢赍赐。

真宗嗣位,复遣知雄州,赐承矩诏曰:"朕嗣守鸿业,惟怀永图,
思与华夷,共臻富寿。而契丹自太祖在位之日,先帝继统之初,和好
往来,礼币不绝。其后克复汾、晋,疆臣贪地,为国生事,信好不通。
今者圣考上仙,礼当讣告。汝任居边要,洞晓诗书,凡有事机,必能
详究,轻重之际,务在得中。"承矩贻书契丹,谕以怀来之旨,然未得
其要。

咸平二年,契丹南侵。屡遣内侍以密诏问御遏之计,密封以献。
尝诏听边民越拒马河塞北市马。承矩上言曰:"缘边战棹司自淘河
至泥姑海口,屈曲九百余里,此天险也。太宗置砦二十六,铺百二十
五,延臣十一人,戍卒三千余,部舟百艘,往来巡警,以屏奸诈,则缓
急之备,大为要害。今听公私贸市,则人马交度,深非便宜,且砦、铺
皆为虚设矣。"疏奏,即停前诏,屡被手札褒饬。

三年,召还,拜引进使。州民百余诣阙贡马,乞借留承矩,诏书
嘉奖,复遣之。承矩上言曰:

> 契丹轻而不整,贪而无亲,胜不相让,败不相救。以驰骋为
> 容仪,以弋猎为耕钓。栉风沐雨,不以为劳;露宿草行,不以为
> 苦。复恃骑战之利,故频年犯塞。臣闻兵有三阵:日月风云,天
> 阵也;山陵水泉,地阵也;兵车士卒,人阵也。今用地阵而设险,
> 以水泉而作固,建设陂塘,绵亘沧海,纵有敌骑,安能折冲?昨
> 者契丹犯边,高阳一路,东负海,西抵顺安,士庶安居,即屯田
> 之利也。今顺安西至西山,地虽数军,路才百里,纵有丘陵冈

阜，亦多川渎泉源，因而广之，制为塘埭，自可息边患矣。今缘边守将多非其才，不阅诗书，不习礼乐，不守疆界，制御远方，动误国家，虽提貔虎之师，莫遏犬羊之众。臣按兵法，凡用兵之道，校之以计而索其情，谓将孰有能，天地孰得，法令孰行，兵众孰强，士卒孰练，赏罚孰明，此料敌制胜之道也。知此而用战者必胜，否则必败。夫惟无虑而易敌者必擒于人也。伏望慎择疆吏，出牧边民，厚之以奉禄，使悦其心，借之以威权，使严其令。然后深沟高垒，秣马厉兵，为战守之备。修仁立德，布政行惠，广安辑之道。训士卒，辟田畴，劝农耕，畜刍粟，以备凶年。完长戟，修劲弩，谨烽燧，缮保戍，以防外患。来则御之，去则备之，如此则边城安堵矣。

臣又闻古之明王，安集吏民，顺俗而教，简募良材，以备不虞。齐桓、晋文皆募兵以服邻敌。故强国之君，必料其民有胆勇者聚为一卒；乐进战效力以显忠勇者聚为一卒；能逾高赴远轻足善斗者聚为一卒；此三者兵之练锐，内出可以决围，外入可以屠城。况小大异形，强弱异势，险易异备。卑身以事强，小国之形也。以蛮夷伐蛮夷，中国之形也。故陈汤统西域而郅支灭，常惠用乌孙而边部宁。且聚胆勇、乐战、轻足之徒，古称良策，请试行之。

且边鄙之人，多负壮勇，识外邦之情伪，知山川之形胜。望于边郡置营召募，不须品度人才，止求少壮有武艺者万人。俟契丹有警，令智勇将统而用之，必显成功，乃中国之长算也。

又如榷场之设，盖先朝从权立制，以惠契丹，纵其渝信犯盟，亦不之废，似全大体。今缘边榷场，因其犯塞，寻即停罢。去岁以臣上言，于雄州置场卖茶，虽赍货并行，而边氓未有所济。乞延访大臣，议其可否，或文武中有抗执独议，是必别有良谋。请委之边任，使施方略，责以成功。苟空陈浮议，上惑圣聪，只如灵州，足为证验，况兹契丹又非夏州之比也。

四年十月，建议选锐兵于乾宁军，挽刀鱼船自界河直趋平州境,以牵西面之势。五年,诏兼领制置屯田使。始建榷场,或者谓承矩意在继好,然契丹无厌,未足诚信,徒使公行窥伺。会契丹有杀斥候卒者,复罢之。时契丹数窥边城、大浚渠,颇挠其役。诏承矩握兵深入其境,以分其势。承矩以无骑兵,第遣数千卒出混泥城,袭之而还。

景德元年,入朝,进领英州团练使。真宗谓宰相曰:"承矩读书好名,以才能自许,宜择善地处之。"冬,出知澶州。承矩自守边以来,尝欲朝廷怀柔远人,为息兵之计。及是,车驾按巡本部,卒与契丹和,益加叹赏。韩杞之至也,命郊劳。明年春,复知雄州。是岁,契丹始遣使奉币。承矩以朝廷待边人之礼悠久可行者,悉疏以闻。手诏嘉纳,仍听事有未尽者便宜裁处。

三年,真拜雄州团练使。时边兵稍息,农政未修。又置缘边安抚使,命承矩为之。且诏边民诱其复业。承矩曰:"契丹闻之,必谓诱其部属也。"乃易诏文为水旱流民之意。王钦若时知枢密,援汉虫达、周仲居改诏,请罪承矩。帝曰:"承矩任边有功,当优假之。"第诏自今朝旨未便者,奏禀进止。

承矩颇有识鉴。典长沙日,李沆、王旦为佐,承矩厚待之,以为有公辅器。善推步,自知冥数,乃以老疾求僻郡。诏自择其代,承矩以李允则为请。乃授承矩齐州团练使,遣之任,至郡才七日,卒,年六十一。特赠相州观察使,赙钱五十万、绢五百匹,中使护葬。

以其子龟龄为侍禁;昌龄、九龄为殿直;遐龄为斋郎。缘边泊涿、易州民,闻承矩卒,皆相率诣雄州发哀饭僧。昌龄娶齐王女太和县主,至内殿崇班。昌龄子象中,为阁门祗候。

李汉超,云州云中人。始事邺帅范延光,不为所知。又事郓帅高行周,亦不见亲信。会周世宗镇澶渊,汉超遂委质焉。即位,补殿前指挥使,三迁殿前都虞候。

宋初,改散指挥都指挥使,领绵州刺史,累迁控鹤左厢都校,领恩州团练使。从平李重进,寻迁齐州防御使兼关南兵马都监。汉超在关南,人有讼汉超强取其女为妾及贷而不偿者,太祖召而问之曰:"汝女可适何人?"曰:"农家也。"又问:"汉超未至关南,契丹如何?"曰:"岁苦侵暴。"曰:"今复尔耶?"曰:"否。"太祖曰:"汉超,朕之贵臣也,为其妾不犹愈于农妇乎?使汉超不守关南,尚能保当家之所有乎?"责而遣之。密使谕汉超曰:"亟还其女并所贷,朕姑贳汝,勿复为也。不足于用,何不以告朕耶?"汉超感泣,誓以死报。在郡十七年,政平讼理,吏民爱之,诣阙求立碑颂德。太祖诏率更令徐铉撰文赐之。

霸州监军马仁瑀尝兄事汉超,多自肆,擅发麾下卒入辽境,剽夺人口、羊马,由是二将交恶。太祖虑其生变,遣中使赐汉超、仁瑀金帛,令和解之。太平兴国初,迁应州观察使,判齐州,仍为关南巡检。二年八月卒于屯所。太宗甚悼惜,赠太尉、忠武军节度,中使护葬。汉超善抚士卒,与之同甘苦,死之日,军中皆流涕。子守恩。

守恩,少骁果善战,有父风。初补齐州牙职。开宝二年,太祖亲征太原,汉超为北面行营都监,守恩从父军中。会契丹遣兵援河东,至定州西嘉山,将入主门,守恩领牙兵数千骑战败之。斩首三千级获战马、器甲甚众,擒首领二十七人。随汉超见于行在,赐戎服、金带、器币、缗钱,太祖谓左右曰:"此稚子能若是,他日将帅才也。"汉超卒,擢为骁猛军校,累官至陇州刺史、知灵州。与转运使陈纬部刍粮过瀚海,为贼所邀,守恩及子广文、助教象之、陇州衙内指挥使望之、弟寄班守忠皆没。真宗闻之震悼,特赠守恩洪州观察使。次子祐之、顺之、用之、润之、庆之、成之、藏之。

郭进,深州博野人。少贫贱,为钜鹿富家佣保。有膂力,倜傥任气,结豪侠,嗜酒蒲博。其家少年患之,欲图杀进。妇竺氏阴知其谋,以告进,遂走晋阳依汉祖。汉祖壮其材,留帐下。晋开运末,契丹扰边。汉祖建号太原。契丹主道殂,汉祖将入汴,进请以奇兵间道先趋洺州,因定河北诸郡。累迁乾、坊二州刺史。少帝即位,改磁州。

周广顺，初，移淄州。二年，吏民诣观察使举留。是秋，迁登州刺史。会群盗攻劫居民，进率镇兵平之，部内清肃，民吏千余人诣阙请立《屏盗碑》，许之。显德初，移卫州。卫、赵、邢、洺间多亡命者，以汲郡依山带河，易为出没，伺间椎剽，吏捕之辄遁去，故累岁不能绝其党类。进备知其情状，因设计发括之，数月间剪灭无余，郡民又请立碑记其事。改洺州团练使，有善政，郡民复诣阙请立碑颂德，诏左拾遗郑起撰文赐之。进尝于城四面植柳，壕中种荷芰蒲蒪，后益繁茂。郡民见之有垂涕者，曰："此郭公所种也。"

建隆初，太祖亲征泽、潞，迁本州防御使，充西山巡检。尝与曹彬、王全斌入太原境，获数千人。开宝二年，太祖亲征河东，以进为行营前军马军都指挥使。九年，命将征河东，以进为河东道、忻代等州行营马步军都监，招徕山后诸州民三万七千余口。太平兴国初，领云州观察使，判邢州，仍兼西山巡验，赐京城道德坊第一区。

四年，车驾将征太原，先命进分兵控石岭关，为都部署，以防北边。契丹果犯关，进大破之。又攻破西龙门砦，俘馘来献，自是并人丧气。时田钦祚护石岭军，恣为奸利诸不法事，进虽力不能禁，亦屡形于言。进，武人，性刚烈，战功高。钦祚以他事侵之，心不能甘，自经死，年五十八，钦祚以暴卒闻。太宗悼惜久之，赠安国军节度，中使获葬。后颇闻其事，因罢钦祚内职，出为房州团练使。

进有材干，轻财好施，然性喜杀，士卒小违令，必置于死，居家御婢仅亦然。进在西山，太祖遣戍卒，必谕之曰："汝辈谨奉法。我犹贷汝，郭进杀汝矣。"其御下严毅若此。然能以权道任人。尝有军校自西山诣阙诬进者，太祖诘知其情状，谓左右曰："彼有过畏罚，故诬进求免尔。"遣使送与进，令杀之。会并人入寇，进谓诬者曰："汝敢论我，信有胆气，今舍汝罪，能掩杀并寇，即荐汝于朝；如败，可自投河东。"其人踊跃听命，果致克捷。进即以闻，乞迁其职，太祖从之。

初开宝中，太祖令有司造宅赐进，悉用筒瓦。有司言，旧制：非亲王公主之第不可用。帝怒曰："进控扼西山十余年，使我无北顾忧。我视进岂减儿女耶？亟往督役，无妄言。"太平兴国初，又赐宅一区。

牛思进者，祁州无极人。少从军，以膂力闻。尝取强弓挂于耳，以手引之令满。又负墙立，力士二人撮其乳曳之，巍不动，军中咸异之。太平兴国四年，知平定军，从征河东，石岭关部署郭进卒，命思进代之。师还，以功改本州团练使。七年，授右千牛卫上将军致仕，卒。

李谦溥，字德明，并州盂人。性慷慨，重然诺。父荛，后唐清泰中，晋祖镇并门，署为众谋。天福初，为开封府推官，使契丹，还，上言："屈节外国，非久长策。"时晋祖方父事契丹，不悦其言，出为汝州鲁山令，卒于官。

谦溥少通《左氏春秋》。从晋祖入汴，补殿直，奉使契丹。少帝即位，改西头供奉官，汉初，迁东头。周祖讨三叛及守邺都，谦溥往来宣密命，周祖爱之。广顺初，迁供备库副使。世宗征刘崇，辽州刺史张乙坚壁不下。遣谦溥单骑说之，乙以城降，以功改闲厩使。师还，留为晋州兵马都监。以偏师入河东境，频致克捷，世宗诏褒美之。

会隰州刺史孙义卒。时，世宗亲征淮南，谦溥谓节帅杨廷璋曰："大宁，咽喉要地，不可阙守。且车驾出征，若俟报，则孤城陷矣。廷璋即署谦溥权隰州事。至郡，亟命浚城隍，严兵备。凡八日，并人果以数千骑来寇。时盛暑，谦溥单衣持扇，从二小吏登城，徐步按视战具。并人退舍，后旬余，大发冲车攻城。谦溥募敢死士，得百余人，短兵坚甲，衔枚夜缒出城。会廷璋兵至，合势夹攻，掩其不及。并人大扰，悉众遁去。追北数十里，斩首千余级。时显德四年也。明年五月，攻破孝义县，以功领衢州刺使，监军如故。世宗北征，召赴行在。恭帝即位，为澶州巡检使，诏城莫州，数旬而就。改丹州刺史。

建隆四年，移慈州，兼晋、显缘边都巡检，行石州事，以兴同砦为治所。冬,将有事于南郊。太祖命四路进兵,略地太原。郑州刺史孙延进、绛州刺史沈继深、通事舍人王睿等师出险地,以谦溥为先锋,会霍邑。谦溥因画攻取之策,继深等共沮之,延进不能用。军还,出白璧关,次谷口。谦溥语诸将曰:“王师深入敌境,今既退军,彼必乘我,诸君当备之。”

诸将不答,谦溥独令所部摄甲。俄,追骑果至,延进等仓皇走谷中,独谦溥麾兵拒之,并人引退。未几,移隰州刺史。

开宝元年,命李继勋等征太原,以谦溥为汾州路都监。太祖征晋阳,为东砦都监。前军副部署党进遣谦溥伐木西山以给军用,未至闻鼓声,乃并人逼西砦。大将赵赞御之,并众未退。谦溥挥所部赴之。太祖遽至观战,怪其赴援者非精甲,问之,乃谦溥也,帝甚喜。谦溥在州十年,敌人不敢犯境。有招收将刘进者,勇力绝人,谦溥抚之厚,藉其死力,往来境上,以少击众,并人患之,为蜡丸书以间进,佯遗书道中。晋帅赵赞得之以闻。太祖令械进送阙下,谦溥诘其事,进伏请死。谦溥曰:“我以举宗四十口保汝矣。”即上言进为并人所恶,此乃反间也。奏至帝悟,遽令释之,赐以禁军都校戎帐、服具,进感激,愿击敌自效。

开宝三年,召谦溥为济州团练使。后边将失律,复为晋、县缘边巡检使,边民闻之喜,争相迎劳于道左。六年,领兵入太原,连拔七砦。八年,以疾求归肩舆抵洛,太祖遣中使领太医就视之。至京师,疾笃,累上章辞禄,不许。明年春,卒,年六十二。太祖甚痛惜之,赙赠有加,葬事官给。

谦溥与宣祖同里闬,弟谦异与太祖为布衣交。其毋阎尝厚待太祖,及即位,数迎入宫中,使左右掖之,不令拜,命坐饮食,话及旧故,赐赉忧厚。雍熙中,太宗为许王纳谦升女为夫人,以谦升为如京副使。谦溥子允则、允正,允则至宁州防御使。从子允恭为内殿崇班、阁门祗候。

允正字修己,以荫补供奉官。太平兴国中,掌左藏库,屡得升殿奏事，太宗颇记忆其旧故。雍熙中，与张平同掌三班，俄为阁门祗候。四年，迁阁门通事舍人。时，女弟适许王，以居第质于宋偓，太宗诘之曰："尔父守边二十余年，止有此第耳，何以质之？"允正具以奏，即遣内侍赍钱赎还，搢绅咸赋诗颂美。

淳化中，命讨戎、泸州叛蛮，迁西上阁门副使。太宗虑京城狱囚淹系，命允则提总之。尝请诏御史台给开封府司录、左右军巡、四排岸司印纸作囚簿，署禁系月日，条其罪犯，岁满较其殿最。诏从其请。逾年，开封府上言："京师浩穰，禁系尤众，御史府考较之际，胥吏奔命，有妨推鞫，况无欺隐，不烦推校。"卒罢之。允正又提点左右藏，屡乘传北面，经度边要。五年，为卫州修河部署。会建清远军积石砦，命诣瀚海部分其役。还，进秩东上阁门使，并州驻泊钤辖。俄代张永德知州事，徙代州。

咸平初，使西蜀询访民事，还，进秩东上阁门使，历知镇、莫二州。又为并、代马步军钤辖。契丹扰边，车驾驻大名，允正与高琼率太原军出土门路来会，召见便殿。所部有广锐骑士数百，皆素练习，命允正引以入，赐缗钱。遣屯邢州，与石保吉逐辽人，辽人遁去。俄以兵会大名，复还并、代。

五年，合泾原仪渭、邠宁环庆两路为一界，命王汉忠为都部署，驿召允正为钤辖兼安抚都监，即日上道。又命与钱若水同诣洪德、怀安沿边诸砦经度边事，加领诚州刺史。七月，罢两路之职，复任并、代钤辖。每钱若水按巡边垒，即诏权莅州事。进四方馆使，代马知节为鄜延部署，兼知延州，改客省使，知定州兼镇定都钤辖。

大中祥符三年，累表求还。至京师，将祀汾阴，以疾难于扈从，命为河阳部署以便养。会张崇贵卒，赵德明颇逾轶，亟诏徙允正为鄜延部署，内侍密诏存谕。礼成，领河州团练使。允正颇知书，性严毅，踪财喜自修饬。素病伛偻，以是罕在要近，累典边任，多杀戮。是秋，徙知与军。卒，年五十一。

姚内斌，平州卢龙人。仕契丹，为关西巡检、瓦桥关使。周显德六年，太祖从世宗北征，兵次瓦桥关，内斌率众五百人以城降。世宗以为汝州刺史，吏民诣阙举留，恭帝诏褒之。内斌本名犯宣祖讳下一字，遂改今名。从平李筠，改虢州刺史。西夏数犯西鄙，以内斌为庆州刺史兼青、白两池榷盐制置使。在郡十数年，西夏畏伏，不敢犯塞，号内斌为"姚大虫"，言其武猛也。

初，内斌降，其妻子皆在契丹。乾德四年，子承赞密自幽州来归。五年，幽州民田光嗣等又以内斌儿女六人间道来归，太祖并召见，赐以衣服、缗钱、鞍马，令中传护送还内斌。开宝四年，召赴阙，上待之甚厚，遣归治所。七年春，暴得疾卒，年六十四。遣中使护丧，归葬洛阳，常赙外，赐其子田三十顷。承赞为供奉官、阁门祗候，死于阵。承鉴至殿中丞。

董遵诲，涿州范阳人。父宗本，善骑射，隶契丹帅赵延寿麾下，尝以事说延寿不能用。及延寿被执，举族南奔。汉祖得之，擢拜随州刺史，署遵诲随州牙校。周显德初，世宗北征，大将高怀德，遵诲之舅也，表遵诲从行。师次高平，与晋人遇。将接战，晋兵未成列，怀德命遵诲先出奇兵击之，晋人溃，大军继进，遂败之。

二年，讨秦、凤，大将韩通又表遵诲自随。与贼战于唐仓，先登陷阵，擒蜀招讨使王鸾以献，克秦、凤二州。师还，录其前后功，补东西班押班，又迁骁武指挥使。四年，从世宗征淮南，攻合肥，下之。六年，从韩通平雄、霸二州。

太祖微时，客游至汉东，依宗本，而遵诲凭藉父势，太祖每避之。遵诲尝谓太祖曰："每见城上紫云如盖，又梦登高台，遇黑蛇约长百尺余，俄化龙飞腾东北去，雷电随之，是何祥也？"太祖皆不对。他日论兵战事，遵诲理多屈，拂衣而起。太祖乃辞宗本去，自是紫云渐散。及即位，一日，便殿召见，遵诲伏地请死，帝令左右扶起，因论之曰："卿尚记往日紫云及龙化之梦乎？"遵诲再拜呼万岁。俄而部下有军卒击登闻鼓，诉其不法十余事，太祖释不问。遵诲益惶愧待罪，太祖召而谕之曰："朕言赦过赏功，岂念旧恶耶？汝可勿复忧，吾将录用汝"。遵海再拜感泣。又问遵海："母安在?"遵海奏曰："母氏在幽州,经患难睽隔。"太祖因令人赂边民,窃迎其母,送与遵海。遵海遣外弟刘综贡马以谢,太祖解其所服真珠盘龙衣,命赍赐之。综曰："遵海人臣,岂敢当此。"太祖曰："吾方委以方面,不此嫌也。"

会李筠叛泽、潞,令遵海从慕容延钊讨之,迁马军都军头,因留之镇守。三年,召归,再迁为散员都虞候。乾德六年,以西夏近边,授通远军使。遵海既至,召诸族酋长,谕以朝廷威德,刲羊酾酒,宴犒甚至,众皆悦服。后数月,复来扰边,遵海率兵深入其境击走之,俘斩甚众,获羊马数万,夷落以定。太祖嘉其功,就拜罗州刺史,使如故。太宗即位,兼领灵州路巡检。

遵海不知书,豁达无崖岸,多方略,能挽强命中,武艺皆绝人。在通远军凡十四年,安抚一面夏人悦服。尝有剽略灵武进奉使鞍马、兵器者,遵海部署帐下欲讨之,夏人惧,尽归所略,拜伏请罪,遵海即慰抚令去。自是各谨封略,秋毫不敢犯。历太祖、太宗朝,委遇始终不替,许以便宜制军事。太平兴国六年,卒,年五十六。帝轸悼久之,遣中使护葬,赠赗加等,录其子嗣宗、嗣荣为殿直。

贺惟忠,忻州定襄人。少勇敢,善骑射。周祖将兵讨三叛,惟忠谒于道左,自陈其有武艺,周祖悦之,即留置所部。洎开国,得隶世宗帐下,奏补供奉官,不辞辄。入朝,世宗怒之。及嗣位,终不迁擢。

初授仪鸾副使,令知易州。捍边有功,寻迁正使。开宝二年,太祖驻常山,以惟忠为本州刺史兼易、定、祁等州都巡检使。尝中流矢。六年,金疮发而卒。太祖闻之嗟悼,即以其子昭度为供奉官。

惟忠性刚果,知书,洞晓兵法,有方略。在易州缮完亭障,抚士卒,得其死力。每乘塞用兵,所向必克,威名震北边,故十余年间契丹不敢南牧。昭度至西京作坊使。淳化中,知通远军,有罪当弃市,减死流商州。

马仁瑀,大名夏津人。十余岁时,其父令就学,辄逃归。又遣于乡校习《孝经》，旬余不识一字。博士笞之，仁瑀祖中独往焚学堂，博士仅以身免。常集里中群儿数十人，与之戏，为行阵之状，自称将军，日与之均，鞭其后期者，群儿皆畏伏。又市果均给之，益相亲附。及长善射，挽弓二百斤。

汉乾祐中，周祖镇邺，仁瑀年十六，愿隶帐下。周祖素闻其勇，既见甚喜，留置左右。广顺初，补内殿直。世宗嗣位，命卫士习射苑中，仁瑀弓力最劲，而所发多中，赐锦袍、银带。会太原刘崇入寇，世宗亲征至高平，周师不利，诸将多引退。仁瑀谓众曰："主辱臣死，安用我辈！"乃控弦跃马，挺身出阵射贼，毙者数十人，士气益振，大军乘之，崇遂败绩。

世宗至上党，诸将坐失律诛者七十余人。擢仁瑀为弓箭控鹤直指挥使。及还京，又迁散指挥使。从征淮南，至楚州，攻水砦。砦中建飞楼高百尺余，世宗观之，相去殆二百步，楼上望卒厉声谩骂。世宗怒其，命左右射之，远莫能及。仁瑀引满，应弦而颠，及淮南平，身被数十创，赐以良药，迁内殿直都虞候。又从平三关。恭帝嗣位，诏从太祖北伐。

初，以佐命功授散员都指挥使，领贵州刺史。俄迁铁骑右厢都指挥使，又为虎捷左厢都指挥使，领扶州团缗使。从平泽、潞，以功领常州防御使，改龙捷左箱都指挥使。建隆二年，改领岳州防御使。俄又移领汉州。

初，诏仁瑀等领荆、湖诸郡。不数岁，复其地。至是，将征蜀，又诏领川、峡诸郡，遂平之。先是，薛成正知贡举，仁瑀私嘱所与者，榜出，无其人。闻喜宴日，仁瑀酒酣，携所嘱者诣居正切责之。为御史中丞刘温叟所劾，帝忧容之。王继勋以后族骄恣，凌蔑将帅，人皆引避。独仁瑀词气不相下，尝攘臂欲殴之。会帝将讲武郊外。遂欲相图，各勒所部兵私市白梃。太祖密知之，诏罢讲武，出仁瑀为密州防御使。

太祖征晋阳，命仁瑀率师巡边，至上谷、渔阳。契丹素闻仁瑀名，不敢出，因继兵大掠，俘生口、牛羊数万计。驾还，仁瑀归治所。

明年群盗起兖州,贼首周弼、毛袭甚勇悍,材貌奇伟,弼号曰:"长脚龙。"监军讨捕数不利,诏仁瑀掩击。仁瑀率帐下十余卒入泰山,擒弼,尽获其党,鲁郊遂宁。

开宝四年,迁瀛州防御使。兄子尝因醉误杀平民,击狱当死。民家自言非有宿憾,但过误尔,愿以过失杀伤论。仁瑀曰:"我为长吏,而兄子杀人,此怙势尔,非过失也。岂敢以私亲而乱国法哉?"遂论如律,给民家布帛,为棺敛具。太平兴国初,移知辽州。四年,车驾征太原,命仁瑀与成州刺史慕容超、飞龙使白重贵、八作使李继升分兵攻城。及征范阳,命仁瑀率禁兵击契丹于卢北,契丹兵奔溃。师还,迁朔州观察使,判瀛州事。七年,卒,年五十。赠河西军节度,葬事官给。

论曰:宋初,交、广、剑、南、太原各称大号;荆湖、江表止通贡奉;契丹相抗,西夏未服。太祖常注意于谋帅,命李汉超屯关西、马仁瑀守瀛州、韩令坤镇常州、贺惟忠守易州、何继勋领隶州,以拒北敌;又以郭进控西山、武守琪戍晋州、李谦溥守隰州、李继勋镇昭义,以御太原;赵赞屯延州,姚内斌守庆州,董遵诲屯环州,王彦升守原州,冯继业镇灵武;以备西夏。其族在京师者,抚之甚厚。郡中筦榷之利,悉以与之。恣其贸易,免其所过征税,许其召募亡命以为爪牙。凡军中事皆得便宜,每来朝必召对命坐,厚为饮食,锡赉以遣之。由是边臣富赡,能养死士,使为间谍,洞知敌情;及其入侵,设伏掩击,多致克捷,二十年间无西北之忧。以至命将出师,平西蜀,拓湖湘,下岭表,克江南,所向遂志,盖能推赤心以驭群下之所致也。若李进卿、杨美亦专师西征,而美居北海,以乐易结民心,诚得为政之本。延渥、承矩、守恩,允正皆绍先业,以勋名著。承矩议屯田,赞和好,其谋甚远。守恩以果敢死事。宋之武功,于斯为盛焉。

宋史卷二七四
列传第三三

王赞　　张保续　　赵玭
卢怀忠　　王继勋　　丁德裕
张延通　　梁迥　　史珪
田钦祚　　侯赟　　王文宝
翟守素　　王侁　　刘审琼

　　王赞，澶州观城人。少为小吏，累迁本州马步军都虞候。周世宗镇澶渊，每旬决囚，赞引律令辨析中理。问之，知其尝事学问，即署右职。及即位，补东头供奉官，累迁右骁卫将军、三司副使。时张美为使，世宗问："京城卫兵岁廪几何？"美不能对，赞代奏甚析，美因是衔之。及征关南，言于世宗，以赞为客省使，领河北诸州计度使。五代以来，姑息藩镇，有司不敢绳以法。赞所至，发括奸伏，无所畏忌，振举纲领，号为称职，由是边臣切齿。师还，复为三司副使。

　　建隆初，始平李重进。太祖素知赞材干，可委以完葺，即令知扬州。既行，舟覆于闻桥下，溺死，亲属随没者三人。上甚嗟悼，谓左右曰："溺吾枢密使矣！盖将大用也。"赗其家绢三百匹，米麦各二百斛。

　　张保续字嗣光，京兆万年人。父洪，唐左武卫上将军，保续以荫补太庙斋郎。梁贞明中，调补临济尉，选充四方馆通事舍人。后唐天成初，领瓜州官告国信副使。郊祀，改右赞善大夫。

晋天福中，历太府、光禄二少卿，职同正，领通事舍人。开运二年，契丹入寇，杜重威、李守贞、符彦卿等率兵御之。命保续驰骑往来军中谕机事。既而大破敌于阳城。使还，以本官充西上阁门副使。明年，使荆南，复命转东上阁门副使。契丹犯阙，被驱北徙，留范阳，岁余逃归。

汉乾祐初，出为陇州防御使。周祖革命，召为东上阁门副使，从平慕容彦超。累迁引进副使、知阁门事。世宗即位，授西上阁门使。明年，进秩东上阁门使。从上征淮南，会寿州纳款，遣保续先往慰抚。及刘仁赡率将卒出降，以功迁判四方馆事，就迁客省使。从平瓦桥关，奉使吴越。

宋初，迁卫尉卿，判四方馆、客省、阁门事。保续性介直，好俭素，在阁门前后四十年，善宣赞辞，令听者倾耸。累使藩国不辱命，历事六朝，未尝有过。从征李筠，以足疾留河内，后归京师。建隆三年，卒，年六十四。

赵玭，澶州人。家富于财。晋天福中，以纳粟助边用，补集贤小史，调濮州司户参军。刺史白重进以其年少，欲试以事，因以滞狱授之。玭为平决，悉能中理。重进移刺虢、成二州，连辟为从事。会契丹构难，秦帅何重建献地于蜀，孟知祥署高彦俦秦州节度，成为支郡，因署玭秦、成、阶等州观察判官。

周显德初，命王景帅兵讨秦凤。彦俦出兵救援，未至，闻军败，因溃归。玭闭门不纳，召官属谕之曰：“今中朝兵甲无敌于天下，自用师西征，战无不胜。蜀中所遣，将皆武勇者，卒皆骁锐者，然杀戮逋逃之外，几无孑遗。我辈安忍坐受其祸？去危就安，当在今日。”众皆俯伏听命。玭遂以城归朝。世宗欲命以藩镇，宰相范质不可，乃授郢州刺史，历汝、密、泽三州刺史。

建隆中，入为宗正卿。乾德初，出为泰州刺史。二年，改左监门

卫大将军、判三司。玭狂躁佷直，多忤上旨，太祖颇优容之。尝廉得
宰相赵普私市秦、陇大木事，潜以奏白，然惧普知，因称足疾求解
职。五年春，罢使守，本官。自是累献密疏，皆留中不出，常疑普中
伤。六年，诣阙，纳所授告命，诏勒归私第。又请退居郓州，不许。玭
不胜忿。逾年，伺普入朝，马前扬言其短。上闻之，召玭及普于便殿，
面质其事。玭大言诋普贩木规利，上怒，促令集百官逐普，且谕其
事。王溥等奏玭诬罔大臣，普事得解。上诘责玭，命武士捽之，令御
史鞫于殿庭。普为营救，得宽其罚，黜为汝州牙校。太平兴国三年，
卒，年五十八。

　　卢怀忠，瀛州河间人。少有膂力，善骑射。汉乾祐初，寓居河中，
值李守贞之叛，周祖围其城，怀忠夜逾城出见，陈攻取便宜。河中
平，奏补供奉官。从征慕容彦超于兖州。显德初，监沂州军，以所部
破海州，功居多。世宗议北征，先遣怀忠按视出师道路。三关平，迁
如京副使。
　　宋初，迁内酒坊副使。会朗州军乱，太祖将出师致讨，遣怀忠使
荆南，因谓曰：“江陵人情去就，山川向背，我欲尽知之。”怀忠使还
奏曰：“继冲甲兵虽整，而控弦不过三万；年谷虽登，而民苦于暴敛。
南迩长沙，东距金陵，西迫巴蜀，北奉朝廷。观其形势，盖日不暇给
矣。”太祖召宰相范质等谓曰：“江陵四分五裂之国，今出师湖南，假
道荆渚，因而下之，万全策也。”即以怀忠为前步军都监。荆湖平，以
功迁内酒坊使。
　　乾德二年，改判四方馆事，知江陵府。四年，王师伐蜀。江陵当
峡、江会冲，以供亿之劳，迁客省使。又明年，使江南还，中途遇疾，
肩舆归京师。太祖遣医丸艾以赐之。未几，卒，年四十九。大中祥
符四年，录其子熙为校书郎。

　　王继勋，陕州平陆人。隶河中府为牙校。李守贞之叛，令继勋
据潼关，为郭从义所破，走还河中。俄，白文珂、刘词领兵至城下，守

贞又遣继勋与其爱将聂知遇夜出攻河西砦，复为汉兵所败，被创而遁。继勋度守贞必败，遂逾城出降，周祖奏补供奉官。广顺初，领汾州刺史，充晋、磁、隰等州缘边巡检，历宪、麟、石、磁四州刺史。

宋初，迁磁州团练使，坐境上用兵失律，荆罕儒陷阵，责授右监门卫率。初平荆襄，命权知道州。未几，授本州刺史。州境与广南接，刘铢屡引兵入寇，继勋因上言岭表可图之状。及王师南伐，以为贺州道行营马步军都监。继勋有武勇，在军阵常用铁鞭、铁槊、铁挝，军中目为"王三铁"。

丁德裕，洺州临洺人。父审琦，彰武军节度。周广顺初，以荫补供奉官。

宋初，历通事舍人、西上阁门副使。建隆三年，迁东上阁门使。从慕容延钊平荆湖，以功授引进使。又与潘美、尹崇珂克郴州，迁客省使。

乾德五年，迁内客省使。时成都初平，群寇大起，用为西川都巡检使，与阁门副使张延通同率师讨之，擒贼帅康祚，磔于市。岁余，尽平其党。颇与延通不协，归朝，告其阴事，延通坐弃市。又奏转运使、礼部郎中李铉尝醉酒言涉指斥，上怒，驿召铉下御史案之。铉言德裕在蜀日屡以事请求，多拒之，皆有状。御史以闻。太祖悟，止坐铉酒失，责授左赞善大夫。

未几，德裕亦出知潞州。会征江南，遣德裕为常州行营兵马都监。领吴越兵，助主帅进讨。常州平，命权知州事。又改升州东南路行营都监，败润州军五千余于城下。及拔润州，移领常、润等州经略巡检使。德裕以倾险为众所恶，恃势刚狠，不恤士卒，黩货无厌，越人苦之。钱俶奏其事，贬房州刺史，卒。

张延通，潞州潞城人。父彦成，周右金吾卫上将军。延通性颖悟，有才干，荫补供奉官。

宋初，历通事舍人，迁东上阁门副使。开宝中，为西川兵马都监。太祖以蜀寇未平，命同内客省使丁德裕、引进副使王班、内臣张屿领兵屯蜀部。德裕颇专恣，处通面质其短，德裕衔之；又与张屿不协，延通亦为和解之。德裕疑延通与屿为党，益不悦。会太祖征太原，有使自行在至，备言太祖当盛暑躬冒矢石，劳顿万状。延通曰："主上勤劳若此，而吾辈日享安乐。"盖言不自安也。德裕不答。会张屿先归阙，太祖赐予甚厚。延通、德裕继至，则召延通顾问，而待德裕稍薄。德裕颇疑惧，遂奏延通尝对众言涉指斥，且多不法事，指屿为党。太祖怒，即收延通、张屿及王班下御史台鞫之，延通等引伏。太祖始欲舍之，及引问，延通抗对不逊，遂斩之。屿、班并内臣王仁吉并杖脊，屿配流沙门岛，班许州，仁吉西窑务，时开宝二年也。

梁迥，博州聊城人。少为吏部小史。周世宗在藩邸日，得给事左右。及嗣位，补殿直，改供奉官，四迁至左藏库使。

太祖将讨西蜀，以迥监秦州戍兵。蜀平，改监霸州兵，转宫苑使。从征太原还，会命蜀州刺史聂章为沁州兵马部署，以迥监其军。无何，并人入寇，迥与阎彦进同率兵击败之，以功迁东上阁门使。开宝五年，命为广南道兵马都监，兼诸州巡检。

八年，奉使江南。迥素贪冒，外务矫饰，初若严毅不可犯，虽馈食亦不受，江南人颇惮之。既而奉以赀货，殆直数万缗，迥即大喜过望，登舟纵酒，继日宴乐。及归，恋恋不发，人多笑之。暨王师伐金陵，命迥与潘美、刘遇率步兵先赴荆南。且以迥护行营步兵及左厢战櫂，与吴人战采石，杀获甚众。江南平，以功领顺州团练使。

太宗即位，判四方馆事，领禁军戍泽州。太平兴国三年，钱俶来朝，命往淮、泗迎劳。夏，汴水大决，诏迥发畿内丁男三千护塞汴口。

四年，征太原，以迥为行营前军马步都监，督军攻城，中流矢四。车驾还，命与孟玄喆、崔翰率兵屯定州，功迁引进使。五年，受诏与潘美城并州于三交，及筑缘边堡障。七年李继迁寇边，以迥领兵护银、夏州。八年，召归，授唐州防御使，令赴职。

雍熙二年，继迁诱杀都巡检使曹光实，乘势数寇边。复召迥为银、夏都巡检使，赴边捍御之。三年夏，卒于银州官舍，年五十九。

迥性粗率，尤不喜文士。故事，节帅出镇及来朝、便殿宴劳，翰林学士皆预坐。开宝中，迥为阁门使，白太祖曰："陛下宴犒将帅，安用此辈预坐？"自是罢之。至淳化中，翰林学士苏易简白于太宗，始复预焉。大中祥符八年，录迥子廷翰为奉职。

史珪，河南洛阳人。父晖，晋严卫指挥使。珪少以武勇隶军籍，周显德中，迁小校。太祖领禁卫，以珪给事左右。及受禅，用为御马直队长，四迁马步军副都军头兼控鹤、弓弩、大剑都指挥使。开宝六年，加都军头，领毅州刺史。

太祖初临御，欲周知外事，令珪博访。珪廉得数事白於上，验之皆实，由是信之，后乃渐肆威福。民有市官物不当价者，珪告其欺罔，当置法。列肆无不侧目。上闻之，因下诏曰："古人以狱市为寄者，盖知小民唯利是从，不可尽法而绳之也。况先甲之令，未尝申明。苟陷人于刑，深非理道。将禁其二价，宜示以明文，自今应市易官物，有妄增价直欺罔官钱者，案鞫得实，并以枉法论。其犯在诏前者，一切不问。"自是珪不复敢言。

时，德州刺史郭贵知邢州，国子监丞梁梦升知德州。贵族人亲吏之在德州者，颇为奸利，梦升以法绳之。贵素与珪善，遣人以其事告珪，图去梦升。珪悉记于纸，将伺便言之。一日，上因言："尔来中外所任，皆得其人。"珪遽曰："今之文臣，亦未必皆善。"乃探怀中所记以进，曰："祗如知德州梁梦升欺蔑刺史郭贵，几至于死。"上曰："此必刺史所为不法。梦升，真清强吏也。"因以所记纸付中书曰："即以梦升为赞善大夫。"既又曰："与左赞善。"珪以谮不行，居常怏怏。

九年，坐漏洩禁中语，出为光州刺史。会岁饥，淮、蔡民流入州境，珪不待闻，即开仓减价以粜，所全活甚众，吏民诣阙请植碑颂德者数百人。太平兴国初，以为扬、楚等九州都巡检使。

四年，征太原，命珪与彰信军节度刘遇攻城北面。从征幽州，坐所部逗挠失律，责授定武行军司马。数月，召为右卫将军、领平州刺史。督浚惠民河，自尉氏达京九十里，数旬而毕，民咸便之。会江、淮民曲谋首等数十百人聚为盗，命珪率龙猛骑兵五百往捕，悉获之。六年，迁隰州刺史，知保州、静戎军。上缘边便宜十五事，皆从之。

雍熙中，从曹彬征幽州，为押阵部署，以所部下涿州。师还，卒，年六十一。珪多智数，好以甘言小惠取誉于人，故所至不忍其去云。

田钦祚，颍州汝阴人。父令方，汉虢州团练使。帐下伶人靖边庭妻有美色，令方私之，边庭不胜忿。会陕西三叛连衡，关辅间人情大扰。边庭率其徒数人夜缒入州廨，害令方，因掠郡民投赵思绾，至潼关，与守关使者战，遂败散。朝廷录钦祚为殿直，改供奉官。

周世宗征淮南，为前军都监。从征关南还，会塞澶渊决河，命钦祚领禁兵护役，因令督治澶州城。淮人寇高密，刺史王万威求济师，命钦祚领州兵援之，既至，围解。

宋初，迁阁门通事舍人。乾德二年冬，讨蜀，为北路先锋都监，令乘传往来宣达机事。孟昶降，奉捷书驰奏，迁西上阁门副使。蜀土寇乱，又遣钦祚率师讨平之。四年春，并人寇乐平，从罗彦环拒之，独以所部三千人破寇，擒副将一人，俘获甚众，以功迁西上阁门使。开宝二年，又与何继筠破贼兵于石岭关，领贺州刺史，判四方馆使。

三年，契丹寇中山，以钦祚为定州路兵马都部署。与战遂城，自旦及晡，杀伤甚众。钦祚马中流矢踣，骑士王超授钦祚以马，军复振，敌解去。朝廷将议讨江表，遣钦祚觇之，还奏合旨。江南所得宝货直三千万，悉以赐钦祚。会兴师，首命钦祚与曹彬、李汉琼率骑军先赴江陵，就命为升州西南路行营马军兼左厢战棹都监。领兵败吴军万余于溧水，斩其主帅李雄等五人，擒裨将二人。进围金陵，为南面攻城部署。既平，以功加领汾州防御使。

太平兴国初,迁引进使,为晋州都钤辖。太原骁将杨业率众寇洪洞县,钦祚击败之,斩首千馀级,获马数百。太宗赐钦祚白金五千两,令市宅。四年,从征太原,护前锋骑兵,屯石岭关以扞契丹。

钦祚性刚戾负气,多所忤犯,与主帅郭进不协。进战功高,屡为钦祚所陵,心不能甘,遂自缢死。初,贼兵奄至进出战,钦祚但闭壁自守,既去,又不追。所受月奉刍粟,多贩鬻规利,为部下所诉,责授睦州团练使。车驾北巡,以为幽州西路行营壕砦都监。六年秋,改房州团练使,逾年,又改柳州。岭外多瘴气,因遘疾,累表乞生还阙下。上怜之,迁郢州团练使。在郡二年,入觐,钦祚见上,涕泣不已。以为银、夏、绥、宥都巡检使,俄召还。会征幽州,命钦祚与宣徽南院使郭守文为排阵使。时钦祚已被病,受诏不胜喜。一夕,卒。

钦祚性阴狡,尤不喜儒士,好狎侮同列,人多恶之。子承诲,仕至供奉官、阁门祗候;承说至崇仪副使。

侯赟,并州太原人。父义,汉辽州刺史。赟以荫补殿前承旨。周显德中,再迁至供奉官,使江南,复命领三门、集津发运事。

宋初,为诸卫将军。先是,朝廷岁仰关中谷麦以给用,赟掌其事历三十年,国用无阙。累迁至右武卫将军。开宝中,历知建安军、扬、徐二州,皆有善政。太宗即位,移知福州,改右卫将军。太平兴国二年,钱俶初纳土,诏赟驰往两渐诸州阅视军储刍茭,累迁右卫大将军。

七年,知灵州,按视蕃落,宴犒以时,得边士心,部内大治,迁左卫。在朔方凡十余年,上念久次,求可代而难其人。淳化二年,卒于官,年七十四。赠本卫上将军。

王文宝,开封阳武人,以任子补殿直。太平兴国初,累迁至军器库使。尝使契丹。会陈洪进献漳、泉地,以文宝监泉州兵。群盗大起,文宝与转运使杨克让、知州乔惟岳共讨平之。以功领妫州刺史,加内弓箭库使。

二年，京西转运使程能议开新河，自襄、汉至京师，引白河水注焉，以通湘、潭之漕。诏发唐、邓、汝、颍、许、蔡、陈、郑丁夫数万赴其役，又发诸州兵万人助之。命文宝与六宅使李继隆、作坊副使李仁祐、刘承珪分往护作。既而地高水下，不能通，卒堙废焉。雍熙四年，改东上阁门使，历知泾、延二州。会辽人寇通远军，命文宝率师致讨。还，迁判四方馆事。

文宝历内职三十年，雅好言外事，太祖、太宗颇信任之，中外咸畏其口。出为高阳关兵马钤辖。淳化二年，卒于官。

翟守素，济州任城人。父溥，晋左司御率府率。守素以父任为殿直，历汉、周，迁供奉官，领承天军使。乾德中，为引进副使，从王全斌伐蜀，以往来驰告军事为职。蜀平，擢判四方馆事。以两川馀寇未珍，虑致骚动，再令守素入蜀经略诸郡，分兵以妨遏之。

开宝中，会麟、府内属戎人争地不决，因致扰乱，命守素驰往抚喻。守素辨其曲直，戎人悦服。从征太原，命海州刺史孙方进围汾州，守素监其军，转引进使。开宝三年，命为剑南十州都巡检使，东上阁门使郭崇副之。赐守素钱五百万，入谢日，复遣为岐帅符彦卿官告使。守素辞以锡赉优厚，不敢更当奉使之诏，上不许。九年，吴越国王钱俶来朝，命守素护诸司供帐，迎劳郊外。并垒未下，诏与洺州防御使郭进率兵深入其境，蹂藉禾稼，守素多所虏获。太宗即位，迁客省使，领宪州刺史。

太平兴国三年夏，河决荥阳，诏守素发郑之丁夫千五百人，与卒千人领护塞之。是秋，梅山洞蛮恃险叛命，诏遣守素率诸州屯兵往击之。值霖雨弥旬，弓弩解弛，不堪用。明日，将接战，守素一夕令削木为弩。及旦，贼奄至，交射之，贼遂败。乘胜逐北，尽平其巢穴。先是，数郡大吏、富人多与贼帅包汉阳交通，既而得其书讯数百封，守素并焚之，反侧以定。俄而钱俶献浙右之地，诏守素为两浙诸州兵马都监，安抚诸郡，人心甚悦，即以知杭州。岁满，为西京巡检使。秦王廷美以事勒归私第，以守素权知河南府兼留守司事，属洛阳岁旱艰食，多盗，上忧之，守素既至，渐以宁息。未几，迁商州团练使。

雍熙二年，改知延州。自刘廷让败于君子馆，河朔诸州城垒多圮。四年，诏守素与田仁朗、王继恩、郭延浚分路案行，发诸州镇兵增筑，护其役。赐白金三十两，留充天雄军兵马钤辖，知大名府，改知潞州。会建方田，命为代北方田都部署、并州兵马钤辖，从屯夏州，改知凤翔府。

淳化中，夏帅赵保忠上言，其弟继行诱戎人为寇，且求援师。诏守素率兵复屯夏州。未几，又徙石州，以老病上疏求归本郡，从之。三年，卒，年七十一。

守素逮事四朝，绵历内职五十余年。性谨慎，宽仁容众，所至有治绩。凡断大辟狱，虽罪状明白，仍遍询僚案，佥同而后决；属吏有过不面折，必因公宴援往事之相类者言其获咎，以微警之。新进后生多至节帅，而守素久次不迁，殊无陨获意，时论以此多之。

王侁字秘权，开封浚仪人。父朴，周枢密使。侁以父任太仆寺丞。朴卒，世宗幸其第，召见诸孤，以侁为东头供奉官。开宝中，征江南，命侁率师戍桐城。王师渡江，与樊若水同知池州，领兵败江南军四千余于宣州。金陵平，加阁门祗候。

太平兴国初，预讨梅山洞蛮。契丹使来贡，诏侁送于境上。还，使灵州、通远军。及旋，言主帅所留牙兵，率与边人交结，颇桀黠难制，岁久当虑，请悉代之。太宗因遣侁调内郡卒往代之。戍者闻代，多不愿还。侁察其中旅拒者斩之以徇，众皆悚息，遂将以还。一岁中数往来西边，多奏便宜，上多听用，迁通事舍人。

四年，从征太原，以侁护阳曲、塌地、石岭关诸屯，赐厩马介胄。五月，即城下转东上阁门副使。晋阳平，留为岚、宪巡检。九年，代还，迁西上阁门使，赐钱百万。河西三族首领折遇乜叛入李继迁，侁帅师讨擒之，以功领蔚州刺史。王师北征，命为并州驻泊都监，又为云、应等州兵马都监。

侁性刚愎，以语激杨业，业因力战陷于阵，侁坐除名，配隶金州，事载《杨业传》。会赦，移均州团练副使。淳化五年召还，道病，至京师，卒。

弟僎，供奉官、阁门祗候，坐征交阯军败诛；备、偃并进士及第，偃至太常博士。

朴弟格，宋初为右补阙、直史馆，至都官员外郎、广南转运使。格子侗，太平兴国进士，至都官员外郎。

刘审琼，涿州范阳人。家素贫。汉乾祐中，湘阴公镇彭门，审琼始隶帐下。周祖受命，遁去，依永兴军节度刘词，颇委任之。词卒，属太祖节镇，给事左右；及受禅，补殿直。从平泽、潞，改供奉官。

开宝中，累迁至军器库使。会枢密使李崇矩门人郑伸击登闻鼓，诬告崇矩受太原席羲叟黄金，私结翰林学士扈蒙，以甲科私羲叟，引审琼为证。上怒，召审琼诘问，审琼具言其诬枉，得解，遂出知镇州。

七年，太宗征河东，驻跸月余，储偫无阙，迁领檀州刺史，知潭州。州素多火，日调民积水为防，民甚劳之。审琼至，悉罢之，以为民便。徙知河阳。淳化三年，受代归，陈衰老乞正受郡符。上闵其旧人，授坊州刺史。至道三年，卒于官。

审琼赏给事外诸侯，雅善酒令博鞠，年八十余，筋力不衰，髭发黳黑。孙爽，进士及第，后为祠部员外郎、秘阁校理。

论曰：王赞奋迹小校，有奉公之节，绳奸列郡，不畏强御；保续单车出使，不辱君命；怀忠识荆渚之将危；继勋知番禺之可取；侯赟久治边郡；文宝数护屯兵；斯各一时之效也。德裕、梁迥、钦祚、王侁皆练习戎旅，颇著勋劳，然率强戾而乏温克，以速于戾，斯乃明哲之所戒。玭刚险蒙悔吝，珪以发擿肆威福，其不逞其欤！守素不事躁竞，审琼克享期颐。《易》曰“视履考祥，其旋元吉”，此之谓也。

宋史卷二七五

列传第三四

刘福 安守忠 孔守正
谭延美 元达 常思德
尹继伦 薛超 丁罕 赵瑢附
郭密 傅思让 李斌附 田仁朗
刘谦

刘福,徐州下邳人。少倜傥,魁岸有膂力。周显德中,世宗征淮南,福徒步谒见于寿春。世宗奇之,因留麾下。每出战,则令福率卫士为先锋,与破紫金山砦。淮南平,录功授怀德指挥使。

宋初,迁横海指挥使,率所部隶步帅刘光毅,由峡路征蜀。比至成都,孟昶已降。大将王全斌部送降卒归京师,至绵州,降卒盗库兵,劫蜀旧将全师雄以叛,焚庐舍,剽财货以去。刺史成彦饶以同、华兵百余人守其城,全斌遣米光绪将七百骑及福所部以屯护之。光绪尽杀师雄妻孥。师雄领叛卒,益聚村民十余万众,攻城益急。会龙捷指挥使田绍斌率精锐百骑,由东山西北行;福领所部由山南行,出贼不意夹击之。贼众大溃,斩首及溺江死者以万计,以功授虎捷都虞候,继隶曹彬麾下。平江南,还,授指挥使,领蔚州刺史。从太宗克并、汾,迁马步都军头、武州团练使。端拱初,出为洺州防御使。二年,改雄州防御使兼本州兵马部署。雄州地控边塞,常屯重

兵。福至部，按行城垒，调镇兵以给缮完，出私钱以资宴犒，寇虽大
至，而恃以无恐矣。淳化初，迁凉州观察使、判雄州事。二年，卒，年
六十四。赠太傅。

福虽不学，而御下有方略，为政简易，人甚德之。领雄州五年，
郡境宁谧。福既贵，诸子尝劝起大第，福怒曰："我受禄厚，足以僦舍
以庇。汝曹既无尺寸功以报朝廷，岂可营度居室，为自安计乎？"卒
不许。既死，上闻其言，赐其子白金五千两，使市第宅。

安守忠，字信臣，并州晋阳人。父审琦，为周平卢军节度，封陈
王。晋天福八年，审琦出领山南东道，以守忠为牙内指挥使。领绣
州刺史。周显德四年春，改鞍辔库使。会淮南初下，命守忠驰往宣
谕。时藩臣骄蹇，遇朝使多简傲，守忠抗以正礼，无所辱命。未几，
改卫州刺史。

宋初，入为左卫将军。建隆四年，湖南初平，命为永州刺史。乾
德中，护河阴屯兵。蜀平，太祖知远俗苦苛虐，南郑为走集之地，故
特命守忠知兴元府以抚绥之。四年，改汉州刺史。时寇难甫平，使
车旁午，公帑不足，守忠出私钱以给用。每遣使，太祖必戒之曰："安
守忠在蜀，能律己以正，汝行见之，当效其为人也。"开宝初，改濮州
刺史。会河决澶州，命守忠副颍州团练使曹翰护役，河决遂塞。五
年，知辽州。民有阴召并寇谋内应者，事泄，守忠悉斩以徇。九年，
命将征太原，守忠受诏与孙晏宣由辽州入，既而与路罗砦监押马继
恩遇，乃相与会兵入贼境，燔砦四十馀，获牛羊数千。议将深入，会
上崩，乃班师。

太平兴国初，移知灵州，在官凡七年。雍熙二年，改知易州，徙
夏州。每西戎犯边，战无不捷，录功就拜濮州团练使。端拱中，知沧
州，改瀛州，兼高阳关驻泊部署，迁瀛州防御使。初，守忠尝梦一
'濮'字方丈余，及领是郡几二十年，于是始寤。淳化二年，徙知雄
州。方与僚佐宴饮，有军校变，擐甲及阃，阃者仓卒入白。守忠言笑
自若，徐顾坐客曰："此辈酒狂尔，擒之可也。"人服其量焉。明年，加

耀州观察使，兼判雄州。未几，召还，条陈边事，敷奏称旨，赐钱五百万。五年，又知沧州。至道初，移雄州。三年复知沧州，拜感德军节度观察留后。徙宋州，兼制置营田使。威德兼著，吏民不忍其去。咸平三年，入觐，遣还未行，暴卒，年六十九，赠太尉，录其子继昌为供备库付使，婿王世及为光禄寺丞。

守忠谨悫淡薄，为治简静。太祖居藩日，素相厚善，及受禅后，每优任之，守忠处之益谦。从征太原，多与谋略，人罕知之者。所至藩郡，乐施予，丰宴犒，且喜与士大夫游从，故时论多与之。初，审琦以爱妾故，为隶人所戕。守忠终身不畜妓妾，而喜佞佛，盖有所惩云。

孔守正，开封浚仪人。幼事后唐明宗子许王从益。汉初，为东西班承旨，事魏王承训。周世宗征淮南，以材勇选为东班承旨。

宋初，补内殿直，兼领骁雄、吐浑指挥。从刘廷翰平蜀，还，迁骁雄副指挥使。开宝中，太祖征太原，守正隶何继筠麾下。会契丹遣兵来援晋阳，守正接战于石岭关，大败之，斩首万级，获其将王破得。时宋师之陷敌者数百人，守正以骑军驰之，尽夺以还。

太平兴国中，累迁日骑东西班指挥使。太宗亲征晋阳，守正分主城西洞屋，领步卒，大呼先登，继与内侍蔡守恩等率骑兵力战，晋军遂溃。从征范阳，至金台驿，诏与刘仁蕴先趋岐沟关。时城未下，守正夜超垣，度鹿角，临机桥，以大军将至，说关使刘禹使降。禹解悬桥，守正遂入城，抚谕其军民，以城守属綦廷朗，而己赴行在。时契丹兵在涿州东。守正与傅潜率御前东西班分两阵驰击之，逐北二十余里，降其羽林兵数百人。继与高怀德、刘廷翰合兵追之，至桑乾河。契丹自是不敢近塞。以劳再迁日骑都指挥使，领濡州刺史。

端拱初，迁龙卫都指挥使，领长州团练使，出镇真定。是年秋，出为颍州防御使。未几，太宗以其练习戎旅，特置龙卫、神卫四厢都指挥使以授之。改领振州防御使。明年，拜殿前都虞候，领容州观察使。一日，侍宴北苑，上入玄武门，守正大醉，与王荣论边功于驾前，仇忿争失仪，侍臣请以属吏，上弗许。翌日，俱诣殿廷请罪，上曰：“朕亦大醉，漫不复省。”遂释不问。俄命为定州行营副部署，受诏诣保州军开道，遇敌于曹河，与战数合，枭首三十余，获马五十匹，上闻而壮之。淳化初，擢高阳关副都部署。军中小将有晋其校长者，守正械送阙下，取裁于上，未尝专决焉。明年，护浚惠民河，塞澶州决河，就命知州军。改慎州观察使，还，领代州部署，连移并代、夏绥、麟府三镇。与李继迁战大横冈，援范廷召出塞，破贼于白池，至行庄，焚掠其众，改代、夏二州部署。

真宗即位，复徙代州。咸平初，授昌化军节度观察留后。守正上言：“四任雁门，边亭久安，愿徙东北以自效。”会夏人入寇，改定州行营副都部署。四年，移彰德军留后，以风疾妨政，改安化军留后。景德初。复以不任职，代。时议防秋北鄙，守正犹屡表请行。上闵之，不许。无何，卒，年六十六，赠泰宁军节度使。

谭延美，大名朝城人。躯干壮伟。少不逞，遇群盗聚谋将行剽劫，延美即趋就之。及就捕，法皆抵死，延美以与盗素不相识，获免。自后往来澶、魏间，为盗于乡里，乡里患之。周世宗镇澶渊，募置帐下，即位，补殿前散都头。从征淮南，以劳迁控鹤军副指挥使。又从克三关。时太祖领禁兵，留督牙队。

建隆元年，补控鹤指挥使，稍迁都虞候、马步副都头。征湖南，与解晖分领行营战棹都指挥使。时汪端寇攻朗州甚急，招讨慕容延钊遣延美率兵赴之，大败贼众，擒端以还。擢铁骑副指挥使，领睦州刺史，四迁至内殿直都知。

太平兴国初，为蕲州刺史，连徙卢、寿、濠、光州军巡检使，剧贼之为害者悉就捕。六年，徙知威虏军。雍熙三年，举兵北伐，命延美为幽州西面行营都监，与田重进出飞狐北。俄遇敌，延美曰：“彼恃众易我，宜出其不意先攻之。”即麾骑军直进，敌兵将溃，大军继至，遂败之，斩首五百，获其将大鹏翼以献，以功擢本州防御史。逾年，改亳州，出为镇州钤辖。

端拱元年，徙知宁远军。一旦，契丹兵抵城下，延美开门以示之，不敢入。围城数日，开门如故，民出取刍粮者无异平日。契丹卒疑之，遂引去。二年，进邕州观察使，判亳州，兼知代州。是时任边郡者，皆令兼领内地一州，处其家属。徙知潞、陕泾州。咸平四年，以左领军卫上将军致仕。六年，卒，年八十三，赠建武军节度。子继伦至崇仪副使，雍虞部员外郎。

元达，初名守旻，洺州鸡泽人。身长八尺馀，负膂力，善射。家业农，不任作苦，委耒耜，慨叹而去之。事任侠，纵酒，尝醉。见道旁槐树，拔剑斩之，树立断。达私喜曰："吾闻李将军射石虎、饮羽，今树为我断，岂神助欤？"尝从少年数十百人欲起为盗，里中父老交戒之，乃止。时郡以户籍调役，达当送徒阙下，行数舍，乃悉纵之，曰："吾观汝曹，亦丈夫也，岂乐为是哉？可善自为计，吾亦从此逝矣！"已而郡遣追捕，至则达援弓引满待之，追者不敢近。由是亡命山林间，为乡里患。

太宗居晋邸时，达求见，得隶帐下。尝侍太宗习射园亭，命之射，达射四发不中的，已而连中。上喜，为更其名曰达。及即位，补御龙直队长。雍熙初，累迁妫州刺史，继领本州团练使。时州郡部送亡命至阙，左右讽杀之。达奏曰："此类窜匿者众，岂能尽杀之哉？不如赦之，以开其自新之路，且以成好生之德。"上悦，因悉原之。端拱二年，擢侍卫步军都虞候，领幽州刺史。历北面行营都部署，由常山镇入为京城巡检。淳化四年，卒，年四十二。赠昭化军节度。

达虽奋自草野，历职戎署，至交士夫，能折节尽礼，人以是称之。

常思德，开封人。周显德初，以材勇应募，隶天武军，累迁神卫都虞候。雍熙初，从曹彬征幽州，因署牙校。寻镇威房军。端拱初，以弓箭直都虞候领溪州刺史。淳化中，李顺叛蜀，命往夔、峡招捕，师次达州新宁县，调近州士兵掩杀贼徒三千余人于梁山。时雷有终领大军抵合州境上,贼众二万来拒。思德与尹元、裴庄等合击之,合州遂平。贼帅田奉正、苏荣据果州,思德因其遁而追捕之,斩首八百。果州既定,馀贼保渠州,及走广安、梁山。乃分兵为二:抵广安、梁山者,思德领之;趣渠州者,元、庄领之。合力进讨,尽歼其党。自是川峡赖以安静,无复寇患,以功真授汝州刺史。

初,曹彬北征不利,至涿州,左右皆溃散,独思德以所部护至易州。语人曰:"既备戎行,则与主帅同死生可也;若视利害以为去就,将何面目以见君父乎?"太宗尝闻其言,至是,陛辞,深加慰劳,且谕之曰:"为臣以忠实为本,汝少壮时,既以骁勇自效,且能尽心于主将,事朕之日虽久,而忠实如一。今虽老,亦当尽心乃职,庶无负乎朕之委寄也。"未几,移庆州路副都部署,屯邠州。咸平初,与李继隆同部刍粮赴灵州,以疾改陈留都监,换左神武大将军。二年,卒,年六十五。

尹继伦,开卦浚仪人。父勋,郓州防御使。尝内举继伦以为可用,太祖以补殿直,权领虎捷指挥使,预平岭表,下金陵。太宗即位,改供奉官。从征太原,还,迁洛苑使,充北面缘边都巡检使。

端拱中,威虏军粮馈不继,契丹潜议入寇。上闻,遣李继隆发镇、定兵万余,护送辎重数千乘。契丹将于越谍知之,率精锐数万骑,将邀于路。继伦适领兵巡徼,路与寇直,于越径趋大军,过继伦军,不顾而去。继伦谓其麾下曰:"寇蔑视我尔。彼南出而捷,还则乘胜驱我而北,不捷亦且泄怒于我,将无遗类矣。为今日计,但当卷甲衔枚以蹑之。彼锐气前趣,不虞我之至,力战而胜,足以自树。纵死犹不失为忠义,岂可泯然而死,为胡地鬼乎!"众皆愤激从命。继伦令军中秣马。俟夜,人持短兵,潜蹑其后,行数十里,至唐州、徐河间。天未明,越去大军四五里。会食讫将战,继隆方阵于前以待,继伦从后急击,擒其将皮室一人。皮室者,契丹相也。皮室既擒,众遂惊溃。于越方食,失箸,为短兵中其臂,创甚,乘善马先遁。寇兵随之大溃,相蹂践死者无数,余党悉引去。契丹自是不敢窥边,其平居相戒，则曰当避"黑面大王"，以继伦面黑故也。以功领长州刺史，仍兼巡检。

淳化初，著作佐郎孙崇谏自契丹逃归，太宗询以边事，极言徐河之战契丹为之夺气，故每闻继伦名，则仓皇不知所措。于是迁继伦尚食使，领长州团练使，以励边将。淳化五年，李继隆奉诏讨夏州以继伦为河西兵马都监。未几，以深州团练命领本州驻泊兵马部署。

至道二年，分遣将师为五道，以讨李继迁。时大将李继隆由灵环路往，逗挠不进，上怒，急召继伦至京师，授灵、庆兵马副都部署，欲以夹辅继隆也。时继伦已被病，强起受诏。上素闻其嗜酒，以上尊酒赐而遣之。即日乘驿赴行营，到庆州卒，年五十。上闻之嗟悼，赗赠加等，遣中使护其丧而归葬焉。

薛超，辽州平城人。少有勇力。乾德初，应募为虎捷卒。从崔彦进伐蜀，平，录功补虞候，迁十将。本平兴国初，四迁至天武指挥使。从征太原，领游骑千人备御镇、定境上，以张军势。及车驾还，契丹频寇镇、定，侵掠无已。超从大将刘廷翰率兵至徐河，贼将领骑十余出挑战，超跃马直前，连射数人毙，敌势遂却。大军乘之奋击，斩首万馀级。以功加步军都军头，迁神卫军都校，领叙州刺史。

雍熙三年，从潘美北征，至雁门、西陉，路与契丹遇，又战败之。追至寰州，斩首五百馀级，其将赵彦辛以城降。超连被创，流血濡甲缕，部分军士自若，乘胜抵应州，其节度副使艾正以城降。还，加马步都军头。淳化初，屯镇州，迁天武指挥使，领澄州团练使。至道元年，卒，年五十七。

丁罕者，颍州人。应募补卫士，累迁指挥使。从刘廷翰战徐河，以夺桥功迁本军都虞候。累迁天武指挥使，领奖州团练使。淳化三年。出为泽州团练使、知霸州。会河溢坏城垒，罕以私钱募筑，民咸德之。五年，以容州观察使领灵环路行营都部署。与李继迁战，斩首俘获以数万计。至道中，率兵从大将李继隆出青冈峡，贼闻先遁，追十日程，不见而返。三年，真拜密州观察使、知威虏军，徙贝州。咸平二年，卒。子守德，能世其家。

赵瑭者，贝州清河人。由卫士累迁龙卫指挥使。亦以徐河战功，加镇州团练使，至兵马部署。至道二年，卒于官，年七十。赠归义军节度使。

郭密，贝州经城人。躯斡雄伟，膂力绝人。幼孤，随母适同郡王乙，因冒姓王氏。以知瀛州马仁瑀荐，隶晋王帐下，给事左右。太宗即位，补指挥使，复姓郭氏。至淳化间，凡八迁，移贝州驻泊兵马部署。会夏人寇边，以密有武略，擢领安州观察使，充灵州兵马都部署。训练士卒，号令严肃，夏人畏服，边境赖以宁谧。至道二年，卒，年五十八。赠保顺军节度。

傅思让者，冀州信都人。少无赖，有勇力，善骑射。太宗居晋邸，补亲事都校。即位，补卫士直长，累迁至平州刺史。奉诏破契丹兵于唐兴口。端拱中，四迁为容州观察使，知莫州，移陇州。上命殿中丞林特同判州事，以夹辅之，以思让所为多不法故也。至道二年，卒。年七十四。赠保顺军节度。

李斌者，青州人。太宗在晋邸，闻其状貌魁伟，召置左右。即位，补御龙直副指挥使。太平兴国中，以天武指挥使领郑州刺史。七年，坐尝受秦王廷美馈遗，贬曹州都校。雍熙三年，迁营州刺史。四年，领溪州团练使。连为贝、冀二州驻泊都监。淳化中，继领莱州、洺州团练使。勤于政理，人服其清慎，转运使陈纬以状闻于朝。至道初，拜桂州观察使，仍判洺州，徙沧州。及代，吏民不忍其去，邻境亦上其善状，诏书褒美之。咸平三年，卒，年六十一。

　　田仁朗，大名元城人。父武仕晋，诏义军节度使。仁朗以父任西头供奉官。太祖即位，从讨李重进，攻城有功。还，与右神武统军陈承昭浚五丈河，以通漕运。

　　乾德中，讨蜀，命仁朗为凤州路壕砦都监。伐木除道，大军以济，录功迁染院副使。太祖征太原，与陈承昭壅汾水灌城。城将陷，会班师。俄迁内染院使，数日改左藏库使。为中官所谗，太祖怒，立召诘之，至殿门，命去冠带。仁朗神色不挠，从容曰："臣尝从破蜀，秋毫无犯，陛下固知之。今主藏禁中，岂复为奸利以自污？"太祖怒释，止停其职。

　　开宝六年，起为榷易使。七年，以西北边内侵，选知庆州。仁朗至，率麾下往击之。短兵将接，前锋稍却，仁朗斩指挥使二人，军中震恐，争乞效命，遂大破之。其酋长相率请和，仁朗烹牛置酒与之约誓，边境乃宁，玺书褒美。

　　太平兴国初，秦州羌为寇，命仁朗屯兵清水。会李飞雄事败，召为西上阁门使。四年，征太原，命仁朗与阁门祗候刘绪按行太原城四面壕砦，阅视攻城梯冲、器械。太原平，留仁朗为兵马钤辖，闲厩使武再兴、军器库副使贾湜并为巡检。俄命仁与再兴役民筑榆次新城。从幸大名，又命为沧州钤辖。俄迁东上阁门使，知秦州。九年，判四方馆事。会议东封，命仁朗自京抵泰山，督役治道。

　　李继迁为乱，命仁朗率兵巡银、夏。岁余召还。未几，继迁攻麟州，诱杀曹光实，遂围三族砦。命仁朗与阁门使王侁、副使董愿、宫苑使李继隆，驰传发边兵数千击之。仁朗次绥州，奏请益兵，留月馀俟报。会三族砦将折遇乜杀监军使者，与继迁合。太宗闻之大怒，及遣军器库使刘文裕自三交乘疾置代仁朗。继迁乘急攻抚宁砦。仁朗不知为文裕所代，喜谓诸将曰："敌人逐水草散保岩险，常乌合为寇，胜则进，败则走，无以穷其巢穴。今继迁啸聚羌、戎数万，尽锐以攻孤垒，抚宁小而固，兵少而精，未可以旬浃破。当留信宿，俟其困以大兵临之，分强马三百，邀其归路，必成擒矣。"仁朗部署已定，欲示闲暇，日纵其樗博，不恤军事。

上知之，遣使召仁朗赴阙，下御史按问仁朗请益兵及陷三族状。仁朗对曰："所召银、绥、夏兵，其州皆留防城，不遣。所部有千余人，皆曹光实旧卒，器甲不完，故请益兵。况转输急粟未备，三族砦与绥相去道远，非元诏所救。昨臣已定擒继迁策，会诏代臣，其谋不果。"因言："继迁得部落情，愿降优诏怀来之，或以厚利啗诸酋长密图之；不尔，恐他日难制，大为边患。"御史以其状闻，上大怒，切责宪府官吏曰："仁朗不恤军政，得为过乎？"大理遂当仁朗乏军兴及征人违期二十日以上，坐死，上特贷之，下诏责授商州团练副使，驰驿发遣。

是役也，仁朗计已决，为王侁等所构，逗挠不进军，故及于贬。后数月，上知其无罪，召拜右神武军大将军。部修河北东路诸州城池，数月而就。留知雄州，加领澄州刺史。时河北用兵，大藩多用节将，朝议以通判权位不伦，选诸司使有吏干者佐之，以仁朗知定州节度副使事。俄召赴阙，未闻命而卒，年六十。时端拱二年也。

仁朗性沉厚，有谋略，颇涉书传，所至有善政。雅好音律，尤臻其妙。时内职中咸以仁朗为称首，故死之日人多惜之。

刘谦，博州堂邑人。曾祖直，以纯厚闻于乡党。里有盗其衣者，置不问。州将廉知，俾人故窃其衣，亦不诉理。即召诘前盗衣者，俾还之。直绐云："衣乃自以遗少年，非窃也。"州将义之，赐以金帛，不受而去。父仁罕，轻侠自任。五代末，寇盗充斥，仁罕率众断澶州浮桥以溃贼，因诱获数十人；出刍粟给官军，补内黄镇将。尝因事至酒家，适群寇暴集，以计悉枭其首，携诣西京留守向拱，补氾水镇将，俄为散都头。宋初，迁许州龙卫副指挥使。会王师征广南，为前锋。还，改同州都校，卒。

谦少感概，不拘小节。初诣岭表省父，仁罕资以金帛，令北归行商。还堂邑旧墅，尝为乡里恶少所辱，谦不胜怒，殴杀之。亡命京师，遂应募应军，补卫士，稍迁内殿直都知。至道初，真宗升储邸，增补宫卫。太宗御便坐，亲选诸校，授谦西头供奉官、东宫亲卫都知，赐袍笏、靴带、器币。真宗即位，擢授洛苑使。谦起行五，不乐禁职，求换秩，改殿前左班指挥使，给诸司使奉料。咸平初，迁御前忠佐马步军都军头，领勤州刺史，加殿前右班都虞候。上幸大名，至北苑，属谦有疾，遣归将护，谦恳请从行。既俾其二子随侍，仍挟尚医以从，御厨调膳以给之。疾瘳，毁所服鞍勒以遗中使。上闻，赐白金二百两。驾还，改捧日左厢都指挥使，领本州团练使。四年，迁捧日、天武四厢都指挥使，领本州防御使，权殿前都虞候。

时高翰为天武左厢都校，有卒负债杀人，痤尸翰营中，累日，发土得之。上怒翰失检察，执见于便殿。谦即前奏："翰职在巡逻及阅教诸军，不时在营，本营事宜责之军头。"上为释翰罪。

景德初，加侍卫马军都虞候，改领浔州防御使，俄权步军都指挥使。明年冬，制授殿前副都指挥使、振武军节度。先是，谦久权殿前都虞候，俄擢曹璨正授，谦颇形慨叹。至是，璨副马军，而升谦领禁卫焉。河北屯兵，常以八月给冬衣。谦上言边城早寒，请给以六月。后以为例。无何，以足疾求典郡，上召见敦勉之。

大中祥符初，从东封，上升泰山，诏都总山下马步诸军，与西京左藏库副使赵守伦阅视山门，设施有法，著籍者乃得上焉。礼成，进授都指挥使，移领保静军节度。明年八月，卒，年六十，赠侍中。初，谦将应募，与同军王仁德讯于日者。日者指谦谓仁德曰："尔当为此人厮吏。"及谦帅殿前，仁德果隶役厮中。

子怀懿，后为东染院副使；怀诠，内殿崇班，阁门祗候。

论曰：宋初诸将，率奋自草野，出身戎行，虽盗贼无赖，亦厕其间，与屠狗贩缯者何以异哉？及见于用，皆能卓卓自树，由御之得其道也。刘福御下有方略，所至著绩，受禄虽厚，而不为燕安之谋，可谓国尔忘家者矣。守忠练达边事，褆身谦慎，弭卒校之变于谈笑之顷，非善于行权者不能也。仁朗沉毅有谋，累从征讨，绥州之役，不惟无功，而反坐逗挠，岂其计之不善哉？特为逸邪所构尔。其余诸子，皆积战功以取通侯。若延美之开门示敌，思德之翼卫主帅，继仅之袭击契丹,薛超之襄创赴战,元达之请赦亡命,郭密之训抚士卒,斯皆忠义仁勇,有足称者。罕、瑶、思让、若斌、若谦虽乏奇功,而亦克共乃职,能寡过者也。守正素练戎旅,累任边要,而矜劳肆忿,视于劳谦之君子,能无愧乎!

宋史卷二七六
列传第三五

刘保勋　滕中正　刘蟠
孔承恭　宋珰　袁廓
樊知古 郭载附　臧丙　徐休复
张观　陈从信　张平 子从吉
王继升 子昭远　尹宪　王宾
安忠

　　刘保勋，字修业，河南人。父处让，仕后唐，入晋拜枢密使，出为彰德军节度。保勋少好骑射。后唐清泰中，才十许岁，摄潞州左司马，随父署彰德军衙内都校。父卒，补供奉官。习刑名之学，颇工诗。因献诗，宰相桑维翰奇之，奏擢为太常丞。历汉为秘书丞。周广顺初，有荐其详练法律，兼大理正，迁工部员外郎。历掌郓、宋、楚三州盐、曲、商税。

　　宋初，拜户部。遭母丧。起，复出出掌蕲口榷茶。徙云安监盐制置使。岁满，出羡余百万。转运使欲以状闻，保勋曰："贪官物为己功，可乎？"乃止。开宝初，迁司封员外郎、监左藏库。六年，知宋州。太平兴国初，迁祠部郎中，通判晋州。二年，选为江南西路转运使，赐钱百万。三年，徙两浙东北路。太宗征晋阳，改户部郎中，为随军转运使兼勾当北面转运事。又与侯陟同勾当军前诸事。会陕西北路转运使雷德骧调发沁州军粮后期,诏劾德骧,以保勋代之。太原平,命知并州。逾年,召入判大理寺,出知升州。是冬,召归,点检三司开拆司。会盐铁使缺,又命权领其事。迁兵部郎中兼判三司勾院。

八年,拜右谏议大夫。俄,知开封府。寡妇刘诣府诉夫王前妻元吉置堇食中,毒已将死,按验狱成。元吉妻挝登闻鼓诉冤,事下御史台。其实刘有奸状,元吉知之,刘惭悸成疾,故诬告之。保勋坐夺奉三月,俄以辛仲甫代之。未几,复判大理寺。雍熙二年,权御史中丞兼勾当差遣院。是秋,罢权中丞。

三年春,命曹彬等征幽州,保勋以本官知幽州行府事。子利涉以开封府兵曹督刍粟随军,常从其父。会王师不利;济拒马河,更相蹂躏,多死。保勋马陷淖中,利涉自后掀出之,力不胜,人马相挤压,遂俱死。时年六十二。上命恤其后。保勋三子:二子先保勋死,季子随没。以其孙巨川为嗣,授秘书正字。端拱初,特召赠工部侍郎。

保勋性纯谨,少寐,未尝忤物,精于吏事,不惮繁剧。尝语人曰:"吾受君命未尝辞避,接同僚未尝失意,居家积赀未尝至千钱。"及死,闻者皆痛惜之。至道三年,又录其次孙世长为正字。咸平初,保勋妻卒,诏赐钱十万。巨川,累为比部郎中。

滕中正,字普光,青州北海人。曾祖瑶,高邮令。祖煦,即墨令。父保裔,兴平令。中正弱冠,举进士不第。周显德中,滑帅向拱奏辟为掌书记。拱移镇彭门,会中正丁外艰,复表夺情,仍署旧职,加朝散大夫。拱镇襄阳,以中正为襄、均、房、复观察判官。及留守西路,又奏署河南府判官、检校户部员外郎。

乾德五年,度支员外郎侯陟表中正有材干,入为殿中侍御史。两川平。选知兴元府,判西京留台。俄,通判河南府留守司事。太祖雩祀西洛,以祗事之勤,转仓部员外郎。

太宗即位,迁考功员外郎,授四川东路转运使。太平兴国五年,召为膳部郎中兼侍御史知杂事。六年，命与中书舍人郑赞、户部郎中雷德骧同知京朝官考课。中正尝荐举监察御史张白知蔡州，假贷官钱二百贯籴粟麦以射利，坐弃市。中正降为本曹员外郎，依旧知杂。未几，又擢拜右谏议大夫，权御史中丞。

雍熙元年春，大宴，上欢甚，以虚盏示群臣。宰相言饮酒过度，恐有失仪之责。上顾谓中正曰："今群臣相遇，有失者勿弹劾也。"因是伶官盛言宴会之乐。上曰："朕乐在时平民安。"是冬乾明节，群臣上寿酒，既三行，上目中正曰："三爵之饮，实惟常礼，朕欲与群臣更举一卮，可乎？"中正曰："陛下圣恩甚厚，臣敢不奉诏。"殿上皆称："万岁！"

二年，以年老辞，出知河南府。未几，被病罢，分司西京。淳化初，判留司御史台，命其子玄锡权河南司录以便养。二年，卒，年八十四。

中正性峻刻，连鞫大狱，时议以为深文。权中丞日，振举纲宪，人以称职许之。二子并举进士，玄锡至刑部郎中，玄晏后名世宁，至工部郎中。

刘蟠字士龙，滨州渤海人。汉乾祐二年举进士，解褐益都主簿。

宋初，历安远军及河阳节度推官、保义军掌书记。乾德五年，召拜监察御史，典染院事。初，苏晓掌京城市征，颇干集。及卒，选蟠代之。冬，命为太宗生辰使。开宝七年，与殿中丞刘德言同知淮南诸州转运事。太平兴国初，就迁仓部员外郎，改转运使，岁漕江东米四百万斛以给京师，颇为称职。秩满，部内僧道乞留，诏许再任，赐金紫，改驾部员外郎。八年，丁内艰，时以诸州纲运留滞，起复，知京城陆路发运司事。

会河决韩村，大发丁夫塞之，命蟠调给其饷，未几河塞。朝廷方议封禅，以蟠为东封水陆计度转运使，会诏罢其礼。俄迁工部郎中，充河北水路转运使。改刑部郎中，就充水陆转运使，入判本部事。籍田毕，迁左谏议大夫。淳化初，兼同考京朝官差遣。二年，暴中风眩，上遣太医视之,赐以金丹。卒,年七十三。赐钱十万给其丧事。

蟠性清介寡合,能攻苦食淡,专事苛刻,好设奇诈,以售知人主。典染作日,太祖多临视之。蟠侦车驾至,辄衣短后衣,芒屩,持梃以督役,头蓬不治,遽出迎谒。太祖以为勤事,赐钱二十万。尝受诏巡茶淮南,部民私贩者众。蟠乘羸马,伪称商人,抵民家求市茶,民家不疑,出与之,即擒置于法。

子锴,初以父荫为大理评事,咸平二年,擢进士第。尝献幸太学颂。真宗中夜观书,得锴颂,颇嘉赏之,出以示辅臣,且言锴幼孤,能自立,召试,命直史馆。累迁至户部郎中、盐铁副使。

孔承恭,字光祖,京兆万年人。唐昭宗东迁,举族随之,遂占籍河南。五世祖戢,《唐书》有传。戢孙迥,莱州刺史。迥子昌庶,虞部郎中。昌庶子庄,仕晋为右谏议大夫。由戢至庄,皆登进士第。承恭,庄之子也。以门荫授秘书省正字,历温、安丰二县主簿。时王审琦节制寿春,以承恭名家子,奏摄节度推官。府罢,调补郑州录事参军,入为大理寺丞。献宫词,托意求进。太祖怒其引喻非宜,免所居官,放归田里。

太宗即位,以赦复授旧官。时,初榷酒,以承恭监西京酒曲,岁增课六千万。迁大理正,议狱平允,擢库部员外郎,判大理少卿事。迁屯田、兵部二郎中,同考校京朝官课第。端拱三年,下诏曰:“九寺三监,国之羽仪,制度声名,往往而在。各有副贰,率其司存,品秩素高,职任尤重。郎吏迁授,期为旧章。比闻搢绅之流,颇以台阁自许,目为散地,甚无谓焉。朕将振之,自我而始。其以兵部郎中孔承恭为太常少卿,魏羽为秘书少监,户部郎中柴成务为光禄少卿,魏庠为卫尉少卿,张洎为太仆少卿,吕端为大理少卿,臧丙为司农少卿,袁廓为鸿胪少卿,工部郎中张雍为太府少卿。”又以屯田郎中雷有终为少府少监,虞部郎中索湘为将作少监。时裴祚、慎从吉、宋雄先为少卿,皆改授东宫官。

又诏承恭与左散骑常侍徐铉刊正道书,俄以疾求解官,且言早游嵩、少间,乐其风土,愿卜居焉。上召见,哀其羸瘠,出御药赐之,授将作监致仕。以其子玢同学究出身,为登封县尉,俾就禄养。未果行而卒,年六十二。

恭承少疏纵,及长能折节自励。尝上疏请令州县长吏询访耆老,求知民间疾苦、吏治得失;及举令文"贱避贵,少避长,轻避重,去避来",请诏京邑并诸州于要害处设木牌刻其字,违者论如律。上皆为行之。尤奉佛,多蔬食,所得奉禄,太半以饭僧。尝劝上不杀人,又请于征战地修寺及普度僧尼,人多言其迂阔云。

宋琪,字宝臣,华州渭南人。父鸾,监察御史。琪,乾德中进士及第,拔萃登科,解褐青城主簿。好写书,秩满,载数千卷以归。吴廷祚镇永兴,辟掌书奏。廷祚卒,复调下邽主簿,擢著作佐郎,知绵州。太宗即位,改右赞善大夫,为峡路转运副使。代还,召对,赐绯鱼。复出知秦州,有善政,就拜监察御史,充陕西转运使,以韦宣代知秦州。琪去州未百日,宣坐事击狱。上以琪前有治绩,赐钱五十万,再命知秦州,安集诸戎,部内清肃。

雍熙初,转比部员外郎。在任凡六年,召归,面赐金紫,授度支判官。俄迁屯田郎中,知益州。属岁饥多盗,琪始至,以方略擒捕招辑,盗皆首伏屏息,下诏嘉奖。端拱初,就拜右谏议大夫。时两川转运使副皆坐事免,以琪为西川转运使,加左谏议大夫,改知陕州。

淳化中,三吴岁饥、疾病,民多死,择长吏养治之,命琪知苏州。琪体丰硕,素病足,至州地卑湿,疾益甚。人或劝其谢疾北归,琪曰:"天子以民病俾我绥抚,我以身病而辞焉,非臣子之义也。"既而太白犯南斗,曰:"斗为吴分,民方饥,天象如此,长吏得无咎乎!"四年,卒,年六十一。上闻之嗟悼,录其子明远为蒲城主簿,俾护其丧归葬焉。

琪,性清简,历官三十年,未尝问家事,唯聚书以贻子孙,且曰:"使不忘本也。"明远,淳化三年进士,后为都官员外郎。次子柔远,亦举进士及第。垂远,阁门祗候。

袁廓,剑州梓潼人。在蜀举进士及第。入宋,补双流县主簿;又为西平县主簿。勾稽漏籍,得民丁万余。州将荐其勤职,就近上蔡令;又以课最,擢太子右赞善大夫;令于御史府分领推事,掌榷货务。廓性夸诞,敢大言,好诋讦,太祖以奇待之。

太宗即位,迁殿中丞,出知楚州。归掌京师市征,岁中增课数万缗。上嘉之,赐绯鱼,赉钱百万。会钱俶尽籍土宇以献,命廓按籍浙中,诸州军仓库之物悉输京师,得以便宜从事。仍诏每公宴别席而坐,以宠异之。复命知郓州。会河决溢入城,浸居人庐舍,至冬月结为冰。廓大发民凿取,以竹舆舁出城,散积之。使者至,谓其有略,致水不入城,乃以状闻,拜监察御史。至春冻解,州地下,流渐溢入,为民患。

会秦王廷美迁置房州,以崇仪副使阎彦进知州事,廓通判州事,并赐白金三百两。廓俄转殿中侍御史,召为户部判官,命与陈恕、李惟清专计度刍粮事,改户部员外郎。又为度支判官。籍田,转本曹郎中,判户部勾院。

廓强项好争,数与判使等较曲直于上前,声气俱厉,上每优容之。然勾稽精密,由是部领拥积,为郡吏所诉,诏御史辨问,廓谒见宰相赵普自理。属郑州团练使侯莫陈利用得罪,廓尝与利用书札往还稔昵。普谓之曰:“职司常事,此不足云,与利用交结款密,于理可乎?”廓惊惭泣下,不能对。数日,出知温州。就迁鸿胪少卿。

同郡袁仁甫掌州之关征,素以宗盟之分,颇相亲善,一旦不协,互有论奏。上遣光禄寺丞牛韶往按验。韶至,并摄系狱置对。上疑廓被诬,驿召赴阙。廓性刚褊,被诘治峻急,诏书未至,以愤死。上闻,甚追悼之。复验仁甫所诉,多无实状,免韶官,贬仁甫商州长史,赠廓右谏大夫。录其子丘贺为奉礼郎,始十岁。上犹念廓不已,又诏削仁甫名籍,配隶商州。

　　樊知古,字仲师,其先京兆长安人。曾祖偁,濮州司户参军。祖知谕,事吴为金坛令。父潜,事李景,任汉阳、石埭二县令,因家池州。知古尝举进士不第,遂谋北归。乃渔钓采石江上数月,乘小舟载丝绳,维南岸,疾棹抵北岸,以度江之广狭。开宝三年,诣阙上书,言江南可取状,以求进用。太祖令送学士院试,赐本科及第,解褐舒州军事推官。尝启于上,言老母亲属数十口在江南,恐为李煜所害,愿迎至治所。即诏煜令遣之。煜方闻命,即厚给齐装护送至境上。

　　七年,召拜太子右赞善大夫。会王师征江表,知古为向导,下池州。八年,以知古领州事。先是,州民保险为寇,知古击之,连拔三砦,擒其魁以献,馀皆溃散。方议南征,命高品、石全振往湖南造黄黑龙船,以大舰载巨竹絙,自荆南而下,遣八作使郭守浚等率丁匠营之。议者以谓江涛险壮,恐不能就,乃于石牌口试造之,移置采石,三日桥成,不差尺寸,从知古之请也。

　　金陵平,擢拜侍御史,令乘传按行江南诸州,询访利民,复命知江南东路转运事。数日,改授江南转运使,赐钱一百万。先是,江南诸州官市茶十分之八,复征其余分,然后给符听其所往,商人苦之。知古请蠲其税,仍差增所市之直,以便于民。江南旧用铁钱,十当铜钱之一,物价翔踊,民不便,知古亦奏罢之。先是,李煜用兵,权宜调敛,知古悉奏为常额。豫章洪氏尝掌升州榷酤,逋铁钱数百万。至是,知古挟微时尝辱于洪氏,责偿铜钱以快意。

　　太宗即位,授库部员外郎,召归,换金紫,赐钱百万,命为京西北路转运使。太平兴国六年,加虞部郎中,就改知邠州,移凤翔府,入为盐铁判官,出领荆湖转运使。雍熙初,迁比部郎中。会河朔用兵,分诸郡为两路,以给漕挽。迁知古为东路转运使,迁驾部郎中,赐钱五十万。知古本名若水,字叔清,因召见,上问之曰:"卿名出何书?"对曰:"唐尚书右丞倪若水亮直,臣窃慕之。"上笑曰:"可改名'知古'。"知古顿首奉诏。倪若水实名"若冰",知古学浅,妄引以对,人皆笑之。

　　端拱初,迁右谏议大夫、河北东西路转运使,赐白金千两。两路各置转运副使,都转运使之名自古始。二年,诏加河北西路招置营田使。奏请修城木五百余万、牛革三百万。上曰:"万里长城岂在于此?自古匈奴、黄河,互为中国之患。朕自即位以来,或疆场无事,则有修筑河堤之役。近者边烽稍警,则黄河安流无害,此盖天意更迭垂戒,常令惕厉。然而预地不虞,古之善教。深沟高垒,亦王公设险之义也。所请过当,不亦重困吾民乎?"乃诏有司量以官物给之。

会度支使李惟清上言河北军储无备,请发河南十七军州转粟以赴。太宗曰:"农事方殷,岂可更兴此役?"惟清固以为请,上遣左正言冯拯乘传与知古计之。知古即言:"河北军储可以均济足,俟农隙令民转饷。"拯复命,太宗曰:"不细筹之,则民果受弊矣。"未几,入朝奏事称旨,拜给事中。俄为户部使。

知古有才力,累任转运使,甚得时誉。及在户部,频以职事不治,诏书切责,名益减。素与陈恕亲善,恕时参政事,太宗言及计司事有乖违者,恕具以告。后因奏事,知古遂自解。上问:"从何得知?"曰:"陈恕告臣。"上怒恕泄禁中语,且嫉知古轻俊,故两罢之。出知古知梓州,未至,改西川转运使。

知古自以尝任三司使,一旦掌漕运剑外,郁郁不得志,常称足疾,未尝按行郡县。蜀中富饶,罗纨锦绮等物甲天下,言事者竞商榷功利。又土狭民稠,耕重不足给,由是兼并者益籴贱贩贵以规利。

淳化中,青城县民王小波聚徒为乱,谓其众曰:"吾疾贫富不均,今为汝辈均之。"附者益众,遂攻陷青城县,掠彭山,杀其令齐元振。巡检使张玘与斗于江源县,射小波,中其额,旋病创死,玘亦被杀。众遂推小波妻弟李顺为帅。初,小波党羽才百人,州县失于备御,故所在蜂起,至万余人。攻蜀州,杀监军王亮及官吏十余人;陷邛州,害知州桑保绅、通判王从式及诸僚吏;逐都巡检使郭允能。允能率麾下与战新津江口,为贼所杀。同巡检、殿直毛俨徒步以身免。贼势益张,众至数万人,陷永康军、双流、新津、温江、郫县,纵火大掠,留其党守之。往攻成都,烧西郭门,不利,引去。陷汉州、鼓州,旋陷成都。

时已诏知梓州右谏议大夫张雍，代知古为转运使。雍未至，知古与知府郭载及属官走东川。诏复令掌两川漕运。知古具伏擅离所部，制置无状。上特宥之，以本官出知均州。视事旬日，忧悸卒，年五十二。上犹嗟悯，赐其子汉公同学究出身。

知古明俊有吏干，辞辨捷给，及任西川，不能弭盗而逃，虽获宥，终以惭死云。

郭载，字咸熙，开封浚仪人。父晖，右监门卫将军、义州刺史。载荫为右班殿直，累迁供奉官、阁门祗候。雍熙初，提举西川兵马捕盗事，太宗赐鞍马、器械、银钱以遣之。四年，以积劳加崇仪副使。召还，上言："川峡富人俗多赘婿，死则与其子均分其财，故贫者多。"诏禁之。端拱二年，擢引进副使、知天雄军，入同勾当三班，出知秦州兼沿边都巡检使。先是，巡边者多领兵骑以威戎人，所至颇烦苦之。载悉减去，戎人感悦。迁西上阁门使，改知成都府。

载在天雄军，屡奏市籴朝臣段献可、冯侃等所市粗恶，军人皆曰"此物安可充食？"太宗颇疑使覆验之。及报，与载奏同。献可等皆坐削官，仍令填偿。及载受代，献可等所市皆支毕，复有羡数。三司判勾冯拯以闻，太宗召度支使魏羽诘之。羽曰：献可等所市不至粗恶，亦无欠数。臣与侃亲旧，是以未敢白。"太宗曰："此公事尔，何用畏避？"因诏宰相谓曰："此乃郭载力奏，朕累与卿等议，皆云有实，今支毕，颇有羡余，军士复无词诉。郭载，朕向以纯诚待之，何为矫诬及此。然已委西川，俟还日别当诘责。"于是献可等悉复官。

载行至梓州，时李顺已构乱，有日者潜告载曰："益州必陷，公往当受祸，少留数日可免。载怒曰：吾受诏领方面，阽危之际，岂敢迁延邪？即日入成都，顺兵攻城益急，不能拒守，乃与樊知古率僚属斩关出，以余众由梓州趋剑门，随招安使王继恩统兵讨顺，平之，复入成都。月余，忧患成病，卒，年四十。

载前在蜀，颇能为民除害，故蜀民悦之。再至成都，即值兵乱，及随继恩平贼，亦有所全济。故其死也，成都人多叹惜之。

臧丙,字梦寿,大名人。弱冠好学。太平兴国初,举进士,解褐大理评事,通判大宁监。官课民煮井为盐,丙职兼总其事。先是,官给钱市薪,吏多侵牟,至岁课不充,坐械击者常数十百人。丙至,召井户面付以钱,既而市薪积山,岁盐致有羡数。

太宗平晋阳,以丙为右赞善大夫、知辽州。丙素刚果,有吏干。会同年生冯汝士以秘书丞知石州,与监军不协。一夕剚刃于腹而死,事可疑。丙上疏言,汝士死非自杀,乞按治。上览奏惊骇,即遣使鞫之,召丙问状。丙曰:“汝士居牧增之任,不闻有私罪,而言自杀。若使冤死不明,不加宿直者以罪,今后书生不能治边郡矣。”上嘉其直,改著作郎。俄迁右拾遗、直史馆。加工部员外郎,充河东转运使。俄兼本路营田使。代归,授户部郎中、同知审官院。

朝廷方以九等亚列为重,改司农少卿。淳化二年,拜右谏议大夫,出知江陵府。岁余,疾。上闻之,遣中使及尚医驰往视之。逾月卒,年五十三。上轸悼之,以其子待用为四门助教。

丙,旧名愚,字仲回。既孤,常梦其父召丙偶立于庭,向空指曰:“老人星见矣。”丙仰视之,黄明润大,因望而拜。既寤,私喜曰:“吉祥也。”以寿星出丙入丁,乃改名焉,至是无验。丙于礼不当更名,古人戒数占梦,无妄喜也。待用历金部郎中、东染院使、贺州刺史。次子列进士及第,至太常丞。

徐休复,字广初,濮州鄄城人。太平兴国初,举进士,解褐大理评事、通判。转运使荐其材,代归,授太子右赞善大夫,改著作郎,直史馆,赐绯鱼,迁左拾遗。六年,加右补阙。充两浙东北路转运副使,移知明州。七年秋,被召赴阙。明年,授库部员外郎、知制诰。九年,出知广州。是岁,加水部郎中。雍熙二年,就迁比部郎中,充枢密直学士,赐金紫,依旧知州事。

休复与转运使王延范不协,乃奏延范私养术士,厚待过客,抚部下吏有恩,发书与故人韦务升作隐语,侦朝廷事,反状已具。诏遣内侍阎承翰与休复同按劾之，遂抵于法。

端拱初，加左谏议大夫，召为户部使。淳化元年，罢使，迁给事中，连知青、潞二州。休复先上言，以父母藁葬青社，愿得领州事，因营丘垅。至青州逾年，但聚财殖货，终不言葬事。至潞州数月，疡生于脑。既而疾甚，若见王延范，休复但号呼称"死罪"！后数日卒，年五十三。休复无他能，掌诰命甚不称职，履行不见称于搢绅云。

张观，字仲宾，常州毗陵人。在江南登进士第。归宋，为彭原主簿。太平兴国初，移兴元府掾。复举进士不第，调鸡泽主簿。再求试，特授忠武掌书记，就改观察判官。上请复刺史及不遣武德卒诣外州侦事。颇称旨，召拜监察御史，充桂阳监使。献所业文，赐进士及第。

会三司言剑外赋税轻，诏观乘传按行诸州，因令稍增之。观上疏言："远民不宜轻动挠，因而抚之，犹虑其失所，况增赋以扰之乎？设使积粟流衍，用输京师，愈烦漕挽之力，固不可也。或以分兵就食，亦非安存之策，徒敛怨于民，未见国家之利。"太宗深以为然，因留不遣。

其后复上疏曰：

臣凭藉光宠，备位风宪，每遇百官起居日，分立于庭，司察不如仪者举之。因见陛下天慈优容，多与近臣论政，德音往复，颇亦烦劳。至于有司职官，承意将顺，簿书丛脞，咸以上闻，岂徒亵黩至尊，实亦轻紊国体。况帝王之道，言则左史书之，动则右史书之，列于缃素，垂为轨范，不可不慎也。若夫方今之急者，远人未服，边鄙不宁；阴阳未序，仓廪犹虚；淳朴未还，奢风尚炽；县道未治，逋逃尚多；刑法未措，禁令犹密；坠典未复，封祀犹阙：凡此数者，皆朝廷之急务也。诚愿陛下听断之暇，宴息之余，体貌大臣，以之扬榷，使沃心造膝，极意论思，则治体化源，何所不至。

臣又尝读唐史，见贞观初始置崇文馆，命学士、耆儒更直互进。听朝之际，则入内殿讲论文义，商榷时政，或日旰忘倦，或宵分始罢，书诸信史，垂为不朽。况陛下左右前后，皆端士伟人，伏望释循常之务，养浩然之气，深诏近臣，阐扬玄风，上为祖宗播无疆之休，下为子孙建不拔之业。与夫较量金谷，剖析毫厘，以有限之光阴，役无涯之细务者，安可同年而语哉！

上览而称之，召赐绯鱼，以为度支判官。

岁余，迁左司，改盐铁判官。尝因奏事白上曰："陛下务敦淳化，殿宇采饰，皆撤去之，惟尚朴素，天下幸甚。然于服御器用，臣愿亦从纯俭。"上曰："朕庶事简约，至于所服，多用绨绢，皆经瀚濯尔，卿言甚善。"观顿首谢。观数在省署及长春殿次中，谘事于其使李惟清，辨说牴牾，失礼容。惟清不能甘，因奏解其任。观抗章论列，上亦察其无失，故未几复授旧职。又谏罢治佛寺，不报。俄出为诸路茶盐制置副使，上疏言：更茶盐之制。于理非便，不合旨。改知黄州，迁扬州，皆有善政。

会三司改旧贯，均州县之籍以分其职，召为三司河东道判官。有诏计司官属不得越局言他事，观自以任谏官，乃上书指陈拾遗补阙之职，言事固当然，不奉诏。上怒，谓宰相曰："朕俾警三司僚属各率其职，非令谏官不言时务，观乃妄有援引，以讽刺朕，姑为容忍，不欲深责。"乃令出知道州，移广南西路转运使。坐奏交州黎桓为乱兵所杀、丁浚复位事不实，被劾。狱未具，卒于桂州，年五十三。观广览汉史，雅好论事，辞理切直，有古人之风焉。

论曰：保勋从其子以死事，宋玘忘其身以恤民，臧丙信友谊以明枉，其所履历，皆有足观。中正粗振风纪而峻深寡恕，袁廓刚狷夸诞以徼宠任，承恭平恕知止而好佞佛，固皆未尽于善。知古首献征南之谋，遂阶试用，而获揽辔旧都，犹寻宿怨，与昔人所谓不以私怨恶废乡党之好者异矣。郭载肆为矫诬，而怀恚以死；休复亏慎终之孝，而乐致人于祸，庸何议焉。若观之献纳忠说，识达体要，则又可嘉者也。

　　陈从信，字思齐，亳州永城人。恭谨，强心计，精敏。太宗在晋邸，令典财用，王宫事无大小悉委焉。累官右知客押衙。开宝三年秋，三司言：仓储月给止及明年二月，请分屯诸军尽率民船，以资江、淮漕运。太祖大怒，责之曰：“国无九年之蓄曰不足，尔不素计而使仓储垂尽，乃请屯兵括民船以运，是可卒致乎？今设汝安用，苟有所阙，当罪汝以谢众！”三司使楚照辅惧，诣太宗求宽释，使得尽力。

　　太宗既许，召从信问之。对曰：“从信尝游楚、泗，知粮运之患。良以舟人之食，日历郡县勘给，是以凝滞。若自发舟计日往复并支，可以责其程限。又楚、泗运米于舟，至京复辇入仓，宜宿备运卒，令即时出纳，如此，每运可减数十日。楚、泗至京千里，旧八十日一运，一岁三运；若去淹留之虚日，则岁可增一运焉。今三司欲籍民舟，若不许，则无以责办；许之，则冬中京师薪炭殆绝矣。不若募舟之坚者漕粮，其损败者任载薪炭，则公私俱济。今市米腾贵，官价斗钱七十，贾者失利，无敢致于京师，虽居商厚储亦匿而不粜，是以米益贵，民将饿殍。若听民自便，即四方奔凑，米多而价自贱矣。”太宗明日具奏，太祖可之。其事果集焉。

　　太宗即位，迁东上阁门使，充枢密都承旨。会八作副使綦廷珪，因疾假满不落籍，愈日不朝参，即入班中，宣徽使潘美、王仁赡并坐夺奉一季，从信与阁门使商凤责授闲厩使、阁门祗候，余抵罪有差。太平兴国三年，改左卫将军，复为枢密都承旨。太宗征并汾，以为大内副部署。七年，坐秦王廷美事，以本官罢。明年，分使三部，以从信为度支使，赐第于浚仪宝积坊，加右卫大将军。九年，卒，年七十三，赠太尉。

　　从信好方术。有李八百者，自信八百岁，从信事之甚谨，冀传其术，竟无所得。又侯莫陈利用者，所为多不法，始因从信推荐，人以是少之。

　　张平，青州临朐人。弱冠寓单州，依刺史罗金山。金山移滁州，署平马步都虞候。太宗尹京兆,置其邸。及秦王廷美领贵州,复署为亲吏。后数年,有谮平匿府中钱物,秦王白太宗鞫之,无状,秦王益不喜,遂遣去。太宗怜其非罪,以属徐帅高继冲,继冲署为镇将。平叹曰:"吾命虽蹇,后未必不为福也。"

太宗即位,召补右班殿直,监市木秦、陇,平悉更新制,建都务,计水陆之费,以春秋二时联巨筏,自渭达河,历砥柱以集于京。期岁之间,良材山积。太宗嘉其功,迁供奉官、监阳平都木务兼造船场。旧官造舟既成,以河流湍悍,备其漂失,凡一舟调三户守之,岁役户数千。平遂穿池引水,系舟其中,不复调民。有寇阳拔华者,往来关辅间,为患积年。朝廷命内侍督数州兵讨之,不克。平以好辞遣人说之,遂来归。改崇仪副使,仍领其务。凡九年,计省官钱八十万缗。

雍熙初,召还,同知三班事,迁如京使。三年,改西上阁门使。才三月,又改客省使。四年,代王明为盐铁使。平掌阳平署积年。是秋,闻陕西转运使李安发其旧为阳平奸利,忧恚成疾而卒,年六十三。废朝,赠右千牛卫上将军,官给葬具。

平好史传,微时遇异书,尽日耽玩,或解衣易之。及贵,聚书数千卷。在彭门日,郡吏有侮平者数辈,后悉被罪配京窑务。平子从式适董其役,见之,以语平。平召至第,为设酒馔劳之,曰:"公等不幸,偶罹斯患,慎勿以前为念。"给以缗钱,且戒从式善视之。未几,遇赦得原,时人称其宽厚。

从式事太宗藩邸,累官文思使。次子从吉,以荫补殿直,转供奉官,知宜州,屡破溪蛮。转运使尧叟上其状,累迁内殿崇班、阁门祇候。在任凡八年。代还,为如京副使。咸平中,知环州,尝与宋沆率兵袭西夏,小衄。部署张凝表其专,责授内殿崇班。俄知澧州,复旧秩。景德四年,宜州军校陈进叛,命副曹利用为广南东、西路安抚使,将兵讨之。次象州大鸟砦,与贼战,进为先锋郭志言所刺,遂入城,斩首六十级。以平贼功,改庄宅副使。未还,卒,年四十九。

王继升，冀州阜城人。性纯质谨愿。事太宗于藩邸，太宗信任之。即位，补供奉官，累迁军器库副使。陈洪进来献漳、泉之地，以继升为泉州兵马都监。会游洋洞民万余叛，攻泉，继升潜率精骑二百夜破之，擒其魁，械送阙下，余党悉平。召还，迁军器库使，领顺州刺史，知诸道陆发运事。

雍熙四年，以诸道水陆发运并为一司，命继升与刑部员外郎董俨同掌其事，号为称职。俄迁右神武军将军。端拱初，改领本州团练使。三月，卒，年六十四。太宗颇嗟悼，赠洋州观察使，葬事官给。子昭远。

昭远，形质魁伟，色黑，继升名之"铁山"。有膂力，善骑射。少时，入山捕鹰鹘，值涧水暴涨十余丈，昭远升大树，经宿得免。尝涉河，冰陷，二公傍共援出之，昭远神色自若。喜与里中恶少游处。一日，众祀里神，昭远适至，有以博投授之，谓曰："汝他日倘有节钺，试掷以卜之。"昭远一掷，六齿皆赤。

南游京师，事太宗于晋邸，特被亲遇，常呼其小字。及即位，补殿前指挥使，稍迁都知。从征太原，先登，为流矢所中，血渍甲缕，战益急。会刘继元降，命守城门，籍兵仗。又从征范阳，多所擒获，超散员指挥使。

涪王之迁房陵也，禁卫诸校杨均、王荣等以依附被谴，独昭远无所预，太宗以为忠。再迁东西班都虞候，转殿前班都指挥使，领环州刺史。改马步军都军头，命乘传镇、定、高阳关，募兵以备契丹。又为冀州驻泊都监，俄授泽州团练使、洺州都部署。太宗屡称其能，可备急使。

端拱初，召为殿前都虞候，领勤州防御使。命有司治绫锦院公署，掘地得铁若山形，或言此地即铁山故营，又与昭远幼名合，闻者异之。太宗尝草书纨扇，作古诗赐诸将，意多比讽；其赐昭远，尤加赏遇。二年，领沙州观察使，再为代州副都部署。至道中，李继迁扰西鄙，绝灵武粮道，命昭远为灵州路都部署，护二十五州刍粟，竟达灵武,继迁不敢犯。

真宗即位,徙定州行营都部署。未几,拜保静军节度使,充天雄军都部署,知府事。咸平二年,移知河阳,数月卒,年五十六。时车驾在大名,为废朝,赠太尉,谥惠和,中使护葬。

昭远颇知书,性吝啬,所至无善政。母弟昭懿亦事晋邸,至捧日都虞候。弟昭逊,西京作坊使。初,祖母郭氏尝对昭远母指昭远曰:"此儿有贵相,他日必至公侯。"指昭懿曰:"此儿奉钱过二万,不能胜矣。"果皆如其言。

昭远子怀普,九岁事太宗左右,至西京左藏库使、平州刺史。怀一,供备库副使。怀正,内殿承制。怀英,内殿崇班。

尹宪,并州晋阳人。开宝中,事太宗于藩邸。太宗即位,擢为殿直,充延州保安军使,改供奉官。太平兴国四年,护府州屯兵,与鄜州三族会攻岚州,破敌千余众,擒伪知岚州事马延忠,拔缘河诸砦。以功转西京作坊副使。入朔州界,破宁武军,杀其军使,获人马、器甲甚众。

改护夏州兵,转供备库使。杀戮三汊、丑奴庄、岚伽罗腻叶十四族,及诱其渠帅。屡降诏书褒美。雍熙初,诏就知夏州,攻破李继迁之众于地斤泽,继迁遁走,俘获四百馀帐。奏请于所部抽移诸帐,别置骑兵,号曰平砦,以备其用。诏从之。俄,杀芦关及南山野狸数族,诸族遂扰。代还,为洪州巡检。未几,命护莫州屯兵。

三年,诏知瀛州兼兵马钤辖,领富州刺史,迁东上阁门使。端拱二年,知沧州,移邢州,皆兼钤辖。淳化初,与王文宝并命为四方馆使,连护镇、定州屯兵。改知贝州,移高阳关兵马钤辖。五年,知定州,与兵马部署王荣不协。荣素粗暴,因忿殴宪仆地,宪怏怏致疾,数日卒,年六十三。

王宾,许州许田人。小心谨愿。年十馀,事宣祖左右。及长,善骑射。太宗领兖海节制,太祖以署府中右职。太平兴国初,补东头供奉官、亳州监军。宾妻妒悍，宾不能制。时监军不许挈家至任所，妻擅至亳，宾具白上。太宗召其妻，俾卫士捽之，杖百，以妻忠靖卒，一夕死。迁宾仪鸾副使，领内酒坊。

从征太原，又从征范阳，与彰信节度刘遇攻城东面。五年，车驾北巡，副王仁赡为大内都部署。七年，改洛苑使。会汴漕壅滞，军食不给，诏别置水陆发运两司，以宾有心计，会领演州刺史，与儒州刺史许昌裔同掌其事。凡四年，储积增羡，号为称职，俄改右神武将军。

黎阳当舟车交会，禁兵常屯万余，以度支使张逊荐，命宾护黎阳军，兼领黄、御两河发运事，俄领本州团练使。以宾请黎阳建通利军，命就知军事。宾规起公署、邮馆，供帐之器咸具。加本军大将军，岁别给钱二百万，俄兼河北陆路转运使。

贝州兵屯无壁垒，分寓邸肆，宾选隙地筑舍千二百余以处之。优诏褒美，召为右羽林大将军、判左金吾兼六军诸卫仪仗司事。淳化四年，出知扬州兼淮南发运使，徙为通许镇都监。至道元年，卒，年七十三，赙赠加等。

宾事宣祖、太祖、太宗殆六十年，最为勤奋。故恩宠尤异，前后赐赉数千万，俱奉释氏。在黎阳日，按见古寺基，即以奉钱修之，掘地丈余，得数石佛及石碣，有宾姓名，宾异其事以闻。诏名寺为淳化，赐新印经一藏、钱三百万以助之。

安忠，河南洛阳人。祖叔于，仕晋，累任方镇，以太子太师致仕。父延韬，左清道率府率。忠形质魁岸，不知书，才通姓名而已。事太宗藩邸，殆二十年。太宗即位，授东头供奉官，掌弓箭库。迁内弓箭库副使、西京作坊使，掌翰林司、内衣库，提点医官院，掌屯兵于雄州。

会曹彬败于拒马河，忠分砦兵布列缘边，以备游骑；又凿河葺城壁。俄徙威虏军，又隶镇定路大阵之左厢，就擢东上阁门使。与大将李继隆、田重进、崔翰追契丹兵祁州北，诏书奖饬。端拱元年，移护高阳关屯兵。契丹侵镇、定，又与崔翰拒之。傅潜阵于瀛州，忠当城之西面。二年，徙知寿州，逾月移贝州。有剧贼十二人久为民患，忠捕之，悉获。

淳化四年，判左金吾街仗，王宾出知扬州，以忠代为左龙武军大将军。忠泣请："诸卫将军列在朝外，不得迎左右，愿复旧职。"上笑曰："环列之官，古官也。大将三品，汝终不知朝廷表著之位。"因从其请。俄复东上阁门使，充淮南诸州兵马钤辖。至道三年，以病求归，至泗州卒，年六十四。天禧元年，录其孙惟庆为殿直。

论曰：太宗居潜，左右必求忠厚强干之士。及即位，修旧邸之功，陈从信、张平、王继升、尹宪、王宾、安忠六人者，咸备任使，又皆界以兵食之重寄，而各振举其职焉，有足称者矣。然平不修旧怨，庶几进于士夫之度。从信所进邪佞，以术蛊惑上心，犹不免于近侍之常态欤！

宋史卷二七七
列传第三六

张鉴　姚坦　索湘　宋太初
卢之翰　郑文宝　王子舆
刘综　卞衮　许骧　裴庄
牛冕　张适附　栾崇吉　袁逢吉
韩国华　何蒙　慎知礼
子从吉

　　张鉴,字德明,瀛州团练使臧英之孙。父裔,以荫补供奉官。鉴本将家,幼能嗜学,入卫州霖落山肄业,凡十余年。太平兴国三年,擢进士第,释褐大理评事、监泰州柴墟榷务。升朝,为太子右赞善大夫,知婺州,就迁著作郎。还拜监察御史。奉诏决狱江左,颇雪冤滞。历殿中侍御史。
　　会命曹彬等进讨幽州,问群臣以方略。鉴上疏极言不可。论者以鉴燕人,沮议非忠也。太宗置不问。与赵延进同掌左藏,延进恃恩逾规,鉴廷奏之。有旨罢延进,以鉴判三司度支、凭由催欠司。时,三部各置凭由催欠,鉴请并为一,从之。王明、李惟清荐其能,用为江南转运使。本部有大姓为民患者,鉴以名闻。太宗尽令部送魁首及妻子赴阙,以三班职名羁縻之,江左震肃。又建议割瑞州清江、吉州新淦、袁州新喻三县置临江军,时以为便。召还,特被慰奖。梓州符昭愿骄僭不法，即以鉴代之。迁刑部员外郎，判大理寺；迁屯田郎中，判三司都催欠司；改都勾院，擢拜枢密直学士，知通进、银台、封驳司；又掌三班。上言：供奉官以下不考校殿最，恐无沮劝，即诏鉴兼磨勘职。改三司为左右计，分天下为十道，鉴奏其非便。未几，果复旧。

淳化中，盗起西蜀，王继恩讨平之，而御军无政，其下恃功暴横。益州张咏密奏，请命近臣分屯师旅，即遣鉴与西京作坊使冯守规偕往。召对后苑门，面授方略。鉴曰："益部新复，军旅不和，若闻使命骤至，易其戎伍，虑或猜惧，变生不测。请假臣安抚之名。"太宗称善。鉴至蜀，继恩犹偃蹇，不意朝廷闻其纵肆。鉴之行，付以空名宣头及廷臣数人，鉴与咏即遣部戍卒出境，继恩麾下使臣亦多遣东还，督继恩辈分路讨捕残寇，而鉴等招辑反侧。事平归朝，未至，拜左谏议大夫、户部使。

会五路进兵讨西夏，令鉴乘传环州，与李继隆议护送刍粮入灵州。及还，上疏曰：

关辅之民，数年以来，并有科役，畜产荡尽，室庐顿空。加以浦洛之行，曾经剽劫；原州之役，又致迁延。非独令之弗从，实缘力所不逮。况复先弃粮草，见今逐处追科；本户税租，互遣他州送纳，往返千里，费耗十倍，愁苦怨叹，充塞路岐，自春租冬，曾无暂息，糇粮乏绝，力用殚穷。顾此疲羸，尤堪轸恤。今若复有差率，益致流亡，纵令驱迫，必恐挠溃。愿陛下特垂诏旨，无使重劳，因兹首春，俾务东作。

况灵州一方，僻居绝塞，虽西陲之旧地，实中夏之蠹区。竭物力以供须，困甲兵而援送，萧然空垒，祇益外虞。不若以赐继迁，使怀恩奉籍，稍息飞挽之役。事当深虑，理要预防。若待川决而后防，火炽而方戢，则焚溺之患深矣！虽欲拯救，其可得乎？

寻诏鉴专督军粮，以军兴法从事，馈运颇集。

真宗即位，迁给事中，使如故。咸平初，改工部侍郎，出知广州。

居二年，民条其其政绩上请刻石。三年，移知朗州。溪洞群蛮数寇扰，监召酋豪，谕以威信，皆俯伏听命。

初，鉴在南海，李夷庚为通判，谢德权为巡检，皆与之不协。二人密言鉴以赀付海贾，往来贸市，故徙小郡。至是，鉴自陈有亲故谪琼州，每以奉米附商舶寄赡之；又言夷庚、德权憸人贪凶之状。上意稍释。召还，以疾徙知相州。有芝草生于监牧之室，鉴表其祥异，以为河朔弭兵款附之兆。优诏答之。景德初，卒，年五十八。子士廉为殿中丞，士宗太子洗马，士程屯田员外郎。

姚坦，字明白，曹州济阴人。开宝中，以尚书擢第，调补将陵尉。历显州推官、将作监丞、知浔州。太平兴国三年召还，为著作佐郎，通判唐州。

八年，诸王出阁，诏：给谏以上于朝班中举年五十以上通经有文行者，以备宫僚，乃以户部员外郎王适、监察御史赵齐为卫王府谘议，左赞善大夫戴玄为本府诩善，水部员外郎赵令图为广平郡王府谘议，国子博士阎象为本府诩善；又以起居舍人杨可法、国子博士杨幼英、左赞善大夫杜新及坦并为皇子翊善，国子博士邢昺为诸王府侍讲，坦仍赐绯鱼。太宗召适等谓曰："诸子生长深宫，未知世务，必资良士赞导，使日闻忠孝之道。汝等皆朕所慎简，各宜勉之。"坦历殿中丞、仓部员外郎，赐金紫；迁本曹郎中，转考功，仍为益王府翊善。

坦性木强固滞。王尝于邸中为假山，费数百万，既成，召宾僚乐饮，置酒共观之。坦独俯首，王强使视之，曰："但见血山耳，安得假山！"王惊问故，坦曰："在田舍时，见州县催租，捕人父子兄弟，送县鞭笞，流血被体。此假山皆民租税所为，非血山而何？"是时太宗亦为假山，闻而毁之。

王少佚豫，坦即丑诋，王颇鄙其为人。自是坦每暴扬其事，上尝诫之曰："元杰知书好学，亦足为贤王矣。少不中节，亦须婉辞规讽，况无大故而诋讦之，岂裨赞之道邪？"顷之，左右乃教王诈称疾不朝。太宗日使视疾,逾月不瘳,甚忧之。召王乳母问状,乳母曰:"王本无疾,徒以姚坦检束,居常不得自便,王不乐,故成疾。"上怒曰:"召选端士,辅王为善。王不能用规谏,而又诈疾,欲使朕去正人以自便,何可得也。且王年少,必尔辈为之谋耳。"因命捽致后苑,杖之数十。召坦慰谕曰:"卿居王宫,能以正为群小所疾,大为不易。卿但如是,勿虑谗间,朕必不听。"王薨,改卫尉少卿,判吏部南曹。他日因事得对,上以其旧人,召升殿与语。坦言及故府,意短诸王而称己之敢言。坦退,上谓近臣曰:"坦在宫邸,不能以正理诲谕,事有微失,即从而扬之,此卖直取名耳。"

景德初,求补郡,俾知邓州,转运使表其治状,诏嘉奖之。大中祥符初,复知光州。二年,卒,年七十五。

索湘,字巨川,沧州盐山人。开宝六年进士,释褐郓州司理参军。

齐州有大狱,逮者千五百人,有司不能决,湘受诏按鞫,事随以白。太平兴国四年,转运使和岘荐其能,迁太仆寺丞,充度支巡官。改太子右赞善大夫,转殿中丞,充推官,拜监察御史。九年,河决,坏民田,命与户部推官元屼同按行。会诏下东封,与刘蟠同知泰山路转运事,又为河北转运副使。湘经度供馈,以能干闻。事集,加屯田员外郎。

明年,契丹入寇,王师衄于君子馆,敌兵乘胜据中渡桥,塞土门,将趋镇州。诸将计议未定,湘为田重进划谋,结大阵东行,声言会高阳关兵,敌以为然,即拥众邀我于平虏城。夜二鼓,率兵而南,径入镇阳,据唐河,乘其无备破砦栅。及敌兵觉,悉遁走。雍熙中,召为盐铁判官,改驾部员外郎。端拱二年,河北治方田,命副樊知古为招置营田使。会议罢,复为河北转运使,转虞部郎中,选为将作少监。

居无何,有讼其擅易库缣以自用者,坐授膳部员外郎、知相州。时有群盗聚西山下,谋断澶州河桥入攻磁、相州,援旗伐鼓,白昼钞劫。邻郡发兵千人捕逐,无敢近。湘择州军得精锐三百人,侦其入境,即掩击而尽擒之。转运使王嗣宗以状闻,诏复旧官,命为河东转运使。湘以忻州推官石宗道、宪州录事胡则为干职,命以自随,所至州郡,勾检其簿领焉。二人后皆历清要。明年,王超等率师趋乌白池,抵无定河。水源涸绝,军士渴乏。时湘已辇大锹千枚至,令凿井,众赖以济。

真宗即位,入为右谏议大夫。复充河北转运使,属郡民有斡酿,岁输课甚微,而不逞辈因之为奸盗。湘奏废之。德州旧赋民马以给驿,又役民为步递,湘代以官马兵卒,人皆便之。会内殿崇班阁日新建议,请于静戎、威虏两军置场鬻茶,收其利以资军用。湘言非便,遂止。又言事者请许榷场商旅以茶药等物贩易于北界,北界商旅许于雄、霸州市易,资其懋迁,庶息边患。诏湘详议以闻,乃上言:"此边自兴置榷场,商旅辐凑,制置深得其宜。今若许其交相贩易,则沿边商人深入戎界,窃为非便。又北界商人若至雄、霸,其中或杂奸伪,何由辨明?况边民易动难安,蕃戎之情宜为羁制。望且仍旧为便。"会有诏规度复修定州新乐、蒲阴两县,湘以其地迫窄,非屯兵之所,遂奏罢之。

湘少文而长于吏事,历边部,所至必广储蓄为备豫计,出入军旅间,颇著能名。先是,边州置榷场,与蕃夷互市,而自京辇物货以充之,其中茶茗最为烦扰,复道远多损败。湘建议请许商贾缘江载茶诣边郡入中,既免道途之耗,复有征算之益。又威虏、静戎军岁烧缘边草地以虞南牧,言事者又请于北砦山麓中兴置银冶,湘以为召寇,亦奏罢之。

咸平二年,入为户部使。受诏详定三司编敕,坐与王扶交相请托,擅易板籍,责授将作少监。三年,出知许州,徙荆南,复为右谏议大夫、知广州。四年,卒,诏遣其子希颜护丧传置归乡里。

宋太初,字永初,泽州晋城人。太平兴国三年,举进士,解褐大理评事、通判戎州,以善政闻,有诏褒美。迁将作监丞、赞善大夫、通判晋州,转太常丞。雍熙三年,通判成都府,赐绯鱼。会诏求直言,著《守成箴》以献。淳化初,迁监察御史。时北面用兵,选为雄州通判。入判度支勾院。二年,为京西转运副使。未几,移河东。四年,迁正使,改殿中侍御史。

至道初,迁兵部员外郎,充盐铁副使,赐金紫。时陈恕为使,太初有所规画必咨恕,未尝自用为功,恕甚德之。会西鄙有警,转馈艰急,改刑部郎中,充陕西转运使。二年,命白守荣、马绍忠护刍粮,分三番抵灵州。转运副使卢之翰违旨并往,为戎人所剽。上怒,捕太初及副使秘书丞窦玭系狱。太初责怀州团练副使,之翰、玭悉除名,之翰贬许州司马,玭商州司户掾。明年,起太初为祠部郎中,知梓州。俄复旧秩。

真宗嗣位,召还,复命经度陕西馈运事。咸平初,拜右谏议大夫、知江陵府。蛮寇扰动,太初以便宜制遏,诏奖之。三年,再知梓州。明年,益州雷有终以母老求还,诏太初就代。时分川峡为四路,各置转运使。上以事有缓急,难于均济,命太初为四路都转运使,要切之务,俾同规画。太初与钤辖杨怀忠颇不协,时蜀土始安,上虑其临事矛盾,亟召太初还。会御史中丞赵昌言等坐事被劾,命权御史中丞。先是,按劾有罪必豫请朝旨,太初以为失风宪体,狱成然后闻上,时论韪之。俄出知杭州。太初有宿疾,以浙右卑湿不便,求近地,得卢州。疾久颇昏忘,不能治大郡,连徙汝、光二州。景德四年,卒,年六十二。录其弟继让,试校书郎。

太初性周慎,所至有干职誉。尝著《简谈》三十八篇,自序略曰:"广平生纂文、史、老、释之学,尝谓《礼》之中庸,伯阳之自然,释氏之无为,其归一也。喜以古圣道契当世之事,而患未博也。忽外物触于耳目,内机发于性情,因笔而简之,以备阙忘耳。"子傅庆,后为太子中舍。

卢之翰,字维周,祁州人。曾祖玄晖,鸿胪卿。祖知海,天雄军掌书记。父宏,蔡州防御判官。之翰少笃学,家贫,客游单州,防御使刘乙馆于门下。乙徙钱塘,之翰随寓其郡。太平兴国四年,举进士,不得解,诣登闻自陈。诏听附京兆府解试,明年登第,解褐大理评事,知临安县。三迁殿中丞,通判洛州。

会契丹入寇,之翰募城中丁壮,决漳、御河以固城壁,虏不能攻。吏民诣阙求借留。召还,迁太常博士,为河东转运副使,徙京西转运副使,改工部员外郎。建议导溵河合于淮,达许州,以便漕运。以劳加户部员外郎。又改陕西转运使,迁吏部员外郎。至道初,李顺乱蜀,命兼西川安抚转运使。贼平,还任。

之翰尝荐李宪为大理丞,宪坐赃抵死,之翰当削三任。时副使郑文宝议城清远军,又禁蕃商货盐,之翰心知其非便,以文宝方任事,不敢异其议。及文宝得罪,之翰并前愆,左授国子博士,领使如故。寻复旧职。会调发刍粮输灵州,诏分三道护送,命洛苑使白守荣、马绍忠领其事。之翰违旨擅并为一,为李继迁邀击于浦洛河,大失辎重。诏国子博士王用和乘传逮捕,系狱鞫问。之翰坐除名,贬许州司马。明年,起为工部员外郎,同勾当陕西转运使。真宗即位,复吏部员外郎,充转运使。以久次,召拜礼部郎中,赐金紫。复遣之任。

咸平元年,以疾命国子博士张志言代还。未几,复出为京西转运使。先是,朝廷议城故原州以张守备,之翰沮罢之,其后西鄙不宁,修葺为镇戎军。之翰坐横议非便,黜知归州,便道之官,限五日即发。三年,授广南西路转运使。会广州索湘卒,就改太常少卿,知州事。之翰无廉称,又与转运使凌策不协,阴发其事。五年,徙知永州,未行,卒,年五十七。

郑文宝,字仲贤,右千牛卫大将军彦华之子。彦华初事李煜,文宝以荫授奉礼郎,掌煜子清源公仲寓书籍,迁校书郎。入宋,煜以环卫奉朝请,文宝欲一见,虑卫者难之,乃被蓑荷笠以渔者见,陈圣主宽宥之意,宜谨节奉上,勿为他虑。煜忠之。后补广文馆生,深为李昉所知。

太平兴国八年，登进士第，除修武主簿。迁大理评事、知梓州录事参军事。州将表荐，转光禄寺丞。留一岁，代归。献所著文，召试翰林，改著作佐郎，通判颍州。丁外艰，起知州事。召拜殿中丞，使川、陕均税；次渝、涪，闻夔州广武卒谋乱，乃乘舸泛江，一夕数百里，以计平之。授陕西转运副使，许便宜从事。会岁歉，诱豪民出粟三万斛，活饥民八万六千口。既而李顺乱西蜀，秦陇贼赵包聚徒数千，将趋剑阁以附之。文宝移书蜀郡，分兵讨袭，获其渠魁，余党歼焉。

文宝前后自环庆部粮越旱海入灵武者十二次。晓达蕃情，习其语，经由部落。每宿酋长帐中，其人或呼为父。迁太常博士。内侍方保吉出使陕右，颇恣横，且言文宝与陈尧叟交游，为荐其弟尧佐。驿召令辨对，途中上书自明。太宗察其事，坐保吉罪，厚赐文宝而遣之。俄又召至阙下，文宝奏对辩捷，上深眷遇。俄加工部员外郎。时龙猛卒戍环庆，七年不得代，思归谋乱。文宝矫诏以库金给将士，且自劾，请代偿。诏蠲其所费。

先是，诸羌部落树艺殊少，但用池盐与边民交易谷麦，会馈挽趋灵州，为继迁所钞。文宝建议以为"银、夏之北，千里不毛，但以贩青白盐为命尔，请禁之，许商人贩安邑、解县两池盐于陕西以济民食。官获其利，而戎益困，继迁可不战而屈。乃诏自陕以西有敢私市者，皆抵死，募告得差定其罪。行之数月，犯者益众。人乏食，相率寇边，屠小康堡。内属万余帐亦叛。商人贩两池盐少利，多取他径出唐、邓、襄、汝间邀善价，吏不能禁。关、陇民无盐以食，境上骚扰。上知其事，遣知制诰钱若水驰传视之，悉除其禁，召诸族抚谕之，乃定。

朝廷议城古威州，遣内侍冯从顺访于文宝，文宝言：

威州在清远军西北八十里，乐山之西。唐大中时，灵武朱叔明收长乐州，邠宁张君绪收六关，即其地也。故垒未圮，水甘土沃，有良木薪秸之利。约葫芦、临洮二河，压明沙、萧关两戍，东控五原，北固峡口，足以襟带西凉，咽喉灵武，城之便。

然环州至伯鱼,伯鱼抵青冈,青冈距清远皆两舍,而清远当群山之口,扼塞门之要,刍车野宿,行旅顿绝。威州隔城东隅,竖石盘瓦,不可浚池。城中旧乏井脉,又飞鸟泉去城尚千余步,一旦缘边警急,贼引平夏胜兵三千,据清远之冲,乘高守险,数百人守环州甜水谷、独家原,传箭野狸十族,协从山中熟户,党项执敢不从。又分千骑守碛北清远军之口,即自环至灵七百里之地,非国家所有,岂威州可御哉?请先建伯鱼、青冈、清远三城,为顿师归重之地。

古人有言:"金城汤池,非粟不能守。"俟二年间,秦民息肩,臣请建营田积粟实边之策,修五原故城,专三池盐利,以金帛啖党项酋豪子弟,使为朝廷用。不唯安朔方,制竖子,至于经营安西,绥复河湟,此其渐也。

诏从其议。

文宝至贺兰山下,见唐室营田旧制,建议兴复,可得粳稻万余斛,减岁运之费。清远据积石岭,在旱海中,去灵、环皆三四百里,素无水泉。文宝发民负水数百里外,留屯数千人,又募民以榆槐杂树及猫狗鸦鸟至者,厚给其直。地舄卤,树皆立枯。西民甚苦其役,而城之不能守,卒为山水所坏。又令宁、庆州为水砲,亦为山水漂去。

继迁酋长有鬼啰鬼悉俄者,文宝以金帛诱之,与手书要约,留其养子为质,令阴图继迁,即遣去。谓之曰:"事成,朝廷授汝以刺史。"文宝又预漆木为函,以备驰献继迁之首。又发民曳古碑石诣清远军,将图纪功。而鬼啰等尽以事告继迁,继迁上表请罪。上怒文宝,犹含容之。既而文宝复请禁盐,边民冒法抵罪者甚众。太常博士席羲叟决狱陕西,廉知其事,以语中丞李昌龄,昌龄以闻。文宝又奏减解州盐价,未满岁,亏课二十万贯,复为三司所发。乃命盐铁副使宋太初为都转运使,代文宝还。下御史台鞫问,具伏,下诏切责,贬蓝山令。未几,移枝江令。

真宗即位,徙京山。咸平中,召还,授殿中丞,掌京南榷货。时庆州发兵护刍粮诣灵州,文宝素知山川险易,上言必为继迁所败。

未几,果如其奏。转运使陈纬没于贼,继迁进陷清远军。时文宝丁内艰,服未阕,即命相府召询其策略。文宝因献《河西陇右图》,叙其地利本末,且言灵州不可弃。时方遣大将王超援灵武,即复文宝工部员外郎,为随军转运使。至环州,或言灵州已陷,文宝乃易其服,引单骑冒大雪,间道抵清远故城,尽得其实,遂奏班师。就除本路转运使,上疏请再葺清远军。都部署王汉忠言其好生事,遂徙河东转运使。尝上言管内广锐兵万余,难得资粮,请徙置近南诸州,又欲令强壮户市马,备征役。宰相李沆等以为广锐州兵,皆本州守城,置营必虑安土重迁,徙之即致纷扰;又强壮散处村落,无所拘辖,勒其市马,亦恐非便。上复令文宝条对,文宝固执前议,且言土人久留,恐惑生事。上曰:"前令团并军伍,改置营壁,欲其互移本贯,行之已久。"而文宝确陈其利,因命钱若水详度以闻。若水所对,与沆等同,遂罢之。

先是,麟、府屯重兵,皆河东输馈,虽地里甚迩,而限河津之阻。土人利于河东民罕至,则刍粟增价。上尝访使边者,言河裁阔数十步,乃诏文宝于府川、定羌军经度置浮桥,人以为便。会继迁围麟州,令乘传晨夜赴之,围解。迁刑部员外郎,赐金紫。顷之,寇准荐其熟西事,可备驱策,因复任陕西转运使。尝出手札,密戒令边事与僚属计议,勿得过有须索,重扰于下。后有言其张皇者,诏徙京西,以朱台符代之。

景德元年冬,契丹犯边,又徙河东。文宝安辑所部,募乡兵,张边备,又领蕃汉兵赴河北。手诏褒谕。未几,复莅京西。契丹请和,文宝陈经久之策,上嘉之。三年,召还,未至遇疾,表求藩郡散秩。诏听不除其籍,续奉养疾,以其子郓州推官于陵为大理寺丞,知襄城县,以便其养。大中祥符初,改兵部员外郎。车驾祀汾阴还,文宝至郑州请见。上以其久疾,除忠武军行军司马。文宝不就,以前官归襄城别墅。六年,卒,年六十一。

文宝好谈方略,以功名为己任。久在西边,参预兵计,心有余而识不足;又不护细行,所延荐属吏至多,而未尝择也。晚年病废,从子为邑，多挠县政。能为诗，善篆书，工鼓琴。有集二十卷，又撰《谈苑》二十卷，《江表志》三卷。

王子舆，字希孟，密州莒人。曾祖甲，以义勇为乡人所推。唐末，淄、青、徐、兖皆南结吴人以拒梁，梁得三镇，吴人北侵益急，沂、密尤被其害。州民聚为八砦以捍寇，遂署甲为八砦都指挥使。祖徽，袭父职，晋末，贼帅赵重进掠高密，徽战殁。父琏，复嗣其事。周世宗平淮南，始去兵即农，厚自封殖。

子舆少业文词，太平兴国八年举进士，解褐北海主簿。历大理评事，知临海县，改光禄寺丞。使西蜀决狱还，知兴国军。淳化中，雷有终为江、浙、荆湖茶盐制置使，奏子舆为判官。转太子中允，改著作郎，江、淮、两浙制置茶盐，就转太常博士。真宗即位，迁殿中侍御史。因入对，与三司论列利害，以子舆为长。转度支员外郎。子舆以每事上计司，移报稽滞，求兼省职，乃命为盐铁判官，仍领制置，增岁课五十余万贯。咸平三年，就命兼充淮南转运使。

子舆精于吏事，久掌茶盐漕运，周知利害，裁量经制，公私便之。所至郡县，以公事申请者，文牒纷委，顷刻待报，子舆皆即决遣，曾无凝滞。明年，表求代，诏许自择。子舆以卞衮、刘师道名闻，即命衮与师道为转运使。召子舆，拜右谏议大夫、户部使。五年二月，方奏事便殿，俄疾作仆地，命中使掖之以出，至第卒。以子道宗方幼，命三司判官朱台符检校其家。子舆止一子，而三女皆幼。道宗寻卒，家属楚州。子舆妻刘还父母家，子舆旅榇在京师。景德中，官借船移柩，还葬其里，鬻京师居第以钱寄楚州官库，以备三女资送。从其弟之请也。

刘综，字居正，河中虞乡人。少依外兄通远军使董遵诲，遵诲尝遣贡马。太祖嘉其敏辩，将授三班之职。综自陈素习词业，愿应科举。及还，上解真珠盘龙衣，令赐遵诲。综辞曰："遵诲人臣，安敢当此赐！"上曰："吾委遵诲以方面，不以此为疑也。"

雍熙二年，举进士第，解褐邛州军事推官。就改永康军判官，迁大理评事，通判眉州，转太仆寺丞。代还，对便殿，因言："蜀地富庶，安宁已久，益州长吏，望慎择其人。"上嘉之，改太子中允。未几，李顺果为乱，复召见，面赐绯鱼。寻为三门发运同水陆转运使，通判大名府。连丁家难，起知建安军。

先是，天长军及扬州六合县民输赋非便，综奏请降天长军为县，隶扬州，以六合县隶建安军，自是民力均济。时淮南转运使王嗣宗兼发运事，规画多迁滞，综因上言请复置都大发运司，专干其职。至道三年，迁太常丞，职事修举，多称荐者。

咸平初，命代王钦若判三司都理欠凭由司，出为河北转运副使。尝言："州县幕职官，以昏耄放罢者，其间有实廉谨之士，或幼累无托，或居止无定，全藉禄廪以济朝夕，一旦停罢，则饥寒无依，似伤和气。望自今并除致仕官。"又言："法官断狱，皆引律令之文，以定轻重之罪，及其奏御，复云虑未得中，别取进止，殊非一成不变之道，且复烦于圣断。望降旨约束，不得复然。"时河北承兵寇之后，民户凋弊，吏部所铨幕职州县官皆四方之人，不习风俗，且有怀土之思，是以政事多因循不举。综议请自今并以河朔人充之，冀其安居，勤于职事。

夏人扰西边，环庆大屯士马。诏徙综为陕西转运副使，转太常博士。时梁鼎议禁解盐，官自货鬻，乃命综与杜承睿制置青白盐事。综条上利害，力言非便，卒罢其事。

时灵州孤危，献言者或请弃之，综上言曰："国家财力雄富，士卒精锐，而未能剪除凶孽者，诚以赏罚未行，而所任非其材故也。今或轻从群议，欲弃灵州，是中贼之奸计矣。且灵州民淳土沃，为西陲巨屏，所宜固守，以为扞蔽。然后于浦洛河建军城，屯兵积粮为之应援，此暂劳永逸之势也。况镇戎军与灵州相接，今若弃之，则原、渭等州益须设备，较其劳费十倍而多，则利害之理照然可验矣。"俄充转运使。

四年，又献议于镇戎军置屯田务，又录唐《安国镇制置城壕镇戎古记》石本以进，诏从其请。俄诣阙奏事称旨，赐金紫、缗钱五十万，复遣莅职。又尝言："天下州郡长吏，审官皆据资例而授，未为得人。自今西川、荆湖、江、浙、福建、广南知州，或地居津要，或户口繁庶之处，望亲加选任。其执政旧臣及给、舍以上知州处，亦择官通判。又京朝官当任远官者，率以父母委未葬为辞，意求规免。请自今父母未葬者，许请告营办。审官投状，并明言父母已葬，方许依例考课，违者并罢其官。"从之。

五年，拜工部员外郎兼侍御史知杂事。六年，迁起居舍人，再为河北转运使。时两河用兵，边事烦急，转漕之任，尤所倚办。综继领其职，号为详练。至是眷瞩甚厚，警急之际，辄资其奏处。契丹请和，乃遣近臣谕以擢用之意。景德三年，召拜户部员外郎、枢密直学士、勾当三班院。综言："御史员数至少，每奉朝请，劾制狱，多以他官承之，甚紊彝制。望诏两制以上各举材堪御史者充，三院共置十员。若出使按狱，所经州郡，官吏能否，生民则病，刑狱枉滥，悉得察举。"四年，西幸，道出河阳境上，时节度王显被疾还京，以综权知孟州事。未几召还，复出知并州，以政绩闻。州民乞留，优诏嘉奖。归朝，知审官院，改吏、礼二部郎中，充职，兼知通进、银台、封驳司。

大中祥符四年，馆伴契丹使，因作《大雪歌》以献。即命同知贡举，以李宗谔代为馆伴使。俄权知开封府。综以贵要交结富民，为之请求，或托为亲属，奏授试秩，缘此谒见官司，颇紊公政，因建议请加抑止；又文武官居远任，而家属寓京师，其子孙弟侄无赖者，望严行约束，并其交游辈劾罪，从之。七年，以末疾求典河中，真宗以太宁宫庙长吏奉祠，综艰于拜起，虑不克恭事，知命卢州。明年，罢学士，授左谏议大夫。八年，卒，年六十一。

综强敏有吏材，所至抑挫豪右，振举文法，时称干治。然尚气好胜，不为物论所许。子建中、正中，并赞善大夫。弟绰，淳化三年进士，官刑部郎中。

卞衮，字垂象，益州成都人。父震，工为诗。举蜀进士，渝州刺史南光海辟为判官。蜀平，仍旧职。会贼杜承褒率众围城，援兵不至，震躬率士卒，且战且拒，为流矢所中，创甚不能临军。而州兵重伤，卷甲宵遁，刺史陈文袭不能遏贼，遂入据郡城，以伪官厚贿诱震，震皆斩其使。贼有东章者，本州兵校也。因遣人述朝廷威德，谕以祸福，章惧且信，因伏兵击其党类。承褒之众素不为备，即时大溃，震与文袭分部余卒夹攻之，贼众遂平。文袭坐陷失州城，削籍为民。震以前功得赎，以虢州录事参军卒。

太平兴国八年，袤登进士第，累迁大理评事、知将乐县，改光禄寺丞，通判泗州。迁著作佐郎、广南转运司承受公事，俄通判宣州。淳化中，上命采庶僚中廉干者，给御书印纸，俾书课最，仍赐实奉以旌异之，袤预焉。改太常丞。咸平初，迁监察御史，为淮南转运副使、同荆湖发运事，以干课闻，就加殿中侍御史。入判三司开拆司，再为淮南转运使兼发运使。咸平六年，并三司使之职而分置副贰，以袤为刑部员外郎，充盐铁副使。景德初，疽发于背，卒，年四十五。录其弟庶为临颍主簿、子咸为将作监主簿。

袤明敏有史干，累掌财赋，清心治局，号为称职。然性惨毒，掊克严峻，专事捶楚，至有"大虫"之号。真宗尝谓近臣曰："袤公忠尽瘁，无所畏避，人罕能及。然顷在外任，颇伤残酷，所至州县，纤微之过，无所容贷。大凡督察部下，糺逖愆违，非有大故，所宜矜恕，官吏自当畏威怀惠，不敢贰过，公家之事亦无不济。乃知为吏之方，适中为善也。"

许骧，字允升，世家蓟州。祖信，父唐，世以财雄边郡。后唐之季，唐知契丹将扰边，白其父曰："今国政废弛，狄人必乘衅而动，则朔、易之地，民罹其灾。苟不即去，且为所虏矣。"信以资产富殖，不乐他徙，唐遂潜赍百金而南。未几，晋祖革命，果以燕蓟赂契丹，唐归路遂绝。尝拥商赍于汴、洛间，见进士缀行而出，窃叹曰："生子当令如此！"因不复行贾，卜居睢阳，娶李氏女，生骧，风骨秀异。唐曰："成吾志矣！"

郡人戚同文以经术聚徒,唐携骧诣之,且曰:"唐,顷者不辞父母,死有余恨,今拜先生,即吾父矣。又自念不学,思教子以兴宗绪,此子虽幼,愿先生成之。"骧十三,能属文,善词赋。唐不识字,而罄家产为骧交当时秀彦。

骧,太平兴国初,诣贡部,与吕蒙正齐名,太宗尹京,颇知之。及廷试,擢甲科,解褐将作监丞、通判益州,赐钱二十万,迁右赞善大夫。五年,转右拾遗、直史馆,改右补阙。六年,出为陕府西北路转运副使。会罢副使,徙知鄜州。召还,为比部员外郎。历知宣、升二州。

雍熙二年,改江南转运副使。洪、吉上供运船水损物,主吏惧罪,故覆舟。鞫狱者按以欺盗,当流死者数百人。骧驰往讯问,得其情实以闻,多获轻典,优诏褒之。又上言:"劫盗配流,遇赦得原,还本乡,仇告捕者,多所杀害,自今请以隶军。"诏可。迁正使。

端拱初,拜主客郎中。俄徙知福州,累表求还,不俟报,入朝,召对便殿,延问良久。改兵部郎中,领西川转运使,以久处外任为辞,擢授右谏议大夫,就命知益州。召归,上言:"蜀民浮窳易摇,宜择忠厚者抚之,为备豫。"既而李顺叛,众颇伏其先见。命知审官院。迁御史中丞,以疾固让,不许。占谢日,命坐劳问,出良药赐之曰:"此朕所服得验者。"后骧以久病不能振职。

真宗即位,改工部侍郎。屡求小郡养疾,因入朝失仪,为御史所纠,特诏不问,命知单州。咸平二年,卒,年五十七。赠工部尚书。赐其子宗寿出身。骧虽无他才略,而人以儒厚长者称之。宗寿后为殿中丞。

裴庄,字端己,阆州阆中人。曾祖琛,后唐昭州刺史。祖远,河东观察支使。父全福,雰县令。庄在蜀,以明经登第。归宋,历虹县尉、高陵主簿、本府召权司理掾。转运使雷德骧以威望自任,尝巡按至境,官属皆出迎候。庄独视事本局,徐谒道周,德骧称其有守。徙权忻州录事参军。先是,并州待积军储,条制甚峻,掌出纳者常十余人,及庄代之,独任其事。擢授绛州防御推官,提点并、岚二州缗帛刍粮,改辽州判官,仍泣旧局。

雍熙三年,命将巡边,以庄掌随军粮料。内客省使杨守一称荐之,授大理寺丞。时迁云、朔降户于汝、洛,遣庄安辑之。俄通判忻州,未上道,会魏咸信出镇澶州,改命为通判。未逾年,咸信表其能,迁太子中允。端拱初,潘美镇真定,又辟为通判。时契丹掠赵、深,边将无功,庄上书以为"周世宗诛樊爱能、何徽二将,遂取淮南,克巴蜀。愿陛下申明纪律,无使玩寇。"又言:"缘边砦栅,戍兵既寡,戎人易以袭取,咸请废罢,以益州兵。"会诏建方田,庄复上言:"大役兵师,虑生事于边鄙。"上善之。

淳化三年,召访以边事,称旨,面赐绯鱼,令授清资官。翌日,拜监察御史、荆湖南路转运使。未行,改三司盐铁判官。上疏请给两省官谏纸,又引故事,禁屠月勿报重刑。会刘式建议请废沿江榷务,庄力言其非便。出为荆湖北路转运使。五年,李顺乱蜀,命与雷有终并兼陕路随军转运、同知兵马事。或言庄本蜀人,不宜此任。上益倚信之,许以便宜。事平,转殿中侍御史,历工部、司封二员外郎,特召问讨贼方略。

至道二年,遣将五路出讨李继迁。庄阴料师出无功,因请加恩继迁,俟其倔强拒命,则按甲塞外,俘擒未晚。既而诸将果败绩。俄迁祠部郎中。真宗即位,迁度支,充河东转运使。上章言:"庆、邠、延州通远军,咸处边要,请武干如姚内斌、董遵诲者任之。"又言:"斌尝被疑,韩崇业本秦王婿,程德玄始事晋邸,初甚亲近,后疏远外迁,皆怀怨望,不宜委以戎寄。"未几,移知苏州。

咸平二年,命巡抚江南。使还,言池州、兴国军得良吏,余无足称者。且言:"朝廷所命知州、通判,率以资考而授,至有因循偷安,无政术而继得亲民者,其素蕴公器有政绩者,偶缘公坐,则黜司冗务,真伪莫辨,侥幸滋甚。自今望慎选其人,勿以资格补授,有政绩者加以恩礼。"

是年秋,契丹犯塞,命为河北转运使。时傅潜统大军驻定州北,庄屡条奏其无谋略,虑或失几。会王显掌枢密,显与潜俱起攀附,颇庇之,庄奏至多不报。徙知越州。俄傅潜得罪,庄因上言:"显、潜皆非材,致误边事,请行严诛,以肃群议。"未几,徙知宣州。会诏百辟上封直言,庄条列四事:一曰去暴征,二曰省烦刑,三曰择吏职,四曰敦稼政。疏奏,诏令开陈其所宜行先后,庄对甚悉。改司封郎中。景德中,命安抚两浙,奏能吏二十人,慢官者五人,多所升黜。又知潞、邢二州。

大中祥符初,东封,改鸿胪少卿,入判登闻鼓院。祀汾阴,迁太仆少卿,为北岳加号册礼副使。撰《北行记》三卷以献。六年,出知襄州。明年,车驾幸南京,庄以逮事太宗恩例,授太府卿,权判西京留司御史台。天禧二年,入判刑部,以疾分司西京。郊祀,改光禄卿,求归上都,以便医药。卒,年八十一。录其孙庆孙,试将作监主簿。

庄有吏干,颇无清操,慷慨敢言,太宗奖其忠谠,多所听纳。好为规画,然寡学术。尝建议请置广听院西垣学士,闻者嗤之。晚年退居,制棺椟以自随,喜接宾客,终日无倦。子夐,咸平三年进士,屯田郎中;稷左班殿直,阁合门祗候。

牛冕,字君仪,徐州彭城人。太平兴国三年进士,解褐将作监丞、通判郴州,徙和州。加左赞善大夫,迁太常丞,知滁州,以勤政闻。召归,转监察御史。

端拱元年,召试文章,迁左正言,直史馆。出知润州,徙泉州。未至,就命为福建转运使,加左司谏。建议废邵武军归化金坑,土人便之。至道初,召入,进秩兵部员外郎,知潭州。至郡才数日,复召拜兼侍御史知杂事。

真宗在东宫,冕尝奉使赐生辰礼币,即位尚记其名,改工部郎中。永熙陵复土,会阙中丞,命为仪仗使。时三司各设官局,多不均济。冕请合为一使,分设其贰,则事务不烦而办,其后卒用冕议。

咸平元年,选知益州,仍拜右谏议大夫。两川自李顺平后,民罹困苦,未安其业。朝廷缓于矜恤,故戍卒乘符昭寿之虐,啸集为乱。

冕与转运使张适委城奔汉州，诏遣赴阙，至京兆，劾其罪，并削籍，冕流儋州，适为连州参军。冕遇赦，移钦、英二州，历鄂、海二州别驾，淮南节度副使。

大中祥符初，真宗语宰相曰："冕素纯善，黜弃久矣，量宜甄叙。"即起知涟水军，俄复为祠部员外郎，卒，年六十四。子昭俭至殿中丞。

张适者，太平兴国五年进士。任藩郡，有治绩，以廉敏称。为水部员外郎，知郦州。获对，太宗喜其词气俊迈，赐绯鱼。旋改京东转运副使，加直集贤院。一日三被宠渥，时人荣之。徙西川转运使，贬。后起为彰信军节度副使、知淮阳军，卒。

栾崇吉，字世昌，开封封丘人。少为吏部令史，上书言事，调补临淄主簿。会令坐赃败，即命崇吉代之。复以书判优等，改舒州团练判官。未行，留为中书刑房堂后官。改太子右赞善大夫，出掌扬州榷务。未几，迁殿中丞，复为堂后官兼提点五房公事。

崇吉明习文法，清白勤事。至道初，擢度支员外郎、度支副使。时以堂后官著作佐郎杨文质为秘书丞，提点五房事，上召见谓曰："汝见擢用栾崇吉否？当自勖励。"崇吉俄加祠部郎中。真宗时，累擢为江南转运使。代还，判刑部兼鼓司、登闻院。后迁司农少卿、知洪州。有司岁敛民财造舟，崇吉至，奏罢之。以疾徙濠州，迁卫尉少卿，以将作监致仕。卒。子二人：源，虞部员外郎；沂，殿中丞。

袁逢吉，字延之，开封鄢陵人。曾祖仪，仕唐，以军功至黄州刺史。祖光甫，尉氏令。父蟾，大理评事。逢吉四岁，能诵《尔雅》《孝经》，七岁兼通《论语》《尚书》。周太祖召见，发篇试之，赐束帛以赏其精习。开宝八年，擢《三传》第，释褐清江尉。知州王明荐其能，就除丰城令。明年，又与转运使张去华条上治状，以《春秋》博士召。端拱初，迁国子博士、度支推官。又判户部勾院、度支凭由理欠司。淳化中,改户部判官、历水部司门员外郎。出为西京转运使,转水部郎中。宰相吕蒙正称其有经术,宜任学官。会蜀叛,方籍其吏资,授西川转运使。至道初,徙荆湖北路。

时贼方平,夔、峡犹聚官军,供馈出于荆楚,逢吉惮涉远,不赴军前计度,坐乏粮饷罢职,知夔州。会遣使川、陕采访,因条上知州、通判有治迹者七人,逢吉与朱协、李虚己、薛颜、邵晔、查道、刘检预焉,皆赐诏褒谕。历司门、库部二郎中。

咸平中,复为京东转运使。连知福、江、陈、襄四州。大中祥符中,权西京留司御史台,徙知汝州,以逮事太祖,拜鸿胪少卿。七年,卒,年六十九。

逢吉性修谨,练达时务。初,郓州牧马草地侵民数百顷,牒诉连上,凡五遣使按视,不决。逢吉受命往,则悉还所侵田,民咸德之。兄及甫,历京东、峡路转运副使,至驾部郎中。逢吉子成务,至比部员外郎、京东转运副使。从子楚材,至虞部员外郎。

韩国华,字光弼,相州安阳人。太平兴国二年举进士,解褐大理评事、通判泸州,就迁右赞善大夫。代还,除彰德军节度判官,迁著作佐郎、监察御史。

雍熙中,假太常少卿使高丽。时太宗将北征,以高丽接辽境,屡为其所侵,命赍诏谕之,且令发兵西会。既至,其俗颇犷骜,恃险迁延,未即奉诏。国华移檄,谕以朝廷威德,宜及守臣节,否则天兵东下,无以逃责。于是俯伏听命。使还,赐绯鱼。雍熙三年,改右拾遗、直史馆,判鼓司、登闻院。俄充三司开拆推官。四年,判本司,迁左司谏,充盐铁判官。

淳化二年,契丹请和,朝议疑其非实,遣国华使河朔以察之。既至,尽得其诈以闻。每岁后苑赏花,三馆学士皆得预。三年春,国华与潘太初因对,自言任两省清官兼计司职,不得侍曲宴,愿兼馆职,即日命并直昭文馆。后二日,陪预苑宴。三司属官兼直馆,自国华等始。未几,授刑部外,历判三司勾院,复为盐铁判官,又为左计判官寻都判三勾，赐金紫，改兵部员外郎、屯田郎中、京东转运使，徙陕西路。旧制，川、陕官奉缗悉支铁钱，资用多乏，国华奏增其数。加都官郎中，入判大理寺，改职方郎中。以详定失中，命梁颢代之。知河阳、潞州，转运使言其善绥辑，供亿干办，诏奖之。

景德中，假秘书监使契丹，又为江南巡抚，入权开封府判官。真宗朝陵，魏咸信自曹州召入扈从，命国华权州事。俄改太常少卿，出知泉州。大中祥符初，迁右谏议大夫。四年，代还，至建州，卒于传舍，年五十五。赐其子珫出身。

国华伟仪观，性纯直，有时誉。子琚、璩、琦，并进士及第。琦相英宗、神宗，自有传。

何蒙，字叔照，洪州人。少精《春秋左氏传》。李煜时，举进士不第。因献书言事，署录事参军。入宋，授洺州推官。

太平兴国五年，调遂宁令。时太宗亲征契丹还，作诗以献。召见赏欢，授右赞善大夫。三迁至水部员外郎，通判卢州。时，郡中火燔廨舍，榷务俱尽。蒙假民器，贷邻郡曲米为酒，既而课增倍。户部使上其状，诏赍缗钱奖之，稍迁司门。巡抚使潘慎修荐其材敏，驿召至京，因面对，访以江、淮茶法，蒙条奏利害称旨，赐绯鱼及钱十万。后二日复对，又上淮南酒榷便宜，特改库部，复赐二十万，因命至淮右提总其事，自是岁有羡利。使还，知温州，未行，留提举在京诸司库务。求外任，复命知温州。坐举人不当，削一官。

真宗即位，复前资，因上言请开淮南盐禁。时卞衮、杨允恭辈方以禁盐为便，共排抑之。出知梧州。顷之，改水部郎中。上所著《兵机要类》十卷。时审官拟知汉阳军，及引对，改知鄂州。大中祥符初，转库部。四年，加太府少卿。未几，知太平州，又知袁州。州民多采金，蒙建议请以代租税。上曰："若此则农废业矣。"不许。俄徙濠州。六年，上表谢事，授光禄少卿致仕，命未下，卒，年七十七。

慎知礼，衢州信安人。父温其，有词学，仕钱俶，终元帅府判官。

知礼幼好学,年十八,献书干俶,署校书郎。未几,命为掌书记。

宋初,介俶子惟济入觐,归署营田副使。太平兴国三年,从俶归朝。授鸿胪卿,历知陈州、兴元府。知礼每年八十馀,居宛丘,恳求归养,退处十年,缙绅称其孝。及母服除,表请纳禄。至道三年,以工部侍郎致仕。知礼自幼至白首,岁读《五经》,周而后止。每开卷,必正衣冠危坐,未尝少懈焉。咸平初,卒,年七十一。子从吉。

从吉,字庆之,钱俶之婿也。为元帅府长史。归宋,历将作少监。会择朝士有望者补少列,改太子右庶子。真宗升储,换卫尉少卿。真宗即位,复为右庶子,迁詹事。从吉自归朝,居散秩几三十年,颇以文酒自娱,士大夫多与之游。景德初,上言求领事务,判刑部。颇留意法律,条上便宜,天下所奏成案率多纠驳,取本司所积负犯人告身鬻之,以市什器。大中祥府初,改授卫尉卿,纠察在京刑狱;拜右谏议大夫,判吏部铨。初,选人试判多藉地而坐,从吉以公钱市莞席给之。临事敏速,勤心公家,所至务敫察,多请对陈事。上谓其无隐。

八年,改给事中,权知开封府。既受命,召戒之曰:“京府浩穰,凡事太速则误,太缓则滞,惟须酌中耳。请属一无所受。”裁数月,有咸平县民张斌妻卢氏,诉侄质被酒诟悖。张素豪族,质本养子,而证左明白,质赇于吏。从吉子大理寺丞锐时督运石塘河,往来咸平,为请于县宰,断复质刘姓,第令与卢同居。质泊卢迭为讼,县闻于府。从吉命户曹参军吕楷就县推问。卢之从叔虢略尉昭一赂白金三百两于楷,楷久不决。卢兄文质又纳钱七十万于从吉长子大理寺丞钧,钧以其事白从吉,而隐其所受。卢又诣府列诉,即下其事右军巡院。昭一兄澄尝以手书达钱惟演,云寄语从吉,事逮钧、锐,请缓之。从吉颇疑惧,密请付御史台。即诏御史王奇、直史馆梁固鞫之。狱成,从吉坐削给事勒停,惟演罢翰林学士,楷、钧免官配隶衡、郓州,锐、文质皆削一官,澄、昭一并决杖配隶。

又高清者,库部郎中士宏之子,景德中举进士,宰相寇准以弟女妻之。寇氏卒,故相李沆家复婿之。历官以贿闻,颇恃姻援骄纵,被服如公侯家，以是欺蠹小民。知太康县，民有诣府诉家产者，清纳其赇，时已罢任，即逃居他所。锐尝就清贷白金七十两，清以多纳赇赂，事将败，求以为助。时方鞫卢氏狱，从吉请对，发其事，欲以自解。逮清等系狱，命比部员外郎刘宗言、御史江仲甫劾之。清枉法当死，特杖脊黥面，配沙门岛；锐又削卫尉寺丞；从吉坐首露在已发，当赎铜，特削谏议大夫。天禧三年，起为卫尉卿。明年，判登闻鼓院。坐与寇准亲善，以光禄卿致仕。未几卒，年七十。

从吉喜为诗，时有警语；兼工医术。子孙登仕者甚众，第进士升朝曳朱绂者数人。家富于财，尤能治生，多作负贩器僦赁，以至鬻棺椁于市。又善为馔具，分遗权要。晚年进趋弥笃，以至于败，物论鄙之。子镛，金部度支员外郎、秘阁校理；锴，太常博士。

论曰：八政之首食货，以国家之经费不可一日而无也。然生之有道而用之有节，则存乎其人焉尔。张鉴将命西蜀，处制得宜，庶乎可与行权者也。子舆裁损经制，索湘议罢鬻茶，许骧谨守儒行，知礼笃信经学，国华不辱君命，皆有足称者焉。太初自谓达性命之蕴，而卒流于释、老之归；文宝久任边郡，而不免以生事蒙黜；刘综著劳朔、易而短于经术；从吉勤于公务而疏于训子，固未得为尽善也。自余诸子，之翰亏洁白之操，卞衮乏仁恕之道，冕之弃其城守，坦之疏于辅导，则君子所不予也。

宋史卷二七八
列传第三七

马全义　　子知节　　雷德骧　　子有终
孙孝先　简夫　　王超　　子德用

马全义，幽州蓟人。十余岁学击剑，善骑射。十五，隶魏帅范延光帐下。延光叛，晋祖征之，以城降，悉籍所部来上。全义在籍中，因补禁军。以不得志，遂遁去。汉乾祐中，李守贞镇河中，召置帐下。及守贞叛，周祖讨之，全义每率敢死士，夜出攻周祖垒，多所杀伤。守贞贪而无谋，性多忌克，全义屡为划策，皆不能用。城陷，遂变姓名亡命。

周广顺初，世宗镇澶渊，全义往事之。从世宗入朝，周祖召见，补殿前指挥使，谓左右曰："此人忠于所事，昔在河中，屡挫吾军，汝等宜效之。"世宗即位，迁右番行省。从世宗战高平，以功迁散员指挥使。从征淮南，以功迁殿前指挥使、右番都虞候。恭帝即位，授铁骑左第二军都校、领播州刺史。

宋初，历内殿直都知、控鹤左厢都校、领果州团练使。从征李筠，筠退保泽州，城小而固，攻之未下。太祖患之，召全义赐食御榻前问计，对曰："筠守孤城，若并力急攻，立可殄灭，傥缓之，适足长其奸尔。"太祖曰："此吾心也。"即麾兵击之。全义率敢死士数十人乘城，攀堞而上，为飞矢贯臂，流血被体。全义拔镞临敌，士气益奋，遂克其城。迁虎捷左厢都校、领睦州防御使。

又从征李重进，领控鹤、虎捷两军为后殿。贼平班师，录功居多，改龙捷左厢都校、领江州防御使。俄被疾，太祖遣太医诊视，仍谕密旨曰："俟疾间，当授以河阳节制。"全义疾已及，但叩头谢。数日卒，年三十八。特赠检校太保、大同军节度使。子知节。

知节，字子元，幼孤。太宗时，以荫补供奉官，赐今名。年十八，监彭州兵。以严莅众，众惮之如老将。又监潭州兵，时何承矩为守，颇以文雅饰吏治。知节慕之，因折节读书。雍熙间，护兵博州。契丹入边，败我师于君子馆。先是，知节完城缮甲，储积刍粟，吏民以为生事。既而契丹果至，以有备，引去。

徙知定远军。时议调河南十三州之民输饷，河北转运使樊知古适至军议事，知节曰："军少粟多，簸其红腐，尚当得十之六七。"知古从之，果获粟五十万斛，分给诸屯，遂省河南之役。时部民入保避寇，卒有盗妇女首饰者，护军止笞遣之。知节曰："民避外患而来，反罹内寇，此而可恕，何以肃下？"即命斩之。知深、庆二州，迁西京作坊使。

旋知梓州。李顺之叛，诏与王继恩同讨贼。继恩恃势自任，恶知节不附己，遣守彭州，付以羸兵三百，鼓之旧卒，悉召还成都。知节累请益兵，不从。贼众十万攻城，知节力战，自晨抵晡，士多死，慨然叹曰："死贼手，非壮夫也。"即横槊溃围出。迟明，援兵至，复鼓噪入，贼遂溃去。太宗闻而叹曰："贼众我寡，知节不易当也。"授益州钤辖，加益、汉九州都巡检使，迁内园使。会韩景祐帐下刘旰胁牙兵为乱，连下州县，众逾二千。知节领兵三百，追至蜀州，与战，旰走邛州。知节曰："贼破邛州，必乘胜渡江薄我，既息而后战，官军虽倍，制之亦劳，不如乘其弊急击之，破之必矣。"遂行。次方井镇，与旰遇，杀之无噍类。

咸平初，领登州刺史，知秦州。州尝质羌酋支属余二十人，逾二纪矣。知节曰："羌亦人尔，岂不怀归？"悉遣之。羌人感之，讫终，更不犯塞。时州有银坑，岁久矿竭，课额弗除，主吏破产，偿之不足。知节请蠲之，章三上，乃允。迁西上阁门使，知益州兼本路转运使。

自乾德后，岁漕蜀物，动逾万计。时籍富民以部舟运，坐沉覆破产者众。知节请代督以省校而程其漕事，自是蜀人赖以免患。

徙知延州兼鄜延驻泊部署。边寇将至，方上元节，遽命张灯启关，累夕宴乐，寇不测，即引去。会镇州程德玄政事旷弛，徙知节代之。诏发澶、魏等六州粮输定武，时兵交境上，知节曰："粮之来，是资盗也。"止令于舟车所至收之，寇无所得而遁。

车驾在澶渊，时王超拥兵数十万屯真定，逗留不进。知节移书诮让之，超始出兵，犹以中渡无桥为辞。知节预命度材，一夕而具。景德中，徙知定州，未几，拜东上阁门使、枢密都承旨，擢拜签书枢密院事。

当是时，契丹已盟，中国无事，大臣方言符瑞，而知节每不然之，尝言"天下虽安，不可忘战去兵"以为戒。自陈年齿未衰，五七年间尚可驱策，如边方有警，愿预其行，但得副都部署名及良马数匹、轻甲一联足矣。上以为然，因命制钢铁锁子甲以赐焉。进宣徽北院使，加兼枢密副使。时王钦若为枢密使，知节薄其为人，遇事敢言，未尝少屈。每廷议，得其不直，辄面诋之。时钦若宠顾方隆，知节愈不为下。

大中祥符七年，出为颍州防御使、知潞州。天禧初，移知天雄军，召拜宣徽南院使、知枢密院事。以疾乞罢，除彰德军留后、知贝州兼部署。将行，真宗闵其癯瘁，止命归镇。时上党、大名之民已争来迎谒。未几，卒，年六十五。赠侍中，谥正惠。

知节将家子，慷慨以武力智谋自许，又能好书，宾友儒者，所与善厚，必一时豪杰，论事謇謇未尝有所顾忌。故闻其风者，亦知其为正直云。

雷德骧，字善行，同州郃阳人。周广顺三年，举进士，解褐磁州军事判官。召为右拾遗，充三司判官，赐绯鱼。显德中，入受诏均定随州诸县民田屋税，称为平允。

宋初，拜殿中侍御史，改屯田员外郎，判大理寺。其官属与堂吏附会宰相相赵普,擅增刑名。因上言,欲求见太祖以白其事。未引对,直诣讲武殿奏之,辞气俱厉。太祖诘之,德骧对曰:"臣值陛下日旰未食,方震威严尔。"帝怒,令左右曳出,诏置极典。俄怒解,黜为商州司户参军。刺史知德骧旧为省郎,以客礼之。及奚屿知州,希宰相旨,至则倨受庭参。德骧不能堪,出怨言,屿衔之。适有言德骧至郡为文讪上者,屿召德骧与语,潜遣吏给其家人取得之,即械系德骧,具状以闻。太祖贷其罪,削籍徙灵武。数年,其子有邻击登闻鼓,诉中书不法事,赵普由是出镇河阳。召德骧为秘书丞,俄分判御史台三院事,又兼判吏部南曹。开宝七年,同知贡举。太祖崩,以德骧为吴越国告哀使。还,迁户部员外郎兼御史知杂事,改职方员外郎,充陕西、河北转运使。历礼部、户部郎中,入为度支判官。

　　太平兴国四年,车驾征太原,为太原西路转运使。六年,同知京朝官考课,俄迁兵部郎中。七年,以公累降本曹员外郎,出知怀州。未几,复旧官。又命为两浙转运使,其子殿中丞有终亦为淮南转运使,父子同日受诏,缙绅荣之。俄迁右谏议大夫。

　　雍熙二年,征归朝,同知京朝官考课。初,帝谓宰相曰:"朕前日阅班籍,择官为河北转运使,所患不能周知群臣履行。自今令德骧录京朝官履历功过状引对,既得渐识群臣,择才委任,且使有官政者乐于召对,负瑕累者耻于顾问,可以为惩劝矣。"

　　端拱初,迁户部侍郎。会赵普再入相,宣制之日,德骧方立班,不觉坠笏,遽上疏乞归田里。太宗召见安谕之,赐白金三千两,罢知考课,止以本官奉朝请。会议事尚书省,乘酒叱起居员外郎郑构为盗,御史奏劾,下御史台案问,具伏,帝止令罚月奉而释之。迄赵普而守西洛,帝终保全之。

　　淳化二年,为其婿如京副使卫濯讼有邻子秘书省校书郎孝先内乱,帝素怜德骧,恐暴扬其丑,不以孝先属吏,止除名配均州;德骧坐失教,责授感德军行军司马;并其子少府少监有终责授衡州团练副使。德骧因惭愤成疾,三年,卒,年七十五。有终为三司盐铁副使,表乞追复旧官,从之。德骧无文采,颇以强直自任,性褊躁,多忤物,不为士大夫所与。

有邻,开宝中,举进士不第。其父既窜灵武,意宰相赵普挤抑之。时堂后吏胡赞、李可度在职岁久,或称其请托受赇,而秘书丞王洞与德骧同年登第,有邻每造谒洞,洞多以家事委之。一日,洞令有邻市白金半铤,因曰:"此令吾子知,要与胡将军。"盖谓赞也。时,又有诏应摄官三任解由全者许投牒有司,即得召试录用。有邻素与前摄上蔡主簿刘伟交游,知伟虽尝三摄,而一任失其解田,伟造伪印,令其兄前进士伉书写之。因是得试送铨。遂具章告其事,并下御史府按鞫。有邻出入赞家,故其事多实。狱具,伟坐弃市,洞等并决杖除名,赞、可度仍籍其家。有邻授秘书省正字,赐公服靴笏、银鞍勒马、绢百匹。自是累上疏密告人阴事。俄被病,白昼见伟入室,以杖筮其背。有邻号呼闻于外,数日而死。赐德骧钱十万,以给丧事。

有终,字道成,幼聪敏,以荫补汉州司户参军。时侯陟典选,木强难犯,选人听署于庭,无敢哗者。有终独抗言,愿为大郡治狱掾。陟叱之曰:"年未三十,安可任此官?"有终不为沮,署莱芜尉。知监、左拾遗刘祺以有终年少,颇易之,有终发其奸赃,祺坐罪杖流海岛,以有终代知监事。先是,三司补吏为冶官,率以赏进,多恣横。至是,受署者惮有终,率多避免。太宗即位,闻其名,遣内侍伍守忠同掌监事,且察其治迹。守忠至才周月,即还奏有终强济之状,及诏为大理寺丞。会德骧任陕西转运,奏为解州通判,特许德骧不巡察是州。有终入奏盐池利害,改赞善大夫,令还权知军事,省通判。太平兴国六年,迁殿中丞、知密州,徙淮南转运副使,赐绯鱼,改太常博士。时德骧主漕两浙,往往省于境上,时人荣之。

雍熙中,王师北征,命为蔚州飞狐路随军转运使。入为盐铁判官,历户部,度支副使,赐金紫,出知升州。淳化初,就迁少府少监,知广州。二年,女弟婿卫濯讼其家法不谨,有终坐亲累,责授衡州团练副使,夺章服。俄丁外艰,行及许田,召归,入对,赐钱八十万,起为都官员外郎,历度支、盐铁副使,复金紫。时以江南、岭外茶盐价不一,细民冒禁私贩,多陷重辟,诏有终领江、淮、两浙、荆湖、福建、广南路茶盐制置使,就出盐产茶之地,以便宜裁制。使还,改工部郎中、知大名府,不逾月,复为少府少监,徙知江陵。

李顺之乱,王师西征,命与裴庄为峡路随军转运使,同知兵马事。调发兵食,规划戎事,皆有节制。师行至峡中,遇盗格斗,众渴乏,会天雨,军士以兜牟承水饮之,且行且战,进至广安军。军垒濒江,三面树栅。会夜阴晦,贼众奄至,鼓噪举火,士伍恐惧,有终安坐柈发自若。贼围既合,有终引奇兵出其后击之,贼众惊扰,赴水死者无算。就拜右谏议大夫、知益州。次简州,寓佛舍,度贼必至,命左右重闭,召士人严更警备,初夕,间道而出。贼围守数重,及坏寺入,惟击柝者在焉。俄兼同招安使。贼平,改知许州。三年,改给事中,知并州。

真宗嗣位,加工部侍郎。咸平二年,代还,知审刑院,俄授户部使。三年,将巡师大名,遣有终乘驲先诣澶州督纳粮草。车驾还,次德清军,会益州奏至,神卫戍卒以正旦窃发,害兵马钤辖符昭寿,拥都虞候王均为乱,逐知州牛冕。即日,拜有终泸州观察使、知益州兼川、峡两路招安捉贼事。御厨使李惠、洛苑使石普、供备库副使李守伦并为招安巡检使,给步骑八千,命往招讨。又以洛州团练使上官正为东川都钤辖,西作坊使李继昌为峡路都钤辖,崇仪副使高继勋、王阮并为益州驻泊都监,供奉官、阁门祗候孙正辞为诸州都巡检使。

正月三日,均率众陷汉州,进攻绵州,旬日不能下,趣剑门。先是,知剑州、秘书丞李士衡度寇必至,城不能守,悉徙官帑保剑门,焚其仓廪,又署榜招军卒之流逸者,得数千人。已而贼果至,士衡与剑门都监、左藏库副使裴臻逆击之。时风雪连日,均众无所掠,唯食败糟。臻与战,斩首数千级。贼众疲剧宵遁,还保益州。士衡即驰骑入奏,上嘉之,拜士衡度支员外郎,赐绯;臻崇仪使、领峰州刺史,仍旧职。

知蜀州、供奉官、阁门祗候杨怀忠闻变,即调乡丁会十一路巡检兵,刻期进讨。蜀民不从贼者相率抗御,侪伍谓之"清坛众"。择"清坛"之魁七十馀人,悉补巡检将,遣判官高本驰驿以闻。十七日,怀忠率众入益州,焚城北门,至三井桥。时均尚留剑门,与贼将鲁麻胡阵于江渎庙前,自晨至晡,战数合,怀忠兵势不敌,退还所部。怀忠部下多李顺旧党,颇贪剽劫,故败绩焉。

怀忠移文嘉、眉七州,调军士丁男来会。二月,再攻益州。时均方遣逆党赵延顺攻邛、蜀,怀忠逆与之战,贼稍退。怀忠与转运使陈纬,麾兵由子城南门直入军资库,与纬署其库钥。均众皆银枪绣衣,为数队分列子城中。贼兵出通远门,与怀忠战数合,会暮,怀忠复退军笮桥,背水列阵,砦楮木桥南,以扦邛、蜀之路。贼故不复能南略,自清水坝、温江、金马三道来攻楮木砦,出官军后,焚江原神祠,断邛、蜀援路。怀忠三路分兵以抗之,斩首五百馀级,驱其余众入阜江,获甲弩甚众。乘胜逐贼至益州南十五里,砦于鸡鸣原以俟王师。均亦闭成都东门以自固。

是月,有终等至,令石普先与绵、汉都巡检张思钧收复汉州,进壁升仙桥。贼出攻砦,有终击走之。一日,均开城伪为遁状,有终与上官正、石普率兵径入,官军分剽民财,部伍不肃。贼闭关发伏,布床榻于路口,官军不得出,因为所杀。有终等缘堞而坠,李惠死之,退保汉州。益州城中民皆奔进四出,复为贼党分骑追杀,或囚絷之,支解族诛以恐众。又胁士民僧道之少壮者为兵,先刺手背,次髡首,次黥面,给军装,令乘城,与旧贼党相间。有终署榜招之,至则署其衣袂释之,日数百人。

三月,进攻弥牟砦,斩首千余级,复为贼所拒。四月,贼由升仙桥分路来寇,并军于东偏,有终率兵逆击,大败之,杀千馀人,夺其伞盖、金枪等物,均单骑还城。有终遣其子奉礼郎孝若驰奏,上召孝若问败贼之由,笑谓左右曰:"均鼠窃尔,虽婴城自守,计日可擒矣。"孝若因言尝习武艺,愿改秩以效,即补供奉官。俄以刑部员外郎马亮为转运使,国子博士张志言副之,供备库副使张煦为绵、汉都巡检使。杨怀忠又分所部砦于合水尾、浣花等处,树机石、设笓篱以拒之。

贼自升仙之败，撤桥塞门，官军进至清远江，为梁而度。有终与石普屯于城北门之西，依壕为土山，分设鹿角，又得旧草场，造梯冲洞车攻具，普专主之。高继勋、张煦、孙正辞攻城东，上官正、李继昌、王阮攻城西，杨怀忠与巡检殿直、阁门祗候马贵攻城南，贼将赵延顺尽驱凶党以拒。既而延顺中流矢死，又遣其党丁重万立城门上，官军射之，殪。每攻城，辄会雨，城滑不能上，官军及丁夫为洞屋以进，贼又凿地道出掩之，溺壕中死者千余，军势小衄。时方暑湿，军士多疾，有终市药他州疗之。

是月，诏洛苑使、入内副都知秦翰为两川捉贼招安使。有终与翰叶议，于城北鱼桥又筑土山。八月，克城北羊马城，遂设雁翅敌棚，覆洞屋以进，逼罗城。九月，城北洞屋成，贼对设敌楼以抗官军，有终遣卒焚之，贼自是销沮，筑月城以自固。有终募敢死士间道以入，贼为药矢，中者立死。有终令卒蒙毡秉燧以入，悉焚其望橹机石，先遣东西南砦鼓噪攻城，有终与石普分主洞屋以进。普穴城为暗门，门成，贼攒戟于前，无敢进者。有二卒请行，许以厚赏，乃麾戈直冲之，贼锋稍却，遂入城。

有终登城楼下瞰，贼之余众，犹砦天长观前，于文翁坊密设炮架。高继勋白于马亮，请给秸秆油籸，众执长戟巨斧，秉炬以进，悉焚之。杨怀忠焚其砦天长观前，追至大安门，复败焉。是夕二鼓，均与其党二万余南出万里桥门，突围而遁。有终疑有伏，遣人纵火城中。诘朝，与秦翰登门楼，牙吏有受伪署官职者，捕得，立楼下，傍积薪，厝火其上，索男子魁庄者令辨之，曰某尝受某职，即命左右捽投火中。自晨至晡，焚死者数百人，时谓冤酷。均既走，度合水尾，由广都略陵、荣，趣富顺监，所过断桥塞路，焚仓库而去。

初，有终遣怀忠领虎翼军追之，后二日，石普继往，以全军为后援。十月，均至富顺，其将校以筏度江，趋戎、泸蛮境。朝廷每岁孟冬朔，诏富顺监具酒肴，犒内属蛮酋。是日才设具，而均党适至，皆食焉。闻怀忠追骑将至，均心易之，谓其党曰："速降怀忠。"令其众负檐以行。怀忠距富顺六十里，于杨家市少憩，贼众在后者邀战，怀忠遣骑士登高原觇贼，且语其左右曰："纵贼度江，后悔无及，闻石侯将至，当以奇兵取之。"乃临江列阵击之，余党散走，有挐舟将度江而遁者，怀忠合强弩射之，溺死甚众。怀忠张旗鸣鼙入城，均方在监署中，其众多醉，穷蹙缢死。虎翼军校鲁斌斩其首诣怀忠，获僭伪法物、旌旗、甲马甚众，擒其党六千余人，逆徒歼焉。怀忠旋军出北门，石普之众始至，夺均首驰归成都，枭于北市。

均本隶开封散从直，后补军校。初，神卫军之戍成都者，以均及董福分二指挥以领之。福御众有法，部下皆优足；均纵其下饮博，军装亦以给费。是岁，车驾幸河朔，符昭寿与牛冕大阅于东郊，蜀人趋观之。二军衣服鲜弊不等，均众因是惭愤。益州知州与钤辖二廨并禁旅为牙队。岁除，冕以酒肴犒部士，而昭寿既骄恣，复肆侵虐，冕亦宽弛无政，故诘朝合起为乱。

神卫卒既杀昭寿，是日，成都官吏方相与贺正，闻变皆奔窜，牛冕与转运张适缒城而出，惟巡检使刘绍荣冒刃格斗。既而众寡不敌，叛卒尚未有主，或欲奉绍荣为帅者，绍荣摄弓骂曰："我燕人也，比弃乡土来归本朝，岂能与汝同逆，汝亟杀我，我肯负朝廷哉！"众未敢动。监军王泽与均适至，乃谓均曰："汝所部为乱，盍自往招安。"均既往，叛卒即拥之为主，绍荣自经死。均僭号大蜀，改元化顺，署置官称，设贡举，以张锴为谋主。

锴本名美，太原旧卒，后为神卫小校。狡猾，尝历战阵，粗习阴阳，以荧惑同恶，故劝均为乱。均实戆憃无谋，尝言："官军若至，我当先路出迎，自陈被胁之状。"锴闻之，择军中子弟署寄班，以防守均，令不与人接见。官军围城，每射箭招诱，及令均子弟至城下，均皆不之知。得箭书，锴悉焚之。自起至败，所守止一城而已。均初署亲军为天降虎翼，后果为虎翼军所杀。

贼既平，遣承受供奉官杨崇勋乘传告捷，赐崇勋锦袍、银带、器币，有终加保信军节度观察留后，以秦翰为内园使、恩州刺史，石普为冀州团练使，高继勋、王阮并为崇仪使，孙正辞为内殿崇班，李继昌为奖州刺史,张煦为供务备库副使,杨怀忠为供备库副使,马贵为供奉官。是役也,怀忠之功居最,为石普所忌,朝廷微闻之,遣寄班安守忠按视战所,尽得其功状,以故怀忠复迁崇仪使,领恩州刺史。

四年,有终代还,命为泾原仪渭镇戎路都部署,辞不拜。改知永兴军府,徙秦州。景德初,徙为并代副都部署,赐黄金四百两。丁内艰,起复,契丹入寇,上幸澶渊,诏有终率所部由土门抵镇州,与大兵会。既而王超、桑赞逗挠无功,唯有终赴援,威声甚振,河北列城,赖其雄张。俄而契丹修好,命还屯所,就判并州,召拜宣徽北院使、检校太保。二年七月,暴疾卒,年五十九,赠侍中。录其子孝若为内殿崇班、阁门祗候,孝杰为内殿崇班,孝绪为供奉官,孝恭为侍禁,亲族、门客,给事辈迁补者八人。

有终倜傥自任,不拘小节,有干局,沈敏善断,不畏强御,轻财好施。历典藩阃,能抚士卒,丰于宴犒,官用不足,则倾私帑及榷钱以给之。家无余财,奉身甚薄,常所御者铜鞍勒马而已。第在崇仁里者,德骧所创,有终在蜀尝贷备用库钱数百万,奏纳其第偿之,优诏蠲免。为宣徽使,特给廉镇公用钱岁二千贯。身没之日,宿负犹不啻千万,官为偿之。王继英在枢密,颇忌有终进用,屡言其在蜀及守边厚费以收士卒心,真宗不之信,卒保护焉。

孝先,字子思,有邻子也。举进士,试秘书省校书郎,知天长县。以卫濯讼其内乱,除籍配均州。后复知宛丘县,李继隆判陈州,荐其能,加试大理评事。契丹内寇,真宗幸大名,孝先以部刍粮河北,首至行在,擢太常寺奉礼郎。

王均反益州,随季父有终进讨,孝先率先锋与贼战升仙桥,斩首数百,得均金枪黄伞以献,改将作监丞。

李继迁陷灵州,朝廷调兵,军费多出于民,关内大扰。孝先请益募商人入粟塞下,偿以茶盐。召对称旨,命弛驿陕西,与转运使郑文宝议立规划,后多施行。累迁尚书屯田员外郎。尝建置三司拘收司,以检天下财利出入之数，诏如其请。

知兴元府，坐保任失实，降通判华州，徙知郓州。宰相寇准举，换内园使、知贝州。会慈州民张熙载诈称黄河都总管，籍并河州郡刍粮数，至贝州。孝先觉其奸，捕系狱。孝先欲因此为奇功，以动朝廷，迫司理参军纪瑛教熙载伪为契丹谍者，号景州刺史兼侍中、司空大灵宫使，部送京师。枢密院按得孝先所教状，谪泽州都监，利、虢三州，改环庆路兵马钤辖、知邠州。逾年，领昭州刺史，为益州钤辖，再迁左藏库使，擢西上阁门使、泾原路钤辖兼知渭州，复知邠州，徙耀州，以右领军卫大将军、昭州刺史，分司西京，卒。子简夫。

简夫，字太简，隐居不仕。康定中，枢密使杜衍荐之，召见，以秘书省校书郎签书秦州观察判官。公事既罢，居长安，自以处士起，不复肯随众调官，多为岐路求辟荐。时三白渠久废，京兆府遂荐简夫治渠事。先时，治渠岁役六县民四十日，用梢木数百万，而水不足。简夫用三十日，梢木比旧三之一，而水有余。知坊州，徙阆州。用张方平荐，知雅州。

既而辰州蛮酋彭仕羲内寇，三司副使李参、侍御史朱处约安抚不能定，继命简夫往。至则督诸将进兵，筑明溪上下二砦据其险要，拓取故省地石马崖五百余里。仕羲内附。擢三司盐铁判官，以疾出知虢、同二州，累迁尚书职方员外郎。卒，录其子寿臣为郊社齐郎。

简夫始起隐者，出入乘牛，冠铁冠，自号“山长”。关中用兵，以口舌捭阖公卿。既仕，自奉稍骄侈，骖御服饰，顿忘其旧，里闾指笑之曰：“牛及铁冠安在？”

王超，赵州人。弱冠长七尺余。太宗尹京，召置麾下。及即位，以隶御龙直。淳化二年，累迁至河西军节度使、殿前都虞候。

真宗嗣位，以翊戴功，加检校太傅、领天平军节度。咸平二年秋，大阅禁兵二十万于东郊，超执五方旗以节进退。上御戎幄观之，面赐褒奖。从幸大名，与都虞候张进并为先锋。都大点检傅潜逗挠得罪，以超为侍卫马步军都虞候、镇州行营都部署，又帅镇、定、高阳关三路。契丹入边，与战于遂城西，俘馘二万计，斩其裨王骑将十五人，手诏褒美。

李继迁陷清远军，以超将西面行营之师御之，徙帅永兴军。宰相言超材堪将帅，遂以超帅定州路行营，王继忠副之。寻加镇、定、高阳关三路都部署，密遣中使赐以御弓矢，许便宜从事。加开府仪同三司、检校太尉。咸平六年，辽师大入，超召镇州桑赞、高阳关周莹率兵会定州，莹以非诏旨不至。辽兵围望都，超、赞率兵赴之，阵于县南六里。继忠在阵东偏，契丹出其背，遮绝粮道，人马乏困，继忠驰前与契丹战，超、赞遂旋师，继忠孤军没焉。上即遣刘承珪、李允则驰往，察退衄之状，且言镇州副部署李福、拱圣军都指挥使王升当战先旋，福坐削籍流封州，升决杖配隶琼州。

景德初，上亲巡澶渊，召超赴行在，复缓师期，契丹遂深入。会南北通好，故薄其责，止罢超三路帅，为崇信军节度使，徙知河阳。又移镇建雄，知青州。卒，赠侍中，再赠尚书令，追封鲁国公，谥武康。

超为将善部分，御下有恩。与高琼同典禁旅，尝休假他适，过营垒，军校不时将迎，琼即命棰罚，超以为非公行，不当加罪，人称其恕。然监军寡谋，拙于战斗。子德用。

德用，字元辅。父超为怀州防御使，补衙内都指挥使。至道二年，分五路出兵击李继迁，超帅兵六万出绥、夏，德用年十七，为先锋，将万人战铁门关，斩首十三级，俘掠畜产以数万计。进师乌白池，他将多失道不至，房锐甚，超按兵不进，德用请乘之，得精兵五千，转战三日，敌势却。德用曰："归师迫险必乱。"乃领兵距夏州五十里，绝其归路，下令曰："乱行者斩！"一军肃然，超亦为之按辔。继迁蹑其后，左右望见队伍甚严整，莫敢近。超抚其背曰："王氏有子矣。"

累迁内殿崇班，以御前忠佐为马军都军头，出为邢、洺、磁、相巡检。盗张洪霸相聚界上，吏不能捕。德用以毡车载勇士，诈为妇人饰，过邯郸。贼果来邀，勇士奋出，悉擒之。徙督捕陕西东路，盗贼相戒曰：“此擒张洪霸者。”皆相率逃去。为环庆路指挥使、寻以奏事忤旨，责授郓州马步军都指挥使。历内殿直都虞候、殿前左班都虞候、柳州刺史，迁捧日左厢都指挥使、英州团练使。

天圣初，以博州团练使知广信军。城坏久不治，德用率禁军增筑之，有诏褒谕。徙冀州，历龙神卫、捧日、天武四厢都指挥使、康州防御使、侍卫亲军步军马都虞候。召还，又为并、代州马步军副都总管，迁殿前都虞候、步军副都指挥使，历桂州、福州观察使。

章献太后临朝，有求内降补军吏者，德用曰：“补吏，军政也，不可与。”太后固欲与之，卒不奉诏，乃止。太后崩，有司请卫士坐甲，德用曰：“非故事也。”不奉诏。

仁宗阅太后阁中，得德用前奏军吏事，奇之，以为可大用，拜检校太保、签书枢密院事。德用谢曰：“臣武人，幸得以驰驱自效，赖陛下威灵，待罪行间足矣。且臣不学，不足以当大事。”帝遣使者趣入院，遂为副使。久之，以奉国军节度观察留后同知院事，迁知院，历安德军，加检校太尉、定国军节度使、宣徽南院使。赵元昊反，德用请自将讨之，不许。

德用状貌雄毅，面黑，颈以下白晰，人皆异之。言者论德用貌类艺祖，御史中丞孔道辅继言之，且谓德用得士心，不宜久典机密，遂罢为武宁军节度使、徐州大都督府长史。有言德用市马于府州者，上其券，乃市于商人者。言者犹不已，降右千牛卫上将军、知随州。州置判官，家人皆惶恐，德用举止言色如平时，惟不接宾客而已。徙知曹州，或谓德用曰：“孔中丞害公，今死矣。”德用曰：“中丞言官，岂害我者？朝廷亡一忠臣，可惜也。”起为保静军节度观察留后、知青州，改澶州。

陕西用兵久无功，契丹遣刘六符来求复关南地，以兵压境。德用见帝流涕言：“臣前被罪，陛下赦而不诛，今不足辱命。”帝慰劳曰：“河北方警，藉卿镇抚之。”又赐手诏慰勉，拜保静军节度使。岁大熟,六符见德用拜曰:"此公仁政所及也。"徙真定时,定州路都总管,还奏事,复以宣徽南院使判成德军。未行,徙定州路都总管。日训练士卒,久之,士殊可用。

契丹使谍者来觇,或请捕杀之。德用曰:"第舍之,彼得实以告,是服人之兵以不战也。"明日大阅,援枹鼓之士皆踊跃,进退坐作,终日不戮一人。乃下令,具糗粮,听吾鼓声,视吾旗帜所向。觇者归告契丹,谓汉兵将大入。既而复议和,遂徙陈州,又徙河南。不行,入奉朝请,出判相州,拜向中书门平章事,判澶州。徙郑州,封祁国公,还为会灵观使。

德用素善射,虽老不衰。侍射瑞圣园,辞曰:"臣老矣,不能胜弓矢。"帝再三谕之,持二矢未发。帝顾之,使必中,乃收弓矢谢,一发中的,再发又中。帝笑曰:"德用欲中即中尔,孰谓老且衰乎?"赐袭衣、金带,加检校太师,复判郑州,徙澶州,改集庆军节度使,封冀国公。皇祐三年,上疏乞骸,以太子太师致仕,大朝会缀中书门下班。

德用将家子,习知军中情伪,善以恩抚下,故多得士心。虽屡临边境,未尝亲矢石、督攻战,而名闻四夷,虽闾阎妇女小儿,皆呼德用曰"黑王相公"。

帝尝遣使问边事,德用曰:"咸平、景德中,赐诸将阵图,人皆死守战法,缓急不相救,以至于屡败。诚愿不以阵图赐诸将,使得应变出奇,自立异效。"帝以为然。

德用虽致仕,乾元节上寿,预班廷中。契丹使语译者曰:"黑王相公乃复起耶?"帝闻之,起为河阳三城节度使、同中书门下平章事、判郑州。至和元年,遂以为枢密使,命入谒拜。明年,富弼相,契丹使耶律防至,德用与防射玉津园。防曰:"天子以公典枢密而用富公为相,将相皆得人矣。"帝闻之喜,赐弓一,矢五十。后封鲁国公,求去位至六七,乃以为忠武军节度使、景灵宫使,又以为同群牧制置使。有诏五日一会朝,听子孙一人扶掖。卒,年七十九,赠太尉、中书令,谥武恭。加赐其家黄金。

德用诸子中,咸融最钟爱,晚年颇纵之,多不法,后更折节自饬,官至左藏库使、眉州防御使。

论曰:全义、德骧,遇知太祖、太宗,超复翊戴真宗,宜致崇显,然董董无愈人者,而各有子勒勋于国籍。若知节生将家,喜读书,立朝争事,以刚正称天下,其邦之司直欤。有终起进士,明干知兵,平蜀钜贼,振声邻敌,可谓"肇敏戎公"矣。至于精神折冲,名闻四夷,矫矫虎臣,则德用其有焉。

宋史卷二七九
列传第三八

王继忠　　傅潜　　戴兴 _{张昭允附}
王汉忠　　王能　　张凝　　魏能
陈兴　　许均　　张进　　李重贵
呼延赞　　刘用　　耿全斌
周仁美

　　王继忠,开封人。父琇,为武骑指挥使,戍瓦桥关,卒。继忠年六岁,补东西班殿侍。真宗在藩邸,得给事左右,以谨厚被亲信。即位,补内殿崇班,累迁至殿前都虞候、领云州观察使,出为深州副都部署,改镇、定、高阳关三路钤辖兼河北都转运使,迁高阳关副都部署,俄徙定州。

　　咸平六年,契丹数万骑南侵,至望都,继忠与大将王超及桑赞等领兵援之。继忠至康村,与契丹战,自日昳至乙夜,敌势小却。迟明复战,继忠阵东偏,为敌所乘,继饷道,超、赞皆畏缩退师,竟不赴援。继忠独与麾下跃马驰赴,服饰稍异,契丹识之,围数十重。士皆重创,殊死战,且战且行,旁西山而北,至白城,遂陷于契丹。真宗闻之震悼,初谓已死,优诏赠大同军节度,赠赗加等,官其四子。

　　景德初,契丹请和,令继忠奏章,乃知其尚在。朝廷从之,自是南北戢兵,继忠有力焉。岁遣使至契丹,必以袭衣、金带、器币、茶药赐之，继忠对使者亦必泣下。尝附表恳请召还，上以誓书约各无所求，不欲渝之，赐诏谕意。契丹主遇继忠甚厚，更其姓名为耶律显忠，又改名宗信，封楚王，后不知其所终。子怀节、怀敏、怀德、怀政。

真宗宫邸攀附者，继忠之次有：王守俊至济州刺史，蔚昭敏至殿前都指挥使、保静军节度，翟明至洺州团练使，王遵度至磁州团练使，杨保用至西上阁门使、康州刺史，郑怀德至御前忠佐马步军都军头、永州团练使，张承易至礼宾使，吴延昭至供备库使，白文肇至引进使、昭州团练使，彭睿至侍卫马军副都指挥使、武昌军节度，靳忠至侍卫马军都虞候、端州防御，郝荣至安国军节度观察留后，陈玉至冀州刺史，崔美至济州团练使，高汉美至郑州团练使，杨谦至御前忠佐马步军副都军头、河州刺史。

傅潜，冀州衡水人。少事州将张廷翰。太宗在藩邸，召置左右。即位，隶殿前左班，三迁东西班指挥使。征太原，一日，再中流矢。又从征范阳，先至涿州，与契丹战，生擒五百馀人。翌日，上过其所，见积尸及所遗器仗，嘉叹之。师旋，擢为内殿直都虞候。上对枢密言："潜从行有劳，赏薄。"复加马步都军头、领罗州刺史，改捧日右厢都指挥使、领富州团练使，迁日骑、天武左右厢都指挥使，领云州防御使。

雍熙二年，命大将曹彬北征，以潜为幽州道行营前军马步军都指挥使。师败于拒马河，责授右领军卫大将军，自检校司徒降为右仆射，仍削功臣爵邑。明年，起为内外马步都军头、领潘州防御使，寻拜殿前都虞候、领容州观察使。端拱初，加殿前副都指挥使、领昭化军节度，出为高阳关都部署。淳化二年四月，拜侍卫马步军都虞候、领武成军节度。至道中，出为延州路都部署，改镇州。

真宗即位，领忠武军节度，数月召还。咸平二年，复出为镇、定、高阳关三路行营都部署。契丹大入，缘边城堡悉飞书告急，潜麾下步骑凡八万馀，咸自置铁挝、铁棰，争欲奋击。潜畏懦无方略，闭门自守，将校请战者，则丑言骂之。

无何,契丹破狼山砦,悉锐攻威虏,略宁边军及祁、赵,游骑出邢、洺、镇、定,路不通者逾月。朝廷屡间道遣使,督其出师,会诸路兵合击,范廷召、桑赞、秦翰亦屡促之,皆不听。廷召等怒,因诟潜曰:"公恒怯乃不如一妪尔。"潜不能答。都钤辖张昭允又屡劝潜,潜笑曰:"贼势如此,吾与之角,适挫吾锐气尔。"然不得已,分骑八千、步二千付廷召等,于高阳关逆击之,仍许出兵为援。泊廷召等与契丹血战而潜不至,康保裔遂战死。

及车驾将亲征,又命石保吉、上官正自大名令前军赴镇、定与潜会。潜卒逗留不发,致敌骑犯德、棣,渡河凑淄、齐,劫人民,焚庐舍。上驻大名而边捷未至,且诸将屡请益兵,潜不之与;有战胜者,潜又抑而不闻。上由是大怒,乃遣高琼单骑即军中代之,令潜诣行在。至,则下御史府,命钱若水同劾按,一夕狱具。百官议法当斩,从驾群臣多上封请诛之,上贷其死,下诏削夺潜在身官爵,并其家属长流房州。潜子内殿崇班从范,亦削籍随父流所,仍籍没其赀产。五年,会赦,徙汝州。景德初,起为本州团练副使,改左千牛卫上将军,分司西京。大中祥符四年,车驾西巡至洛,因令从驾还京,迁左监门大将军,还其宅。久之,判左金吾街杖。天禧元年,卒。

张昭允者,字仲孚,卫州人。以父秉荫,试大理评事。潘美妻以女,奏换右班殿直,以久次,迁通事舍人。端拱初,契丹内扰,命为雄州监军。敌骑乘秋掠境上,昭允与知州田仁朗选锐卒袭其帐,败走之。进西上阁门副使,提总左右藏金银钱帛。

昭允以诸州绢常度外长数尺,请裂取付工官备他用,岁获羡余。既而士卒受冬服,度之不及程,出怨言,昭允坐免官。俄起为崇仪副使,累迁西上阁门使、河西马步军钤辖,屯石州。会讨李继迁,王超出夏、绥州路,领后阵,超深入数百里,逾白池,道阻粮绝,昭允以所部援之,戎人大败。

真宗即位,以昭允章怀皇后姊婿,颇被亲信。咸平二年,命为镇、定、高阳关行营马步都钤辖。时傅潜为都部署,畏懦城守。昭允屡劝其出兵，潜按兵不动。潜既得罪，昭允亦削夺官爵，长流通州。景德二年，起为楚州团练副使，改右神武将军。大中祥符元年，卒。昭允喜笔札，习射，晓音律。子正中、居中。

戴兴，开封雍丘人。年十余岁，以勇力闻里中。及长，身长七尺余，美髭髯，眉目如画。太宗在藩邸，兴诣府求见，奇之，留帐下。即位，补御马左直，迁直长，再迁御龙直副指挥使。从征太原，先登，中流矢，补御龙弓箭直指挥使，迁都虞候。一日，帝问兴曰："汝颇有尊属否？"对曰："臣父延正、兄进皆力田。"即召延正为诸卫将军，进为天武军使。俄以兴领严州刺史，改天武左厢都指挥使、领胜州团练使。

雍熙三年，曹彬等北征失律，诸将多坐黜免，以兴为侍卫步军都虞候，领云州防御使。契丹挠边，命兴屯澶州以备非常，改本州观察使，充天雄军副都部署。

端拱初，迁步军都指挥使、领镇武军节度，赐袭衣、金带、鞍勒马。历澶州、天雄军都部署，改殿前副都指挥使，出帅镇、定二州。时盗贼群起，会五巡检兵讨之，逾月不能克。兴阴勒所部潜出击之，擒戮殆尽。未几，徙高阳关，迁殿前都指挥使、领定国军节度，赐白金万两，岁加给钱七百万。

淳化五年，出为定武军节度，岁加给钱千万。西北未平，徙夏州路行营都部署，知州事。时五路讨李继迁，兴所部深入千馀里，不见贼。会太宗崩，三上表求赴国哀，不俟报上道，及至京师，以擅离所部，左迁右领卫上将军。咸平初，兼判左金吾街杖。俄出知京兆府，卒，赠太尉，遣中使护其丧归葬乡里。录其子永和、永丰。

王汉忠，字希杰，徐州彭城人。少豪荡，有膂力，形质魁岸，善骑射。节帅高继冲欲召至帐下，汉忠不往。因殴杀里中少年，遂亡。经宿复苏，其父遣人追及于萧县，汉忠不肯还，西至京师。太宗在藩邸，召见，奇其材力，置左右。即位，补殿前指挥使，累迁内殿直都知。从征太原，先登，流矢中眸，战益急，上壮之，迁东西班指挥使。刘继元降，以所部安抚城中。师还，改殿前左班指挥使，三迁右班都虞候、领涿州刺史，改马步军都军头。

端拱初，出为宾州团练使，历冀、贝二州部署，徙天雄军。二年，入为侍卫马军都虞候、领洮州观察使、高阳关副都部署。契丹南侵，汉忠合诸军击败之，斩馘甚众。淳化初，徙定州。五年，迁殿前都虞候。

真宗即位，自中山召归。俄复出为高阳关都部署，进领威塞军节度。咸平三年，又为泾原、环庆两路都部署兼安抚使，迁侍卫马军都指挥使，改镇定高阳关都部署、三路都排阵使。契丹掠中山，汉忠率诸将阵于野，契丹遁，追斩甚众，获其贵将，加殿前副都指挥使，改领保静军节度。

五年，罢西面经略使，命汉忠为邠宁环庆两路都部署，李允正、宋沆为钤辖，领戍兵二万五千人，委汉忠分道控制。数月召还，坐违诏无功，责为左屯卫上将军，出知襄州，常奉外增岁给钱二百万。未上道，暴得疾，卒。赠太尉，以其长子内殿崇班从吉为阁门祗候，次子从政、从益为左右侍禁。

汉忠有识略，军政甚肃，每行师，诘旦，必行香祝曰："愿军民无犯吾令，违者一毫不贷。"故所部无盗。性刚果，不务小节，轻财乐施；好读书，颇能诗；喜儒士，待宾佐有礼，各称甚茂。以是自矜尚，群帅不悦。

汉忠没后，其子从吉诣阙上书讼父冤，因历诋群臣有行赂树党及蒙蔽边防屯戍艰苦之事。真宗命枢密王继英等问状，从吉止诵状中语，他无所对。上以从吉付御史，具伏，乃进士杨逢为之辞。从吉，坐除名，配随州；逢，杖配春州。

王能，广济定陶人。初事州将袁彦，太宗在晋邸，召置左右。即位，补内殿直，六迁至殿前左班指挥使，进散员都虞候。久之，领藩州刺史，再迁殿前右班都虞候兼御前忠佐马步军都军头。咸平初，自捧日右厢都指挥使出为济州团练使，知静戎军。建议决鲍河，断长城口，北注雄州塘水，为戎马限，方舟通漕，以实塞下。又开方田，尽静戎、顺安之境，北边来寇，能击走之。

初，真宗询军校勤勇者，委以方面，因语宰相曰："闻王能、魏能颇宣力公家，陈兴、张禹珪亦有声于时，才固难全，拔十得五，亦有助也。"景德初，擢本州防御使，与魏能、张凝并命出为邢洺路都部署，俄改镇、定、高阳关三路行营都部署、押策先锋。护城祁州，躬率丁夫，旦暮不离役所，宴犒周洽。会诏使自北至者言之，手诏褒饬，连徙天雄军、高阳关二部署，改定州副都部署。

大中祥符二年，诏合镇、定两路部署为一，命能领之。明年召入，拜侍卫步军副都指挥使、领曹州观察使。祀汾阴、留为京城巡检兼留司殿前司事。礼成，加领振武军节度，复为镇定副都部署兼知定州。八年，表求入觐，许之。先是，节帅陛见，必饮于长春殿，掌兵者不预。至是，特令用藩臣例。有司言："能既赴坐，则殿前马军帅皆当侍立。"由是特令诸帅预坐。自是掌兵者率以为例。俄还屯所，改领静江军节度。

天禧元年，转都指挥使、领保静军节度。是冬，代还，入见，以足疾免舞蹈，赐宴。累表求解，特与告医疗。二年，制授彰信军节度，罢军职赴镇，以地近其乡里，宠之也。明年，卒，年七十八。赠太尉，而录其子守信等官。

张凝，沧州无棣人。少有武勇，偬傥自任。乡人赵氏子以材称，凝耻居其下，因挟弓与角胜负。约筑土百步射之，凝一发洞过，矢游十许步，抵大树而止，观者叹服。节帅张美壮之，召置帐下。太宗在藩邸，闻其名，以隶新卫。即位，补殿前指挥使，稍迁散祗候班都虞候。

淳化初，以其有材干，与王斌、王宪并授洛苑使，凝领肃州刺史，赐袭衣、金带，每颁赍必异等。出为天雄军驻泊都监，移贝州，改高阳关行营钤辖、六宅使。真宗践阼，加庄宅使，迁北作坊使。

　　咸平初，契丹南侵，凝率所部兵设伏于瀛州西，出其不意，腹背奋击，挺身陷敌。凝子昭远，年十六，从行，即单骑疾呼，突入阵中，掖凝出，左右披靡不敢动。明年，契丹兵大至，车驾幸大名，凝与范廷召于莫州东分据要害，断其归路。契丹宵遁，凝纵兵击之，尽夺所掠生口、资畜。徙镇、定、高阳关路前阵钤辖，迁赵州刺史。

　　四年，召还，代潘璘为邠宁环庆灵州路副部署兼安抚使。时斥堠数扰，转运使刘综惧飞挽不给，问计于凝。凝曰：“今当深入，因敌资粮，不足虑也。”乃自白豹镇率兵入敌境，生擒贼将，烧荡三百余帐、刍粮八万，斩首五千余，获牛马、器甲二万，降九百余人。庆州蕃族胡家门等桀黠难制，凝因袭破之。又熟户与生羌错居，颇为诱胁，凝引兵至八州原、分水岭、柔远镇，降峇都等百七十余族，合四千户，边境获安。就加宁州团练使。

　　景德初，迁本州防御使，代杨嗣为定州路行营副部署，徙保州驻泊，又兼北面安抚使。时王超为总帅，以大兵顿中山，朝议择凝与魏能、田敏、杨延昭分握精骑，俟契丹至，则深入以牵其势。超尝请四人悉隶所部，上以本设奇兵挠敌之心腹，若取裁大将，则无以责效，乃令凝等不受超节度。时魏能逗挠，退保城壁，众皆愤排，责让能，凝独默然。或问之，凝曰：“能粗材险愎，既不为诸君所容，吾复切言之，使其心不自安，非计也。”上闻而嘉其有识。

　　车驾观兵澶渊，凝率众抵易州。既而契丹受盟北归，所过犹侵剽不已，遂以凝为缘边安抚使，提兵蹑其后，契丹乃不敢略夺。改高阳关部署。明年，议劳，就加殿前都虞候，卒。

　　凝忠勇好功名，累任西北，善训士卒，缮完器仗，前后赏赐多以犒师，家无余赀，京师无居第。真宗悼惜之，赠彰德军节度，遣中使护丧还京，官给葬事，厚恤其家。子昭远。

　　魏能，郓人也。少应募，隶云骑军，后选补日骑左射，又隶殿前班，七迁散员左班都知。旧制：诸军辞见，才器勇敢或迥异出群者，许将校交举以任，使毋枉其志。能时戍外藩，咸未有举者。太宗曰：

"能，材勇过人，朕可自保。"由是进用之。

端拱二年，加御前忠佐马军副都军头，历殿前左班都虞候、领溪州刺史，加秩转马步军都军头。咸平三年，真拜黄州刺史。明年，为镇、定、高阳关三路前阵钤辖。五年，知郑州团练使，复任威虏军。

契丹入寇，能当城西，与诸将合战，无惮色，大败其众，斩首二万级。契丹统军铁林公来薄阵，能发矢殪之，并其将十五人，夺甲马、兵械益众。契丹复入，能率州军逆战南关门，遣其子正与都监刘知训间道绝敌行势，战数十合，退薄西山下，破走之，获器甲十八万。契丹尝谋入钞，能侦知，即发兵逆击，生擒酋帅，殄灭殆尽。

六年，改威虏军部署，知军事。士民诣阙下乞留能，诏嘉之。能建言戍卒逸边境者，请没其妻与子为奴婢。上虑严迫，听缓期自新，违以法坐。会浚顺安军营田河道以扼寇，徙莫州路部署。石普屯兵顺之西境，诏能与杨延昭、田敏掎角为备。景德初，破敌长城口，追越阳山，斩首级、获兵器益众，诏赐锦袍、金带。复以所部御寇于顺安。

六月，召拜防御使，复出为宁边军路部署。诏推能果略，再任以威虏，使副精兵伺敌动止。边人百余掠居民，树蕃僧为帅，能与田敏、杨勋合兵设伏击之，擒其帅。贼来逼城，能出兵拒之，小衄，即却阵入城，张凝以兵击却之。会诏能与凝领偏师分道入幽、易，牵制契丹之势，能畏慎不前，且不戢所部，多俘夺人马。俄徙屯定州，及遣凝蹑迹北行，能戢险，自度无功，心愧，多怨辞，以讪闻。朝议谓能刚狷少检，不可专任，乃命綦政敏为钤辖，俾同职焉。

明年，师还大名。时王能、曹璨各领兵归阙，即城下，钤辖孙全照遣能、璨之师由北门分道先入，能师继之。能怒全照之后己，即疾驱竞入。全照射之，能噂沓不堪，夺全照弓以去。翌日，诣判府王钦若诬全照射伤押队阁门杨凝，词颇纷竞。全照密疏能摧兵退缩，师缓失期，及师旋不整状。上初闻能逗留，微怒。会全照奏，乃质实于张凝、白守素等，即责授右羽林将军，出为巩县都监。明年，以自陈，特改官右骁卫大将军、虢州都监，累迁加领康州团练使。大中祥符八年,卒。录其子正为阁门祗候,靖为三班奉职。

陈兴,澶州卫南人。开宝中,应募为卒,得隶御龙右直。太宗征河东,幸幽陵,兴常从,特被赏赐,累迁天武指挥。端拱中,改御前忠佐步军副都军头。王超为并代部署,奏兴随军,遣戍汾州。明年,李继隆行营河西,兴隶麾下,部清朔、龙卫诸军,克绥、夏银州,继隆命权知夏州。寻还屯所,受诏提辖河东缘边城池、器甲、刍粮。至道初,继隆荐其材干,召补御龙弩直都虞候。咸平初,为马军都军头、领蒙州刺史。三年,真授宪州刺史、知霸州,徙沧州副都部署,移石、隰驻泊。会城绥州,诏与钱若水往视利害,事具《若水传》讨。

又徙泾原仪渭镇戎军部署。上言镇戎军去渭州瓦亭砦七十余里,中有二堡,请留兵三百人戍之。俄与曹玮、秦翰领兵抵镇戎军西北武延碱泊川,掩击蕃寇章埋族帐,斩二百余级,生擒三百余人,夺铠甲、牛羊、驼马三万计。诏书嘉奖,赐金带、锦袍、器币。继迁所部康奴族,往岁钞劫灵州援粮,恃险与众,尤桀黠难制。复与秦翰等合众进讨,穷其巢穴,俘老细、获器畜甚众,尽焚掘其窖藏。复诏褒之,仍加赐赍。其年,六谷大首领潘罗支言,欲率诸蕃击贼,请会兵灵州。上以道远难刻师期,诏兴俟罗支报至,即勒所部过天都山以援,勿须奏命。会继迁死,事寝。景德三年,迁本州团练使、知徐州。

兴起行伍,有武略,所至颇著声绩。真宗言军校之材,必以兴为能。大中祥符初,召为龙神卫四厢都指挥使、领登州防御使,出为邠宁环庆路副都部署兼知邠州。坐擅释劫盗,罢军职,改叙州防御使、知怀州。六年,卒。

许均,开封人。父邈,太常博士。均,建隆中应募为龙捷卒,征辽州,以功补武骑十将,赐锦袍、银带。开宝中,迁武骑副兵马使。从曹彬征金陵,率众陷水砦,流矢贯手。改本军使。从征河东,攻隆州城,先登,陷之,中八创。迁副指挥使,前后屡被赏赍。出屯杭州,妖僧绍伦结党为乱,均从巡检使周莹悉擒杀之。

端拱初,补指挥使。从李继隆、秦翰赴夏州。擒赵保忠,令均率兵卫守。改龙卫第四指指挥使,俄屯夏州,贼来犯境,一日十二战,走之。又从石普击贼于原州牛栏砦,深入,获牛羊、汉生口甚众。普表上其功,迁第三军指挥使。

咸平初,以御前忠佐马军都军头戍秦州。王均之乱,遣乘传之蜀,隶雷有终麾下,守鱼桥门,又从秦翰追杀贼党于广都,降其众七千余。驿召授东西班都虞候、领顺州刺史。五年,稍迁散员都虞候。尝召见,访以北面边事。翌日,真拜磁州刺史、深州兵马钤辖。六年,改泾州驻泊部署。数月,知镇戎军。尝出巡警,至陇山木峡口,真宗以其无故离城,虑有狂寇奔突,诏书戒敕。俄以其不明吏治,用曹玮代之,徙为邠州驻泊部署,改永兴军部署。车驾将巡澶渊,诏均与知府向敏中及凤翔梁鼎同提总诸州巡检捕盗事。至河阳,召赴行在。

时有王长寿者,本亡命卒,有勇力,多计虑,聚徒百馀。是春,抵陈留剽劫,县民捕之不获,朝廷遣使益兵,逐之澶、濮间。会契丹南侵,夹河民庶惊扰。长寿结党愈众,人皆患之。均至胙城,长寿与其徒五千余人入县钞掠,均部下徒兵杨祖与斗。均以方略诱之,生擒长寿,斩获恶党皆尽。上以方御敌,未欲因捕贼奖均,但赏均部下卒,被伤者赐帛迁级焉。明年,追叙前劳,擢为本州团练使,寻出知代州。四年秋,均被疾,以米锐代还,未至而均卒。录其子怀忠为奉礼郎,怀信为侍禁。幼子怀德。自有传。

张进,兖州曲阜人。拳勇善射,挽强及石余。应募曹州,隶镇兵。太祖亲选勇士,奇进才力,以补控鹤官,积劳至御龙弩直都虞候、领恩州刺史。至道中,兼御前忠佐步军都军头。太宗尝幸内厩,进以亲校执钺前导,体质瑰岸,迥出侪辈。太宗熟视异之,擢为天武右厢都指挥使、领贺州团练使。

咸平初,迁昭州防御使,充龙神卫四厢都指挥使、京城左右厢巡检。未几,迁捧日、天武四厢都指挥使。二年秋,阅武近郊,进与殿前都指挥使王超亲执金鼓,节其进退,军容甚肃。从上北征,又与超管勾大阵及先锋策应。三年,权殿前都虞候,迁侍卫步军都虞候、镇州副部署,徙天雄军部署。会河决郓州王陵口,发数州丁男塞之,命进董其役,凡月余毕,诏褒之。移并代副都部署。

李继迁寇麟州,州将遣单介间道乞师太原。诸将以无诏旨,犹豫未决,进独抗议,发兵赴援,既至而围解,手诏褒美。契丹侵中山,命进率广锐三万骑,由土门会兵镇、定,未至而敌退,复归晋阳。景德元年,卒。上遣中使护丧还京,官给葬事。子元晋,至内殿崇班、阁门祗候。天禧末,录其次子元素为三班借职。

李重贵,孟州河阳人。姿状雄伟,善骑射。少事寿帅王审琦,颇见亲信,以甥妻之,补合流镇将。镇有群盗,以其尚少,谋夜入劫钞。重贵知之,即筑栅课民习射,盗闻之溃去。太宗在藩邸,知其勇干,召隶帐下。即位,补殿前指挥使,累迁至龙卫左第四军都指挥使、领河州刺史,改捧日右厢都指挥使、领蛮州团练使。

至道二年,出为卫州团练使。未行,会命将五路讨李继迁,以重贵为麟府州浊轮砦路都部署。得对便殿,因言:"贼居沙碛中,逐水草牧畜,无定居,便战斗,利则进,不利则走。今五路齐入,彼闻兵势太盛,不来接战,且谋远遁。欲追则人马乏食,将守则地无坚垒。贼既未平,臣辈何颜以见陛下。"太宗善之,出御剑以赐,又累遣使抚劳。既而诸将果无大功。及还,命为代并副都部署。真宗即位,加本州防御使,徙高阳关行营副都部署。

咸平二年,契丹南侵,议屯兵杨疃,张凝领先锋遇敌,重贵率策应兵酣战,全军而还。范廷召自定州至,遇契丹兵交战,康保裔大阵为敌所覆,重贵与凝赴援,腹背受敌,自申至寅,疾力战,敌乃退。时诸将颇失部分,独重贵与凝全军还屯。凝议上将士功状,重贵喟然曰:"大将陷没而吾曹计功,何面目也!"上闻而嘉之。

明年春,以劳进阶及食邑,徙知贝州,召至劳问,复遣入郡。是冬,徙沧州驻泊副都部署兼知州事。以疾求还京就医药。既愈,连为邢州、天雄军二部署,又知冀州。景德初,车驾幸澶渊,召还,为大内都部署。明年春,出知郑州,以疾甚,授左武卫大将军、领潘州防御使,改左羽林军大将军致仕。大中祥符三年,卒。

呼延赞,并州太原人。父琮,周淄州马部都指挥使。赞少为骁骑卒,太祖以其材勇,补东班长,入承旨,迁骁雄军使。从王全斌讨西川,身当前锋,中数创,以功补副指挥使。太平兴国初,太宗亲选军校,以赞为铁骑军指挥使。从征太原,先登乘城,及堞而坠者数四,面赐金帛奖之。七年,从崔翰戍定州,翰言其勇,擢为马军副都军头,稍迁内员寮直都虞候。

雍熙四年,加马步军副都军头。尝献阵图、兵要及树营砦之策,求领边任。召见,令之作武艺。赞具装执鞭驰骑,挥铁鞭、枣槊,旋绕廷中数四,又引其四子必兴、必改、必求、必显以入,迭舞剑盘槊。赐白金数百两及四子衣带。

端拱二年,领富州刺史。俄与辅超并加都军头。淳化三年,出为保州刺史、冀州副都部署。至屯所,以无统御材,改辽州刺史。又以不能治民,复为都军头、领扶州刺史,加康州团练使。

咸平二年,从幸大名,为行宫内外都巡检。真宗尝补军校,皆叙己功,或至喧哗,赞独进曰:“臣月奉百千,所用不及半,忝幸多矣。自念无以报国,不敢更求迁擢,将恐福过灾生。”再拜而退,众嘉其知分。三年,元德皇太后园陵,命掌护仪卫,及还而卒。

赞有胆勇,鸷悍轻率,常言愿死于敌。遍文其体为“赤心杀贼”字,至于妻孥仆使皆然,诸子耳后别刺字曰:“出门忘家为国,临阵忘死为主。”及作破阵刀、降魔杵;铁折上巾,两旁有刃,皆重十数斤;绛帕首,乘骓马,服饰诡异。性复鄙诞不近理,盛冬以水沃孩幼,冀其长能寒而劲健。其子尝病,赞刮股为羹疗之。赞卒后,擢必显为军副都军头。

刘用,相州人。祖万进,河中府马步军都指挥使。父守忠,左骁卫大将军致仕。用晓音律,善骑射,事太宗于晋邸。即位,补军职,累迁散都头都虞候。端拱初,为马步军副都军头、领凉州刺史、镇定招安使,转捧日都指挥使。李顺乱蜀,为西路行营钤辖。贼平,迁祈州刺史。至道初,为河西、乌白池都钤辖,斩首千余级,夺马五百疋,改高阳关副都部署。

真宗即位,加本州团练使、并州副都部署。咸平中,徙贝州,俄知瀛州,复为高阳关副都部署。时烽候数警,用建议益边兵,俟其南牧,即率骁锐出东路以牵制其势,因图上地形。上召宰相阅视,可其奏,且令转运使于保州、威虏静戎顺安军预备资粮。

六年,命将三路出师捍敌,诏用与刘汉凝、田思明领兵五千,由东路会石普、孙全照掎角攻之。未几,换镇州副部署。景德初,为邢州部署。车驾北征,用以城守之劳,进爵邑,历知齐、陈、潞三州。大中祥符二年,卒。

耿全斌,冀州信都人。父颢,怀顺军校。全斌少丰伟,颢携谒陈抟,抟谓有藩侯相。颢戍西蜀,全斌往省,乘舟溯江,夜大风失缆,漂七十里,至曙风未止,舟忽泊岸,人颇异之。后游京师,属太宗在藩邸,全斌候拜于中衢,自荐材干,得召试武艺,以善左射,隶帐下。即位,补东班承旨,稍迁骁猛副兵马使。

从征太原。还,遇契丹于蒲阴,追击至徐河,因据水口要害。迁补日骑副兵马使、云骑军使,屯瀛州。与契丹战,所乘马两中流矢死,凡三易乘,战不却,契丹为引去。端拱初,击蕃部于宥州,败之。历云骑指挥使、御前忠佐马军副都军头,改马军都军头。戍深州,累转散直都虞候、领顺州刺史,改殿前左班都虞候、马步军都军头。

全斌在军中有能名。真宗尝召问边事,全斌口陈利害,甚称旨。因谓辅臣曰:"元澄、郑诚、耿全斌,人多称之。观其词气,若有志操,止在宿卫,无以见其才,宜以边郡试之。"遂拜雄州刺史、知深州,徙石隰部署以备河西。继迁死,全斌率兵入伏落关,诱蕃部来归者数千人。俄知安肃军,尝绘山川险易,为图以献。

契丹来侵,自山北抵河浒,全斌遣子从政焚桥砦,分率精兵击走之。改冀州刺史、高阳关钤辖，擢从政为侍禁、寄班祗候。大中祥符初，封禅泰山，以为濮州钤辖。其年，还京师，卒。

周仁美，深州人。开宝中，应募隶贝州骁捷军。关南李汉超选备给使，屡捕获契丹谍者。从汉超战于西嘉山，身中重创，补队长。汉超上其功，隶殿前班，赐衣带、鞍勒马、什物、奴婢、器械。命王继恩引入纵观，过祗候库，太祖问其力能负钱几许，仁美曰："臣可胜七八万。"太祖曰："可惜压死。"止命负四万五千，因赐之。稍迁右班都知、御前忠佐马军副都军头，戍环州。

时牛耶泥族累岁为寇，仁美与陈德玄、宋思恭往击之，斩首三千级，获牛羊三百余，发戎族困窖以饷师。又与思恭讨募窟岌拖族，格斗斩八十余级。至道初，石昌牛耶泥族复叛，德玄令仁美提兵抚辑之。仁美谓石昌镇主和文显曰："此贼不除，边患未弭。"因厚设毅酒，召酋长二十八人缚送州狱，自是诸族慴畏。

二年，又与马绍忠、白守荣、田绍斌部刍粮趣清远军，仁美为先锋。至岐子平，与虏角，走之。明日，又战于浦洛河，自巳至戌，战数十合，进壁乾河。绍忠、守荣皆败走，绍斌退止浦洛。独仁美所部不满三千，身中八创，护刍粮吏直抵清远。绍斌继至，深叹其勇干，表上其功。

时运粮民道路被伤者相继，仁美领徒援护，悉抵环州。又遇虏于橐驼路，击走之。先是，诸蕃每贡马京师，为继迁邀击，仁美领骑士为援，贼不敢犯。补澶州龙卫军都虞候，部署李继隆奏留麾下，选军中伉健者千人，令仁美领之，屡入敌境，战有功。

俄还澶州。召见，会令诸军射。仁美自陈筋力未衰，愿对殿廷发二矢，上许之。既而前奏曰："臣老于戎门，多戍外郡，罕曾入觐京阙。前后征行，体被三十余创。今日得对万乘，千载之幸。倘或备员宿卫，立殿庭下一日足矣。"上顾傅潜而笑，潜亦称其武干，力留，补马步军副都军头。

潜屯北面，常以自随。契丹攻浦阴，仁美领万骑解其围。又从王超屯镇、定、仪、渭，累迁龙卫军都指挥使、领顺州刺史，复屯镇、定。时州有亡命卒聚盗，剽村间为患，王超委仁美招捕。仁美选勇敢卒，诈亡命趣贼所，得其要领，即自往谕以祸福，留贼中一日。超忽失仁美，求之甚急，诘旦，仁美至，具道其事，乃出库钱付仁美为赏。不数日，贼悉降，凡得二百余人，以隶军籍。

景德中，徙屯陈州，入掌军头引见司。大中祥符元年，从驾泰山，命检视山下诸坛牲牢祭馔。明年，出为磁州团练使、知卫州，俄改沧州部署，移高阳关副部署。八年，擢为龙神卫四厢都指挥、领奖州防御使，迁捧日、天武四厢都指挥使，改领端州防御使。权京新城内都巡检。先是，巡兵捕亡卒盗贼，不获皆有罚，而获者无赏。仁美因差立赏格以闻，诏从其请。天禧三年，卒。

论曰：继忠临阵赴敌，以死自效，其生也亦幸而免；然在朔庭贵宠用事，议者方之李陵，而大节固已亏矣。潜为三路帅，握兵八万余，大敌在前，逗挠畏缩，致康保裔以无援战没，此而不诛，宋于是乎失刑矣。兴、均辈或由藩邸进，或自行伍起，一时际会，出则书勋辕门，入则拱扈岩陛，求其如古名将，则未之见也。

239-279